알아차림, 대화 그리고 과정

[게슈탈트 치료에 대한 이론적 고찰]

Gary M. Yontef 지음 | 김정규 · 김영주 · 심정아 공역

학지사

역자 서문

나는 그동안 독일과 미국에서 게슈탈트 치료 공부를 한 후 지난 20여 년 동안 한국에서 게슈탈트 치료 보급을 위해 많은 노력을 해왔다. 덕분에 한국에서도 이제 게슈탈트 치료를 공부하거나 경험한 사람들이 상당히 많아진 것 같아 무척 뿌듯하고 보람되게 생각한다. 다른 한편으로는 게슈탈트 치료 이론을 깊이 있게 공부하고 싶은 사람들에게 나의 저서 『게슈탈트 치료—성장과 창조적인 삶을 위하여—』 외에는 한국어로 된 변변한 전문서적들이 별로 없어 게슈탈트 치료를 공부하는 한 사람으로서 늘 미안함과 안타까움이 컸었다.

그러던 중 2006년도에 바이올렛 오클랜더의 아동 청소년 게슈탈트 치료 분야의 명저 『아이들에게로 열린 창』을 번역 출간한 데 이어, 이번에 다시 게리 욘테프의 본 저서 『알아차림, 대화 그리고 과정』의 한국어판을 출간하게 되어 무척 기쁘고 감격스러운 마음이다.

욘테프의 본 저서는 그동안 여러 나라의 언어로 번역 출간되었으며, 1951년 프리츠 퍼얼스, 헤퍼라인, 그리고 굿먼의 『게슈탈트 치료』 이후에 나온 게슈탈트 치료 관련 저서들 가운데 이론서로는 가장 심도 있는 저술이라는 평가를 받아 왔다. 이 책은 그가 지난 40여 년에 걸쳐 발표해온 논문들과 이 책을 위해 별도로 저술한 논문들로 구성되어 있는데, 게슈탈트 치료 이론을 한층 더 심화시키는 데 큰 기여를 했다. 그는 게슈탈트 치료가 1960년대 한때 본연의 중심을 잃고 기법 중심의 치료로 전락하려는 것을 감지하고, 이러한 경향에 대해 엄중한 경고와 비판을 담은 무게 있는 논문들을 다수 발표함으로써 게슈탈트 치료의 방향을 새롭게 정립한 인물로 높이 평가받고 있다. 특히, 그는 어빙 폴스터, 리치 하이스너, 린 제이콥스 등과 함께 현대 정신분석 치료의 업적을 게슈탈트 치료에 통합하면서 '대화-관계적' 게슈탈트 치료 운동을 일으켰다.

그는 고희를 넘은 나이에도 불구하고 아직 왕성한 저술활동과 더불어 치료 현장에서도 열정적으로 개인치료와 집단치료, 슈퍼비전 활동을 하고 있다. 내가 교육훈련 집단 등에서 만나 본 그는 따뜻하고 인자하면서도 또한 성실하고 학자적인 분위기가 물씬 풍기는 매우 지적인 분이었다. 이 책을 읽으면서 독자들도 그의 깊이 있는 사상과 더불어 게슈탈트 치료에 대한 그의 각별한 애정과 신뢰를 느낄 수 있을 것이다. 올 가을에 이 책의 한국어 출판 기념차 그를 우리나라에 초청해 학술대회를 개최할 수 있게 되어 무척 기쁘다.

이 책은 2007년 1학기 성신여자대학교 심리학과 박사과정 게슈탈트 치료 이론 강의 교재로 사용하면서 한 학기 동안 수강자들의 초역 자료를 토대로 대표 역자와 김영주 교수, 심정아 선생이 함께 분담하여 심도 있게 새롭게 다듬은 후, 이를 다시 대표 역자가 전체적으로 문장 하나하나를 원문과 대조하면서 재검토함으로써 이루어진 결과물이다. 종종 번역할 때 막히는 부분이 있거나, 혹은 원문이 잘못된 곳이 있으면 저자에게 메일을 보내 일일이 확인하면서 온전한 번역이 되도록 최선을 다했다. 또한 본문의 난해한 부분에 대해서는 가급적 많은 역자 주를 달았고, 가급적 쉬운 문장으로 풀어 번역함으로써 이해도를 높였다. 따라서 상당히 어려운 내용임에도 불구하고, 정독하면 독자들이 이 책을 이해하는 데 큰 어려움이 없으리라 생각한다.

한편, 이 책의 번역 과정은 결코 쉽지 않았다. 원저가 아주 훌륭한 이론서임에도 불구하고 결코 읽기에 만만치 않은 내용이 많아서 번역이 좀처럼 진척되지 않았다. 실제로 초역을 끝낸 후 다듬는 데만 세 사람이 꼬박 1년이 걸렸다. 많은 노고가 들었지만, 그래도 참으로 뿌듯한 느낌이 드는 것은 한 문장 한 문장 번역하면서 게슈탈트 치료의 전반적 이론을 다시 한 번 깊이 있게 음미하고, 정리해보는 기회가 되었기 때문이다. 이 책이 아무쪼록 게슈탈트 치료를 공부하는 많은 사람들에게 어둠을 밝혀주는 밝은 등불이 되고, 나아가서 그로 인해 많은 내담자들이 더불어 큰 도움을 받게 되길 진심으로 기원하는 마음이다.

이 책을 만들기 위해 함께 초고를 정성껏 손질해주신 김영주 교수님, 심정아 선생에게 깊은 감사를 드리며, 또한 초고를 준비해준 이영이 박사, 이상훈 박사, 성신여자대학교 심리학과 대학원 박사과정 김한규, 김주희, 이정민, 조수경, 박주연, 김진아 선생에게도 감사를 드린다. 그리고 참고문헌 목록을 정리해준 이상아, 조희경 선생에게도 감사를 표하며, 또한 이 책의 출판을 흔쾌히 수락해주신 학지사 김진환 사장님과 편집을 위해 애써주신 학지사 이세희 과장님에게도 감사드린다. 마지막으로 이 책을 번역하는 동안 항상 곁에서 정성껏 뒷바라지를 해준 아내에게도 많은 고마움을 표한다.

2008년 9월
수동면 수산리에서
대표 역자 김정규

한국어판 서문

본인의 저서가 한국어로 출판되게 되어서 기쁘기도 하고, 영광스럽기도 합니다. 처음 출간된 이후 15년이 지난 지금 이 책이 여러 다른 시점과 장소, 언어 그리고 문화들에서 쓰임새가 있다는 것이 매우 만족스럽습니다.

본 저서의 여러 단원들은 게슈탈트 치료의 성숙과정을 보여주고 있습니다. 내가 이 단원을 다시 읽어보면서 느끼는 것은 어떤 단원은 저술연도가 1965년에까지 거슬러 올라가는데, 시간이 경과하는 과정에서 이론의 연속성과 변화를 동시에 알아볼 수 있다는 겁니다. 더 최근에 저술한 단원일수록 그 개념이나 언어, 그리고 그 정신에 있어서 확실히 좀 더 관계적으로 변하고 있는 것 같습니다.

게슈탈트 치료는 그 기본 이론에 있어서 항상 급진적으로 '관계적'이었습니다. 하지만 그런 기조를 완전하고 일관적이게 유지해오지는 못했습니다. 더욱이 게슈탈트 치료는 자신의 기본적인 '관계적' 전제와 부합되지 않는 방향으로 이야기되고 또한 시행되어 왔습니다.

게슈탈트 치료는 하나의 통합적인 틀로 있어 왔고, 또한 유지되고 있습니다. 그동안 게슈탈트 치료의 철학으로 인정받아 온 장 이론, 실존적 현상학 그리고 대화적 실존주의는 모두 관계적입니다. 게슈탈트 치료적 사고에 색깔과 폭 그리고 깊이를 더함으로써 또 다른 중요한 영향을 미친 것들로는 현대 정신분석적 사고, 불교적 사고, 윌리엄 제임스와 존 듀이의 실용주의 등을 들 수 있습니다.

게슈탈트 치료의 핵심 원리들은 여전히 경쟁력 있고 가치가 있습니다. 이 이론의 많은 부분이 이제 심리학에서 입증되었습니다. 불행하게도 게슈탈트 치료 문헌들에 한동안 실려 있던 이런 이론적 사실들은 대부분 그 공을 인정받지도 못한 채 다른 치료 이론으로 흘러들어 가고 있습니다. 대화 관계에 대한 강조는 이제 현대 정신분석 문헌들과 증거에 기초한 관계치료에서도 볼 수 있습니다. 게슈탈트 치료 이론의 아주 중요한 부분 중 하나인 포스트 데카르트적 장 이론은 이제 많은 심리학 이론의 한 부분이 되어 버렸습니다. 또한 현상학적 초점화, 동시성 그리고 개인/환경 장의 관계로부터 나타나는 자기 감각 등의 중요성에 대한 강조는 일반 문헌에서도 발견됩니다.

그러나 게슈탈트 치료는 정체된 상태로 머물러 있지는 않았습니다. 게슈탈트 치료는 계속 자라고 있습니다. 게슈탈트 치료 이론과 실제는 개선되었으며 임상적 경험, 신경심리학, 현대적(관계적 그리고 대인 주관적) 정신분석 그리고 인지심리학 등으로부터 오는 정보를 통합하면서 좀 더 정교화되었습니다.

게슈탈트 치료에서 최근의 첨예한 관심사는 대화와 실험의 통합 분야입니다. 게슈탈트 치료는 일찍부터 '대화 관계'와 알아차림과 접촉 작업을 [증진시키기] 위한 '적극적 기법'의 사용 둘 다를 지지해왔습니다. 때로는 이 둘이 별개의 것으로 취급되어, 치료자들은 어느 한순간에 대화적으로 접근할지 아니면 실험을 사용할지 고민을 했습니다.

내 생각으로는 게슈탈트 치료에서 적극적 기법들은 현상학적 실험들이며, 치료자와 환자 사이의 관계 행위로 보는 것이 가장 타당합니다. 대화의 원칙은 대화라고 불리는 면대면 상호작용에서와 마찬가지로 실험/기법의 사용에 있어서도 동일하게 적용됩니다. 똑같은 이유로 대화는 본질적으로 실험적입니다. '포함'을 강조함으로써, 그리고 미리 결정된 결과를 목표로 삼지 않음으로써 '결과'는 대화로부터 자연스럽게 나타나는 그 무엇이 됩니다. 대화적 관계하기와 적극적 실험의 사용을 통합하는 관계적 관점은 좀 더 논의가 필요합니다.

최근에 관심이 증가하고 있는 또 하나의 영역은 이종 문화 간 주제들을 탐색하고 해명하는 것입니다. 우리가 [게슈탈트 치료에서] 내린 결론이 여러 다른 문화들에서도 적용이 될지의 문제입니다. 최소한 어느 한 문화에서 내린 결론들, 개념들 그리고 임상적 접근법들은 다른 문화들 그리고 다른 맥락들의 다양성들을 고려하기 위해 확장되어야만 합니다. 이것이 의미하는 바는 어떤 개념들은 확장되거나 좀 더 정확하게 정의될 필요가 있으며, 치료 실제에서의 관습적 양식은 [다른 문화에 맞게] 개량되는 등의 변화가 필요하다는 것입니다. 이런 것들은 게슈탈트 치료 문헌들에서 이제 막 관심을 끌기 시작했으며, 더 많은 작업을 필요로 하고 있습니다.

이종 문화적 주제는 심리치료가, 특히 게슈탈트 치료가 특정 문화에 단순히 적응하는 쪽으로만이 아니라, 그 문화를 [개인들의] 욕구에 맞도록 적합하게 바꾸는 쪽으로도 작업한다는 사실 때문에 더욱 복잡해집니다. 따라서 이 문제는 단순히 특정 문화적 맥락에 잘 적응하기 위해 게슈탈트 치료를 변화시키는 문제 이상의 것이라고 봅니다. 우리는 사람들이 창조적으로 적응하고, 또 그들이 살고 있는 [문화적] 맥락을 고려하도록 도와줄 필요가 있습니다. 하지만 우리는 그들로 하여금 문화적 영향들로부터 독립적으로 행동하고, 또한 그런 문화적 영향들을 적극적으로 바꿔 나갈 것을 고려하도록 도와줄 필요도 있습니다.

나의 논문집으로 구성된 이 책이 이러한 게슈탈트 치료의 지속적 발달을 위해 작은 도움이 되기를 기원합니다. 이 책의 한국어 번역 과정에서 편집 작업과 더불어 애매한 문장들을 명확히 하기 위해 본인과 조율하는 등 세심한 노력을 기울여주신 김정규 교수에게 깊은 감사를 드립니다.

2008년 8월
캘리포니아 주 로스앤젤레스에서
게리 욘테프

저자 서문

알아차림, 대화 그리고 과정. 게슈탈트 치료 이론의 관점에서 보면 모든 것이 과정이다—모든 것이 움직이고 있으며, 변화하고 있다. 물리학자들이 우주 자체를 움직이고, 변화하는 것으로 보는 것은 20세기 사고의 새로운 점이다. 명백히, 이론과 실제도 변화한다.

내가 1969년에 처음으로 쓴 논문으로부터 올해(1991년) 특별히 이 책을 위해 쓴 논문들에 이르기까지 게슈탈트 치료에 대해 쓴 논문들을 한 권의 책에 모음으로써, 나는 분별력 있는 독자들이 어쩌면 나 자신보다도 더 명료하게 내 사고에 있어서의 연속성과 단절성 그리고 변화를 볼 수 있도록 했으면 좋겠다. 이 과정에 있어서 도움이 되도록 나는 각 논문 앞에 독자들을 안내하기 위한 주해를 달았으며, 특히 각 논문이 쓰인 시간과 맥락을 명시했다. 이 책은 논문 모음이지, 게슈탈트 치료에서 필요하다고 생각되며, 또 내가 쓰고 싶어 하는 게슈탈트 치료 이론에 대한 포괄적이며 통합된 개관이 아니다. 논문 모음집으로서 이 책에는 체계적인 방식으로 책 처음부터 끝까지 관통하는 기본 원칙들이 있지는 않다. 중복성이 제거되지도 않았다. 『Gestalt Therapy』(1951)에서 나온 문제들을 충분히 명시적으로 다루지도 않는다. 전경/배경 현상이나 자기 개념의 문제들에 대한 분석을 계속 추구하지도 않는다. 긍정적인 면으로 보자면, 이 책에는 임상 실제(진단, 성격장애 치료, 수치심, 집단)와 이론(장 이론에 대한 새로운 서문)에 대한 새로운 논문 몇 개가 포함되어 있다.

이 논문 모음집이 앞으로의 이론적인 대화를 촉진시키기 바란다. 나에게 있어서 '대화'는 게슈탈트 치료 이론과 실제의 가장 중요한 측면 중의 하나이며, 거기에는 이론화 과정도 포함된다. 나의 글이 종종 대화적으로 들리지 못했을지라도, 내가 쓴 논문의 대부분은 이론이 곧 대화라는 자세로 쓴 것이다.

나는 게슈탈트 치료 이론과 실제를 하나의 살아 있는 체계로 보는데, 살아 있는 체계로서 그것은 관여하고 성장하며 발전하든지, 아니면 정체되어 있고, 자기 언급적이며, 발전이 없다. 새로운 성장을 유도하는 식으로 세상과 관여하는 것은 게슈탈트 치료 이론의 중대하고도 필수적인 측면이다. 게슈탈트 치료자들과 이론가들이 서로서로 그리고 환자들과, 다른 수행 및 사고의 체계들 그리고 변화하는 세계의 상황들과 대화함으로써 관여하는 것을 통해서만 새로운 이해가 촉진될 수 있다.

이론은 우리의 임상 작업에 대한 체계적이고 지적인 뒷받침을 마련하는 대화의 한 형태다. 이론은 실험과 임상적 관계를 지원하기 위해 사상과 정보를 사용하는 하나의 방식인데, 게슈탈트 치료 이론에서는 실험과 임상적 관계 양쪽을 모두 대화의 형태로 본다. 이론이란 인간관계로부터 나오는 지적인 이야기를 체계적으로 글로 쓴 것이다. 내가 나의 견해를 표명하고, 다른 사람들은 거기에 반응을 보이고 찬성하거나 비판하며, 나는 그로부터 영향을 받고, 그 사람들의 반응을 흡수하거나 거부하면서 대화는 계속된다. 때로는 내가 나의 견해를 바꾸기도 하면서 반응할 수 있을 때, 변증법적 발전을 통하여 대화는 보다 나은 이해로 이어진다. 나는 이러한 성장의 과정을 신나고 유익한 것으로 생각하며, 그것은 내가 계속해서 이론적인 토론에 관여하고, 그것을 즐기며, 이론적인 논문을 쓰도록 동기를 부여한다.

이론들은 진리가(혹은 거짓이) 아니며, 진리를 결정하지도 않는다. 하지만 이론들은 어느 정도 유용하고, 일관적이며, 통찰을 주고, 지적인 자극을 주는 등의 기능을 가진다. 이론들은 우리의 임상적이고 교훈적인 작업으로부터 발생하는 구조이면서, 또한 앞으로의 작업을 촉진시키고 인도하기도 한다. 좋은 이론을 판별하는 기준 중의 하나는 그것이 발견을 도와주는가 하는 점이다. 그 이론의 결과로 무엇이 바뀌는가? 그 이론은 더 많은 것을 이해하게 만드는가? 어떤 것이 게슈탈트 치료의 언어로 번역되었을 때, 그 번역 이전에는 존재하지 않았던 어떠한 새로운 정보로 이어지는가? 그것은 새로운 연구와 새로운 사상들로 이어지는가? 무엇보다도 그 이론이 임상적 실제에 도움을 주는가? 이러한 차원들 중 어딘가에서 나의 노력이 유용하기를 바란다.

나는 몰리 롤(Molly Rawle)이 본 과제를 처음으로 제안해주고 격려해준 것에 대해서, 그리고 작업을 완수하는 데 있어서 몰리와 조 와이송(Joe Wysong)이 도와준 것에 대해서 감사를 표하고 싶다. 그들의 우정과 지지는 이 책을 쓰는 데 있어서 의욕을 주는 힘이었고, 나에게 개인적으로 매우 중요했다.

나는 특별히 린 제이콥스(Lynne Jacobs)에게 감사하고 싶다. 수년간 린은 내 논문을 읽고 편집하고, 내 문체와 내용과 관점 등을 개선시키는 일에 아낌없이 시간을 내주었다. 이 책을 위한 자료가 쌓여 감에 따라 나는 도움이 필요했고, 린은 언제나 그러한 요청에 응답해 주었다. 우리의 의견이 다른 부분에 있어서 린은 우리의 차이를 존중하는 방식으로 내게 이의를 제기했다. 개인적인 차원에서는 보통 그렇게 할 수 있는 나지만, 이론 작업에 있어서 나는 흔히들 사람들이 마르틴 부버(Martin Buber)에 대해 이야기한 것에 가깝다. 사람들에게는 친절하되, 견해에 대해서는 가차없다. 이 책을 쓰는 동안 린은 다시금 좋은 친구이며, 탁월한 편집자가 되어주었고, 사람들은 서로를 필요로 한다는 교훈을 새삼 뼈저리게 느끼게 해주었다.

나는 나의 여러 논문들을 읽으면서 도움을 준 많은 분들에게도 감사하고 싶은데, 어떤 분들은 수년에 걸쳐 대여섯 편의 논문들을 읽고 편집해주기도 하였다. 나는 그들에게 진심으로 감사를 드린다. 토드 벌리(Todd Burley), 제프리 허터(Jeffrey Hutter), 린 제이콥스(Lynne Jacobs), 존 롱(John Long), 로버트 마틴(Robert Martin), 자네트 레인워터(Janette Rainwater), 제임스 심킨(James Simkin), 로버트 레즈닉(Robert Resnick), 롤리타 새프리얼(Lolita Sapriel) 등이다.

그리고 마지막으로, 나의 가장 열렬한 지지자이며 항상 나를 격려해준 아내 주디스(Judith)에게 감사한다. 논문 집필에 대한 나의 별난 강박증에도 불구하고 주디스는 내게 생기와 아늑함과 즐거움을 가져다주었다. 이 때문에 그리고 또 다른 많은 점에서, 나는 주디스가 그 누구도 아닌 그녀 자신이며, 내 삶에 존재한다는 것에 대해 매우 감사한다. 고마워요, 주디.

차 례

PART II ⁻ 게슈탈트 치료의 이론

PART III ⁻ 장 이론

PART IV 게슈탈트 치료의 실제

A w a r e n e s s D i a l o g u e & P r o c e s s

PART I

게슈탈트 치료의 역사와 정치

CHAPTER 01

미국 내 게슈탈트 치료의 최근 추세와 그로부터 우리가 배울 점

주 해

1989년 6월 29일에 나는 영국 노팅엄에서 열린 제3차 영국 게슈탈트 치료 학회에서 미국의 게슈탈트 치료 추세에 대해 강연해 달라는 초청을 받았다. 아래의 논문은 그 강연을 손질한 것으로, 이 책의 서문이 될 것이다. 이 논문에서는 미국에서의 게슈탈트 치료가 어떻게 전개되고, 어떤 발전을 이루었으며, 또 '실수'라고 할 수 있는 불행한 측면들은 어떤 것이었는지 검토하면서, 우리가 그로부터 무엇을 배웠는지 논의하고자 한다.

들어가는 말: 무엇이 효과가 있는지 어떻게 아는가?

미국에서의 게슈탈트 치료는 40년의 역사를 통해 여러 측면에서 멋지고도 유용한 발전을 이룩하였다. 그러면서 한편으로는 잘못된 방향으로의 변화, 오류, 오해와 빈

틈들도 생겼다. 불행히도, 미국에서 우리가 저질렀던 어떤 실수들이 다른 나라에서 되풀이되는 것 같다. 우리가 이미 깨달은 것들을 자기들 스스로 새롭게 시행착오를 거쳐 재발견하려는 경향 때문에 게슈탈트 치료가 좀 늦게 시작된 나라에서는 우리가 1960년대에 저질렀던 오류들을 열심히 반복하고 있는 것 같다. 미국을 떠나 살면서 미국에서는 더 이상 쓰지 않는 게슈탈트 치료 모델을 사용하는 미국인들이 그러한 경향을 촉진시키고, 뒷받침하고, 도와주고, 강화시킨 경우가 종종 있었다. 우리가 현재 겪고 있는 경험을 나눔으로써, 다른 나라에서는 학습과정이 좀 더 단축되었으면 좋겠다. 우리가 저지른 어떤 실수들을 이미 피해 가고 있는 나라들도 있는데, 이는 긍정적인 현상이다.

이제까지 오류와 실수에 대해 이야기했는데, 어떤 것이 실수인지 어떻게 알 수 있는가?

내 생각에, 우리의 이론을 검증하는 방법은 '진짜 환자들'에게 지속적으로 치료를 수행해보는 것이다. '진짜 환자들'이란 수련이 아니라 치료를 받기 위해 심리치료자에게 오는 사람들을 말한다. 나의 일차적인 직업적 활동은 그런 사람들을 치료하는 것이다. 치료자들을 훈련시키고, 강의를 하거나 시연을 하는 것 등은 이차적인 것이다. 수련 집단이나 워크숍에서 다른 치료자들과 작업하는 것은 유용한 일이지만, 그런 상황에서 일어나는 일들은 우리의 이론에 근거해서 치료를 수행하는 것이 얼마나 효과가 있는지에 대한 이차적인 검증일 뿐이다.

나는 수련의 효과를 그것이 치료의 수행에 어떻게 도움이 되느냐 혹은 도움이 되지 않느냐로 판단한다. 실제의 심리치료에서 일어나는 접촉과 알아차림 작업이 우리의 일차적 검증 자료인 것이다.

물론 우리는 연구를 통해서도 우리가 말하고 행하는 것들을 검증해볼 수 있다. 불행히도 게슈탈트 치료에서는 공식적으로든 비공식적으로든 연구를 많이 하지 않는다. 본격적인 철학적 분석도 많이 하지 않는다. 우리는 실제적인 자료나 현상학적인 설명, 철학적 분석이나 지적인 토론 없이 '내 생각에는 괜찮은 것 같은데' 식의 분석을 많이 한다. 임상적 자료 제시도 불충분하다. 즉, 양적으로 빈약하고, 상세하지 못하며, 임상적인 묘사도 명목상으로만 하는 경우가 잦다는 것이다.

연구나 논쟁, 현상학적인 해명이나 철학적 분석이라는 검증을 거치지 않고 자신의 생각이나 임상적 지혜를 내놓게 되면, 권위자들을 쉽게 이상화하고, 카리스마에 의한 리더십에 좌우되기 쉽다. 또한 실제적 경험에 기초를 두고 오랜 기간 검증되었고, 대화의 용광로 속에서 정제된 면밀한 현상학적 탐구에 정진하기보다는 발표자의 논리와 말발로 대체하기가 쉽다. 제대로 된 연구와 탄탄한 이론적 분석에서 나오는 훌륭한 이론의 뒷받침 없이 생각을 주장하는 것은 진정한 현상학이 아니다.

배경 1: 초기

고전적 정신분석에 대한 반작용

게슈탈트 치료는 고전적 정신분석 훈련을 받은 치료자들이 하던 고전적 정신분석의 경직성에 대한 반작용으로 시작되었다. 지금으로서는 그 당시 정신분석이 어느 정도로 경직되어 있었는지 상상하기가 힘들 정도다. 내가 1962년에 정신과의 사회복지사가 되기 위해 처음 수련을 받고 있을 당시에 내가 일하며 수련을 받던 병원에서는 대기실에서 환자가 인사로 손을 내밀면 악수를 해야 되는지, 아니면 그것이 전이의 올바른 발전을 과도하게 방해하는지에 대해서 진지한 토론이 오갈 정도였다. 새로 나온 정신분석 학파 중에는 아직도 이런 식의 경직성이 남아 있는 곳이 있다. 예를 들면, 나는 (1970년대에) 하인츠 코헛(Heinz Kohut)의 책에서 어떤 분석가가 자신이 천주교 신자라는 사실을 환자에게 노출시켰기 때문에 수백 시간의 정신분석 작업이 수포로 돌아갔다는 사례에 대해 그가 논하는 것을 읽은 적이 있다.

게슈탈트 치료는 또한 정신분석의 변화 이론에 대한 반작용이기도 했는데, 그 이론에 의하면 성장할 수 있는 가능성은 비관적이었고, 가능한 선택은 제한되어 있었다.

정신분석에서는 실제적 관계보다 전이를 중요시하는 것과 마찬가지로 환자나 치료자의 실제 경험보다는 해석을 더 중요시한다. 전이 해석을 통해서만 현재 일어나고 있는 관계라는 현실에 들어갈 수 있다. 그리고 치료 작업에서는 대부분 전이를 환자의 현재 행동에 대한 과거의 원인을 알려주는 단서로 사용했다. 전이를 통해 볼 수 있듯이 현재의 행동이 어떻게 과거의 사건 때문에 생기게 되었는지 치료자가 추측을 하면,

그러한 추측은 마치 사실인 양 그 해석이 환자에게 전달되었던 것이다(M. V. Miller, 1988).

치료자의 역할에 대한 개념 전체가 초기 게슈탈트 치료자들에 의해 근본적으로 바뀌게 되었다. 변화에 대한 정신분석적 이론에 의하면 치료자는 자기가 어떤 사람인지 드러낼 수 있는 개인적 개방이나 다른 어떤 눈에 띄는 현전(presence)도 제한해야만 했다. 상담실의 장식조차도 중립적으로 되어야 했다. 예를 들면, 빈 영사막을 오염시키고 전이에 색깔을 입힐 수도 있는 가족사진이나 개인적 기념품들은 두지 말아야 했다.

분석가는 중립성과 절제의 규칙들을 지켜야 했다. 예를 들어, 환자가 갈등을 겪을 때 어느 한편을 든다든지 함으로써 절대적인 중립성으로부터 빗나가는 일은 허용되지 않았으며, 환자가 원하는 것을 만족시켜주는 것도 용납되지 않았다. 그렇게 하는 것은 전이를 왜곡시키고 분석을 방해한다고 여겨졌다. 마치 '중립적' 입장(그런 게 정말 가능하다면)이면 전이에 아무런 영향을 끼치지 않듯이, 분석가는 정말로 중립적 입장을 유지할 수 있으며, 따라서 전이에는 아무런 영향을 미치지 않을 것이라는 믿음이 있었다.

변화에 대한 정신분석적 이론은 또한 환자의 수동성을 요구했다. 환자가 지켜야 할 기본 규칙은 모든 자유 연상을 검열하지 않고 이야기하는 것이었다(물론, 이 규칙 자체가 중립적이 아니라, 저항에 맞서는 쪽으로 치우친다는 사실은 전반적으로 무시되었다.). 이 모델에서는 잘된 분석 작업의 요건으로 현상학적 초점화가 포함되어 있지 않았다. 치료 시간 동안 환자가 하는 능동적인 행위라든가, 혹은 문제에 대한 작업이 끝났다고 분석가가 생각하기 전에 환자가 자신의 삶에서 변화를 일으키는 것은 [무의식적] 행동화(acting out)이며, 분석 작업에 대해 저항하는 것으로 여겨졌다.

게슈탈트 치료 운동에서 바뀐 정신분석의 기본적 측면 중의 하나는 정신분석이 일차적으로 실제 경험에 근거하기보다는 이론에 주도된다는 점이었다. 그리고 정신분석을 지배하던 이론은 욕동(drive) 이론이었다. 욕동 이론에 의하면 성격을 결정하는 요소들은 사회적이거나 실존적이기보다는 대부분 미리 정해진 것이다. 예를 들면, 거세 콤플렉스는 모든 문화권의 모든 사람들에게 보편적으로 있는데, 그것은 개인이 가지고 태어나는 기본적인 욕동 때문이라는 것이다.

게슈탈트 치료 혁명: 가능성에 주목함

게슈탈트 치료는 단순히 정신분석에 대한 반작용으로 생겨난 것이 아니라, 인간 능력의 힘에 대한 기본적인 믿음에 단단히 뿌리를 둔 혁명의 시작이었다.

알아차림과 현전(presence)의 힘

새로운 모델에 의하면 치료 시간 중에나 실제 바깥 세상에서나 치료자와 환자는 두 사람 모두 적극적으로 현전[1]하고 관계 맺는 것을 통해 성장한다.

게슈탈트 치료는 사람들이 이미 알고 있는 것 그리고 알아차림을 사용함으로써 알 수 있는 것들을 강조했다. 사람들이 알지 못하고, 또 알 수도 없는 것들을 바탕으로 하지 않는 새로운 방법론을 창조해낸 것이다([이와 대조적으로] 정신분석에서 무의식은 전이의 분석과 해석을 통하지 않고는 알 수 없는 것이다.).

실험의 힘

게슈탈트 치료는 실험, 즉 새로운 것을 시도해 보고 그 새로운 실험적 행동으로부터 알아차림이 떠오르는 것을 허용하는 것에 기초를 두고 있다. 자유 연상과 전이 분석으로 한정된 방법론 대신에 보다 강력한 방법론이 들어올 여지를 마련한 것이다. 경직되고 이론에 주도된 제약에서 해방되어, 게슈탈트 치료자들과 환자들은 새로운 행동을 시도해 보고, 그것을 그들 자신의 알아차림 과정을 통해 검증해볼 수 있게 되었다.

이처럼 실험을 활용하는 것에 대치되는 입장으로는 새로운 행동을 '행동화(acting out)'로 규정하는 정신분석적 태도와, 강화의 원리를 사용하여 행동을 통제하려는 행동주의적 태도의 두 입장이 있다.

1) 역자 주_ '현전(現前)'이란 실존철학의 용어로서 '앞에 와 있음'이란 뜻인데, 선입견이나 망상 또는 잡념 없이 깨어 있으면서 마음으로 온전히 지금 이 순간에 대화 상대 앞에 와 있다는 의미다. 치료자가 현전함으로써 내담자의 말을 경청하고, 또한 그와 온전히 함께할 수 있다.

실험적 입장에서는 치료자가 행동 수정자가 될 필요도 없고, 또한 환자가 '행동화' 한다고 비난받지도 않으면서, 치료자와 환자가 보다 능동적으로 기능하도록 지지한다.

지금-여기의 힘

게슈탈트 치료 혁명은 순간 순간 지금-여기의 알아차림과 접촉 그리고 새로운 해결책을 창조해 내는 것을 중심점으로 삼았던 운동의 핵심 부분이었다. 부분적으로는 게슈탈트 심리학과 레빈(Lewin) 주의의 영향을 받아 게슈탈트 치료자들이 장 이론(field theory)을 게슈탈트 치료적 사고방식의 중심적인 부분으로 들여왔을 때까지만 해도 20세기 장 이론적 사고들은 심리치료에 중요한 영향을 미치고 있지 못하던 상황이었다. [이때부터] 전형적인 질문의 형태가 "왜 그렇게 했습니까?" 대신에 "당신은 바로 지금 무엇을 하고 있으며(혹은 무엇을 알아차리고 있으며), 그것을 어떻게 하고 있습니까?"로 바뀌게 되었다.

어떤 이들은 게슈탈트 치료를 '나와 너, 지금과 여기, 무엇과 어떻게' 로 묘사했다. 바로 그 순간에 실제로 경험되거나, 행해지거나 혹은 욕구되는 것들을 바탕으로 해서 치료자와 환자가 관계를 맺는다는 것은 그 당시 심리치료 장면에서 혁명적인 일이었다. 기계적인 인과 관계에 대한 사변을 중요시하는 대신에 '무엇' 과 '어떻게' 에 대해 있는 그대로 기술하면서 과정과 장을 중요시하는 것 역시 그 당시의 심리학에서는 새로운 것이었다.

두 가지 스타일

게슈탈트 치료에서는 두 가지 상반되는 경향 혹은 스타일이 나타났고, 그것은 현재까지도 지속되고 있다. 그중 하나는 개인 대 개인적 관계보다는 기법을 강조하는 연극적이고 카타르시스적인 방법이다. 때로 나는 이 방법을 '쾅쾅쾅 치료' 라고 부른다. 또 한 가지 스타일은 열심히 작업하는(hard working), 개인 대 개인의, 접촉 지향적 접근법이다. 이 두 가지는 각각 적어도 1960년대 중반경부터는 원시적인 형태로 존재하고 있었으며, 둘 다 첨단의 경향이었다. 그중 하나는 1980년대에 꽃피웠던 수많은 '조종적

(manipulating)' 치료들의 선조 혹은 최소한 초기 표본이 되었다. 또 한 가지 방법은 변화의 역설적 이론을 중시하는 '대화적' 방법의 선조였는데, 그 또한 지난 1980년대에 꽃피기 시작했다.

내가 게슈탈트 치료의 한 가지 스타일을 처음으로 접한 것은 1964년 캘리포니아 주 노워크(Norwalk)의 중앙 주립 병원에서 퍼얼스(Pearls)가 연례 수련 교육을 하러 왔을 때였다. 그때 병원에 그를 초청한 것은 현재 로스앤젤레스 게슈탈트 치료 연구소의 교수진이며, 당시에는 그 병원의 정신과 수련 책임자였던 아놀드 바이서(Arnold Beisser)였다.

퍼얼스는 극적이었고, 엉뚱했으며, 자아도취적이었다. 그는 사람들을 끌어들일 뿐 아니라 격분시키기도 했다. 그는 정신과 교수진들과 수련 중인 레지던트들뿐만 아니나 그 누구에게도 반응하지 않던 정신과 환자들로부터도 반응을 얻어 냈다.

그는 게슈탈트 치료를 퍼얼스, 헤퍼라인 그리고 굿민(Perls, Hefferline, & Goodman, 1951)에서 상술된 이론에 따른 진지한 심리치료로 생각했다. 그는 전국을 돌면서 게슈탈트 치료의 시연을 했다. 하지만 뉴욕 시 게슈탈트 치료 그룹의 영향력으로부터 벗어나자, 그의 과시적이고 흥분을 추구하는 성향, 환자들이 그를 우롱하려 한다는 의심 그리고 그의 연극적인 배경 등이 모두 표면화되었다. 그가 자기도 모르는 사이에 좋은 치료보다는 '자극적인' 게슈탈트 치료 스타일을 조장하고 있다는 것을 스스로 알아차렸을 때는 이미 게슈탈트 치료에 대한 대중적 이미지를 기본 이론에 일치하도록 유지하기에는 너무 늦어 버렸다. 말기에 그는 자극적인 태도에 반대하고, 그러한 태도와 게슈탈트 치료를 혼동하는 것에 반대하기 위해 목소리를 높였다.

내가 그를 봤을 때 나는 그가 논의했던 철학의 가능성들에 매력을 느끼고 있었다('나는 왜 게슈탈트 치료자가 되었는가'의 장을 보시오.). 개인적으로 나는 퍼얼스에게 호감이 가지 않았고, 그에 대한 존경심도 크지 않았다. 하지만 그러한 가능성들에는 흥미가 있었다.

내가 짐 심킨(Jim Simkin)과 작업했을 때는 뭔가 다른 것을, 매우 다른 스타일 혹은 성향을 경험했다. 내가 보기에 그는 개인적으로 사람들에게 관심을 보였고, 접촉적이었으며, 솔직하고 직선적이었다. 그는 '당위(should)를 버릴 것'과 '자리가 충분히 있다.'는 태도를 강조했는데, 그것은 나의 성장에 중추적인 역할을 했다(Simkin, 1974). 그는 치료자가 적극적인 현전을 통해 자신의 관심을 보여주는 것을 중요시하는 게슈탈트 치료의 본보기였으며, 환자가 당면하고 있는 현실에 자신감 있게 직면했다. 그는 각자가 자신의 선택과 행동의 주체로서, 자기 조절의 책임을 지고, 무엇이 가능한지를 찾아내기 위해 실험을 한다는 실존적 주제를 중요시했다. 그의 스타일이 현대적 기준으로 볼 때는 대화적이었다고 할 수 없겠고, 그는 공감과 포함(inclusion)이라는 개념에 대해 매우 의심쩍어했지만, 그가 연극적이거나 카타르시스적이거나 혹은 기법 중심의 치료자가 아니라는 것은 확실했다.

배경 2: 대조적인 혁명(1950년과 1965년) –두 개의 혁명 그리고 서로 다른 두 시대

1947년과 1951년: 권위주의에 대한 반항

게슈탈트 치료는 제2차 세계대전 이후 권위주의에 대한 반작용의 시대에 시작되었다. 그것은 적극적인 태도와 혁명적인 사상을 가진 사람들에 의해 만들어졌는데, 그들은 총체적인 사회, 정치 이론을 만들어 내고자 했다. 개인적, 정치적, 지적인 직면이 그 집단의 특징이었다. 아무도 예외가 될 수 없었다. 예를 들면, 퍼얼스 역시 이론을 논한다거나 개인적 대화를 하는 것을 꺼린다고 해서 직면당하고 비판을 받았다.

그들은 경직된 사회 관습에 저항하는 혁명적이고, 정치적으로 적극적인 집단이었으므로 그들이 정신분석의 경직성에도 역시 반기를 들었다는 것은 그다지 놀랄 만한 일이 아니다. 그들은 또한 해리 스택 설리번(Harry Stack Sullivan)이나 에리히 프롬(Erich Fromm)처럼 이드(id)보다는 에고(ego)를, 욕동이론보다는 사회적 상호작용을 더 중요시하기 시작하던 분석가들과 교류가 있었다.

하지만 초기의 게슈탈트 치료 집단은 정신분석의 기반 자체를 바꾸었다는 점에서 개혁적 성향의 정신분석가들보다 한 걸음 더 나아갔다. 그 집단은 감정 전이보다는 현실 접촉을, 빈 영사막(blank screen)보다는 적극적 현전(active presence)을, 자유 연상과 해석(interpretation)보다는 대화와 현상학적 초점화를, 기계주의적 이론보다는 장 이론을, 그리고 뉴턴과 아리스토텔레스적 이분법보다는 과정 이론을 중시했다.

1960년대

1960년대에는 게슈탈트 치료의 새로운 모델이 전 세계로 퍼져 나갔다. 이 모델에 가장 큰 영향을 미친 것은 프리츠 퍼얼스(Fritz Perls)와 에살렌 연구소(Esalen Institute) 그리고 1960년대 미국의 사회적, 정치적 상황이었다.

'뭐든지 괜찮다(anything goes).' 의 시대였던 1960년대는 자유로운 학교와 조직의 부재로 특징지어지는 시대였다. 그것은 반항적 운동이었으나 순진한 반항이었다. 교육 이전의 선함과 총명성을 순진하게 신뢰하는, 반(反)지적이며 반조직적이고 반구조적인 운동이었다.

1960년대의 운동은 지적인 직면을 거의 지지하지 않았다. 반항적이고 혁명적인 운동이었으나, 혁명 후에 적용할 모델은 가지고 있지 않았다. 자신의 뿌리에 대해서도 무지한 운동이었다.

1950년에 게슈탈트 치료 이론은 부분적으로는 반권위주의의 정치 이론, 즉 정치적 무정부주의(political Anarchism)의 이론이었다. 1965년에 게슈탈트 치료는 무정부주의적인 보다 광범위한 운동, 즉 소문자 a로 시작하는 '무정부주의적인(anarchistic)' 운동의 한 부분이었다. 그것은 조직적인 것에 반기를 드는 운동이었으나, 무정부주의(Anarchism)를 뒷받침해 주는 진정한 정치 이론은 결여된 운동이었다.

의미는 어떻게 도출되는가

게슈탈트 치료 이론에서 의미(meaning)란 배경을 바탕으로 해서 전경이 가지는 모습이다. 즉, 보다 일반적인 맥락 혹은 배경을 바탕으로 했을 때, 지금-여기에서 관심사가 되는 전경이 갖는 모습이다.

1950년대의 게슈탈트 치료자들은 환자를 치료할 때 배경의 중요성을 알고 있었다. 당시 대부분의 치료자들은 철학적으로나 임상적으로 훌륭한 배경을 갖추고 있었다. 그들은 장기적인 개인치료를 시행하기도 하고 자신들이 받기도 했는데, 그때까지도 긴 의자(couch)를 사용하기도 했다.

1960년대 중반의 운동에서 배경은 소홀히 다루어지거나 심지어는 무시되기도 했다.

예를 들면, 환자의 발달적 개인사는 자주 간과되었으며, 많은 사람들이 개인사를 아는 것은 전혀 불필요한 것처럼 이야기했다.

1980년대에 와서 우리는 지금-여기에서의 전경과 역사적인 배경을 좀 더 종합할 수 있게 되었다. 배경을 알아차리는 것이 중요하다는 것을 배우게 되었다. 치료와 이론은 더욱 효과적이 되었지만, 전처럼 단순하지는 않게 되었다.

쾅쾅쾅 스타일(The Boom-Boom-Boom Style)

1960년대의 반 이론적 태도는 많은 사람들이 게슈탈트 치료의 특징으로 여기게 된 쾅쾅쾅 스타일의 발전을 가능케 했다. 1960년대 중, 후반에 게슈탈트 치료는 이처럼 연극적이고 카타르시스 지향적인 접근 방법을 개발했다. 그것은 오만했고, 극적(劇的)이었으며, 단순했고, 빠른 변화를 약속했다. 그것은 초기 게슈탈트 치료 운동과는 대조를 이루면서, 1960년대의 반 지적이면서 순진하게 반항적인 태도로 나타났다.

많은 이들은 게슈탈트 치료를 과장된 불꽃놀이나 불쾌한 직면과 동일시하기 시작했다. 이러한 치료 스타일은 퍼얼스가 그랬듯이 사람들의 관심을 끌었고, 이를 사용하면 많은 것들이 신속하게 일어났다. 치료자들이 이러한 치료를 시연할 때 극적인 효과가 나타났다. 이런 치료 스타일을 이용하는 카리스마 넘치는 치료자들은 기법과 '만남(encounter)'을 사용해서 사람들을 감동시켰는데, 이것이 장기적인 성장을 가져오리라는 순진한 믿음이 있었기 때문이었다(나중에서야 좀 더 잘 알게 되었다는 것은 추후에 살펴볼 것이다.).

쾅쾅쾅 치료는 세심한 치료적 탐색을 이목을 끄는 기법으로 대체했다. 이처럼 자극적이면서 빠른 변화를 지향하는 것은 초기 게슈탈트 치료자들의 장기 치료와 분명한 대조를 이루었으며, 1960년대의 숙련된 게슈탈트 치료자들의 치료 실제와도 대조되는 것이었다.

빠른 행동이 개입되는 유형의 치료를 받는 환자들에게는 '역공포적 저항(counter-phobic resistance)'이 새로 생겨나거나 증가되는 일이 잦았다. 수줍음이 많은 환자들은 뻔뻔스럽고도 대담해지더라도 표현을 더 하도록 권장되었다. 개인의 전반적인 성격에 대한 마땅한 고려 없이, 그리고 개인의 저항을 존중하지도 않고, 알아차림과 동화

(assimilation)를 통해 이러한 저항에 대하여 작업해야 할 필요성을 존중하지도 않다 보니, 통합되지 않고 진정성이 없으며, 경직된 결과가 나타나는 일이 잦았다.

그 시대에는 많은 이들이(비판자들과 옹호자들 모두) 게슈탈트 치료를 참 만남 집단(encounter group)과 혼동했다. 게슈탈트 치료는 현상학적이며, 양질의 접촉을 중시하는 이론인데, 많은 집단에서 '게슈탈트 치료'라는 이름으로 압력과 직면 그리고 집단의 횡포를 사용하기도 했다. 신중한 게슈탈트 치료적 접근은 '당위적인 것이 없음'에 바탕을 두고 있는데도 불구하고, 그러한 집단에서는 환자들이 분노의 표현, 협동 혹은 신체적 접촉과 같은 집단의 목적에 순응하도록 하기 위하여 집단의 압력이나 다른 계획적 노력을 사용했다. 물론 치료자들과 환자들은 어디까지나 내사는 내사라는 인식을 하지 못한 채, 이런 새 규범들이 예전 것들보다 환자를 더 자유롭게 해주는 것으로 지각하는 경향이 있었다.

'있는 그대로 받아들이기(Is)' 대(對) '환자가 다음 단계를 밟게 만들기'

게슈탈트 치료 방법론의 근간은 변화의 역설적 이론이다. 이것은 현재 있는 것(what is) 그리고 자신의 자기다움(who one is)과 접촉을 유지하면서 자연스럽게 성장이 일어나도록 허용하는 것을 중시한다. 쾅쾅쾅식 접근은 행동 수정의 접근 방식이며, 환자들이 다음 단계를 밟도록 만드는 것을 중요시한다.

성장의 다음 단계가 일어날 수 있도록 자기-지지를 증진시키는 것과 환자를 그곳에 데려가는 행동 수정적 태도에는 차이가 있다. 행동 수정적 방식의 게슈탈트 치료에서는 저항을 깨뜨려 버린다. 현상학적인 게슈탈트 치료에서는 알아차림 작업, 즉 지금 있는 것(what is)과의 접촉을 중요시한다. 후자의 접근 방식은 치료자들이 다음 단계를 의도적 목표로 삼는 것이 아니라, 환자들이 성장함으로써 다음 단계가 저절로 나타나도록 지지한다.

게슈탈트 치료의 핵심은 변화의 역설적 이론이다. 이 접근 방식에서는 저항을 알아차리고 인정해 준다. 저항은 이름이 붙여지고, 이해받는다. 바람직하지 못한 어떤 것으로 이해되는 것이 아니라, 그저 이해받는 것이다. 이 모델에서 알아차림 작업은 충동과 저항이라는 양극을 통합시킨다. 하지만 저항이 깨뜨려지거나 간과되는 것이 아니다. 자기-지지가 증대되기 때문에 환자들은 각자의 삶의 공간에서 자신에게 적합한 다음 단계를 거칠 수 있게 된다. 하지만 치료자들은 그들이 구상한 대로의 다음 단계를 환자들이 밟도록 만드는 것에 치료의 중점을 두지는 않는다.

카리스마적 리더십 스타일

정신분석에서는 수동적인 치료자가 수동적인 환자에게 해석을 해주었다. 게슈탈트 치료가 시작될 때에는 환자와 치료자의 능동적인 관여가 있었다. 불행히도, 1960년대의 연극적인 스타일이 개발되고 시행됨에 따라 대화적 접촉과 현상학적 초점화보다는 카리스마를 가지고 이끌어 가는 치료자가 게슈탈트 치료의 상징으로 생각되는 일이 잦아졌다.

쾅쾅쾅 스타일은 카리스마가 필요한 치료자들에게 자연스러운 수단이 되었다. 이 스타일의 특징은 내용보다는 극적인 요소, 성장보다는 '절정 경험(peak experience)' 이었다. 그것은 환자들의 치료적 필요성보다는 치료자들의 자기애적 욕구를 충족시켜주었다. 누구의 필요에 의해 이러한 극적인 기법이 사용되었는가? 나는 그것이 치료자들의 영광을 위해서였다고 생각한 적이 많다.

짐 심킨은 힌두교 도사와 치료자를 대비시켰다. 도사는 그가 함께 작업한 사람으로 하여금 그를 사랑하게 만든 반면에, 치료자는 그가 함께 작업한 사람을 사랑한다고 했다. 그가 말한 의미는 치료자는 환자의 자율성과 자기-지지와 알아차림 능력을 소중히 여기고, 그것을 존중하는 것을 바탕으로 하여 투명하고 직접적이며, 정직한 접촉을 한다는 뜻이었다.

초기의 게슈탈트 치료자들은 정신분석의 가르침, 즉 지속적인 치료적 관계의 중요성 그리고 전이와 역전이의 중요성에 대해 잘 알고 있었다. 그들의 치료적 수행과 이론에는 이러한 현상들에 대한 설명이 녹아들어 있었다. 하지만 1960년대와 1970년대 초반에는 게슈탈트 치료 체계가 지나치게 단순화되게 규정되면서 이것이 때로는 빠져버리기도 했다. 다음에 논의하겠지만, 최근 미국에서 우리는 관계와 대화의 중요성 그리고 환자의 즉각적인 경험을 따라가는 것의 중요성에 대해 배우게(혹은 다시 배우게)

되었다.

카리스마적인 리더십 스타일은 환자들의 지혜나 [치료자와 환자 사이의] 상호작용 혹은 대화로부터 저절로 일어나는 것들로부터 이익을 취하지 못했다. 겸손함이라든가 자료 따위는 개의치 않았다. 이 스타일에서는 치료자의 예상과 맞지 않는 관찰적 자료에 거의 관심을 기울이지 않았다. 이 스타일로 치료하는 사람들은 자신들의 작업이 훌륭하다는 것을 확인시켜주는 일화를 제외하고는 어떠한 장기적인 자료도 추구하지 않았다. 어떤 종류의 환자를 치료할 때 어떤 것이 효과가 있는가? 위험은 무엇이며, 후유증은 없는가? 우리 모두 누구나 어느 정도는 갖고 있는 자기애적 망상 속에 빠져 우리들은 눈이 멀었던 것이다. 신이여, 우리는 정말 특별했지 않습니까?

기범과 카리스마 그리고 카타르시스에 기초한 치료는 카리스마의 옹호자들이 믿었던 것만큼 효과가 없다는 증거가 나타나고 있다. 게슈탈트 치료는 심리치료의 세계에 새로운 가능성을 열어주었다. 하지만 연극적 방식은 실제 내용보다 외양이 더 좋았다. 사람들은 명백하고도 미묘한 방식으로 상처를 입었다.

뭐든지 괜찮다

1960년대의 시대 분위기, 특히 게슈탈트 치료에서의 분위기는 이러한 왜곡을 더욱 부채질했다. 이론을 피하고, 특히 지적인 갈등을 회피하려는 풍조는 명확한 사고의 부족을 가속화시켰고, '뭐든지 괜찮다(anything goes)'라는 태도와 맞아 떨어졌다.

1960년대에는 끔찍한 이야기들이 많았는데, 그것은 예견된 일이었다. 지나친 단순화가 팽배했으며, 누구나 자기들이 나가서 치료를 할 수 있다고 생각하게 조장하는 순진한 믿음이 있었다. 이러한 태도에는 단골로 따라다니는 변명과 합리화가 있었다. 치료의 순간이 극적이고, 흥분되며, '절정 경험'이면 그것으로 충분하다는 듯했다. 카리스마적 지도자가 역사를 알아야 할 필요가 없는 것처럼, 자신들의 개입이 어떤 결과를 가져왔는지 알아야 한다고 생각하지 않았다.

게슈탈트 치료 이론은 자신의 행동에 책임을 지는 문제에 있어서 정교했다. 하지만 상투적인 말 수준의 도그마는 이 이론을 지나치게 단순화시켜 환자들은 자기 자신의 삶에 책임을 져야 하며, 여기에는 자신의 치료도 포함된다고 주장했다. 역시 상투적인 수준에서 치료자들은 치료의 결과에 대해 환자만큼 책임이 없는 것으로 간주되었다. 치료의 효과가 없거나 어떤 환자에게 워크숍이 지나치게 힘들면, 환자는 그냥 집으로 돌아가야 하고, 필요한 도움이 무엇이든 간에 그것을 찾아내는 것은 그의 책임이라는 논리였다.

이것은 상투적인 말 수준에서였다. 프레드릭 퍼얼스, 로라 퍼얼스, 월터 켐플러, 짐 심킨을 비롯하여 많은 이들이 치료자의 책임이라는 주제에 대해 자신의 의견을 내놓았었다.

내가 자주 인용하는 끔찍한 이야기 중의 하나는 다음과 같다. 짐 심킨이 애리조나 주 투산에서 주말 수련 워크숍을 열고 있었다. 게슈탈트 치료에 경험도 없고 훈련도 받지 않은 어떤 치료자가 그 워크숍에 참석했다. 그는 워크숍 내내 참여하지도 않았고, 내 기억이 정확하다면, 일요일 오전에 열렸던 마지막 세션에도 참석하지 않았다. 그 다음날인 월요일 아침에 그는 스스로 게슈탈트 치료자라고 선언했다.

이보다 덜 명백한 다른 예들은 많다. 체계적인 슈퍼비전이나 이론적인 이해도 없이 워크숍에 참석하는 것만으로 훈련을 받은 많은 이들이 무엇을 모르는지조차 알지 못한 채 게슈탈트 치료를 시행했다. 그런 사람들 중 공격적인 측에서는 보다 엄격한 수련과 탄탄한 이론의 중요성을 역설하는 사람들을 경멸하기까지 했다.

게슈탈트 치료라고 하는 것을 어떻게 수행하는지 거의 모르고 이론도 모르는 사람들이 시간이 지나면서 스스로가 다른 이들에게 게슈탈트 치료를 수련시킬 수 있는 능력이 있다고 생각하는 경우도 있었다. 능력에 대한 별다른 증거도 없고, 이론에 대한 이해가 없어도 얼마 동안 치료를 시행하기만 하면 수련을 시키거나 심지어는 기관을 시작할 자격이(그들 생각에는) 생긴다는 식이었다.

게슈탈트 치료 문헌

1950년대 초반에는 게슈탈트 치료 문헌이 별로 없었으나, 이론을 창출해내는 데에는 많은 관심이 있었다. 퍼얼스가 1948년에 발간한 탁월한 논문인 「게슈탈트 치료, 자아, 배고픔 그리고 공격성(*Gestalt Therapy, Ego, Hunger and Aggression*)」을 비롯해 몇 편의 사소한 논문들이 있었다. 하지만 지적인 대화는 계속되었고, 이론에 대한 존경심이 있었다. 그들은 지나치게 단순화된 이론이나 상업주의 혹은 그 어떤 '주의(ism)'나 '내사(introjects)' 보다는 양질의 사고에 관심을 가졌다.

1950년부터 1972년까지는 게슈탈트 치료 문헌에 진전이 없었다. 1969년에 내가 나의 첫 논문인 「게슈탈트 이론과 수행에 대한 개관」을 썼을 당시에는, 1951년 이전에 나온 문헌 외에 비공식적으로 돌려 보던 발간되지 않은 개론적인 논문이 몇 개 있을 뿐이었고, 게슈탈트 이론을 말로 가르치는 전통(예를 들면, 이사도어 프롬(Isadore From)의 작업)이 빈약하게나마 있었다.

1960년대에 들어서는 이론에 대한 태도가 변했다. 이론에 대한 관심이 사라진 것은 '마음을 잃어버리고 감각으로 오라'와 같은 1960년대의 반(反) 지적 태도와 들어맞는 경향이었다. 또한 이론화시킬 능력이 점점 더 없어진 탓도 있었다. 즉, 게슈탈트 치료를 하는 사람들 중에서 이론적 분석을 제대로 하거나 지적인 대화를 계속할 수 있는 배경이나 수련 혹은 기질을 갖추지 못한 사람들이 더 많아진 것이었다.

그것이 가장 불행한 일이었다. 왜냐하면, 게슈탈트 치료에는 문헌이 풍부하지 않았던 반면에 다양한 경로로부터 풍부한 문헌들이 게슈탈트 치료로 흘러들어 왔기 때문이다. 예를 들면, 마르틴 부버(Martin Buber), 게슈탈트 심리학, 실존주의, 현상학 그리고 선(Zen) 등으로부터였다.

이론과 관련된 이 시대의 퇴보는 마지막으로 상투적 표현과 포스터에서 나타났다. 퍼얼스와 다른 사람들이 이러한 퇴보에 기여했다. 게슈탈트 기도문 포스터는 아마도 이 중 최악이었을 것이다. 퍼얼스 자신이 게슈탈트 치료의 타락에 기여하고 있었음을 그가 알아차렸을 때에는 이미 손상을 돌이킬 수가 없었다.

배경 3: 1970년대 정신 차림과 재검토

'흥분시키기'에서 '주파수 맞추기'로

1970년대의 인본주의 심리학 운동은 카타르시스로는 충분하지 않다는 것을 발견하기 시작했으며, 또한 1960년대의 흥분시키는(turn-on) 방식에 대한 반작용도 나타났다. 게슈탈트 치료가 간단한 치료라고 순진하게 생각해서 그것을 쾅쾅쾅 수준으로 축소시켰던 사람들이 이제 영성(spirituality)을 발견했으며, 초개인적(transpersonal) 문제에 새로이 관심을 가지게 되었다. 또한 게슈탈트 치료란 환자들이 그들의 감정을 외부로 드러내도록 직면시키는 것이라고 그들이 왜곡했던 것처럼, 이번에는 안으로 초점을 맞춰서 다양한 형태의 명상 등을 사용했다. 이제는 '게슈탈트 치료자'라는 사람들이 차크라, 초감각적 지각, 마사지, 기(氣)를 사용한 치료 등에 대해 말하는 것을 들을 수 있었다.

하지만 게슈탈트 치료에 대한 이러한 접근은 포괄적이지 않았고, 아직도 게슈탈트 치료의 틀이 없는 게슈탈트 치료였다. 이론도 실제도 모두 충분히 깊이 생각되지 못한 상태였으며, 게슈탈트 치료에 대한 어떠한 이론적 이해도 없이 주파수 맞추기를 하는 것이었다. 많은 사람들이 게슈탈트 치료를 이해하지 못한 채 떠나가서 새로운 실제와 사고의 영역으로 들어갔는데, 거기서도 단순화시키고 포괄적인 틀이 없는 것은 마찬가지였다. 예를 들면, 많은 사람들이 불교에서 사상을 차용했지만 게슈탈트 치료에 대해서 했던 것만큼이나 불교 역시 지나치게 단순화시키고 왜곡했다.

1970년대의 영적인 초점은 개인의 구원에만 있었다. 그것은 게슈탈트 치료의 기본이론과 통합되지 않았다(지금은 우리가 좀 더 잘하고 있기를 바란다). 게슈탈트 이론에서는 자기, 알아차림, 영성은 당연히 관계적이다. 자기 내부로 들어감으로써 알아차림과 영성이 나오는 것이 아니라, 개인/환경의 장(field)에서 이루어지는 대화로부터 알아차림과 영성이 나오는 것으로 본다.

개신교식으로 개인 및 개인의 구원을 강조하는 입장을 취하면서, '주파수 맞추기(tuning-in)' 태도는 개인을 장으로부터 고립된 것으로, 그리고 관계란 그러한 개인 위에 첨가되는 것으로 취급했다. 알아차림을 내면으로 돌려 자기 자신으로 향하게 함으로써 지혜를 발견한다는 생각은 개인과 환경을 분리시키고, (내적인) 알아차림과 접촉을 분리시킨다. 이것은 몇 가지 측면에서 게슈탈트 이론의 매우 심각한 왜곡인데, 그 왜곡 중의 하나는 모든 것, 그리고 모든 사람은 본질적으로 관계적이라는 게슈탈트 치료의 핵심적 개념을 상실해버린 것이다. 영성에 관한 게슈탈트 치료적 개념은 마르틴 부버의 생각과 가까운데, 그것은 '나-너(I-you)' 혹은 '나-그것(I-it)'으로부터 분리된 '나(I)'란 존재하지 않으며, 인간과 신의 대화는 인간 대 인간의 대화에 의존하며, 또한 인간

대 인간의 대화는 인간과 신의 대화라는 배경을 전제로 해서만 존재한다는 것이다.

1970년대의 이러한 접근 방법은 게슈탈트 이론의 또 다른 중요한 측면을 폄하했다. 거기에는 사회적 책임 의식이 전혀 없었다. 그것은 본질적으로 자기애적이며, 개인주의적이었다. 이론에 있어서의 이러한 변화는 '나는 내 일을 하고, 너는 네 일을 한다'는 1960년대식의 태도에서 시작되었다. 1970년대에는 그러한 태도가 영성적이라고 일컬어졌다.

또한 공동체 내의 관계에서도 이러한 것을 볼 수 있었다. 활기찬 기를 가지고 있으며 카리스마적이고 영성적으로 보이지만, 다른 사람이나 집단이 필요로 하는 것에는 전혀 주의를 기울이지 않으면서 '내가'라고 말하는 자기중심적인 사람을 만날 수 있었다. 그들은 개인적인 흥미가 없는 어떠한 일도 하지 않으려 했다. 그런 사람과 함께 찬송을 부르고 싶을지는 모르지만 부엌을 같이 쓰고 싶지는 않을 것이다.

다시 생각해 보기: 프리츠를 넘어서

1970년대에는 로라 펄스를 비롯해 많은 이들이 펄스의 스타일은 게슈탈트 치료 스타일 중 하나에 불과하다는 것을 명백히 하기 위해서 목소리를 높였다. 그것은 펄스가 일생 동안 사용했던 유일한 스타일도 아니었고, 게슈탈트 치료에서 유일하게 정통적인 스타일도 아니었다. 또한 어떤 이들은 펄스가 상투적 수준에서 이론화한 것이 게슈탈트 치료를 대표하는 것이 아니라는 점을 명백히 했다. 어떤 이들, 특히 이사도어 프롬은 (『Gestalt Therapy』에 쓰인 대로) 폴 굿먼(Paul Goodman)의 원리에 따라 이론을 가르치고 있었다.

어찌된 연유에서인지 그러한 메시지는 끝내 전문가 집단에 완전히 전달되지 못했다. 그 이유는? 우리는 추측만 할 수 있을 뿐이다. 로라나 이사도어와 같은 사람들은 글을 많이 쓰지 않았고, 또한 펄스처럼 극적이지도 않았다. 그들이 목소리를 높인 것은 펄스나 그를 모방하는 사람들의 극적인 시연이 전문가들이나 일반인들에게 지울 수 없는 인상을 남긴 후였다. 또한 쾅쾅쾅 스타일의 게슈탈트 치료자들이 1960년대에 그랬던 것처럼 거대한 사회적 조류를 타고 있지도 않았다.

근거가 더 확실하고 심사숙고된 입장이 오히려 관심을 덜 끈다는 것은 역사의 얄궂은 장난에 속한다고 할 수 있겠다. 하지만 게슈탈트 치료 이론에 대해 그들이 재천명하고, 명료화하고, 향상시킨 덕분에 게슈탈트 이론은 1980년대에 더욱 발전하게 되었다.

1970년대의 문헌

1972년 이후로 게슈탈트 치료 문헌의 갈증은 해소되었으며, 보다 많은 문헌이 나왔다. 그중 대부분은 개론 수준이었다. 『Gestalt Therapy』[2)]의 매우 어려운 문체에 비하면 나아진 면도 있었지만, 저작들은 곧 반복적이 되었다. 또한 상당수가 게슈탈트 치료의 기본적 이론도 제대로 다루지 않고, 부정확하게 제시했다.

기본 이론을 잘 다루지 않았을 뿐 아니라 철학과 방법론 그리고 기술의 적합성에도 거의 관심을 기울이지 않았다. 진정한 임상적 토론도 부족했다. 정교한 수준의 전반적인 임상 토론과 좋은 사례 자료가 심각하게 부족했고, 아직도 그러하다.

게슈탈트 치료란 무엇인가?

이러한 질문은 왜 생겼는가?

1970년대에는 '게슈탈트 치료가 무엇인가?'라는 질문에 더욱 많은 관심이 쏠렸다. 이러한 질문이 생긴 것은 게슈탈트 치료의 스타일이 다양해지고, 그것이 하나의 시대적 흐름으로 인기가 높아졌기 때문이었다. 동시에 이 치료를 실시하는 사람들 사이에서는 게슈탈트 치료 이론에 대한 이해도가 계속 낮아졌다.

또한 게슈탈트 치료의 오용도 더욱 두드러졌다. 게슈탈트 치료의 인기는 높아졌지만 이론의 제시와 공동체 조직이 성장하지 못함에 따라, 전문적인 배경 지식이 없고 게슈탈트 치료 수련을 제대로 받지 못한 많은 사람들이 잘못된 게슈탈트 치료를 양산

2) 역자 주_ 1951년에 퍼얼스, 헤퍼라인 그리고 굿먼이 공동저술한 책으로서 게슈탈트 치료가 처음 세상에 나오게 된 시발점이 되었음.

해내었다. 악명 높은 '게슈탈트 치료와 무슨 무슨 치료'를 포함해서 게슈탈트 치료처럼 보이는 많은 치료들이 판을 쳤다.

1970년대 말쯤에는 게슈탈트 치료의 혁신적인 부분들이 일반적인 심리치료의 일부분으로 많이 흡수되었다. 많은 치료들이 게슈탈트 치료의 방향으로 움직였다. 정신분석은 대상관계와 자기 심리학의 등장으로 경험을 더 중시하게 되었다. 행동 수정은 행동주의의 블랙박스 개념의 자취로부터 멀어져 인지행동 치료로 발전했다.

내가 앞서 묘사했던 정신분석과 게슈탈트 치료에 대한 오래되고 단순한 그림은 점점 더 맞지 않게 되었다. 구조적 가족 치료나 에릭슨식 치료 등의 새로운 치료법들이 나옴으로써, 예전에는 정신분석이나 행동 수정 중에서 선택해야 했던 것에 대한 매우 강력한 대안들이 생겼다.

특정한 기법들로 정의되는 게슈탈트 치료

전문적 문헌에서는 게슈탈트 치료를 특정한 시술이나 기법들로 묘사하는 경우가 많다. 우리들 중 혹자에게는 이것이 게슈탈트 치료에 대립되는 것이지만, 또 어떤 게슈탈트 치료자들은 게슈탈트 치료를 기법에 의하여 규정했다. 그것이 도그마가 되었고, 그들은 그런 방식으로 새로운 게슈탈트 치료자들을 훈련시켰다. 이 모델에 의한 게슈탈트 치료 수련은 기법을 훈련시키는 것이었고, 이러한 기법을 적용하는 것이 치료였다. 이렇게 해서 퍼얼스가 자연스럽게 사용했던 특정한 기법들이 도그마가 되었다. 예를 들면, 빈 의자 기법, 베개 때리기, '말로 표현하기(put it into words)'[3] 등이었다. 게슈탈트 치료에 대한 이런 식의 정의는 특정한 환자들에게 그러한 기법을 사용하지 말라고 충고하는 논문에서도 전제되어 있었다. 마치 그것이 게슈탈트 치료의 예외적인 수정인 듯이 말하고 있다는 점에서 그러했다.

게슈탈트 치료를 이런 식으로 접근하는 것은 심리치료가 무엇인지에 대한 이해의 부족을 드러내고, 깊이와 유연성이 없음을 나타내는 것이다. 이러한 접근에서는 감정

3) 역자 주_ 신체의 상태나 동작을 언어로 표현하도록 하는 기법.

적으로 되는 것이 진정한 이해를 대신하고, 카타르시스가 참된 창조성을 대신해 버린다. 이런 식으로 정의를 내린다면 게슈탈트 치료는 행동 수정의 또 다른 형태일 뿐이며, 그것도 행동 수정의 책임성과 정직성이 결여된 형태에 지나지 않는다.

이것이 게슈탈트 치료다

이와 비슷하게 게슈탈트 치료를 어떤 특정한 스타일과 동일시하는 식으로 정의할 때, 게슈탈트 치료를 격하시키는 일이 일어난다. 표본으로 사용되는 스타일이 무엇이든지 간에 그것이 곧 '이게 게슈탈트 치료다.'가 되어 버린다. 물론 게슈탈트 치료는 전반적인 철학이고 방법론이며, 다양한 스타일로 다양한 환자들에게, 그리고 다양한 양태로 다양한 장면에서 적용된다. 하지만 문헌을 보면 저자가 자기 자신의 종합과 결론 그리고 임상적 경험을 게슈탈트 치료와 혼동하고 있는 논문이 수두룩하다.

어떻게 게슈탈트 치료가 그것의 어떤 스타일 중 하나로 축소될 수 있었는가? 나는 명료한 사고와 이론화가 부족하기 때문에 이런 일이 일어날 수 있었다고 생각한다. 당신이 전반적인 이론을 알지 못하고 당신의 선생들도 이론을 제시하지 않는다면, 게슈탈트 치료가 집단 안에서 일대일로 시행되는 것을 보았을 때, 당신이 게슈탈트 집단 치료란 집단 장면에서 일대일 치료를 하는 것이라고 생각하는 것이 당연하다. 1960년대에 내가 병원 장면에서 만성과 급성 정신분열증 환자들에게 게슈탈트 치료를 행했을 때, 나는 빈 의자 기법을 사용하지 않았다. 오히려 사이코드라마, 부부 상담 그리고 병동 수준의 만남 등을 이용해서 집단에서 많은 작업을 하는 것이 그 상황에나 환자들에게나 적합했다. 그것은 그 환경에서 나에 의해 시행된 게슈탈트 치료였다. 뚜렷한 이론 없이 '이것이 게슈탈트 치료다.'라고 말할 수도 있었다. 아니면 그것이 어떻게 게슈탈트 치료적 태도를 적용하는 수많은 방법들 중 하나인지를 보여 줄 수도 있었다.

게슈탈트 치료자들이 하는 것이면 뭐든지

많은 선의의 사람들이 게슈탈트 치료가 무엇인가에 대한 관할권적 논쟁이 지루하고 소용없으며 심지어는 위험하기까지 하다고 생각한다. 그들은 신념이나 도그마 혹은 어떤 주의에 대한 충성보다는 사람들이 무엇을 하느냐에 초점을 맞추고 싶어 한다. 이러한 사람들은 게슈탈트 치료를 기법이나 도그마로 축소시키기보다는 게슈탈트 치료자들이 무엇을 하는지를 유연하게 이해하는 입장을 취하고 싶어 한다. 나는 이러한 태도에는 공감한다. 이러한 목적을 달성하기 위한 한 가지 방법은 게슈탈트 치료를 '게슈탈트 치료자들이 하는 것이면 뭐든지' 라고 정의하는 것이었다. 나는 그러한 정의에는 공감하지 않는다.

유감스럽게도, 치료를 하는 사람들 중에는 돌팔이, 무능력자, 허풍선이 그리고 잘못 지도받은 바보들이 있으며, 그들 중 일부는 스스로를 게슈탈트 치료자라 부른다. 게슈탈트 치료자임을 증명해 줄 어떠한 기제도 없기 때문에, 그리고 게슈탈트 치료를 '게슈탈드 치료자들이 행하는 것' 이라고 정의하는 사람들은 그러한 기제를 원하지 않을 것이기 때문에, 우리는 게슈탈트 치료란 이들 무능한 치료자들이 행하는 것이라 말하게 되고, 따라서 게슈탈트 치료를 그것의 가장 부적격한 요소로 격하시키게 된다.

게다가 그런 식의 정의는 논점을 피해 가는 것이다. 좋은 게슈탈트 치료는 분명한 모델에 따라서 필요한 것을 시행하는 것이다. 그것은 우리의 충동대로 무엇이든 한 다음에 그것을 게슈탈트 치료라 부를 수 있도록 백지 수표를 주는 것이 아니다. 게슈탈트 치료는 괴짜로 나가도 좋다는 허락이 아니다.

게슈탈트 치료는 자연스럽고 생기 있게 그리고 창조적으로 치료를 수행할 수 있는 자유를 말한다. 하지만 그것은 또한 책임을 수반한다. 당신이 무엇을 하고 있는지 알아야 할 책임이며, 당신이 하고 있는 일에 이름을 붙이고, 그것을 다른 사람들과 나누어서 그것이 미치는 영향을 연구해야 할 책임이다. 무엇이 효과가 있는지 알아야 할 책임이고, 최선의 선택을 추구할 책임이며, 또한 치료를 향상시킬 책임이기도 하다.

이 모든 것은 게슈탈트 치료에 대해 "게슈탈트 치료자들이 하는 것이면 뭐든지 다." 라고 말하는 것보다 더 구체적인 설명이 필요하다는 뜻이다.

1980년대: 우리가 배운 것은 무엇인가? 시대적 변화(미국)

전반적인 사회적 변화

미국의 1980년대는 1960년대나 1970년대와는 매우 다른 시대와 장소였다. 이 시기는 여피족[4]의 시대였다. 쉬운 해답을 끊임없이 추구하는 것이 이 시기 내내 지속되었다. 1980년대에는 일반적으로 자기애적 경향이 판을 쳤는데, 그러한 경향은 1970년대처럼 영성적인 치장을 하지 않고 나타나는 경우가 잦았다.

개인 간의 상호작용에 대한 의존도가 낮아지는 동시에 기술에의 의존은 커졌다. 가족들은 대화를 나누지 않으면서 TV를 본다. 직장윤리가 쇠퇴하고, 헌신의 서약도 쇠퇴한다.

심리치료에서의 변화

심리치료가 점점 더 정교해졌다.

한편으로는 기술적인 해결책에 대한 믿음이 커졌고, 의존도도 높아졌다. 이것이 현재 게슈탈트 치료가 처해 있는 환경의 중요한 한 측면이다. 기술의 시대, 절차적 조치를 사용해서 심리치료를 하는 이 시대에, 개인 대 개인(person-to-person)의 가치를 강조하는 접근 방식에 대한 요구는 늘고 있다. 대화적이고 현상학적인 게슈탈트 치료에 대한 요구는 어느 때보다도 훨씬 증가한 반면에 게슈탈트 치료적 마법, 즉 조치 지향적 치료에 대한 요구는 훨씬 줄어들었다고 나는 믿는다. 심리치료 분야에서 필요한 것은 대화와 현상학적 알아차림 그리고 장(과정) 이론이라는 게슈탈트 치료의 가장 중요한 원리에 바탕을 둔 접근 방식이다.

4) 역자 주_ Yuppie: Young Urban Professional+-pie: 미국의 전후(1940년대 말에서 1950년대 초)에 태어나 대도시 근교에 거주하는 유복한 젊은 엘리트층을 일컬음.

정신분석

전반적으로 정신분석은 욕동이론을 지향하는 경향이 줄어들고, 기초적 경험에 더욱 가까이 다가가게 되었다. 그것은 덜 경직되고 보다 대인관계적인 경향을 띠게 되었다. 그것은 전통적인 정신분석보다 훨씬 더 강력한 수준에서 게슈탈트 치료의 대안이 되었으며, 또한 스스로를 게슈탈트 치료라고 부르는 쾅쾅쾅식 접근 방식들보다도 게슈탈트 치료의 진정한 의도에 더욱 가까워졌다.

그러나 정신분석은 해답이 아니다. 정신분석에는 게슈탈트 치료가 제공할 수 있는 많은 것이 결여되어 있다. 정신분석에는 현상학적 초점화와 실험의 힘을 최대한으로 활용할 수 있는 의식(consciousness)에 관한 이론이나 방법론이 없다. 정신분석에는 개인 간의 현상과 개인 내부의 심리적인 현상을 정말로 통합할 수 있는 이론이 없다. 정신분석에는 전혀 다른 종류의 환자들과 함께 작업할 때 분명히 필요한 역할, 즉 다양성을 진정으로 포용할 수 있는 치료자의 역할에 대한 개념이 없다. 예를 들면, 몇몇 정신분석가들은 경계선(borderline) 환자들과 작업하는 데 있어서 정신분석적 입장과는 거리가 있는 태도를 취하게 되었으며, 대화적 접근법에 더욱 가까워졌다. 그러한 방법은 게슈탈트 치료의 실제와 이론에서는 일상적으로 포함되는 것이지만, 정신분석가들이 그런 방법을 쓸 때에는 특별한 정당화를 필요로 한다. 마지막으로, 그들에게는 자기들이 만들어 내고 있는 변화에 걸맞는 치료적 관계에 대한 이론이 없다. 그들은 게슈탈트 치료에 가까워지고 있는데, 게슈탈트 치료의 포괄적인 틀에 상응하는 무엇인가를 필요로 한다.

연 구

심리치료 전반에 걸쳐서 지식 기반이 성장했다.

연구 결과를 보면 심리치료의 전반적으로 긍정적인 효과를 알 수 있다. 몇몇 치료자들이 초래한 해악 또는 무능력으로 좋은 치료 효과가 상쇄되기 때문에 긍정적인 효과는 실제보다 덜 극적으로 보인다(Bergin & Suinn, 1975; Lambert, 1989). 좋은 치료와 좋은 치료자들 그리고 해로운 치료 수행과 무능한 치료자들을 평균해 보면, 보다 강력한 치료적 효과보다는 전반적인 심리치료의 혜택이 경미한 정도로 나타난다.

얄롬(Yalom)은 참 만남 집단에 대한 자신의 책에서 이것을 묘사하고 있다(Lieberman et al., 1973). 한 게슈탈트 치료자는 아주 효과적이었고, 중도 탈락자 없이 매우 유익한 결과를 냈다. 이 집단은 경험하는 것을 하나의 중요한 가치로 강조하는 일을 효과적으로 해냈다. 경험하는 것이 여러 참 만남 이데올로기의 중심 테마를 반영하는 가치이지만, 그것은 이 집단에서만 주목할 만한 증가를 보였다(Lieberman et al., p. 126). 집단 구성원들은 또한 이 집단의 환경이 집단 동료들 간의 의사소통을 위한 보다 많은 기회를 제공했다고 말했다.

반면에 두 번째 게슈탈트 치료자는 강력하면서 공격적으로, 자극적이고 거칠면서 카리스마적인 리더십 스타일을 사용했다. 그리고 도중하차한 사람의 수가 가장 많은 통계 집단에 속해 있었다(Lieberman et al., p. 126). 이 집단의 구성원들은 자부심이 낮아지고, 자신들에게 덜 관대해졌으며, 환경을 덜 관대하게 보았다. 흥미로운 점은 [이 집단의] 높은 자극과 지금-여기의 성향에도 불구하고, 참여자들은 경험하는 것을 덜 가치 있게 여기게 되었고, 훨씬 더 자기-지향적이며 성장-지향적이 되었다는 사실이다(Lieberman et al., p. 126).

치료자가 어떻게 치료를 수행하느냐는 것은 매우 치료적인 경우에서부터 심리적 와해를 촉진시키는 경우에 이르기까지 폭 넓은 결과를 초래할 수 있다는 것이 분명하다. 그리고 치료자가 사용하는 이름표, 즉 게슈탈트 치료자라는 이름표가 그 자체로서 치료의 질을 나타내지는 않는다.

물론, 어떤 수행이나 태도는 특정한 종류의 환자들에게 더 잘 듣는다. 환자들의 종류에 따라서 위험의 종류도 달라진다. 이것이 얼마나 복잡하며, 치료자와 접근 방식 그리고 환자를 짝짓는 데 있어서—예를 들면, 환자의 종류, 치료의 종류, 치료자와 환자의 성격과 성장배경을 고려한 짝짓기 등에 있어서—어떤 요소들이 고려되어야만 하는지는 분명해졌다. 예를 들면, 우울병 환자들의 부정적인 인지 과정에 대한 알아차림을 가지고 작업하는 것이 카타르시스를 주로 강조하는 것보다는 일반적으로 더 효과가 있는 것으로 보인다. 이것은 다른 종류의 치료에서와 마찬가지로 게슈탈트 치료에 있어서도 사실이다.

게슈탈트 치료에 있어서 임상 경험이 증가되었다

게슈탈트 치료자들은 수십 년 전에 비해 게슈탈트 치료자로서 더 많은 경험을 가지고 있다. 우리는 게슈탈트 치료를 수행하면서 얻은 경험과 우리 자신이 받은 개인치료를 통해 배워 왔다. 나는 게슈탈트 치료를 24년이 넘게 하고 있는데, 그중 19년은 같은 지역 근방에서 장기 심리치료를 했다. 나의 이해와 수행은 이러한 경험에 의해서—예를 들면, 장기간에 걸친 패턴이 드러나는 것을 보고, 그런 패턴이 다른 종류의 개입과 태도, 환자와 치료자의 짝짓기 등에 의해서 어떻게 영향을 받는가를 보면서—단련되어 왔다. 나는 또한 한 가족 안에서 대를 이은 세대를 치료함으로써 배웠으며, 몇 년에 걸친 나 자신의 개인치료를 통해서도 배웠다. 이것은 나에게만 독특한 경우가 아니라 전형적인 과정이다.

우리가 배운 것 중의 하나는 패턴을 더욱 분명하게 인식하게 되었다는 것이다. 우리는 여러 환자들의 종류를 알게 되었고, 그들과 어떻게 작업할 것인지 그리고 이러한 작업에서 어떠한 위험이 있는지 등을 좀 더 명확하게 인식할 수 있게 되었다. 예를 들면, 이 책의 다른 부분에서 언급했듯이, 우리는 경계선이나 자기애적 성격장애에 대해 어떻게 작업해야 하는지에 관해, 즉 치료적 징후와 위험에 관해 많은 것을 배우게 되었다.

전체적으로 볼 때, 이처럼 다양한 요인들의 결과로 지난 몇 년 간 나의 마음속에서는 공감과 조율(attunement)이 더욱 중요한 위치를 차지하게 되었다.

몇 가지 분명한 전반적 교훈

쉬운 답은 없다

상투적 문구는 옳지 않을 때가 많다(그것들이 항상 옳지 않다고 말하는 것은 또 하나의 부정확한 상투적 문구가 될 것이다.). 쉬운 해답을 추구하거나, 어떤 진술을 받아들이거나 사용하기 전 혹은 표명하기 전에 그것에 대해 자기 것으로 만들기 위해 '잘게 씹으려' 하지 않는다거나, 그렇게 할 수 없다면 그것은 개인의 성장이나 치료 체계의 성장과는 양립될 수 없는 것으로 보인다.

우리에게는 좋은 이론을 생산해내는 과정이 필요하다

레빈(Lewin)은 "좋은 이론만큼 실용적인 것은 없다."고 했다. 좋은 이론이 없으면 전반적인 방향을 제대로 잡을 수 없다. 좋은 이론은 명확하고 일관성이 있으며, 구별을 해낸다.

좋은 이론은 이론화하는 과정이지, 그 자체로서 영구적이거나, 사물 같거나, 교리 같은 것이 아니다. 그것은 명확해지고 일관성 있게 되어 가는 과정이다. 그것은 단점과 불완전한 측면을 인식한다. 그것은 끊임없이 변화하고, 검증하고, 도전하고, 개선해 가는 과정이다.

우리에게는 지적인 대화가 필요하다. 상반되는 생각과 씨름하면서 솔직하고 정당한 피드백을 포용하는 데서 진실이 나온다. 표현되지 않은 아이디어나 다른 사람들로부터 비판적인 논평을 받지 않은 아이디어는 믿을 수가 없다. 전문적인 아이디어를 공개 토론의 장에 내놓아서 동료들이 그것과 씨름하고 그것을 해체하지 않는다면 그런 아이디어는 믿을 수가 없다.

우리는 검증할 수 있는 이론이 필요하다. 검증하는 과정을 통해서만 우리는 무엇이 참이거나 유용한지 그리고 효과가 있는지, 무엇이 그렇지 않은지를 알 수 있다.

우리는 게슈탈트 치료 외부로부터의 전문적 지식을 필요로 한다

우리는 게슈탈트 치료와는 다른 시각에서 행해진 진단과 사례 설명을 필요로 한다는 것을 알게 되었다. 우리는 치료의 가능성들에 관한 기술적(technological) 정보가 필요하다(이 책의 응용 부분에서 임상 작업과 관련하여 이에 대한 논의를 할 것이다.).

또한 우리에게는 다양한 시각을 가진 사람들이 하는 이론적 분석과 철학적 토론의 자극이 필요하다. 예를 들면, 지난 몇 년에 걸쳐 「The Journal of Humanistic Psychology」에 자기실현 이론의 이론적 문제점에 관한 일련의 논문들이 실렸는데(Geller, 1982,

1984; Ginsburg, 1984), 이는 게슈탈트 치료 이론의 발전을 위해 중요하면서도 자극이 되는 한편, 게슈탈트 치료가 이 분야에 기여할 수 있는 통로를 제공할 수도 있을 것이다.

좋은 치료자를 수련시키는 데에는 지름길이 없다

좋은 치료자들을 수련시키는 지름길은 없다. 지름길을 택하게 되면 사람들은 자기들이 무엇을 놓쳤는지조차 모르는 일이 빈번하다. 나는 수년 전에 로스앤젤레스 게슈탈트 치료 연구소(Gestalt Therapy Institute of Los Angeles)에서 종합 이론 과정을 처음으로 가르쳤던 기억이 난다. 그 첫 과정에는 다양한 수준의 경험을 가진 수련생들이 있었고, 나는 정신분열증 환자들을 치료할 때 게슈탈트 치료를 어떻게 적용할지에 관해 이야기하고 있었다. 상급 수련생들 중 한 명으로서 경험 위주의 수련 집단에서 꽤 잘하고 있는 것으로 보였으며, 자격증이 있었던 심리치료자 하나가 정신분열증 환자가 무엇인지조차 모르고 있었다. 그녀는 지름길을 너무 많이 택했던 것이다. 정신분열증 환자가 무엇인지 모른다면, 어떻게 치료할지는 고사하고 자기가 그런 환자를 보고 있는 중이라는 것조차 어찌 알겠는가?

더 나은 문헌의 필요성

우리는 시연(demonstration)과 대중적인 인기만으로는 게슈탈트 치료의 지속적인 발전을 위한 지지 기반이 불충분하다는 것을 많은 대가를 치르면서 배웠다. 나는 게슈탈트 치료를 유지하고, 그것이 번창하도록 돕기 위해서는 비게슈탈트 치료 청중들을 위한 좋은 자료가 더 많이 필요할 뿐만 아니라, 게슈탈트 치료 공동체 내에서도 좋은 문헌과 대화가 필요하다고 믿는다.

그러한 발전이 이루어지지 않은 곳에서 게슈탈트 치료는 대중적 인기의 정점을 지난 후 곤란을 겪었다. 인기의 파도가 물러가고 새로운 기술과 아이디어들이 나타날 때, 게슈탈트 치료는 이론과 대화, 그리고 일반 전문가 집단에게 제시할 수 있는 것들을 포함하는 제대로 된 지지 기반이 없을 정도로 쇠락할 것이다.

우리 자신의 뿌리가 되는 이론을 더 잘 다룰 필요성

기초 이론은 아직까지도 퍼얼스, 헤퍼라인 그리고 굿먼의 책에 가장 잘 나와 있다. 우리는 이 사실을 잘 이해하고 미래의 작업을 계획해야 한다. 『Gestalt Therapy』에 나온 모든 것에 동의할 필요는 없지만, 이론적인 대화를 하려면 거기에 나온 분석을 제대로 고려할 필요가 있다. 우리는 수련할 때, 이론을 정립할 때 그리고 대화에 있어서 그 분석을 더 많이 사용해야 한다. 그 다음에는 그 너머로 나아가야 한다.

우리가 개념(부분)을 논할 때는 그 개념 혹은 부분이 전체와 어떤 관계를 갖는지 논할 필요가 있는데, 이 과정에서 『Gestalt Therapy』의 분석도 포함되어야 한다.

변화의 역설적 이론

변화의 역설적 이론이란 무엇인가?

당신이 아닌 사람이 되려고 노력하면 할수록 당신은 더욱 같은 상태에 머물게 된다. 다른 사람들로부터의 사랑과 도움을 흡수하는 것을 포함해서 성장에는 '자기-지지(self-support)'가 필요하다. 자신이 아닌 사람이 되려고 노력하는 것은 자기-지지가 아니다.

자기-지지의 한 중요한 측면은 자신의 상태와 동일시하는 것이다. 자신의 상태와 동일시한다는 것은 자신의 상태, 즉 자신의 실제 경험, 행동 그리고 상황을 안다는 것이다. 한 개인의 상태는 시간에 따라 변하기 때문에, 자신의 상태와 동일시한다는 것은 하나의 상태가 다른 상태로 바뀌는 흐름과 동일시하는 것, 즉 움직임과 변화에 대해 믿음을 갖는 것을 포함한다.

자기-지지는 자기를 아는 것(self-knowing)과 자기를 수용하는 것(self-accepting) 둘 다를 포함해야만 한다. 자기 자신, 즉 자신의 욕구, 능력, 환경, 의무 등을 알지 못하면서 자기를 적절히 지지할 수는 없다. 한편으로는 자신에 대해 알면서도 다른 한편으로는 그런 자신을 스스로 선택했음을 부인하거나 자신을 거부한다면, 그것은 '자기-기만(self-deceit)'의 한 형태다. 사르트르는 이것을 "나쁜 믿음(bad faith)"이라고 말했는데, 어떤 것을 고백하면서도 동시에 자신이 고백한 것을 외면하는 것을 지적했다. 예를 들면, 어떤 사람이 비겁한 행동을 하고 나서 자신이 비겁했다는 것을 고백한다. 하지만 자신의 비겁함을 고백하는 행위를 하면서 그러한(용기 있는) 고백을 했다는 사실을 근거로 자신이 비겁함을 넘어선 것처럼 미묘한 우월감을 느끼는 방향으로 자신을 속일 수 있다. 마치 자신이 비겁한 행동을 선택한 것이 아니라, 그런(비겁한) 행동이 고백하는 자신에게 그냥 덮쳐 온 것처럼 생각하는 것이다.

치료자가 환자를 '이끌어 준다거나(lead)' 혹은 '치유한다고(heal)' 말한다면, 치료자는 사실상 환자에게 달라지도록 떠밀거나 압력을 가하고 있는 것이다. 그리고 치료자가 환자를 위해 어떤 목표를 의도하면 할수록 환자는 근본적으로는 더 똑같이 머물러 있게 될 것이다. 압력을 가하거나 의도하는 것은 압력에 대한 저항을 초래한다. 그러면 환자는 그 자신의 유기체적인 기능에 대한 원래의 저항에 더하여 이제는 또한 치료자의 침입에 대한 저항도 갖게 된다. 후자의 저항은 치료를 필요로 했던 원래의 교착상태(stuckness)를 훈습 작업하는 것을 방해하기는 하지만, 대체로 건강한 저항으로 보아야 한다.

치료자가 압력을 가하는 것이 진정한 변화를 초래하지 못하는 데는 또 다른 이유가 있다. 밀어붙이는 치료자의 침입과 (맞서) 접촉하지 않는 방법 중의 하나는 '내사(introject)'하는 것이다. 환자가 겉으로는 순응하거나 혹은 반항할 수 있지만, 두 경우에 모두 치료자가 주장하는 것을 통째로 삼키기가 쉽다. 즉, '내가 유능한 사람이라면 치료자가 제안하는 대로 따르기를 원할 것이다.' 라고 생각하면서 치료자의 가치관이나 지시를 무비판적으로 그대로 받아들이는 것이다.

그가 치료자의 압력에 순응해서 변화하게 된다면 그것은 자율과 자기-지지를 바탕으로 한 것이 아닐 것이다. 그리고 그 사람은 자기-지지와 자율의 도구를 얻은 것이 아닐 것이다.

무엇보다도, 환자에게 압력을 가하거나 이끌거나 어떤 목표로 가게 하는 치료자는 다음과 같은 메시지를 전달하는 것이다. 당신은 있는 그대로 충분하지 않다. 이는 수치심 그리고/또는 죄책감을 유발하는 메시지다. 간단히 말하면, 압력을 가하는 치료자는 환자의 자기-지지에 도움이 되지 않는다.

그런 치료자는 좋은 의도로 그렇게 하는 것일 수도 있다. 그렇다고 해서 상황이 개선되는 것은 아니다. 나는 환자에게 압력을 가하는 것이 일반적으로 환자의 욕구가 아니라 치료자의 욕구를 충족시키는 것이라고 믿는다. 급격한 변화를 본다는 것은 만족스럽고 흥분되는 것일지 모른다. 그러나 이것이 환자를 더 성장하게 하는가? [치료 과정에서] 생기는 전이와 이상화가 치료자만큼 환자도 그렇게 고양시키는지는 의심스럽다. 이런 사실을 환자는 알 리가 없다. 압력을 가함으로써 무엇인가를 발견할 수도 있겠지만, 그런 경우 보통은 치료자가 없으면 그렇게 할 수 있는 도구도 없어진다. 그리되면 치료자가 환자를 떠밀어서 하게 했던 것이 무엇이든지 간에 기껏해야 그것만 계속하게 하는 능력을 환자에게 주는 것이 고작일 것이다. 그러한 것은 일반화되기가 매우 힘들다.

또한 이러한 역설의 역(reverse)도 있다. 어떤 개인이 같은 상태로 남아 있으려고 하면 할수록 그 사람은 변화하는 환경과의 관계에서 변하게 된다. 압력을 가하지 않고서 어떻게 고착된 환자들, 즉 같은 상태로 남아 있으려고 함으로써 환경과의 관계에서 점점 악화되는 환자들을 도와줄 수 있을까?

압력을 가하거나 목표를 의도하지 않고 고착된 환자들을 다루는 방법은 대화, 알아차림 그리고 실험이다. 여기에는 인내가 필요하다. 그러려면 치료자가 이 세상에는 환자가 지금 있는 그대로 받아들여질 수 있는 충분한 공간이 있다는 태도를 갖는 것이 필요하며, 또한 유기체적 성장에 대한 믿음이 필요하다.

이 방법이 통하지 않는다면 압력을 가하는 것 역시 아마도 아주 짧은 기간을 제외하고는 통하지 않으리라는 것이 나의 경험이다. 압력을 가하는 것은 쉽게 변화하지 않는 환자들에게 가장 위험하다. 이 방법이 통하는 드문 경우에 그것은 동료들에게 극적인 보고거리는 될 것이다. 압력을 가하면 관계가 곤경에 처하게 되는 것이 보통이다. 이런 일은 치료자가 상호작용에 있어서 자신의 역할을 다하지 않는 데서 오는 경우가 대부분이다. 치료자가 좌절한다면 그에 대한 책임은 치료자에게 있다. 치료자는 더 나은 접근 방식을 찾거나 만들어낼 책임이 있다. 치료자들은 가장 최근에 나온 기술의 한계도 알고 있어야 한다. 그리고 무엇보다도 치료자는 자신의 역전이(counter-transference)를 감시하며 그것을 뚫고 작업할 수 있어야 한다.

환자를 존중하기

게슈탈트 치료에 대해 내가 가지고 있는 그림은 수평적 관계를 바탕으로 한 것이다. 치료자는 최대한 환자를 동등하게 대한다(치료적 계약에 의해 요구되는 역할은 다를지라도).

치료자의 입장에서 저항한다고 말할 수 있는 환자를 다루는 데 있어서도 이는 마찬가지다. 환자의 저항은 그것이 자각되지 않을 때 그리고 그것이 유기체의 창조적 적응의 일부분이 아닐 때에만 건강하지 못한 것이다. 치료자나 게슈탈트 치료에 저항하는 것은 건강한 반응일 수 있다. 환자가 자신의 알아차림에 저항할 때조차도 저항은 건강할 수 있다. 게슈탈트 치료에서 우리가 취하는 태도는 저항을 알아차리도록 함으로써, 보다 나은 접촉과 알아차림으로 인해 환자의 사기 조절이 이루어지도록 하는 것이다. 심리적 상황의 통합적이고 성장적인 완결을 위해서는 저항을 없애는 것이 아니라 저항을 통합해야 한다.

치료자는 환자의 방어를 공격하거나 응석을 받아 주는 것이 아니라 존중해 주어야 한다. 방어나 회피를 이해하고, 자기 것이라고 인정하기 위해서는 그것들을 알고 이름 붙이는 것이 도움이 된다. 방어를 제거하려고 시도하거나 거기에 영합하는 것, 어느 쪽도 환자가 나아지는 결과를 초래하지 않을 것이다. 목표는 환자로 하여금 저항을 이해하게 하고, 온전히 알아차려서, 그것에 대한 책임을 지도록 하는 것이다. 그리고 그것은 환자 자신의 속도에 맞추어 이루어져야 한다.

환자가 최선을 알고 있다. 어떤 게슈탈트 치료자들은 환자 자신을 병들게 하거나 건강하게 하는 온전한 책임과 온전한 힘을 환자에게 돌리지만, 그 다음에 환자가 자신의 방어를 넘어서도록 압력을 가하는 결정은 자신이 떠맡는다. 만일 환자가 자신을 (자신의 삶을, 자신의 병리를, 자신의 치료를) 책임질 수 있을 만큼 능력이 있다면, 그들의 저항 역시 그것이 어떤 중요한 욕구를 충족시키기 때문에 그들이 선택한 것으로서 존중되어야 한다.

역사적으로 게슈탈트 치료는 권위에 대한 반항과 비순응(nonconformity)을 증진시키는 것과 연관되어 왔다. 언제 방어가 부수어져야 할지를 결정하는 사람으로 우리가 나서려고 할 때, 우리 자신이 권위주의자가 되는 것은 아닌가?

나는 환자를 편하게 다루는 데에만 해답이 있다고 생각하지 않는다. 알아차림 작업은 반드시 필요하며, 환자를 '지지'하기로 결정했으면서 알아차림 작업을 하지 않는 치료자 역시 환자와 환자의 선택을 존중하지 않는 것이다. 해답은 대화에 그리고 진단의 명료성에 있다(둘 다 나중에 논의될 것이다.).

환자를 존중한다는 것은 환자가 할 수 있는 자기-지지의 수준을 유의해서 보는 것을 포함한다. 여기에는 환자가 치료 작업으로부터 원하는 것이 무엇인지를 아는 것, 그 환자에게 적합한 치료의 방향을 아는 것, 그리고 정신의 온전성, 정체감의 응집력, 지능 등에 대해 아는 것이 포함된다.

집단치료에서 이것은 더 복잡해진다. 왜냐하면 치료자는 모든 개인들의 욕구와 전체로서의 집단의 욕구를 관찰하고, 인정하고, 존중할 책임이 있기 때문이다. 천천히 나아갈 필요가 있는 사람은 좌절감을 느끼는 나머지 집단 구성원들로부터 압력을 유발할 수도 있다. 집단의 압력이 치료자의 압력보다도 더 나쁠 수 있다. 이 상황에서 집단은 서로의 경계와 차이점 그리고 자율성을 무시하지 않으면서 이러한 좌절에 직면하는 법을 배울 필요가 있다.

집단의 호전적 공격성이 지배적이거나 다수의 욕구를 소수에게 강요하려 드는 집단은 안전하지 않다. 반면에 부정적 감정이나 생각이 표현되지 않는다면, 그런 집단도 안전하지 않다. 집단 리더는 안전 욕구와 균형에 관해 돌볼 책임이 있다.

선 택

변화의 역설적 이론은 카타르시스를 가장 중요한 개입으로 사용하는 것과 상충된다. 이는 방어를 무너뜨리고 저항을 무산시키려고 애쓰는 것과 상충된다. 이는 기법이나 치료자의 인품을 이용하여 환자를 미리 생각해 둔 결론('건강')으로 직접 이동시키는 것과도 상충된다.

역설적 이론은 또한 치료자 수련의 간소화라는 생각과도 충돌을 일으킨다. 변화의 역설적 이론에 따르면, 훌륭한 치료란 치료자가 이론을 제대로 이해하고, 인격의 중심이 잘 잡혀 있으며, 임상을 제대로 이해할 때 가능하다.

미국에서의 게슈탈트 치료는 '카리스마를 넘어서' 발전을 계속 해왔다. 경험을 통해서 우리는 다초점적인 게슈탈트 치료 이론에서 진수가 되는 것을 배우게 되었는데, 그것은 환자의 개인적 경험과 경험의 스타일을 존중하는 데 바탕을 둔 대화적 관계와 알아차림이다. 이렇게 하려면 임상적 유형들과 임상적으로 필요한 것들을 잘 알고 있어야 한다.

좋은 수련과 치료에 필수적이지 않은, 사실은 반대로 작용하는 것으로 볼 수 있는 체제는 수련 감독자들과 치료자들이 스타로 부각되는 형태인데, 이렇게 되면 카리스마가 지배하게 되는 것이다. 좀 더 새로운 접근 방식에서는 카리스마보다 열심히 일할 것을 요구한다. 심리적 건강과 인간 성장의 극대화를 위해서는 천재의 경우처럼 90%의 땀과 10%의 영감을 요한다.

관계: 관여와 절로 일어남

우리는 카리스마, 연출법 그리고 카타르시스에 바탕을 둔 게슈탈트 치료를 환자와 치료자 간의, 그리고 집단 환자들 간의 대화적 관여(engagement)로 대체하는 것을 배웠고, 또한 그러한 관여로부터 성장이 저절로 일어나는 것을 믿는 것을 배우게 되었다.

사회적 차원: 관계와 치료적 효율성

심리학에서는 전반적으로 관계를 점점 더 중요시하게 되었다. 이것은 게슈탈트 치료에서도 마찬가지인데, 게슈탈트 치료에서 사회적 차원의 중요성을 점점 더 인식하게 된 것의 일환이기도 하다.

치료적 성공의 요인들에 대한 연구에서 일관성 있게 지적되는 것이 관계의 중요성이다. 정신분석에서도 관계를 점점 더 중요시하는데, 불행히도 접촉을 전이와 혼동되는 용어로 사용하는 경우가 아직도 빈번하다. 게슈탈트 치료에서는 치료적 관계를 점점 더 중요시하고, 게슈탈트 치료 집단에서는 관계를 점점 더 강조한다.

전반적으로 사회적 차원에 대한 인식이 확대되고, 특히 관계에 대한 인식이 확대된 것의 또 다른 측면은 게슈탈트 치료에서 가족과 조직을 점점 더 중요시하게 된 점이다. 가족이나 조직 집단과 작업하는 것이 게슈탈트 치료에서 새로운 것은 아니지만, 이제는 그 어느 때보다도 더 빈번히 실시되고, 더 자주 글로 쓰이고 이야기되며, 더 정교하게 논의되고 시행된다.

게슈탈트 치료가 한층 발전한 것은 부버의 '만남을 통한 치유'의 가치를 보다 더 인식하게 된 것으로 나타나기도 했다. 치유란 '온전성(wholeness)'의 회복이다. 그리고 어떤 종류의 개인 대 개인 관여를 통해서만 치유가 일어날 수 있다는 것이 부버의 믿음이었다.

'완전한 관여(full engagement)'는 지금-여기에서 일어난다. 1960년대에는 불행히도 지금-여기를 배제적이고, 편협한 방식으로 해석하는 사람들이 있었다. 이제 우리는 환자들의 살아온 이야기를 보다 많이 나누고, 우리의 살아온 이야기도 치료에 적합한 것으로 함께 나누는 경향이 있다. 어빙 폴스터(Erving Polster)의 책 『모든 사람의 삶은 한 권의 소설의 가치가 있다(*Every Person's Life is Worth a Novel*)』는 이러한 것의 중요성을 보여주는 예다(Polster, 1987).

하지만 심리학과 정신의학에서, 특히 절차에 의한 치료에서는 이와 반대되는 추세도 있었다. 기술적인 시각이 성장했고, 심리치료는 일반적으로 점점 더 기법적이거나 기법 지향적인(technique-oriented) 접근 쪽으로 가장 빠른 경로를 찾는 방향으로 옮아갔다. 우울증 환자들에게는 어떤 기법이 효과적인가? 경계선 장애 환자에게는? 종종 편람(manual)이라고 불리는 치료의 요리책들이 심리치료에 관한 연구에서 더욱 자주 쓰이고 있다.

절차를 표준화하려는 이처럼 정밀한 시도에도 불구하고, 개별 치료자의 성격과 치료적 관계의 질이 아직도 서로 다른 치료자들에게 있어서, 그리고 치료자-환자의 짝짓기에 따라 매우 다른 결과를 초래한다는 것이 나에게는 흥미롭다(Lambert, 1989).

역사적으로 게슈탈트 치료는 인본주의 진영에 속해 있었고, 행동주의나 그와 비슷한 통제와 기법 지향적인 치료들에 대한 대안으로서의 태도를 취했다. 우리의 주안점은 사람들과 작업하는 것이지 그들을 통제하거나 재조건화시키는 것이 아니었다. 하지만 한편으로는 우리의 인본주의, 또 한편으로는 기법들과 카리스마적 리더십으로 기울어지는 우리의 성향, 이 둘 사이에 언제나 어떤 긴장감이 있었다. 많은 사람들이 빈 의자 사용, 베개 때리기, 좌절의 임상적 사용 그리고 그 밖의 이러한 장치들이 정말로 인본주의적인 것인지에 관해 의문을 제기했다. 보다 최근에는 그것이 대화적 접근법과 서로 부합할 수 있는가 하는 표현으로 질문의 형태가 바뀌었다.

우리는 기법 지향성을 넘어서 상당한 정도까지 발전할 수 있게 되었다. 그리고 그것이 이 논문에 담긴 내 메시지의 중요한 부분이다. 우리는 대화와 관계의 중요성, 변화의 역설적 이론, 변화를 목표로 의도하기보다 저절로 일어나도록 허용하기 그리고 특정한 기법이 중요하지 않다는 것에 대해 알게 되었다. 하지만 그럼에도 불구하고 많은 곳에서 사람들은 아직도 주로 기법을 훈련받고, 사람들을 변화시키기 위해 압력과 좌절을 사용하는 훈련을 받는다. 나는 이것이 게슈탈트 치료의 왜곡이라고 생각한다. 그런 것이 좋은 게슈탈트 치료였던 적은 없었으며, 지금은 더욱 아닌 것이 확실하다.

빠른 기술적 해결 쪽으로 움직여 가는 현 시대에 인본주의와 대화를 중심으로 하는—변화의 역설적 이론의—참된 게슈탈트 치료가 그 어느 때보다도 필요하다. 가족치료에서는 보다 조종적인 가족 접근에 불만을 가지고, 알아차림과 대화를 중요시하는 관여 지향적 접근을 받아들이는 징조가 나타나고 있다.

나에게 있어서 게슈탈트 치료의 진수는 개인 대 개인의 관여를 일반적인 임상적 그리고 기법적 역량과 통합시키는 것이다. 그리고 그것은 환자의 양상이나 유형에 관계없이 적용된다.

대화적 관여-현실은 관계적이다

현실에 대한 대화적 관점은 모든 현실이 관계적이라는 것이다. 산다는 것은 만나는 것이다. 알아차림은 관계적이다—알아차림은 개인과 유기체/환경적 장의 나머지 부분 사이의 경계선에서 행해지는 '정향 활동(orientation)'이다. 접촉 또한 확실히 관계적이다. 접촉은 개인과 환경 사이에서 일어나는 것이다. 우리의 자기에 대한 감각은 관계적이다(게슈탈트 치료에서 가장 명확히 했듯이). 부버와 마찬가지로 나는 영성 또한 관계적이라고 믿는다.

우리는 내면을 들여다봄으로써가 아니라 사람들 사이에서 일어나는 것 때문에 성장한다. 안과 밖이란 '이차적으로 설명되어진 것(secondary elaborations)' 혹은 유기체/환경 장에서 '세분화된 것(differentiations)' 일 뿐이다.

『Gestalt Therapy』에서 퍼얼스, 헤퍼라인, 그리고 굿먼은 접촉이 일차적인 현실이라고 말한다. 개인(자기)은 개인과 장의 나머지 부분 사이의 상호적 관계의 개념으로 정의된다.

> 2. 자기(Self)는 현재에 일어나는 접촉들의 체계이며 성장의 주체다.
>
> 어떤 생물학적 혹은 사회심리학적 연구에서든 구체적인 탐구대상은 언제나 유기체/환경의 장이라는 것을 우리는 보았다. 어떠한 동물의 기능이든 그러한 장의 기능으로밖에는 정의될 수 없다….
>
> 어려운 장에서 적응하는 데 필요한 접촉들의 복합적인 체계를 우리는 '자기'라고 부른다. 자기는 유기체의 경계선에 있는 것으로 여겨질 수 있지만, 경계선 그 자체는 환경으로부터 분리될 수 없다. 경계선은 환경과 접촉한다. 그것은 환경과 유기체 양쪽에 속해 있다(p. 373).

지금-여기에서 개인과 타자 사이에 실제로 일어나는 관계에 대한 게슈탈트 치료적 의미에서의 자기 실현은 자기 이미지를 실현하려고 노력하는 것과는 신중하게 대비된다. 자신의 이미지를 포함하여 모든 이미지는 단지 부산물이나 표상일 뿐이며, 인간 세계에서 존재하는 진짜로 일어나는 관계적 사건이 아니다. 게슈탈트 치료를 대상관계나 다른(새로운 혹은 오래된) 정신분석적 접근과 구별짓는 것 중의 하나는 게슈탈트 치료가 자기-타인 이미지가 아니라 진짜로 일어나는 관계 맺음을 강조한다는 것이다. 모토는 이것이다. 실제로 있는 것(the actual)을 접촉하라. 실제로 존재하는 타인을, 그리고 한 개인으로서의 당신에게 정말로 존재하는 것을 접촉하라.

나-그것 그리고 나-너의 [관계 속에서의] '나'가 있을 뿐이다. '너'란 개인들이 개인으로서 진실되게 만나는 지점에서 일어나는 것이다. 그러한 만남에서 각자는 별개의 타인으로 취급된다. 각자는 그 자신이 목적인 것으로 취급된다. 대화하고 있는 개인은 상대방이 자신과 분리되어 있으면서, 자신과 똑같이 특별한 의식을 가진 존재라는 사실을 온전히 알고 또 확인한다.

나-그것 관계에서는 거리감이 생기며, 경계선이 두터워진다. 나-그것 관계에서는 개인이 개인으로서 서로 관여함으로써 무언가 저절로 일어나도록 허용되는 대신에 무언가를 의도적 목표로 삼는다. 나-그것 모드에서는 계산하고, 통제하고, 사람을 목적을 위한 수단으로 취급한다. 계획하고, 논쟁하고, 사람을 조종하는 것은 모두 '나-그것' 모드에 속한다. 자신의 인격을 사용해서 환자를 건강한 상태로 이동시키려는 치료자는 나-그것 모드에서 작동하는 것이다.

우리는 나-그것 없이 존재할 수는 없다. 그것은 건강하고 유기체에게 필요한 모드이다. 하지만 어떤 나-그것 안에서는 개인이 나-그것과 나-너 사이를 오간다. 그것은 나-너 관계를 가능하게 하는 나-그것이다. 이전의 논문들에서 나는 그것을 '나-너 순간'에 대비되는 것으로서 '나-너 관계'라고 부르기도 했는데, 그 후에 덜 혼동스럽다고 생각되는 용어로 바꿨다. '나-너' 라는 용어는 I and Thou에서 부버가 매우 시적으로 묘사하고 있는, 하나가 되는 정점의 순간을 위해 남겨 두고, 나-그것과 나-너 사이를 오가는 보다 넓은 의미의 관계 맺음을 위해서는 '대화적'이라는 용어를 사용하고자 한다(Hycner, 1985; Jacobs, 1989).

대화의 특성들

치료에서 대화란 환자를 어딘가로 가게끔 만드는 관계나, 전이 신경증을 더 진전시키기 위해서 현전이나 만족감 주기를 보류하는 관계가 아니라, 관여와 절로 일어남에 바탕을 둔 관계를 의미한다.

현 전

부버는 실존적 만남을 '맞서 살아내기(living over against)', '투쟁하기' 그리고 '씨름하기'와 같은 말로 표현한다. 이는 좋게만 해주는 것도, 잔인하게 솔직한 것도 의미하지 않는다. 이것은 접촉적이면서 '포함(inclusion)'과 '확인(confirmation)'을 수행하는 방식으로 당신의 '바탕(ground)'을 만나고 지탱하는 것을 의미한다. 이는 상대방과의 경계선으로 자신을 가져오는 것을 의미하지만, 경계선을 넘어 행진하거나 상대방을 통제하는 것, 즉 경계선 너머에 있는 것을 통제하는 것을 의미하지는 않는다.

부버는 '진실되고, 숨김없는(genuine and unreserved) 의사소통'을 대화적 현전의 특징으로 부른다. 온전히 현전하고 있는 사람들은 서로 의미를 공유한다. 치료자에게 그것은 환자와 의미를 공유하는 것을 말한다. 온전한 의미는 낙심, 사랑, 영성, 분노, 기쁨, 유머, 관능 등을 포함한다. 대화적 관계에서 치료자는 인간으로서 현전하며, 자신을 분석적 입장과 같은 데에 묶어 두거나 일차적으로 기술자의 기능을 수행하지 않는다.

숨김없는 의사소통이란 치료자가 대화에 자신을 내맡기는 것을 가리키는데, 분별없이 그렇게 하는 것을 뜻하지는 않는다는 것을 명확히 해야 한다. 그것은 치료자가 적절하게 그리고 수시로 자신의 느낌, 경험 등을 나누면서 생동감 있게 관여하는 것을 가리킨다. 이때 상대방의 기질과 상황이 타인과의 대화적 접촉의 유기적 일부분이 되어야 한다. 우리가 자기애적으로 상처 받기 쉬운 사람에게 대화로써 말을 걸 때, 우리는 그 면에서 민감하지 않은 사람에게 하듯이 말을 걸지는 않는다.

미국의 게슈탈트 치료에서는 임상적 상황에 적극적으로 대처하면서 어떤 면에서 치료자의 현전을 보여주기는 하지만 대화는 회피하는, 좌절 기법이나 다른 장치들을 사용함으로써 감정에 영향을 주기보다는 환자에게 치료자 당신이 어떤 영향을 받고 있는가를 말해주는 것이 이론적으로 더 일관성이 있으며, 종종 더 효과적이라는 것을 점차 더 인식하게 되었다. 이 책의 뒷부분에서 우리는 다른 종류의 환자들—예를 들면, 자기애적 성격장애를 가진 환자들—에게 언제 어떻게 이것을 할지(그리고 언제 안 할지) 분별하는 데 관련되는 요인들에 대해 논할 것이다.

확인과 포함: 사람들은 타인의 확인에 의해 유일한 자기가 된다

'확인(confirm)'이란 다른 사람에 의해 '현전하도록 만들어지는' 것이다. 다른 사람이 '(상대방의) 실존을 상상할' 때, 즉 그가 자신을 상대방의 입장에 놓고서 상대방이 경험하는 것을 상상하고, 그 경험을 '살아내 볼(lives through)' 때, 그 상대방이 되는 누군가는 '확인'을 받는 것이다.

이러한 과정에서 확인되는 것은 지각하는 사람과 똑같이 독립적인 영혼을 지니고 존재하는 별개의 인간으로서의 상대방의 존재다. 가장 기본적인 수준에서 말하자면, 이는 별개의 개인으로서의 상대방의 존재를 확인하는 것이다. 치료자는 그 환자가 존재한다는 것, 그 환자가 다른 누구와 마찬가지로 가치가 있으며, 영향력을 미친다는 것을 확인하는 것이다. 그 환자는 눈에 안 보이지 않으며, 또한 단지 상대방의 바람이나 이미지의 대상에 불과하지 않다.

어떤 사람들은 힌두교 도사의 눈을 들여다보았을 때, 영원을 보았다고 말했다. 사람들은 부버의 눈을 들여다보았을 때, 그들 자신이 만나지는 것을 보았다고 말했다. 이것이 환자가 치료자에게서 필요로 하는 것이다. 훌륭한 치료자는 고유한 개인에게 반응한다.

확인은 수용하는 것 그 이상이다. 확인은 '자리가 충분히 있다.'는 수용의 메시지를 분명히 포함한다. 게슈탈트 치료는 이론과 실제에 있어서 다양성과 차이에 대한 본래적인 존경심을 가지고 있다. 그것은 게슈탈트 치료적 태도의 주춧돌 중 하나다.

확인은 또한 당신이 [상처] 되도록 요청받는 그 무엇을 확인하는 것까지도 포함한다. 수용 없이는 포함이나 확인도 있을 수 없지만, 포함과 확인에는 잠재성에 대한 긍정도 들어 있다. 사람들을 있는 그대로 받아들인다는 것이 성장에 대한 희망을 포기하는 것을 뜻하지는 않는다. 정반대로, 우리가 진정으로 될 수 있는 그 무엇으로 성장할 수 있는 이 가능성이 바로 확인의 핵심이다.

포함은 확인의 최고 형태다

'포함(inclusion)'이란 당신 자신의 지각을 유지하면서 다른 사람의 관점으로 들어가 느끼는 것이다. 포함을 수행하고 있는 사람은 한순간 동안 가능한 한 최대한으로 상대방의 눈을 통해 세상을 본다. 그리고 그것은 융합적이 아니다. 왜냐하면, 포함을 수행하고 있는 사람은 동시에 별개의 개인으로서의 자신에 대한 감각을 유지하기 때문이다. 그것은 자기와 타인에 대한 양극적인 알아차림의 최고 형태다. 포함은 때로 동일시나 공감과 혼동된다. 동일시는 한 개인이 자신과 타인의 일체성을 느낀다는 점에서 [포함과] 다르다. 그것은 다름의 감각을 상실한 것이다. 포함은 공감이라는 용어가 때로 의미하는 것보다 상대방의 관점을 느끼는 쪽으로 더 많이 이동하는 동시에, 공감이라는 용어가 때로 암시하는 것보다 자신의 구별되는 존재에 대해 보다 더 선명한 알아차림을 유지한다. 두 사람이 대화적인 방식으로 접촉적일 경우에 때로 일어나는 너

(Thou)와 마찬가지로 포함에도 은총이 필요하다. 우리가 지지를 확보하고 있으면서 자신을 확장해서 상대방과 접촉할 때에 포함이 온전히 꽃필 수 있다.

치료에서의 포함

융합의 위험, 즉 다른 사람이 경험하는 것을 자신도 정확히 똑같이 경험할 수 있다고 믿음으로써 자신과 타인을 혼동할 위험 때문에 많은 게슈탈트 치료자들이 공감을 비판했다. 게슈탈트 치료에서의 포함에 대해 논하는 내 초기 논문의 초고를 처음 보여주었을 때 짐 심킨은 물었다. "이것이 게슈탈트 치료에 공감을 몰래 들여오는 당신의 방법인가요?" 하지만 포함은 우리가 상대방의 관점을 가능한 한 최대로 경험하는 쪽으로 이동해 가는 동안 [두 개인은] 분리되어 있음을 알아차릴 것을 요구한다.

포함의 수행과 현상학적인 관점은 매우 잘 들어맞는다. 현상학에서는 모든 것이 누군가의 시간 공간적 알아차림의 관점에서 보이는 것으로 인정된다. 철저히 현상학적인 관점에서는 모든 사람의 현상학이 똑같이 실제적이다. 현상학적인 틀에서 치료를 할 때에는 환자의 실제 경험과 (그리고 물론 치료자의 실제 경험과) 과정에 면밀한 주의를 기울인다. 치료자와 환자 사이에 일어나고 있는 일에 대해서 환자의 관점에서 특별히 초점이 맞추어진다.

대화적 치료에는 분석적이거나 행동적인 치료에서보다 상호성[5]의 느낌이 훨씬 강하지만, 포함은 상호적이 아니다. 심리치료에서 포함이 얼마나 상호적인가에는 한계가 있다. 대부분의 환자들은 치료 초기에 포함을 수행할 능력이 없다. 그들은 치료를 받으면서, 포함을 수행하는 데 필요한 종류의 접촉을 할 수 있는 능력을 계발해야 한다.

환자가 포함을 수행할 수 있을 때 치료가 끝난다고 부버는 주장한다. 나는 그 견해에 강력하게 반대한다. 환자들의 포함 역량이 발전하는 것은 사실이고, 어떤 환자들은 그 능력이 이미 계발되어 있는 상태로 출발한다.

그렇지만 치료에서 포함의 상호적인 수행이 정기화된다면, 그것은 더 이상 치료가

5) 역자 주_ 여기서 저자가 말하는 상호성(mutuality)이란 내담자도 상담자와 마찬가지로 포함을 수행할 능력이 있는지에 대한 것이다.

아니다. 치료의 과업, 구조와 기능은 대부분의 경우 포함이 일방적일 것을 요구한다. [치료의] 계약과 과업은 환자의 성장을 위해서 환자의 경험에 초점을 맞추는 것이다.

이미 포함을 수행할 수 있는 환자에게 있어서 치료적 관계는 포함이 자신의 치료적 필요에 부합되지 않는다면, 이를 수행하지 않아도 되는 그러한 관계를 허용받는 장이 될 수 있다. 이러한 상황에서 그들은 치료자의 시중을 받으며, 치료자를 돌보는 것이 아니라 자신을 돌볼 수 있는 것이다. 게다가 환자가 포함을 수행할 수 있는 능력이 아무리 많다 해도, 개인은 다른 사람(치료자)이 그를 볼 수 있는 것처럼 온전히 자신을 볼 수가 없는데, 그것이 포함을 수행할 수 있는 환자의 성장에 있어서 매우 중요할 때가 많다. 이런 일은 치료자가 치료를 받을 때에 종종 일어난다.

대화, 현상학 그리고 정신분석의 진보

어떤 종류의 정신분석은 환자들의 실제 경험으로 더 가까이 다가왔다. 이것은 고전적 정신분석을 넘어서는 굉장한 발전이고, 분명히 보다 현상학적이다. 그것은 1960년대의 연극적인 게슈탈트 치료를 종종 넘어서는 발전이었다. 그 결과 게슈탈트 치료를 그 특정한 스타일의 [연극적인] 게슈탈트 치료로 축소시켜 생각하던 사람들이 보다 새로운 정신분석의 모드, 예를 들면 자기 심리학으로 많이 옮겨갔다.

하지만 가장 현대적인 정신분석적 치료라 할지라도 거기서 현상학적인 초점을 맞추는 데에는 한계가 있다. 그들은 여전히 자유연상과 해석의 전통을 가지고 있고, 현상학적인 면을 강조한다 해도 현상학적으로 초점 맞추는 훈련이나 실험을 포함하는 데까지 확장하지는 않는다. 실험의 현상학은 확대된 정신분석 치료에 아직까지 포함되지 않았다.

치료사가 자기개방을 하는 정도에도 한계가 있다. 치료자의 자기개방은 어떤 경우에만 되는 것이고, 그것도 특별한 이론적 근거와 구실을 붙여서만 할 수 있는 것이다. 특정한 환자에 대한 치료가 그것을 절대적으로 요구한다면 그것이 합리화될 수 있다. 하지만 대화적 치료의 진정한 위력은 아직도 인식되지 않고 있으며, 이론상으로나 분석가 훈련에서나 대화적 맥락에서 최적으로 활동하는 것을 준비시키지는 않는다.

두 사람이 노래할 때 대화가 이루어진다고 말할 수 있다. 게슈탈트 치료에서 우리는 환자와 더불어 노래할 수 있다. 대부분의 심리치료에 있는 접촉과 현전 그리고 창조성의 제한이 우리에게는 없다. 대화를 하면서 우리는 노래하고, 춤추고, 이야기하고, 감정을 느끼고, 그림 그리며, 논쟁할 수 있다. 우리는 환자와 더불어 작업하고 씨름한다.

게슈탈트 치료와 정신분석 치료에서 사용하는 지금-여기의 개념에도 차이가 있다. 게슈탈트 치료에서 지금-여기에 초점을 맞추는 것에 대해 우리가 앞서 논한 것처럼 확장되고 자유스러워진 시각에서 보더라도 이는 마찬가지다. 정신분석적 심리치료와 정신분석에서는 전이의 개념을 통해 지금-여기에 들어간다. 하지만 정신분석에서는 전이분석 자료가 대화를 촉진시키고, 환자와의 현재 관계에 대한 실험적 현상학을 촉진시키기보다는 주로 과거를 설명하기 위해서 사용된다.

전이 현상을 잘 다루지 않고서는 치료를 제대로 할 수가 없다. 발달상의 문제를 다루지 않으면서 치료를 제대로 할 수는 없다. 하지만 게슈탈트 치료에서는 이 두 가지를 다 할 수 있다. 물론 우리가 이제까지 논의했고, 이 책을 통해 더 논의할 대화적이고 현상학적인 관점을 사용함으로써 그렇게 하는 것이다.

대화와 의도적으로 목표하기

대화를 의도적으로 목표할 수는 없다. 대화는 접촉을 하는 개인 사이에서 저절로 일어난다.

대화는 사이에서 저절로 일어난다

대화는 너와 내가 진정으로 접촉적인 방식으로 만날 때에 저절로 일어나는 것이다. 대화는 '너 더하기 나'가 아니라 상호작용에서 일어난다. 대화는 쌍방이 스스로 현전할 때에 생길 수 있는 것이다. 대화는 어느 쪽도 결과를 통제하거나 결과에 대해 결정내리지 않을 때에만 생길 수 있다.

'노력하는 것(trying)' 때문에 상호작용이 비대화적이 된다. 어떤 결과를 의도하거나 그 결과에 도달하기 위한 수단을 찾는다는 의미에서 '노력하는 것'은 일종의 조종(manipulation)이다. 물론 조종이 나쁜 것은 아니다. 부버는 실존을 위해 나-그것 관계가 절대적으로 필요하다는 것을 분명히 했다. 『Gestalt Therapy』에서 조종이란 유기체의 감각 운동적 활동의 운동 행위적 측면을 기술하는 용어로 사용된다. 분명히 조종은 건강하고 중요할 수 있으며, 각자가 필요한 만큼 조종을 할 수 있고, 또 그렇게 한다는 것은 중요하다.

하지만 의도적으로 목표하는 것은 대화적이 아니다.

우리는 때때로 성장하기 위해 대화를 사용하는 것에 대해 사람들이 말하는 것을 듣는다. 그것 또한 조종하기와 의도적으로 목표하기의 또 다른 예다. 그것은 상대방을 사용하는 것이고, 나-그것의 일례다. 대화적 태도는 그 반대다. 즉, 다른 사람을 만나기 위해 자기 자신이 되는 것이다.

환자를 어딘가로 가게 하려고 노력하는 것은 나-그것의 상호작용이다. 게슈탈트 치료가 환자를 어딘가로 옮기려고 기법을 사용할 때, 그것은 대화적 치료라기보다는 일종의 행동 수정이 된다. 이것은 치료자가 양심적으로, 그리고 환자를 '건강'하게 만들기 위해 분명히 치유적인 동기를 가지고 노력하는 경우에도 마찬가지다.

참된 접촉은 '만들어지는' 것이 아니라 '일어난다'

각자는 경계선으로, 만남으로, 그들의 의지를 가져올 수는 있으나, 거기까지일 뿐이다. 통제하기 위해 의지를 사용하는 것은 타인과의 대화적 접촉이 아니고, 타인을 통제하는 것이다. 다른 사람을 사실상 자신의 욕구나 이미지와 융합되도록 동화시키기 위해 접촉하는 것은 유기체의 자기 조절의 일부분이 될 수는 있겠지만, 대화적 접촉은 아니다. 대화적인 유기체의 자기 조절에서는 상대방과 접촉하게 되고, 그 타자의 어떤 측면들이 유기체에 동화되더라도 상대방은 독립된 개인으로 남는다. 예를 들면, 어떤 사람이 내가 좋아하지 않는 스타일을 가지고 있을 수 있다. 그 사람이 그 스타일을 지닌 채로 내가 그 사람을 수용할 수 있다. 나는 있는 그대로의 그 사람의 어떤 면으로부터 배울 수가 있고, 그런 의미에서 그의 어떤 점을 내 안에 동화시킬 수 있는 것이다. 하지만 그것은 그 상대방으로 하여금 내가 원하는 대로 되도록 조종하는 것과는 다르다.

대화적 접촉은 우리의 의지를 경계선으로 가져오는 것으로 시작되고, 나머지는 상대방으로부터의 반응과 은총에 달려 있다. 우리는 준비하고, 우리의 의지를 사용한다. 그런 다음에는 대화적 접촉이 일어날 수도 있고, 안 일어날 수도 있다.

이렇게 되려면 일어날 것에 대한 믿음 혹은 신뢰가 필요하다. 여기에는 존재에 대한 신뢰와 대지가 당신과 상대방을 받쳐 줄 것이라는 믿음이 필요하다. 여기에는 개인이 통제할 수 있는 영역 안에 뿐만이 아니라 유기체/환경의 장 나머지 부분에도 자원들이 있다는 믿음이 필요하다.

역설: 당신 자신이 되는 것을 의도적으로 목표하는 것으로는 당신 자신이 될 수 없다

각 개인은 고유하지만, 인간적인 관여가 있을 때에만 고유한 개인이 확인받고, 유지되고, 발전할 수 있다. 나-너의 만남이 생기는 접촉 안에서만 각자의 고유성이 계발된다. 우리가 다른 사람들과 있을 때 어떤지 그리고 다른 사람들이 우리와 있을 때 어떤지를 앎으로써만, 우리는 진정으로 우리 자신이 되고, 우리 자신을 알 수 있다.

사람이 자기 내부를 들여다보고 내관, 반전 등을 할 때, 그는 타자들과 관여하고 있는 것이 아니다. 이는 자신에게 주의를 돌리는 것이다. 진정한 만남에서는 타자와 만나는 데에, 나와 나 아닌 사람이 만나는 데에 주의가 돌려진다.

이것이 내가 게슈탈트 치료를 일종의 '자기' 심리학으로 보지 않는 이유다. 자기 심리학에서는 자기에게 주의를 돌리는 것을 중요시하고, 대화적 치료에서는 관여와 절로 일어나는 것을 중요시한다.

당신 자신('나')이 되는 것은 관계 속으로 들어감으로써 일어난다. 당신 자신을 있는 그대로 내놓음으로써 다른 사람들이 당신을 '너'로 취급할 수 있다. 다른 사람을 '너'로 취급함으로써 당신은 더 온전히 당신 자신이 될 수 있다.

CHAPTER 02

나는 왜 게슈탈트 치료자가 되었는가: 짐 심킨에게 보내는 작별 인사

친애하는 짐,

저는 당신의 기념 논문집을 위하여 이 편지와 논문을 쓰기 시작했습니다. 그런데 사후 작별 인사로 끝을 맺게 되었군요.

당신과 교류한 결과로 저의 삶은 완전히 바뀌었습니다. 당신과 프리츠와 더불어 제가 에살렌에서 처음 일하기 시작한 지 19년이 흘렀습니다. 그 이후로 저의 삶은 제가 꿈꾸던 것보다 더욱 풍부해지고 생기가 있으며, 사람들과 연결되고, 사랑이 넘치며, 생산적으로 되었습니다. 저는 당신에게 감사드리고, 또 당신을 사랑합니다.

당신의 기념 논문집을 위해 제출된 원고들을 읽으면서 저는 얼마나 많은 사람들이 당신과의 극적인 만남에 대해 이야기하는지를 봅니다. 강건한 심킨, 어떤 일이 있건 자기 안의 북치는 사람을 쫓아가는 심킨, 움직일 수 없는 바위 심킨, 환자의 성격 구조의 가장 가운데 핵으로 뛰어드는 통찰력 있는 심킨. 저는 그처럼 극적인 성격이 드러난 사건들을 기억하지만, 제가 가장 소중히 여기고 사랑하는 당신의 모습은 매 순간 당신의 작업에 일관되었던 지속적이고 일상적인 태도입니다. 제가 당신에게서 그 무엇보다도 감탄하는 것은 당신 특유의 극적인 까칠함이 아닙니다. 당신의 기여는 생기를 주었고, 그 어떤 극적인 이야기보다도 궁극적으로 더 극적이었다고 생각합니다. 관계 맺는 이 재능에 대해 탐구하고, 경의를 표하고 싶습니다. 그것 때문에 제가 게슈탈트 치료자가 되었고, 그것이 아직도 계속 게슈탈트 치료자로 남아 있는 까닭이니까요.

저는 프리츠가 1964~65년에 메트로폴리탄 주립 병원에서 개설했던 수련 수업을 통해 게슈탈트 치료에 관해 처음으로 알게 되었습니다. 그의 접촉의 강렬함과(상당히 부정확하긴 했지만) 극동의 사상에 관한 그의 이야기 그리고 제 동료들로부터 극적인 반응을 이끌어 내는 그의 능력에 흥미를 느끼기는 했지만, 개인적으로 감동을 받았거나 특별히 게슈탈트 치료자가 되고 싶다는 매력을 느끼지는 않았습니다. 그냥 어찌하다가 게슈탈트 치료에 관한 그 다음 경험인 에살렌에서의 상급 집단에 들어가게 되었습니다. 거기서 저는 당신을 만났고, 당신과의 접촉을 통해서 한 인간으로서 깊은 감동을 받았으며, 게슈탈트 치료를 배우고 싶다는 매력을 느꼈습니다.

당신과 있으면서 저는 막다른 골목으로부터 그것을 넘어서 삶으로 나아갈 때 어떤 일이 가능해지는지를 처음으로 맛보았습니다. 당신이 저를 당신의 심리학 조교로 일해 달라고 청했을 때, 저는 일류의 심리치료와 심리치료 수련이 무엇인지를 처음으로 깨닫게 되었습니다. 훨씬 후에야 저는 당신의 스타일을 포함해서 어떤 하나의 스타일을 넘어서는 게슈탈트 치료의 잠재력을 깨달았습니다. 훨씬 후에야 저는 당신에게서 배운 것을 저 자신의 스타일에 어떻게 적용해야 할지 알게 되었습니다. 어떤 때는 당신에게서 배운 것을 더 엄밀하게 적용하기도 하고, 또 어떤 때는 배운 것에서 빗나가기도 하면서 말입니다.

하지만 제가 당신과 했던 작업을 돌아볼 때마다 그것이 전환점이었다는 생각이 들면서, 감사하고 사랑을 느끼며, 따뜻한 마음이 되고 감탄하게 됩니다.

이 논문에서 저는 제가 당신으로부터 배운 것의 진수를, 그리고 제가 게슈탈트 치료자가 된 이유를 기술하려고 노력했습니다. 그 둘은 하나이기 때문입니다.

안녕히 가세요, 짐. 당신이 제게 베풀어준 것에 대해 감사하고 당신을 사랑합니다. 보고 싶을 거예요.

사랑을 보내며,

1984년 게리가

내가 게슈탈트 치료를 처음 접했을 때, 나는 이미 정신분석적 심리치료를 끝내고, 사회복지학 학교를 거친 후였지만, 접촉, 경험 혹은 알아차림이 무엇인지 이해하지 못한 채 심리치료자로 일하고 있었다. 짐 심킨으로부터 나는 즉각적이고 개인적인 경험이 무엇이며, 그것이 얼마나 중요하고 가치 있는 것인지 배우게 되었다. 짐이 다른 무엇을 하든지 간에 그는 항상 나의 경험을 명료화시킴으로써 내게 반응했다.

그는 종종 자신의 경험이 무엇인지 나누지 않을 때도 있었지만 그것을 알고는 있었고, 내가 나 자신의 경험을 알아야 한다고 강조했다. 그가 나의 어떤 특성을 좋아하지 않을 때에도 그는 나의 경험을 존중했다—그는 우리가 누구인지에 관해 각자 솔직해야 하며, 또한 있는 그대로를 받아들여야 한다고 강조했다. '존재(is)'가 '당위(should)'를 대신했던 것이다.

짐으로부터 나는 내가 경험하는 것을 알 수 있는 방법과 그 밖에 어떤 것이 가능한지를 아는 것의 중요성을 배웠다. 나는 내가 실제로 했던 선택과 지금 내가 선택할 수 있는 것에 대해 명료하게 알고 책임을 지는 것의 중요성을 배웠다. 있는 그대로(is)와 선택과 책임을 거짓 없이 알아차리면 나머지는 따라왔다. 그의 관찰과 실험 후에는 대개 내가 나 자신의 경험을 더 잘 이해하게 되었고, 마치 나의 현재 경험인 것처럼 지니고 다녔던 정체되고 오래된 학습된 것들과 내가 바로 그 순간 진짜로 경험하는 것들을 서로 점점 더 잘 구별해낼 수 있게 되었다. 짐은 환자가 (가르침을 받기보다는) 스스로 발견하고, (짐을 모방하기보다는) 환자 자신의 스타일을 계발하고, 그럴 잠재력이 있는 경우 짐을 넘어서는 것이 최대한으로 가능해지게끔 만들고 싶어 했다.

짐은 나와 더불어 작업했다. 짐이 작업할 때, 개개인의 알아차림이나 치료자와 환자 사이의 접촉이 이론이나 다른 어떤 것 때문에 뒷전으로 밀려나는 일은 없었다. 그는 지나치게 도움을 준다거나 가르치려는 자신의 욕구 때문에 내가 스스로 발견하고 배우는 것을 못하게 기만한 적이 없었다. 그는 '[어떤 것에] 대해서 이야기하기'나 행동수정 연습 대신에 실험을 제안했다. 나는 실험을 통해서 그리고 나의 경험을 알아차리는 것을 통해서 확장해나가는 것을 배웠다.

짐은 알아차림 연속의 과정과 유기체의 자기 조절을 신뢰했다. 나는 머무르는 방법—경험을 지속적으로 알아차리고, 방해하거나 회피하지 않는 방법—을 배웠다. 과정과 자연적인 변화에 대한 알아차림이 집착하는 것, 교정하는 것 그리고 노력하는 것을 대체했다.

프리츠와 작업할 때 나는 혼란스러웠다. 그는 나 자신을 혼란스럽게 하는 나 자신의 행동을 강화시키지 않는 [(프리츠) 자신을 지지해주는] 실험을 통해 나를 직면시켰지만, 결과적으로 나를 더욱 혼란스럽고 애쓰도록 만들었다. 나는 접촉되거나, 이해받거나, 수용되거나, 촉진되었다고 느끼지 않았다. 짐의 경우는 달랐다. 짐과 작업하면서 내가 혼란스러울 때, 그는 내게 나의 혼란이 되어 보라고 했다. 나는 안개 속에 있는 것처럼 느꼈다. "안개가 되세요." 나는 안개가 된 나 자신의 색깔과 감각과 농도를 묘사했다. "거기에 머무르세요." 나는 정말로 안개처럼 형체가 없고, 안개처럼 회색이고, 안개처럼 축축하게 되었다. 그러자 나는 아무런 노력 없이도 변하기 시작했다. 안개는 따뜻해졌고, 나는 수증기가 되었다. 나는 마침내 살아 있음을 느끼게 되었고, 나의 색깔은 호전되었고, 나는 혼란스럽게 느끼지 않았다. 판단하지 않고, 회피하지 않고, 나의 경험(알아차림, 감정, 감각)에 머물러 있음으로 해서 나는 온전해질 수 있는 나의 잠재력을 보다 많이 체화(embody)한 나로 성장하고 변화한 것이다. 나는 나 자신의 과정에 머물러 있는 것이 가능하다는 것을 배웠다. 나 자신을 지지하는 쪽을 선택할 수 있었던 것이다.

나는 전부터 다원적인 사회와 자기 결정에 대한 믿음을 가지고 있었다. 이러한 믿음과 일치하는 철학은 사회복지에서 찾을 수 있었지만, 강력하고 효과적인 심리치료의 방법론은 찾을 수 없었다. 짐과 게슈탈트 치료에서 나는 그것을 발견했다. 짐은 치료를 하는 것이 자신에게는 그의 넘치는 사랑을 사용하는 하나의 방법이라고 했다. 나는 게슈탈트 치료를 치료적인 측면에서 그리고 개인적인 측면에서 다원적 태도에 상응하는 것으로 본다.

나는 내가 했던 경험을 하는 것이 괜찮다는 것을 배웠다. 나 자신의 경험을 하는 것, 즉 흥분되고, 화나고, 참을성 없고, 도취되고, 슬프고, 의문을 품는 것 등이 괜찮다는 것을 내게 말해준 사람이 이전에는 없었다. 짐에게도 [나에 대한] 반응으로 그 자신의 경험을 하는 것이 문제가 되지 않았다. 접촉이란 차이를 인정하는 것이다. 나는 애리조나에서 있었던 워크숍에서 짐이 내게 집단의 모든 사람들에게 "나와 짐을 위한 자리가 충분히 있다."고 말하도록 시켰던 것을 기억한다.

나는 나 자신을 받아들이는 것에 대해 생각해 본 적이 그전에는 없었다. 나는 자기 거부만을 알고 있었던 것이다. 나는 또한 나 자신의 경험을 유지하면서 다른 사람과 그들의 경험을 수용하는 것을 배웠다. 예전에 나는 사람들을 돌보는 마음이 있기는 했지만, 그런 마음은 그들과 나 자신에 대해 내가 판단하는 것 때문에 방해를 받았다. 관심을 가지고 수용하는 대신에, 관심을 가지면서 차이를 인정하는 대신에, 나는 하나의 진리를 독선적으로 추구했던 것이다. 게슈탈트 치료에서 나는 '당위는 없다.'는 것을 배웠다. 있는 것은 있는 것이다! 짐으로부터 나는 내가 옳아야 하고, 최고여야 하며, 완벽해야 하고, 정답을 알아야 할 필요가 없다는 것을 배웠다. 나는 있는 것을 중요시하면 된다는 것을 배웠다.

짐은 항상 각 개인이 분리되어 있고, 그들 자신으로 있으면서 그들 자신의 경험을 할 권리가 동등하게 있는 것으로 여겼다. 그는 어떤 사람을 끌어당겨서 다른 사람과 융합되게 하는 조종을 피했다. 짐은 융합 혹은 자아경계 상실의 그 어떤 위협에도 강하게 (때로는 너무 강하게) 반응했다.

돌아보건대, 그가 누구인지, 특히 그의 느낌이 무엇인지 그리고 내가 그에게 어떤 영향을 미쳤는지를 짐이 내게 종종 언어적으로, 명시적으로 그리고 직접적으로 표현해 주었더라면 내가 더 많이 배웠으리라는 것을 깨닫는다. 내가 물어보면, 보통 그는 내게 말해주곤 했다. 종종 그의 얼굴에는 동의하지 않는다는 표정이 나타났다. 그때 나는 물어볼 만큼 충분히 알아차리고 있지 않았고, 그는 자진해서 자신의 경험을 나누거나 그가 나에게 어떤 영향을 미쳤는지 알아내려는 책임을 지지 않았다. 이와 비슷하게, 때로 그는 나에게 극적인 말, 제안, 관찰한 것 등을 던져 놓고 내버려두기도 했는데, 종종 나는 짐이 어떤 경험을 했길래 그런 개입을 했을까 호기심이 생기고, 다소 당혹스러워짐을 알지도 못한 채 몇 년간 그 말들을 기억했다. 나는 잠재의식 속에서 자문하곤 했다. 도대체 짐의 마음속에 뭐가 있는 걸까?

짐은 인기 많은 피리 부는 사람을 따라간 것이 아니라, 자기 안의 북치는 사람을 따라갔다. 나는 자신을 정의하기 위해서, 나 자신의 경계를 정하기 위해서 그리고 입장을 취하기 위해서 공격성을 사용하는 데 있어서의 정직성과 용기에 관해 많은 것을 배웠다. 짐을 만나기 전에 나는 나 자신이 윤리와 도덕의 문제에 관해 정직하고 용기 있다고 생각했었다. 짐으로부터 나는 내가 명료하고 확고하기보다는 독선적일 때가 많다는 것을 배웠다. 짐으로부터 나는 내가 믿는 것을 위해 단호히 일어서기보다는 집착하고 우유부단하게 되는 적이 많다는 것을 배웠다. 내가 UCLA 심리학과에서 처음으로 가르치면서 대학원생들에게 슈퍼비전을 할 때에 어떤 대학원생이 환자들을 통제하고 야단치고 재조건화시키기 위해 게슈탈트 치료를 남용했다. 나는 그 학생에게 상처를 주고 싶지 않아서 애매하게 말했다. 짐[이 말하기를] "당신 같은 멍청이 때문에 이 분야에 시시한 치료자가 그렇게 많은 거예요." 부드럽지는 않지만, 솔직한 말이다. 나는 나의 정신적인 딜레마를 직면해야 했다(이것이 마지막은 아니었다.).

나는 나 자신의 공격성을 존중하는 것을 배웠다. 나는 글을 쓸 때 내 앞에 있는 지적인 자료를 '씹어 먹는' 대신에 내 머리 가죽을 쥐어뜯는다는 것을 알게 되었던 것을 기억한다. 내가 나의 공격성을 밖으로 향하게 할 수 있다는 것, 그것이 생산적이고 받아들여질 수 있으며, 필요하기까지 하다는 것을 내가 발견하도록 그가 도와주었다.

나는 짐의 제안에 따라 오클라호마의 집단에서 "나는 …를 않겠다."고 말하며 한 바퀴 돌던 기억이 난다. 그날 나는 내게 "… 않겠다."가 강하게 있다는 것을 알게 되었고, 계속 실험을 해서, 내가 나의 "… 않겠다."들을 알고(경험) 그것들을 명시적으로 표현했을 때(접촉), 내가 얼마나 강하며, 또 강하게 느낄 수 있는지를 발견했다.

짐은 이론에 관해서는 그렇게 뛰어나지 않았다. 하지만 그는 내가 이론을 정립하는 것과 내가 집착하는 것 사이에는 차이가 있다는 것을 알았다. 정교하지 않은 적이 많았지만 때때로 그는 전자에 대해서는 솔직하게 반응을 보였다. 반면에 내가 집착할 때는 뜻을 같이하지 않았다. 여기에 배울 점이 있었다. 그는 내가 그를 넘어서 가도록 격려할 수 있었던 것이다. 그는 이론적인 능력에 있어서는 약했고, 말이 많은 것을 견딜 수 없어했지만, 그럼에도 불구하고 나의 이론적인 작업은 격려했다.

짐과의 작업을 마친 후에 나는 스스로 탐색을 했고, 진행되고 있는 과정에 대한 짐의 신뢰를 넘어서 그 이상으로 나아갔고, 게슈탈트 이론에 정교함을 더했다. 나는 장 이론이 나의 게슈탈트 치료 작업과 이론화에 필수적인 뒷받침이라는 것을 발견했다. 나는 대화적 실존주의를 탐색했다. 나는 직접적인 경험을 중요시하는 것이 현상학이라 불리는 철학과 연구의 지적인 전통의 일부분임을 알게 되었으며, 대화적 실존주의와 현상학과 장 이론이 보다 큰 전체를 이룬다는 것을 발견했다. 나중에 나는 집단 작업, 정치학, 인류학, 동양학, 개인치료에 관한 나의 교육적 배경을 짐으로부터 배운 것과 통합시켰다.

짐 심킨으로부터 나는 기초를 배웠다. 게슈탈트 치료는 인간적이고 유능한 치료자와 인간이 되어 가는 노정에서 나를 인도해주는 나침반이 되었다. 그것은 다양한 가닥의 실을 합쳐서 엮어주는 하나의 틀이었다. 대화적인 접촉과 알아차림의 연속체는 실존주의와 현상학을 구체적으로 적용하는 방법이 되었다. '작업하기(working)'란 '현상학적 초점화(phenomenological focusing)'[1]를 조작적으로 적용하는 것이 되었다.

나는 확장을 해왔다. 이제 나는 정신분석적 지식을 내가 하는 일에 통합시키고, 연속성과 역사적으로 선행하는 것에 보다 주의를 기울이고, 집단 과정에 보다 초점을 맞추고, 짐보다 이론에 대해 더 많이 이야기하며, 내가 짐에게서 배웠던 것보다 더 많이 신체 작업과 나의 개인적인 느낌의 표현을 활용한다. 기본적인 틀이 개개인과 개인의 경험에 대한 신뢰, 개인 간의 대화 그리고 진행되고 있는 과정에 대한 믿음에 바탕을 두고 세워졌을 때, 성장하고 통합하는 것은 쉽다. 짐, 당신에게 감사합니다.

1) 역자 주_ '현상학적 초점화(phenomenological focusing)'란 어떤 현상을 조명하기 위해 현상학적 방법을 사용하는 일종의 지도된 알아차림(directed awareness)이다. 여기에는 경험되는 것을 기술하고, 해석이나 반응을 지각하며, 자신의 경험이 객관적이거나 절대적인 사실이라는 믿음을 괄호에 묶어 제쳐 두는 것을 포함한다. 젠들린의 Focusing은 현상학적 초점화의 한 종류에 불과하다.

CHAPTER 03

게슈탈트 치료의 실제에 대한 개관

주 해

이 개관은 내가 애리조나 대학교 심리학과 박사과정 졸업 과제의 일환으로 쓴 것이다(이 자체가 박사논문은 아니었으며, 나의 박사논문은 경험적 사회심리학 연구였다.). 이것은 1969년에 캘리포니아 주립대학교 서점에서 처음으로 출간되었다. 인용이 많은 것을 포함해서 이 논문의 문체는 어느 정도 학문적 요건상 필요한 것이었는데, 특히 그 당시에 출간된 논문은 적었고, 미 출간 상태로 돌려 보던 논문들 중 내가 세상에 알리고 싶었던 것들이 꽤 되었기 때문에 이렇게 해야 했다. 이 글은 1975년 스티븐슨(Stevenson)의 저서 『Gestalt Therapy Primer』에 실렸을 때, 더 널리 읽히게 되었다. 역사적인 관심이 있는 독자라면, 이 글을 통해 나의 나중 논문들에 나타난 견해와 1969년에 발표된 나의 견해를 비교해 볼 수 있을 것이다.

심리학적 오리엔테이션들은 종종 행동적 변인을 강조하는 것들과 현상학적 변인을 강조하는 것들로 양분된다. 양쪽 모두의 필요성을 인식한 심리학자들도 있긴 하지만,

프레드릭 퍼얼스가 양쪽을 통합하는 심리치료의 유형을 창시했다는 사실을 모르는 사람들이 많다. 퍼얼스의 주요 저작들(1947; Perls, Hefferline and Goodman, 1951)은 그의 심리치료의 실제보다는 그의 이론에 중점을 두고 있다. 퍼얼스와 그의 동료들이 치료의 실제를 강조하는 논문들을 쓰기도 했지만, 그러한 논문들은 널리 읽히는 전문 학술지에 충분히 실리지 않았다(예를 들면, Enright, 1970a; Levitsky & Perls, 1969; 심킨의 논문들). 이런 유형의 치료, 즉 게슈탈트 치료의 실제가 본 논문의 초점이다. 실존철학의 한 유형으로서의 게슈탈트 치료(Enright, 1970a; Simkin; Van Dusen, 1960), 성격과 연구의 이론으로서의 게슈탈트 치료(Perls, 1947; Perls et al., 1951) 그리고 게슈탈트 치료의 이론적, 역사적 기원 등은 이 논평에서 직접적으로 다루지 않을 것이다.

게슈탈트 치료의 두 가지 목표 때문에 치료의 실제에 대한 검토가 특히 중요하다. 한 가지 목표는 환자를 조건화시키지 않으면서, 그리고 알아차림의 변수들을 배제하지 않으면서 지금-여기의 행동으로만 방향을 맞추는 것이다. 또 하나의 목표는 지나치게 포괄적이거나 추상적이지 않으면서 실존적 태도를 적용하는 것이다.

심리치료의 모델들

게슈탈트 치료를 이해하기 위해서는 그것이 심리치료의 세 학파, 즉 정신역동적 치료운동, 행동주의적 치료운동 그리고 인간 잠재력 회복운동(human potentials movement) 등과 어떤 관계에 있는지를 알아야 한다. 이 절에서는 심리치료의 이론들에 대한 이론적 비교에 치중하기보다는 게슈탈트 치료에 대한 논의가 의미 있게 이루어질 수 있도록 그 배경 혹은 맥락을 개괄하고자 한다.

정신역동적 심리치료는 치료자가 고쳐 주거나 제거해야 할 병이나 장애를 환자가 가지고 있다는 전제에 기초를 두고 있다. 환자가 그러한 병을 가지고 있기 때문에 그는 책임이 없는 것으로 가정된다. 치료자는 환자가 왜 그렇게 되었는지 발견하고(진단), 환자의 치료는 치료자가 발견한 바(통찰)로부터 나온다. 심리치료에 대한 이러한 접근에서는 밑에 깔려 있다고 추론된 원인들이 강조되고, 실제 행동은 단순한 증상으로서 이차적인 위치로 밀려난다. 정신역동적 이론가들은 참된(숨겨진) 원인을 다루지 않으면, 겉으로 보이는 행동의 변화는 중요하지 않다고 생각한다. 자기들의 추론(해석)

을 중요시함으로써 역동적 경향의 치료자들은 지금-여기의 행동을 무시하고, 그때-거기에 대한 환자의 인식을 중요시한다. 게다가 정신역동적 치료자들은 심리치료에서 정확히 어떤 행동들이 일어나는지를 설명하기 위해서 충분히 자세하게 그들의 방법론을 기술하는 경우가 거의 없다.

행동주의적 치료자들은 정신역동 운동의 이처럼 정신주의적이고, 추론적이며, 종종 비과학적인 특성들을 실제 행동의 관찰로 대치시켰다. 월피(Wolpe), 스키너(Skinner), 스탬플(Stampfl), 반두라(Bandura) 등이 새롭고도 명료하게 구체화된 기법들을 내놓았다. 실험적인 학습 연구실에서 나온 이러한 기법들은 모두 실제의 데이터와 절차에 대한 정확하고 자세한 설명을 중요시했다. 모호한 개념과 뒷받침되지 않은 가설에 기초하여 행동을 해석하는 것은 행동주의적 훈련을 받은 심리학자들이 할 일이 아니었기에 배제되었다. 이렇게 배제된 가설들과 개념들 중에는 환자에게 책임이 있음의 중요성, 병의 원인에 대한 집착 그리고 알아차림(의식)의 중요성도 들어 있었다.

이 두 학파는 환자가 변화하도록 만드는 것이 치료자의 책임이라는 가정을 공유한다. 치료자가 변화를 가져오는 작업을 한다는 것이다. 치료자에게 전문적 지식이 있기 때문에 치료자가 환자에게 무엇을 하거나, 혹은 중간에 있는 사람들이 환자에게 무엇을 하도록 치료자가 명령을 내리면, 그것이 변화를 가져온다는 것이다. 적응의 기준에 맞는 행동이 환자에게 조건화되어 주입되고, 바람직하지 않은 행동은 탈조건화되도록 심리학자가 환자의 환경을 조종한다는 것이다. 행동 치료자가 피실험자를 통제하고, 피실험자는 자극-반응 이론에 따라 수동적으로 자극을 받는 대상으로 여겨지는 것이다.

심리학에서 일어난 제삼의 세력은 조건화에 의해 부정적인 행동을 제거하는 것이나 정신분석적 경향의 심리치료로 정신병리를 제거하는 것을 중요시하는 것을 거부한다. 인본주의적 도전은 심리치료를 인간의 잠재력을 증가시키는 수단으로 본다. 게슈탈트 치료에 대해 논한 후에 이러한 제삼 세력의 방법론에 대해 논의하고자 한다. 게슈탈트 치료는 미국 심리학에서 일어났던 이러한 제삼 세력의 일부로서, 지금-여기의 행동을 조종하지 않으면서 관찰하려 하고, 알아차림의 중요성을 강조한다. 인본주의적 틀 안에서 이처럼 행동과 알아차림을 결합하기 때문에 게슈탈트 치료가 매력적인 모델이 되는 것이다.

게슈탈트 치료의 이론

행동주의적 심리학과 경험 중심적 심리학이 하나의 심리치료 체계로 의미 있게 결합되려면 두 개의 원리가 통합되어야 하는데, 게슈탈트 치료는 그 두 원리를 중요시한다. '절대적으로 지금-여기에서 작업하기' 그리고 '알아차림의 현상에 온전히 관심 갖기'(Perls, 1966, p. 2)이다. 게슈탈트 치료자들은 병을 고친다고도, 조건화시킨다고도 주장하지 않는다. 치료자 자신은 계속되는 행동을 관찰하는 사람이며, 환자가 현상학적인 배움을 얻는 데 있어서 안내자 역할을 하는 사람이라고 여긴다. 이러한 입장에 대한 이론적인 뒷받침을 완전히 이해하려면 심리학과 성격(personality) 그리고 정신병리에 관한 게슈탈트 치료 이론을 자세히 검토해야겠지만, 우선은 이 주제에 관해 짧게 돌아서 가는 방식을 택하고자 한다.

게슈탈트 치료는 게슈탈트 이론에 기반을 두고 있는데, 이 이론에 대해 논한다는 것은 본 논문의 범위를 벗어나는 일이다(Perls et al., 1951; Wallen, 1957 참조). 게슈탈트 치료자들은 동작 행동(motor behavior)과 개인적 경험의 지각적인 특성이 [그 개인에게 그 상황에서] 가장 적합한 유기체적 욕구에 의해 조직된다고 본다(Perls et al., 1951; Wallen, 1957). 정상적인 개인에게 있어서는 좋은 게슈탈트의 속성을 가진 형태가 만들어지는데, [유기체의] 지배적인 욕구가 [게슈탈트를] 조직하는 전경이 된다(Perls, 1947; Perls et al., 1951). 개인은 감각 운동적 행동으로 환경과 접촉함으로써 이 욕구를 충족시킨다. 이 접촉을 조직하는 것은 관심사인 전경(figure of interest)이 유기체/환경적 장을 배경으로 해서 하는 것이다(Perls et al., 1951). 게슈탈트 치료에서는 환경을 지각하는 것과 환경 안에서 하는 동작 운동이 둘 다 능동적이며, 접촉적인 기능이라는 것을 기억해야 한다.

어떤 욕구가 충족되었을 때, 그 욕구에 의해 조직되었던 게슈탈트는 완결되고, 그러면 그것은 더 이상 영향을 끼치지 않게 된다. 유기체는 자유롭게 새로운 게슈탈트들을 형성할 수 있게 된다. 이러한 게슈탈트의 형성이 어떤 단계에서든 막히거나 경직되었을 때, 욕구들이 인식되거나 표현되지 않을 때, 유기체/환경적 장의 융통성 있는 조화와 흐름이 방해를 받는다. 충족되지 못한 욕구는 관심을 가져 달라고 아우성치는 불완전한 게슈탈트를 형성하고, 따라서 새로운 게슈탈트의 형성을 방해하게 된다.

자양분이 되거나 혹은 독이 될 수 있는 시점에서(Greenwald, 1969) 알아차림이 나타난다. 알아차림에는 언제나 게슈탈트 형성이 동반된다(Perls et al., 1951). 알아차림이 일어나면, 유기체는 공격성을 동원해서 환경적 자극을 접촉하고(맛보고) 거부하거나, 씹어서 동화시키게 된다. 이러한 접촉-동화의 과정은 자연적인 생물학적 공격성에 의해 운용된다. 그러한 처리과정에서 알아차림이 일어나지 않을 때(즉, 전경과 배경이 명료한 게슈탈트를 형성하지 않을 때), 혹은 충동들이 표현되지 않을 때, 불완전한 게슈탈트가 형성되고 정신병리가 생긴다(Enright, 1970a). 이처럼 변하는 알아차림의 전경-배경이 무의식이라는 정신분석적 개념을 대체한다. 무의식이란 장에 있기는 하지만, 전경-배경 형성이 제대로 되지 않아서 유기체가 접촉을 못하거나 혹은 유기체가 다른 현상과 접촉을 하고 있기 때문에 접촉을 못하는 현상을 가리킨다(Polster, 1967; Simkin). 이러한 알아차림이 형성되는 지점이 접촉점이다. "접촉은 동화(assimilation)와 성장을 초래하는 작업이며, 이는 배경 혹은 유기체/환경의 맥락에 대비하여(against) 관심사인 전경을 형성하는 것이다." (Perls et al., 1951, p. 231) 게슈탈트 치료는 내용(content)이 아니라 '무엇(what)'과 '어떻게(how)'에 초점을 맞춘다.[1)]

> 지금-여기에서 일어나는 경험의 구조의 통일성과 비통일성에 대하여 작업함으로써 접촉이 고양되고, 알아차림이 밝아지며, 행동에 활기가 생길 때까지 전경과 배경의 역동적 관계를 새롭게 만드는 것이 가능하다. 무엇보다도 중요한 것은 강한 게슈탈트를 형성하는 것 자체가 치료라는 것이다. 왜냐하면 접촉의 전경은 경험을 창조적으로 통합했다는 것을 말해주는 표지에 지나지 않는 것이 아니라, 그 자체가 경험의 창조적인 통합이기 때문이다(Perls et al., 1951, p. 232).

알아차림이란 문제를 창조적으로 통합하는 게슈탈트적 속성이다. 알아차리고 있는 게슈탈트(알아차림)만이 변화를 초래한다. 구조에 대한 알아차림 없이 내용만 알아차리는 것은 생동감 있는 유기체/환경의 접촉과 연결되지 못한다.

게슈탈트 치료는 마치 촉매처럼 어떤 과정을 시작시켜 준다. 정확한 반응은 환자와

1) 역자 주_ 게슈탈트 치료는 내용(content)이 아니라, '무엇'과 '어떻게'에, 즉 과정(process)에 초점을 맞춘다.

그의 환경에 의해 결정된다. 치료란 완성된 결과물을 말하는 것이 아니고, 자신의 문제를 해결하기 위해 자기에게 필요한 알아차림을 어떻게 계발할 수 있는가를 배우게 된 개인이 바로 치료다(Perls et al., 1951). 성공의 기준은 사회적 수용 가능성이나 대인관계가 아니라 "생동감이 높아지고, 보다 효과적으로 기능하고 있다는 것을 환자 스스로 알아차리는 것이다."(Perls et al., 1951, p. 15) 치료자는 환자에 대해서 자신이 발견한 것을 그에게 말해 주는 대신에, 환자 스스로가 어떻게 배울 수 있는지를 가르쳐 준다.

어떤 순간 유기체가 환경과 가지는 접촉 혹은 반응의 체계를 퍼얼스는 '자기(self)'(Perls et al., 1951)라고 불렀다. 자아(ego)란 유기체의 동일시 및 소외(alienation) 체계다. 신경증의 경우 자아는 자기 과정(self processes) 중 어떤 것들을 소외시킨다. 즉, 있는 그대로의 자기와 동일시하지 못하는 것이다. 자기가 유기체의 반응들을 새로운 게슈탈트들로 조직하도록 허용하지 못하고, 자기는 불구가 되는 것이다. 신경증 환자들은 "이것을 생각하고, 느끼며, 하고 있는 것은 나다."(Perls et al., 1951, p. 235)라는 감각에 대한 알아차림을 잃어버린다(소외시킨다.). 신경증 환자는 분열되고(divided), 알아차리지 못하며, 자기를 거부한다.

이러한 분열과 알아차리지 못함 그리고 자기 거부는 유기체가 경험하는 것을 제한함으로써만 유지될 수 있다. 자연스럽게 기능하는 유기체는 느끼고, 감지하고, 생각함으로써 경험을 한다. 개인이 자신의 경험 양태 중 어떤 것을 거부하게 되면, 불완전한 게슈탈트를 형성함으로써 관심을 요구하는, 충족되지 못한 욕구들 때문에 새로운 게슈탈트의 형성이 막히게 된다. 욕구와 충동을 경험하지 못하게 되면, 유기체의 자기 조절은 불가피하게 손상을 입고, 도덕주의적인 외적 조절에 의존하게 된다(Perls, 1948).

경험의 어떤 양태들을 거부하는 것은 서양 문화에서 오랜 역사를 지닌다. 아리스토텔레스 이후에 서양 사람들은 자신의 이성적인 기능은 수용될 수 있지만 감각적, 정서적인 기능은 수용될 수 없다고 배워 왔다. 인간이라는 유기체는 I와 me로 양분되었다. 서구인들은 자신의 지배 군주(이성)와 동일시하고, 자신의 감각적, 정서적 양태는 소외시켜 버렸다. 하지만 균형 잡힌 유기체적 경험 없이는 인간이 자연과 온전히 접촉할 수도, 자신을 지지할 수도 없게 되고, 따라서 환경과의 교류를 통해 배우는 것도 손상을 입게 된다(Perls, 1966; Simkin). 서구인은 소외되고, 분열되고, 자연과의 조화 밖으로 내던져졌다(Perls, 1948; Simkin).

배움은 발견을 통해, 새로운 게슈탈트의 형성을 통해, 즉 통찰을 통해 일어난다. 유기체가 환경과 상호작용함에 따라 게슈탈트가 완성되고, 알아차림이 생기고, 배움이 일어나게 된다(Simkin). 퍼얼스는 자신의 환자들이 자아 기능의 소외로 고통받고 있음을 발견하고는, 분열된 인격을 통합시킴으로써 새로운 게슈탈트가 형성되고, 환자가 배움을 얻을 수 있도록 하는 치료를 찾아내려고 했던 것이다(Perls, 1948). 그는 환자들이 그와의 관계에 있어서 근본적으로 잘못된 전경-배경 형성을 한다는 것을 발견했다. 이것을 실마리로 해서 그는 게슈탈트 치료를 창시하게 된 것이다. 이에 대한 자세한 논의는 문헌을 통해 접할 수 있다(Perls, 1947, 1948; Perls et al., 1951; Simkin; Wallen, 1957).

퍼얼스가 본 바, 치료에 있어서의 기본적 딜레마는 환자가 자기 기능의 일부분을 소외시키는(알아차리지 못하는 채로 있게 되는) 과정에 대해 알아차리지 못하게 되었다는 것이다. 퍼얼스는 지시에 따라 알아차리는 실험을 통하여 환자가 자신이 어떻게 알아차리지 못하고 있는지를 배울 수 있다는 것을 발견했다. 어떤 의미로 퍼얼스는 환자가 어떻게 배울 수 있는지를 가르친 것이다.

게슈탈트 치료에서 일어나는 치료적 변화의 과정은 환자가 자신의 알아차림을 통제하기 위해 사용하는 기제를 재발견하도록 도와주는 것이다. 지시에 따라 알아차리는 실험, 게슈탈트 치료에 있어서의 만남 그리고 우리가 논의할 집단 실험, 모두 그 목표는 환자로 하여금 자신의 알아차림을 통제하기 위해 그가 사용하는 습관적인 행위들을 알아차리게 하는 것이다. 이 점을 강조하지 않으면 환자가 자신의 알아차림을 증가시키더라도 그것은 편협하고 제한된 방식이 될 것이다. 환자가 자신의 알아차림을 통제하는 검열을 재경험할 때에 비로소 환자의 발전은 자기 주도적이고 자기-지지적이 될 수 있다.

> 치료의 궁극적인 목표는 다음과 같이 정리할 수 있다. 우리는 통합을 충분히 이루어, 나중에는 저절로 통합이 계속 촉진될 수 있게끔 해야 한다(Perls, 1948, p. 12).

게슈탈트 치료자가 환자에게 주는 치료적 과제는 환자의 알아차림을 모두 보고하라는 것이다. 치료를 통해서 환자는 치료 밖에서의 경험으로부터 얻는 것과는 다른 무엇을, 즉 고립된 지식의 조각, 일시적 관계 혹은 카타르시스가 아닌 그 무엇을 얻을 수가 있다. 치료가 창조해내는 것은 한 개인이 성장하는 데 있어서 문제가 되는 것의 핵심, 즉 제한된 알아차림(restricted awareness)이 관심의 초점이 되는 상황이다.

치료자나 환자 모두를 위한 퍼얼스의 처방은 "생각(mind)을 놓아 버리고, 감각(senses)으로 돌아오라."는 것이다. 퍼얼스는 자각에 대한 내부적인 감응체계뿐만 아니라 외적인 감각도 사용할 것을 강조한다. 환자의 감수성을 새롭게 함으로써 환자는 그(자아)가 알아차림과 충동의 표현을 거부하는 기제를 다시 한 번 알아차릴 수 있게 된다. 유기체가 검열관을 다시 통제할 수 있게 될 때, 유기체는 그 자신의 감각 운동적 행동과 생존을 위한 싸움을 벌일 수 있게 되고, 배우고, 통합을 이루게 된다. 즉, 자기 수용적이 된다(Simkin).

신경증 환자가—인격이 분열되고, 정서적, 감각적 양태를 제대로 사용하지 못하며, 자기-지지가 부족한 상태에서—치료자로 하여금 환자 자신의 삶의 문제를 해결해주도록 만들려고 시도할 때, 게슈탈트 치료자는 그것을 거부한다. 게슈탈트 치료자는 환자가 자신의 행동에 대한 책임을 치료자에게 떠넘기도록 허용하지 않는다(Enright, 1970a). 치료자는 핵심 영역에서 조종적으로 행동을 취하려는 [환자의] 시도를 좌절시키는 것이다.

게슈탈트 치료의 목표는 당면 문제를 해결하는 것이 아니다(Enright, 1970a). 왜냐하면 환자가 다른 사람들을 조종해서 자기를 위해 문제를 해결해주도록 하는 한—자신의 감각 운동적 기능을 온전히 사용하지 않는 한—그는 불구인 채로 남아 있을 것이기 때문이다. 게슈탈트 치료는 전체론적(holistic)이며, 인간이라는 유기체가 내적인 통제의 위계로부터 자유로울 수 있는 잠재력을 가졌다고 본다. 게슈탈트 치료에서의 환자-치료자 관계 또한 위계적인 것에서 상대적으로 자유롭다.

환자는 자신의 노력을 통해 자신의 목표를 발견하고, 실현할 수 있도록 실험하고, 관찰하는 것을 배우는 능동적이며 책임감 있는 참여자다. 환자의 행동에 대한 그리고 행동의 변화에 대한 책임, 그리고 그러한 변화를 이루기 위한 작업을 할 책임은 환자의 몫이다.

이처럼 게슈탈트 치료는 치료자가 조건화시키거나 탈조건화시키는 사람의 역할을 떠맡아야 한다는 생각을 받아들이지 않는다.

> 환자가 외부의 자원을 통해 성숙을 이룰 수 있다고 기대한다면, 번지수가 틀린 나무를 보고 짖는 것이다… 성숙은 그를 위해 누군가가 이루어 줄 수 있는 것이 아니고, 자기 스스로 성장하는 고통스러운 과정을 거쳐야만 하는 것이다. 우리 치료자들은 촉매로서, 영사막으로서, 우리를 사용할 수 있게 해줌으로써 환자에게 기회를 제공하는 것 이외에는 아무것도 할 수 있는 일이 없다(Perls, 1966, p. 4).

게슈탈트 치료자의 역할은 지금-여기의 행동에 참여-관찰하는 것이며, 환자의 현상학적 실험을 위한 촉매가 되는 것이다. 환자는 '치료적 상황의 안전한 응급 사태(safe emergency)' 에서 실험을 함으로써 배운다(Perls, 1966, p. 8). 그리고 치료 시간 중에든 밖에서든 자기 행동의 자연적인 귀결에 대해서 계속 책임을 진다.

> 이러한 치료적 접근의 기본 가정은 자신의 삶의 문제가 무엇인지 알면, 사람들은 그러한 문제들에 대해 적절히 대처할 수 있으며, 가진 능력을 다 가동해서 그 문제들을 풀기 위한 행동을 취할 수 있다는 것이다…. 자신의 진짜 관심사와 실제의 환경을 잘 접촉하기만 하면, 그들 스스로 할 수 있다는 것이다(Enright, 1970a, p. 7).

게슈탈트 치료에서는 치료자가 정신주의적인 개념이나 과거 혹은 미래에 초점을 맞추지는 않지만, 어떤 내용도 미리 배제되는 것은 아니다. 과거나 미래의 자료들은 현재의 행위로 간주된다(기억이나 계획하기 등). 게슈탈트 치료는 정지 상태의 것도 아니다. 어떤 행동이나 생각이 왜 생기는지에 초점을 맞추는 것도 아니고, 행동의 변화를 가져오기 위해 자극의 결과를 소종하는 것도 아니다. "우리가 어떤 행동을 '왜' 그렇게 하는지를 아는 것, 즉 소위 말하는 '통찰'을 강조하는 몇몇 학파들의 접근과는 반대로, 게슈탈트 치료는 우리가 '어떻게' 그리고 '무엇을' 하는지 알게 되는 것을 중요시한다." (Simkin, p. 4)

게슈탈트 치료에서 치료자는 예전의 로저스식 치료에서처럼 수동적이지 않고, 상당히 능동적이다. 정신주의(mentalism)가 아니라 행동에 주목하고, 사변적인 질문이 아니라 알아차림에 주목하고, 그때-거기가 아니라 지금-여기에 주목하려면, 치료자로서 행동을 취하고, 자기주장을 하는 것이 필수적이다.

게슈탈트 치료에서의 목표는 성숙이다. 퍼얼스는 성숙을 "환경적 지지로부터 자기-지지로 이동하는 것"이라고 정의한다(Perls, 1965; Simkin도 참조). 자기-지지는 다른 사람들과의 접촉을 내포한다. 지속적인 접촉(융합) 혹은 접촉의 부재(철수)는 자기-지지가 뜻하는 바에 반대되는 것이다(Perls, 1947). 자기-지지란 유기체/환경의 장에서의 자기-지지를 가리킨다. 융합은 분명히 자기-지지가 아니다. 철수에도 비자기-지지의 핵심이 들어 있다. 여기서 가장 중요한 것은 환경과의 교류에 있어서 유기체의 감각 운동적 도구를 지속적으로 사용하되, 알아차림을 가지고 하는 것이다(Enright, 1970a). 그러한 것이 자기-지지이고, 그것이 통합으로 가는 길이다.

이러한 과정은 '지지와 좌절 간에 실행 가능한 균형'에 도달할 때, 자연스러운 환경에서 달성된다. 게슈탈트 치료자들은 이러한 균형을 이루고자 한다. 특히 개인치료에서 지나친 좌절은 환자가 치료자와의 관계를 포기하는 결과를 초래할 것이다. 지나친 지지는 환자로 하여금 자기 스스로가 제공할 수 없다고 잘못 생각하고 있는 지지를 얻기 위하여 환경을 계속 조종하게끔 조장한다. 그처럼 지지적으로 취급하면 일시적인 향상이 있기는 하겠지만, 환자가 막다른 지점을 넘어 나아가는 데에 있어서는 도움이 되지 않을 것이다.

막다른 지점이란 러시아 문학에서 괴로운 지점(sick point)이라 불리는 것이다. "실존적 막다름이란 어떠한 환경적 지지도 오지 않고, 환자가 자신의 삶에 대처해 나갈 수 없거나 혹은 그렇다고 믿는 상황이다."(Perls, 1966, p. 6) 환경으로부터 지지를 얻거나 유지하기 위해서 환자는 여러 가지 장치를 사용할 것이다. 현상을 유지하고, 자신의 환경을 통제하고, 자기 힘으로 삶에 대처해 나가는 것을 회피하기 위해 환자는 그러한 조종이나 게임을 사용한다. 신경증 환자가 대처하기를 회피할 때, 그는 어떤 유기체라도 피하는 실제적인 고통을 피하는 것뿐만 아니라 거기에 덧붙여서 "불쾌한 감정과 같은 상상 속의 상처까지도 피하는 것이다. 그는 또한 적당한 모험을 하는 것을 피한다. 두 가지 다 성숙의 가능성을 방해하는 것이다."(Perls, 1966, p. 7)

그러므로 게슈탈트 치료는 그가 불유쾌함을 피하려 한다는 것에 환자의 주의를 환기시키고, 치료를 받는 중에 그의 공포 행동에 대해 작업하도록 한다.

요약하면, 치료자는 마르틴 부버의 나-너, 지금-여기의 전통에서 관계를 유지하면서 좌절과 지지 간의 균형을 잡는다. 환자는 처음에 실제로 자기가 경험하는 것도, 실제로 자기가 한 행동의 귀결도, 어떻게든 피하려고 한다. 환자는 자신의 실제적 경험을 알아차리게 되는 것을 회피할 수단과 지지를 얻기 위하여 그의 환경을 조종하는 법을 오랜 기간 배우고 연습해 왔기 때문에, 이 면에 있어서 상당히 숙달되어 있는 것이 보통이다.

> 그는 무기력하고, 바보처럼 행동함으로써 그 일을(조종을) 한다. 그는 감언이설로 유혹하고, 매수하며, 아첨한다. 그가 정말로 유아적인 것이 아니라, 복종적인 행동을 함으로써 상황을 통제하기를 기대하면서 유아적이고, 의존적인 역할을 수행하는 것이다(Perls, 1965, p. 5).

게슈탈트 치료의 기법

정신분석에 관한 문헌은 방대하지만, 정신분석에서 실제로 일어나는 행동에 대하여 실제로 참여해보지 않은 사람들을 이해시킬 수 있을 정도로 충분히 명료하게 기술하지는 않는다. 『Gestalt Therapy』(Perls et al., 1951)를 읽는 독자는 게슈탈트 치료에 대한 퍼얼스의 기술이 그가 하는 절차를 기술하는 데 있어서 정신분석가들이 자신들의 절차를 기술하는 것보다 더 나을 것이 없다는 것을 알게 될 것이다.

게슈탈트 치료에 대한 보다 선명한 그림은 많은 녹음테이프, 녹화테이프와 영화를 통해 얻을 수 있다. 빅서(Big Sur)의 에살렌 연구소(Esalen Institute)와 클리블랜드의 게슈탈트 연구소 등에서 퍼얼스와 그의 동료들이 쓴 많은 논문들을 구할 수 있다. 성격이론, 정신병리 이론 그리고 알아차림의 연속체 개념을 비롯한 게슈탈트 이론의 배경적 개념에 관한 자세한 논의는 퍼얼스의 저서들에 나온다. 이제까지 나온 퍼얼스의 가장 완전한 저작인 『Gestalt Therapy』에는 퍼얼스가 자신의 심리치료에서 하는 작업의 핵심이며, 독자들이 집에서 해볼 수 있는 열여덟 개의 실험 시리즈가 나온다. 그 실험들은 독자의 경험과 저자의 설명 사이의 간격을 훌륭하게 연결시켜준다.

『Gestalt Therapy』는 빨리 훑어보게 쓰인 책이 아니다. 퍼얼스는 견해와 기법, 언어와 이론 등을 독특한 방식으로 배열하고 있어서, 그것들을 소화하려면 창조적이면서도 인내심 있게 노력해야 한다. 무엇을 해야 하는지에 대해 정확하고 분명하게 명시해 주는 것에 익숙한 행동주의적 수련을 받은 심리학자들에게는 의미 전달이 특히 더 어려울 수 있다. 게다가 게슈탈트 치료의 언어와 행동 치료의 언어는 다르다. 우리가 이미 아는 범주에 들어맞고, 친숙한 용어를 쓰는 심리학자의 저서를 읽을 때에는 핵심적인 전제와 용어를 습득하는 데 든 시간은 잊어버리는 경우가 많다. 퍼얼스 이론의 가장 기초적인 용어를 이해하는 데만도, 자신의 기존 관심 분야에서 책을 읽을 때 통상적으로 요구되는 것 이상의 새로운 내용을 되새김질하려는 의지와 시간이 필요하다.

게슈탈트 치료는 치료자의 성격과 욕구 그리고 환자와 치료 환경에 따라 선별적으로, 그리고 다른 방식으로 시행된다. 퍼얼스는 한 개인으로서 그가 자신의 이론을 적용하는 방식을 사람들이 그대로 따라하는 것을 추천하지도 찬성하지도 않는다. 치료자마다 자신의 방식을 찾아야 한다.

퍼얼스는 유기체/환경의 장이 하나이기 때문에 장의 어디에서 변화가 일어나든지 장 전체에 영향이 미친다는 것을 인식했다. 따라서 개입할 수 있는 시점과 각도는 많이 있고, 개입의 결과는 즉각적으로 장의 나머지 부분으로 일반화된다는 것이다. 어떤 변화는 환경적 변화(예를 들면, 환경적 지지의 수준)를 필수적으로 요구한다. 반면에 예를 들면, 감각적 알아차림의 경우처럼 비록 일차원적인 시각에서 접근하더라도 유기체 하나에만 개입함으로써 [변화시키는] 결과를 얻는 일이 종종 있다. 하지만 퍼얼스 자신은 환자가 막다른 난국을 넘어가는 것을 돕는 유일한 방법으로서 여러 가지 변인을 사용하는 접근법을 옹호한다. 게슈탈트 치료자는 성장의 기회, 만남, 실험, 관찰, 감각적 알아차림 등을 창조하기 위해서 지금-여기 상황의 여러 측면을 사용한다.

심리치료의 실험적 모델

자신과 세계에 대한 알아차림의 연속체를 중요시함으로써 게슈탈트 치료는 하나의 삶의 방식(道), 그리고 개인의 경험을 증진시키는 방법(道)이 된다. 그것은 비분석적이다. 그것은 지금-여기에 비해석적으로 초점을 맞추는 것을 통하여 조각나고 분열된 인격을 통합시키고자 시도한다(에살렌 프로그램, 1968년 여름).

게슈탈트 치료에 있어서의 모든 활동은 사실상 지도된(directed) 알아차림(Simkin)의 실험이다. 퍼얼스는 실험을 다음과 같이 정의한다.

> 무언가 미심쩍은 것, 특히 실험자가 정한 상황에서 미심쩍은 것을 확인하거나 반증하기 위해서 하는 시도나 특별한 관찰; 알려지지 않은 원리나 효과를 발견하기 위해서, 혹은 어떤 시사되거나 알려진 진리를 검증하거나 확립하거나 보여주기 위해서 수행하는 행위나 작업; 실제적인 검증; 증명(Perls et al., 1951, p. 14).

환자로 하여금 [스스로] 자기 과정의 일부분을 소외시키고, 그럼으로써 자신과 환경에 대한 알아차림을 회피하는 기제를 발견하도록 돕는 것이 [실험의] 목적이다. 게슈탈트 치료에 사용되는 모든 규칙과 제안들은 발견을 돕기 위해 고안된 것들이지, 특정한 태도나 행동을 격려하기 위한 것이 아니다(Levitsky & Perls, 1969).

전형적인 실험은 피험자에게 "지금-여기서 나는 …을 알아차린다."로 시작되는 일련의 문장을 만들어 보도록 하는 것이다(Enright [b]; Perls, 1948; Perls al., 1951). 치료자는 환자가 알아차리고(경험하고) 있는 것에 대해 계속 관련시켜 말을 한다. 치료자는 "지금 어떤 상태입니까?" "지금 무엇을 경험하고 있습니까?"라고 물음으로써 환자가 실험을 계속하도록 권장한다. 환자가 묻는 질문들은 "지금은 당신이 …을 궁금하게 여기고 있다는 것을 알아차리고 있군요."라고 바꾸어 말해준다. 치료자가 시키는 것을 환자가 회피하기 시작하면, 그것 또한 알아차림에 관한 보고로 번역된다. "지금은 제가 그만하고 싶어 한다는 것을 알아차리고 있습니다."

이러한 기본적 실험을 변형할 수 있는 방법은 무한하다(Levitsky & Perls, 1969). 실험들은 단계적인 시리즈로 마련되어 있어서, 단계마다 환자에게 도전적이면서도 동시에 감당할 수 있는 정도가 되도록 한다. 매 실험에서 환자는 자연적인 환경에서라면 매우 힘들게 해볼 수밖에 없는 새로운 행동들을 시도해볼 수 있다(Polster, 1966).

통상적으로는 실험을 관리하는 사람과 데이터를 관찰하는 사람을 심리학자로 생각한다. 게슈탈트 치료에서는 심리학자가 실험을 시작하기는 하지만, 관리와 관찰은 환자와 함께한다. 겉으로 나타나는 행동은 심리학자와 환자에 의해 직접 지각된다. 내적인 행동은 환자의 체내 감각 수용기와 운동감각 수용기를 통해 환자 자신에게만 지각된다. 전체 게슈탈트에 있어서 이 둘 사이의 관계가 관심의 초점이다. 우리는 게슈탈트 치료를 우리 내부와 외부에서 동시에 일어나는 행동들이 연속적으로 펼쳐지는 것에 초점을 맞추는 과정으로 볼 수 있다. 여느 실험에서와 같이 실험의 결과들은 새로운 실험의 방향을 제시한다. 환자가 치료자 없이 실험할 수 있고, 경험할 수 있을 때 치료는 종결된다.

이러한 지금-여기 실험의 세 가지 측면이 중요하다. 지금의 기능적 개념, 환자의 행동 전체에 대한 관찰의 역할 그리고 내적 성찰(introspection)과 지도된 알아차림[2] 간의 차이가 그것이다.

지금

'지금'은 유기체가 하고 있는 것을 가리키는 기능적 개념이다. 유기체가 5분 전에 한 것은 지금의 일부분이 아니다. 어린 시절의 사건을 기억하는 행위는 지금이다. 기억하는 행위가 지금이라는 것이다. 펄스에 의하면 과거란 '이전 기능들의 침전물'로서 존재한다(Perls, 1948, p. 575). 미래는 현재의 과정들로서 존재한다. 계획함, 소망함, 두려워함. 어느 한 시제(과거, 현재 혹은 미래)로만 배타적으로 향하는 것, 이 세 시제를 각각으로부터 고립시키는 것, 혹은 이 셋을 혼동하는 것은 모두 장애가 있다는 표시다(Shostrom, 1966b). 게슈탈트 치료 실험은 지금-여기를 이처럼 기능적 의미로 사용한다(Levitsky & Perls, 1969).

관찰과 신체 언어

관찰은 게슈탈트 치료 실험의 핵심이다. 관찰은 소외되고 접근할 수 없는 부분에 대한 알아차림을 회피하는 수단들에 집중된다. 환자가 자신의 전체적인 의사소통 중 어

2) 역자 주_ 지도된 알아차림(directed awareness)이란 어떤 것을 탐색하기 위해 조직화된 알아차림을 뜻하며, 자유연상이나 자유롭게 떠다니는 알아차림과 구분된다. 또한 '초점화된 알아차림(focused awareness)' 및 '주변부 알아차림(peripheral awareness)'과도 구별된다.

느 한 측면에만 주의를 기울이고, 다른 부분에는 주의를 기울이지 못하면서 부조화를 보일 때 치료자는 환자에게 그것을 알려준다. 말하는 내용이 환자의 목소리 톤이나 자세와 부조화를 보이는 경우가 많다. 그러한 것을 치료자가 말없이 알아차리는 것이 아니라 환자에게 환기시켜주는 것이다.

다음을 보자.

> 대화를 현재에 국한시키는 이러한 방법이 가능한 이유는 게슈탈트 치료에서는 순전히 언어적인 소통에 의존하기보다는 의사소통 전반에 귀를 기울이기 때문이다. 관련 있는 과거는 지금-여기에 존재하며, [이것들은] 언어적으로 나타나지 않는다면 신체적인 긴장감과 주의로 나타나는데, 이러한 것들은 알아차릴 수 있는 것들이다. 이 점이 얼마나 중요한지는 아무리 강조해도 지나치지 않다. 순전히 언어적인 치료라면, 지금-여기에 머무는 것이 무책임하고 재난을 초래하는 일이 될 것이다. 환자의 의사소통 전체를 그 자신이 알아차리도록 하려는 적극적이고, 체계적이며, 부단한 노력이 있기 때문에 비로소 지금-여기에 온전히 집중해도 되는 것이다(Enright, 1970a, p. 15).

의사소통 전반에 귀를 기울이기 위해서는 치료자의 감각들을 능동적으로 사용하고 신뢰하는 것이 필수적이다(Perls, 1966). 게슈탈트 치료는 비해석적이다. 게슈탈트 치료자가 작업할 때, 그는 자신의 관찰을 추론으로부터 분리시키고, 전자를 중요시한다. 예를 들면, 게슈탈트 치료는 명백한 것을 가지고 시작하며, 명백한 것을 중요시한다(Perls, 1948; Simkin). 명백한 것을 환자와 치료자가 간과하는 일이 종종 있다. 환자가 처음에 보이는 단서—바라봄, 미소, 악수 등—는 명백한 행동이며, 때로는 의례적인 언어적 인사보다 더 많은 의미를 담고 있다(Enright, 1970a).

신체 언어는 전체적인 관찰의 중요한 부분이다. 신체적 증상들은 진지하게 받아들여지고, 환자의 언어적인 의사표현보다 더 정확한 의사전달로 간주된다. 심킨은 그러한 신체적 증상들을 진실 단추라 부른다. 한쪽 입장을 취했다가 그와 모순되는 입장을 취해 보는 실험을 통해 환자는 "반자기적인 입장을 편들 때에는 어쩔 수 없이 신체 언어—진실 신호—를 나타내게 될 것이다."(Simkin, p. 3)

환자에게 자신이 의식하지 못하고 있는 움직임이나 몸짓을 과장해서 해보도록 시킴

으로써 환자가 중요한 발견을 할 수도 있다(Levitsky & Perls, 1969). 예를 들면,

> 집단에서 한 여성이 무언가에 대해 계속 말을 하고 있는 동안 위축되고 지나치게 억제된 어떤 남성이 탁자를 손가락으로 톡톡 치고 있다. 여성이 말하고 있는 것에 대해 무언가 논평을 하고 싶으냐는 질문에 대해 그는 별 관심이 없다고 부인하지만 두드리는 것을 계속한다. 그러자 그에게 두드리는 것을 세게 해보라고, 즉 더 크고 더 세게 두드려 보고, 자기가 하고 있는 것을 더 온전히 느낄 때까지 이 동작을 계속하라고 한다. 그의 분노는 매우 빨리 고조되어서 1분 정도 후에는 그가 탁자를 쾅쾅 치면서 그 여성과 동의하지 않는다는 것을 격렬하게 표현한다. 그는 계속해서 그녀가 "꼭 내 아내 같다."고 말한다. 하지만 이러한 역사적 시각 외에도 그는 자신이 강한 자기주장의 감정을 지나치게 통제하고 있다는 것과, 더 즉각적으로 그런 감정을 표현함으로써 덜 폭력적이 될 수 있는 가능성에 대해 얼핏 체험을 할 수 있었다(Enright, 1970a, pp. 3-4).

감수성 있는 관찰 없이는 심리치료에서 실험적인 접근을 하는 것이 불가능하다. 심리치료 방법론에 대한 퍼얼스의 독특한 기여는 해석을 행동적 관찰과 실험으로 대체하는 것이었다. 게슈탈트 치료자는 해석하지 않는다. 그는 관찰하고, 실험을 창조하며, 다른 상황에서뿐만 아니라 치료 상황에서도 살아 있는 사람이다.

알아차림 실험과 내관

게슈탈트 치료에서 하는 지도에 의한 알아차림 실험은 내적 성찰(내관)과 같지 않다(Perls et al., 1951, p. 389; Enright, 1970a, p. 11). 내적 성찰에서는 유기체가 관찰하는 부분과 관찰되는 부분으로 분열된다.

> 내적 성찰을 할 때 당신은 **자신을** 자세히 들여다본다. 이런 종류의 반전은 우리 문화에서 너무도 보편적이기 때문에, 많은 심리학 문헌에서는 자기-알아차림(self-awareness)을 증진시키려는 시도는 내관을 통해서 할 수밖에 없다는 생각을 당연시한다. 분명히 이것은 사실이 아니지만, 이런 실험들을 하는 사람이라면 내관을 하는

> 것으로 시작하리라는 것은 아마도 맞는 말일 것이다. 관찰자는 관찰되는 부분으로부터 분리되는데, 이러한 분리가 치유된 후에야 우리는 내관되지 않은 자각이 존재할 수 있다는 것을 온전히 깨닫는다. 우리는 예전에 참된 알아차림을 자기 연소에 의해 타는 석탄 내부에서 발생하는 빛에 비유하였고, 내관은 손전등의 불빛을 어떤 물체에 비추어 그 반사되는 빛으로 물체의 표면을 자세히 살펴보는 것에 비유한 적이 있다 (Perls et al., 1951, pp. 157-158).

행동하고 있는 자신을 관찰하고, 궁극적으로는 행동 자체로서의 자신을 관찰하려 할 때 내관은 부적합하다. 내관은 이분법적이며, 정적이다. 게다가 내관은 내면적인 감각 수용체들을 통해 이루어지는 신체 알아차림을 경시하는 대신에 사변적이다. 결국 내면적인 수용체로부터 수많은 감각이 입력되는데, 그중 어떤 것들은 알아차려지도록 유기체가 허용해주고, 또 어떤 것들은 알아차림으로부터 배제될 수 있다. 이러한 것들은 실험자가 아니라, 유기체만이 얻을 수 있는 관찰적 데이터가 된다. 실험자는 그가 관찰하지 못하는 것에 대해서는 추론만 할 뿐이다.

퍼얼스의 체계는 티치너(Titchner)식의 내관, 행동주의의 정신부재 그리고 정신분석의 사변에 대한 대안을 제시한다. 내적인 자기 관찰은 다소 믿을 수 없음에도 불구하고 가치가 있다. 외적인 관찰의 신뢰성과 타당성에 대한 어려움은 상당히 심하다. 사적인 사건에 대한 추론의 신뢰성과 타당성은 분명히 더욱 의심스럽다.

이러한 어려움을 알고 있었으며, 훈련된 관찰자조차도 얼마나 쉽게 추론으로 관찰을 오염시킬 수 있는지 알고 있던 퍼얼스는 감각적 관찰과 인지적 추론을 분리시킬 필요성을 역설했다. 그는 환자에게 감각적 과정(관찰, 감각의 사용) 대신에 인지적 과정(추론과 상상)으로 이끌어가는 질문을 하지 않는다.

게다가 게슈탈트 치료의 일반적인 전략은 환자가 자기 보고를 얼마나 정확히 하는가에 의존하지 않는다. 우리는 사실상 환자에게 자리에 앉아라, 살기 시작하라, 그런 다음 어디서 어떻게 안 되는지 보라고 말할 뿐이다(Enright, p. 6).

환자가 그의 알아차림을 보고할 때, 치료자가 하는 관찰들은 환자의 내적 관찰을 확인할 자료를 제공해 줄 수 있다. 왜냐하면, 유기체 안에 내면적으로 존재하는 것은 보통 어떤 식으로든 외적인 행동으로 반영되기 때문이다. 심리치료자와 환자가 동일한 유기체를 다른 각도에서 관찰하고 있기 때문에, 양쪽의 관찰을 동시에 사용함으로써 기본적인 과정들을 어느 정도 밝혀주리라 기대할 수 있다.

게슈탈트 치료 실험들은 언제나 경험의 일차적 감각 자료로 되돌아간다. 예를 들면, 게슈탈트 치료는 '왜'라는 질문을 하지 않고 '무엇'과 '어떻게'에 초점을 맞춘다. '무엇'과 '어떻게'는 정확한 관찰의 대상이 될 수 있다. '왜'는 사변으로 이끌어간다(Enright, 1970a; Simkin). 이에 대해서는 뒤에서 더 논할 것이다. 명백한 것들, 미세하고 구체적인 것들 그리고 생리적인 과정들은 모두 게슈탈트 치료에서 중요하다. 그런 것들은 임상심리학에서 종종 간과된다.

관찰을 추론으로부터 분리하고 전자를 중요시하는 것은 외적인 과정에처럼 내면적인 과정에도 적용할 수 있다. 게슈탈트 치료자들은 특정한 현상학적 보고가 정확히 어떤 경험을 나타내는지를 규명하고자 노력한다. 치료자는 다음 예에서 보듯이 정확한 감각에 대해 묻는다.

치료자: 지금 무엇을 알아차립니까?

환 자: 당신에게 말하고 있다는 걸 지금 알아차립니다. 방안에 다른 사람들이 보입니다. 존이 움직거리는 것을 알아차립니다. 내 어깨의 긴장이 느껴집니다. 이 말을 하면서 내가 불안해지는 것을 알아차립니다.

치료자: 그 불안이 어떻게 경험됩니까?

환 자: 내 목소리가 떨리는 것이 들립니다. 입이 마르게 느껴집니다. 나는 매우 떠듬거리며 말합니다.

치료자: 당신의 눈이 무엇을 하고 있는지 알아차리고 있습니까?

환 자: 글쎄요, 이제 나의 두 눈이 계속 먼 곳을 보고 있음을 느낍니다.

치료자: 그것에 대해 책임을 져보시겠습니까?

환 자: …내가 당신으로부터 계속 눈을 딴 데로 돌리고 있다는 것을요….

치료자: 이제 당신의 눈이 되실 수 있겠습니까? 두 눈을 위한 대화를 만들어보세요.

환 자: 나는 메리의 눈입니다. 계속해서 똑바로 쳐다보는 게 어렵게 느껴져요. 나는 계속 껑충거리고 시선을 이리 저리 옮깁니다… 등등.

(Levitsky & Peters, 1969, pp. 5–6)

이런 종류의 관찰과 실험의 결과, 이성을 지나치게 강조하는 것에 대해 퍼얼스가 원래 관찰했던 것이 확인되었다. 심킨에 의하면

> 지금까지 내가 보았던 모든 사례에서 심리치료를 받고자 하는 사람들은 경험의 세 가지 중요한 양태들 간에 불균형을 보인다. 내가 보는 대부분의 환자들, 그리고 나의 동료들이 보는 많은 환자들의 경우에도 마찬가지인데, 그들은 경험에 대한 자신의 지적인 혹은 '…에 대하여 생각하는' 양태에 매우 의존적이고, 그 양태의 발달을 지나치게 중요시한다. 거의 늘 이런 사람들은 자신의 사고 과정과 접촉하고 있고, 그들이 경험하는 것은 과거에 대한 환상(기억)이나 미래에 대한 환상(소망, 예측)이다. 그들이 자신의 감정과 접촉하는 것은 드문 일이며, 많은 이들이 감각적 불구자여서 보거나 듣거나 맛보거나 등을 할 수가 없다(Simkin, pp. 3-4).

실존적 태도

대부분의 실존주의적 치료는 개인 간의 실존적 만남을 중요시한다. 게슈탈트 치료도 예외는 아니어서, 나와 너, 지금과 여기가 게슈탈트 치료를 요약하는 표현으로 불리어 왔다(Simkin, p. 1; Polster, 1966, p. 5도 참조). 시간-공간상 게슈탈트 치료는 '지도된 알아차림(directed awareness)' 실험, 그리고 만남 이 둘을 다 지금-여기에 둔다. 치료적 관계는 마르틴 부버가 말했던 대로의 나-너 관계로 본다.

실존적 만남에 참여하는 사람들은 자기실현 모델을 바탕으로 기능한다(Enright; Greenwald; Shostrom, 1967; Simkin). 이 모델에 의하면 조종(쇼스트롬) 혹은 죽어 있음(퍼얼스)으로부터 실현(쇼스트롬) 혹은 살아 있음(퍼얼스)에 이르는 연속선이 있다. 실현하는 사람은 인간 각자를 노구(그것)로서가 아니라 목적(너)으로 취급한다. 조종하는 사람은 자신과 타인을 물건으로서 조종하거나 그 자신이 물건으로서 조종되는 것을 허용한다. 실현하는 사람은 자신의 감정이 일어날 때, 사람들에게 직접 표현한다. 조종자는 판단하고, 움츠러들며, 협박하고, 뒷공론을 하며, 단일 시간 차원에서만 산다. 조종자는 그의 자연적인 유기체적 자기 조절 시스템을 믿지 못하며, 따라서 자기 스스로의 지지가 아니라 사회의 도덕적인 통제 체계에 의존한다.

신경증 환자는 조종적 지지라는 자신의 특징적 패턴을 가지고 치료자에게 온다. 환자는 자주 자신의 자기-지도(self-direction)와 자기-지지를 포기하고 싶어 하거나 치료자가 그의 것을 포기하도록 조종하고 싶어 한다. 의도적이든 우연히든 어떤 치료자들은 이러한 조종에 응한다. 게슈탈트 치료자는 환자가 추구하는 [치료자의] 동의나 불찬성 혹은 다른 지지를 거절할 수 있다. 치료자가 인정하는 행동에 대한 승인의 표시를 통해 이루어지는 선택적 강화는 조건화의 한 형태에 불과하며, 따라서 실현적이기보다는 조종적이다. 승인을 구하기 위해 퍼얼스를 쳐다보는 환자는 시선 접촉과 전반적인 태도로 보아, 그가 집중해서 관여하고 있다는 것을 알기는 하지만, 승인이나 불인정의 단서를 찾지는 못한다. 그의 피하지 않는 시선이 그러한 환자들에게는 매우 당황스러울 수 있다. 이것이 좌절을 임상적으로 사용하는 예다. 게슈탈트 치료자는 환자가 스스로를 지지하기에 너무 약하다고 해서 지지를 제공하지는 않는다. 치료자는 그의 관심과 행동과 말을 통해서 그가 보살피고, 이해하며, 경청하려 한다는 것을 나타낼 수 있다. 이러한 참된 지지가 많은 환자들에게 자양분을 준다. 게슈탈트 치료자와의 친밀한 양자 간 만남을 경험하지 못한 채, 게슈탈트 치료를 관찰하는 사람들은 치료자들이 지시를 하거나 환자 대신 책임을 질 것을 차갑게 거절할 때에, 대부분의 게슈탈트 치료자들이 제공하는 참된 지지의 강렬함과 따뜻함을 보지 못하는 수가 있다.

어떤 실존주의적 이론가들은 만남을 강조하는 대신에 심리치료에서의 기법의 중요성을 평가절하한다(예를 들면, Carl Rogers, 1960, p. 88). 경험 중심적 게슈탈트 이론가인 월터 켐플러(Walter Kempler)는 '인간으로서의 치료자'라는 입장을 대변하는 사람들 중의 하나다.

> 이 두 가지 계율에 모든 원칙이 걸려 있다. 가족 내에서의 경험 중심적 심리치료는 이것에 토대를 둔다. [첫째는] 모든 알아차림과 개입을 위한 축이 되는 지점으로서의 현재의 상호작용에 주목하는 것이다. [둘째는](단순히 치료적 기술이라고 불리는 술책들의 자루가 아니라) 한 인간으로서 치료자는 그의 온전한 개인으로서의 영향력을 자신이 함께 작업하는 가족들에게 명시적으로 그리고 풍부하게 제공하면서 관여한다. 많은 치료자들이 이러한 기본 원리를 신봉하면서도 실제 수행에 있어서는 이 두 가지 원리를 지키는 것을 분명하게 하지 않는 경향이 있다(Kempler, 1968, p. 88).

켐플러는 그의 비기술(nontechnique)에 대하여, 축어록에서 따온 긴 예를 몇 가지 제시한다(1965, 1966, 1967, 1968; 짤막한 예시는 Shostrom, 1967, pp. 204-205 참조). 다음의 예에서 켐플러는 치료 시간 중에 자신과 자신의 아내에게 징징거리고 있던 환자에게 화가 났다.

환　자: 내가 무엇을 할 수 있겠어요? 아내는 내가 뭘 할 때마다 못하게 해요.

치료자: (그를 자극하기 위해 냉소적으로): 불쌍한 사람이네, 저 끔찍한 여인에게 압도되어서….

환　자: (고개를 떨어뜨리며): 아내는 좋은 뜻으로 그래요.

치료자: 당신은 내게 징징거리고 있는데, 나는 다 큰 남자가 징징거리는 걸 보면 참지 못해요.

환　자: (좀 더 단호하게): 내가 무엇을 해야 될지 모르겠다고 말하잖아요.

치료자: 웃기지 말아요(제안을 하면서 동시에 압력을 넣는다). 그녀가 당신을 괴롭히지 말고 그냥 내버려두기를 바란다면, 그렇게 말을 해야 하고, 진지하게 해야 된다는 걸 당신도 나만큼 잘 알고 있어요. "그녀는 좋은 뜻으로 그렇게 말하는 거예요."라고 듣기 좋은 사과조로 말하는 대신에 당신이 할 수 있는 일 중에 하나가 바로 그거예요.

환　자: (어리둥절해 보임; 그가 우리 둘 중 한 사람에게 그런 모험을 해보고 싶은지에 대해서는 확실하지 않지만, 다시 아이같이 징징거리는 태도로 돌아가려 하지 않는다는 것은 분명하다.): 나는 사람들에게 그런 식으로 말하는 것에는 익숙하지 않아요.

치료자: 그렇다면 당신은 익숙해지는 게 좋을 거예요.

환　자: 선생님은 참 안 좋게 말씀하시는군요.

치료자: 내가 틀렸다면, 남자답게 나와 찬성하지 않는다고 할 것이지, 여기서 나갈 때까지 기다렸다가 부인에게 징징거리면서 여기서 무슨 말을 해야 될지 몰랐다고 하지는 마세요.

환　자: (눈에 띄게 화를 내며, 더욱 강하게 말한다.): 선생님 말씀이 틀렸는지는 제가 모르잖아요.

치료자: 하지만 내가 말하는 게 얼마나 맘에 드나요?

환 자: 맘에 들지 않아요. 선생님이 말하는 방식도 좋아하지 않아요.

치료자: 나도 당신이 일처리하는 방식을 좋아하지 않아요.

환 자: 이보다 좀 더 우호적인 방법이 있을 거예요.

치료자: 물론이죠, 아시다시피, 징징거리는 거요.

환 자: (드디어 화를 내며) 제기랄, 나는 내 맘 내키는 대로 말할 거예요. 어떤 식으로 말하라고 하지 마세요…. 그럼 이건 어때요? (양손을 세게 친다.)

치료자: 당신이 징징거리는 것보다 이게 훨씬 좋네요. 당신의 손이 무슨 말을 하나요?

환 자: 선생님의 코를 한 방 치고 싶어요….

(Kempler, 1968, pp. 95-96)

게슈탈트 치료는 환자의 알아차림을 확장시킬 수 있다면, 치료자의 반응이 순전히 개인적이든 순전히 기술적이든 어느 쪽도 배제하지 않는다(Enright, 1970a).

게슈탈트 치료자는 나-너 관계에 있어서 독립적일 권리를 지닌다. 이러한 독립성은 역기능적 행동을 치료자가 강화하지 못하게 하는 데 도움이 될 수 있고, 치료자로 하여금 자기-지지적이고, 자기 지시적이며, 따라서 자기실현의 모범을 보일 수 있도록 허용한다. 이것은 앞 절에서 논의했던 조심스러운 관찰과 알아차림이 있을 때에만 가능하다.

게슈탈트 치료에서는 치료자가 자연스럽게 자기 자신이 되는 것이 허용되지만, 게슈탈트 치료자는 환자의 알아차림을 증진시키는 데 헌신하고, 실험의 기법을 사용한다. 퍼얼스는 심지어 자기는 '실험적 내용이 없는 그 어떤 순전히 언어적인 만남'도 중단시킨다고까지 말했다(Perls, 1966, p. 9). 퍼얼스가 개인 간 관계 모델에 대하여 철학적으로 어떻게 생각하든지 간에 치료자로서의 그는 환자가 실험적 목적으로 나-너, 지금-여기의 관계를 유지하면서 자기 자신의 감각을 사용하여 발견하는 것을 옹호한다. 그러한 만남의 목적은 발견이며, 알아차림의 증진이다. 그러한 만남은 카타르시스를 위한 것이 아니다. 표현이 솔직하다면 그러한 만남은 보통 방해받지 않고, 학습 도구로서 권장될 수 있다—하지만 단순히 공격성을 안전하게 해소하기 위한 방법으로 권장되지는 않는다.

치료자가 자신의 내적인 반응에 주의를 기울이지 않고, 환자를 위한 실험을 준비하는 데 집중함으로써 관계의 나-너 모델과 어긋나는 것은 아닌지 물을 수도 있을 것이다. 게슈탈트 치료의 입장은 치료자가 자신의 감각을 가지고 환자와 직접적인 접촉을 하면서, 합의된 과제에 집중하고, 환자의 알아차림을 확장시키는 것이다. 유능한 게슈탈트 치료자는 그가 자신의 내적인 감정들에 주의를 기울일 때는 그것들을 알아차릴 수 있어야 하고, 자기가 원할 때는 자연스럽게 표현할 수 있어야 한다. 그의 감정을 환자에게 표현하지 말아야 한다는 사전 명령은 없다. 일반적으로 말하자면, 지켜야 할 것(당위)은 알아차리는 것이고, 그 다음으로 어떤 감정을 통제하거나 표현하는 것은 개인이 알아서 할 일이다. 게슈탈트 치료자의 인간적인 반응 역시 진단적 목적으로 활용될 수 있다(Enright, 1970b).

기술적 반응을 보일 것인가 혹은 인간적 반응을 보일 것인가 하는 문제와 관련하여, 환자가 자신의 삶에서 가치 선택을 하는 데 [치료자가] 영향을 미쳐도 되는가의 문제가 제기된다. 게슈탈트 치료에서는 환자의 도덕적 문제에 관하여 치료자가 어떤 입장을 취한다는 것에 반대하는 경향이 있다. 게슈탈트 치료자는 여러 가지 대안들에 대한 환자의 알아차림을 증진시키는 데 도움이 된다면 지금-여기에서의 감정을 전달할 수도 있고, 혹은 자기 자신의 가치들 중 어떤 것에 대해 이야기할 수도 있다. 하지만 이것은 가치를 주입하는 수단으로서는 용납되지 않는다. 다음 두 견해를 비교해보자.

> 바흐에 의하면
>
> 치료자가 환자에게 자신의 가치관에 대해 이야기하는 문제에 관해 보자면, 나의 임상 경험상으로는 그것이 매우 도움이 될 수 있는데, 그렇게 되려면 환자가 자신의 정체성을 스스로 찾는 대신 그저 모방을 하기 위해서 그런 정보를 사용하지 않도록 치료자가 적극적으로 예방을 해야만 한다…. 나는 가치문제와 씨름하는 나의 방식을, 모방이 아니라 자신의 시각을 획득하고 비교하기 위한 기준점으로 여겨야 한다고 강조한다. 기술상의 일반적 규칙으로서, 나는 치료 중에 동일시 과정보다는 자기 차별화 경험들을 강화시키고 강조한다. 나는 '어떤 것과의 동일시'를 통한 성장이 일시적인 과정이라고 생각하는 반면에, '어떤 것으로부터의 차별화'를 통한 자기실현은 일생 동안 지속되는 자기주장적 삶의 양태라고 생각한다(Bach, 1962, p. 22).

심킨에 의하면

> 내 생각으로는 치료자가 '개인적 입장'을 취하는 것은 그 시점에서 환자로부터 위협당했다고 느낀 결과 방어 작전을 사용하는 것이다. 나는 치료자가 '교육'을 가장하여 환자에게 그의 가치들을 강요한다면, 그것은 기술적인 실수라고 생각한다. 비록 나도 견해를 표명하고 싶은 나 자신의 욕구에 굴복했던 적이 몇 번 있었지만, 그것을 나 자신의 취약성이라고 생각한다. 그리고 나의 원칙은 그런 말들은 대체적으로 피해야 하고, 환자가 그 자신의 가치들을 발견하도록 그대로 두어야 한다는 것이다(Simkin, 1962, pp. 21–22).

심킨은 자신의 가치들을 [환자와] 나눌 것인가 말 것인가를 판단하는 두 개의 사례를 논한다.

첫 번째 사례에서는 아버지가 여자 친구와 함께 있는 것을 본 17세 소년이 그것을 이용해 아버지를 협박하겠다고 말한다. 심킨은 자신에게 있어서 협박이란 미성숙하고 불쾌한 일이라는 것을 환자에게 알리고, 환자가 스스로의 선택을 할 권리가 있다는 것을 분명히 하였다. 심킨이 그렇게 한 이론적 근거는 그 소년의 가정에는 보고 배울 만한 성숙한 행동이 충분치 못했으므로, 치료자의 태도로부터 이런 행동도 하나의 가능한 본보기라는 정보를 얻을 수 있으리라는 것이었다.

또 다른 사례에서는 22세의 환자가 심킨 자신이(그리고 사회적으로) 받아들일 수 없는 행동에 대해 논하고 있었다. 치료자는 환자에게 그런 말을 하지 않았다. 그러한 판단은 다음과 같은 이유 때문이었다. ① 그 행동은 분석하기에 좋은 자료를 제공하였다. ② 그 행동에 대한 치료자의 반감은 신경증적인 동기에서 나온 것이었다. ③ 이 환자는 앞의 사례에서처럼 지나치게 부모에 의해 좌우되지는 않았다.

게슈탈트 치료자의 주된 기능은 환자로 하여금 판별하는 것을 배우도록 도와주는 것이고, 그것을 위해서는 치료자가 가진 가치들을 [환자가] 직접 알게 되는 것이 필요할 수도 있다. 치료자는 환자가 자신의 행동 그리고 그러한 행동의 귀결과 의미를 지각하도록 도와주는 것이다. 그것을 넘어서 가치를 선택하는 것은 개인의 일이다.

나-너 관계를 위해서는 책임 문제가 가장 중요하다. 치료자는 환자에게 자기실현 모델을 강요하거나 추천하지 않는다. 게슈탈트 치료자는 자신의 자유를 포기하는 것도, 그리고 환자가 그의 자유를 치료자에게 넘겨주는 것을 받아들이는 것도 거부한다. 게슈탈트 치료자는 자신의 가치에 따라서 행동하는 것에 대해 책임을 지지만, 환자에게는 다음과 같은 처방만 내릴 뿐이다. "이러한 행동을 치료 중에 실험으로 해보고, 무엇을 발견하는지 보십시오." 환자가 게슈탈트 치료 모델을 좋아하면, 그것을 받아들이겠다고 선택할 수도 있다. 가치와 행동의 다양성은 게슈탈트 치료에서 중요하게 여겨지며, 환자는 스스로 책임을 지게 된다. 환자가 치료자의 행동을 마음에 드는 모델로 생각한다면, 자기가 원하는 어떤 부분이라도 받아들일 수 있다. 그것은 그의 선택이며, 게슈탈트 치료자는 바로 그런 방식을 원한다. 게슈탈트 치료자는 환자가 앎(알아차림)을 바탕으로 행동하는 것을 매우 중요시하지만, 행동의 다양성도 그에 못지않게 중요시한다. 게슈탈트 치료자는 속임수를 쓰거나 조종을 해서 환자가 어떤 행동을 하지 않도록 하는 것이 아니라, 단지 알아차리지 못하는 상태에서 벗어나도록 할 뿐이다.

이 마지막 사항의 중요성은 아무리 강조해도 지나치지 않다. 게슈탈트 치료자는 환자가 자기실현 모델을 받아들이도록 조종하지 않는다. 각자가 게슈탈트 치료에서 자신의 입맛에 맞는 것을 골라 선택하고, 나머지는 거부해야 한다(Enright, 1970a; Greenwald; Levitsky & Perls, 1969; Perls, 1947; Perls et al., 1951; Simkin). 게슈탈트 치료는 알아차림의 메커니즘에 대한 통제 가능성을 발견하고, 그것을 다시 찾는 것의 가치를 강조할 뿐이다. 퍼얼스의 첫 번째 책인 『Ego, Hunger and Aggression』(1947)에서는 우리가 음식에 대해서 하듯이 심리적 경험을 취급해야 한다는 점을 명백히 하고 있다—우리는 자신의 욕구에 따라 음식을 물어뜯고, 씹고, 소화하고, 거부한다. 그린월드(Greenwald)에 의하면: "유독하거나 영양가 없는 것을 피하는 것은 개인이 적절한 감정적 섭생과 성장을 경험하도록 하는 데 있어서 결정적인 일이다."(Greenwald, 1969) 이렇게 하려면 공격성을 동원해야 한다고 퍼얼스는 보았다(Perls, 1947, 1953-1954; Perls et al., 1951).

치료자의 자유는 절대적이 아니다. 자신이 촉매의 역할로부터 적극적인 참여자로 바뀌는 결정을 내릴 때에는 언제나 객관성이 아닌 자신의 욕구가 관련되어 있다고 본 켐플러 조차도 다음과 같이 말한다.

> 치료자가 하는 그러한 행동에 대해서 '자연스럽게 나오는(spontaneous)' 이라는 말을

> 쓸 수 있다. 그러나 실존주의적인 치료자든 아니든, 자기 안에서 자연스럽게 일어나는 행동과 충동적인 행동의 차이를 명확히 구분하는 것은 치료자의 의무다. 충동적 행동이란 한 개인을 온전히 나타내는 것이 아니고, 압박된 개인으로부터 행동이 단편적으로 삐져나오는 것이다(Kempler, 1968, p. 96).

게슈탈트 치료에서는 심리치료자가 전문적인 임상 수련과 훈련을 받을 필요성을 강하게 그리고 유보조건 없이 믿는다. 게슈탈트 치료에서는 또한 치료자들이 자신의 정서적인 감정을 보고하는 것과 육감을 구분할 책임이 있다고 믿는다. 게슈탈트 치료자는 "나는 당신이 이러이러하다고 느낍니다."라는 말을 하지 않는다. 게슈탈트 치료자의 육감이나 추측에는 '환상' '짐작' 혹은 '육감' 이란 이름이 명확하게 붙는다.

부정적이거나 긍정적인 감정들이 검열당하는 일이 잦다는 것이 실험적 만남을 통해 알려졌다. 환자들은 진솔한 감정이면 어떤 것이라도 표현하는 실험을 해보도록 권장된다. 열띤 말이 나온다고 해서 반드시 진솔한 감정들이 직접적으로 표현되었다는 것을 의미하지는 않는다(Shostrom, 1967, 제4장). 흥분은 다른 감정들을 회피하는 방법일 수 있다. 열띤 말을 나누는 것은 각자가 주장을 하고, 욕하고, 언어적 공격을 하고, 자신의 당위(shoulds)(판단)를 남에게 강요하려 하고, 비난하는 반응을 표현하는 등의 행위가 일어나는 순환적이고 반복적인 지적(知的) 연습인 경우가 잦다. 게슈탈트 치료자들은 치료 초기의 환자들이 느낌을 간단하고 직접적으로 말하는 일을 잘하지 않는다는 것을 발견하였다. 이것이 구체적인 치료 책략에 있어서 무엇을 의미하는지는 아래에서 논의될 것이다.

게슈탈트 치료에서의 만남은 치료자나 다른 환자들과의 직면을 통해 변화를 강요하는 것을 의미하지 않는다. 게슈탈트 치료에서 치료자는 진솔하게 느껴지는 감정들에 대해 열려 있고, 그것들에 반응하며, 그러한 느낌들을 표현한다. 가용성(可用性, availability), 정직성 그리고 개방성이 핵심적 개념들이다. 치료자는 환자에게 열려 있으며, 치료자는 정직성과 개방성을 보여 주는 본보기가 된다. 그는 환자가 그 행동을 시도해 보기가 가장 쉬울 것 같은 분위기를 만들어낸다. 게슈탈트 치료자는 강요하지 않으면서 나-너 그리고 지금-여기의 틀 속에서 적극적으로 버틴다.

게슈탈트 치료 워크숍

워크숍을 어떻게 사용하는지 그리고 게슈탈트 치료 워크숍에서 이용되는 구체적인 책략들은 무엇인지 논함으로써 게슈탈트 치료가 어떤 것인지 보여줄 수 있을 것이다.

1966년 미국 심리학회(APA) 연차대회 때 발표한 논문에서 퍼얼스는 응급 상황을 제외하고는 모든 개인치료 시간을 없애버렸다고 보고했다. 그는 모든 개인치료가 시대에 뒤졌다는 견해를 가지게 되었고, 이제는 개인 작업과 집단 작업을 워크숍으로 통합시킨다고 했다. 하지만 그는 "이는 집단 속에서 치료자가 개별 환자를 효율적이고 인상적으로 만날 수 있을 때에만 가능하다."(Perls, 1966, p. 1)고 경고했다. 워크숍 치료의 장점은 경제성의 문제가 아니라 (그것도 상관 있기는 하지만) 치료적 효능의 문제인 것이다.

> 이제, 집단 상황에서는 사적인 면담에서 가능하지 않은 일이 일어난다. 고통받고 있는 개인이 명백한 것을 보지 못하고, 막다름에서 벗어나는 길을 보지 못하며, (예를 들면) 그의 비참함이 전부 순전히 상상된 것이라는 점을 못 보고 있다는 것이 집단 전체에게 명백해진다. 이러한 집단적 확신 앞에서 환자는 자신이 치료자를 조종할 수 없으면 치료자와의 관계를 포기해 버리는, 그가 보통 사용하는 공포증적인 방법을 사용할 수 없다. 어떤 이유에서인지 집단에 대한 신뢰는 치료자에 대한 신뢰보다 큰 것 같다. 소위 말하는 전이에 의한 신뢰(transference confidence)가 있음에도 불구하고 (Perls, 1966, p. 7).

퍼얼스는 워크숍의 또 다른 장점을 언급한다. 워크숍에서 치료자는 집단적 실험—함께 횡설수설하거나, 철수하는 실험을 하거나, 분위기를 이해하는 것을 배우는 등—을 통해 개인의 발달을 촉진시킬 수 있다. 개인은 실험을 할 수 있고, 그가 집단으로부터 얻는 효과를 어떻게 얻게 되는지 배울 수 있다. 집단은 그냥 도움이 되는 것과 참된 지지가 어떻게 다른지를 배운다. 게다가 집단에서 다른 사람들을 다루는 것을 보는 것이 집단원들의 자기 인식에 도움이 된다.

퍼얼스는 집단에 대한 자신의 접근법을 다음과 같이 요약한다.

> 다른 말로 설명하자면, 집단 모임의 일반적인 유형과는 달리 나는 개인치료를 하거나 집단적 실험을 진행함으로써 집단 시간을 이끌어간다. 집단이 견해를 내고 해석을 하는 게임을 하거나, 이와 비슷하게 어떤 실험적 내용도 없이 순전히 언어적인 만남만을 하는 경우에는 종종 내가 개입을 한다. 하지만 무엇이라도 진솔한 것이 일어나는 즉시 집단에서 빠져나온다(Perls, 1966, p. 9).

퍼얼스는 집단 내에서 자신은 개인 작업을 위해 항상 준비가 되어 있다고 분명히 말한다. 필자가 집단에서 그를 관찰한 바에 의하면 그것은 사실이다. 하지만 그는 강요하지는 않는다. 치료자와 환자 두 사람이 작업할 때에 나머지 집단원들은 이를 보면서 조용히 자기 치료에 열중한다. 퍼얼스는 집단 내에서 개인들과 작업할 때 적극적이기는 하지만, 개인으로 하여금 참여하도록 강요하지는 않는다. 오히려 환자가 알아차리지 못한 채이기는 하지만 퍼얼스를 강요하려고 하는 것이 눈에 띌 때가 더 많다. 그런 다음에는 퍼얼스의 치료 전략 중의 하나가 나온다.

한쪽 혹은 쌍방이 조종을 하는 만남이 실험적으로 사용될 수 있지만, 카타르시스를 위해서는 사용될 수 없다. 참된 나-너의 만남이라면 반드시 실험적인 내용, 즉 발견이 개입된다. 참된 만남에서는 양쪽이 모두 변화하는 것이고, 어느 쪽도 어떤 결과가 나올지 알지 못한다.

요약하면: 워크숍은 일대일 치료, 집단 실험 그리고 만남으로 구성된다. 그리고 이 세 가지 모두 실험을 기반으로 한다.

규칙들

실험적 만남을 계획함에 있어서 게슈탈트 치료자들은 몇 가지 규칙을 부과한다(Kempler, 1965, 1966, 1967, 1968; Levitsky & Perls, 1969; Simkin).

개인에서 개인에게로

나-너 관계에서의 의사소통은 반드시 직접적인 수신과 송신을 포함해야 한다. 게슈탈트 치료자는 빈번히 다음과 같은 질문을 할 것이다. "누구에게 이것을 말하는 겁니까?" 다시 말하면, 각각의 메시지는 특정 개인으로부터 특정 개인에게로 가는 진술이다. 모든 일반적인 진술은 다음 예에서 볼 수 있는 것과 같이 특정한 만남으로 번역된다.

> 한 주지적 성향의 남자 대학원생이 집단 치료에서 특정인을 향하지 않고 무덤덤하게 "나는 사람들과 관계를 맺는 것이 어렵습니다."라고 한다. 뒤이은 침묵 속에서 그는 보조치료자인 매력적인 간호사를 흘긋 본다.
>
> 치료자: "여기에 있는 누구와 관계를 맺는 것이 어려운가요?" 그는 주 대상으로 간호사를 지목한 다음, 탐이 나지만 접근할 수 없는 이 여성을 향한 자신의 좌절감, 매혹 그리고 분노가 혼합된 감정을 5분간 탐색함으로써 유용한 결과를 얻는다(Enright, 1970a, p. 3).

개인에게 직접 말하는 것과 같은 맥락 선상에 수동적으로 듣는 것과 반대되는 의미에서의 적극적 경청이 있다. 게슈탈트 치료의 만남에서는 자극을 수동적으로 받아들이는 것이 아니라, 개인이 하는 행위로서의 경청을 강조한다. 각 개인은 자신의 말에 대해서, 그 말을 다른 사람(나-너)을 향해서 하는 것에 대해서, 그리고 다른 사람의 말을 적극적으로 경청하는 것에 대해서 책임질 것이 기대된다.

뒷공론

뒷공론을 하지 않는다는 구체적인 규칙을 정하는 경우가 많다. 뒷공론이란 "어떤 개인이 실제로 그 자리에 있어서 **그에게** 직접 말할 수 있는 데도, 그에 **대해서** 이야기하는 것이다(Levitsky & Perls, 1969, p. 7; Kempler, 1965, p. 65 이하 참조). 상당히 단순하게 들릴지 모르지만, 이 기법을 사용하는 것은 일반적으로 극적인 효과를 가져왔다. 뒷공론을 할 때 희미하게 흩어지는 것과 대조적으로, 직접적인 대면은 경험의 생생함과 정서를 가동시킨다(Enright, 1970a). 자리에 없는 사람에 대해서 이야기할 때, 게슈탈트 치료자는 환자로 하여금 그 사람과의 직접적인 대화를 상상하면서 실제로 행해보고, 알아차림의 연속선에 주의를 기울이도록 함으로써 직접적인 대화 경험이 되도록 시도할 수 있다.

질 문

질문은 정보를 요구하는 것처럼 보이지만, 잘 들어보고 관찰해 보면 그런 경우는 드물다는 것이 밝혀졌다. 질문은 위장된 진술이거나 다른 사람으로부터 지지를 요청하는 경우가 가장 흔하다. 게슈탈트 치료에서는 환자들에게 질문을 '내가' 라는 말로 시작하는 문장으로 바꿔보라고 한다(Enright, 1970a; Levitsky & Perls, 1969). 이러한 절차는 의사소통이 직접적으로, 개방적으로 그리고 정직하게 이루어진다는 점에서 나-너 관계의 연장선상에 있다. 환자가 자기주장을 하고, 자기-지지적이 되도록 격려한다는 점에서 그것은 자기실현적이다.

의미론

질문을 던지지 못하도록 하는 규칙은 환자가 선택하는 언어가 그의 사고에 어떤 영향을 미치는지 그가 발견하도록 도와주기 위하여 고안된 몇 가지 책략들 중의 하나다. 의미적 명료화는 관찰을 향상시키고, 새로운 조망이나 태도를 전달하는 도구로서 사용될 수 있다. 단어 선택은 습관적으로, 그리고 환자가 알아차리지 못한 채 이루어지는 경우가 많다. 다른 단어를 사용하는 것이 어떤 작용을 하고, 어떤 결과를 가져오는지 설명해 줌으로써, 그 이전에 주목하지 못했던 차이점들이 환자의 시야에 들어올 수 있다. 게슈탈트 치료에서의 만남은 의미의 명료화(예를 들면, 정서와 인지를 구별하는 것)를 필요로 한다. 자신의 감정을 표현하는 것의 이점을 발견하려면 환자는 다양한 인지적 과정들로부터 감정을 구분해낼 수 있어야 한다. 정서적인 영역을 가리키는 '내가 느낀다(내가 어떤 감정을 느낀다)' 는 인지적인 영역을 가리키는 '내가 느낀다(내가 상상하고, 추론하고, 생각하고, 믿는다 등등)' 와는 다른 것이다.

환자의 언어에 대한 알아차림을 증진시키는 작업은 펄스의 첫 번째 책 이래로 게슈탈트 치료의 초점이었으며, 그 책에서 펄스는 전통적인 정신분석을 향상시키려는 자신의 탐구에 도움이 되었던 두 가지 도구에 대해 언급했는데, 그것은 '전체론'(장 개념)과 '의미론'(의미의 의미)이었다(Perls, 1947, p. 7). 펄스는 "우리가 여전히 불가능한 것을 시도한다는 것, 즉 비통합적인 언어의 도움으로 인격을 통합하려고 한다는 것"(Perls, 1948, p. 567)을 인식했다. 그래서 환자는 어떤 단어가 가리키는 바가 구체적이고 명확하게 드러나도록 구분하고 이름을 붙이는 훈련을 받는다. 만약 환자가 "나는 할 수 없어."라고 하면 게슈탈트 치료자는 환자에게 "나는 하지 않을 거야."라고 말하는 실험을 해보라고 할 수 있다(Levitsky & Perls, 1969, p. 5). 모호하고 광범위하고 이중적인 개념들을 구체적이고 분명하고 일원적인 개념으로 만드는 것이다.

'그러나'는 하나의 문장에 이중적인 메시지를 담는 좋은 예다. "나는 당신을 사랑합니다. 그러나 당신에 대해 화가 납니다."라는 진술에서 '그러나' 다음에 나오는 단어들은 '그러나' 앞에 나오는 단어들을 부정한다. 이 경우에 경험상의 현실을 보다 정확하게 나타낼 수 있는 접속사는 '그리고'다. 어떤 개인이 사랑과 분노라는 두 가지 사실을 동시에 경험한다면, 보다 정확한 의사소통은 "나는 당신을 사랑합니다. 그리고 나는 당신에게 화가 납니다."가 될 것이다.

게슈탈트 치료적 만남을 위해 특히 중요한 의미론적 업무는 '그것' 언어를 '나-너' 언어로 번역하는 것이다. 그것이란 행동의 행위자와 행동의 대상을 모호하게 만드는 몰개성적인 표현 형태다. 우리는 흔히 이러한 '그것' 언어로 우리의 몸을 그리고 우리의 행위와 행동을 가리킨다.

이것은 책임의 의미론과 관계된다(Levitsky & Perls). 신경증 환자들은 흔히 그들의 주도권과 책임을 투사하며, 자신은 수동적 역할을 하는 것으로 본다. 예를 들면, 그들에게 생각이 [우연히] 나거나 혹은 생각이 그들에게 떠오른다는 식이다. 환자는 자신의 활동들 중 어떤 것과 자신을 동일시하고 싶어 하지 않는다. 그는 자신의 자아 기능 중 어떤 것들을 소외시켜 왔던 것이다(Perls, 1948, p. 583). "만약 그의 언어가 '그것' 언어에서 '나' 언어로 재조직된다면, 그 조정 하나만으로도 상당한 통합이 이루어질 수 있다".(Perls, 1948, p. 583)

> 당신의 눈에서 무엇을 느낍니까?
> 그것은 깜박이고 있습니다.
>
> 당신의 손은 무엇을 하고 있습니까?
> 그것은 떨고 있습니다.
>
> 당신의 목에서 무엇을 경험합니까?

그것은 메어 있습니다.

당신의 목소리에서 무엇을 듣습니까?
그것은 흐느낍니다.

'그것' 언어를 '나' 언어로 바꾸는 단순한—기계적으로 보이는—방법을 통해서 우리는 문제가 되는 특정한 행동을 보다 정확히 가려내고, 그것에 대해 책임지는 법을 배운다.

> "그것은 떨고 있습니다." 대신에 "나는 떨고 있습니다." "그것은 메어 있습니다." 대신에 "나는 목이 멥니다." 한 걸음 더 나아가 "나는 목이 멥니다." 보다는 "내가 나 자신을 목메게 하고 있습니다." (Levitsky & Perls, 1969, p. 4)

게슈탈트 치료가 사람들로 하여금 발견하도록 도와주는 또 다른 중요한 의미론적 업무는 심킨이 '왜-회전목마(why-merry-go-round)'라고 부르는 것이다(Simkin, p. 3; Enright, 1970a, p. 4도 참조). '왜'라는 말은 많은 질문들이 그렇듯이, 응답자로 하여금 자신을 정당화할 것을 요구한다. 응답자는 그의 방어(혹은 역습)를 '왜냐하면'이라는 말로 시작하는 경우가 가장 많다. '왜냐하면' 다음에 나오는 모든 것은 합리화, 즉 자신을 정당화하기 위해 생각해 낸 이유다. "당신이 나를 그렇게 하도록 만들었기 때문에 그랬어요." "어쩔 수 없어서 그랬어요." 이러한 합리화는 그것이 자기 책임을 회피하고, 조종적이며, 역사적 선행 사건들과 인과적 요소들에 대한 추론을 개입시킨다는 점에서, 만남의 정신과 반대된다.

내적인 대화를 하면서 왜-회전목마에 빠지게 되는 환자들이 많다. 사람들은 그들이 지적으로 선택한 이상에 맞지 않는 자신의 일면을 알아차리게 될 때 그 행동에 대한 이유를 찾는다(Simkin, p. 3). 합리화를 찾아냈을 때 그들은 계속 예전처럼 행동하는데, 이제는 이유를 가지고 그렇게 하는 것이다.

치료에서 왜라고 물으면 기능적 분석 대신에 사례 형성, 추론, 역사적 정확성 그리고 인과성을 찾게 된다. 이렇게 되면, 지금 그런 행동을 지속시키는 과정들(processes)로부터 멀어지게 된다. 이렇게 지금-여기를 회피하는 것은 정신분석적 경향의 심리치료자들과 많은 환자들과 환자 가족들에게 흔한 일이다.

게슈탈트 치료자는 '왜, 왜냐하면, 그러나, 그것 그리고 할 수 없어'를 더러운 말로 분류한다. 이런 단어가 사용될 때마다 치료자는 그 말에 주의를 환기시킬 수 있다. 그래서 알아차림의 밖에 있었던 어떤 행동, 즉 특정한 단어의 사용을 알아차리게 된다. 이러한 나쁜 말들이 튀어나올 때마다 치료자가 휘파람을 불 수도 있다(심킨의 휘파람). 여기서 다른 과정들로부터 따로 떨어진 어휘의 변화만을 주장하고 있는 것이 아니라는 점에 유의해야 한다. 간단히 말하면 언어에 주의를 환기시키는 것은 환자가 발견을 하도록 하는 또 다른 실험적 기법일 뿐이다.

게슈탈트 치료 게임들

게슈탈트 치료에서 사용되는 특정 기법이나 게임에 대해 이야기하면 원리들과 기법들이 보다 구체적으로 이해될 것이다. 이러한 게임들은 발견과 민감화를 목표로 개인 작업과 집단 작업에서 사용된다. 게슈탈트 치료는 게임하기를 멈추는 쪽을 옹호하는 것이 아니라, 게임들을 알아차림으로써 각 개인이 그가 할 게임을 선택할 수 있고, 또한 자신의 게임과 맞물려 돌아가는 게임을 할 동료들을 선택할 수 있게 되는 쪽을 옹호한다(Levitsky & Perls, 1969, pp. 8-9). 다음은 게슈탈트 치료의 몇 가지 실험적 게임들이다. 이 부분은 레비츠키와 퍼얼스(1969, pp. 9-15)에 많이 의존한 것이다.

대화의 게임들

한 개인의 내부에서 분열이 관찰되면, 게슈탈트 치료자는 환자가 차례대로 갈등의 각 부분이 되어서 대화하는 실험을 하도록 제안한다. 이것은 어떠한 분열에 대해서도(예를 들면, 공격적 대 수동적인, 혹은 중요하지만 부재중인 어떤 사람에 대해서도) 할 수 있다. 후자의 경우, 환자는 그 사람이 여기 있어서 대화를 하는 척한다. 흔히 몸의 다른 부분들(예를 들면, 오른손과 왼손 같은) 사이에 대화가 발전되는 경우도 있다.

종종 상전(top dog, Pearls, 1965; Shostrom, 1967; Simkin)으로서의 개인과 하인(under dog)으로서의 개인 사이에 내적 갈등이 일어난다. 상전은 못살게 굴고, 설교하는 권위주의자다. 전형적인 상전의 말들은 "나(너)는 해야만 해." "나(너)는 반드시 해야 돼." "나(너)는 왜 하지 않는 거지?" 등이다. 대부분의 사람들은 그들의 상전들과 동일시한다. 하인은 수동성으로 [상전을] 조종한다. 하인은 명목적으로만 묵종하고, 변명하며, 상전이 성공하지 못하도록 계속 방해한다. 조종자의 유형에 대한 쇼스트롬(1967)의 치료 진단적 도식은 상전/하인 간 갈등에 대해 원래 퍼얼스가 발견한 것에서 유래된 것이다.

게슈탈트 치료에서 이 갈등은 환자의 다양한 부분들 사이의 공개적인 대화로 바뀔 수 있다. 이 과정은 흔히 "왜-왜냐하면" "맞아, 그렇지만…" "나는 못해" "노력해볼게요…" 와 같은 단어들과 구들을 의미론적으로 분석함으로써 시작되는 경우가 많다.

차례대로 돌아가기

집단 속에서 개인 작업을 할 때, 그 집단 내의 다른 사람들이 개입되는 주제가 종종 발생한다. 환자는 다른 사람들이 뭐라고 생각하는지 상상하면서 걱정을 할 수도 있고, 혹은 다른 사람들에 대해 어떤 감정을 느낄 수도 있다. 치료자는 환자가 돌아가면서 집단 내의 각 개인과 그 주제에 관해 소통하도록 제안할 수 있다. 차례대로 돌아가는 동안 생기는 자연스럽고도 진정한 만남들은 여타의 만남들과 똑같이 취급된다.

미해결 과제

모든 완성되지 않은 게슈탈트는 해결을 요구하는 미해결 과제다. 보통 이것은 해결되지 않고, 불완전하게 표현된 느낌의 형태로 나타난다. 환자들은 이제까지 완결되지 않았던 과제를 완결짓는 실험을 하도록 격려된다. 그 과제가 집단 구성원에 대한 표현되지 않은 감정이면, 환자는 그것을 직접적으로 표현하도록 요청된다. 게슈탈트 치료자들은 표현되지 않은 감정 중에서 '원한(resentment)'[3)]이 가장 흔히 나오는 의미 있는 감정이라는 것을 발견했으며, 이 문제를 다루는 방법으로 "나는 …이 화가 난다(I

3) 역자 주_ 실제 혹은 상상된 구박을 반복적으로 받은 것에 대한 분노감정으로서 대체로 윗사람에 대한 감정이다.

resent…)"라는 말로 시작되는 진술만 하도록 의사소통을 제한하는 게임을 사용한다.

'내가 책임진다' 게임

게슈탈트 치료는 개인의 겉으로 드러나는 행동, 지각하고 느끼고 생각하는 행위 모두를 고려한다. 환자들은 흔히 '그것' 언어, 수동태 등을 사용함으로써 이러한 행위들에 대한 관계를 부인하거나 소외시켜 버린다. 한 가지 기법은 환자에게 문장 끝마다 "… 그리고 내가 그것에 대한 책임을 집니다."라고 덧붙이도록 하는 것이다.

투사 게임

다른 사람이 어떤 특정한 감정이나 특성을 가지고 있다고 환자가 상상하는 경우, 환자 자신이 그 감정이나 특성을 가지고 있는 것으로 경험해 보는 실험을 통해 그것이 투사인지 아닌지 보도록 환자에게 요청한다. 환자는 그가 다른 사람들에게서 본다고 생각하는 바로 그 감정을 실은 자신이 가지고 있으며, 그가 다른 사람들에게서 거부하는 바로 그 특성을 자신이 가지고 있으면서 동시에 거부한다는 것을 발견한다. 또 다른 게임은 투사 역할 해보기(playing projection)이다. 다른 사람을 이러저러하게 특징짓는 말을 하는 환자에게는 그렇게 특징지어지는 사람의 역할을 해보도록 한다.

전도 게임

치료자가 생각하기에 환자의 행동이 잠재된 충동의 전도일 것 같으면, 치료자는 환자에게 자신이 해 왔던 역할과 반대되는 역할을 해보도록 요청할 수 있다. 지나치게 친절한 환자에게는 악의에 차고, 비협조적으로 행동해 보라고 할 수 있을 것이다.

접촉과 철수의 리듬

지금-여기의 접촉으로부터 철수하는 것이 실험적으로 다루어진다. 환자는 철수하지 말라고 주의를 받지는 않지만, 그가 언제 물러나고 언제 접촉에 머무르는지 알아차리라는 권고를 받는다. 개인 환자나 환자 집단은 눈을 감고 철수하라고 요청을 받기도 한다. 알아차림의 연속선에 머무르면서 환자(들)는 그(들)의 경험을 보고한다. 환자가 철수의 욕구를 충족시킨 후에 지금-여기로 돌아오고, 주의(attention)의 과정 자체에 주의를 돌릴 때까지 작업은 계속된다.

리허설 게임

집단에 대한 개인 환자의 반응은 그 자체가 치료적 소재의 귀중한 공급원이다. 감정을 집단에 드러내는 것을 두려워하는 환자는 자신의 감정을 드러내는 것에 대한 그의 상상과 느낌들을 보고하도록 권장된다. 자주 나타나는 현상 한 가지는 곧 하게 될 사회적 역할에 대해 마음속으로 연습해보는 것이다. 무대 공포증은 그 역할이 잘 수행되지 않으리라는 두려움이다. 자신의 새로운 역할을 위해 연습해 보는 것, 다른 사람이 무대 위에 있을 때 경청하지 못하는 것, 그리고 자연스러움을 방해하는 것 등에 대한 알아차림은 연습에 대한 알아차림을 보고하고, 그 리허설을 함께 나누는 집단 작업에 의해 고조될 수 있다. 이와 관련된 현상들(검열 같은 것)도 비슷하게 다루어진다(예를 들면, Enright, 1970b).

과장 게임

작은 동작과 제스처들이 정서적 과정에 대한 알아차림을 대체하면서 그러한 알아차림을 막아 버릴 수가 있다. 게슈탈트 치료자들은 신체 움직임을 관찰하고 보고한다. 게임 혹은 실험 중의 하나는 환자에게 자신이 한 동작을 반복하고, 과장해 보라고 하는 것이다. 이것을 통해 알아차림을 가로막는 중요한 수단들에 대한 지각이 고조된다(Enright, 1970b, p. 6; Levitsky & Perls, 1969, p. 13 참조). 이러한 예는 위에서 인용되었다(억압된 남자가 손가락을 두드리는 것).

'문장을 하나 제공할까요?' 게임

치료자가 추측하기에 환자가 말하지 않았거나 불분명한 메시지가 있는 것 같으면, 그는 그것을 문장으로 만들어서 환자에게 그 문장을 크게 말해 보라고 할 수 있다. 말하자면 자신에게 맞는지 보기 위해 반복해 보라고 시킬 수 있다.

'물론입니다' 그리고 '그것은 명백합니다' 게임

환자들은 흔히 그들의 감각을 사용하지 못하거나 신뢰하지 못한다. 결과적으로 그들은 명백한 것을 놓치게 되고, 의사소통을 하기 위해 [다른 사람들의] 지지를 구하게 된다. 전자의 경우는 흔히 환자로 하여금 "…는 명백합니다."라는 말로 시작되는 문상을 만들어 보도록 함으로써 다룰 수 있다. 진술에 대해 지지를 구하는 것은 환자에게 문장 끝마다 "물론입니다."를 덧붙이도록 함으로써 실험적으로 다루어 볼 수 있다.

'이 느낌에 머무를 수 있습니까?'

알아차림을 보고할 때 환자들은 불쾌하고 좌절스러운 감정으로부터 재빨리 도망간다. 게슈탈트 치료자는 종종 환자에게 그 느낌에 머물러 보라고, 알아차림의 연속선상에 머물러 보라고 한다. 이러한 마음의 고통을 참아내는 것은 난국을 헤쳐나가는 데 필수적이다(Perls, 1966, p. 7; 1965, p. 4).

꿈 작업

게슈탈트 치료에는 꿈에 대해 작업하는 고유한 방식이 있다. 게슈탈트 치료에서 꿈은 통합을 위해 사용된다. 꿈은 해석되지 않는다. 퍼얼스는 꿈을 소망 충족이 아니라 실존적 메시지로 간주한다. 그것은 한 개인의 삶이 무엇이며, 어떻게 자신의 감각으로 돌아올지, 즉 어떻게 깨어나서 삶에서 자신의 자리를 차지할지를 말해 주는 메시지다. 퍼얼스는 환자의 꿈이 무엇을 의미하는지에 대해 치료자가 환자보다 더 많이 안다고 보지 않는다(Perls, 1965, p. 7; Enright, 1970a, p. 14도 참조).

퍼얼스는 환자가 꿈을 행동으로 옮겨보도록 지시한다. 그는 꿈의 각 부분을 투사로 보기 때문에, 꿈의 각 조각들—사람, 소도구 혹은 기분—은 그 개인의 소외된 일부분으로 여겨진다. 그는 [동일시를 통하여] 각 부분이 되어 보도록 지시를 받는다. 그러면 자신의 분리된 부분들 사이에 만남이 일어난다. 그러한 만남은 통합으로 연결되는 경우가 많다.

> 안절부절못하고, 고압적이며, 조종적인 여인이 키 크고 곧은 나무 숲 속에 난 구부러진 길을 걸어 내려가는 꿈을 꾼다. 그녀가 이들 나무 중 하나가 되면서, 그녀는 더욱 평화롭고, 깊이 뿌리내린 느낌을 갖는다. 이러한 느낌을 자신의 현재 삶 속으로 가져오자, 그녀는 그러한 느낌이 결여되어 있다는 것과 함께 그런 느낌을 얻을 수 있는 가능성을 경험한다. 구부러진 길이 되면서, 그녀는 자신의 삶이 심하게 비뚤어짐을 더욱 강렬하게 체험하고, 또한 자신이 선택한다면 약간은 똑바로 펼 수 있는 가능성을 경험하면서, 그녀의 눈은 눈물로 가득 찬다.

부부들

게슈탈트 치료는 가족 치료와 부부 치료에서 가장 효과적이다(Enright, 1970a; Kempler, 1965, 1966, 1967, 1968; Levitsky & Perls, 1969). 미해결 과제, 불완전한 알아차림, 표현되지 않은 분노, 이런 것들을 가지고 가족의 개별 구성원들뿐만 아니라 한 가족이 치료를 받으러 온다. 다른 게슈탈트 치료 집단에 적용되는 것과 동일한 기법들이 가족에게도 적용된다. 부부 워크숍은 상당히 성공적이었다. 부부들은 그들이 있는 그대로의 배우자와 관계를 맺는 것이 아니라, 배우자의 이상화된 개념과 관계를 맺는다는 것을 종종 깨닫는다.

부부 치료 게임들은 이미 논의된 게임들의 연장이다. 예를 들면, 부부에게 서로 얼굴을 마주 보고 차례대로 "나는 …때문에 당신에게 화가 나요."로 시작하는 문장을 만들어 보도록 할 수 있다. 그런 다음에는 "내가 당신에 대해 높이 평가하는 점은 …예요." 라고 할 수 있다. 또 다른 가능성들은 "내가 …함으로써 당신에게 심술을 부려요." "나는 …함으로써 당신에게 순종해요." 등이다. "나는 …을 알겠어요." 로 끝나는 문장을 만들어 봄으로써 발견한 내용을 강조해볼 수도 있다. 중요시되는 것은 지금-여기 그리고 나-너이며, 어떻게 해서 즉각적인 경험을 회피하는지를 발견하는 것이다. 게슈탈트 치료의 부부 작업은 현재 결혼 관계에서의 만남의 성격을 알아차리는 데 방해가 되는 것들이 무엇인지 발견하는 데 중점을 둔다.

위에서 언급했던 월터 켐플러는 가족 전체와 작업하면서 그리고 그 자신의 감정 소통을 주된 치료 도구로 강조함으로써 극적인 성과를 이루었다.

토론

행동 치료 문헌은 양자택일적 모델로서 한편으로는 행동 수정, 또 한편으로는 의학적 모델로 제한하는 경향이 있다. 게슈탈트 치료는 분명히 제삼의 대안이며, 정신역동적 성향의 심리치료를 수행할 때 기반이 되는 의학적 모델에 내재된 결점들을 피하는 심리치료의 모델을 만들어 낸 최초의 실존주의적 학파다. 게다가 게슈탈트 치료는 행동적 관찰과 실험을 강조하는 몇 안 되는 경험 중심적 심리치료 모델 중의 하나다.

게슈탈트 치료와 행동 치료에는 보통 임상가들에게 결여된 것이 있다. 그것은 지금-여기에서 관찰 가능한 행동을 중요시하는 것이다. 이 두 접근 방식은 양쪽 다 무의식의 개념과 추론된 병인론적 인과성의 개념을 거부하고, 그것들을 행동의 관찰로 대체한다. 게슈탈트 치료는 논리적 실증주의자들 및 급진적 행동주의자들과 마찬가지로 인과적 분석보다는 기능적 분석을 선호한다. 비록 양자가 모두 실험과 행동적 관찰을 통한 추론의 검증을 강조하지만, 게슈탈트 치료는 수량화를 강조하지는 않는다. 이 두 접근 방식은 또한 환자가 자신의 행동에 책임질 능력이 없다고 가정하고, 즉 환자가 병이 있다고 생각하고, 그 가정된 무능력에 대한 원인을 찾는 것에서 초래되는 바람직하지 못한 결과를 지적한다.

하지만 게슈탈트 치료는 대부분의 임상가들과 알아차림에 대한 관심을 공유한다. 다만 무의식에 대한 정신역동적 모델보다는 알아차림에 대한 실존주의적-현상학적 모델을 선호할 뿐이다. 알아차림에 대한 게슈탈트 치료의 관심 때문에 행동의 관찰자로서의 심리학자의 역할이 희생되지는 않는다. 환자의 현상학적 명료화는 그의 감각정보와 일치하는 것이고, 반면에 심리학자는 그의 관찰과 실험을 통해 그의 감각정보를 고수한다. 지도된 알아차림 실험은 치료(cure)와 조건화 과정 둘 다에 대한 대안이다. 개인은 스스로 자신의 행동을 선택한 것에 대해 책임지는 방법과 자신의 알아차림 기능을 충분히 사용하는 방법을 발견한다.

행동 치료와 게슈탈트 치료는 모두 행동 과학에 기초를 두고 있다. 흔히 일어나는 가설적인 상황을 예로 들어 이 두 치료가 어떻게 적용되는지 보면 둘 사이의 차이점을 알 수 있다. 행동 치료자는 마구 성질을 부리는 증세를 가진 아이의 어머니를 볼 때, 성질부리는 행동을 유지시키는 모자간 상호작용을 탈조건화시키는 행동 요법을 처방할 것이다. 게슈탈트 치료자는 아이가 무엇을 하는지, 무엇을 느끼는지 그리고 어머니는 자신에게 어떤 당위를 부과함으로써 아이가 그녀를 조종하는 것을 수동적으로 허용하게 되는지에 대한 어머니의 알아차림에 초점을 맞출 것이다. 심리학자는 이 문제에 관련된 실험심리학에서의 실험 결과들을 알고 있을 것이다. 이와 같이 게슈탈트 치료는 어머니를 보다 온전하고 유능한 사람으로 성장하게 도울 것이다. 그녀는 성질부리는 행동을 유지시켜 온 그녀의 행동을 그만두게 될 것이며, 동시에 자신의 삶의 나머지 부분으로도(그리고 간접적으로 아이의 삶으로도) 일반화시킬 수 있는 어떤 조망을 갖게 될 가능성이 높다.

역 사

퍼얼스의 첫 번째 출판물인 『자아, 배고픔 그리고 공격성(*Ego, Hunger and Aggression*)』은 1941~1942년에 쓰였다. '프로이트 이론과 방법의 수정(A Revision of Freud' s Theory and Method)'이라는 부제가 붙은 이 책은 그가 초기에 수행한 정통 정신분석 치료와 그가 후기에 체계적으로 수행한 게슈탈트 치료(Perls, 1947, 1966년도 판의 서문) 사이의 교량 역할을 한다. 비록 후기 저작들에서 변한 것이 있기는 하지만, 퍼얼스의 기본적 태도의 많은 부분을 이 초기 저작에서 볼 수 있다.

이 책이 쓰였을 때는 프로이트 이론에 대한 수정이 널리 퍼져 있었는데, 여기에는 호나이(Horney), 프롬(Fromm) 그리고 설리번(Sullivan)의 사상들도 포함되어 있었다. 그러나 이들 수정이론들은 여전히 정신역동적, 의학적 모델의 전통 내에 있었다. 그 당시 실험 심리학자들은 정신분석을 무시하거나, 거부하거나 혹은 변형시키고 있었지만, 여전히 그 어떤 전반적인 임상적 대안도 내놓지 않고 있었다. 행동주의, 형태주의, 현상학, 실존주의, 개체 중심적 심리학[4]은 아직 정신분석에 대한 임상적 대안을 구체적으로 개발하지 못한 상태였다.

퍼얼스가 정신분석, 현상학-실존주의 그리고 조작주의-행동주의에서 많은 것을 빌려 오기는 했지만, 그는 게슈탈트 심리학의 확장된 형태를 자신의 틀로 사용했다. 퍼얼스는 전체론적-의미론적 접근법을 사용했다. 의미론(의미의 의미)이란 퍼얼스에게 있어서 모든 용어들이 구체적이고 행동적으로 가리키는 대상이 무엇인지 명확히 하는 것을 의미했던 것 같다. 그가 원했던 것은

> 단순히 가설에 불과한 사상들을 모두 가차 없이 숙청해 버리는 것; 특히 경직되고 변하지 않는 신념이 되어버린 가설의 숙청, 그리고 어떤 이들의 마음속에서 탄력적인 이론이 아니라 실제가 되어버린 가설의 숙청…(Perls, 1947, 1966년도 판의 서문).

전체론(장 개념)이란 퍼얼스에게 있어서 부분의 합보다 더 큰 존재 전체, 인간 유기체라는 통합체 그리고 유기체/환경의 장 전체라는 통합체를 의미했다. 그는 게슈탈트 치료를, 심리학적 사건을 유기체로부터 분리된 고립적 사실로 다루면서 전체론이 아니라 관념 연합론(associationism)에 이론적 바탕을 두는 정신분석의 오류를 바로잡는 것으로 생각했다. 이것은 또한 게슈탈트 치료와 대부분의 행동주의적 이론들 사이의 차이점이기도 하다.

퍼얼스는 그의 심리치료 이론이 수행하기는 어렵지만 이론적으로는 간단한 것이라고 생각했다(1947, p. 185). 사회적 학습을 통해 사람들은 자신에 대한 감각을 잃었으며, 심리치료를 배움으로써 그것을 회복할 수 있다는 것이다. 비록 퍼얼스는 요가가 유기

4) 역자 주_ Ideographic psychology(= Idiographic psychology): 각 개인의 독특성을 강조하며, 개체 간의 차이를 연구하는 심리학적 접근법으로, 보편적인 법칙 정립을 추구하는(nomothetic) 접근법과 대비됨.

체를 둔화시키는 것을 목적으로 하는 데 반해 게슈탈트 치료는 "유기체가 깨어나서 보다 풍성한 삶을 사는 것"을 추구한다고 보았지만(Perls, 1947, p. 186), 재학습은 지적인 과정이 아니라 요가에 비유될 수 있다고 하였다. 그는 이 책에 연습에 관한 절을 포함시켰는데, 그것은 나중에 그의 게슈탈트 치료 시스템으로 확장되었다(Perls et al., 1951).

지금 유행하는 많은 아이디어들이 퍼얼스에 의해 처음으로 명료화되고 또/혹은 조작화(operationalize)되었음에도 불구하고, 문헌에서 그에게 공이 돌아가는 일이 드물다는 것은 아이러니컬하다. 연대기적으론 볼 때, 그는 현대의 실존적-현상학적 심리치료 모델의 개척자이며(『Ego, Hunger and Aggression』, 1966년도 판 서문), 게슈탈트 치료는 그 모델을 구체적인 지금-여기에서의 행동적인 현실 지향과 결합시키는 아직까지는 유일한 모델이다. 그의 많은 개념들과 접근법들이 지난 십 년에서 십오 년 사이에 다양한 이름으로 인기를 끌게 되었는데, 퍼얼스의 직접적인 영향을 보여 주는 정도는 다 다르다. 문헌상으로 인정을 받는 일이 드문 것과는 대조적으로 퍼얼스는 그 자신이나 제자들이 게슈탈트 치료를 시연하는 상황에서는 많은 영향을 끼쳤다.

『Gestalt Therapy』(1951)가 퍼얼스의 가장 완벽된 저작으로 남아 있지만, 그 이후로도 발전이 있었다. 이 논문의 앞부분에서 이러한 발전 중 몇 가지가 새로운 출처를 밝히지 않은 채 논의되었다. 『Ego, Hunger and Aggression』(1947)에 대한 1966년의 서문에서 퍼얼스는 이 새롭게 발전된 내용들에 대해서 논하고 있다. 예를 들자면, "보통의 치료가 발목이 잡히고 변화가 일어나지 않는 지점인 난국 헤쳐 나가기" 그리고 긴급한 경우를 제외하고는 개인치료가 시대에 뒤떨어진 것이며, 워크숍 치료가 더 효율적인 형태라는 시각 등이다.

같은 서문에서 퍼얼스는 그가 논의한 아이디어들이 정신 건강 분야에서 전반적으로 어느 정도까지 수용되었는지를 평가한다. 그는 알아차림 이론이—감수성 훈련과 티(t) 그룹이라는 이름으로—널리 수용되었다고 말한다. 자연스럽게 나오는 비언어적인 표현의 중요성도 점차적으로 더 인정받게 되었다. 그리고 "치료 장면에서는 소파에 눕는 공포 유발(소위 말하는 객관적인) 상황으로부터 한 인간으로서의 치료자와 하나의 사례가 아닌 또 다른 한 인간의 만남으로 강조점이 이동하기 시작했다."고 했다. 그는 또한 지금-여기라는 현실, 전체로서의 유기체, 가장 긴급한 욕구의 지배 그리고 심리적인 사건을 유기체로부터 분리되어 고립된 사실로서가 아니라 유기체 전체와의 관계에서 다룬다는 개념들이 점점 더 많이 수용되고 있다는 견해를 제시했다.

퍼얼스의 다른 아이디어들은 주목을 덜 받았다. 그에 의하면

> 생물적인 힘으로서의 공격성, 공격성의 동화(assimilation)와의 관계, 자아의 상징적 성격, 신경증에서 나타나는 공포증적 태도, 유기체-환경의 통합성, 이런 것들의 중요성은 전혀 이해받고 있지 않다(Perls, 1947, 1966년도 판 서문).

그는 또한 집단과 워크숍의 사용이 늘고 있기는 하지만, 그것들은 일반적으로 더 효과적이라는 측면에서보다는 더 경제적인 것으로 생각된다고 지적했다. 실제 임상적 수행에서 지지와 좌절의 균형을 맞추는 것의 중요성도 충분히 강조되고 있지 않은 것으로 보인다고 했다.

모델들의 비교

게슈탈트 치료, 행동 수정 그리고 정신분석 사이의 이론적인 차이는 명확하다. 행동 수정에서는 치료자가 환경적 자극을 조종하는 것에 의해 환자의 행동이 직접적으로 변화된다. 정신분석 이론에서 행동은 무의식적 동기에 의해서 유발되며, 무의식적 동기는 전이 관계에서 모습을 드러낸다. 전이를 분석함으로써 억압은 제거되고, 무의식은 의식이 된다. 게슈탈트 치료에서 환자는 그의 내적, 외적 감각을 온전히 사용하는 것을 배움으로써 자기에 대한 책임을 지게 되고, 자기-지지적이 된다. 게슈탈트 치료는 이러한 상태에 이르는 열쇠, 즉 알아차림의 과정에 대한 알아차림을 되찾도록 환자를 돕는다. 행동 수정은 자극에 대한 조절을 이용하여 소거화를 시키고, 정신분석은 정신 질환(문제시되는 것)의 원인에 대해 이야기하고 그것을 발견함으로써 치료하며, 게슈탈트 치료는 지도된(directed) 알아차림에 대한 지금-여기의 실험을 통해 자기실현을 가져온다.

심리치료의 다른 모델들 역시 행동 수정과 정신분석의 대안이 될 수 있다. 지난 십 년 동안, 제삼 세력의 대안들이 성장해왔다. 심리치료의 새로운 모델들이 로저스

(Rogers)(1960년 이후), 바흐(Bach), 번(Berne), 슈츠(Schutz), 사티어(Satir), 프랭클(Frankl), 글래서(Glasser), 엘리스(Ellis) 등에 의해 제공되었다. 이러한 학파들과 정신역동적 심리치료 그리고 행동 수정 사이의 진정한 차이를 의미론적 차이로부터 구분하려면 주의 깊은 분석이 필요하다. 그리고 게슈탈트 치료와 다른 제삼 세력 학파들 간의 유사점과 차이점을 구분하기 위해서도 역시 주의 깊은 분석이 필요하다.

제삼 세력 학파들은 일반적으로 치료적 관계를 사람들 사이의 직접적인 관계로 본다. 즉, 나-너 관계가 의사-환자 또는 조종하는 사람-조종당하는 사람의 관계보다 우선시된다. 이들 모두가 전체론적이고, 상호작용적이고, 실존주의적이라고 주장한다. 여기에 속하는 모든 치료에서 치료자는 정신역동적 성향의 심리치료에서보다 더 능동적이다. 이들 모두가 참만남 집단, 가족 집단, 감수성 훈련, 감각적 알아차림 등과 같은 집단 방식을 사용한다. 모두가 낙관주의적이고, 인간의 잠재력을 달성하는 것을 중요시한다.

정신역동적 치료와 제3세력 치료들 간의 차이는 실체가 없는 것일 수도 있다. 정신역동적 심리치료와 대부분의 제삼 세력 치료에서는 이해를 점증적으로 넓혀 가면서 환자의 삶에 대해 이야기하는 것에 의해 변화가 일어난다고 가정한다. 두 경우에서 모두 환자는 그의 이해가 증가함에 따라 더 많이 자신을 수용하게 된다. 주요 차이점은 치료자의 활동, 낙관주의 대 비관주의적 태도, 그리고 유년기의 논의보다는 현재 삶의 상황에 대한 논의의 선호 등인 것 같다.

게슈탈트 치료는 명목상으로는 제3세력 심리치료에 속한다. 심리치료를 하는 치료자와 환자의 실제 행동을 보면, 제3세력 치료들은 서로 비슷해 보이면서 정신분석이나 행동 수정과는 상당히 달라 보인다. 쇼스트롬(1976)은 유사점을 강조하는 한 가지 방식으로 실현화 치료들에 대해 논의한다. 본 논평에서는 게슈탈트 치료가 어떤 점에서 다른 제삼 세력 치료들과 달리 독특한지를 제시할 것이다. 게슈탈트 치료의 독특성은 정신역동적 경향의 심리치료와 점점 더 뚜렷이 구별되는 추세에서 볼 수 있다.

1. 전체론과 다차원성

많은 심리치료자들이 전체론을 표방하지만, 많은 이들이 사실은 일차원적이다(Perls,

1948, p. 579). 퍼얼스는 포괄적인 심리치료만이 통합적일 수 있고, 포괄적인 시각을 가진 치료자만이 핵심적인 문제를 찾아내서 다룰 수 있다고 주장한다. 치료자에게는 흔히 맹점, 즉 자신이 보지 못하는 영역이 있다. 그들은 그러한 영역을 중요시하는 학파들의 통찰을 흡수하려 들지 않는다. 변화에 대해 양가적인 환자들은 흔히 자신의 곤란한 영역에 맹점을 가지고 있는 치료자들을 찾아다닌다. 생물심리사회적(biopsychosocial) 시야가 포괄적이면 포괄적일수록 치료자를 수련시키거나 환자를 돕는 과정에서 어려운 부분을 집어낼 가능성이 더 높다. 게슈탈트 치료는 유기체/환경을 포함한 '생물심리사회적' 장 전체를 중요하게 본다. 게슈탈트 치료는 생리적, 사회적, 인지적, 동기적 변인들을 능동적으로 사용한다. 관련되는 차원 중에서 어떤 것도 기본 이론에서 배제되지 않는다.

2. '여기'와 변화의 기제

환자의 현재 삶의 상황을 강조하는 현대적 개념을 지금이라고 할 수 있으며, 이는 프로이트 식의 개념인 그때(then)와 대조를 이룬다. 그러나 게슈탈트 치료에서 지금은 바로 지금 행해진 행위들을 가리키는 기능적인 개념이다. 어떤 사람이 지난밤에 무엇을 했는지를 이야기할 때, 지금(now) 그 사람은 이야기하고 있고, 지난밤은 그때(then)였다. 5분 전의 만남에 대해서 이야기할 때, 그 만남은 그때(then)였다. 즉각적인 감정과 행동에 대한 지금-여기의 경험은 과거를 기억해 내는 대가로 소홀히 된다. 즉각성과 날것 그대로의 경험을 이처럼 강조하는 것이 대부분의 다른 심리치료 모델과는 다른 변화 과정에 대한 설명을 가져오게 되었다.

대부분의 치료자들은 증가된 지식과 통찰력 혹은 알아차림의 함수로서 변화가 일어난다고 믿는다. 지식을 어떻게 정의하며, 어떤 종류의 지식이 필요한지에 관해서는 그들의 의견이 다르다. 게슈탈트 치료에서 지식이란 구두로든, 마음속으로든, 언어화된 내용과 같은 것이 아니다. 정신역동적 저자들은 이 차이를 진정한 통찰과 지적 통찰이라는 용어로 논한다. 게슈탈트 치료가 가르쳐 주는 지식은 어떻게 우리가 즉각적인 날것 그대로의 감각 데이터로부터 관심을 거두어 버리는지에 관한 지식이다. 감정적인 관심사에 관해서 피험자가 진행 중인 지금-여기를 [다른 것으로] 대체해 버리는 기제가 게슈탈트 치료 실험 특유의 대상이다. 이전에는 알아차림 밖에 있었던 이 기제를 알아차리는 것으로 돌아갈 때에 게슈탈트 치료 환자는 자신의 만족스럽지 못한 행동을 유지시키는 과정을 분석할 수 있고, 미래에 독립적으로 알아차림을 증가시킬 도구들을 얻게 된다.

로저스, 바흐, 번, 글래서, 엘리스 그리고 사티어의 치료에서는 내용, 문제, 사회적 상호작용의 분석 그리고 삶의 환경에 대한 논의가 강조된다. 이것은 게슈탈트 치료에서 지금을 강조하는 것과 차이가 난다. 게슈탈트 치료에서는 어떤 제3세력의 치료에서 하듯이 어떤 것에 대하여 이야기하기(talking-about)는 금기다. 그 대신에 게슈탈트 치료는 실험을 사용한다.

3. 실험으로서의 심리치료

게슈탈트 치료는 진정한 의미에서 실험적이다. 그것은 자기 자신을 경험하는 것, 혹은 [크기가 맞는지 옷을 입어 보듯이] 어떤 행동이 맞는지 한번 해보는 것이다. "하나의 사건 또는 사건들을 통해 실제로 살아보기" (Perls et al., 1951, p. 15). 실존적 만남을 들여다보면 이러한 강조점이 보인다. 게슈탈트 치료는 다른 실존적 심리치료들과 나-너, 지금-여기의 치료적 관계에 대한 믿음을 공유한다.

그러나 이 만남이 게슈탈트 치료에서는 삶을 실험하기 위해서 그리고 발견하기 위해서 사용된다. 게슈탈트 치료에서 역할을 해보는 것은 새로운 행동을 연습하기 위해서가 아니라, 어떤 행동이 자신의 욕구들을 만족시키는지 환자가 분별하는 것을 배우기 위해서다. 게슈탈트 치료에서는 관계가 치료적인 것이 아니라, 발견하는 것을 학습하는 것이 치료적이다. 실험은 게슈탈트 치료의 기법 그 이상이다—그것은 모든 게슈탈트 치료의 본래적 태도다. 게슈탈트 치료는 알아차림의 연속체를 향한 알아차림을 가지고 하는 개체 중심적 실험의 과정이라고 할 수 있을 것이다.

이 실험적 초점은 게슈탈트 치료에 고유한 것이다. 그것은 동양의 종교들, 특히 도교와 선불교 그리고 현상학적 실험들로부터 영향을 받았다. 이러한 강조점과 거기에서 파생된 기법들이 없다면, 아래의 4번 항목에서 논의되는 태도들은 유지될 수 없을 것이다. 지금-여기 실험에 대한 대안은 [행동 수정에서처럼 공개적이고 체계적인, 아니면 대부분의 심리치료에서처럼 은밀하게 행해지는] 재조건화다. 게슈탈트 치료가 환자 과정에 대해서는 다른 제삼 세력의 치료들과 동일한 발견을 하는 일이 흔하지만, 게슈탈트 치료에서 종착점은 발견 그 자체가 아니라 발견의 과정이다.

게슈탈트 치료에서 변화로 이끄는 것은 전반적인 알아차림의 증가라기보다는 알아차리는 능력의 증가라고 할 수 있다. 슈츠에 의해서, 그리고 라호야에 있는 서부 행동 조사 연구소(Western Behavior Research Institute)에서 사용된 연습들은 알아차림을 증가시키는 것처럼 보이지만, 사람들이 불쾌한 경험을 알아차리는 것을 습관적으로 회피하는 기제에 초점을 맞추지 않는 경우가 많았다.

버지니아 사티어(Virginia Satir, 1964)는 가족구성원 각자가 감정들을 확인하고, 그 감정들 밑에 깔려 있는 자신과 다른 사람들에 대한 상상, 또 다른 사람들이 자신을 어떻게 생각하는지에 대한 상상들을 식별하는 것을 돕는다. 대화를 하다 보면 결혼 초기로 거슬러 올라가게 된다. 그러나 환자가 현재의 관심사 대신에 과거에 집중하게 되는 과정, 환자가 그 자신의 감정들을 알아차리기를 회피하고, 그 대신 다른 사람들의 기대에 주의를 기울이는 과정은 중요시되지 않는다.

로저스는 조건 없이 환자를 존중하는 치료자와 환자 사이의 만남이 변화를 가져올 것이라고 믿는다. 로저스와 게슈탈트 치료 체계 사이에 철학적 유사성이 있기는 하지만, 로저스의 이러한 만남과 더불어 어떤 것에 관하여 이야기하기(talk-about) 식의 치료는 게슈탈트 치료와는 다른 치료기법상의 차이를 가져온다. 양쪽 다 만남을 사용하고 긍정적인 성장을 목표로 한다. 게슈탈트 치료는 어떤 것에 관하여 이야기하지 않는다. 게슈탈트 치료는 바로 지금 우리가 어떻게 조종을 하고 있으며, 이 조종을 알아차리지 않고 있는지를 발견하기 위해 실험을 한다.

4. 치료자의 가치 체계의 위상

게슈탈트 치료자에 의해 받아들여지는 유일한 당위(도덕적)는 환자가 반드시 알아차려야 한다는 것이다. 각 개인이 환경 내의 새로운 요소들과 접촉해야 하고, 어느 것이 영양가 있고 흡수되어야 할 것인지, 그리고 어느 것이 독이 있어서 피해야 할 것인지를 스스로 결정해야 한다. 이러한 구분은 지배적 욕구가 끊임없이 변하는 데 따라서 변화한다. 게슈탈트 치료는 어떤 특정한 사람에게 혹은 어떤 특정한 시간에 어떤 행동이 더 바람직한가에 대한 비전을 가지고 있지 않다. 바흐(1962)는 어떤 가치들을 주입하는 데 있어서 좀 더 적극적이다.

환자가 행동을 선택할 수 있는 경우에 게슈탈트 치료는 선행 사건들, 유기체의 반응, 행동의 결과 등에 관한 환자의 알아차림을 증가시키는 작업을 한다. 환자가 무엇이 자신에게 영양가 있고, 무엇이 독이 되는지를 스스로 결정할 수 있도록 안전한 치료 상황에서 신화와 두려움을 [직면을 통해] 경험해볼 수 있다. 엘리스의 접근과는 대조적으로, 치료자가 아니라 환자가 그에게 무엇이 비이성적인지를 결정한다. 예를 들면, 말로 부정적인 감정들을 보고하는 것이 위험하다는 신화에 동의하는 환자들이 많다. 부정적인 감정을 직접 말로 표현하는 실험을 해봄으로써 환자는 그러한 행동이 상당히 보상을 주는 상황이 있다는 것을 발견할 수도 있다. 더 나아가서 그는 그러한 감정들을 표현하지 않음으로써 지불하는 대가를 알아차리게 될 수도 있을 것이다.

게슈탈트 치료에서 도덕은 유기체적 욕구에 근거한다(Perls, 1953~1954). 이와 반대로 감수성 훈련 집단과 같은 많은 제삼 세력 심리치료들에 있어서 집단에의 적응, 집단의 조화에 기여하는 것, 그리고 협력은 암묵적으로든 공공연하게든 당위로 받아들여진다. 게슈탈트 치료에서는 공격성이 하나의 자연스러운 생물학적 힘으로 간주되기 때문에, 그것을 달성하기 위해 치료자나 집단에 의한 압력이 사용되지는 않는다. 환자가 그의 공격성을 표현하거나 억제할 수 있는 방법들, 공격과 전멸(annihilation)의 차이 그리고 그의 행동의 결과에 대해 알아차리고 있을 때, 게슈탈트 치료자는 환자가 스스로 선택을 할 수 있다고 믿는다.

퍼얼스는 사람들이 자기-지지를 할 수 있으며, 깨지기 쉽다거나 내적 혹은 외적 현실로부터 보호를 필요로 하는 존재가 아니라고 명백히 간주한다. 그는 또한 사람들이 변화를 강요하는 독재자로서 그를 필요로 한다고도 보지 않는다. 강제성을 제거하면서 그는 또한 치료적 과정으로부터 환자들을 보호할 필요성도 상당히 줄인다. 환자는 소화할 수 없는 정보를 피하는 자신에게 최상인 기제들을 이미 가지고 있고, 어떤 정보가 자신에게 유용한지 스스로 가장 잘 판단할 수 있다. 집단의 압력이 최대한 가해졌을 때, 어떤 환자들을 보호하는 것이 치료자가 해야 할 활동의 일부분이 될 수도 있을 것이다. 환자들에게 압력의 형태를 띤 사회적 직면이 필요하다고 주장하는 사람들이 또한 환자들은 치료자의 보호가 필요하다고 가정하는 것은 일관성이 있는 일이다. 직면 기법을 사용하는 많은 이들은 주의 깊게 양육된 관계를 기다렸다가 치료가 진전되어야 한다고 가정하는 경향이 있다. 반면에, 게슈탈트 치료에서는 환자가 첫 번째 실험적 만남에서부터 배울 수 있다.

이것은 바흐, 번, 사티어 그리고 슈츠의 접근법들과는 대조된다. 사티어는 시스템, 즉 가족 체계의 관리를 가장 중요한 것으로 본다. 바흐와 슈츠는 둘 다 그들이 추구하는 분명한 규범이 있다. 바흐는 부부싸움의 규칙들을 정해 놓는다. 개인의 차이점들을 극복하는 좋은 방법과 나쁜 방법들이 있다. 바흐와 슈츠는 둘 다 부부 치료에서 환자들이 비밀을 집단 그리고/또는 배우자와 공유하도록 무조건적으로 권한다.

이와 대조적으로 게슈탈트 치료에는 비밀을 다루는 다른 게임 혹은 기법이 있다. "'나는 비밀이 있어요' 게임"(Levitsky & Perls, 1969, p. 11). 환자에게 꼭꼭 숨겼던 비밀을 하나 생각해보라고 한다. "비밀 자체를 말하는 것이 아니라, 다른 사람들이 그 비밀에 대해 어떻게 반응할 거라고 그가 생각하는지를 상상(투사)해보라고 지시한다." (Levitsky & Perls, 1969, p. 11). 이 기법이 확장 적용될 수 있는 방법은 각자가 그의 끔찍한 비밀에 대해 뽐내보도록, 그래서 알아차리지 못한 채 그 비밀에 대해 자신의 업적으로서 애정을 느끼고 있었던 것에 대해 작업하게 해보는 것이다. 죄책감과 수치심 그리고 그것들에 대한 알아차림을 피하는 기제와 감정에 대해 알게 되는 것은 슈츠와 바흐의 비밀을 공유하라는 일반적 충고와는 또 다른 소득을 가져다준다. 게임하기를 없애 버린다는 번의 목표도 비슷한 예다. 게슈탈트 치료에서는 환자가 선택할 수 있도록 알아차림이 목표가 된다.

5. 폭력과 전멸

슈츠는 사람들이 폭력의 충동을 가지고 있는 곳에서는 실제로 폭력을 허락하고 권장한다. 게슈탈트 치료가 공격성을 격려하기는 하지만, 폭력은 모든 것을 없애버리려는 시도로 본다. 게슈탈트 치료 워크숍은 슈츠식의 워크숍과는 대조적으로 비폭력적이다. 전멸시키고 다른 사람들을 다치게 하려는 행동은 자신의 불쾌한 감정을 경험하기를 피하는 것이다. 폭력을 통해 자신의 분노를 행동화하는 것은 경험의 증대와 감정의 직접적인 표현, 그리고 나-너 관계에 배치되는 것이다. 게슈탈트 치료는 공격성과 갈등을 자연스러운 생물심리사회적 힘으로서 수용하며, 부정적인 감정에 머무르고, 그것을 직접 말로 표현해서 보고해보는 실험을 권장한다(Enright, 1970a; Perls, 1947, 1948, 1953-1954; Perls et al, 1951; Simkin).

6. 임상 수련

게슈탈트 치료에서는 임상심리학자 수련에 관해 로저스(1956)가 제안했던 것들과 비슷한 제안을 하지만(Enright, 1970b), 전문적 임상 수련을 폐기하는 것을 옹호하지는 않는다. 임상적 훈련을 받은 심리학자들은 정신병리의 범위와 인간의 한계에 대해 알게 된다. 임상적 훈련을 받지 않은 심리학자들이 임상 심리학에 중요한 기여를 하기는 했지만, 그들은 심리치료를 실시할 자격을 갖추고 있지 않다. 어떤 새로운 심리치료들은 임상적 훈련을 받지 않은 심리학자들에 의해 옹호되고 수행된다. 게슈탈트 치료는 이러한 사태를 개탄한다. 혁신적인 심리치료들이 상당한 지명도를 누렸지만, 어떤 워크숍에 대해서는 부적응적인 사회적, 심리적 반응이 보고된다. 필자는 이러한 상황에 대해 몇몇 인간 잠재력 운동 치료자들이 전문적 임상 훈련을 받지 못했고, 따라서 인간 한계에 대한 인식이 결여된 결과라고 생각한다. 물론 전문적 수련이라고 할 때에는 심리학, 간호, 사회 복지 등 많은 학문 분야들을 포함한다. 비전문적 보조자들을 사용하는 것은 전혀 별개의 문제다.

7. 적용 범위

게슈탈트 치료 문헌은 게슈탈트 치료가 적용될 수 있는 병리의 정확한 범위에 대해서, 그리고 정신병자(psychotics), 정신병질자(psychopaths), 아이들 혹은 다른 사람들에게 적용할 때는 어떤 수정이나 부가적 기술이 필요한지에 대해서 명료화하지 않았다. 그러나 게슈탈트 치료는 임상 이론이며, 광범위한 환자들을 위해 임상 심리학자들에 의해 발전되어 왔다. 세부 사항들은 여전히 다듬어지고 있는 중이다. 이는 이미 제대로 기능하고 있는 비지니스 맨들에게 사용될 목적으로 비임상적인 심리학자들에 의해 개발된 감수성 훈련과는 대조를 이룬다. 이 점에 관해 더 연구할 필요성이 아래에서 논의될 것이다.

8. 기법들 그 자체

게슈탈트 치료에는 독특한 기법들이 많이 있다는 것을 지적하고자 한다. 그중 어떤 것은 위에서 언급된 바 있다. 이러한 기법들은 의미가 바뀌기는 하겠지만 다른 틀에서도 사용될 수 있다. 그와 마찬가지로 다양한 학파에서 나온 기법들이 게슈탈트 치료 체계 내에서 사용될 수도 있다. 예를 들면, 필자는 입원 중인 정신병자들과 작업할 때, 게슈탈트 치료 틀 안에서의 사이코드라마 기법이 게슈탈트 치료에서 보통 사용되는 대화 기법들보다 더 효과적이라는 것을 발견한 바 있다.

비 판

게슈탈트 치료에서 부족한 영역들이 있는데, 이 절에서는 거기에 대해 논하고자 한다. 일반적으로 이러한 영역들은 게슈탈트 치료에서 아직 활용되지 않은 잠재력을 보여 준다. 본 논문에서 게슈탈트 치료의 성격 이론과 학습 이론 또는 기초 연구에 대한 견해들을 직접적으로 검토하지 않았기 때문에, 그러한 영역에서의 비판들에 대해서는 여기서 논하지 않을 것이다.

게슈탈트 치료가 기초 연구에 대해 무엇을 시사하는지는 여기서 우리가 논하고 있지 않지만, 정의(definition)의 정확성과 타당화 연구(validation research) 부분은 적절한 주제다.

에릭 번은 이 영역에서 조작적 정의가 가능하지 않다는 입장을 취한다(Berne, 1964). 로저스와 동료들에 의한 광범위한 연구를 볼 때, 그러한 입장은 지지하기 힘들다. 퍼얼스의 저작에는 보다 정확한 형태의 타당화에 대한 어떠한 반대도 보이지 않는다. 그는 단순히 그러한 유형의 연구를 하는 데, 그의 시간을 쓰지 않기로 선택했을 뿐이다.

퍼얼스는 게슈탈트 치료가 효과가 있다는 어떠한 수량화된 통계적 증거도 제공하지 않는다. 그는 이 문제에 대해 말한다.

> '당신의 증거는 어디에 있는가?'에 대한 우리의 표준적 대답은, 우리가 제시하는 것치고 당신이 자신의 행동과 관련하여 스스로 검증할 수 없는 것은 없다는 것이다. 하지만 당신의 심리학적 체질이 우리가 묘사한 대로의 실험주의자의 체질이라면 이것은 당신을 만족시키지 못할 것이고, 당신은 이 과정의 비언어적 단계를 하나 시도해보기도 전에 언어적인 종류의 '객관적 증거'를 달라고 아우성칠 것이다(Perls et al., 1951, p. 7).

퍼얼스는 게슈탈트 치료의 유용성을 확인하기 위해 사용할 수 있는 일련의 단계적인 실험들을 실시 방법과 함께 제공하면서, 이러한 실험에 참가했던 사람들이 했던 논평 중에서 대표적인 것도 몇 개 포함시켰다. 이 실험들은 명료해서 관심 있는 독자라면 누구나 똑같이 반복해 볼 수 있다.

시스템 내에 공백이 있기는 하지만(Levitsky & Perls, 1969, p. 9; Polster, 1966, p. 6), 지식을 무지로부터 가려내는 것은 강조된다. 게슈탈트 치료는 전체적인 틀 안에서 개념을 제시하면서도 분자적인 세부 사항에 신경을 쓴다. 퍼얼스가 그의 용어들에 대한 객관적인 척도를 제공하지는 않지만, 그의 논의는 추론과 사변보다는 구체적인 관찰과 구체적인 경험을 강조한다. 이러한 의미에서 게슈탈트 치료는 경험적 이론이다.

퍼얼스는 그 자리에서 보여주는 시연과 재생된 자료들도 제공하지만(영화, 녹음한 것, 비디오테이프 그리고 몇 개의 사례들이 게슈탈트 치료 문헌에 들어 있다: Kempler, 1965, 1966, 1967, 1968; Perls, 1948; Laura Perls, 1956; Polster, 1957; Simkin, 1962), 체계적이고 상세한 사례 기록들은 불충분하다. 가장 상세한 기록들은 로라 퍼얼스(1956)에 의한 것이다.

어떤 분야에서 탐구를 시작하는 출발점에서 수량화되고 객관적인 연구와 타당화 기술을 요구한다면, 연구가 폭이 좁고 무익한 내용으로만 제한될 수 있다. 과학에서 연구 내용을 제한한다는 것은 타당성이 의심스럽다. 게슈탈트 치료가 다루는 내용은 중요해 보인다. 게슈탈트 치료는 새로운 영역들을 다루고, 새로운 가정들을 탐구한다. 하지만 개체 중심적인 실험 심리치료를 위해 정확한 검증을 희생해 왔다. 퍼얼스는 그가 정답을 가지고 있다고 가정하는 실수를 범하지 않는다. 오히려 이 분야에 모르는 것이 많은 상태라는 것을 기꺼이 인정한다(Perls, 1948). 게다가 게슈탈트 치료는 그것만이 유일하게 타당한 접근 방법이라고 주장하지 않는다(Enright, 1970b). 심리학 분야에서 다른 접근법들을 배제하는 식으로 심리학을 정의하는 사람들이 거기에 대한 증거를 제시해야 할 책임이 더 무겁다.

퍼얼스는 통찰력의 보고(寶庫)를 제시했으며, 심리치료에서 그리고 실험 정신을 가진 심리학자들에 의해서 이용될 수 있는 절차들을 제시했다. 그러나 게슈탈트 치료의 연구 가능성들을 실행에 옮기기 위해 힘쓴 게슈탈트 치료자들은 많지 않다(예외적인 경우로 Shostrom, 1966a, 1966b, 1967 참조). 연구를 즉각적으로 행하지는 않더라도, 문헌을 재검토하고 게슈탈트 치료에서 할 수 있는 실험적 예측들과 임상적 기대들을 명료화한다면 도움이 될 것이다.

게슈탈트 치료에서는 많은 것이 임상가 개인의 재량에 달려 있다. 전문적 책임성의 범위 내에서, 치료자의 스타일과 성격이 들어올 수 있는 여지가 마련되어 있다(Polster, 1966, pp. 4–5). 진단명이 다른 환자 집단들을 위해 필요한 기법과 이론상의 수정의 문제도 게슈탈트 치료 문헌에서 아직 공식화되지 않았다. 필자는 비공식적인 논의와 개인적인 경험을 통해 게슈탈트 치료가 상이한 환자 집단들에 사용되어 왔다는 것을 아는데, 그 결과들은 문헌에 보고되어 있지 않다. 게슈탈트 치료를 적용하는 데 있어서 지켜야 할 한계를 상술하는 것이 특히 필요하다.

이와 비슷하게, 많은 책임이 환자에게 남게 된다. 게슈탈트 치료자가 안내자와 촉매의 역할을 하면서, 심리치료의 기본 작업은 환자가 하는 것이다. 치료자가 할 일은 탐색되고 있는 지각적 장을 극적이고 명료하게 나타내주는 실험과 관찰을 제시하는 것이다. 이렇게 하지 못하는 것은 치료자가 책임져야 할 임상적 실패의 원인이 될 수 있다.

독자 개개인의 경험에 대한 퍼얼스의 인정은 독특하다. 그것은 정신분석에서 비평자가 분석되어야 한다고 요구하는 것이나, 행동 수정에서 실험적 측정 기준에 엄격하게 집착하는 것과는 상당히 다르다. 정신분석적 논거는 그 체계 내에서만 인정될 수 있는 대인 논증[5])이다. 분석에 드는 기간과 비용이 이 논거를 수용할 수 없게 만든다. 게슈탈트 치료 실험은 『Gestalt Therapy』(Perls et al., 1951) 책을 통해서 주말 워크숍에

5) 역자 주_ Ad hominem argument: 논증 그 자체가 아니라 논증을 제기하는 사람에 대한 논증, 즉 논증의 타당성을 논리적으로 따지지 않고, 그 논증이 누구의 것이냐에 따라 논증의 타당성을 결정하는 오류.

서 해볼 수 있다. 여기에 드는 시간은 자신이 익숙하지 않은 어떤 접근 방식을 경험하려고 할 때 요구되는 정도의 시간이다. 게슈탈트 치료를 검증해보는 데 있어서 개방적이고 비판적인 태도는 필수적이지만, 체계에 대한 믿음은 요구되지 않는다. 게슈탈트 치료를 경험하고 그 가치를 인정하게 되는 일은 종종 게슈탈트 치료자와의 개인적인 만남이 있은 후에야 일어난다는 것이 필자의 관찰이다. 단 한 번의 만남으로, 참여하지 않은 관찰자는 경험해볼 수 없는 관점을 참여자가 가질 수 있게 되는 일이 자주 일어난다.

여기에는 또한 실험실에서 행해지는 실험에 의해서는 답할 수 없는 가치문제가 관련되어 있다. 기술적 성공에 대한 객관적인 증거가 가치문제에 답할 수는 없다. 임상가가 환자의 행동을 통제하는 것이 바람직한 일인가? 궁극적으로 이 질문은 개개인에 의해 결정된다. 그것을 인식하기 때문에 게슈탈트 치료자들은 게슈탈트 치료를 제공하고, 자신에게 유용한지 그렇지 않은지의 선택은 개인의 몫으로 남겨 둔다.

퍼얼스는 알아차림의 변인들을 배제하지 않고, 또 행동을 조건화시키지 않으면서 지금-여기의 행동에만 방향을 맞춘 치료를 제공했다. 게슈탈트 치료는 고유한 심리치료 체계를 가지고 실존적 태도를 적용하며, 독특한 방식으로 그 체계의 타당성을 증명한다. 필자는 게슈탈트 치료를 자신이 스스로 검증하라는 퍼얼스의 제안과 도전을 받아들였고, 이 체계가 개인적으로나 직업적으로나 신나고 창조적이며 유용하다는 것을 발견했다. 게슈탈트 치료의 잠재력이 자신에게 있어서 개인적인 실험, 심리치료적 적용 혹은 기초 연구에서의 사용을 가능케 하는지 결정하는 것은 각자의 몫이다.

CHAPTER 04

게슈탈트 치료: 논쟁

주 해

1987년에 쓴 이 소론에서 나는 게슈탈트 치료의 역사와 그동안에 일어난 태도의 변화를 개관하고 있다. 나는 직면, 치료자의 가시성(visibility)과 현전, 관계의 연속성, 환자의 전반적인 성격 구조에 대한 이해, 집단 게슈탈트 치료의 모델들, 사고와 이론의 중요성, 정신분석 및 다른 접근법들과의 관계 등에 대한 임상적 태도에서 보이는 최근의 변화들을 논한다.

조 와이송(Joe Wysong)이 『The Gestalt Journal』의 편집위원들에게 최근 10년간 게슈탈트 치료에서 일어난 변화에 대한 의견을 써 달라고 부탁했을 때, 그러한 발전에 관해서 우리가 무엇을 아는지 자문하면서 나는 게슈탈트 치료가 세상에서 차지하는 위상에 관해 우리가 안다고 생각하는 것이 얼마나 정확한지 우리가 어떻게 알 수 있을까 하는 의문도 들었다. 우리는 게슈탈트 치료를 이 세상에 존재하는 그대로 보고 있다고 생각하지만, 얼마만큼이 우리가 실제로 보는 것이며, 얼마만큼이 우리가 보고 싶어 하는 것을 '보는' 것일까? 나는 이전에 우리가 스스로를 기만했었다고 생각한다. 나는 『The Gestalt Journal』의 10주기를 맞이하여 다양한 관점들을 청해서 펴내는 것에 박수를 보낸다. 그것은 적어도 비판과 논쟁을 바로잡을 기회를 제공할 것이기 때문이다.

지난 10년 동안 『The Gestalt Journal』은 우리가 게슈탈트 치료의 역사, 철학, 방법론, 사회학 등을 기술하고, (활자로) 기억하고, 분석하고, 토론하고 논쟁할 수 있는 공개 토론의 장을 만드는 데 있어서 중요하고도 매우 필요한 기능을 수행해왔다. 『The Gestalt Journal』의 이번 호는 게슈탈트 치료를 하는 우리가 (내 생각에는) 경험적이고 철학적인 관점들을 설명하는 데에 충분한 관심을 기울이지 않는다는 사실을 바로잡는 쪽으로 일보 전진할 또 하나의 기회가 될 것이다. 우리는 그런 문제들에 대해 이야기는 하지만, 이론적으로나 경험적으로 제대로 검토되지도 않는, 그리고 반복한다고 더 나아지지도 않는 일반화를 그저 되풀이하는 경우가 많다.

영광, 그리고 실망의 시작(1965~1975)

지난 10년 그 이전에는 게슈탈트 치료가 매우 인기를 끌게 되면서, 무제한적인 포부를 가지게 되었던 10년간이 있었다.

1965년에 내가 게슈탈트 치료를 처음 시작했을 때는 사회적으로나 심리치료 분야에서나 반항과 혁명의 시대였다. 우리가 기꺼이 경직성의 족쇄를 벗어 버리고, 창조성이 떠오르도록 허용하는 모험을 감행하고자만 한다면 무엇이라도 가능할 것 같았다. 실험에 대한 순진한 믿음과 희망은 전통의 포기와 함께 일어났다. 게슈탈트 치료에 있어서 그것은 유성처럼 빛났다가 사라지는 10년간의 성공의 시작이었다.

전통적인 프로이트식 정신분석은 반항하기 쉬운 표적이었다. 그것은 경직되고, 독단적이며, 주지화되었고, 환자나 치료자의 지금-여기의 경험에 거의 주의를 기울이지 않았으며, 그것을 존중하지도 않았다. 그것은 특정한 치료자나 환자의 환경이나 성격, 혹은 감정이나 욕구에 상관없이, 치료자가 개인적으로 표현을 하는 현전을 삼가도록 명하였다. 그것은 능동적인 기법들을 통합시킬 수 없었고, 장 이론(field theory)의 시대에 뉴턴주의적인 이론이었다.

물론 게슈탈트 치료의 의미는 그것의 배경과의 관계에서, 특히 그것의 탄생과 정신분석으로부터의 분리에서 나타난다. 몇몇 게슈탈트 치료자들은 정신분석에 진 빚과 정신분석의 가치에 대해서 분명히 알고 있었지만, 영광의 10년간 그것은 그리 눈에 띄지 않았다. 그 당시에는 게슈탈트 치료로부터 일종의 광채가 발산되어 그것을 둘러싸고 있었다. 바로 그 10년간은 전통적 이론들과 실제 그리고 철학의 가치에 대한 인정이 거의 없었다. 마치 게슈탈트 치료가 혼자서 어떤 것이라도 이룰 수 있으며, 모든 것을 망라할 수 있을 것만 같았다.

게슈탈트 치료는 낙관주의의 파도를 타고 인기의 절정으로 떠올랐다. 문헌은 얼마 안 되었지만, 구전의 전통은 중요한 철학적 가능성을 시사하는 것 같았고, 워크숍에서의 극적인 치료 작업은 탁월한 임상적 가능성을 보여주었다. 게슈탈트 치료의 철학적인 문헌과 실제에 관한 문헌에는 공백이 있다는 것이 명백해 보였지만, 게슈탈트 치료 공동체의 신뢰는 높았고, 태도는 긍정적이었으며 낙천적이었다.

아마도 이것의 정점은 퍼얼스가 1960년대 후반에 보급시킨(조엘 래트너(Joel Latner)가 '캘리포니아 스타일'이라고 부르는) 게슈탈트 치료 스타일일 것이다. 이 시대는 반항, 확장, 표현성의 시대였다. 변화와 모험은 좋은 단어들이었고 안정, 조심, 예측 가능성은 나쁜 단어들이었다. 균형은 상실되었고, 자연적인 양극성들 중에서 반이 상실되었다. 과정과 현재의 순간에 대한 강조는 있었지만, 구조와 연속성에 대한 균형 잡힌 인정은 찾아볼 수 없었다.

이 스타일은 흥분과 노력하지 않음을 '자연스러운' 것으로, 조심스러운 고찰을 신경증적인 것으로 취급했다. 이것은 1960년대 후반에 인기 있었던 '흥분시키기' 스타일과 1970년대 초반에 인기 있었던 '주파수 맞추기' 스타일 양쪽 모두에 해당되는 사실이었다(이 후자의 스타일에서는 거친 만남, 소리 지르기, 두드리기, 빈 의자, 그 비슷한 것들이 신체적인 강조, 명상 등에 자리를 내주었다.). 많은 게슈탈트 치료자들의 스타일에서 개인 간의 측면과 함께 개인의 정신내적인 측면에 초점을 맞추던 것이 점차적으로 개인의 정신내적인 태도로 대체되어 갔는데, 철학적인 변화에 대한 명백한 언급 없이 그리된 것이었다. 이 스타일에서 성장이란 알아차림-접촉의 과정에 의해서 구원을 찾는 것이라기보다는 내면에서 구원을 찾는 것으로 다루어지기 시작했다.

어떤 의미에서 1960년대의 명제는 반항, 사회적 항의, 정서의 실험과 표현 그리고 개인의 '나'를 다른 사람들에게 제시하는 것이었다. 1970년대 초반에는 반명제가 나왔는데, 그것은 내면의 고요를 추구하는 것이었다. 1970년대에는 사회적, 임상적 문제로서의 자기애(narcissism)에 대한 인식이 더 커졌다. 1980년대에는 우리가 합명제에, 즉 보다 균형 잡힌 시각에 이르고 있다고 나는 믿는다.

새로운 가능성에 대한 흥분은 수많은 단점들을 덮어 버렸다. 게슈탈트 치료의 빠른 성장과 공개적 시연이라는 환경은 쇼맨십, 흥분시키기 그리고 과잉 단순화를 조장했다. 이사도어 프롬은 이를 게슈탈트 치료의 연극화라고 불렀다(From, 1984; Resnick, 1984도 참조). 게슈탈트 치료는 기법의 현란한 쇼로 보이는 일이 많았다. 공들인 작업보다는 기법이, 방법론보다는 작업이, 철학보다는 방법론이 더 널리 알려지게 되었다. 이러한 지명도는 게슈탈트 치료에서 실제로 중요시되는 것을 뒤바꿔 놓았다.

1968년에 내가 게슈탈트 치료 이론의 개관을 썼을 때, 나는 출판된 23편과 출판되지 않은 10편의 논문을 찾아냈다. 그것은 당시 20년 된 체계를 위해서는 불충분해 보였다. 불충분하지만 장래성은 있어 보였다. 1970년대 중반까지는 출간되지 않았던 논문들과 새로운 책들이 출판되면서 게슈탈트 치료 출판물은 고무적으로 증가되어 있었다. 『The Gestalt Journal』의 출범과 더불어 게슈탈트 치료 논문들을 위한 진정한 토론의 장이 생겼다. 게슈탈트 치료는 궤도에 오른 것처럼 보였고, 낙관주의는 정당화되는 것 같았다.

물론 실망은 필연적이었다. 게슈탈트 치료자로서 우리는 '기대가 컸던 만큼 실망도 컸다.'는 것을 알고 있다. 충분한 이론적, 전문적 시각 없이 실험에 대해 가졌던 순진한 믿음은 한계와 실망에 직면함으로써 성장해야 했다. 게슈탈트 치료의 실제라는 실험실에서 일반화들을 검증해보고, 게슈탈트 치료라는 실험의 결과로 우리가 얻게 되는 통찰에 따라 우리의 치료 실제, 철학 그리고 방법론을 수정하는 힘든 작업을 해야 했다. 득의양양한 태도의 일부는 훈련과 희생 그리고 지적인 과제에 대한 힘든 작업 없이도 우리가 훌륭한 일들을 성취할 수 있으리라는 잘못된 믿음이었다.

게슈탈트 치료 이론의 토대가 되는 파종작인 『Gestalt Therapy』의 출간 이후 첫 25년간—급변하는 분야에서의 25년간—높은 수준의 이론적 정교화나 발전은 부족했다.

1970년대 중반까지 정신분석은 보다 정교해졌으며, 그 문헌은 더욱 유용해졌다. 코헛(Kohut), 건트립(Guntrip), 컨버그(Kernberg), 매스터슨(Masterson), 말러(Mahler), 잘츠만(Salzman), 섀퍼(Schaffer) 같은 저자들은 간단히 무시될 수 없었다. 초기 로저스식 접근법의 수동성은 로저스, 젠들린(Gendlin) 등에 의해 극복되었다. 행동 치료는 인지 행동 수정, 행동 상담 및 다른 변화들과 더불어 더욱 정교해졌다. 절충적인 심리치료자들은 게슈탈트 치료의 많은 통찰들을 그들의 치료에 통합시켰다.

다른 치료들이 신장되는 이 시기 동안 '게슈탈트 치료기법들'과 '게슈탈트 치료'를 성가시게 권유하던 많은 사람들은 거의 게슈탈트 치료의 훈련을 전혀 받지 못한 사람들이었다. 많은 해설자와 비평가 등이 게슈탈트 치료의 이론과 실제를 오해했다. 우리의 문헌이 게슈탈트 치료의 오해를 초래하는 데 기여했지만, 이러한 남용과 오해를 바로잡기 위해서 우리는 거의 아무것도 하지 않았다. 게슈탈트 치료를 정말로 이해했던 사람들은 게슈탈트 치료 철학의 정확한 모습을 제시하는 동시에 일반적인 전문가 집단으로부터 게슈탈트 치료가 정말로 무엇인지 보여 주는 것으로 인정받을 수 있는 저술을 내놓지 않았다. 훌륭한 논문들과 책들은 있었으나 『Gestalt Therapy』의 결정적인 후편이라고 할 만한 것은 없었다. 게슈탈트 치료의 참모습을 반영하는 논문들과 그렇지 않은 논문들을 구분할 수가 없었는데, 이는 논문들을 비교할 수 있는 기준이 형성될 만큼 전반적인 이론이 충분히 설명되어 있지 않았기 때문이었다.

1965~1975년 사이 10년 동안 대부분 우리는 자신의 인기와 성공에 속아서 70년대 중반에서 후반까지 전문가 사회에서 우리의 입지가 언제 쇠락했는지도 알아차리지 못했던 것 같다.

지난 10년 동안 우리는 또한 정신이 들게 하는 몇 가지의 임상적 체험들에 대해서도 알아차리게 되었다. 아마도 가장 주목할 만한 사실은 다수의 환자들, 특히 자기애적 장애를 가진 환자들의 경우—그들이 전통적인 정신분석으로 큰 효과를 보지 못했듯이—퍼얼스가 1960년대 후반에 하던 식의 게슈탈트 치료로 큰 효과를 보지 못했다는 점일 것이다. 자기애적 성격장애로 인식되는 환자의 수가 늘어나고, 게슈탈트 치료자들이 자신들의 임상 경험을 이해 흡수하게 됨에 따라 게슈탈트 치료의 실제와 이론에 있어서 변화의 조짐이 나타났다. 아마도 게슈탈트 치료가 최상의 선택이 될 경계선 환자들의 경우에 있어서도, 훌륭한 게슈탈트 치료가 되려면 치료법이 수정되고, 더욱 정교화되어야 한다. 이에 대한 설명이 1965~75년 10년간의 문헌에는 완전히 빠져 있다.

우리의 임상적인 태도와 이론적인 태도에서 개선이 필요했던 것은 이러한 자기 장애들(self disorders)에만 국한되는 것이 아니었다. 개인과 마찬가지로 치료 체계도 살기 위해서는 배우고 성장해야 한다. 성장은 비판을 진지하게 받아들이는 것을 포함한다. 품질 관리와 훈련은 무엇이 효과가 있고 무엇이 그렇지 않은지, 무엇이 서로 잘 맞고 무엇이 개선될 수 있는지를 발견할 것을 요하며, 어떠한 변화라도 게슈탈트화되어서 전체 체계 안에 동화될 것을 요한다. 다음 절에서 우리는 1980년대에 시작된 이러한 발전 중 몇 가지에 관해 논할 것이다.

이론적인 갱신이 필요했던 것이 어떤 임상적인 영향을 끼쳤는지 예를 하나 보자. 다수의 초기 게슈탈트 치료자들은 게슈탈트 치료자가 되기 전에 정신분석적인 진단과 이론 및 치료의 훈련을 받았었다. 게슈탈트 치료자로 일하게 되면서 그들의 배경 중 인정받지 못하는 부분이 많아지게 된 것이다. 전통적인 임상적 지혜가 통합되기보다는 평가절하되었고, 시간이 흐르면서 새로운 게슈탈트 치료자들은 그러한 배경 없이 수련을 받게 됨에 따라 그들이 제공하는 치료와 수련은 적절하지 못한 경우가 많았다. 부분적으로는 정신분석적인 배경에서 습득된 승인받지 못한 관점이 빠지게 되었으며, 지난 10년 이전에는 이론 어디에서도 그러한 필요성이 인식되지 않았다. 우리의 수련과 치료의 질과 적용 범위를 제한시켰던 우리들의 집단적인 자기 이미지의 부정확함을 이제 우리는 수정하기 시작했다.

긍정적인 면으로 보면, 결함을 알아차리고 그에 대해 실망감을 갖게 되었다는 것이 이득이 되었는데, 여기에 관해 나는 다음 절에서 상세하게 설명하려고 한다. 부정적인 측면은 많은 사람들이 한층 더 발전해야 할 필요성에 대해 긍정적으로 반응하지 못했다는 점이다. 많은 이들이 단순히 게슈탈트 치료를 평가절하하거나 아니면 다른 시스템을 찾아 떠나 버렸으며, 이 두 가지를 다 하기도 했다. 왜 어떤 사람들은 다른 체계에서 새롭게 발견한 보석들을 게슈탈트 치료의 체계 속으로 통합시키지 않았는지 생각해 보는 것은 교훈적인 면이 있을 것이다. 나는 수련의 제약, 이론적인 능력 그리고 기질이 그러한 차이의 많은 부분을 설명해 준다고 생각한다.

하나의 체계 전체를 만들고, 내사하기보다는 동화시키고, 효율성에 대한 경험적 증거를 제시하는 책임을 지며, 역량 있는 철학적 분석을 하는 데에 필요한 지적인 작업의 양에 대하여 많은 임상가들이 경험이 없거나 교육을 받지 못했거나 게으른데, 그중에는 게슈탈트 치료자들도 적지 않다. 게슈탈트 치료가 학계에 지지 기반이 없다는 것은 불행한 일이다.

나는 또한 많은 사람들이 게슈탈트 치료 이론이나 혹은 그 이론의 기초가 되는 철학들을 깊이 있게 배우지 못했기 때문에 게슈탈트 치료 장면에서 위와 같은 문제가 더욱 증가되었다고 생각한다. 게다가 게슈탈트 치료자들은 체질상 이러한 과업에 필수적인 철학적 분석을 하는 경향이 덜할 수도 있다. 1965~1975년이라는 시기에는 이것이 분명히 맞는 말인 것 같다. 바로 이 문제는 게슈탈트 치료 훈련을 받지 않은 사람에게만 국한되는 것이 아니라 스스로를 게슈탈트 치료자라고 칭하는 사람들에게도 해당된다. 이는 게슈탈트 치료 쪽에서 저술하고, 말하고, 가르치고, 다른 사람들을 수련시키는 많은 사람들에게서 볼 수 있다.

내가 게슈탈트 치료의 해석이 한 가지밖에 없다거나 게슈탈트 치료의 신조들이 명료하게 설명되었다고 주장하는 것이 아님을 유의해야 한다—그것과는 거리가 멀다. 그러나 어떤 사람들은 게슈탈트 치료의 철학적인 토대를 이해하지 못하고 있는 것 같고, 많은 사람들이 자신이 모른다는 것 자체를 모르거나 신경 쓰는 기색도 없는 것 같다. 어떤 사람들은 게슈탈트 치료 이론의 가장 권위 있는 출처인 『Gestalt Therapy』와 그 배후의 철학을 이해하지 못하면서 게슈탈트 이론을 바꾸려고 시도한다.

가끔 기초적인 이론을 모르는 사람들이 내놓거나 그들이 가르치는 것 속에 은연중에 들어 있는 게슈탈트 치료의 정의는 게슈탈트 치료를 기법과 상투적인 문구로 축소시키는 것이었다. 기초 이론을 알지 못하면서 게슈탈트 치료의 본질을 설명할 수는 없다. 마치 전체를(혹은 보다 정확히 말하자면 부분들과 전체의 관계를) 이해하지 않으면서 치료 시스템을 무한히 변형시킬 수 있기나 한 것처럼 생각하는 그들에게 남아 있는 것은 게슈탈트 치료의 원자적 구조뿐이었다.

그 결과는 '게슈탈트와…' 였다. 게슈탈트 치료가 어떻게 그리고 얼마나 많이 동화시킬 수 있는지를 이해하지 못한 사람들은 게슈탈트 치료의 이론과 실제에 대해서 그것이 가진 잠재력의 일부분으로 축소하여 생각하고 있었다. 그런 다음 그들은 부적절한 치료를 시행하거나, 새로운 자료를 게슈탈트 치료에 통합시키지 않고, 단순히 덧붙여서 임시변통의 치료를 궁리해 냈다. 빠진 것이 무엇이든, 어떤 결함이든, 체계적인 변경/흡수 없이 게슈탈트 치료에 교정물을 덧붙이는 것으로 대체하였다.

게슈탈트 치료의 요소들과 다른 체계의 요소들을 '…와'로 결합시키는 '게슈탈트 치료와…'의 태도는 치료자마다 자신이 합친 새로운 기법들이나 통찰들의 어떠한 조합이든 설득력 있고, 창조적이며, 효과적일 수 있다고 과대적으로 믿게 만들었다. 우리들의 이론적인 문헌이 빈약하기 때문에 이런 일이 계속되는 것을 허용하였다.

사실상, 새로운 엉터리 창작품들이 신사조의 만병통치약으로 제시되는 일이 잦았는데—어떤 사람들에게는 가짜 약 판매 선전처럼 보였다. 어떤 것이 포함되어야 하는지 혹은 배제되어야 하는지, 어떻게 그것이 포함되어야 하는지 혹은 게슈탈트 치료와 덧붙여진 것의 공급원이 된 체계 사이의 차이를 설명하기 위해 무엇을 바꾸어야 하는지를 구별하는 체계적인 방법이 없었다. 어떤 사람들은 그들이 내린 게슈탈트 치료의 정의 속에 모든 것을 포함시켰으며, 또 어떤 사람들은 거의 포함시키지 않으면서 그들의 치료에 부가된 것들을 모두 게슈탈트 치료가 아닌 것으로 정의하였다.

게슈탈트 치료의 경계선에 대해 명확한 개념이 없다는 것은 게슈탈트 치료의 정체성에 대한 명료성이 결여되어 있다는 표시였다. 이 중에서 얼마나 많은 부분이 게슈탈트 치료 이론의 모호성과 관련 있고, 얼마나 많은 부분이 우리 문헌의 불충분함과 관련되며, 얼마만큼이 게슈탈트 치료자들의 불충분한 이론적 훈련과 관련되는지는 분명하지 않다.

나는 하나의 공통된 순서를 관찰하게 되었다. 첫째는 게슈탈트 치료 이론이 제대로 학습되지 않는다는 것이다. 예를 들면, 많은 수련생들이 이론이나 방법론 없이 기법들을 가르쳐 줄 것을 요구한다. 내가 보았던 이런 유형의 수련생 대부분에게 이런 현상은 그들의 전반적인 성격 발달의 연장선상에 있다. 그들은 게슈탈트 치료에 대해 보다 철저한 이해를 얻는 작업에 저항했으며, 결과적으로 게슈탈트 치료를 기법이나 상투적 문구로 정의하는 일이 많았고, 그것의 정수는 음미하지 못했다. 게슈탈트 치료 문헌 중에서 상투적인 문구 수준으로 된 부분이 그러한 태도를 지지하였다.

그 결과 그들은 무엇이(그리고 어떻게) 동화 흡수될 수 있으며, 무엇이 그렇게 될 수 없는지(그리고 왜 그런지)를 판별할 수가 없었다. 그들은 게슈탈트 치료를 매우 편협하게 이해한 다음에 그들 식의 '게슈탈트 치료와 …'를 수행하였다. 그들은 게슈탈트 치료가 단순히 기법들의 특정한 집합이 아니라는 것을 이해하지 못했고, 게슈탈트 치료의 흡수 능력을 제대로 평가하지 못했으며, 아마도 흡수와 내사의 차이조차도 알지 못했으므로 그렇게 할 수 밖에 없었다. 또한 그들은 그것을 한계로 본 것이 아니라 자신들의 지위가 향상된 표시로 보는 경우가 많았는데, 이는 그들이 그렇게 하면서 지적인 일관성이나 명확한 표현이나 경험적인 정교함이라는 '엄정한' 요건의 제약을 받지 않았기 때문이었다. 그리고 그들은 한계나 결점에 직면했을 때에 그들 자신의 불충분한 발달을 직시하기보다는, 그런 문제들이 생기는 것을 게슈탈트 치료가 제대로 발달하지 못한 탓으로 돌릴 수 있었다.

명확한 정체성은 명확한 경계선을 요구한다. 경계선은 포함과 배제를 의미한다. 게슈탈트 치료를 지나치게 넓고 모호하게 정의하면, 즉 게슈탈트 치료자들로 하여금 그들이 무엇이든지 어떠한 조합으로든지 포함시킬 수 있다고 믿게 하는 식으로 정의한다면, 그것은 [다른 체계와] 변별을 해야 하고, 상실과 실망을 겪어야 하며, 하나의 체계를 다른 사람들이 연구하고 비판할 수 있는 용어로 기술해야 한다는 의무를 면제해주는 것이다.

우리는 게슈탈트 치료(혹은 '게슈탈트 치료기법' 혹은 '게슈탈트 치료와…')라고 불리는 비공인 임시변통적 접근법 때문에 손상을 입었다. 우리는 계속되는 무지 때문에 손상을 입은 동시에, 게슈탈트 치료를 폐기하고 평가절하한 후 예전에 게슈탈트 치료에 대해 퍼부었던 것과 똑같은 과장을 남발하면서 다음에 나타날 만병통치약(그리고 또 그 다음)을 옹호하는 사람들이 게슈탈트 치료를 공공연하게 평가절하하는 것에 의해서도 손상을 입었다. 그리고 우리는 유능한 게슈탈트 치료자들이 이야기하거나 저술하면서 부지불식간에 게슈탈트 치료와 모순되는 방향으로 나아감으로써 또한 손상을 입었다.

지난 10년간은 기존의 게슈탈트 치료의 결함들에 대한 정교한 대처가 늘어났다. 지난 5년간은 긍정적인 징후가 눈에 띄었는데, 그것은 우리가 하나의 공동체로서 게슈탈트 치료를 더욱 성숙한 체계로 만들어 가는 문제들과 씨름하기 시작하고 있음을 나타내는 징후다. 『The Gestalt Journal』과 그 학술지가 지원하는 연례회의는 현황을 점검하고, 우리의 역사와 이론과 임상적 적용과 연구에 대하여 대화를(그렇다. 게슈탈트 치료자들도 지적인 대화를 할 수 있다) 시작하는 토론의 장을 마련해주었다. 비록 우리 문헌의 양과 질 그리고 일관성이 전체적으로 볼 때 충분치 못했지만, 철학적인 논쟁을 하고 사례 연구를 위한 토론의 장을 창출하며, 적어도 연구 문헌을 검토하고, 연구에 대해 긍정적인 태도를 취할 필요성에 대한 관심이 점점 더 증가되는 것이 최근 몇 년간 보인다.

지난 10년간의 문헌 중에는 게슈탈트 치료의 여러 측면들을 설명한 탁월한 논문들, 그리고/혹은 1965~1975년 사이에 가장 두드러졌던 게슈탈트 치료 스타일이 어떻게 게슈탈트 치료의 정수 중에서 어떤 부분을 왜곡했거나 놓쳤는지를 밝혀주는 탁월한 논문들이 포함되어 있다. 그러한 논문들 중에는 브라운(G. Brown, 1974/1977), 프롬(I. From, 1978과 1984), 하이스너(R. Hycner, 1985), 래트너(J. Latner, 1983), 로라 퍼얼스(L. Perls, 1978), 폴스터(E. Polster, 1985), 그리고 레스닉(R. Resnick, 1984) 등이 있다.

이러한 시작은 전혀 이른 것이 아니었다. 왜냐하면, 지난 10년간의 급변하는 심리치료적, 사회적 맥락으로 볼 때, 자기만족보다는 정신을 똑바로 차리는 것이 필요하기 때문이다. 가능성들이 늘어났고, 명백히 게슈탈트 치료의 대안이 되는 정신분석은 크게 개선되었으며, 치료 모델들은 서로 많이 가까워졌고, 어떤 치료를 어떤 치료자가 어떤 기법으로 어떤 환자에게 그리고 얼마나 오랫동안 할 것인지를 보다 정교하게 구분할 것에 대한 요구는 더욱 증가했다. 효율성 검증에 대한 정치적 압박이 늘어났고, 제3자의 비용 지불은 검증된 치료에만 허용되어야 한다는 요구가 나왔으며, 시장 점유를 위한 전문 직종 간의 경쟁이 증가했다. 이러한 상황에서 기존 게슈탈트 치료의 한계를 알아차리는 것은 살아남기 위해 필수적인 것이다. 우리가 시작한 일들을 계속하기 위해 향후 10년간 우리가 할 일은 여전히 많다. 자기만족을 보장하기에는 결점들이 아직도 너무 심원하다.

위기: 게슈탈트 치료는 도전에 대처하고 있는가? (1976~1986)

게슈탈트 치료는 도전에 대처하고 있는 것일까? 1980년대에 게슈탈트 치료는 다섯 가지 영역에서 매우 필요한 변화를 서서히 시작했다고 생각한다(여기에 대한 설명이 문헌에 충분하지 않기 때문에 이러한 변화의 정도는 분명하지 않다.). ① 보다 성숙한 실존적 태도; ② 변화된 임상적 태도; ③ 집단에 대한 접근에 있어서의 변화; ④ 사고의 가치를 더 잘 인식하게 된 것; ⑤ 정신분석과 다른 치료들에 대한 보다 절충적인 태도 등이다.

1. 보다 성숙한 실존적 태도

지난 10년 동안 게슈탈트 치료는 인간관계에 보다 많은 관심을 가지게 되었고, 환자의 현상학을 보다 존중하게 되었으며, 연속성의 문제를 다루기 시작함으로써, 자신의 실존적 전통에 충실했다. 이처럼 보다 성숙한 실존적 태도는 한층 정교한 임상적 방법론의 기초가 되었고, 새로운 정신분석적 통찰을 흡수하기 위한 틀의 기반이 되었다.

순간적인 접촉, 흥분, 감각적 알아차림 그리고 정서적 표현을 중요시하는 것은 더욱 철저한 실존적 태도를 위한 기초일 뿐이며, 치료자가 더 자세한 설명 없이 적극적으로 개인적 현전을 보이는 것은 단지 참된 대화적 현전의 기초일 뿐이라는 사실을 사람들이 점점 더 깨닫게 되었다(예를 들어, Hycner, 1985 참조). 나는 우리가 초기 게슈탈트 치료 체계와 수행에 본래 들어 있긴 했지만, 충분히 설명되지 않았던 대화의 원칙을 보기 시작했다고 생각한다.

대화를 통한 알아차림이라는 게슈탈트 치료의 태도는 최근 들어 포함이라는 대화적인 실존적 개념을 강조했는데, 이는 환자의 현상학을 다시금 중요시하는 것이다. 현상학적 태도란 단순히 환자의 주관적 감정들, 흥분 그리고 표현성을 중요시하는 것이 아니라, 개인과 맥락의 훈련된 현상학적 관계이며 '주관적인 것'과 '객관적인 것'의 통합이다.

참된 실존적 자세는 환자의 실존의 궤적에 대한 관심을 포함하며, 치료 시간 중에뿐만 아니라 치료 시간 밖에서 일어나는 것들에 대해서도, 그리고 현재의 경험뿐만 아니라 과거의 경험에 대해서도 이야기할 필요성을 인식하는 것을 포함한다(예를 들면, E. Polster, 1985 참조).

1980년대의 태도는 환자의 알아차림과 표현성에뿐만 아니라 환자와 치료자(그리고 집단 안의 다른 환자들) 간의 관계에도 초점을 맞추었고, 특정한 환자들에게 어떤 접촉이 치료적인지에 점점 더 주의를 기울이게 되었다. 이사도어 프롬이 빈 의자 기법이나 꿈을 순전히 투사로 해석하는 것에 대해 비판한 것은 치료자와 환자의 관계 맺기가 얼마나 중요한지 게슈탈트 치료가 인식하게 되었음을 보여주는 예다(I. From, 1978, 1984).

관계란 단지 접촉의 순간들의 총합이 아니고, 연속성을 포함하는 전체다. 게슈탈트 치료에서는 좋은 접촉/현전을 언제나 중요시했지만, 그러한 접촉은 종종 일회적인 것이었으며, 환자가 긴 시간에 걸쳐 자기 정체성을 알아차리는 것을 강조하지는 않았다. [게슈탈트 치료의] 대화적 입장은 치료자와 환자(너) 사이에서 발전하는 것[그 무엇]이 치유에 핵심적이며, 또한 타자에 대한 나의 관계가 건강하게 기능하는 데에 핵심적임을 강조한다. 개인과 타자 사이의 관계라는 개념이 접촉, 정체성 그리고 경계선이라는 게슈탈트 치료 개념들의 일부분이긴 하지만(I. From, 1978 참조), 게슈탈트 치료 문헌은 대인 관계와 상호의존성의 연속성에 대해 충분히 설명하지 못하고 있으며(G. Brown, 1974, 1977 참조), 문헌 전반에 걸쳐 앞뒤가 맞지 않는 인식론적인 관점을 드러내고 있다(Latner, 1983 참조).

접촉의 개념은 대화에 있어서 핵심적이며, 접촉에 대한 우리의 개념은 곧바로 대화에 대한 성숙한 개념으로 이어진다. '나와 너, 지금과 여기'라는 좌우명에 대해서는 게슈탈트 치료에서 오랫동안 이야기해왔다. 그러나 게슈탈트 치료에서 대화에 대한 설명은 겨우 시작되고 있을 뿐이다. 퍼얼스가 널리 알린 스타일도 도움이 되지 않았다. 그는 자신의 과정을 사람들과 나누지 않았으며, 그저 연극화된 게슈탈트 치료를 시연했을 뿐이었다. 그는 종종 환자의 지각을 대항하는 자의 지각으로 취급했다.

게슈탈트 이론이 자신과 타인에 대한 알아차림을 강조하기는 했지만, 은연중에 암시하는 바, 특히 상투적인 문구가 암시하는 바는 나와 너보다는 나를 좀 더 강조했다. 타락한 모습으로 나타났을 때, 그것은 '흥분시키기'의 태도인 것으로 보였으며, 때로는 경솔하게도 순간적인 충동을 알아차리고 표현하며, 그것에 의거해 행동하는 것이 좌우지간 성숙함이라는 견해를 제시하기도 했다. 그 충동이 일어난 맥락에 상관없이, 그 충동이(욕구와 가치들을 총망라한 것을 포함하여) 진정한 유기체적 자기 조절에 대해 어떤 관계를 가지는지에 상관없이, 보다 장기적인 목표와 다른 사람들의 욕구에 상관없이 그렇다는 것이었다. 사회가 변화했고, 어떤 환자들이 우리에게 오는지 그 비율도 변했기 때문에, 이러한 명료함의 결여는 더욱 문제가 되었다.

이제 '창조적인 것' 혹은 '창조적인 적응'에 대한 게슈탈트 치료적 관심은 '적응'에도 관심이 생긴 까닭에 균형이 맞게 되었다. 1960년대에는 인기 있는 형태의 게슈탈트 치료가 긴장한 신경증 환자들, 특히 치료자들—그들은 긴장을 풀 필요가 있었다—과의 작업에 맞추어져 있어서, 환자에게 "당신 자신의 일을 하시오."라고 격려하는 태도는 이치에 맞는 일이었다. 환자들은 흔히 지나치게 사회화되어 있었으며, 더 많은 자율성과 창조성이, 즉 더 많은 '나'가 필요했던 것이다. 다른 사람들의 욕구가 중요하다는 것과 책임이 중요하다는 것은 이미 배운 상태였으며, 그것도 과도하게 배운 상태였다.

게슈탈트 치료의 시연은 때로 맥락을 무시했으며, 타인의 욕구를 포함해서 전반적인 상황이 요구하는 것에 대한 책임감을 무시했는데, 특히 중요한 것은 치료 분위기에 대한 치료자의 책임, 치료자가 치료적 현전을 하는 스타일의 결과에 대한 책임, 그리고 역전이에 대한 책임을 분명히 하는 것 역시 무시했다는 것이다. 때로 이것은 수치감을 증폭시키고, 자기애적 과대화와 행동화를 부추키는 것과 같은 치료로 인한 역기능을 초래했다.

게슈탈트 치료의 기초 이론은 접촉과 지지—대인 간 접촉과 철수에 대한 자기-지지—를 중요시하지만, 정의의 명료성과 일관성이 결여된 까닭에 이론적, 실제적 혼란이 생기는 일이 빈번했다. 자기-지지와 지족을 혼동하는 식으로 자기-지지를 논하는 경우가 많아서 조금이라도 융합의 기색이 비치면, 과도하게 부정적인 태도를 취하도록 가르쳤다. 이것 때문에 정상적이고 건강하게 기능할 때의 상호의존성과 협동의 중요성이 흐려지게 되었다. 펄스와 다른 게슈탈트 치료자들이 그들의 상호의존성을 부인한 까닭에 이러한 혼란이 조장되었을 수도 있다.

의존성 그리고 공감의 필요성에 대해서 이제는 보다 긍정적이고 분별력 있는 태도로 보기 시작하고 있다. 치료자의 치료적 현전은 환자가 '괜찮다는 것(OK-ness)'을 확인해 주고, 환자와 그의 상황에 대한 현실적인 평가의 맥락에서 환자의 성장 가능성을 확인해주는 것을 포함한다는 사실을 더 잘 깨닫게 되었다. 환자와 맞서고, 환자가 좌절하도록 허용하는 것을 포함하는 현전이 필요할 수도 있지만, 1960년대의 자동적으로 직면적인 태도가 통상적으로 개입되는 것은 아니다. 환자가 추구하는 의존성이 그 환자의 특정한 성장 단계에서 필요한 것인지를 치료자가 아는 것이 중요하다. 이러한 변화 덕분에 우리는 치료 작업을 더욱 부드럽고 수용적으로, 그리고 환자의 현상학과 그 단계에 적합한 융합과 의존에의 욕구를 인정하면서 수행할 수 있게 되었다.

집단에서는 일대일 작업 쪽으로 기울어졌던 것이 집단 내에서의 관계나 전체로서의 집단을 점점 더 중요시하는 쪽으로 균형이 잡히게 되었고, 알아차림 작업은 집단 내에서의 관계 맺기에 초점을 맞추어 집단 구성원들이 스스로 치료를 더 많이 행할 수 있도록 시간과 공간을 마련하게 되었다. 그리고 환자가 이야기를 할 수 있는 시간과 공간이 더 많이 허용된다(이는 아래에서 논의될 것이다.).

두 사람 사이의 관계에서부터 공동체적 관계에 이르기까지 관계성에 초점을 두고, 이제까지 무분별하게 내버려졌던 전통적 가치들—의무, 일, 명예, 탁월함에 대한 자긍심 같은 것들—의 진정한 가치를 음미할 채비가 되어 있기를 나는 희망한다.

2. 변화된 임상적 태도

실존적인 성숙도가 이처럼 높아진 것과 나란히 우리의 임상적 작업은 변화했다. 변화에는 다음과 같은 것들이 관련되어 있다. 환자와 환자의 현상학에 대한 보다 부드럽고 수용적이며 더욱 개방적이고 직접적인 태도, 치료는 치료자와 환자 사이의 협동적 모험이라는 것을 더 많이 느끼게 된 점, 치료자의 보다 개인적이며 상처 입기 쉬운 현전과 가시성, 치료적 관계에 있어서 연속성을 보다 강조하는 것, 각 개인의 성격 전반의 발달을 한층 더 중요시하는 것(환자의 이야기나 역사를 들어주는 것과 같은), 배경 변인에 대한 관심, 진단을 더욱 정교하게 하고 진단에 보다 주의를 기울이는 것 등이다. 우리는 뒤에 나오는 절에서 집단 작업에 대한 태도에 있어서의 변화와 정신분석과의 관계에 있어서의 변화에 대해서도 논의할 것이다.

① 협동 대 적대적 치료 관계

퍼얼스의 1960년대 스타일에서는 환자의 교육받지 않은 순진한 알아차림과 그 빈약하게 발달된 알아차림에서 초래된 행동을 경멸과 의심의 눈으로 쳐다보는 일이 많았다. 환자가 직접적이고 진정한 접촉을 지지하지 않았을 때, 퍼얼스는 환자가 일차적으로 치료자에게 무엇인가를 하고 있는 것으로 여겼다. 그는 마치 환자가 무엇보다도 치료자를 우롱하기 위해 행동하는 것처럼 이야기했고, 그때 치료자의 첫 번째 과제는 환자를 좌절시키는 것이었다.

치료는 치료자와 환자의 협동적인 과업이 아니라 오히려 적대자들이 하는 일로 보는 일이 잦았다. 비록 '나와 너, 지금과 여기'라는 표어에 대해 말은 하면서도, 실행에 있어서는 환자를 만나고 확인(confirm)하는 진정으로 대화하려는 자세가 결여되어 있었다. 환자에게 이야기하고, 치료자 자신의 과정이나 반응 등을 환자와 나누기보다는 어떤 일이 일어나도록 만드는 데 초점을 두는 경향이 두드러졌다. 퍼얼스는 그의 개인적인 과정을 나누지 않았으며, 단지 치료적 드라마를 만들어 내는 데 대한 흥분과 창의성만을 공유했을 뿐이다. 이런 유형의 게슈탈트 치료에서 사용된 철수와 직면의 많은 부분은 신비화와 경멸을 통해 수치심을 유발하는 것이었다.

지난 10년간 나는 예전의 보다 기법 지향적이고 좌절 지향적인 태도보다는 명료함과 솔직성을 갖춘 친절함이 알아차림과 자기 책임감 그리고 환자의 진심어린 실험을 증가시키는 데 임상적으로 더 효과가 있다는 것을 발견했다. 나는 내가 환자의 현상학을 어떻게 지각하는지 환자에게 다시 반영해 주고, 나 자신의 전경과 딜레마를 솔직하게 나누는 것과 같은 단순한 개입이 빈 의자, 신체 작업, 동작 연기, 꿈 작업 등을 사용하는 것보다 종종 더 효과적이라는 것을 알았다. 이런 모든 기법들은 나름대로의 쓰임새가 있지만, 나의 경우에는 환자와 임상적 작업에 접근하는 균형과 태도가 바뀌었다.

보다 새로운 이 태도는 경각심을 유발시켰다. 예를 들면, 짐 심킨은 포함이라는 개념을 통해 공감의 개념을 게슈탈트 치료에 다시 들여오는 것에 대해 상당히 경계했다. 그는 '공감'에는 경계선의 혼란, 즉 융합이 내재되어 있으며, 치료자가 환자의 감정을 느낄 수 있다는 근거 없는 통념과 결탁할 위험이 있다고 믿었다. 물론 임상가가 공감을 다른 사람의 감정을 느끼고 아는 것과 혼동하면 그것은 융합이다. 그러나 공감은 (정확하게 정의된 경우에) 본질적으로 경계선 혼란이 아니며, 다른 누군가의 감정을 느끼는 것을 의미하지도 않는다.

지난 10년 동안 나 자신은 이러한 잠재적 융합의 위험에 대해 덜 두려워하게 되었고, 알아차림 작업에 대한 협동적이며 지지적인 접근을 더욱 신뢰하게 되었다. 융합을 추구하는 환자의 태도를 중단시키는 부담을 나 스스로가 지기보다는 환자들이 이해되고 지지받는다고 느낄 때에 그것이야말로 스스로를 받쳐 주는 자신의 힘에 대한 자기 자신의 지지와 믿음을 환자가 계발하도록 너욱 강력하게 도울 수 있었다.

예전의 태도에는 모순이 있었다. 환자를 구원하는 것을 비난하면서도('닭고기 수프'), 치료자는 [환자의] 성장을 가로막는 장애를 제거하고 어떤 일이 일어나도록 만드는 데 대한 책임을 졌다. 이렇게 함으로써 치료자에 대한 또 다른 형태의 의존성이 생기게 하고, 모르는 사이에 내사와 전이를 부추기며, 환자의 하인(under-dog) 행동으로 치료자가 좌절감을 느낄 확률은 커진다.

② 치료자의 현전 및 가시성 대 마법

이 새로운 대화적 태도는 치료자를 도사나 마법사로보다는 결함이 있는 하나의 온전한(whole) 인간으로 나타내는 것을 뜻한다. 대화적 태도는 치료자의 개인적 현전과 나눔, 즉 치료자가 아직도 진행 중에 있는 과정을 나누는 것, 순간적인 느낌들을 나누는 것(그 느낌들을 치료자가 디자인한 실험이나 직면을 위한 기반으로만 사용하는 것이 아니라), 치료자의 삶으로부터 더 많은 것을 나누는 것이다(임상적으로 관련이 있고 유용할 때). 그것은 환자가 더 천천히 작업할 필요가 있으면 치료자도 기꺼이 더 천천히 작업하겠다는 것, 환자가 어떤 기법으로 실험해 볼 것인지 선택하도록 격려하는 것, 그리고 무엇보다도 자신이 좌절감, 지루함, 난처함, 분노 등을 느끼는 데 대하여 치료자가 개인적으로 책임을 지는 것을 의미한다.

③ 관계에 있어서의 연속성 대 지금-여기의 에피소드

이 새로운 임상적 태도에는 치료 관계에서 연속성이 중요하다는 점을 더 많이 알아차리게 된 것과, 순간 순간의 접촉뿐만 아니라 연속적인 관계도 강조하는 것이 포함된다. 나는 환자와 치료자의 관계가 치료의 성공도를 결정하는 변량 중 가장 큰 부분을 설명해 준다고 믿는다. 진행 중인 치료 관계를 가장 중요하게 보는 태도는 각 개인의 성격과 그 성격이 어떻게 발달하는지를 고려하는 것과 밀접하게 연관되어 있다.

④ 시간에 따른 각 개인의 성격 전반의 발달

배경의 복구는 변화된 임상적 태도의 한 측면이 되었다.

고전적 정신분석은 배경을 강조했다. 예를 들면, 환자의 역사 전체에 대한 정보, 개인의 성격이 시간에 따라 어떻게 발달했는가에 대한 세부 사항들을 수집했다. 그 과정에서 지금-여기 순간들의 생생함은 사라지고 말았다. 게슈탈트 치료는 후자를 강조했으며, 그러한 과정에서 중요한 배경 중 어떤 것들을 잃어버리고 말았다. 최근 들어 게슈탈트 치료는 배경 맥락과 순간의 전경을 종합하는 방향으로 움직이고 있다.

진행 중인 게슈탈트 치료적 처치에 대한 나의 경험을 보면, 환자의 이야기에 보다 주의를 많이 기울일 필요가 있었는데, 지금-여기는 그것이 환자의 역사에 대해 어떤 관계를 가지느냐에 따라서 맥락과 의미를 부여받는 것이다. 나는 많은 환자들이 자신의 삶에서 진행 중인 발달 상황에 대한 주간 뉴스 속보를 들려주면서 치료 시간을 시작해야 한다는 것을 알았을 뿐만 아니라, 환자의 인생 시나리오, 과거의 경험, 발달의 역사에서 점점 더 많은 가치를 발견했다. 나는 이야기에 대한 나의 호기심에 더 많은 자유를 허락했으며, 지금-여기로 돌아갈 것을 주장하는 데 있어서 더 느긋해졌다.

개인의 배경에 대해서 주의를 기울이는 것은 지금-여기의 게슈탈트 치료적인 의미를 정확히 이해하는 것과 실제로 모순되지 않는다. 지금-여기는 개인의 알아차림이 일어나는 시간과 장소 상의 위치다. 우리의 알아차림은 지금-여기에서 일어나지만, 알아차림의 대상은 과거에 일어났거나 미래에 일어날 이 방 밖의 사건인 경우가 많다. 현재 하고 있는 행동은 기억하기, 예상하기 등이라는 것을 우리가 알아차릴 때 그리고 유기체에 중요한 것과 접촉하고 있다는 흥분과 강렬함이 그 알아차림 속에 들어 있을 때, 우리는 현재 중심적이라고 할 수 있다. 원래 게슈탈트 치료 이론이 항상 이런 것이었지만, 1965～1975년 시기의 지금-여기에 관한 상투적인 표현 때문에 많은 사람들이 지금 이 순간 이 장소에 존재하는 사건들에 대한 느낌만이 지금-여기인 것처럼 치료를 수행하게 되었으며, 역사나 발달, 삶의 사건 등에 대해서는 주의를 기울이지 않게 된 것이다.

배경에 관심을 갖는 보다 새로운 자세는 게슈탈트 치료 이론과 더 잘 들어맞으며, 결과적으로 더 깊이 있는 작업, 즉 환자의 삶의 흐름을 파악하고 의식과 발달 그리고 관계의 핵심 문제들의 정곡으로 가는 작업을 하게 했다. 한편, 그것은 보다 엄격하게 지금-여기의 표현 지향적인 개입으로 얻을 수 있었던 지금-여기의 마법과 강렬함을 상실하게 하는 결과도 초래했다.

개인의 현재 삶의 맥락을 살펴보는 것이 점점 더 중요시되고 있는데, 예를 들면 가족치료와 부부 치료가 더 많이 사용되는 것이다. 물론 이것은 타자에 대한, 그리고 관계의 연속성에 대한 실존적 관심이 증가한 것과 직접적으로 부합된다. 배경의 복구를 통해서 또한 문화와 공동체가 다시금 강조되기를 바란다.

진단에 대한 관심의 증가와 사례 토론은 성격 발달과 치료 관계의 연속성을 중요시하는 이러한 임상적 태도의 필수적인 부분이다.

일회적인 것에 그치지 않으려면 게슈탈트 치료는 다음과 같은 것들을 아는 책임을 져야 한다. 어떤 환자들의 경우에 무엇을 중요시해야 되는지, 언제 치료가 알맞은 속도로 진전되고 있는 것인지, 특정한 부류의 환자들에게 어떤 종류의 취약성이 있는지, 서로 다른 부류의 환자들에게 있어서 진행되어야 하는 작업의 순서는 어떻게 다른지, 특정한 종류의 성격 구조를 가진 환자들에 대해서 즉각적으로 그리고 중간에 개입을 했을 때의 장기적인 효과는 무엇인지 등을 알아야 할 책임이다.

『The Gestalt Journal』이 사례 토론을 위해 만들어 준 공간은 이러한 논의들을 위해 사용될 수 있다. 우리는 이런 논의를 훨씬 많이 해야 한다. 게슈탈트 치료는 이러한 과정에서 정신분석적 통찰을 아주 유용하게 사용할 수 있다.

예를 들면, 접촉, 경계선, 개인적 책임, 대화 등에 관한 게슈탈트 치료적 태도는 경계선 환자를 다루기에 안성맞춤이다. 그러나 치료를 보다 효과적으로 하기 위해서 우리는 분열, 치료적 징후들, 전형적인 역동 문제들도 다루어야 한다. 예를 들면, 경계선 환자에게는 치료의 아주 초기부터 자신의 행동에 대하여 철저하게 책임을 지도록 해야 한다. 그렇지 않으면 보살핌을 받고 싶어 하는 환자의 욕망이 넘쳐나게 되는데, 왜냐하면 경계선 환자는 분열되어서 실제 상황의 한계와 스스로 자신을 지지해야 할 필요성과 그렇게 할 수 있는 자신의 능력에 대한 어떠한 배경적 알아차림도 상실하기 때문이다.

경계선 환자의 융합 환상이 치료 관계에 의해 부주의하게 충족되는 경우, 치료의 시작은 잘 되는 것처럼 보일 수 있다. [그러나] 그것이 파열되어 파괴적인 결과를 초래하는 경우가 흔한데, 2년째에 그렇게 되는 일이 많다. 그때가 되면, [환자에게] 실제로 가능한 것은 치료 초기에 부추겨졌던 원초적 환상들에 전혀 미치지 못하기 때문이다. 그 사이에 환자의 책임 문제를 충분히 직면하지 못했고, 치료 기간 중 좀 더 일찍 환자가 자신의 치료 작업을 하도록 치료자가 강력히 주장하지 못한 결과로 인해 환자가 실망과 버림받은 느낌을 처리하는 데 필요한 자기-지지의 도구를 개발하지 못하게 된다. 이 시점에서 긍정적 전이가 정신병적 가능성이 있는 부정적 전이로 바뀐다.

정신분석적인 정보의 혜택 없이 지금-여기에 깨어 있는 것만으로는 이런 것을 알아낼 수 없다. 치료가 막 시작될 때 일어난 사건들이 장기적으로 어떤 영향을 미치는지는 치료의 연속성, 진단, 발달 유형에 대한 지식 그리고 공유된 임상적 경험에 주의를 기울임으로써만 알 수 있다. 이 예를 든 것은 게슈탈트 치료에서 진단과 임상적 토론이 필요하다는 것을 지적하기 위해서다—어떤 특정한 종류의 환자를 치료하는 법에 대한 본격적인 논의는 본 논문의 범위를 벗어난다.

또 다른 예는 자기애적 성격장애인데, 이 경우 환자가 특별히 필요로 하는 것은 자신의 경험에 대하여 치료자가 조심스럽게, 천천히, 존중하면서, 승인하면서 관심을 보이는 것이다. 이런 환자들에게는 경계선 환자들에게 필요한 그런 식의 직면이 도움이 되지 않는다. 경계선 환자들은 종종 정서적으로 부담이 되는 내용을 다룰 수 있는 도구를 계발하기도 전에 [자신의] 살아온 역사나 발달상의 정보에 대해 이야기하려 드는 경우가 있는 반면, 자기애적 성격장애 환자에게는 현재를 그와 관련되는 과거의 경험과 연결시켜 보도록 격려해 주는 것이 필요할 때가 많다. 환자의 경험에 대해 그리고 발달적 요인에 대한 환자의 알아차림에 대해 특별히 주의를 기울이는 것이 치료 초기의 내용에서 중추가 되어야 한다. 하지만 환자의 실제 행동에 대해서는 현실적으로 대처하는 것이 필요하다. 이것이 치료자에게 줄타기를 해야 하는 상황을 초래한다. 그런 환자들을 치료한 게슈탈트 치료자들의 경험에 대한 문헌이 있어 우리가 서로에게서 배울 수 있다면 매우 도움이 될 것이다.

3. 집단에 대한 접근에 있어서의 변화

게슈탈트 치료는 어떤 특정한 스타일의 집단 치료나 집단 치료에 대한 태도와 동일한 것으로 잘못 생각되는 적이 많았다. 펄스가 그의 생애 마지막 10년간 사용했던 스타일은 정확히 말하면 집단에서 치료자와 일대일 작업을 하고 다른 참여자들은 관찰자로만 있는 모델(뜨거운 의자 모델)이었다. 집단은 '돌아가면서 한 마디씩 하는 것'으로 시작했고, 모든 '작업'은 "제가 작업하고 싶어요."라는 말로 시작되었으며, "피드백 있습니까?"로 끝났다. 집단 내에서의 관계의 패턴은 수레바퀴의 살과 같이, 치료자가 중심에 있고 모든 상호작용은 치료자를 통해서 오가는 것이었다.

그것이 게슈탈트 집단 치료의 유일한 스타일은 아니었으며, 어떤 이론적인 방식으로든 게슈탈트 치료의 본질도 아니고 게슈탈트 치료에만 국한되는 것도 아니었지만, 그것은 가장 널리 보급되고 분명히 가장 널리 선전된 것이었다. 지금은 과정/상호작용 스타일의 게슈탈트 집단과 혼합형의 모델들을 더 자주 볼 수 있다. 또한 집단은 개인 치료, 부부 치료, 가족 치료를 포함하는 여러 다른 치료 양식들 중의 하나로 보다 분별

있게 사용된다. 아무리 기꺼이 작업하려는 환자라도 집단 속에서 그의 치료 전부를 할 수 있다고는 더 이상 생각되지 않는다.

모든 게슈탈트 치료 작업에서 그러하듯이 목표는 여전히 개인의 알아차림, 접촉과 철수에 대한 지지, 자기 책임 등이다. 그러나 사람들의 실존적인 만남, 서로 간의 긴밀한 유대가 점점 더 강조되고 있다. 모든 다른 상호작용은 알아차림 작업이라는 물레방아의 곡물로, 그리고 또한 임상과 실험의 기회로 사용된다. 개인의 일대일 작업 중에 다른 집단원들이 참여하게 허용하는 것은 또 하나의 선택 사항이다.

관계의 연속성과 배경 변수들에 대한 관심을 강조하는 것 때문에 워크숍을 사용하지 말아야 할 것처럼 보이지만, 이처럼 대화를 중요시하는 것은 워크숍에서도 명백히 드러날 수 있다. 워크숍에서는 그것이 무엇을 뜻하는가 하면, 알아차림의 매개체로서 집단 안에서의 관계들을 더욱 중요시하고, (워크숍 장면에서도) 환자가 자신의 이야기를 할 수 있는 공간을 더욱 넓히며, 치료자는 게슈탈트 치료의 신봉자들을 만들어 내는 도사라기보다는 동료로서의 자세를 취한다는 것을 뜻한다.

환자가 집단에서 자기 이야기를 하는 데 걸리는 시간 때문에 집단 상호작용이 줄어들 것이라고 생각할지 모르지만 그 반대인 경우가 많다. 다른 집단 구성원들은 순전히 지금-여기에서의 과정적 접근을 할 때보다도, 과거사를 알기 때문에 그 환자와 더 쉽게 연결됨을 느낄 수 있는 경우가 많다. 훈련된 게슈탈트 치료 전문가는 환자의 과거사를 모르더라도 지금-여기에 기초해서 그 환자와의 연결을 집단의 다른 사람들보다 흔히 더 잘한다.

과거의 스타일과 마찬가지로 새로운 스타일에도 분명히 위험은 있다. 얻은 것과 함께 잃은 것도 있었다. '무엇에 대해서 이야기하기'는 증가할 수 있으나, 전통적인 게슈탈트의 도구들을 배우는 비율과 강도는 줄어들 수 있다. 다른 환자가 치료자와 함께하는 일대일 작업에 다른 사람들이 참여하도록 권장할 경우에는 다음과 같은 위험성이 있다. 작업이 조각날 위험, 다른 사람들이 지나치게 도움을 줄 위험, 중요하지 않은 문제들이 제기되거나 혹은 문제들이 부적합한 순서로 제기될 위험, 환자가 처리할 수 있는 지지력을 초과하는 공격성이 그 환자를 향하게 될 위험 등이다. 치료자가 다른 활동들 속에 게슈탈트 방법론을 도입시키는 것뿐만 아니라 집단 과정과 떠오르는 개인의 성격적 문제에 대해 작업하는 것을 제대로 못하면, 잡담 집단으로 타락해서 지나치게 해석적이거나 지나치게 대결적이 될 위험도 있다.

치료자는 부정적인 결과가 초래될 확률을 최소화하기 위해서 특정 기술과 태도를 가지고 있어야 한다. 그것은 기지, 다른 환자들에 대한 교육, 치료자로서의 확고함, 절충력, 판별력 등이다. 반면에 집단은 어떤 개인의 치료에 있어서 매우 강력하면서 지지적이고, 인정이 넘치면서도 자극을 주는 일부분이 될 수 있다. 집단은 환자가 평형 상태와 성장 양쪽을 다 추구하는 동안에 그를 위한 지속적인 근거지가 될 수 있다.

4. 사고(thinking)의 가치에 대한 보다 나은 인식

1960년대에는 지성이 멸시되는 일이 잦았다. 사고는 유기체와 환경 사이의 장벽이라고만 여겨졌다. 지적인 활동의 양과 질은 빈약했다. 펄스는 이론적인 담론에 있어서 취약했지만, 초기에는 뉴욕 시 집단의 다른 사람들이 가진 지적 담론의 질이 훌륭해서 균형을 잡아 주었다. 1960년대에는 펄스에게로 그리고 캘리포니아로 스포트라이트가 옮겨 왔다. 뉴욕 시 집단의 지적인 자극의 영향으로부터 벗어나서 게슈탈트 치료는 반지성적 경향을 띠게 되었는데, 그것은 그 시대의 반지성적 경향과 상당히 부합되는 것이었다. 지적인 대화는 중단되었다(이론적인 진술 내용을 문자 그대로의 뜻으로 보면 항상 지성을 경멸하는 것은 아니었을지라도, 함축된 의미와 분위기는 분명히 그러했다. Polster, 1985 참조).

1965~1975년의 기간은 슬로건과 상투적 문구의 시대라고 부를 수 있었다. 게슈탈트 치료에서의 지적인 생산품은 얼룩 투성이었고 너저분했다. 그러한 예는 수없이 많다. '현실은 개인에 의해서만 창조된다.'라는 말을 게슈탈트 심리학의 속성으로 오해했는데, 게슈탈트 심리학을 대충 읽어 보기만 했어도 거기서 옹호하는 것은 이 뜻이 아니라는 것이 분명했을 것이다. '생각을 놓아 버려라.' 그리고 '눈을 사용하라.'는 상투적 문구들도 있었다—마치 두뇌 활동 없이도 알아차리고 접촉을 할 수 있는 것처럼, 혹은 중추적인 대뇌 정보 처리작용 없이도 눈이 볼 수 있는 것처럼.

때로 지금-여기에 대한 게슈탈트 치료적 해석은 지금-여기 말고는 문자 그대로 아무것도 존재하지 않거나 중요하지 않다는 인상을 남기기도 했는데, 이는 개인의 현재 의식이 시간 공간상에서 차지하는 위치로서의 지금-여기라는 개념에 상반되는 것이다. 물론 어떤 사람들은 그것을 상투적 문구로 축소시키지 않고, 보다 정교하고 정확하게 서술했다. 상투적 문구에서 말한 대로 엄밀한 지금-여기에 정말로 집착한다면 그것은 깨달음이 아니라 뇌손상에 더 가까울 것이다. 게슈탈트 치료와 게슈탈트 심리학의 기초가 되는 장 이론을 대충만 이해하더라도 '지금'이 무엇인지는 어떤 관점으로부터 정의될 수밖에 없다는 것이 분명해질 것이다. 절대적인 지금-여기란 없다.

임상적 수준에서 우리는 [전보다] 개인의 사고 과정에 대한 작업을 더 많이 한다. 그러한 작업은 환자들로 하여금 검증되지 않았고, 아마도 비합리적인 그리고/혹은 기능적이지도 않은 오래된 신념들을 알아차릴 수 있게 도와준다. '누군가 나에게 화가 나거나 상처받았다고 느낀다면 그것은 끔찍한 일이다.'와 같은 신념을 예로 들 수 있을 것이다. 그러한 작업에는 한 개인의 사고 과정에서 더욱 포착하기 어려운 측면들을 연구하는 것도 포함된다. 예를 들면, 히스테리성 스타일을 보이면서, 깊이 있는 정서적 경험을 가로막기 위하여 의식의 흐름을 중단시키고 서둘러 결론으로 비약해 버리는 사람들은 그들의 사고 과정에서도 그런 특징을 보일 것이다. 예를 들면, 사고 과정이 시작되자마자 조급하게 결론으로 비약해 버리기 때문에 추상적인 문제들을 풀어 나갈 수가 없다.

게슈탈트 치료 이론에 있어서는 현상학, 대화/실존주의와 장 이론에 대한 논의가 어느 정도 증가하고 있는 것을 볼 수 있다. 이는 계속되어야 한다. 나는 모든 임상적 개입에 들어 있는 실험의 자세에 관해서, 그리고 우리가 현상학적이라는 말을 어떤 의미로 쓰는 것인지 설명하는 것에 관해서 아직도 더 많은 논의가 필요하다고 믿는다. 우리는 이미 대화적 관점에서 본 치료 태도에 있어서의 변화에 대해 논의했다. 우리는 게슈탈트 치료에 있어서 대화적인 태도와 다른 태도들이 어떻게 다르며, 대화의 의미와 그 위험성과 한계는 무엇인지, 그리고 다양한 진단 집단에 대화 태도를 어떻게 적용해야 하는지 논의해야 한다. 우리는 장 이론에 대해서, 예를 들면 과정과 구조에 대해서, 혹은 가장 중요시할 대상으로서의 장과 사람에 대해서 더 많은 설명이 필요하다. 장 이론은 시스템이론과 어떻게 들어맞는가?

이러한 모든 측면에서 관심이 증가되고, 더 많은 논문이(주로 『The Gestalt Journal』에) 출간되는 것도 보인다. 하지만 나는 우리가 하나의 치료 체계로서 살아남고 성공하기 위해서는 다음 10년에 걸쳐 훨씬 많은 것이 필요하다고 믿는다.

예를 들면, 나는 게슈탈트 치료에서 중요시하는 점에 있어서 대안적인 선택이라고 할 수 있는 대화적 게슈탈트 치료에서의 관계, 즉 지속적인 관계의 중요성에 대한 인식이 점점 증가하는 것에 매우 관심을 가지고 있었다. 관계를 중요시하는 것은 게슈탈트 치료에서 필요로 하는 방향이며, 대화를 중요시하는 것은 어떤 종류의 관계가 게슈탈트 치료에 가장 적합한지 정의 내리는 일의 시작이다.

아직도 많은 질문들이 제기되고 있다. 게슈탈트 치료에서 대화적 접근법은 어떤 점이 다른가? 대화를 위한 지지 기반이 없는 환자들은 어떻게 되는가? 치료자의 현상학을 고려함 없이 그들 자신의 경험을 따라가 줄 필요가 있는 환자들은 어떻게 되는가? 게슈탈트 치료 일반 혹은 그중에서도 대화적 접근법이 특히 필요하거나 아니면 금기시되는 환자들이 있는가? 치료자의 현상학을 공유함으로써 더 많은 현전을 보여줄 때는 언제이며, 또 포함을 더욱 중요시해야 될 때는 언제인지를 결정할 때 어떤 것들을 고려해야 하는가? 지속적인 치료와 지속적인 대화와 그들의 이야기를 들어 주는 것이 필수적인 환자라면 시간의 제약을 받는 워크숍에서 대화적 접근법을 어떻게 사용해야 하는가? 대화적 게슈탈트 치료에서 기술적인 반응들, 예를 들면 빈 의자나 호흡 작업 등을 위한 여지가 있는가? 있다면 왜 그런가? 대화적 접근법은 신체 접근법과 부합되는가? 그 둘은 어떻게 통합되는가? 환자들에게 초기 부모 역할을 해주는 것을 중요시한다면, 그것을 자기 책임감에 대한 실존적 믿음과 어떻게 통합할 것인가?

5. 정신분석과 다른 치료들에 대한 보다 절충적인 자세

내가 문헌상으로는 거의 읽지 못했지만, 지난 10년간 우리가 다른 전문가들, 치료들, 연구 등으로부터 차용했고 지속적으로 의존했다는 것을 우리는 비공식적으로 인정하기 시작했다. 또한 우리가 경쟁해야 하며, 게슈탈트 치료가 배워 올 수도 있고, (우리가 출간된 형태로 차이점을 가려내고 식별한다면) 가르침을 줄 수도 있는 다른 치료 양식들의 성장에 우리는 대처해야 했다. 그러한 양식들로는 NLP, 바이오피드백, 단기 역동치료, 에릭슨주의, 역설적 치료 등을 들 수 있다.

우리는 대상관계 이론과 코헛의 이론에 특별히 친근감을 느낀다. 그들이 기술하는 바는 정신분석적 저자들이 그 어느 때 했던 것보다도 더욱 현상학적이며, 그들의 접근법은 욕동 이론의 지배를 덜 받고, 게슈탈트 치료자들에게 더욱 유용하다. 인간이 어떻게 발달하며, 우리가 알아차리지 못하는 인간의 상호작용의 의미는 무엇인지에 대해, 그리고 서로 다른 종류의 환자들에 대한 치료는 어떤 순서로 어떻게 전개되는지에 대해 그들이 상세하게 묘사한 것은 우리들에게 대단히 가치가 있다.

하지만 그들은 아직도 분석가이며, 그들의 믿음과 태도, 임상적 방법론의 많은 부분이 게슈탈트 치료와는 상당히 다르다. 우리는 수용하기 시작했지만, 이러한 상호작용에 대해 논하는 문헌은 질과 양에 있어서 빈약하다.

새로운 정신분석적 접근법의 발달과 병행하여 위에서 논의한 바와 같이 그 어떤 종류의 전통적인 치료법으로도 치료가 잘 안 되는 환자들이 점점 더 눈에 들어오게 되었다. 새로운 정신분석적 현상학적 서술과 그들을 치료하기 위한 새로운 치료 태도는 많은 게슈탈트 치료자들의 치료 수행을 바꾸어 놓았다. 나의 경우는 확실히 그것들로 인해 바뀌었다. 발달과 성격의 이론 및 기술을 게슈탈트 치료에 흡수하는 것에 대해서, 그리고 그것을 게슈탈트 치료에 통합시키려면 어떤 변화와 수정이 필요한지에 대해서는 거의 논의되지 않았다. 이 새로운 내용을 흡수하기 위해서 우리의 실존적 태도가 성숙되는 데서 오는 변화와 내가 위에서 논했던 다른 발전들이 우리의 틀을 넓히기 시작하는 작업의 일부가 되기를 바란다. 우리는 그 작업을 지난 10년 중에 시작했으며, 아직도 많은 일이 우리 앞에 놓여 있다고 생각한다.

게슈탈트 치료와 새로운 정신분석적 접근법들 간의 차이점 중에서 설명을 요하는 부분은 정신분석적 모델에서는 현상학을 제한적이고 비실험적인 방식으로 사용한다는 면이 있으며, 또한 치료적 관계도 정신분석적 모델에서는 전이에 기초하여 이루어지는 데 반하여 게슈탈트 치료는 대화에 기초한다는 점이다. 이론적인 해명이 없으면, 증가된 공감이 무비판적인 대화 태도와 결합하여 탐구와 실험을 장려하기보다는 환자의 욕구를 만족시켜 주는 것으로 타락해 버릴 위험성이 있다. 예를 들면, 대화적인 방식으로, 그러나 임상적으로 세련되지 못한 방식으로 치료자가 '나누는(sharing)'[1] 것은 치료자에 대한(자연스럽게 생겨나기보다는) 조장된 이상화를 초래할 수 있으며, 치료

1) 역자 주_ 치료자의 자기개방을 의미함.

자에 대한 투사적 동일시를 증가시키고, 환자로 하여금 자기-지지의 능력이 부족하다고 더욱 느끼게 만든다. 또한 정신분석적 문헌을 내사하는 것은 원인을 환경에 돌리는 결과를 초래하고, 자기 스스로에 대한 책임이 없다는 환자들의 믿음을 증가시킬 위험도 있다.

토론과 요약

최근에 분명한 것은 우리의 치료 수행이 개선될 필요가 있고, 우리의 이론들은 설명되고, 수정되고, 구축될 필요가 있으며, 우리의 문헌은 확장되어야 한다는 것이다.

1965~1975년 시기에 우세했던 게슈탈트 치료 태도는 초기 뉴욕 시 집단의 게슈탈트 치료의 덕목 중 어떤 것들을 상실했다. 지난 10년간 앞으로 나아가면서 우리는 어쩌면 게슈탈트 치료 초창기의 철학을 좀 더 제대로 인식하는 것으로 회귀하고 있는지도 모른다. 최소한 나는 우리가 기본적인 철학에 대해서 1965~1975년의 시기보다는 좀 더 정교하게 고찰하고 있기를 바란다.

우리의 작업에 영향을 미칠 수밖에 없으며, 무시하게 되면 큰 위험이 따르는 많은 사회적 변화들이 있다. 사회적 조건이 바뀌게 되면, 새로운 임상적 수요가 생긴다. 강력한 향정신성 의약품들과, 제3자 지불과 관리건강보험단체들(HMOs)에 대한 정치적 분위기의 변화는 우리가 작업을 논할 때에 일반적인 진단명과 치료의 효력에 대한 증명, 그리고 언제—누가, 누구한테, 어떤 방식으로—효과가 있는지에 대한 증거 등을 사용해서 말하도록 압력을 가했다. 게슈탈트 치료의 진단 이론에 대한 작업이 시작되었지만—예를 들면, 로스앤젤레스 게슈탈트 치료 연구소의 토드 버얼리(Todd Burley)와 린 제이콥스(Lynne Jacobs)에 의해서—현재로서는 기존의 진단 체계들과 연계되어야 한다.

치열해지는 심리치료 시장과 치료자들의 수적 증가는 서로 다른 직업과 신념을 가진 치료자들 사이에 경쟁적인 분위기를 고양시켰다. 우리는 새로운 종류의 전문가들을 이용하면서 또 그들과 경쟁한다. 우울증, 공황장애, 주의력 결핍장애를 위한 향정신성 의약품들; 성치료; 바이오피드백 등이다. 환자들은 극적인 에릭슨식 유형의 치료들, 바이오피드백, 척추 교정사들이 하는 심리학적 연관성이 있는 작업, 자조집단

(self-help group) 등을 포함하는 매우 광범위한 치료 형태 중에서 선택할 수 있다. 환자들이 선택할 수 있는 치료 형태가 이렇게 다양하기 때문에 우리는 게슈탈트 문헌의 취약성에 대처해야만 한다. 우리는 더 이상 동네에 새로 나타난 반항아가 아니다—우리는 우리가 약속한 바에 부응함으로써만 살아남을 수 있다.

나는 또한 이제는 우리가 심리치료를 시행하고 있는, 이 변화하고 있는 사회에 대해 더 많이 언급해야 할 때라고 믿는다. 우리의 임상 수행 중 어떤 것은 1980년대보다 1960년대에 더 적합했다. 예를 들면, 1960년대에는 긴장되고 순응적이지만 전반적으로 기능하는 신경증 환자들과 작업하는 것에 중점을 두었었다. 이제는 자기중심적이고, 역기능적이며, 균일한 방식으로 기능할 수 없고, '창조성'에 관심이 있지만 그에 필요한 훈련은 결여되어 있으며, 친밀한 관계를 맺고 유지할 능력이 없는 환자들이 더 많다. 게슈탈트 치료와 다른 치료들이 이러한 변화에 있어서 일익을 담당했는지는 모르겠다. 하지만 우리가 무엇에 중점을 둘 것인가를 결정하는 데 있어서는 이러한 변화를 고려해야 한다고 나는 확신한다.

나의 추측과 주장이 어느 정도까지 정확한지는 확실치 않다. 나는 우리가 가진 자신에 대한 개념의 정확성에 의문을 던지면서 이 글을 시작했고, 똑같은 의문을 가지고 이 글을 맺는다. 연구가 부족하기 때문에 우리는 거울 없이 머리를 빗는 사람의 처지에 머물고 있다. 지난 10년간 우리가 얼마나 많은 일을 해냈는지에 대해서는 아마도 과대평가했고, 아직도 얼마나 많은 일을 해야 할 필요가 있는지에 대해서는 과소평가했을지 모르지만, 내가 지적하는 추세는 사실이라고 믿는다. 해야 할 필요가 있는 일들을 우리가 하고 있기를 바라지만, 과연 그런지는 모르겠다.

『The Gestalt Journal』의 이번 호가 제공해 주는 기회와 이 학술지가 일반적으로 우리에게 제공해주는 기회에 대해 감사한다. 철학/이론, 사례와 진단에 대한 고찰을 포함한 임상적 토론, 그리고 연구를 본격적으로 다루는 논문들이 지금보다도 더 많이 제출되는 것을 보게 되기를 바란다.

A w a r e n e s s D i a l o g u e & P r o c e s s

PART II

게슈탈트 치료의 이론

- CHAPTER 5 게슈탈트 치료
- CHAPTER 6 게슈탈트 치료: 임상적 현상학
- CHAPTER 7 게슈탈트 치료: 대화적 방법
- CHAPTER 8 게슈탈트 치료: 게슈탈트 심리학으로부터의 유산
- CHAPTER 9 진단적, 정신분석적 시각들을 게슈탈트 치료에 동화하기

CHAPTER 05
게슈탈트 치료

주 해

1981년에 제임스 심킨과 함께 쓴 이 논문은 내가 쓴 게슈탈트 치료에 대한 일반적인 소개 중에서 아마도 가장 잘 쓴 글일 것이다. 이는 코르시니(Corsini)와 웨딩(Wedding)의 『현대 심치리료들(Current Psychotherapies)』 1989년도판(4판)에 '게슈탈트 치료' 라는 장으로 실렸었다. 일리노이 주 이타스카의 피콕 출판사가 허락하여 준 덕분에 여기에 실을 수 있었다. 이 글은 1984년에 『Current Psychotherapies』 3판에 심킨과 내가 공동으로 썼던 것을 약간 편집한 것이나. 1984년도판은 짐이 단독으로 『Current Psychotherapies』 2판에 썼던 것을 완진히 다시 쓴 것이다. 1989년도판에서는 사소한 부분만 수정했으며, 짐의 사후에 한 것이다.

개 관

게슈탈트 치료는 프레드릭(프리츠) 퍼얼스와 로라 퍼얼스가 1940년대에 창안한 현상학적-실존적 치료다. 게슈탈트 치료는 치료자들과 환자들에게 알아차림의 현상학적 방법을 가르치는데, 그 방법에 의하면 지각하고 느끼고 행동하는 것은 해석이나 기존의 태도를 바꾸는 것과는 서로 다르다. 설명과 해석은 직접 지각되고 느껴지는 것보다 신빙성이 덜한 것으로 여겨진다. 게슈탈트 치료에서 환자와 치료자는 대화를 한다. 즉, 그들의 현상학적인 조망을 소통하는 것이다. 조망의 차이가 실험과 지속적인 대화의 초점이 된다. 치료의 목표는 내담자가 자신이 무엇을 하는지, 그것을 어떻게 하고 있는지, 그리고 자신을 어떻게 변화시킬 수 있는지를 알아차리게 되는 동시에, 자신을 수용하고 소중히 여기는 것을 배우는 것이다.

게슈탈트 치료는 내용(conten, 논의되고 있는 것)보다 과정(process, 일어나고 있는 것)에 더 초점을 맞춘다. 중요시되는 것은 그 순간에 행해지고, 생각되고, 느껴지고 있는 것이지, 있었던 것(what was), 있을지도 모르는 것(might be), 있을 수 있는 것(could be), 그래야만 하는 것(should be) 등이 아니다.

기본 개념들

현상학적 관점

현상학은 사람들이 통상적인 사고방식에서 벗어나서 현재 상황에서 실제로 지각되고 느껴지는 것과 과거로부터의 잔류물을 구분할 수 있도록 돕는 훈련이다(Idhe, 1977). 게슈탈트적인 탐색은 "학습에 의해 타락되지 않은"(Wertheimer, 1945, p. 331) 즉각적이고 '천진난만한' 지각을 존중하고, 이용하며, 명료화한다. 게슈탈트 치료는 '객관적으로' 관찰되는 것뿐만 아니라 현재 '주관적으로' 느껴지는 것도 진실되고 중요한 자료로 다룬다. 이는 환자의 경험을 '그저 겉으로 보이는 것'으로 취급하면서 '진정한 의미'를 찾기 위해서 해석을 사용하는 접근법들과 대비된다.

게슈탈트 현상학적인 탐색의 목표는 알아차림 혹은 통찰이다. "통찰이란 중요한 현실이 명백해지도록 하는 방식으로 지각적 장을 패턴화하는 것이다. 그것은 관련된 요소들이 전체와의 관계에 있어서 제자리를 찾아 배치되도록 하는 게슈탈트의 형성이다."(Heidbreder, 1933, p. 355). 게슈탈트 치료에서 통찰이란 탐구되고 있는 상황의 구조를 명확히 이해하는 것을 말한다.

체계적인 탐색이 없는 알아차림은 보통 통찰을 가져오기에 충분치 않다. 그러므로 게슈탈트 치료는 통찰에 이르기 위해서 초점을 맞춘 알아차림과 실험을 사용한다. 우리가 어떻게 알아차리게 되는가는 어떠한 현상학적 탐구에 있어서도 중대한 문제다. 현상학자는 개인적인 알아차림뿐만 아니라 알아차림 과정 그 자체도 탐구한다. 환자는 알아차림을 어떻게 알아차리게 되는지를 배운다. 치료자와 환자가 그들의 관계를 어떻게 경험하는지는 게슈탈트 치료에서 특별한 관심사다(Yontef, 1976, 1982, 1983).

장 이론적 관점

게슈탈트 현상학적 관점의 기반이 되는 과학적 세계관은 장 이론(field theory)이다. 장 이론이란 하나의 사건이 현재 어떤 장의 일부분이 될 때, 그러한 장의 전체를 기술하는 탐색 방법이다. 그것은(예를 들면, 아리스토텔레스의 분류법처럼) 사건을 그것이 '본질'상 속하는 집합의 견지에서 분석하는 것도 아니고(예를 들면, 뉴턴의 기계론처럼) 단선적이고, 역사적이며, 인과적인 관계의 면에서 분석하는 것도 아니다.

장은 하나의 전체이며, 그것의 부분들은 즉각적인 관계를 맺고 있어서 서로에게 반응하며, 장의 다른 곳에서 일어나는 일에 영향을 받지 않는 부분은 없다. 분리되고 고립되어 있는 입자들이라는 개념을 장이 대체하는 것이다. 개인은 자신의 삶의 공간에서 하나의 장을 이룬다.

장 이론에서는 어떠한 행동도 멀리 떨어져 있지 않다. 즉, 영향을 미치는 것은 영향을 받는 것과 시간 공간상 닿아 있어야 한다. 게슈탈트 치료자는 지금-여기에서 작업하면서, 지금-여기가 어떻게 신체 자세, 습관, 신념 같은 과거의 잔재들을 포함하고 있는지에 민감하다.

현상학적 장은 관찰자에 의해 정의되며, 우리가 관찰자의 기준틀을 알 때에만 의미가 있다. 무엇이 보이느냐는 어떻게 그리고 언제 보느냐의 함수[1]이기 때문에 관찰자가 반드시 있어야 한다.

장 이론적 접근은 사색적이거나, 해석적이거나, 혹은 분류적이지 않고, 기술적(descriptive)이다. 탐구되는 대상이 무엇이든 그것의 정확한 구조를 관찰하고, 기술하고, 설명하는 것이 중요시된다. 게슈탈트 치료에서 치료자가 직접적인 관찰을 통해 얻을 수 없는 자료는 현상학적 초점화, 실험, 참여자들의 보고 그리고 대화를 통해서 탐구된다(Yontef, 1982, 1983).

실존주의적 관점

실존주의는 현상학적인 방법에 기반을 두고 있다. 실존적 현상주의자는 직접 경험되는 것으로서의 인간의 실존, 서로와의 관계, 기쁨과 고통 등에 초점을 맞춘다.

대부분의 사람들은 있는 그대로의 세계에 대한 인식을 흐리게 하거나 회피하는 관습적인 사고를 가지고 있으면서도, 그것에 대한 언급이 없는 상태에서 작[행]동한다. 세상에서 맺는 관계나 선택에 있어서 특히 그러하다. 자기 기만은 비진정성의 기초가 된다. 이 세상에서 자신에 대한 진실에 기초하지 않은 삶은 두려움과 죄의식 그리고 불안으로 이어진다. 게슈탈트 치료는 진술하면서 자신에 대해서 의미 있게 책임지는 하나의 방식을 제공해 준다. 알아차리게 됨으로써 우리는 선택할 수 있게 되고, 또한/혹은 자신의 실존을 의미 있는 방식으로 조직화할 수 있게 된다(Jacobs, 1978; Yontef, 1982, 1983).

실존적인 관점에서는 인간이 끊임없이 자신을 재창조하고, 발견해나간다고 본다. '한 번에 영원히' 발견되는 인간성의 본질이란 존재하지 않는다. 언제나 새로운 지평과 새로운 문제와 새로운 기회가 있다.

1) 역자 주_ 함수(function)란 말의 의미는 독립변수들의 값에 따라 종속변수의 값이 달라지는 것을 뜻한다. 따라서 여기서 의미하는 바는 관찰자가 어떻게 그리고 언제 보느냐에 따라서 그가 무엇을 보는지가 달라진다는 뜻이다.

대 화

치료자와 내담자 사이의 관계는 심리치료의 가장 중요한 측면이다. 실존적 대화는 게슈탈트 치료 방법론의 핵심적 부분이며, 관계에 대한 실존적 관점을 나타내는 것이다.

관계는 접촉에서 나온다. 접촉을 통해 사람들은 성장하고, 정체성을 형성한다. 접촉은 '나'와 '내가 아닌 것' 사이의 경계를 경험하는 것이다. 접촉은 내가 아닌 것으로부터 분리된 자기 정체성을 유지하면서 내가 아닌 것과 상호작용하는 경험이다. 마르틴 부버에 의하면 개인('나')은 다른 사람과의 관계 안에서만 의미를 찾을 수 있다. 그 관계가 나-너의 대화이건, 나-그것의 조작적인 접촉이건 간에. 게슈탈트 치료자들은 치료적인 조작을 사용하기(나-그것)보다는 대화를 통해 환자를 경험하기를 선호한다.

게슈탈트 치료는 원하는 접촉이나 철수를 할 수 있는 자기 자신의 지지력을 내담자가 계발하도록 돕는다(L. Perls, 1976, 1978). 지지(support)란 접촉이나 철수를 가능하게 하는 모든 것을 가리킨다. 에너지, 신체적 지지, 호흡, 정보, 남에 대한 관심, 언어 등. 지지는 접촉이나 철수에 필요한 자원을 동원한다. 예를 들면, 접촉에 수반되는 흥분을 지지하기 위해서는 산소를 충분히 마셔야 한다.

게슈탈트 치료자는 어떤 치료적 목표를 위해 환자를 조작하기보다는 대화에 관여함으로써(engaging) 작업을 해나간다. 그러한 접촉의 특징은 솔직담백한 돌봄, 따뜻함, 수용 그리고 자기 책임감 등이다. 치료자가 환자를 어떤 목표를 향해 이끌 때는 환자가 자신의 성장과 자기-지지에 대한 책임을 질 수가 없다. 대화란 상대방을 실제로 있는 그대로 경험하면서 진정한 자기를 보여주고, 현상학적인 알아차림을 나누는 것에 기초를 둔다. 게슈탈트 치료자는 자신이 품고 있는 뜻을 있는 그대로 말하고, 환자도 그렇게 할 것을 격려한다. 게슈탈트적인 대화는 진정성과 책임을 구현한다.

게슈탈트 치료에서의 치료적 관계는 대화의 네 가지 특성을 중요시한다.

① **포함**(inclusion) 이것은 판단, 분석 혹은 해석 없이 가능한 한 온전히 상대방의 경험으로 들어가면서 동시에 자신의 분리되고 자율적인 현전의 느낌을 유지하는 것이다. 이것은 즉각적인 경험에 대한 현상학적 신뢰를 실존적으로 대인 간에 적용하는 것이다. 포함은 환자의 현상학적 작업을 위해 안전한 환경을 제공한다. 그리고

환자의 경험에 대한 이해를 전달함으로써 환자가 자기-알아차림을 명료화하는 것을 도와준다.

② **현전**(presence) 게슈탈트 치료자는 자신을 환자에게 표현한다. 주기적으로, 사려 깊게 그리고 분별력 있게 치료자는 [자신이] 관찰한 것과 선호하는 것, 느낌, 개인적 경험, 생각 등을 표현한다. 이처럼 치료자는 현상학적으로 보고하는 것의 본보기를 보이면서 자신의 관점을 나누는데, 그것은 환자가 즉각적인 경험을 신뢰하고 그것을 사용하여 알아차림을 고양시키는 것을 배우도록 도와준다. 만약 치료자가 개인적 현전보다 이론 중심의 해석에 의존한다면, 그것은 환자가 알아차림을 고양시키는 도구로써 그 자신의 즉각적 경험 속에 들어 있지 않은 현상에 의존하도록 유도하는 것이다. 게슈탈트 치료에서 치료자는 이미 세워진 목표에 환자가 순응하도록 현전을 이용해서 조작하는 것이 아니라, 환자가 자율적으로 스스로를 조절하도록 격려한다.

③ **대화에의 헌신**(commitment to dialogue) 접촉은 두 사람이 서로에게 하는 행위 이상의 것이다. 접촉은 두 사람 사이에서 일어나는 어떤 것, 그들 간의 상호작용에서 떠오르는 어떤 것이다. 게슈탈트 치료자는 이 대인 간의 과정에 자신을 내맡긴다. 이것은 조작하고, 접촉을 만들어 내고, 결과를 통제하기보다는 접촉이 일어나도록 허용하는 것이다.

④ **대화는 살아진다**(dialogue is lived) 대화란 이야기되는 것이라기보다는 행해지는 것이다. '살아지다'라는 말은 행위의 흥분감과 즉각성을 강조한다. 대화의 양식은 춤추기, 노래, 말이 될 수도 있고, 아니면 참여자들 사이의 에너지를 표현하거나 동하게 하는 어떠한 양태도 될 수 있다. 현상학적 실험에 게슈탈트 치료가 중요하게 공헌한 점은 비언어적 표현으로도 경험을 설명할 수 있도록 매개 변수를 확장시킨 것이다. 그러나 그 상호작용은 윤리와 적절성, 치료적 과제 등에 의해 제한된다.

다른 체계들

욘테프는 다음과 같이 쓰고 있다.

> 게슈탈트 치료, 행동 수정 그리고 정신분석 간의 이론적 차이점은 분명하다. 행동 수정에서는 치료자가 환경적 자극을 조작함으로써 환자의 행동을 직접적으로 변화시킨다. 정신분석 이론에서는 전이 관계에서 드러나게 되는 무의식적 동기가 행동의 원인이 된다. 전이를 분석함으로써 억압이 걷히고, 무의식적인 것이 의식적으로 된다. 게슈탈트 치료에서 환자는 자신의 내적, 외적 감각을 완전하게 사용하는 것을 배움으로써 자기 책임적이고 자기-지지적이 될 수 있다. 게슈탈트 치료는 환자가 이러한 상태로, 즉 알아차림의 과정에 대한 알아차림으로 가는 열쇠를 다시 찾을 수 있도록 돕는다. 행동 수정은 자극에 대한 통제를 사용하여 조건화를 시키고, 정신분석은 정신적인 질병 [문제]의 원인에 대해 이야기하고, 그 원인을 발견함으로써 치료한다. 게슈탈트 치료는 지도된 알아차림에 대한 지금-여기의 실험을 통해서 자기실현을 가져온다(1969, pp. 33-34).

증상에 대한 직접적인 통제를 우선적으로 시도하는 행동 수정과 기타 치료법들(예를 들면, 화학 요법, 전기충격 요법, 최면 등)은 게슈탈트 치료나 정신역동적 치료들과는 대조되는데, 후자들의 경우에는 우선적으로 환자가 통찰을 통해서 이 세상에서의 자신을 이해하기를 배움으로써 변화가 촉진된다.

게슈탈트 치료와 정신역동적 치료의 방법론은 수용적인 관계를 이용하면서, 정서적이고 인지적인 자기 이해를 통해서 환자가 변화하도록 돕는 기술을 사용한다. 정신분석에서 기본이 되는 환자의 행동은 자유연상이고, 분석가의 주요 도구는 해석이다. 전이를 조장하기 위해서 분석가는 개인으로서의 어떠한 직접적인 표현도 삼가고('나' 진술 금지) '절제의 규칙'을 실천한다. 즉, 치료자는 환자의 어떤 바람도 만족시켜 주지 않는다. 이러한 접근법은 고전적 정신분석, 대상관계, 자아 심리학, 코헛 학파, 융 학파 등 모든 정신역동적 학파에 적용된다. 정신역동적인 치료자들은 (접촉보다는) 명백히 전이에 근거한 관계를 촉진시키기 위해서 인간으로서의 자신은 격리시킨다.

게슈탈트 치료는 진정한 접촉에 근거한 관계 속에서 치료자 그리고 환자의 적극적이고도 치유적인 현전을 이용해서, 이해를 위한 작업을 한다. 전이는 떠오르면 탐색되고 작업이 되지만, 게슈탈트 치료자에 의해서 조장되지는 않는다(Polster, 1968). 성격적인 문제는 게슈탈트 치료에서는 대화적이고 현상학적인 방법을 통해서 터놓고 다루어진다.

게슈탈트 치료에서 환자의 즉각적인 경험은 적극적으로 활용된다. 자유 연상을 하면서 치료자의 해석과 그 다음의 변화를 수동적으로 기다리는 대신에, 환자는 어떻게 자기 치유를 하는지 배울 협력자로 간주된다. 환자는 자유연상을 하는 것이 아니라 '작업'을 한다. '이 문제에 대해 어떻게 작업할 수 있을까요?'는 게슈탈트 치료에서 흔히 나오는 질문이고, 거기에 대한 답변이 있는 경우가 많다. 예를 들면, 성적인 문제가 있는 부부에게는 감각 집중 연습을 하라고 할 수도 있다.

다른 어떤 치료보다도 게슈탈트 치료에서는 존재하는 것은 모두 지금-여기에 있으며, 경험이 해석보다 더 믿을 만하다고 강조한다. 환자는 5분 전에(혹은 어젯밤에나 20년 전에나) 일어난 일에 대해 이야기하는 것과 지금 있는 것을 경험하는 것 사이의 차이를 배운다.

정신분석가인 아펠바움(Appelbaum)은 다음과 같이 관찰하고 있다.

> 게슈탈트 치료에서 환자는 아이디어와 관념화의 차이, 닳고 닳은 강박적 통로와 신선한 사고의 차이, 경험에 대한 진술과 진술에 대한 진술의 차이를 구별하는 법을 재빨리 배운다. 게슈탈트가 떠오를 때 나타나는 경험과 통찰을 추구하는 게슈탈트의 목표는 치료자에 의해 부여되는 통찰보다 더 강력하며, 환자와 치료자가 이런 중요한 구분들을 하고 그것들을 유지하도록 도와준다(1976, p. 757).

행동 수정이나 현실요법, 합리적 정서치료의 치료자들은 이렇게 할 만큼 충분히 환자의 경험을 가지고 작업하지 않는다. 로저스식 치료에서는 치료자에게 부과되는 수동성 때문에 치료에서 이러한 차이점들을 가르칠 수 있는 힘이나 범위가 심히 축소된다.

대부분의 치료 체계의 수행은 주지화를 조장한다. 환자가 가진 신념의 비합리성에 대해서 이야기하고, 환자가 단행해야 한다고 치료자가 믿는 행동의 변화에 대해서 이야기하는 것 등이다. 게슈탈트 치료의 방법론은 경험을 명료화하는 행동적인 기법들을 활용한다. 게슈탈트 치료자는 종종 치료 시간 중에 뭔가 새로운 것을 시도함으로써 실험을 할 것이다. 대부분의 다른 치료들과는 달리 게슈탈트 치료에서는 감정이나 생각 혹은 내용보다는 실험을 통해 발견하는 과정이 최종 목적지다.

정신분석가는 해석만 사용할 수 있다. 로저스식 치료를 따르는 치료자들은 반영과 명료화만 할 수 있을 뿐이다. 게슈탈트 치료자는 다음과 같은 조건에 맞는 기법이나 방법이라면 어떤 것이라도 사용할 수 있다. ① 알아차림의 증진을 목표로 하는 것, ② 대화와 현상학적인 작업으로부터 떠오르는 것, ③ 윤리적인 수행의 범위 내에 있는 것.

현재에 대한 힘과 책임은 환자의 손에 있다. 과거에 환자는 심리적으로 환경과 상호작용을 한 것이지, 수동적으로 외상을 입은 것이 아니다. 예를 들면, 환자는 부모로부터 수치심을 주는 메시지를 받았을지 모르지만, 그 메시지를 받아 삼키고 자기 비난을 함으로써 똑같이 모방한 것은 환자 자신의 행동이었다. 그리고 그때부터 지금까지 내적으로 수치심 주기를 계속한 것 역시 그가 한 일이다. 이러한 관점은 정신역동적인 태도와는 일치하지 않지만 아들러(Adler)나 엘리스(Ellis)의 관심과는 일치한다.

이 관점은 환자가 자신의 치료를 포함하여 자신의 실존에 대해 더 많은 책임을 질 수 있게 해 준다. 과거가 현재의 원인이고, 환자들은 그들이 쉽게 알 수 없는 무의식적 동기에 의해서 지배된다고 치료자가 믿는다면, 환자들은 자신의 자율성보다는 치료자의 해석에 의존하도록 조장되는 것이다.

치료자가 환자의 행동을 직접 변화시키는 책임을 떠맡는 치료에서는 환자와 치료자의 즉각적인 경험이 존중받지 못한다. 이것이 게슈탈트 치료를 대부분의 다른 치료들로부터 구분해 주는 것이다. 원망에 찬 환자는 원망을 표현함으로써 알아차림을 증진시킬 수도 있다. 하지만 만약 그렇게 표현하는 것을 치료자가 카타르시스의 수단으로써 제안한다면, 이는 게슈탈트 치료의 현상학적 초점화가 아니다.

게슈탈트 치료에서는 '당위'가 없다. 어떠어떠해야만 한다는 것을 강조하는 대신에 게슈탈트 치료는 있는 그대로의 것에 대한 알아차림을 강조한다. 있는 그대로의 것이 있는 것이다(what is, is).[2] 이것은 환자가 무엇을 '해야만 하는지' '아는' 치료자와 대

2) 역자 주_ 실존철학적 입장에서 볼 때 존재는 지금 있는 것을 지칭한다. 이것은 추론되거나 생각되어진 것, 상상되어진 것 혹은 있어야 한다고 주장되는 것, 믿는 것 등이 아니라, 정말로 지금-여기에서 볼 수 있고, 느낄 수 있는 형태로 생생하게 있는 것이다. 한마디로 존재란 생생하게 지금 살아 있는 것이다. '있는 그대로의 것(what is)'이 있는 것이다(is)라는 말은 실존하는 것만이 진정으로 있다는 뜻이다. 이는 너무나 단순하고도 명쾌한 이야기지만, 사람들은 흔히 생각한 것, 상상한 것, 그래야만 된다고 믿는 것 등을 정말 있는 것으로 착각한다.

비되는 것이다. 예를 들면 인지 행동 수정, 합리적 정서 치료 그리고 현실 요법에서는 모두 비이성적이고, 무책임하거나, 비현실적이라고 치료자가 판단하는 환자의 태도를 수정하려고 노력한다.

인지적으로 설명하는 주지화에 초점을 맞춤으로써 유기체가 동화 흡수하는 과정을 방해하는 것을 게슈탈트 치료에서는 삼가지만, 게슈탈트 치료자들은 신념 체계에 대해서 작업을 한다. 생각을 명료화하고, 신념을 상세히 파헤치며(explicate), 환자에게 어떤 것이 맞는지 함께 결정하는 것은 모두 게슈탈트 치료의 일부분이다. 게슈탈트 치료는 경험을 회피하는 사고(강박적 집착)는 강조하지 않고, 경험을 지지하는 사고를 격려한다. 게슈탈트 치료는 치료자가 접촉을 유지하면서 환자의 자기 발견을 촉진시키는 대신에 자기애적으로 환자를 가르치는 것은 허용하지 않는다.

자신이 '교류분석(TA[transactional analysis])과 게슈탈트'를 실시한다고 주장하는 사람들이 많다. 보통 이런 사람들은 TA 이론과 몇 가지 게슈탈트 치료기법을 사용하는 것이다. 기법은 게슈탈트 치료에서 중요한 것이 아니다. 분석적이고 인지적인 스타일로 사용되었을 때, 이러한 기법들은 게슈탈트 치료가 아니다. 흔히 그러한 조합은 현상학적-실존적 방법을 사용한 유기체의 알아차림 작업을 중단시키거나 방해하거나 무력화시킨다. 교류분석의 개념들을 게슈탈트의 틀에 통합시키는 것이 더 나은 조합이다. 그러면 부모, 성인, 아동 자아 상태, 교차된 교류 그리고 인생각본 등의 개념은 게슈탈트 과정의 언어로 번역될 수 있고, 실험적으로 그리고 대화적으로 작업될 수 있다.

다른 치료들과 또 하나 다른 점은 게슈탈트 치료가 전체론과 다차원성을 진정으로 존중한다는 것이다. 사람들은 그들이 어떻게 행동하고, 사고하고, 느끼는지를 통해서 자신의 고통을 드러낸다. "게슈탈트 치료는 유기체/환경을 포함한 생물심리사회적 장(biopsychosocial field) 전체를 중요하게 본다. 게슈탈트 치료는 생리적, 사회적, 인지적, 동기적 변인을 적극적으로 활용한다. 관련된 차원 중 어떤 것도 기본 이론에서 배제되지 않는다." (Yontef, 1969, pp. 33-34)

역사

선구자들

게슈탈트 치료의 역사는 프리츠 퍼얼스의 전문가적인 성장과 그가 살던 시대정신과 함께 시작된다. 의학 박사학위를 취득한 후 퍼얼스는 1926년에 프랑크푸르트 암 마인으로 가서 쿠르트 골드슈타인(Kurt Goldstein)의 조수로 뇌손상 병사들을 위한 연구소에서 일했다. 여기서 그는 골드슈타인 교수와 아데마르 겔프(Adhemar Gelb) 교수를 접하게 되었고, 자신의 부인이 될 로라를 만났다. 그 당시 프랑크푸르트 암 마인은 지적인 활력의 중심지였으며, 퍼얼스는 중신 게슈탈트 심리학자들과 실존철학자들 그리고 정신분석자들을 직, 간접적으로 접하게 되었다.

프리츠 퍼얼스는 정신분석가가 되었다. 그는 카렌 호나이(Karen Horney)와 빌헬름 라이히(Wilhelm Reich)로부터 직접적인 영향을 받았고 오토 랑크(Otto Rank)와 다른 사람들로부터 간접적인 영향을 받았다. 퍼얼스는 특히 빌헬름 라이히로부터 영향을 받았는데, 라이히는 1930년대 초에 퍼얼스의 분석가였고, "처음으로 나의 관심을 정신신체 의학의 가장 중요한 측면—즉, 갑옷의 역할을 하는 근육운동 체계의 기능—으로 돌리게 한 사람" (F. Perls, 1947, p. 3)이었다.

퍼얼스의 지적 발달에 영향을 준 세 사람을 언급해야만 한다. 하나는 철학자 지그문트 프리들랜더(Sigmund Friedlander)인데, 퍼얼스는 그의 철학에서 변별적 사고와 창조적 무관심이란 개념을 도입하여 자신의 첫 번째 저서인 『자아, 배고픔 그리고 공격성(*Ego, Hunger and Aggression*)』(1947)에서 자세히 설명했다. 퍼얼스는 또한 그의 가족과 남아프리카로 이사했을 당시의 수상이었던 잰 스머츠(Jan Smuts)의 영향을 받았다(처음에는 나치 독일로부터 탈출했고, 그 후에 다시 나치 점령 네덜란드로부터 탈출한 것이다.). 수상이 되기 전에 스머츠는 전체론과 진화론에 대한 중요한 책을 썼는데, 그것은 사실상 게슈탈트적인 관점에서 좀 더 넓은 생태학적 세계를 연구한 것이다. 스머츠는 전체론(holism)이란 단어를 만들었다. 세 번째로는 의미론 학자인 알프레드 코르지프스키(Alfred Korzybski)가 퍼얼스의 지적 성장에 영향을 주었다.

로라 포스너 퍼얼스(Laura Posner Perls)는 게슈탈트 치료의 공동 창시자였다. 퍼얼스에 대한 그녀의 영향은 널리 알려져 있고, 그녀는 『자아, 배고픔 그리고 공격성』의 한 장을 저술했다. 퍼얼스를 만났을 때 그녀는 심리학과 학생이었고, 1932년 프랑크푸르트 대학교에서 박사학위(D. Sc.)를 받았다. 그녀는 실존주의 신학자인 마르틴 부버 및 폴 틸리히(Paul Tillich)와 친분이 있었고 그들의 영향을 받았다. 그녀가 자신의 이름으로 저술한 것이 거의 없는 까닭에 인정받은 공로와 영향은 크지 않지만, 게슈탈트 치료의 게슈탈트적, 현상학적 그리고 실존주의적 영향은 대부분 그녀를 통해서 온 것이다(Rosenfeld, 1978).

퍼얼스는 수련 감독을 하는 정신분석가였지만, 고전적 프로이트 정신분석의 독단에 화가 난 사람들 중의 하나였다. 1920년대, 1930년대 그리고 1940년대는 뉴턴식의 실증주의에 대항해서 뒤끓고 반항하는 시기였다. 이것은 과학(예를 들면, 아인슈타인의 장 이론), 연극과 춤, 철학, 예술, 건축 그리고 실존주의에 적용되는 말이었다. 로라와 프리츠 모두 현상학적-실존주의적 영향이 스며든 시대정신 속에 살았으며, 그러한 영향은 후에 상호작용하여 게슈탈트 치료로 유입되게 되었다(Kogan, 1976). 그중에는 우리의 개인적 실존을 창조하는 데 있어서의 책임과 선택에 대한 인식, 실존이 본질에 앞선다는 것, 그리고 실존주의적 대화 등이 있었다.

게슈탈트 심리학은 퍼얼스에게 통합적인 틀로서의 게슈탈트 치료를 만들기 위한 조직화의 원리를 제공했다. 게슈탈트란 일련의 구성 요소들의 형태(configuration) 또는 패턴을 가리킨다. 게슈탈트 심리학자들은 유기체가 본능적으로 조각이나 부분이 아니라 패턴 전체를 지각한다고 믿는다. 전체 패턴에는 부분들을 분석함으로써 얻을 수 없는 특성들이 있다. 지각은 능동적인 과정이지, 감각 기관들이 수동적으로 자극을 받아들인 결과가 아니다. 모든 상황은 고유의(inherent) 조직 체계를 가지고 있다고 생각된다. 유기체는 지금-여기에서 즉각적인 경험을 할 수 있는 타고난 능력을 활용할 때, 정확하게 지각할 수 있다. 현상학적 연구와 치료의 과제는 그 능력을 활용하여, 탐구되고 있는 대상의 구조에 대해 통찰을 얻는 것이다. 사람들은 전체적인 패턴이 나타날 때 그것을 자연스럽게 지각하기 때문에, 그 상황에서의 알아차림을 해석이나 독단보다 더 신뢰할 수 있다.

시작

퍼얼스의 『자아, 배고픔 그리고 공격성』은 1941~1942년에 쓰였다. 1946년 남아프리카에서 초판을 발행했을 때, 거기에는 '프로이트 이론과 방법론의 수정(A Revision of Freud's Theory and Method)' 이란 부제가 붙어 있었다. 1966년에는 부제가 '게슈탈트 치료의 시작(The Beginning of Gestalt Therapy)' 으로 바뀌었다. '게슈탈트 치료' 란 용어는 프레드릭 퍼얼스, 랠프 헤퍼라인(Ralph Hefferline), 폴 굿먼(Paul Goodman)이 쓴 책(1951)의 제목으로 처음 사용되었다. 그 후 곧 뉴욕 게슈탈트 치료 연구소가 조직되어 프리츠와 로라 퍼얼스의 아파트에 본부를 두게 되었다. 이 아파트는 세미나와 워크숍 그리고 집단을 위해 사용되었다. 그 당시 퍼얼스와 같이 연구한 사람들 중에는 폴 와이즈(Paul Weisz), 로테 봐이덴펠트(Lotte Weidenfeld), 벅 이스트먼(Buck Eastman), 폴 굿먼, 이사도어 프롬(Isadore From), 엘리엇 샤피로(Elliot Shapiro), 리오 챌픈(Leo Chalfen), 아이리스 생길라노(Iris Sanguilano), 제임스 심킨, 케네스 피셔(Kenneth A. Fisher) 등이 있었다.

1950년대에는 집중적인 워크숍과 스터디 그룹이 전국에 걸쳐 생겨났다. 1954년 뉴욕에서 열린 미국 심리학회 총회 전에는 15명의 자격을 갖춘 심리학자들로 제한된 집중적 워크숍이 3일에 걸쳐 열리고 있었다. 비슷한 워크숍들이 클리블랜드, 마이애미, 로스앤젤레스에서 열렸다. 1955년도에는 클리블랜드 스터디 그룹이 클리블랜드 게슈탈트 연구소를 열었다.

프리츠 퍼얼스는 1960년도에 서해안으로 이사를 했는데, 그때 심킨이 그를 위해 게슈탈트 치료 워크숍을 마련했다. 퍼얼스, 월터 켐플러 그리고 제임스 심킨이 1964년 여름 동안 에살렌 연구소에서 최초의 게슈탈트 치료 수련 워크숍을 열었다. 이 수련 워크숍은 퍼얼스와 심킨의 지도 아래 1968년까지 계속되었다. 퍼얼스가 캐나다로 이사한 후에도 심킨은 어마 셰퍼드(Irma Shepherd), 로버트 레스닉(Robert W. Resnick), 로버트 마틴(Robert L. Martin), 잭 다우닝(Jack Downing) 그리고 존 인라이트(John Enright)와 함께 1970년까지 에살렌에서 게슈탈트 치료 수련을 계속했다.

이 초창기에 게슈탈트 치료는 많은 아이디어들을 선구적으로 주창했는데, 그것들은 이후에 절충적인 심리치료 실제에 수용되었다. 치료자와 환자 사이의 직접적인 접촉의 흥분감, 직접적인 경험의 강조, 적극적인 실험의 활용, 지금과 여기의 강조, 환자의 자신에 대한 책임, 알아차림 원칙, 유기체적 자기 조절에 대한 신뢰, 인간과 환경의 생태학적 상호의존성, 동화의 원리 그리고 다른 그러한 개념들은 보수적인 기성 체제에 새롭고 자극적이며 충격적이었다. 이 시기에 심리치료의 실제는 정신분석적 욕동 이론과 같이 좀 더 오래되고 전통적인 접근법과 주로 게슈탈트 치료가 개척해낸 아이디어들로 양분화되었다. 이 시기는 원리들이 서로 통합되는 확장의 시기였으며, 원리들을 설명하고 해명하는 것은 미래를 위해 남겨졌다. 그래서 예를 들면, 게슈탈트 치료는 치료자가 접촉적인 관계에서 적극적인 현전을 사용하는 것을 개척했지만, 무엇이 치유를 가져오는 대화적 현전이 될 것인가에 대해서는 자세히 생각하지 않았던 것이다.

현재의 실정

전 세계에 걸쳐 적어도 62개의 게슈탈트 치료 연구소가 있고, 그 수는 점점 증가하고 있다. 사실상 미국의 모든 주요 도시에 적어도 하나의 게슈탈트 연구소가 있다.

전국적인 조직은 아직 없다. 그 결과 연구소, 수련자 그리고 피수련자에 대한 기준도 세워져 있지 않다. 연구소마다 수련과 구성원 선발 등에 대한 나름의 기준이 있다. 얼마 전에는 수련자에 대한 기준을 세우기 위한 전국 학회를 조직하려는 시도가 있었지만 성공적이지 못했다.[3] 무엇이 좋은 게슈탈트 치료 또는 좋은 게슈탈트 치료자인지에 대해 합의된 기준이 없다. 그러므로 게슈탈트 치료의 소비자는 스스로 게슈탈트 치료자라고 부르거나 게슈탈트 치료 수련을 하는 사람들의 교육적, 임상적, 그리고 수련의 배경을 주의 깊게 평가해야 한다(Yontef, 1981a, 1981b 참조).

『The Gestalt Journal』[4]에는 주로 게슈탈트 치료에 관한 논문이 실리며, 『Gestalt

3) 역자 주_ 현재는 국제 게슈탈트 치료 학회(AAGT; Association for the Advancement of Gestalt Therapy)가 결성되어 매년 국제 게슈탈트 치료 학회가 각국을 순회하면서 개최되고 있다. 그 외에도 유럽 게슈탈트 치료 학회(European Association for Gestalt Therapy)를 위시하여 각국의 게슈탈트 치료 학회가 결성되어 있다.

4) 역자 주_ 이외에도 『International Gestalt Journal』, 『British Gestalt Journal』, 『Gestalt Review』, 『Studies in Gestalt Therapy-Dialogical Bridges』 등의 국제적 규모의 영문 저널과 독일, 이탈리아, 프랑스, 호주, 멕시코, 브라질, 러시아

Theory』는 게슈탈트 치료에 관한 논문들도 소수 포함해서 주로 게슈탈트 심리학에 관한 논문들을 싣는다. 도서목록에 대한 정보는 코건(Kogan, 1980), 로젠펠트(Rosenfeld, 1981) 그리고 와이송(Wysong, 1986)에서 얻을 수 있다.

게슈탈트 치료를 하는 경험이 많아지면서, 예전에 하던 치료 수행 방법들이 수정되었다. 예를 들면, 예전의 게슈탈트 치료 수행에서는 흔히 좌절의 임상적 사용, 자족과 자기-지지의 혼동, 치료자가 환자를 조종적이라고 해석하는 경우에는 거친 태도를 취하는 것 등을 강조했다. 이러한 접근법은 수치심 성향을 가진 환자들의 수치심을 증대시키는 경향이 있었다. [근래에는] 게슈탈트 치료 실제에 있어서 보다 부드러운 쪽으로, 치료자가 더 직접적으로 자기표현을 하고, 대화를 더욱 중요시하고, 진부한 기법을 덜 사용하고(정신분석적 체계화를 활용하면서), 성격 구조의 기술을 더욱 중요시하고, 집단 과정을 더 많이 사용하는 쪽으로 변화하는 움직임이 있다.

따라서 환자는 새로운 방식에 참여하는 게슈탈트 치료자들에게서 자기 수용에 대한 강조, 치료자의 보다 부드러운 태도, 환자의 현상학에 대한 보다 큰 신뢰 그리고 정신역동적 주제를 더 솔직히 드러내놓고 작업하는 것을 볼 것이다. 또한 집단원들 간의 관계를 포함한 집단 과정을 더욱 중요시하게 되었고, 집단 내에서의 공식적인 일대일 작업은 줄어들게 되었다. 또한 전반적으로 이론 교육, 이론적 설명, 인지를 가지고 작업하는 것에 대한 관심도 증가했다.

성격: 성격 이론

생태학적 상호의존성: 유기체/환경의 장

인간은 자신을 타인으로부터 구분함으로써 그리고 자신과 타인을 연결시킴으로써

등 각국의 자국어로 출간되는 게슈탈트 치료 저널들이 있다. 또한 Philip Brownell이 운영하는 인터넷 저널 'Gestalt ejournal' 도 있다. 이는 무료로 누구나 접속하여 다운로드 받을 수 있다(www.g-gej.org). 한국에는 현재 한국 게슈탈트 포럼(www.gestalt.co.kr)이 결성되어 있으며, 또한 한국임상심리학회의 한 분과로 게슈탈트 치료 연구회가 구성되어 활동하고 있다.

존재한다. 이것이 경계의 두 가지 기능이다. 자신의 세계와 잘 접촉하려면 위험을 감수하고 손을 내밀어 자신의 경계를 발견하는 것이 필요하다. 효과적인 자기 조절이란 환경 속에 있는 자양분이 될 수도 있고, 독이 될 수도 있는 새로운 요소를 알아차리게 되는 접촉을 갖는 것을 포함한다. [이때] 자양분이 되는 것은 동화시키고, 나머지 것들은 거부해 버린다. 이러한 변별적 접촉은 성장을 가져오게 마련이다(Polster & Polster, 1973, p. 101).

정신적 대사 작용

게슈탈트 치료에서 대사 작용은 심리적 기능에 대한 은유로 사용된다. 인간은 적당한 크기로 베어 물고(그것이 음식이든, 아이디어든, 관계든), 씹어서(숙고해서), 그것이 자양분인지 독인지 알아낸다. 자양분이면 유기체는 그것을 동화해서 자신의 일부로 만든다. 유독한 것이면 유기체는 그것을 뱉어 내버린다(거부한다). 그러려면 사람들이 자신의 입맛과 판단을 기꺼이 신뢰해야 한다. 변별을 하려면 외부 자극을 능동적으로 지각하고, 그러한 외부 수용기의 자극을 내부 수용기의 자료와 더불어 정보 처리하는 것이 필수적이다.

경계의 조절

자기와 환경 사이의 경계는 교환이 가능할 정도로 침투성이 있어야 하면서도, 자율성을 유지할 만큼 충분히 견고해야 한다. 환경에는 가려내야 할 독도 들어 있다. 자양분이 되는 것일지라도 두드러진 욕구에 따라 변별될 필요가 있다. 대사 과정은 항상성의 법칙에 지배된다. 가장 긴급한 욕구가 충족되거나 혹은 그것이 보다 더 중대한 욕구로 대체될 때까지 가장 긴급한 욕구가 유기체를 활성화시키는 것이 이상적이다. 산다는 것은 욕구가 일어나면서 충족되거나 충족되지 않고, 항상성의 균형이 이루어지고, 다음 순간으로 가면서 새로운 욕구가 일어나는 진행 과정이다.

접촉 경계 혼란

자신과 타인 간의 경계가 불분명하거나 없어지거나, 아니면 투과적이지 못할 때, 자신과 타인을 구분하는 데 있어서 장애가 오고, 접촉과 알아차림이 모두 방해를 받는다(Perls, 1973; Polster & Polster, 1973 참조). 경계가 기능을 잘하면 사람들은 연결하는 것과 분리하는 것 사이를 왔다 갔다 하고, 현재의 환경을 접촉하는 것과 환경으로부터 관심을 철수하는 것 사이를 왔다 갔다 한다. 융합과 고립에서는 정반대의 방식으로 접촉 경계가 상실된다. 융합(용해)에서는 자신과 타인 간의 분리와 구분이 너무 불분명해서 경계가 없어진다. 고립에서는 경계가 너무 투과적이지 못해서 연결감이 없어진다. 즉, 자신에 대한 타인의 중요성이 알아차림으로부터 사라지는 것이다.

반전이란 자기 내부의 분열, 즉 자신의 어떤 측면에 자기가 저항하는 것이다. 이것은 환경을 자신으로 대체한다. 다른 사람에게 하고 싶은 것을 자신에게 하거나 혹은 누군가 다른 사람이 자신에게 해주기를 바라는 것을 자신을 위해 하는 것이다. 이 기제는 고립을 초래한다. 자족하고 있다는 착각은 환경 대신에 자신으로 대체하는 반전의 한 예다. 인간이 스스로 숨쉬기나 씹기를 할 수는 있지만, 공기와 음식은 환경으로부터 와야 한다. 내적 성찰은 반전의 한 형태로, 병리적일 수도 있고 건강한 것일 수도 있다. 예를 들어, 분노를 표현하려는 충동을 억제하는 것은 위험한 환경에 대처하는 데 더 도움이 될 수 있다. 그러한 상황에서는 신랄한 뭔가를 말하는 것보다 입술을 깨무는 편이 더 기능적일지 모른다.

내사를 통해 외부의 물질이 변별이나 동화 과정 없이 흡수된다. 통째로 삼켜 버리면 '마치(as if)' 성격과 경직된 특성을 지니게 된다. 내사된 가치와 행동이 자신에게 강요된다. 다른 모든 접촉 경계 혼란에서처럼, 통째로 삼키는 것이 상황에 따라서, 그리고 알아차림의 정도에 따라서 건강할 수도 있고, 병리적일 수도 있다. 예를 들어, 강의를 수강하는 학생들이 [자신들의 행동을] 온전히 알아차리고 있으면서 베껴 쓰고 외운 다음, 완전히 소화하지도 않은 채 내용을 토해 낼 수 있다.

투사는 참으로 자기 것인 무엇인가를 외부로 돌리는 데서 오는 자신과 타인의 혼동이다. 건강한 투사의 예가 예술이다. 병리적 투사는 투사된 것을 알아차리고, 그 책임을 수용하지 못하는 데서 온다.

편향은 우리가 직선적인 대신에 공손할 때 그러듯이 옆으로 비킴으로써 접촉이나 알아차림을 회피하는 것이다. 편향은 똑바로 표현하지 않거나 받아들이지 않음으로써 생길 수 있다. 후자의 경우, 그런 사람은 보통 '영향을 받지 않은 것으로' 느낀다. 표현하지 않는 경우, 그런 사람은 흔히 무력하며 원하는 것을 얻지 못하는 데 대해 좌절감을 느낀다. 알아차림이 있는 상태에서 상황이 요구하는 것을 충족시킨다면 편향이 유용할 수도 있다(예를 들면, 냉정을 찾는 것이 요구되는 상황). 편향의 다른 예로는 사람을 쳐다보지 않기, 장황하게 말하기, 모호하게 말하기, 실제보다 줄여 말하기, …에게 말하기보다는 …에 대해서 말하기 등이 포함된다(Polster & Polster, 1973, pp. 89-92).

유기체적 자기 조절

인간의 조절 작용은 정도의 차이가 있지만 ① 유기체적, 즉 있는 그대로를 비교적 완전하고 정확하게 인식하는 데 기초하고 있거나 혹은 ② '당위적'이다. 즉, 어떤 통제자가 그래야만 한다거나, 그래서는 안 된다고 생각하는 것을 임의적으로 부과하는 것에 기초를 둔다. 이는 정신내적인 조절 작용에도 해당되고, 대인 관계의 조절과 사회적 집단의 조절 작용에도 해당된다.

"[우리의 행동을] 통제해야 하는 것은 하나밖에 없다. 그것은 상황이다.[5] 우리가 처한 상황을 이해하고, 우리가 처한 그 상황이 우리의 행동을 통제하도록 허용하면, 그때 우리는 삶에 대처하는 법을 알게 될 것이다"(F. Perls, 1976, p. 33). 퍼얼스는 차를 운전하는 예를 들어 위의 문장을 설명했다. '시속 65마일로 운전하고 싶다.'는 사전 계획 대신에, 상황을 알고 있는 사람이라면 밤에나 교통 체증이 있을 때, 혹은 피곤할 때, 각각 다른 속도로 운전할 것이다. 여기서 퍼얼스는 '상황이 통제하도록 하라.'는 말의 의미는 '그렇게 되어야만 한다(should).'고 생각된 것에 의해서가 아니라, 자신의 욕구를 포함한 현재의 맥락에 대한 알아차림을 통해 조절하는 것임을 분명히 한다.

5) 역자 주_ 상황이 통제하는 주체가 되어야 한다는 뜻이다. 즉, 우리가 상황을 통제하는 것이 아니라, 상황이 우리의 행동을 통제해야 한다는 뜻임(There is only one thing that should control: the situation.).

유기체적인 자기 조절에서는 선택과 학습이 전체론적으로 일어나고, 마음과 신체, 생각과 감정, 자발성과 심사숙고는 자연스럽게 통합된다. 당위적인 조절에서는 인지가 지배하며, '전체론적인 감각의 느낌(no felt, holistic sense)'이 없다.

분명히 경계 조절과 관련된 모든 것이 완전히 알아차려지는 것은 아니다. 대부분의 교류는 자동적이고 습관적인 방식으로 처리되며, 최소한의 알아차림만 있다. [하지만] 유기체의 자기 조절을 위해서는 습관적인 것들도 필요에 따라 온전히 알아차릴 것을 요구한다. 알아차림이 필요한데도 일어나지 않으면, 그리고/혹은 필요한 운동 활동을 일으키지 않으면, 심리치료가 알아차림을 증가시키고 의미 있는 선택과 책임감을 얻을 수 있는 한 방법이다.

알아차림

알아차림과 대화는 게슈탈트 치료의 두 가지 주요 치료 도구다. 알아차림이란 자신의 실존과 접촉하고 있는 것, 있는 그대로(what is)와 접촉하고 있는 것으로 대략 정의될 수 있는 경험의 한 형태다.

로라 펄스는 다음과 같이 말한다.

> 게슈탈트 치료의 목표는 알아차림의 연속체다. 이는 유기체, 관계 혹은 집단이나 사회에서 가장 큰 관심사와 흥미거리가 되는 것이 게슈탈트로 되어서 전경으로 나오고, 거기서 온전히 경험되고 처리됨으로써(인정되고, 끝까지 작업되고, 분류되고, 변화되고, 폐기되는 등) 배경으로 녹아들어갈 수 있게 되어서(잊혀지거나, 동화되거나, 통합되어서) 그 다음에 오는 적절한 게슈탈트에게 전경을 내어주게 되는, 자유롭게 진행되는 게슈탈트 형성 과정이다(1973, p. 2).

온전한 알아차림이란 감각 운동적, 정서적, 인지적으로 온전하고 활력 있는 지지 속에서 개인/환경 장의 가장 중요한 사건들을 주의 깊게 접촉하고 있는 과정을 말한다. 알아차림의 한 형태인 통찰은 장에서 이질적인 요소들 간의 명백한 통일성을 즉시 파악하는 것이다. 알아차림이 있는 접촉은 새롭고 의미 있는 전체를 창조해내며, 그래서 그 자체가 문제의 통합이다.

효과적인 알아차림은 유기체가 현재 가지고 있는 지배적인 욕구에 발판을 두고, 그 욕구에 의해서 에너지가 충전된다. 효과적인 알아차림은 자신을 아는 것뿐만 아니라 현 상황을 직접 알고, 그 상황에서 자신이 어떠한지도 아는 것이다. 상황과 그것이 요구하는 바를 부인하거나 자신의 욕구와 자신이 선택한 반응을 부인하는 것은 알아차림을 방해하는 것이다. 의미 있는 알아차림이란 세상 안에 있고, 세상과 대화하고 있으며, 타자를 알아차리고 있는 자신에 대한 알아차림이다. 그것은 안으로 초점을 맞춘 내성(introspection)이 아니다. 알아차림에는 자기 것으로 인정하기(owning), 즉 자신의 행동과 감정에 대한 자신의 통제와 선택과 책임을 아는 과정이 수반된다. 그것이 없다면 그 개인은 경험과 삶의 공간에 대하여 깨어 있을 수는 있어도 자신이 어떤 힘을 가지고 있고, 어떤 힘은 없는지에 대해서는 깨어 있을 수 없다. 알아차림은 인지적이고 감각적이고 정서적인 것이다. 말로 자신의 상황을 인정하지만 정말로 그것을 보고, 알고, 반응하고, 그것에 대한 반응으로 느끼지 않는 사람은 온전히 접촉하고 있지 않은 것이다. 알아차리고 있는 사람은 자신이 무엇을 하는지, 그것을 어떻게 하는지를 알고, 자신에게 다른 대안도 있지만 그렇게 하기를 선택한다는 것을 안다.

알아차림의 내용은 먼 과거의 것일지라도, 알아차림의 행위는 항상 지금-여기에 있다. 기억하는 행위는 지금이다. 기억되는 바는 지금이 아니다. 상황이 과거에 대한 알아차림이나 미래에 대한 예상을 요구할 때, 효과적인 알아차림은 이를 고려한다. 예를 들면

환　자: [평소보다 긴장된 모습으로] 어떤 작업을 해야 할지 모르겠어요.

치료자: 지금 어떤 것을 알아차리십니까?

환　자: 선생님을 뵈어서 기쁘지만 오늘 저녁 사장님과 만날 일 때문에 긴장이 돼요. 연습도 했고, 준비도 했고, 기다리면서 저 자신을 지지하려고 노력했어요.

치료자: 지금은 무엇이 필요하신가요?

환　자: 사장님을 빈 의자에 앉혀 놓고 사장님에게 이야기하는 걸 생각했었어요. 하지만 너무 긴장이 되어서 뭔가 좀 더 신체적인 걸 해야겠어요. 움직이고, 호흡하고, 소리를 내는 게 필요해요.

치료자: [쳐다보지만 말은 없다]

환　자: 제 마음이다 이거죠? [잠시 후 일어서서 기지개를 펴고 하품을 한다. 움직임과 소리는 더 힘차진다. 몇 분 후에 자리에 앉는데, 좀 더 부드럽고 생기 있는 표정이다.] 이제 준비가 됐어요.

치료자: 더 생기 있게 보이네요.

환　자: 이제 오늘 밤 일에 대해서 무엇 때문에 그렇게 긴장했었는지 탐색해 볼 준비가 됐어요.

자기 거부와 완전한 알아차림은 상호 배타적이다. 자기를 거부하는 것은 있는 그대로의 자기를 부인하는 것이기 때문에 알아차림의 왜곡이다. 자기 거부는 '내가 누구인지'에 대한 혼동이며, 동시에 자기기만이다. 혹은 표면적으로 인정되는 내용보다 많이 알고 있다는 '나쁜 믿음'의 태도다(Sartre, 1966). 마치 다른 사람의 관찰인 것처럼, 혹은 '나'가 [자신에 의해] 선택된 것이 아닌 것처럼 "나는 이래요(I am)."라고 말하는 것, 혹은 자신이 어떻게 그 "나는 이래요(I am)."를 창조해내고, 지속시키는지 알지 못한 채, "나는 이래요."라고 말하는 것은 통찰력 있는 알아차림이 아니라 나쁜 믿음인 것이다.

책 임

게슈탈트 치료에 의하면 인간은 책임이 있다(반응(response)-할 수 있다(able)). 즉, 그 자신의 행동을 결정하는 데 있어서 일차적인 행위자다. 사람들이 책임을 비난 및 당위와 혼동할 때, 그들은 자신에게 압력을 가하고 자신을 조종하는 것이다. 그들은 '노력'하는 것이지, 통합을 이루거나 자연스러운 것은 아니다. 이런 경우에 그들의 진정한 바람, 욕구, 환경에 대한 반응 그리고 상황 속에서의 신택은 무시되고, 그들은 당위에 지나치게 순응하거나 혹은 반항한다.

게슈탈트 치료자들은 우리가 선택하는 것과 우리에게 주어지는 것을 분명하게 구분하는 것이 중요하다고 믿는다. 인간은 그들이 하기로 선택한 것에 대해 책임이 있다. 예를 들면, 환경에 대한 그들의 행동에 대해 책임이 있다. 자신이 선택하는 것에 대해서 외적인 힘(예를 들면, 유전이나 부모)을 비난하는 것은 자기기만이다. 자신이 선택하지 않은 것에 대해서 책임을 지는 것은 전형적인 수치 반응인데, 이 또한 기만이다.

인간은 도덕적인 선택에 대해 책임이 있다. 게슈탈트 치료는 환자로 하여금 자기 자신의 선택과 가치관에 따라 무엇이 도덕적인지 발견하도록 돕는다. "무엇이든지 괜찮다."를 옹호하는 것과는 거리가 멀고, 게슈탈트 치료는 가장 중요한 의무, 즉 선택하기와 가치 평가하기를 각자에게 부과한다.

개념의 다양성

게슈탈트 치료의 성격 이론은 주로 임상적 경험에서 발전되었다. 전반적인 성격 이론보다는 심리치료자로서 우리가 하는 일을 지원해주는 성격 이론에 초점이 맞추어져 있었다. 게슈탈트 치료 이론을 구성하는 개념들은 발생학적이기보다는 장 이론적이며, 개념적이기보다는 현상학적이다.

게슈탈트 치료가 현상학적이기는 하지만 무의식적인 것, 즉 필요할 때 알아차림 속으로 들어오지 않는 것도 다룬다. 게슈탈트 치료에서 알아차림은 접촉하고 있는 상태로 생각되고, 알아차리지 못함은 접촉하고 있지 않은 상태로 생각된다. 알아차리지 못함은 여러 가지 현상으로 설명될 수 있는데, 그중에는 무엇에 주목할지에 대해 학습한 것, 억압, 인지 세트, 성격 그리고 스타일도 포함된다. 심킨(1976)은 성격을 물에 떠 있는 공에 비유했다. 어떤 한순간에는 한 부분만이 노출되며, 나머지는 잠겨 있다. 알아차리지 못함은 유기체가 대부분 자신의 내적인 환경이나 상상에 잠겨 있기 때문에 외적인 환경과 접촉하지 못하거나, 혹은 외적인 것에 고착됨으로써 내적인 삶과 접촉하지 못한 결과다.

변화에 대한 게슈탈트 치료 이론

아동은 생각과 행동을 통째로 삼킨다(내사). 이것은 유기체와 조화되는 도덕이라기보다 강요된 도덕을 초래한다. 그 결과, 사람들은 당위에 반하는 자신의 욕구에 따라 행동할 때 죄책감을 느끼는 경우가 많다. 어떤 사람들은 당위와 욕구 사이의 분리를 유지하는 데 엄청난 에너지를 쏟는다. 그것을 해소하려면 내사된 도덕에 반하는 자기 자신의 도덕을 인식하는 것이 필요하다. 당위는 그런 사람들의 진로를 방해하고, 그들 자신이 아닌 사람이 되려고 노력하면 할수록 저항은 더욱 높아지고 변화는 일어나지 않는다.

바이서(Beisser)는 변화가 "그 사람을 변화시키려는 자신이나 타인에 의한 강압적인 시도를 통해서" 일어나는 것이 아니고, 시간과 노력을 들여 "있는 그대로의 자신"이 되려고 할 때, 즉 "자신의 현재 위치에 온전히 있으려" 할 때 일어난다는 이론을 발전시켰다(1970, p. 70). 치료자가 변화 대행자의 역할을 거부할 때, 질서정연하면서도 또한 의미 있는 변화가 가능하다.

게슈탈트의 치료의 견해는(자기 것으로 인정하기, 선택 그리고 책임을 포함하는) 알아차림과 접촉이 자연스럽고도 자발적인 변화를 가져온다는 것이다. 강요된 변화는 자기를 실현하려는 것이 아니라, 어떤 이미지를 실현하려는 시도다. 알아차림과 자기 수용 그리고 있는 그대로 존재할 권리가 있을 때 유기체는 성장할 수 있다. 강요된 개입은 이러한 과정을 지체시킨다.

게슈탈트 심리학의 좋은 형태성(Prägnanz) 원리[6]에 의하면, 장은 스스로 총체적인 조건이 허용하는 가장 좋은 게슈탈트를 형성한다고 한다. 그러므로 게슈탈트 치료자들 역시 인간은 건강하고자 하는 타고난 욕구가 있다고 믿는다. 이러한 경향은 자연에서 발견되는데, 인간은 자연의 일부분이다. 명백한 것들에 대한 알아차림, 즉 알아차림 연속체는 이러한 건강에 대한 자발적인 욕구에 물꼬를 터주기 위해 개인이 의도적으로 사용할 수 있는 도구다.

장의 분화: 양극성 대 이분법

이분법이란 분열을 발하는데, 그것은 장을 서로 다르면서도 맞물린 부분들로 분화된 전체가 아니라 서로 경쟁하는, 그리고(혹은) 관계가 없는 세력들의 모듬으로 보는

6) 역자 주_ 게슈탈트 심리학의 개념인 프래그난츠(Prägnanz)의 원리는 시각적인 그림이나 입체적 대상물을 가능한 한 단순하게 이해하고, 단순한 형태로 보려고 하려는 인간의 심리현상을 말한다. 이때 프래그난츠는 '두드러진 것'을 의미하며, 우리가 지각할 때 가장 두드러진 것들을 중심으로 현상을 조직화하는 것을 지칭한다.

것이다. 이분법적 사고는 유기체의 자기 조절을 방해한다. 이분법적 사고는 사람들 간의 다양성과 한 개인에 관한 역설적인 진실들을 용납하지 못하는 경향이 있다.

유기체적인 자기 조절은 부분들을 다른 부분들과 서로 통합시켜서 부분들을 아우르는 전체로 만들어간다. 장은 흔히 양극으로, 즉 반대가 되면서 서로를 보완하거나 서로 설명해주는 부분들로 분화된다. 전기장의 양극과 음극은 장 이론적 방식의 이러한 분화를 보여주는 원형적인 양식이다. 양극성의 개념은 반대되는 것들을 하나의 전체의 일부분으로, 음과 양으로 취급한다.

장에 대한 이처럼 양극적인 조망이 있을 때, 차이점들은 수용되고 통합된다. 진정한 통합이 결여되면, 신체와 정신, 자신과 외부, 유아적인 것과 성숙한 것, 생물학적인 것과 문화적인 것, 의식과 무의식 등과 같은 분열이 생긴다. 대화를 통해서 부분들이 통합되어, 분화된 통일성을 지닌 새로운 전체가 될 수 있다. 이상적 자기와 궁핍한 자기, 사고와 충동, 사회적으로 필요한 것과 개인적 요구와 같이 이분된 것들은 하나의 전체로 통합됨으로써 치유될 수 있고, 그 전체는 자연적인 양극들로 분화된다(Perls, 1947).

건강의 정의 I: 양극성으로서의 좋은 게슈탈트

좋은 게슈탈트란 선명하고 좋은 형태로 조직화된 지각적 장을 말한다. 잘 형성된 전경은 보다 광범위하고 덜 분명한 배경에 대비되어 두드러져 보인다. 두드러져 보이는 것(전경)과 맥락(배경) 간의 관계가 의미다. 좋은 게슈탈트에서는 의미가 분명하다. 내용에 관계없이, 좋은 게슈탈트가 건강의 정의다.

건강할 때, 전경은 필요에 따라 바뀐다. 즉, 욕구가 충족되거나 더 긴급한 욕구로 대체되면 초점이 바뀐다. [건강할 때] 전경은(히스테리의 경우처럼) 충족을 방해할 정도로 너무 빨리 바뀌지도 않고, (강박증의 경우처럼) 새로운 전경이 유기체의 주도권을 잡을 여지가 없을 정도로 천천히 바뀌지도 않는다. 전경과 배경이 [이분법적으로] 양분되어 있으면, 우리에게 남는 것은 맥락을 벗어난 전경이나 초점 없는 맥락이다(F. Perls et al., 1951). 건강할 때에는 알아차림이 장 전체의 지배적인 욕구를 정확하게 나타낸다. 욕구는 외적인 요인들(장의 물리적 구조, 정치적 활동, 자연 현상 등)과 내적인 요인들(배고

픔, 피로, 흥미, 과거의 경험 등) 간의 함수다.[7)]

건강의 정의 II: 창조적 적응의 양극성

건강하게 기능하는 것에 대한 게슈탈트 치료적 개념에는 창조적 적응이 포함된다. 환자가 적응하도록 도와주기만 하는 심리치료는 순응과 상동증(stereotypy)[8)]을 초래한다. 다른 사람을 고려하지 않고, 자신을 세상에 강제하도록(impose) 인도하기만 하는 심리치료는 병리적인 자기애와 세상에서 고립된, 세상을 부정하는 자기실현을 낳는다.

창조적인 상호작용을 하는 사람은 자신과 주변 환경 간의 생태학적 균형에 대해 책임을 진다.

개인적이고 심지어는 무성부주의적으로 보이는 게슈탈트 치료의 신술들을 가장 정확히 고찰할 수 있는 것은 이러한 이론적 맥락(F. Perls et al., 1951)에서다. 개인과 환경은 양극성을 이룬다. 선택은 개인과 사회 중에서 하는 것이 아니라, 유기체적인 조절과 임의적인(arbitrary) 조절 중에서 하는 것이다.

저항은 충동과 그 충동에 대한 저항으로 이루어진 양극성의 일부분이다. 이분법으로 보았을 때 저항은 흔히 '나쁜 것'으로 취급되고, 그런 맥락에서 보면 종종 내담자가 치료자의 지시보다는 자신의 명령을 따르는 것에 불과하게 된다. 양극성으로 보았을 때, 저항은 저항을 받는 특성들과 마찬가지로 건강에 없어서는 안 될 부분이다.

게슈탈트 치료자는 의식의 작업 과정과 의식의 저항 과정 양쪽 모두에 주의를 기울인다. 저항이라는 단어가 풍기는 경멸적인 이분법적 의미 때문에 그 단어를 회피하는 게슈탈트 치료자들이 많은데, 이때 이분법은 이러한 과정(저항)을 조화롭게 분화된 자기로 통합될 필요가 있는 자기 [내부의] 갈등으로 보는 대신에, 치료자와 환자 사이의 권력 투쟁으로 보기 때문이다.

7) 역자 주_ 욕구는 외적 요인들과 내적 요인들의 상호작용에 의해 결정된다는 의미임.
8) 역자 주_ 상동증(常同症): 같은 행동이나 말을 무의미하게 끊임없이 반복하는 증세.

막다른 골목

막다른 골목이란 외적 지지가 아직 나타나지 않고, 그 개인은 자신을 지지할 수 없다고 믿는 상황이다. 자기-지지를 할 수 없다고 믿는 이유는 대부분 개인의 힘이 충동과 저항으로 나누어지고 있기 때문이다. 이에 대한 가장 흔한 대처 방법은 다른 사람을 조종하는 것이다.

유기체적으로 자기 조절을 하는 사람은 자신을 위해 행해진 일에 대해서, 다른 사람이 자기를 위해 해준 일에 대해서, 그리고 자기가 다른 사람을 위해 한 일에 대해서 책임을 진다. 개인은 환경과 상호교환을 하지만 자신의 생존을 위한 기본적인 지지는 스스로 한다. 개인이 이것을 모르면, 외적인 지지가 자신에게 자양분을 주는 공급원이 되는 것이 아니라 자기-지지의 대체물이 된다.

대부분의 심리치료에서 막다른 골목은 치료자가 주는 외적 지지로 인해 우회하게 되고, 환자는 자기-지지로 충분하다는 것을 발견하지 못하게 된다. 게슈탈트 치료에서는 환자의 작업을 해주지 않으면서, 즉 환자를 구원해주거나 아이 취급하지 않으면서 사랑이 넘치는 접촉을 중요시하기 때문에 환자들이 막다른 골목을 돌파할 수 있다.

심리치료: 심리치료의 이론

치료의 목표

게슈탈트에서 유일한 목표는 알아차림이다. 여기에는 어느 특정 영역에서 더 잘 알아차리게 되는 것도 포함되고, 또 환자가 필요에 따라 자동적인 습관을 알아차릴 수 있는 능력이 증가되는 것도 포함된다. 전자의 의미로 볼 때 알아차림은 내용(content)이고, 후자의 의미로 볼 때 알아차림은 과정(process)이다. 내용으로서의 알아차림과 과정으로서의 알아차림 모두 치료가 진행되면서 보다 깊은 수준으로 발전한다. 알아차림에는 주변 환경을 아는 것, 선택에 대한 책임, 자기에 대한 지식, 자기 수용, 접촉할 수 있는 능력 등이 포함된다.

처음 치료를 시작하는 환자는 주로 문제 해결에 관심이 있다. 게슈탈트 치료자의 관심사는 문제를 해결하는 데 있어서 환자가 어떻게 스스로를 지지하는가다. 게슈탈트 치료는 환자에 의한 자기 조절과 자기-지지를 증가시킴으로써 문제 해결을 촉진시킨다. 치료가 진행됨에 따라 환자와 치료자는 전반적인 성격 문제에 더 많은 주의를 기울인다. 치료가 성공적으로 끝날 무렵에는 환자가 작업의 많은 부분을 주도하며, 문제 해결과 성격적인 문제들, 치료자와의 관계 문제 및 자신의 알아차림을 조절하는 수단 등을 통합할 수 있게 된다.

게슈탈트 치료는 자기-알아차림에 대해 작업하는 것에 개방적인 환자들과 자신의 알아차림 과정에 자연스럽게 정통하고자 하는 환자들에게 가장 유용하다. 어떤 사람들은 자신의 행동을 변화시키는 데 관심이 있다고 주장하지만, 심리치료를 찾는 대부분의 사람들은 주로 불편감에서 벗어나고 싶어 한다. 그들의 호소는 일반화된 불인감이나 특정한 불편감 혹은 관계에 대한 불만족일 수도 있다. 환자들은 흔히 스스로의 노력보다는 치료자가 작업을 해 주는 것을 통해서 불편이 해소될 것이라고 기대한다.

심리치료는 자신을 거부하고, 자신의 어떤 면들을 소외시키고, 스스로를 속임으로써 불안과 우울증 등을 야기시키는 사람들에게 가장 적합하다. 간단히 말하면, 자기가 어떻게 자신의 불행을 촉진시키는지 모르는 사람들이 가장 좋은 후보들이다. 그들이 알아차림 작업에 대해서, 특히 자기 조절의 알아차림에 대해서 열린 마음을 가지고 있다면 그러하다. 게슈탈트 치료는 자기 자신에 대해 지적으로는 알지만 아직 성장하지 않고 있는 사람에게 특히 적합하다.

알아차림 작업을 하지 않고 증상이 해소되기를 바라는 사람들은 행동 수정이나 약물, 바이오피드백 등을 하는 것이 더 낫다. 게슈탈트 치료의 직접적인 방법은 환자가 치료 초기에 이러한 선택을 하는 것을 용이하게 한다. 그러나 환자가 접촉이나 알아차림 작업을 하는 것을 힘들어한다고 해서, 작업하기를 원치 않는 것으로 자동적으로 해석해서는 안 된다. [내담자를] 전인으로서 존중하는 것을 통해서 게슈탈트 치료자는 환자가 '할 수 없음'과 '하지 않으려 함' 사이의 차이를 명확히 이해하도록 도와줄 수 있으며, 이전에 학습한 것, 불안, 수치심 그리고 자기애적 상처에 대한 민감성 같은 내적인 장애물들 혹은 저항이 어떻게 알아차림 작업을 방해하는지도 깨닫도록 도와줄 수 있다.

'당위'는 없다

게슈탈트 치료에서는 '당위'가 없다. 게슈탈트 치료에서는 다른 가치보다 환자의 자율성과 자기 결정을 더 가치 있게 여긴다. 이것은 당위가 아니라 선호다. 이 당위 없음의 윤리는 환자를 위한 치료자의 목표보다 더 우선적이고, 환자의 행동에 대한 책임과 제재를 환자의 몫으로 남겨 두는 것이다(물론 환자가 게슈탈트 치료를 받는다는 이유만으로 사회의 명령과 요구 사항이 유보되는 것은 아니다.).

치료는 어떻게 이루어지는가?

게슈탈트 치료는 행동을 직접 수정하는 것이 아니라 탐색하는 것이다. 목표는 의식의 증진을 통한 성장과 자율성이다. 게슈탈트 치료자는 거리를 유지하고 해석하기보다는 환자를 만나고, 적극적인 알아차림 작업을 안내한다. 치료자의 적극적인 현전은 생동감 있고, 활기차며(따라서 따뜻하고), 정직하고, 직접적이다. 환자들은 그들이 [치료자에게] 어떻게 경험되는지, 치료자에게 무엇이 보이며, 그가 어떻게 느끼는지, 그리고 치료자가 한 인간으로서 어떤 사람인지 보고 들을 수 있고, 또 치료자가 말해 줄 수도 있다. 성장은 실제 사람들 간의 실제적인 접촉에서 일어난다. 환자들은 그들의 문제에 대해 이야기함으로써가 아니라, 그들과 치료자가 서로 어떻게 관여하는지를 통해서 자기들이 어떻게 보이는지 배우고, 어떻게 자기들의 알아차림 과정이 제한되는지 배운다.

초점화(focusing)는 단순한 포함이나 공감에서부터, 대부분 치료자가 환자와 함께 있을 때 치료자의 현상학에서 비롯되는 실험에 이르기까지 넓은 범위에 적용된다. 다른 모든 것은 두 참여자의 직접적인 경험보다 부차적이다.

게슈탈트 치료의 일반적인 접근법은 치료 시간 후나 치료자가 없을 때 계속 발전되는 것을 극대화시키는 방식으로 탐색을 촉진하는 것이다. [치료 시간이 끝났을 때] 환자는 미해결 상태로 생각에 잠겨서, 혹은 '열린' 채로, 혹은 숙제를 부여받은 상태로 남겨지는 경우가 많다. 이것은 오븐에서 꺼낸 후에도 계속 익고 있는 고기와 비슷하다. 이것이 게슈탈트 치료가 일주일에 더 적은 횟수로 만나고도 그렇게 강력할 수 있는 부분적인 이유다. 우리는 우리가 없을 때 일어나는 성장과 협력한다. 우리는 필요한 부분에서 시작한다. 우리는 환자의 자기 향상을 육성시키는 데 필요한 정도로 촉진시킨다. 우리는 치료 과정을 완성시키기보다는 성장을 촉진시킨다.

퍼얼스는 심리치료의 궁극적인 목표가 '스스로의 발달을 촉진시킬 만큼의 통합'을 달성하는 것이라고 믿었다(1948). 이런 종류의 촉진에 대한 예로는 쌓인 눈에 파 놓은 작은 구멍의 비유를 들 수 있다. 일단 배수 과정이 시작되면 작은 구멍으로 시작된 기저부는 혼자 힘으로 커진다.

성공적인 심리치료는 통합을 달성한다. 통합을 위해서는 환자의 생각, 정서, 행동 중 그저 몇 가지만이 아니라 모든 중요한 기능과 동일시하는 것이 필요하다. 자신의 생각이나 정서, 행동 중 어떤 것이라도 거부하면 소외가 생긴다. 되찾음으로써 인간은 온전해진다. 그러므로 치료의 과제는 환자가 이전에 소외되었던 부분들을 알아차리고, 맛보고, 숙고해서 그것이 자아 동조적이면 동화시키고, 자아 이질적인 것으로 판명되면 거부하도록 하는 것이다. 심킨(1968)은 케이크의 비유를 사용해서 환자들이 해롭거나 아니면 받아들일 수 없는 것으로 여겼던 자신의 부분들을 다시 자기 것으로 되찾도록 격려했다. 기름, 밀가루 혹은 베이킹파우더 그 자체는 맛이 없을지 모르지만, 케이크 전체가 성공하려면 필수불가결한 것이다.

나-너 관계

게슈탈트 치료는 여느 치료들처럼 환자에게 초점을 맞춘다. 그러나 관계가 수평적이므로 전통적인 치료 관계와는 다르다. 게슈탈트 치료에서는 치료자와 환자가 같은 언어, 즉 현재 중심적 언어를 사용하고, 두 참여자의 직접적인 경험을 중요시한다. 게슈탈트 치료에서는 환자뿐만 아니라 치료자도 자신의 온전한 현전을 보여 준다.

처음부터 게슈탈트 치료는 환자가 알아차리지 못하는 것에 대한 치료자의 관찰뿐만 아니라 환자의 경험도 강조했다. 이것은 환자로 하여금 그 자신의 경험 자료에 충분히 접근할 수 있어서, 치료자가 외부에서 관찰한 것을 내적으로 직접 경험할 수 있는 동등한 자격을 갖춘 사람으로 작용할 수 있도록 허용한다. 해석을 하는 체계에서는 환자는 아마추어이고 해석을 할 수 있는 이론적 기반이 없다. 중요한 내적 자료는 무의식적이고 경험되지 않는 것으로 가정된다.

게슈탈트 치료 관계에서 중요한 측면은 책임의 문제다. 게슈탈트 치료는 치료자와 환자 모두가 스스로에 대해 책임이 있음을 강조한다. 치료자가 스스로를 환자에 대한 책임이 있는 것으로 생각하면, 환자가 자기 책임감을 느끼지 않는 것을 공모하는 것이고, 그렇게 함으로써 환자가 자기 자신을 지지하고 조절할 수 없다는 믿음 때문에 환자를 조종해야 할 필요성을 강화하게 된다. 그러나 치료자가 자신에 대해 책임을 지고, 환자는 그 자신에 대해 책임지는 것만으로는 충분하지 않다. 환자와 치료자의 동맹에도 역시 주의 깊게 끊임없이 그리고 유능하게 주의를 기울여야 한다.

치료자는 자신의 현전의 양과 질에 대해, 자신과 환자에 관한 지식에 대해, 방어적이지 않은 자세를 유지하는 것에 대해, 그리고 자신의 알아차림과 접촉의 과정을 투명하면서도 환자에게 맞추어 유지하는 것에 대해 책임이 있다. 치료자는 자신이 하는 행동의 결과에 대해 책임이 있고, 치료적 분위기를 형성하고 유지할 책임이 있다.

무엇과 어떻게에 대한 알아차림

게슈탈트 치료에서는 환자가 무엇을 하며, 그것이 어떻게 행해지는지를 끊임없이 주의 깊게 강조한다. 환자가 무엇에 직면하는가? 환자는 어떻게 선택을 하는가? 환자가 자기-지지를 하는가, 아니면 저항을 하는가? 직접적인 경험이 도구이며, 그러한 경험은 더 깊고 더 넓게 초점 맞추기를 계속함으로써 처음에 경험되는 것을 넘어서 확장된다. 게슈탈트 치료의 기법들은 실험적 과제들이다. 기법은 직접적인 경험을 확장시키는 수단이다. 기법은 환자를 어디로 가게 하거나, 환자의 감정을 변화시키거나, 재조건화시키거나, 카타르시스를 촉진시키기 위해 고안된 것이 아니다.

지금-여기

현상학적인 치료에서 '지금'은 환자가 현재 알아차리고 있는 것으로부터 시작한다. 처음으로 일어나는 것은 어린 시절이 아니라 지금 경험되는 것이다. 알아차림은 지금 일어난다. 이전의 사건들은 현재의 알아차림의 대상일 수는 있으나 알아차림의 과정

(예를 들면, 기억하기)은 지금이다.

지금 나는 내 주변의 세상을 접촉할 수 있다. 혹은 지금 나는 기억이나 기대를 접촉할 수 있다. 현재를 알지 못하는 것, 기억을 하지 않는 것, 기대를 하지 않는 것은 모두 장애다. 현재는 과거와 미래 사이에서 끊임없이 움직이는 과도기다. 종종 환자들은 그들의 현재 행동을 알지 못한다. 어떤 경우에 환자들은 마치 과거가 없는 것처럼 현재에 산다. 대부분의 환자들은 마치 미래가 지금인 것처럼 미래에 산다. 이 모두가 시간 알아차림의 장애다.

'지금' 이란 이 순간을 가리킨다. 치료 시간 중에 환자가 치료 시간 바깥의 삶이나 혹은 치료 시간 중에서 앞에 지나간 순간을 언급할 때, 그것은 지금이 아니다. 게슈탈트 치료에서 우리는 다른 어떤 형태의 심리치료에서보다도 더욱 지금을 지향한다. 과거의 몇 분, 며칠, 몇 년 혹은 몇십 년의 경험 중 현재 중요한 것들이 다루어진다. 우리는 무엇에 대해서 이야기하는 것으로부터 직접 경험하는 쪽으로 가고자 한다. 예를 들면, 물리적으로 그 자리에 있지 않은 사람**에게** 이야기하는 것이 그 사람에 **대해서** 이야기하는 것보다 더욱 직접적인 감정의 경험을 활성화시킨다.

게슈탈트 치료에서 이러한 나-너, 무엇과 어떻게, 지금-여기의 방법은 성격적인 정신역동과 발달적인 정신역동에 대해 작업하기 위해서 자주 사용된다.

예를 들면, 서른 살 된 여성 환자가 집단 치료에 참여하고 있다. 그녀는 치료의 중기에 있다. 그녀는 집단에 있는 한 남자에게 매우 화가 나 있다고 말한다. 합리적이고 자주 쓰이는 게슈탈트적 접근 방법 하나는 '그것을 그에게 말해 보라.' 는 것이다. 그 대신에 이 치료자는 다른 길을 택한다.

치료자: 그냥 화만 난 게 아니라 뭔가 더 있는 것 같은데요.

환　자: [흥미를 보인다.]

치료자: 격분한 것처럼 들리고, 또 그렇게 보여요.

환　자: 그래요, 그를 죽여 버리고 싶어요.

치료자: 무력감을 느끼는 것 같네요.

환　자: 그래요.

치료자: 무력감은 보통 분노에 뒤따라 나오지요. 무엇에 대해 무력한가요?

환　자: 그가 나를 인정하도록 만들 수가 없어요.

치료자: [그녀가 이전에 그 남자를 만났던 것에 대해 치료자가 관찰한 바는 그 말과 일치한다.] 그리고 그걸 수용할 수가 없군요.

환　자: 네.

치료자: 그래서 상황이 요하는 것보다 더 격렬한 분노가 생겼군요.

환　자: [고개를 끄덕이고 잠시 멈춘다.]

치료자: 무엇을 경험하고 있습니까?

환　자: 제 인생에서 많은 남자들이 그랬어요.

치료자: 당신 아버지처럼요? [이것은 환자와의 예전 작업으로부터 나온 것이며 억측이 아니다. 이후 작업은 그녀에게 제대로 반응해준 적이 없었던 아버지로부터 받은 자기애적 상처를 재경험하는 것으로 진행된다.]

심리치료의 과정

게슈탈트 치료는 아마도 다른 어떤 체계보다도 스타일이나 운용 양식의 폭이 넓을 것이다. 그것은 개인치료로, 집단으로, 워크숍으로, 부부 치료 및 가족 치료로 그리고 아이들을 대상으로 실시되며, 클리닉, 가족 서비스 기관, 병원, 개인 상담실, 성장 센터 등에서 실시된다. 각 운용 양식은 아래의 여러 차원에 따라 매우 다양한 스타일이 있다. 구조화의 정도와 유형; 사용되는 기법들의 양과 질; 치료 회기의 빈도; 관계 맺기에서의 거침과 편안함; 신체에 초점 맞추기, 인지, 감정, 개인 간의 접촉; 정신역동적 주제에 대한 지식과 작업; 개인적인 만남의 정도 등.

게슈탈트 치료의 모든 스타일과 양식들은 우리가 이제까지 논의했던 일반적인 원리들을 공유한다. 직접적인 경험과 실험하기를 중요시함(현상학), 직접적인 접촉과 개인적인 현전의 사용(대화적 실존주의), 무엇과 어떻게, 그리고 지금-여기의 장 개념을 강조하는 것 등이다. 이런 범위 내에서 치료자와 환자의 성격, 그리고 상황에 따라 개입의 형태가 정해진다.

'작업하기(work)'와 다른 활동들, 특히 '[어떤 것에] 대하여 이야기하기(talking about)' 사이의 차이점을 강조하는 것이 방법론의 핵심이다. 작업에는 두 가지 의미가 있다. 첫째, 그것은 개인의 삶의 시야(scope)와 명료성을 증가시키기 위해서 현상학적으로 초점 맞춰진 알아차림을 사용하겠다는 신중하고 자발적이면서도 절제된 방식의 참여를 가리킨다. 우리가 어떤 문제에 대해서 이야기하거나 일반적인 방식으로 타인과 함께 있는 것에서 벗어나 우리가 무엇을 하고 있는지 탐구하는 쪽으로, 특히 우리가 어떻게 알아차리는지를 알아차리는 방향으로 나아갈 때, 우리는 작업을 하고 있는 것이다. 둘째, 집단에서는 작업한다는 것이 치료자 그리고/또는 집단의 주목을 우선적으로 받는 대상이 되는 것을 의미한다.

치료적 접촉의 질과 유형이 중요하고, 치료자의 태도 및 그가 중요시하는 것과 환자의 욕구가 서로 들어맞는 것이 중요하지만, 기법들 간의 차이점은 중요하지 않다. 기법들은 기법들일 뿐이다. 전반적인 방법과 관계 그리고 태도가 가장 중요한 측면들이다.

그럼에도 불구하고 몇몇 기법이나 선략에 대해 논의하는 것이 전반적인 방법론을 조명해 줄 수도 있을 것이다. 다음은 가능한 방법 중 몇 가지 예가 될 뿐이다.

환자에게 초점 맞추는 기법

환자에게 초점 맞추는 기법들은 모두 "무엇을 알아차리고(경험하고) 있나요?"라는 질문과 "이 실험을 하면서 당신이 무엇을 알아차리게(경험하게) 되는지, 혹은 배우게 되는지 보세요."라는 지시를 손질한 것들이다. 많은 경우에 개입이란 환자가 무엇을 알아차리고 있는지 묻는 것, 더 좁혀서 말하자면, "무엇을 느끼고 있나요?" 또는 "무슨 생각을 하고 있나요?"라고 묻는 것처럼 간단한 것들이다.

"거기에 머무르기." 환자가 알아차림에 대한 보고를 했을 때, "머물러 보라." 혹은 "온전히 느껴 보라."는 지시를 하는 것은 자주 사용되는 기법이다.

"거기에 머물러 보라."는 환자가 보고하고 있는 감정을 계속 느끼도록 권장하는 것인데, 그것은 환자가 어떤 감정을 심화시키고, 충분히 작업해서 완결지을 수 있는 능력을 함양시켜준다. 예를 들면,

환　자: [슬퍼 보인다.]

치료자: 무엇을 알아차리고 있나요?

환　자: 슬퍼요.

치료자: 거기에 머물러 보세요.

환　자: [눈물이 솟는다. 환자는 긴장하고 멀리 바라보며 생각에 잠긴 듯 보인다.]

치료자: 긴장하고 있는 것이 보입니다. 무엇을 알아차리고 있습니까?

환　자: 슬픔에 머무르고 싶지 않아요.

치료자: 원하지 않는 상태에 머물러 보세요. 원하지 않는 상태를 말로 표현해보세요. [이러한 개입은 긴장을 푸는 것에 대해 환자가 저항하고 있다는 것을 알아차리게 할 것이다. 환자는 다음과 같이 응답할지도 모른다. "나는 여기서 울지 않을 거예요. 나는 선생님을 신뢰하지 않아요." 혹은 "수치심을 느껴요." 혹은 "나는 화가 났고, 그를 그리워한다는 걸 인정하고 싶지 않아요."]

행동으로 해보기　이제 환자는 감정이나 생각을 행동으로 표현해보라는 주문을 받는다. 예를 들면, 치료자는 환자에게(대상이 거기 있다면) "그것을 그 사람에게 말하도록" 혹은(그 대상이 거기 없다면, 빈 의자를 놓고 말하는 것 같은) 일종의 역할극을 하도록 격려해줄 수 있다. "거기에 말을 부여해보라(put words to it)."는 기법은 또 다른 예다. 눈물을 글썽이는 환자에게는 "거기에[눈물에] 말을 부여해보라."고 주문하기도 한다. '행동으로 해보기'는 알아차림을 증가시키기 위한 방법으로 의도된 것이지, 카타르시스의 한 형태로 하는 것이 아니다. 카타르시스는 보편적인 치료법이 아니다.

과장은 '행동으로 해보기'의 특별한 형태다. 치료자는 환자에게 (인위적이기는 하지만) 보다 강렬하게 연기되거나 상상된 광경을 느끼게 해주기 위해서 어떤 감정이나 생각, 동작 등을 과장해보라고 주문한다. 동작이나 소리, 예술, 시 등으로 연기하는(enact) 것은 창조성을 자극하면서, 또한 치료적일 수도 있다. 예를 들면, 어머니에 대해 말을 하면서 어떤 특별한 감정도 나타내지 않았던 사람에게 어머니를 묘사해보라고 했다. 그는 묘사를 하다가 어머니처럼 움직여보겠다는 제안을 했다. 환자가 어머니의 자세와 동작을 취했을 때, 그는 강렬한 감정을 다시 알아차리게 되었다.

유도된 상상　때로 환자는 연기보다는 시각화를 통해서 보다 효율적으로 어떤 경험을 지금-여기로 가져올 수 있다.

환 자: 어젯밤에 여자 친구와 함께 있었어요. 어떻게 되어서였는지 잘 모르겠지만, 발기불능이었어요. [환자는 더 자세히 이야기하고 과거 역사도 말한다.]

치료자: 눈을 감으세요. 어젯밤이고, 여자 친구와 함께 있다고 상상하세요. 매 순간 당신이 경험하는 것을 소리 내어 말하세요.

환 자: 저는 소파에 앉아 있어요. 친구가 제 옆에 앉고, 저는 흥분해요. 그런 다음에는 물렁해져요.

치료자: 그걸 슬로 모션으로 다시 한 번, 더 자세히 해봅시다. 모든 생각이나 감각적 느낌에 민감하게요.

환 자: 저는 소파에 앉아 있어요. 여자 친구가 나가와서 제 옆에 앉아요. 제 목을 반지네요. 너무도 따뜻하고 부드러워서 전 흥분해요. 딱딱해진다고요. 그녀는 제 팔을 쓰다듬고, 저는 그게 좋아요. [정지, 놀란 것처럼 보인다] 그리고 전 생각했어요. 너무도 긴장된 하루였다, 어쩌면 발기할 수 없을지도 몰라.

이 환자는 그가 어떻게 자신의 불안과 발기불능을 초래했는지 알아차리게 되었다. 이 상상은 과거에 일어났던 사건과 더 잘 접촉할 수 있도록 그 사건을 재창조했다. 상상은 기대된 사건, 은유적인 사건 등에 관한 것일 수도 있다.

또 다른 경우에, 수치심과 자기 거부에 관해 작업하고 있던 환자에게 "있는 그대로의 너를 사랑한다."고 진심으로 말하는 어머니를 상상해 보라고 한다. 상상이 세부적으로 되면서 환자는 자신의 경험에 주목하게 된다. 이러한 상상은 환자가 바람직한 자기 돌봄(self-mothering)의 가능성을 알아차리도록 도와주고, 스스로에게 해주는 좋은 부모 노릇(good self-parenting)을 통합하는 과도기로서 기능할 수 있다. 이미지는 치료 시간 사이사이에 작업하는 데, 또는 명상으로 사용될 수 있다. 그것은 또한 버려짐, 상실 그리고 나쁜 부모 역할의 경험에 관한 감정을 일으키기도 한다.

풀어주고 통합시켜주는 기법들 환자들은 일반적인 사고방식의 굴레에 너무도 속박되어 있어서 다른 가능성을 알아차리는 것을 허용하지 않을 때가 많다. 여기에는 부정이나 억압과 같은 전통적인 기제들뿐만 아니라, 환자의 사고방식에 영향을 미치는 문화적, 학습적인 요소들도 포함된다. 한 가지 기법은 사실이라고 믿는 것이 무엇이든 그 반대를 상상하도록 환자들에게 주문하는 것이다.

통합시켜주는 기법들은 환자가 통합하지 못하거나 적극적으로 갈라놓는(분열시키는) 과정들을 통합시킨다. 환자는 긴장, 울음 혹은 경련과 같은 부정적인 과정에 말을 부여해보라고 주문받을 수 있다. 혹은 환자가 어떤 감정, 즉 정서를 말로 표현할 때, 몸의 어느 곳에 그것이 있는지 위치를 가리켜보라고 질문을 할 수도 있다. 또 다른 예는 동일한 사람에 대해서 좋은 감정들과 나쁜 감정들을 표현해보라고 주문하는 것이다.

신체 기법들 환자들이 자신의 신체 기능을 알아차리도록 하는 기법, 혹은 그들이 흥분, 알아차림 그리고 접촉을 지지하기 위해서 자신의 몸을 어떻게 사용할 수 있는지를 알아차리도록 도와주는 기법이면 어떤 것이든 여기에 포함된다. 예를 들면,

환 자: [눈물을 글썽이며, 턱을 악물고 있다.]
치료자: 실험을 하나 해보시겠어요?
환 자: [고개를 끄덕인다.]
치료자: 깊이 숨을 쉬면서, 숨을 내쉴 때마다 턱을 느슨하게 내려뜨리세요.
환 자: [숨을 깊이 쉬고, 내쉬면서 턱을 내려뜨린다.]
치료자: 거기에 머무르세요.
환 자: [풀어지며, 울면서 흐느끼기 시작한다]

치료자의 자기개방

게슈탈트 치료자들은 '나'를 주어로 하는 진술을 하도록 권장된다. 이러한 진술은 치료적인 접촉과 환자들의 집중을 촉진시키는데, 분별력 있고 현명하게 사용되어야 한다. 치료 작업을 촉진시키기 위해서 '나'를 사용하려면, 치료자의 기술, 개인적인 지혜 및 자기-알아차림이 필수적이다. 치료자는 자기가 보고 듣거나 냄새 맡는 것을 [환

자와] 나눌 수 있다. 자기가 어떤 영향을 받고 있는지도 나눌 수 있다. 치료자는 알아차리지만 환자는 알아차리지 못하는 사실들을 나누는데, 특히 환자가 그러한 정보를 치료 시간 중의 현상학적 작업을 통해서 자연스럽게 발견할 가능성이 적어 보이면서도 그것이 환자에게 중요한 정보일 때는 함께 나눈다.

심리치료의 기제들

오래된 결함들, 새로운 강점들

유아에게는 양육적, 유기체적/환경적, 생태적 조화를 갖춘 부모 관계가 필요하다. 예를 들면, 엄마는 아이의 욕구가 충족되고 아이의 가능성 계발이 촉진되는지 살펴보아야 한다. 아이에게는 이처럼 따뜻하고 양육적인 비춰주기(mirroring)가 필요하다. 또한 아이에게는 고심하고 좌절하며 실패할 수 있는 여지가 필요하며, 행동의 결과를 경험할 수 있는 한계가 필요하다. 부모들이 의존적인 아이를 원하거나 자신의 내적 자원이 충분치 못해서 아이들의 이러한 욕구를 충족시키지 못하면, 아이들은 접촉 경계와 알아차림이 왜곡되고 자존감이 낮아지게 된다.

불행히도, 아이들은 자신의 욕구에 관해서도 부모의 승인을 구하게끔 길들여지는 경우가 많다. 그 결과 자발적인 성격 대신 인위적인 성격이 들어서게 된다. 또 어떤 아이들은 타인의 자율성을 고려하지 않은 채, 남이 자신의 욕구를 충족시켜주도록 만들 수 있다고 믿게 된다. 이것은 자발성 대신에 충동성의 형성을 초래한다.

환자들에게는 건강하고 접촉적인 방식으로 관계를 맺는 치료자가 필요하다. 탐색과 철저한 작업을 희생시켜 가면서 분별없이 환자에게 잘해주기만 하지도 않고, 환자를 존중하고, 따뜻하고 수용적이며, 직접적이고 정직하게 대하지 못함으로써 지나친 불안감과 수치심과 좌절감을 초래하지도 않는 치료자가 필요한 것이다.

자신의 욕구와 장점을 제대로 알아차리지 못하고, 유기체적 자기를 지지하기보다는 거기에 저항하면서 심리치료를 시작하는 환자들은 고통을 받고 있다. 그들은 자기가 스스로 할 수 없다고 믿는 것을 치료자가 자기를 위해 해주도록 만들려고 노력한다.

치료자가 이것을 따라가게 되면, 환자들은 그동안 상실했었거나 한 번도 계발하지 못했던 잠재력을 다시 자기 것으로 만들고 통합하지 않게 된다. 따라서 그들은 유기체적 자기 조절을 하면서 기능하고 자신에 대해 책임지는 것을 여전히 못하게 되는 것이다. 치료자가 환자의 알아차림과 자아 경계를 강화하지 않은 채 환자의 욕구를 충족시켜 주기 때문에, 환자들은 자신에게 자율적으로 존재할 수 있는 힘이 있는지 발견할 수가 없다(Resnick, 1970 참조).

게슈탈트 치료가 진행되면서 환자가 알아차리고, 책임감 있고, 접촉적이 되는 것을 배움에 따라 그들의 자아 기능은 향상된다. 그 결과 그들은 더 깊은 탐색을 할 수 있는 도구를 얻게 된다. 그러면 환자들은 퇴행적 치료에서 나타날 수밖에 없는 퇴행과 과잉 의존 없이, 그리고 전이 신경증이 초래하는 능력의 일시적인 상실을 겪지 않으면서도 형성 시기의 아동기 경험을 탐색할 수 있게 된다. 환자들이 과거의 사건에 의해 결정된다는 가정 없이 아동기 경험을 현재의 알아차림으로 가져오는 것이다. 환자들은 게슈탈트 치료자에게 전이적 소재를 적극적으로 투사하며, 그렇게 함으로써 보다 깊은 탐색을 할 기회를 제공한다.

다음 두 개의 예는 각기 다른 방어기제를 가지고 있어서 다른 종류의 치료가 필요하지만 근본 문제는 비슷한 환자들을 보여 준다.

톰은 자신의 지능과 자족성 그리고 독립성에 대해 자부심을 느끼고 있는 45세의 남성이었다. 그는 자신에게 충족되지 않은 의존 욕구와 분노가 있음을 알아차리지 못하고 있었다. 이것은 그의 결혼 생활에 영향을 주었는데, 그의 아내는 남편이 그녀를 필요로 하지 않는 반면, 그녀는 남편을 필요로 하고 접촉하고 있었고, 그것을 표현했기 때문에 자신이 열등하다고 느꼈다. 이 남자의 자족성은 존경심을 요구했다. 존경은 어떤 욕구를 충족시켰고, 부분적으로는 건설적이었으며 그의 자존감의 토대였다.

환 자: [자랑스럽게] 제가 어렸을 때 엄마는 너무 바빠서 저는 저 자신에게 의지하는 법을 배워야 했습니다.

치료자: 당신의 강한 점을 높이 평가합니다. 그리고 당신이 그렇게 자립적인 아이였다는 것을 생각하면, 당신을 쓰다듬어 주고 부모 노릇도 좀 해주고 싶어요.

환　자: [약간 눈물을 보이며] 아무도 저에게 그렇게 해줄 수 없었어요.

치료자: 슬퍼 보이네요.

환　자: 제가 어렸을 때 생각이 나요. [탐색을 통해 부재했던 부모에 대한 수치심 반응과 보상적인 자립심을 알아차리게 된다.]

밥은 45세의 남자로, 상호작용이 완전히 긍정적이지 않은 경우에는 그에 대한 반응으로 수치심을 느끼고, 자신을 고립시키는 사람이었다. 그는 자기 양육(self-nourishment)에 대해 실험해보는 것을 계속 꺼렸다.

환　자: [불평하는 목소리로] 오늘 뭘 할지 모르겠네요.

치료자: [바라보며 아무 말도 하지 않는다.]

환　자: 한 주 동안 어떻게 지냈는지에 대해 말할 수도 있고요. [치료자에게 묻듯이 바라본다.]

치료자: 지금 당신이 날 끌어당기는 것처럼 느껴요. 내가 당신에게 지도해주기를 바라나 봐요.

환　자: 네. 그게 뭐가 잘못 됐나요?

치료자: 아니요. 지금은 내가 당신에게 지도를 하고 싶지 않네요.

환　자: 왜요?

치료자: 당신은 스스로 지도할 수 있어요. 지금 이 순간에는 당신이 우리를 당신 안의 자기로부터 점점 더 멀어지게 지도하고 있는 것 같아요. 거기에는 협조하고 싶지 않아요. [침묵]

환　자: 전 어찌할 바를 모르겠네요.

치료자: [바라보며 아무 말도 하지 않는다.]

환　자: 선생님은 제게 지도하지 않으실 거죠?

치료자: 그래요.

환　자: 좋아요, 제가 저 자신을 돌볼 수 없다고 믿는 것에 대해 작업합시다. [환자는 자기 주도적으로 효과적인 작업을 해서, 부재했던 부모에 대한 반응으로 느끼는 유기 불안과 수치심을 알아차리게 된다.]

좌절과 지지

게슈탈트 치료는 좌절과 지지의 균형을 맞춘다. 치료자는 환자의 바람을 만족시켜 주기보다는 그것을 탐색한다. 이것이 환자에게는 좌절이 된다. 정직한 접촉은 조종을 좌절시키지만, 접촉을 제공하는 것은 지지가 된다. 게슈탈트 치료자는 자기를 표현하고 욕망, 좌절, 응석에 대한 탐색을 포함하여 탐색하는 것을 중요시한다. 치료자는 환자의 조종에 대하여 그것을 강화하지도, 판단하지도, 고의적으로 좌절시키지도 않으면서 반응한다. 따뜻함과 확고함의 균형이 중요하다.

변화의 역설적 이론

이 역설은 자기 자신이 아닌 사람이 되려고 노력하면 할수록 인간은 더욱 같은 상태에 머물게 된다는 것이다(Beisser, 1970). 많은 환자들은 그들이 '되어야만 하는' 것에 초점을 맞추면서도 동시에 그러한 당위에 저항한다.

게슈탈트 치료자는 내담자에게 상충되는 역할 하나하나와 동일시해 보라고 요구함으로써 통합을 향한 작업을 시도한다. 내담자는 매 순간 자기가 무엇을 경험하는지 질문을 받는다. 내담자가 양쪽 역할을 다 알아차릴 때, 이분법을 초월하기 위해서 통합의 기법들이 사용된다.

게슈탈트 치료에는 두 개의 격언이 있다. '있는 것은 있다(What is, is.)'와 '하나의 사건은 또 다른 사건으로 이어진다.'[9](Polster & Polster, 1973)가 그것이다. 변화를 가져오는 매체는 자기가 진실로 누구인지를 보여 주는 것에 기반을 두고 접촉을 하면서 환자를 이해하고 받아들이는 치료자와의 관계다.

'있는 것'에 대한 알아차림은 자발적인 변화를 가져온다. 지지를 받기 위해 조종을 하던 사람이 접촉적이고 수용적이면서도 그러한 조종에 결탁하지 않는 치료자를 발견할 때, 그는 자기가 무엇을 하고 있는지 알아차리게 될 것이다. 이러한 '아하!'는 새로

9) 역자 주_ 모든 것은 변화의 과정에 있다는 의미임.

운 게슈탈트이며, 새로운 조망이며, 새로운 가능성을 맛보는 것이다. "나는 누군가와 함께 있으면서도 그를 조종하거나 그에게 조종당하지 않을 수 있다." 그런 환자가 소위 '치료적인' 결탁, 조롱, 심리 조작술(mind games), 훙청거리는 도박게임 등을 만날 때, 이러한 알아차림의 증진은 일어나기 어렵다.

[치료가 진행되는] 각 시점 그리고 모든 시점에서 이 새로운 '아하!'가 일어날 수 있다. 치료자나 환자가 새로운 가능성을 볼 수 있고 환자가 배우기를 원하는 한, 새로운 '아하!'는 가능하며, 그와 함께 성장도 가능하다. 치료자가 알아차리고 그것을 전체와 연결시킨다면 알아차림 작업은 환자가 하고자 하는 어느 지점에서도 시작될 수 있다. 게슈탈트 치료에서 잇따라 일어나는 과정은 장 곳곳의 변화로 이어진다. 조사가 철저하면 할수록, 재조직화는 더욱 격렬하게 이루어진다. 어떤 변화는 몇 년이 지난 후에야 인식될 수도 있다.

게슈탈트 치료를 받는 환자들은 자신의 삶을 책임진다. 치료자는 제한된 알아차림과 수축된 접촉 경계 영역들을 여는 데 관심을 촉진시킨다. 치료자는 경계가 빈약한 영역에 확고함과 한계를 도입한다. 감각의 정확성과 생생함이 증가할수록, 호흡이 보다 충만해지고 이완될수록, 그리고 환자가 접촉을 더 잘 할수록, 그들은 치료의 기술을 그들의 삶 속으로 들여온다. 어떤 때에는 게슈탈트 작업을 한 후에 마치 특별 사면처럼 친밀감과 직업에서의 발전이 잇따르는데, 환자는 그러한 증진을 치료 중에 했던 작업과 연결시키지 못하는 경우도 있다. 하지만 유기체는 알아차림과 접촉을 통해 성장한다. 하나의 사건은 또 다른 사건으로 이어진다.

적 용

문제들

게슈탈트 치료는 치료자가 이해하고 편안하게 느끼는 어떠한 환자군에도 효과적으로 사용될 수 있다. 치료자가 환자와 관계를 맺을 수 있으면, 게슈탈트 치료의 대화와 직접 경험하기의 원리가 적용될 수 있다. 일반적 원리들은 각 환자의 특정한 임상적 상황에 맞게 수정되어야 한다. 환자를 치료하는 것이 '게슈탈트 치료'에 순응하게 만드는 것이 된다면, 그것은 비효과적이거나 해가 될 수도 있다. 정신분열증 환자, 반사회성 인격 장애자, 경계선 성격장애자 및 강박 신경증 환자 등은 모두 다른 접근 방법이 필요하다. 따라서 게슈탈트 치료를 제대로 시행하려면 게슈탈트 치료보다 더 많은 것에 대한 배경 지식이 있어야 한다. 진단, 성격 이론 그리고 정신역동 이론에 대한 지식도 필요하다.

임상가 개인이 게슈탈트 치료를 하는 데 있어서 상당한 재량을 가진다. 치료 스타일, 개인의 성격, 진단적인 고려 등에 따라 개인치료자들이 치료 방식을 변형한다. 이것은 치료자의 개인적인 책임감을 권장하고 요구한다. 게슈탈트 치료자들은 적절한 임상 경험뿐만 아니라 성격 이론, 정신병리학 및 심리치료의 이론과 적용에 있어서도 튼튼한 기반을 가지도록 권장된다. 치료적 만남에 참여하는 사람들은 새로운 행동을 실험해 보고 그 경험이 어떤 것이었는지 인지적으로나 감정적으로 서로 나누도록 권장된다.

게슈탈트 치료는 전통적으로 '지나치게 사회화되고, 억압되었거나 위축된 개인들'(불안하고, 완벽주의적이며, 공포증이 있고, 우울한 내담자들), 주로 '내적 제약'으로 인해 기능하는 데 있어서 일관성이 없거나 제약을 받는 개인들에게 가장 효과적인 것으로 여겨져 왔다(Shepherd, 1970, pp. 234-35). 그런 개인들은 삶을 최소한으로만 즐기는 것이 보통이다.

게슈탈트 치료가 효과적인 환자군에 대해 셰퍼드의 진술이 정확하게 묘사하고 있긴 하지만, 현재 게슈탈트 치료는 더 광범위한 문제들에 대해 임상적으로 적용되고 있다.

'퍼얼스식' 워크숍 스타일의 게슈탈트 치료는 일반적인 게슈탈트 치료보다 더 제한적으로 적용된다(Dolliver, 1981; Dublin, 1976). 셰퍼드가 제약점과 주의점들을 논할 때, 그녀는 어느 치료자에게도 적용되지만, 특히 워크숍 상황에서나 정신장애 환자들에 대한 경험이나 수련이 부족한 치료자들이 주의해야 할 제약들에 주목한다.

정신병적이거나 와해되거나 다른 종류의 심각한 정신장애를 가지고 있는 환자들과의 작업은 더욱 어렵고 '조심성과 민감성 그리고 인내심'을 요한다. 환자에게 '장기적인 관여'를 하는 것이 힘든 상황이라면, 그런 작업을 하지 말라고 셰퍼드는 조언한다. 정신장애 환자들은 치료자의 지지가 필요하고, 자기 자신의 타고난 치유 능력에 대한 최소한의 믿음이 있어야 한다. 그런 후에야 비로소 정신장애 환자들은 그들의 심리적 과정 밑에 깔려 있는 '압도적인 고통과 상처, 분노 및 절망'을 깊이 탐색하고 강렬하게 경험할 수 있다.

정신장애가 더욱 심한 환자군과 작업하려면 지지와 좌절의 균형을 어떻게 맞출 것인가에 대한 임상적 지식, 성격 역동에 대한 지식 그리고 (주간 치료와 투약과 같은) 보조적인 지지 등이 필요하다. 워크숍 만남에서는 일리가 있는 듯한 말이 보다 광범위한 맥락에서 적용되었을 때는 명백히 말이 안 되기도 한다. 예를 들면, 행동화하는 환자를 치료하는 상황에서 '당신 자신의 일을 하라.'는 말을 한번 생각해 보라!

『Gestalt Therapy Now』(Fagan and Shepherd, 1970), 『The Growing Edge of Gestalt Therapy』(Smith, 1976) 및 『The Gestalt Journal』과 같은 게슈탈트 치료 문헌들을 훑어보면, 게슈탈트 치료가 위기 개입에, 극빈자 프로그램의 빈민가 성인들을 위해서(Barnwell, 1968), 상호작용 집단에서, 정신병 환자들에게, 그리고 상상 가능한 거의 모든 집단에서 사용된다는 것을 알게 될 것이다. 불행한 점은 그 문헌에 예들이(그것도 몇 개 안 되는 예들이) 나와 있긴 하지만, 필요에 의해 초점을 바꾼 것에 대한 충분한 설명도 없고 부정적인 결과에 대한 논의도 없다는 것이다.

게슈탈트 치료는 편두통, 궤양성 대장염, 목과 등의 경련을 포함한 광범위한 '신체화' 장애의 치료에 성공적으로 사용되어 왔다. 게슈탈트 치료자들은 부부들, 권위자에게 대처하는 데 어려움을 가진 개인들, 다양한 심리내적 갈등을 지닌 개인들과 성공적으로 작업을 해왔다. 게슈탈트 치료는 정신병 및 심한 성격장애 환자들에 대해서도 효과적으로 사용되어 왔다.

게슈탈트 치료의 영향력 때문에 그리고 그것을 통해 종종 파묻혀 있던 강한 정서적 반응들을 쉽게 끄집어낼 수 있기 때문에, 치료자와 환자가 편안하게 돌아갈 수 있는 안전지대를 구축하는 것이 필요하다. 또한 이러한 안전지대로 환자가 돌아올 준비가 될 때까지 치료자는 환자와 함께 머무는 것이 반드시 필요하다. 예를 들면, 특히 감정이 많이 실린 경험을 한 후에 환자는 치료자나 집단원 한 명이나 여러 명과 시각적이거나 촉각적이거나 혹은 다른 종류의 접촉을 하고, 그 경험을 보고하도록 권장되기도 한다. 또 다른 안전 기법은 모든 감정이 방출되고 미해결 상황에 대한 작업이 끝날 때까지, 환자로 하여금 치료자나 집단원들과 지금-여기에서의 접촉을 하는 것과 감정이 실린 미해결 상황과 접촉하는 것 사이를 왔다갔다 하도록 해주는 것이다.

게슈탈트 치료는 개인적 책임감, 대인간 접촉, 있는 것에 대한 알아차림을 더욱 명료화하는 것을 중요시하기 때문에 현재의 문제에 대처하는 데 있어서 매우 유용할 수 있다. 그 한 예는 학교에서 게슈탈트 치료를 적용하는 것이다(Brown, 1970; Lederman, 1970).

평 가

게슈탈트 치료자들은 형식적 정신진단 평가와 보편적 연구 방법론을 유난히도 대수롭지 않게 여긴다. 어떤 통계적인 접근도 개별 환자나 치료자에게 무엇이 그에게 효과적인지를 말해주지 못한다. 대부분의 환자들에게 효과적임이 입증되었다고 해도 그것이 특정한 개인에게 항상 효과적인 것은 아니다. 이것은 게슈탈트 치료자들이 연구를 지지하지 않는다는 뜻은 아니다. 사실 로스앤젤레스의 게슈탈트 치료 연구소는 연구 지원금을 제공한 바 있다. 퍼얼스는 게슈탈트 치료가 효과 있다는 어떠한 양적, 통계적 증거도 제시하지 않았다. 그는 "우리가 제시하는 것 치고 당신 자신의 행동을 통해서 당신 스스로가 확인해 볼 수 없는 것은 없다."(F. Perls et al., 1951, p. 7)라고 말했다. 『Gestalt Therapy』 책에는 게슈탈트 치료의 타당성을 스스로 검증해보는 데 사용할 수 있는 일련의 실험들이 제시되어 있다.

매 회기는 하나의 실험으로, 즉 환자와 치료자 두 사람이 이제까지 알려지지 않았거나 금지되었던 영역을 탐색하기 위해서 계산된 모험을 하는 실존적인 만남으로 간주된다. 환자는 무엇이 효과 있고, 무엇이 효과 없는지를 평가하기 위해 현상학적 초점화 기술과 대화적 접촉을 사용함에 있어서 도움을 받는다. 따라서 끊임없는 개별 사례 연구가 일어난다. 게슈탈트 치료는 "개별 사례적이고 실험적인 심리치료의 가치를 위해서 정확한 증명을 희생시킨" (Yontef, 1969, p. 27) 것이다.

하먼(Harman, 1984)은 게슈탈트 치료 문헌을 검토한 결과, 게슈탈트 치료에 대한 양질의 연구가 드물다는 것을 발견했다. 그는 게슈탈트 치료 집단 후에 자기실현과 긍정적 자기 이미지가 증가된 것을 보여주는 연구들을 발견했다(Foulds & Hannigan, 1976; Giunan & Foulds, 1970).

레슬리 그린버그(Leslie Greenberg)와 그의 동료들이 시행한 일련의 연구는 심리치료 연구에서 맥락에 대한 관심이 부족하고 과정과 결과에 대한 연구가 불행히도 분리되어 있음을 보여주었다. 그린버그의 연구는 치료 중의 어떤 특정한 행동과 변화 과정을 특정한 결과와 연관시켰다. 그들의 연구는 세 가지 유형의 결과(즉각적인, 중간의 그리고 최종의)와 세 단계의 과정(발화행위, 삽화적인 사건(episode), 그리고 관계)을 구분했다. 그들은 발화가 일어나는 삽화의 유형이라는 맥락에서 발화를 연구했고, 삽화가 일어나는 관계의 맥락에서 삽화를 연구했다.

한 연구에서 그린버그는 분열을 해소하기 위해 두 의자 기법을 사용하는 것을 조사했다. 그는 분열을 "자기 과정이 자기의 두 부분적 측면이나 경향으로 나뉘는 것을 내담자가 보고하는 언어 수행 패턴"으로 정의했다. 그의 결론은 "[그가 연구한] 원리들에 따라 수행되는 두 의자 작업은 생산적인 심리치료의 지표인 경험의 깊이가 증가되는 것을 촉진시키고, 상담을 찾는 대상군에 있어서 분열을 해소시키는 것으로 이어진다." (1979, p. 323)는 것이다.

그린버그와 히긴스에 의한 '두 의자 대화의 효과와 갈등 해소에 초점 맞추기' 라는 연구에서 "두 의자 대화는 갈등 [분열]을 보다 직접적으로 경험하게 해주는 것으로 보였으며, 갈등에 대한 해결책을 찾는 것을 도와주는 자기 직면의 형태로 내담자를 격려해주었다." (1980, p. 224)는 것이 밝혀졌다.

하먼(1984)은 게슈탈트 치료자와 다른 치료자들의 행동을 비교하는 많은 연구 결과를 발견했다. 브루닌크(Brunnink)와 슈뢰더(Schroeder)는 노련한 정신분석가들과 행동치료자들 및 게슈탈트 치료자들을 비교한 후 게슈탈트 치료자들이 "보다 직접적인 안내를 하고 언어적인 촉진은 덜 했으며, 내담자에게 초점 맞추는 것도 덜 했고, 자기개방은 더 많이 했으며, 이니셔티브를 쥐는 경우가 더 많았고, 정서적 지지는 덜 했다."는 것을 발견했다. 또한 게슈탈트 치료자들의 '면담' 내용은 치료에 대한 보다 체험적이거나 주관적인 접근 태도를 나타내는 경향이 있다는 것을 발견했다(1979, p. 572).

게슈탈트 치료 문헌에는 게슈탈트 치료가 '최고'라고 보여주는 어떠한 주장도 없다. 게슈탈트 치료가 좋은 심리치료의 원리를 따르는 다른 이름의 치료보다 더 보편적으로 효과적이어야 할 이론적인 이유는 없다. 전반적인 결과에 대한 연구보다는 행동, 태도 그리고 그에 따른 결과를 보는 과정에 대한 연구가 더 유용할지 모른다. 그러한 일례는

'간격을 둔' 주 1회 치료와 대비된 워크숍에서의 게슈탈트 치료의 효과('집중 학습')에 대한 심킨의 평가다. 그는 집중학습이 우월하다는 증거를 찾았다(Simkin, 1976).

일반적인 연구 결과는 무엇이 좋은 치료의 구성 요소인가에 대한 게슈탈트 치료의 어떤 관점들을 뒷받침한다. 체험하기에 관한 로저스식 접근법을 따르는 치료자들의 전통 내에서의 연구에 의하면 치료자에 관계없이 직접적인 경험을 중요시하는 것의 효과가 입증되었다. 게슈탈트 치료에서도 역시 개인적인 관계 맺기, 현전 그리고 경험을 중요시한다. 불행히도 어떤 치료자들은 게슈탈트 치료 모델에 따른 좋은 심리치료의 원리들을 반복적으로 그리고 노골적으로 어기면서도 자기 스스로를 게슈탈트 치료자라고 부른다(Lieberman, Yalom and Miles, 1973).

치 료

지속적인 개인 게슈탈트 치료

게슈탈트 치료는 일차적으로 집단에 적용될 수 있다는 평판을 얻긴 했지만, 실상 그것의 주요 분야는 개인치료다. 몇 개의 예를 『Gestalt Therapy Now』(Fagan & Shepherd, 1970)에서 볼 수 있다. 심킨(1979, p. 299)에서는 사례 연구에 주석을 단 참고문헌을 볼 수 있다.

게슈탈트 치료는 첫 접촉으로 시작된다. 평가와 심사는 별도의 시간에 진단적 검사와 사회적 개인력을 받아 적는 것이 아니라, 계속 진행되는 관계의 일부로서 이루어지는 것이 보통이다. 평가를 위한 자료는 작업을 시작함으로써, 예를 들면 치료적 만남에 의해서 얻는다. 이러한 평가에는 환자가 게슈탈트 치료 틀 안에서 작업하는 것에 대해 얼마만큼 기꺼워하고 지지하는지에 대한 평가, 환자와 치료자의 궁합(match), 전문적으로 통상 이루어지는 진단 및 성격적 변별, 치료 시간의 빈도에 대한 결정, 부가적인 치료의 필요성과 의학적 자문의 필요성도 포함된다.

치료 시간의 평균 빈도는 일주일에 한 번이다. 게슈탈트 방법론을 사용하면 이러한 빈도로 했을 때 정신분석과 대등한 강도를 얻을 수 있는 경우가 많다. 종종 개인치료를 집단 치료, 워크숍, 부부 혹은 가족 치료, 동작 치료, 명상 혹은 바이오피드백 훈련 등과 병행하기도 한다. 환자들이 치료 시간을 더 자주 이용할 때도 있지만, 그들이 자료를 소화하기 위해서는 기간을 두는 것이 필요할 때가 많고, 더 자주 만나는 것은 치료자에게 지나치게 의존하는 결과가 될 수도 있다. 치료 시간의 빈도는 환자가 연속성을 잃지 않고, 증상 악화나 그보다는 덜한 형태의 재발 현상을 보이지 않으면서 얼마나 오랫동안 치료 회기 사이를 견뎌낼 수 있는가에 달려 있다. 치료 시간의 빈도는 일주일에 다섯 번에서 이주일에 한 번까지 다양하다. 환자가 동일한 치료자와 함께 매주 열리는 집단에 참여하지 않는 이상, 일주일에 한 번보다 적게 만나게 되면 분명히 집중도가 떨어질 것이다. 정신병 환자를 제외하고는 보통 일주일에 두 번 넘게 처방하지 않으며, 경계선적 성격장애 환자에게는 [그렇게 자주 만나는 것이] 확실히 금지된다.

치료 내내 모든 환자들이 스스로 결정을 내릴 수 있도록 용기를 북돋아 주고 도움을 준다. 언제 시작하고 끝내야 하는지, 연습을 해야 하는지 하지 말아야 하는지, 어떤 보조적 치료를 사용할 것인지 등은 모두 치료자와 함께 논의해야 하지만, 이러한 결정을 내릴 수 있는 환자의 능력과 [스스로 결정 내리는 것의] 궁극적인 필요성에 대해서는 지지를 해준다.

집단 모델들

게슈탈트 치료 집단의 시간은 한 시간 반에서 세 시간까지로 다양하며, 평균적으로는 두 시간이다. 전형적인 두 시간짜리 집단에는 열 명까지 참여한다. 게슈탈트 치료자들은 성별 균형이 맞는 서로 다른 종류의 집단들을 최대한으로 체험해 보는 것이 보통이다. 참가자들은 미리 심사해 선발해둘 필요가 있다. 게슈탈트 치료에는 어떠한 연령이라도 적합하지만, 개인이 운영하는 지속적인 집단은 전형적으로 20세에서 65세까지이며, 평균적으로는 30세에서 50세다.

일부 게슈탈트 치료자들은 퍼얼스가 했던 대로 집단에서의 일대일 치료를 하고, '뜨거운 의자(hot seat)' 구조를 사용한다. "이 방법에 의하면, 어떤 개인이 치료자에게 특정한 문제를 다루고 싶은 관심을 표명한다. 그러면 초점은 환자와 집단 리더(나와 너) 사이의 장시간에 걸친 상호작용에 맞추어진다." (Levitsky & Simkin, 1972, p. 240) 일대일

에피소드는 평균 20분 동안 진행되지만, 2~3분에서 45분까지도 가능하다. 일대일 작업이 진행되는 동안에 다른 집단원들은 침묵을 지킨다. 작업이 끝난 후에 집단원들은 그들이 어떤 영향을 받았는지, 무엇을 관찰했는지 그리고 그들 자신의 경험이 환자가 작업한 경험과 어떻게 비슷한지에 관해 피드백을 준다. 최근에는 일대일 작업이 확장되어서, 특정한 문제에 초점을 맞추지 않는 알아차림 작업도 포함하게 되었다.

1960년대 초에 펄스는 논문에서 다음과 같이 말했다.

> 하지만 최근에 나는 응급 사례를 제외하고는 개인치료 시간을 완전히 없앴다. 사실상 나는 모든 개인치료가 시대에 뒤떨어지며, 따라서 게슈탈트 치료 워크숍으로 대체되어야 한다고 생각하게 되었다. 내가 하는 워크숍에서는 이제 개인 작업과 집단 작업을 통합한다(1967, p. 306).

이러한 견해는 그 당시에 대부분의 게슈탈트 치료자들이 공유했던 것이 아니며, 요즘 인정되는 게슈탈트 이론이나 실제도 아니다.

게슈탈트 치료자의 집단 작업 스타일은 집단 상황에서 개인치료를 하는 것으로 기술한 관찰자들도 있다. 그런 기술은 방금 우리가 논했던 모델을 사용하면서도 집단 역동을 중요시하지 않거나 다루지 않는 게슈탈트 치료자들, 혹은 집단 응집력에 신경 쓰지 않는 게슈탈트 치료자들에게는 맞는 말이다. 하지만 그것은 게슈탈트 치료의 한 가지 스타일일 뿐이다. 많은 게슈탈트 치료자들이 사실은 집단 역동을 중요시한다.

집단을 더 많이 사용하는 것은 확실히 게슈탈트 방법론에 들어가는 것이며, 그 방법은 게슈탈트 치료에서 점점 더 많이 사용되고 있다(Enright, 1975; Feder & Ronall, 1980; Zinker, 1977). 여기에는 개인이 일대일 작업을 할 때 집단원들이 더 많이 관여하는 것, 집단원 모두가 개인 주제에 대해 작업하는 것, 집단 내의 상호작용(접촉)을 중요시하는 것, 그리고 집단 과정 그 자체에 대해 작업하는 것 등이 포함된다. 리더가 제공하는 다양한 정도와 유형의 구조가 있는데, 여기에는 구조화된 집단연습, 비구조화 집단연습, 집단의 독자적인 구조 형성 및 진화 과정을 관찰하는 것, 일대일 작업의 권장 등이 있다. 게슈탈트 집단에서는 종종 참여자들이 지금-여기의 경험을 나누는 것을 통해 작업으로 들어가는 것을 도와주는 어떤 활동들을 하면서 시작하기도 한다.

자주 사용되는 모델은 집단원들 사이의 접촉에 초점을 맞추는 것을 통해 알아차림을 증진시키는 동시에 또한 집단 내에서 하는 일대일 작업(작업하는 동안 다른 집단원들도 참여하도록 북돋우면서) 역시 장려하는 모델이다. 그렇게 함으로써 유동성과 유연성을 더욱 촉진시킬 수 있다.

워크숍 스타일

게슈탈트 치료의 일부와 게슈탈트 치료 수련의 상당 부분이 워크숍을 통해 이루어지는데, 워크숍은 일정 기간 동안 진행되며 하루짜리도 있다. 주말 워크숍은 10시간 내지 20시간 혹은 그 이상 가기도 한다. 더 장기적인 워크숍은 일주일에서 두세 달까지 지속되기도 한다. 전형적인 주말 워크숍은 게슈탈트 치료사 한 명과 12명 내지 16명의 집단원들로 구성된다. 기간이 길므로(일주일에서 한 달까지 혹은 그 이상도 될 수 있는데), 치료자 한 명이 20명까지도 볼 수가 있다. 집단이 16명보다 크면 공동 치료자가 있는 것이 보통이다.

워크숍은 기간이 정해져 있으며 참여자들에게 많은 시간이 주어지므로 '작업' 하려는 동기가 높은 것이 보통이다. 때로는 다른 참여자들이 모두 한 번씩 작업할 기회를 가질 때까지는 어떠한 사람도 두 번은 작업할 수 없도록 규칙이 정해지는 경우도 있다. 그런 규칙이 정해져 있지 않은 경우도 있다. 따라서 어떤 사람들은 하고자 하는 마음, 대담성 그리고 욕구에 따라 워크숍 동안 몇 번이나 집중적인 치료적 관심을 받을 수도 있다.

이미 조직되어 있는 집단을 위해 마련되는 워크숍도 있기는 하지만, 대부분은 처음으로 사람들을 모집한다. 지속적으로 진행되는 집단의 경우처럼, 워크숍이 시작되기 전에 환자들을 선별하는 것이 이상적인 방법이다. 선별을 거치지 않은 워크숍이라면 심각한 병리에 대한 경험이 있는 임상가가 필요하고, 취약할 가능성이 있는 집단원들을 위한 세심한 보호가 필요하다. 직면적이거나 카리스마적인 게슈탈트 스타일은 어떤 참여자들이 이미 가지고 있는 정신 질환을 악화시킬 가능성이 특별히 많다(Liberman et al., 1973).

다른 치료 양식들

가족과 작업하는 데 게슈탈트 치료를 적용하는 방법은 월터 켐플러가 가장 많이 정교화했다. 켐플러의 작업에 대한 가장 완전한 기술은 그의 저서인 『게슈탈트 가족 치료의 원리』에 나와 있다.

게슈탈트 치료는 단기적 위기 개입에서(O'Connell, 1970), 시각적 문제에 대한 부가적 치료로(Rosanes-Berret, 1970), 정신 건강 전문가들의 알아차림 훈련으로(Enright, 1970), 행동적 문제가 있는 아이들을 위해서(Lederman, 1970), 탁아소의 직원을 훈련하기 위해서(Ennis & Mitchell, 1970), 교사나 다른 이들에게 창의성을 가르치기 위해서(Brown, 1970), 죽음을 앞둔 사람에게(Zinker & Fink, 1966), 그리고 조직 발달을 위해서(Herman, 1972)도 사용되어 왔다.

관 리

게슈탈트 치료자의 사례 관리는 상당히 실용적이며, 개인 대 개인 관계를 지지해준다는 목표를 지침으로 삼는다. 상담 약속은 치료자들이 전화로 받는 것이 보통이다. 사무실 장식은 치료자의 성격과 스타일을 반영하며, 의도적으로 중립적일 필요는 없다. 사무실은 편안하게 디자인하고 가구 배치를 해야 하며, 치료자와 환자 사이에 책상이나 테이블을 놓는 것은 피해야 한다. 움직이고 실험을 할 수 있는 공간을 남기도록 물리적 배치를 하는 것이 전형적인 방법이다. 보통 치료자의 옷차림이나 매너는 상당히 비격식적이다.

상담료 책정은 개인에 따라 달라지며, 솔직히 터놓고 말하는 것 말고는 특별한 게슈탈트 스타일이 없다. 상담료는 환자와 직접 의논을 해서 치료자가 받는 것이 보통이다.

경계의 명확성이 강조되며, 환자와 치료자 모두 당면 과제를 돌볼 책임이 있다. '작업' 혹은 치료는 첫 순간부터 시작된다. 치료 시간에는 필기를 하지 않는데, 그것이 접촉을 방해하기 때문이다. 필요하다면 치료 시간 이후에 필기를 하는 것과 필기 자료, 녹화나 녹음 자료, 그리고 다른 임상 자료들을 보관하는 것도 치료자의 개인적인 책임이다. 치료자는 [상담료] 지불 조건, [예약] 취소에 관한 규칙 등을 정한다. 위반이나 반대에 대해서는 직접 논의한다. 결정은 함께해야 하고, 동의된 것은 치료자와 환자 쌍방이 지킬 것으로 기대한다. 치료자는 사무실이 침입으로부터 보호되도록 조치를 해야 하며, 가능하다면 사무실에 방음장치를 해야 한다.

평가 과정은 치료의 한 부분으로 일어나며 상호적이다. 평가 과정에서 고려해야 할 것 중에는 개인치료로 할 것인지, 집단 치료로 할 것인지, 혹은 둘 다 해야 할지를 결정하는 것, 믿고 보살펴 주는 관계를 확립할 수 있는 치료자의 능력을 평가하는 것, 그리고 환자가 적당한 예를 본 후에 그 치료자와 그 치료가 적합한지 결정하도록 허용해 주는 것 등이 포함된다.

관계에서 발생하는 문제들은 직접적으로 논의된다. 구체적인 문제를 다루는 데 있어서도 그렇고, 관련된 성격학적 삶의 스타일이나 환자가 탐색하는 것이 유익하리라고 생각되는 관계 과정들을 탐색하는 분세에 있어서도 그러하다. 언제나 양쪽 참여자의 욕구, 소망 그리고 직접적인 경험이 탐색과 문제 해결의 지표가 된다.

사 례

페그는 원래 게슈탈트 수련 워크숍에 있었는데, 거기서 그녀는 자살한 자기 남편을 향해 느꼈던 비탄과 분노에 대해 작업했다. 남편의 죽음으로 그녀는 자녀들을 기르고 자신과 가족을 부양하기 위해 집 밖에서 일을 시작해야 하는 모든 책임을 떠맡아야 했다. 당시에 그녀는 30대 후반이었다.

상당한 용기와 추진력으로 페그는 자신이 살던 남부 캘리포니아의 큰 도시에 있는 저명한 서비스 기관으로부터 후원을 받아 위기 클리닉을 만들었다. 그녀는 심킨(1969)과 함께 게슈탈트 치료 수련용 영화를 만드는 데 참여한 11명 중 한 사람이었다. 다음은 영화 'In the Now' 에서 발췌한 것이다.

페그: 나는… 반복되는 꿈을 꾸어요. 나는 위쪽, 캠프 펜들턴 옆에 있는 땅에 서 있어요. 앞이 트여 있고 굽이굽이 시골이지요. 넓은 흙길들이 엇갈려서 바닥 전체를 덮고 있어요. 계속되는 언덕과 골짜기와 언덕과 골짜기… 그리고 내 오른쪽으로 군대에나 있을 것 같은 탱크가 보여요—바퀴 자국이 큰 해양 탱크인데… 그것

들이 줄지어 있는데, 전부 꽉꽉 닫혀 있고, 덜컹거리면서 줄지어서 꼭 닫힌 채로 언덕과 계곡을 올라가요. 그리고 나는 이 길 옆에 서서 톨하우스 과자 접시를 들고 있어요. 뜨거운 과자예요. 그것들은 접시에 있어요. 나는 그냥 거기에 서서 탱크가 한 번에 한 대씩 오는 것을 보아요. 탱크들이 지나갈 때 나는 거기에 서서 탱크들을 쳐다봐요. 오른쪽을 보니 한 대가 보여요—그리고 반짝거리는 검정 구두가 한 켤레 있는데, 탱크가 언덕을 넘어 올 때 탱크의 양 바퀴면 사이로 구두가 굴러가요. 그리고 탱크가 내 앞에 왔을 때… 남자가 몸을 굽히고 탱크는 계속 지나가고, 남자는 나를 향해 다가와요. 그런데 그건 내 가장 친한 친구의 남편이에요. 그리고 나는 언제나 깨어나요. 언제나 꿈을 멈춰요…. 그리고 웃었어요. 더 이상 그렇게 재미있는 것 같지 않군요.

짐 : 맞아요. 지금 무얼 하고 있나요?

페그: 내 이가 떨리는 것을 멈추려고 노력하고 있어요.

짐 : 이가 떨리는 것이 왜 싫은가요?

페그: 내가 지금 느끼는 불안감과 두려움이 싫어요.

짐 : 무엇을 상상하길래 그렇게 불안한가요?

페그: 비웃음이요.

짐 : 좋아요. 비웃기 시작해 보세요.

페그: 페그, 너 정말 웃겨. 넌 뚱뚱하고…. 넌 게을러. 너 진짜 코미디야. 다 큰 척하는데 사실은 아니야. 보는 사람마다 네가 속으로는 아이면서 39세 여자로 가장하고 있다는 거 다 알아… 우스꽝스러운 변장이군. 넌 39세가 될 자격이 없어. 웃기는 나이지. 넌 코미디야. 어떻게 해야 할지 눈곱만큼도 알지 못하는 직업을 가졌군. 끝까지 실행해 나갈 만한 머리도 충분히 없는 각종 거창한 계획은 다 하고 있군. 사람들이 너를 비웃을 거야.

짐 : 좋아요. 이제 주위를 둘러보고 사람들이 어떻게 당신을 비웃는지 보세요.

페그: 보기가 두려워요. [천천히 둘러본다.] 사람들이 나를 상당히 진지하게 받아들이는 것 같군요.

짐 : 그럼 누가 당신을 비웃고 있죠?

페그: 내 생각엔… 그저 내 상상… 나의….

짐 : 누가 당신의 상상을 만드나요?

페그: 내가요.

짐 : 그럼 누가 당신을 비웃고 있죠?

페그: 음, 그래요. 나… 내가 실은 우습지 않은 것을 비웃고 있어요. 난 그렇게 지독하게 무능하지 않아요. [잠시 생각함]

짐 : 당신이 정말로 잘하는 것은 무엇인가요?

페그: 난 사람들과 잘 지내요. 난 비판적이지 않아요. 살림을 잘해요. 바느질도 잘하고 빵도 잘 만들고, 나는… .

짐 : 아마 당신은 누군가의 좋은 아내가 될 거예요.

페그: 그랬었지요.

짐 : 아마 당신은 다시 한 번 누군가의 좋은 아내가 될 거예요.

페그: 잘 모르겠어요.

짐 : 그럼 그 문장을 말해 보세요. "내가 과연 다시 누군가의 좋은 아내가 될 수 있을지 잘 모르겠어요."

페그: 나는 과연 다시 누군가의 좋은 아내가 될 수 있을지 잘 모르겠어요.

짐 : 그걸 여기 있는 모든 남자들에게 말해 보세요.

페그: 나는 다시 누군가의 좋은 아내가 될 수 있을지 잘 모르겠어요.
[이 문장을 다섯 번 반복한다]

짐 : 무엇을 경험하나요?

페그: 놀라움이요. 세상에… 나는 결코 다시는 누군가의 좋은 아내가 되지 못할 거라고 가정하고 있었네요.

짐 : 맞아요.

짐 : 바로 지금은 무엇을 경험하고 있나요?

페그: 만족감. 기쁨. 기분이 좋아요. 다 된 것 같아요.

비록 페그의 '입장권' 은 꿈이었지만 전경이 된 것은 비웃음 당하는 상상과 불안이었다. 꿈은 시작하기 위한 도구 역할을 했고, 흔히 그렇듯이 작업은 매우 예측할 수 없는 결과를 초래했다.

수련용 영화가 만들어지던 주말 워크숍에서 페그는 그녀가 매력을 느낀 남성을 만났는데, 그 남성도 그녀에게 매력을 느꼈다. 그들은 데이트를 시작했고, 몇 달 후에 결혼했다.

다음은 게슈탈트 치료의 두 번째 예인데, 이는 몇몇 기법들을 보여 주기 위해서 책에서 선별적으로 발췌한 것이다(Simkin, 1976, pp. 103-119). 이것은 6명의 자원자들과 함께했던 워크숍의 압축된 축어록이다. 아침 시간에는 강의-시연과 영화가 포함되어 있었다.

짐: 지금 내가 어디에 있고 이 순간 무엇을 경험하는지 말하는 것으로 시작하고 싶습니다. 이런 조명과 카메라, 그리고 주위에 있는 사람들 때문에 상당히 인위적으로 느껴지는군요. 숨이 차고, 기술적인 도구, 장치 등 때문에 부담이 느껴지고, 조명과 카메라에서 도망치고 싶고, 여러분들과 좀 더 접촉하고 싶어요. [집단 참가자들의 이름을 물어보고 자신을 소개한다.]

여러분 모두가 영화와 시연을 보았을 거라고 생각합니다. 나는 여러분이 작업할 준비가 되었다고 느낄 때 작업하면 좋겠습니다. 우리의 계약 혹은 동의한 바를 다시 말해 드리겠습니다. 게슈탈트 치료에서 계약의 핵심은 여러분이 어디에 있고, 어떤 주어진 순간에 무엇을 경험하고 있는지 이야기하는 것입니다. 그리고 가능하다면 알아차림의 연속체 안에 머물러 있으면서, 여러분이 어디에 초점을 맞추고 있는지, 무엇을 알아차리고 있는지 보고하는 것입니다.

우선 자기소개를 해주시고, 계획이나 기대하는 바가 있는지 말씀해주셨으면 합니다.

톰: 지금 나는 약간 긴장하고 있어요. 특별히 기술적인 장치 때문은 아닙니다. 거기엔 어느 정도 적응이 되었으니까요. 선생님과 함께 이런 상황에 있는 것이 조금은 이상하게 느껴집니다. 오늘 아침에 선생님이 말씀하신 많은 것들에 대해 동의하지 않기 때문에 상당히 화가 났었어요. 그리고 선생님에게 적대감도 꽤 느꼈어요. 지금은 어느 정도 선생님을 다른 한 사람으로 받아들입니다.

짐: 나는 지금 당신의 발에 주목하고 있어요. 당신의 발에게 목소리를 부여할 수 있을지 궁금하네요.

톰: 나의 발에게 목소리를요? 내 발이 어떻게 느껴지냐는 뜻인가요? 발이 무슨 말을 할 거냐고요?

짐: 그 동작을 계속하세요. 그리고 당신의 발이 되어 당신이 뭔가 할 말이 있는지 보세요.

톰: 이해가 되지 않아요.

짐: 오늘 아침에 나에 대해서 적대감을 느꼈다고 말하면서 당신은 발로 차기 시작했는데, 아직도 더 찰 것이 남은 것 같다는 생각이 들어요.

톰: 아, 네. 찰 것이 더 남아 있을지도 모르겠지만, 그것이 적절하다는 느낌은 정말 들지 않는군요.

라본: 지금 긴장이 되어요.

짐 : 누구에게 말을 하고 있나요, 라본?

라본: 오늘 아침 일을 생각하고 있었어요. 전 굉장히 적대감을 느끼고 있었어요. 아직도 어느 정도는 적대감을 느끼고 있는 것 같아요.

짐 : 당신이 나를 쳐다보는 것을 피하고 있음을 알아차립니다.

라본: 네, 왜냐하면 선생님이 매우 거만하다(arrogant)고 느끼기 때문이죠.

짐 : 그건 사실이에요.

라본: 그리고 내가 어쩌면 선생님과 싸움에 말려들지도 모른다는 느낌이 들어요.

짐 : 그럴지도 모르죠.

라본: 그러니까 눈을 마주치는 것을 피하는 것은 싸움을 미루는 거라 할 수 있겠죠. 그것이 해결될 수 있을지는 모르겠어요.

짐 : 나의 거만함에 대해 당신은 뭐가 싫은지 말씀해 주시겠습니까?

라본: 글쎄요, 그것은 편안하게 해주지 않아요. 내가 어떤 문제가 있어서 그걸 선생님에게 말했는데 선생님이 거만하다면, 그건 나를 거만하게 만들 뿐이에요.

짐 : 당신의 반응은 당신이 말하는 대로 그대로군요. 당신이 그런 식으로 반응한다는 것을 당신이 알고 있네요.

라본: 네, 맞아요. 그리고 이 대학에서 나는 항상 거만하고 방어적이어야 한다고 느껴요. 내가 흑인이기 때문에 사람들은 나에게 다르게 반응하죠…. 다른 사람들… 그리고 저는 항상 방심하지 않아야 한다고 느껴요….

메리: 저는 장남에 대한 제 감정에 대해서 그리고 아들과 벌이고 있는 싸움에 대해서 작업하고 싶어요. 다만, 그게 사실은 저 자신과 벌이고 있는 싸움이 아닌가 하는 생각이 들어요.

짐 : 그것을 아들에게 말할 수 있겠어요? 아들에게 이름을 붙여주고, 그것을 그에게 말해 보세요.

메리: 좋아요. 아들 이름은 폴이에요.

짐 : 폴을 여기에 앉히고 [빈 의자] 그에게 그 말을 해보세요.

메리: 폴, 우리는 많이 부딪치지. 네가 혼자서 독립적으로 운전을 하고 나갈 때마다 나는 그것 때문에 네가 미웠어. 하지만….

짐 : 잠깐만요. 메리에게도 같은 문장을 말해 보세요. 메리, 네가 독립적으로 운전하고 나갈 때마다 나는 그것 때문에 네가 미워.

메리: 그 말이 맞는 것 같아요. 메리, 네가 독립적으로 운전하고 나갈 때면, 그때마다 나는 그것 때문에 네가 미워. 왜냐하면, 넌 좋은 엄마 노릇을 안 하고 있는 거니까.

짐 : 당신의 '왜냐하면'에 대해서는 잘 모르겠네요.

메리: 아니요. 그게 제 논리예요. 요가를 하면서도 저 자신에게 똑같이 그렇게 해요.

짐 : 당신이 폴과 동일시된 것같이 들리는데요.

메리: 동일시됐어요. 제가 그걸 알아요. 전 그 아이의 자유가 부러워요. 그 아이가 어려서 숲으로 갔을 때부터요. 숲으로 갈 수 있는 그 아이의 능력이 부러웠어요.

짐 : 폴에게 말하세요.

메리: 폴, 네가 어린 소년이었을 때도 넌 토요일에 하루 종일 나가곤 했지. 어디 가는

지 내게 말하지 않고 그냥 나가버렸지. 난 너의 그런 점이 부러웠어. 난 네가 너무 부러웠고, 나도 그렇게 할 수 없었기 때문에 상처를 받았다고 느꼈어.

짐 : 당신은 그렇게 할 수 없었나요, 아니면 하지 않으려 했던 건가요?

메리: 그렇게 하지 않으려 했어요. 그렇게 하고는 싶었지만, 하지 않으려고 했어요.

짐 : 그래요. 누가 내 옆에 있으면서 내가 무엇을 할 수 있고, 무엇을 할 수 없는지 계속 상기시키는 건 나를 정말 화나게 해요.

메리: 제가 저 자신에게 바로 그렇게 해요. 제가 무엇을 할 수 있으면서도 안 하려고 하는지 저 자신에게 계속 상기시켜요. 그리고는 아무것도 안 하죠. 멈춰 있어요. 단단히 뿌리박힌 것처럼.

짐 : 당신의 앙심과 접촉해 보세요. 당신의 앙심을 여기 꺼내 놓고, 메리의 훼방꾼에게 이야기해 보세요.

메리: 이 바보야. 네 일을 할 시간이 있잖아. 네 일을 할 수 있는 에너지도 있고…. 그런데 그걸 낭비하고 있잖아. 무수한 일에 끼어듦으로써 너 자신의 일이나 혹은 다른 어떤 일도 하지 않을 핑계거리를 만들고 있어. [잠시 멈춤] 너 스스로를 비참하게 만들고 네 인생을 복잡하게 만드는 데 시간을 쓰고 있어.

짐 : 여기에 무슨 일이 일어나고 있나요? [메리의 손을 가리킨다.]

메리: 네. 주먹을 꽉 쥔[인색한(tight-fisted)]… 안 되겠어요.

짐 : 당신은 인색한가요?

메리: 네, 그렇다고 생각해요.

짐 : 좋아요. 당신의 다른 부분과 접촉할 수 있나요. 당신의 관대한 자기?

메리: 저는 저의 관대한 자기를 잘 알지 못해요.

짐 : 인색한 자기가 되어서 다음과 같이 말해보세요. "관대한 자기야, 나는 너와 접촉하지 않고 있어. 나는 너를 몰라."

메리: 관대한 자기야, 나는 너를 잘 몰라. 네가 사람들에게 네 자신을 내주는 대신에 선물을 줌으로써 때때로 노력한다고 난 생각해. 너는 네가 줄 수 있는 엄청나게 많은 것들을 움켜쥐고 있어.

짐 : 방금 무슨 일이 일어난 거죠?

메리: 저는 연습을 했어요. 저는 저의 관대한 자기에게 말하고 있었던 게 아니에요. 저

는… 주로 선생님에게 말하고 있었던 거예요. 저는 움켜쥐고 있는 부분이었어요.

짐 : 당신을 움켜쥐고 있는 사람으로 상상하기가 어려워요. 당신은 처음부터 매우 생기 넘치고 살아 있는… 내가 보기에는, 아낌없이 주는 인상이었어요.

메리: 제가 정말로 내주는 사람인지 아닌지는 잘 모르겠어요. 어떤 때는 제가 정말로 내주는데, 제가 내주는 것이 [다른 사람들로부터] 선물로 받아들여지지 않는 것처럼 느껴지기도 해요. 또 어떤 때는 내주고 싶은데도 내줄 수가 없어요. 그리고 어떤 때는 너무 많이 내주었으며, 그러지 말았어야 했다고 느끼기도 해요.

짐 : 그래요. 내가 느끼기 시작하는 건 이거예요. 어떤 상처. 상처를 받았던 것처럼 보여요. 과거에. 당신은 취약했었고, 그런 과정에서 어떤 상처를 받은 것처럼 보여요.

메리: 어느 정도는 지금 [상처가] 아픈 것 같아요.

짐 : 지금 [상처가] 아픈 것처럼 보여요. 특히 눈 주위가요.

메리: 그걸 알고 있지만, 그걸 하고 싶지 않아요…. 그걸 보여주고 싶지 않아요.

짐 : 좋아요. 그럼 가려 보시겠어요?

메리: [눈을 가리면서] 이렇게 하면 선생님이 보이지 않아요.

짐 : 맞아요.

메리: 제가 이렇게 하면 아무도 볼 수 없어요.

짐 : 사실이고 말고요. 내가 나의 상처를 가려 버리면, 나를 위해서는 아무도 존재하지 않아요. 그것은 나의 선택이지요.

메리: 저도 그런 선택을 했어요.

짐 : 당신을 보고 있는 게 좋아요. 나에게, 당신은 지금 이 순간 매우 관대한 사람이에요.

메리: 선생님은 저에게 매우 관대해요. 선생님이 그렇다는 걸 느껴요. 선생님이 저에게 반응을 하고, 저는 선생님에게 반응하고 있다는 걸 느껴요….

짐 : 이제 잠시 폴에게 돌아갈 수 있을지 궁금하네요. 그를 만나서 무슨 일이 일어나는지 탐색해보세요.

메리: 폴, 너에게 따뜻하게 하고 싶어, 그리고 관대하게 대하고 싶어. 그렇게 함으로써 너에게 상처를 줄지도 모른다는 생각이 드는구나. 이제 넌 키가 6피트(180cm)

나 되는데, 나는 가끔 네게 다가가서 잘 자라고 키스를 해 주거나, 안아주고 싶어도 더 이상은 그렇게 할 수가 없구나.

짐 : 할 수 없다고요?

메리: 하지 않으려고 해요. 하지 않으려고 해요. 왜냐하면, 어… 밀쳐 내진 적이 있으니까요.

짐 : 상처 받은 적이 있군요.

메리: 네, 상처 받았어요. 폴, 네가 나를 밀쳐 내고 싶다면, 그건 네가 결정할 일(your own business)이라고 생각하지만, 그렇다고 해서 내가 상처를 받지 않는 건 아니란다.

짐 : 내가 좋아하는 말인데, 니체가 한 말일 거예요. 태양에게 이렇게 말했답니다. "네가 나에게 빛을 비춰 주는 것은 네가 상관할 일이 아니야."[10)]

메리: 폴, 네가 25세가 되거나 군대에 가거나 뭐 그럴 때… 너에게 작별 키스를 할 수 있을 거라고 계속 희망을 가질게. [잠시 멈춤] 니체가 태양에게 말한 것을 기억하도록 할게요.

짐 : 좋아요. 당신과 함께 작업해서 즐거웠어요.

메리: 감사합니다.

요 약

30년 전에 프리츠 퍼얼스는 게슈탈트 치료가 1970년대에 인정을 받고 심리치료에서 중요한 세력이 되리라고 예언했다. 그의 예언은 초과 실현되었다.

1952년에는 이 운동에 신시하게 참여한 사람이 십여 명 정도였다. 1987년에는 수십 군데의 수련 기관과 수백 명의 게슈탈트 치료 수련을 받은 심리치료자들이 생겼고, 수

10) 역자 주_ 'It is none of your business that you shine at me'의 번역으로서, 위에서 메리가 한 말 가운데, business란 말을 대구로 받은 것이다. 이 문장의 의미는 태양이 스스로 빛나면 되었지, 일일이 나를 신경 써서 내게 빛을 비춰주려고 애쓸 필요가 없다는 뜻으로, 아들인 폴에게도 그런 마음을 가지라는 뜻이다. 즉, 아들의 반응에 너무 신경 쓰지 말고, 자신의 마음을 스스로 다잡고 챙기라는 의미임.

련을 제대로 받지 못했거나 아예 받지 못한 수백 명의 자칭 '게슈탈트주의자'라는 사람들이 있었다. 수천 명이 게슈탈트 치료를 경험했는데, 많은 사람들이 상당히 좋은 결과를 얻었으며, 어떤 사람들은 의심스럽거나 시원치 않은 결과를 얻었다.

게슈탈트 치료자들이 엄격한 기준을 정하는 것을 원치 않았기 때문에, 게슈탈트 치료자를 선발하고 훈련시키는 기준은 광범위했다. 어떤 이들은 주말 워크숍을 경험하고 나서 자신들이 게슈탈트 치료를 시행할 준비가 충분히 되었다고 생각한다. 또 어떤 심리치료자들은 몇 달에서 몇 년까지 시간을 들여 게슈탈트 치료자로서 수련을 받고, 게슈탈트 치료가 요구하고 창조해내는 무한한 혁신성과 창조성 그리고 간결성에 대해 엄청난 존경심을 느낀다.

게슈탈트 치료가 지름길을 찾는 일부 사람들을 매료시키기도 하지만, 그것은 또한 게슈탈트 치료에서 강력한 심리치료뿐만 아니라 생명력 있는 생활 철학까지도 발견한 견실하고 경험 많은 임상가들도 상당수 매료시켰다.

빠른 해결책과 지름길을 찾는 이들은 더 푸른 목장으로 갈 것이다. 게슈탈트 치료는 앞으로 수십 년 후에 다른 주요 심리치료들과 함께 제 자리를 잡을 것이다. 그것은 앞으로도 다년간 계속해서 창조적이고도 실험 지향적인 심리치료자들을 매혹시킬 것이다.

게슈탈트 치료는 심리치료의 이론과 실제에 있어서 유용하면서도 창조적인 여러 가지 혁신을 선도해왔다. 이러한 혁신들은 치료 전반에 흡수되었지만, 통상 그에 대한 공로를 인정받지는 못했다. 이제 게슈탈트 치료는 이러한 원리들을 더욱 다듬고 정교화하는 방향으로 나아가고 있다. 실존적인 대화의 원리, 환자와 치료자의 직접적인 현상학적 경험을 사용하기, 유기체적인 자기 조절에 대한 신뢰, 실험과 알아차림에 대한 강조, 치료자의 '당위는 없다'는 태도, 자신들의 선택에 대한 환자와 치료자의 책임, 이런 것들 모두가 명칭에 관계없이 게슈탈트 치료자나 다른 치료자들에 의해 계속 사용될 좋은 심리치료 모델을 구성하는 요소들이다.

요약하면서 레비츠키와 심킨(1972, pp. 251-252)을 인용하는 것이 적합할 것 같다.

> 게슈탈트적 접근의 상징이 될 만한 한 가지 핵심적 아이디어를 고르자면, 그것은 진정성(authenticity)의 개념, 진정성의 추구가 될 것이다…. 우리가 치료와 치료자를 가차 없는 진정성의 관점에서 본다면, 치료자는 자신이 모르는 것을 가르칠 수 없다

는 것이 자명해진다…. 어느 정도 경험이 있는 치료자라면 그가 환자에게 자신의 용기뿐만 아니라 두려움도, 자신의 개방성뿐만 아니라 방어도, 자신의 명료성뿐만 아니라 혼동도 전달하고 있다는 것을 잘 안다. 이러한 진실들을 치료자가 알아차리고, 수용하고, 환자와 나누는 것은 매우 설득력 있게 자신의 진정성을 보여 주는 것이 될 것이다. 하룻밤에 그러한 경지에 도달할 수 없다는 것은 명백하다. 그것은 치료자의 경력 내내뿐만 아니라 전 생애에 걸쳐서 배우고 점점 더 깊이 또다시 배워야 하는 것이다.

CHAPTER 06

게슈탈트 치료: 임상적 현상학

주 해

이 논문은 1976년에 『Modern Therapies』라는 책에 싣기 위한 게슈탈트 치료 입문으로 쓰였다. 이 글에서 나는 게슈탈트 치료를 주로 알아차림과 현상학의 개념으로 묘사하고 있다. 읽을 만한 소개문으로서의 가치 외에도 이 글은 알아차림과 현상학에 대한 논의의 시작으로서 게슈탈트 치료자들과 수련생들에게 유용하게 사용되어 왔다. 이 논문은 1979년에 『The Gestalt Journal』에 발표되었으며, 불어와 세르보-크로아티아어를 포함한 여러 다른 언어로 번역되었다.

게슈탈트 심리학은 장 이론이라 불리는 전체론(물리학에서의 장 이론과 매우 닮은 이론)의 개념적 틀에 바탕을 둔 실험적 현상학적 접근 방식이었다. 게슈탈트 치료는 정신분석(프로이트, 라이히, 호나이, 랑크 등)에서 파생되었고, 실존주의(부버, 틸리히, 사르트르)로부터 큰 영향을 받았지만, 게슈탈트 치료의 기저에 깔려 있는 전체론적이고 현상학적인 구조는 게슈탈트 심리학의 임상적인 파생물이다. 대부분의 게슈탈트 치료자들조차도 게슈탈트 심리학에 대해서나 그것이 게슈탈트 치료와 어떻게 연관되는지에 관해 제대로 이해하지 못하고 있으며, 그 주제는 게슈탈트 치료 문헌에서도 적절히 논의되지 못했다. 유감스럽지만 이 매우 중요한 주제는 [본 논문보다는] 좀 더 기술적인 논문에서 다루어져야 할 것이다(Perls, 1973 참조).

게슈탈트(복수형: 게슈탈텐)라는 단어는 모양, 형태 혹은 전체, 구조를 가진 개체를 뜻하며, 전체를 단순히 부분의 합과는 다른 의미 있는 통일체로 만드는 그 무엇을 가리킨다. 자연은 질서정연하고, 조직화되어 의미 있는 전체가 된다. 이러한 전체로부터 배경과의 관계 속에서 전경이 떠오르고, 전경과 배경의 이러한 관계가 의미다.

좋은 게슈탈트는 선명하며, 전경/배경 관계는 개인의 즉각적인 욕구의 변화하는 양상에 대해 반응하고, 또 그로부터 힘을 얻는다. 좋은 게슈탈트는 너무 경직되어 있거나 완고하지 않으며, 그렇다고 지나치게 빨리 변하거나 빈약하지도 않다. 치유적인 알아차림은 선명한 게슈탈트를 형성하는 알아차림이며, 이러한 게슈탈트의 전경은 매 순간 개인의 지배적인 욕구에 의해 조직화되고 힘을 얻는다.

행동과 경험은 개별적인 부분들의 합, 그 이상의 것이다. 한 개인의 행동과 경험은 좋은 게슈탈트의 특성들을 최적으로 갖고 있는 통합체 혹은 조직화된 전체를 형성한다. 각각의 전체는 개인의 지배적인 욕구에 의해 자발적으로 활성화되며, 긍정적 혹은 부정적 가치를 부여받으며 떠오르는 전경을 중심으로 조직화된다. 어떤 욕구가 충족되면, 그 욕구에 의해 조직화되었던 게슈탈트는 완결되고, 더 이상 유기체의 에너지를 지배하지 않는다. 게슈탈트의 형성과 파괴가 차단되거나 경직되었을 때, 욕구가 인식되고 표현되지 않을 때, 충족되지 못한 욕구들이 불완전한 게슈탈트를 형성하고, 관심을 요구하며 새로운 게슈탈트의 형성을 방해한다.

"나는 글을 쓰다가, 문득 목이 마르다는 것을 깨닫고, 고개를 든다. 그리고 물을 가지러 가야겠다고 생각한다. 부엌으로 가서, 물 한 잔을 가득 따르고, 들이킨 후, 책상으로 돌아온다. 나는 내가 글을 쓰고 있는 방이 햇볕이 잘 들고 시원하다는 것을 알아차린다. 고양이들이 서로 장난을 치고 밖에는 차들이 지나가고 있다. 이 모든 것들은 지금 그런 것처럼 몇 분 전에도 사실이었다. 그러나 그때에는 알아차리지 못했다. 나는 그러한 사실들을 무시하면서, 우선 내 몸의 수분 부족에 관심을 주고 그 다음엔 수도꼭지로 손을 뻗었다. 나의 조작적 체계는 물을 중심으로 조직화되었다. 나의 환경에는 많은 가능성들이 있지만, 다른 가능성들보다는 나의 갈증을 중심으로 조직화한 것이다. 나는 장에 의해서 무작위적으로 그리고 긍정적으로 자극을 받은 것이 아니었다. 오히려 나의 감각들은 나의 갈증을 중심으로 조직화된 것이었다." (Latner, pp. 17-18)

이러한 게슈탈트 과정을 통해서 사람들은 질서정연하고 의미 있는 방식으로 그들 자신을 조절한다. 이러한 자기 조절은 두 개의 상호 연관된 과정에 의존한다. 감각 알아차림과 공격성의 사용이다(주의: 게슈탈트 치료에서 공격성은 일종의 힘이고, 삶의 에너지이며, 긍정적이거나 부정적인 도덕적 뉘앙스는 없다.).

생존하기 위해서 개인은 환경과 에너지를 교환해야만 하고(예를 들면, 숨쉬고, 먹고, 접촉하고), 그러면서도 자신을 환경으로부터 다소 분리된 개체로 유지해야만 한다. 유기적으로 자기 조절을 하는 개인은 자기 자신을 위해서 자신이 만나는 각각의 대상으로부터 어떤 부분을 취하고 어떤 부분을 거부해야 할지 고르고 선택한다. 분별하기 위한 알아차림과 공격성을 사용해서 그는 자신에게 자양분을 제공하는 것을 취하고, 독이 되는 것은 거부한다. 이질적이고 새로운 자극들은 멸하거나 파괴하고(문자 그대로 '해체하고(de-structure)'), 자양분이 되는 부분은 자기 안으로 통합하며(동화), 사용할 수 없는 부분은 거부하거나 뱉어버리는 것이다. 이러한 동화 과정 없이 어떠한 작은 조각이라도 통째로 받아들이는 것은 내사다. 예를 들면, 옥수수 한 알을 해체하지 않고, 즉 씹지 않고 삼킨 아기는 자신의 위장 안에 내사물을, 즉 이질적인 물질을 가지고 있는 것이다. 그것은 변하지 않은 채 변을 통해 나올 것이고, 아기는 아무런 영양분도 섭취하지 못할 것이다. 신념, 규칙, 자기 이미지, 역할에 관한 정의 등은 역시 통째로 삼켜졌다가(내사되었다가), 나중에 '성격'이라는 것의 토대, 즉 현재의 욕구에 부응하지 않는 경직되고 반복적인 행동의 토대를 이루게 된다. 환자에게 알아차림과 동화 없이 외부에서 주어진 목표를 받아들이도록 유도하는 것은 성장을 방해한다.

알아차림이란 무엇인가?

알아차림은 경험하는 것의 한 형태다. 알아차림은 온전한 감각 운동적, 정서적, 인지적 그리고 에너지 면에서 지원을 하면서 개인/환경 장에서 일어나는 가장 중요한 사건에 주의를 기울이며 접촉하고 있는 과정이다. 방해받지 않고 계속되는 알아차림의 연속체는 '아하!'로 이어지는데, 이것은 장에 있는 서로 다른 요소들의 명백한 통일성에 대한 순간적인 깨달음이다. 알아차림에는 언제나 게슈탈트의 형성이 수반된다. 알아차림이 있는 접촉에 의해서 새롭고 의미 있는 전체가 창조된다. 따라서 알아차림은 그 자체가 문제의 통합이다.

게슈탈트 치료를 이해하는 것은 알아차림에 대한 게슈탈트 치료적 개념을 이해하는 것에 달려 있기 때문에, 나는 앞 문단과 아래의 결론들을 주의 깊게 잘 생각하면서 다시 한 번 읽어 볼 것을 제안한다. 이 결론들 하나하나는 특히 각자의 인간적인 삶의 공간에 놓여 있는 총체적인 개인이라는 맥락에서 본 알아차림을 가리키는 것이다. 모든 살아 있는 창조물들이 어느 정도의 알아차림, 즉 세상을 경험하고 세상에 적응하는 어떤 수단들을 가지고 있지만, 사람은 부분적인 알아차림만 갖고도 생존할 수 있는 특별한 능력이 있다. 예를 들면, 신경증 환자는 자신의 감정을 지각하거나 알지 못하면서 현재의 상황에 대해 생각할 수 있고, 혹은 인지적으로 알지 못하는 상태에서 감정을 신체적으로 표현할 수도 있다. 알아차림의 이러한 형태는 둘 다 불완전한 것이며, 우리가 게슈탈트 치료에서 추구하는 알아차림이 아니다.

결론 1: 알아차림은 유기체가 가지고 있는 현재의 지배적인 욕구에 바탕을 두고 있을 때, 그리고 그러한 욕구에 의해 에너지가 동원될 때에만 효과적이다. 이것이 없으면 유기체(사람이나 동물)가 알아차릴 수는 있어도, 자양분이나 독이 어느 부분에서 자신에게 가장 심각한지 알지 못한다. 그리고 떠오르는 전경에 유기체의 에너지, 흥분, 감동성이 투입되지 않으면 그 전경은 의미, 힘 혹은 영향력이 없다. **예:** 어떤 남자가 데이트를 하면서 곧 있을 면접에 대해 걱정하고 있다. 그는 자신이 데이트에서 무엇을 원하는지 알아차리지 못하고, 따라서 그녀와의 접촉에서 얻을 수 있는 흥분과 의미를 감소시킨다.

결론 2: 상황의 현실과 자신이 그 상황에서 어떤 상태인지를 직접적으로 알지 못하면 알아차림은 불완전하다. 외적인 상황이든 내적인 상황이든 그것이 부정되는 한 알아차림은 왜곡된다. 말로는 자신의 상황을 인정하면서도 실제로는 그것을 보고, 그것을 알고, 거기에 대해 반응하지 않는 사람은 알아차리고 있는 것이 아니며, 완전한 접촉을 하고 있는 것이 아니다. 자신의 행동을 어느 정도 알고 있지만 자신이 무엇을 하고 있으며, 그것을 어떻게 하고 있는지를 감정적으로, 신체적인 방식으로 진정으로 알지 못하는 사람, 자신에게 다른 길도 있지만 지금의 방식을 선택하고 있다는 것을 진정으로 알지 못하는 사람은 알아차리고 있는 것이 아니다.

알아차림에는 자기 것이라고 인정하는 것(Owning)이 수반된다. 즉, 자기 자신의 행동과 감정들에 대한 자신의 통제력, 선택, 책임[문자 그대로 하면 반응-능력(response-ability), 반응할 수 있는 능력, 자신의 행동을 결정하는 주체가 되는 것]을 아는 과정이 뒤따른다. 이것 없이도 사람은 자신의 경험과 삶의 공간에 대해 깨어 있을 수 있지만, 자신이 어떤 힘을 가지고 있고, 또 어떤 힘은 없는지에 대해서는 깨어 있는 것이 아니다. 따라서 기능적으로 볼 때 온전한 알아차림은 책임과 동등한 것이다. 내가 온전히 알아차리고 있을 때, 바로 그 순간에 나는 반응-가능하다(response-able). 그리고 알아차리지 못하면 책임을 질 수가 없다.

자기가 선택한 것이 아니라고 믿으면서 "나는 이래요." 혹은 "나는 알아요."라고 말하는 것이나, 언어적인 주문을 걸면 내가 어떤 사람인지가 사라진다고 믿는 것은 자기기만 혹은 나쁜 믿음(사르트르)이다. 알아차림은 자기 수용, 즉 진정한 자기 인정을 포함해야 한다. '내가 어떠한지'를 인정하는 행위를 한다고 해서, 인정되고 있는 내용을 그 사람이 초월한다는 의미는 아니다. 그래도 사람들은 자신에 관해서 무언가를 알아차릴 때면, 자기가 겉으로 인정하고 있는 그 내용을 넘어서는 듯한 미묘한 태도를 보이는 경우가 많다. 자기 거부의 태도를 가지면서 자기가 어떤지를 '알아차린다'고 하는 것은 대단히 거짓된 인정이다. 그것은 "나는 이렇다."라고 말하는 동시에, 그것을 마치 다른 사람에 의한 관찰인 것처럼 말함으로써, 그 "나는 이렇다."를 부정하는 것이기도 하다. 그것은 사실상 "나는 그런 사람이었어. 그렇지만 지금은 내가 고백을 하니까, 고백하는 나는 그런 사람이 아닌 거야."라고 말하는 것이다. 그러한 것은 자신을 직접 아는 것이 아니라, 진정으로 알지 못하는 한 가지 방식이다.[1] 이것은 자신에 관해서 알면서 동시에 자기 자신을 부정하는 것이기도 하다. 무엇이 그리고 어떻게 행해지

1) 역자 주_ 이것은 정신분석적 인식에 대한 비판이다. 주지적인 언어로 인식하는 것은 알아차림을 대신하지 못함.

고 있길래 그런 상황이 생기고 지속되는지를 직접적으로, 상세하게 그리고 분명하게 알지 못하면서, 자신이 어떤 문제에 대해 불만스럽다는 것을 아는 것만으로는 알아차림이라 할 수 없다.

결론 3: 알아차림은 항상 지금-여기에 있고, 언제나 변화하고, 진화하며, 스스로를 초월하고 있다.

알아차림은 감각적이지 마술적인 것이 아니다. 그것은 존재한다. 존재하는 모든 것은 지금-여기에 존재한다. 과거는 기억, 후회, 신체 긴장 등으로 지금 존재한다. 미래는 환상, 희망 등으로 지금밖에는 존재하지 않는다. 게슈탈트 치료에서 우리는 존재하는 상황 속에서—그리고 이 존재함을 과거에 존재했던, 할 수 있었던, 해야만 했던 것과 혼동하지 않으면서—내가 지금 무엇을 하고 있는지를 안다는 의미에서의 알아차림을 강조한다. 우리는 존재하는 것에 대한 알아차림으로부터, 우리가 현재 가지고 있는 흥미와 생기 있는 관심에 따라서 주목의 대상이 되는 전경에 활력을 주는 것을 통해서 우리의 방향을 정한다.

알아차림의 내용은 멀리 떨어져 있을 수 있지만, 알아차림의 행위는 언제나 지금-여기에 있다. '지금 내가 추억하고 있다(now I am remembering).'는 것을 아는 것은 알아차림 없이 슬며시 추억하는 행위로 빠져드는 것과는 아주 다르다. 알아차림은 내가 지금 무엇을(그리고 어떻게) 하고 있는지를 체험하고 아는 것이다.

지금은 매 순간 변한다. 알아차림은 새롭게 만나 하나가 되는 것이며, 이 세상을 보는 변하지 않는 방식(고정된 성격)을 배제한다. 알아차림은 정지해 있을 수 없으며, 새로운 매 순간 새롭게 방향을 정하는 과정이다. 정지해 있는 '알아차림'이란 우리가 느낄 수 있는, 흐르는 듯 움직이는 알아차림을 추상적으로 나타낸 것일 뿐이다. 우리는 미리 정해져 있는 추상적인 아이디어보다는 진화하는 알아차림을 더 신뢰한다.

게슈탈트 현상학과 변화의 역설적 이론

게슈탈트 치료는 실존주의적 치료다(아래의 인본주의와 기술에 관한 단원을 참조할 것).

사람들은 '현상학'이라는 용어를 행동이나 객관적 변인보다는 의식이나 주관적 변인을 강조하는 접근법이라면 어느 것에든 연관시키게 되었다. 게슈탈트 치료는 현상학에 대해 이보다 좀 더 기술적인 의미를 사용한다. 게슈탈트 치료는 조작적(operational) 실존주의적 방법론에 바탕을 둔 치료를 창시했다.

현상학은 관찰자의 해석보다는 분명한 것 혹은 그 상황에서 드러난 것에 바탕을 둔 이해를 추구한다. 현상학자들은 이것을 '주어진 것(given)'이라고 부른다. 현상학에서는 체험적으로 어떤 상황 속으로 들어가서, 감각적인 알아차림으로 하여금 분명한/주어진 것을 발견하도록 허용함으로써 작업을 한다. 이것은 규율을 필요로 하는데, 특히 어떠한 자료도 미리 배제하지 않으면서 존재하는 것, 있는 것을 지각하는 태도가 필요하다.

현상학적 태도는 무엇이 적절한 것인가에 대한 자신의 선입견을 인식하고, 그런 선입견을 괄호 안에 넣는 (세워두는) 태도다. 현상학적 기술은 관찰된 행동과 경험적이고 개인적인 보고들을 통합한다. 현상학적 탐색은 있는 것에 대해 보다 명료하고 상세하게 기술하는 것을 목표로 하며, 그렇게 될 것, 그럴 수 있었던 것, 그랬던 것, 그럴지도 모르는 것을 중요시하지 않는 것을 목표로 한다.

사람들은 종종 바로 자기 앞에 있는 것을 보지 못하고, 그 사실을 깨닫지 못한다. 사람들은 상상하고, 논쟁하고, 몽상에 빠진다. 이처럼 여과된 지각과 지금 상황에 대한 즉각적이고 풍부한 파악이 어떻게 다른지를 가장 잘 아는 사람은 비전(秘傳)의 해답을 찾아 분투해오다가 갑자기 단순하고 명료한 '아하!'의 기쁨을 찾은 사람들이다.

처음 치료를 시작하는 환자들은 알아차리지 못하기 때문에, 자신이 말하고자 하는 것을 말하지 못하고, 말하면서도 말한 것에 대해 책임지지 못한다. 그들은 자신이 누구이며, 자신의 삶을 살아야만 하는 것이 누구인지에 대한 감각을 잃어버렸다. 이것은 내가 생각하고, 느끼며, 하고 있는 것이라는 지각을 잃은 것이다. 자기가 무엇을 그리고 어떻게 하고 있는지를 스스로 관찰하고, 기술하고, 일러고 하기 전에, 고쳐달라고 하거나 왜 그런지 설명해 달라고 요청한다. 이처럼 그들은 자신에게 정확한 존재가 분명치 않은 그 무엇인가를 설명하고, 정당화하려고 노력한다. 그들은 명백한 것을 놓쳐버린다.

이러한 환자들은 다음과 같은 두 개의 서로 연관된 과정들을 통해 명료함이 결핍된 이러한 상태를 지속시킨다. 즉, 감각적이고 정서적인 면을 통합하지 않고 사고하는 것, 그리고 접촉과 동화를 위해 공격성을 사용하기보다 자신을 향해 더 많이 사용하는 것이다. 그들의 행동적인 게슈탈트는 현재의 욕구에 의해서보다는 이러한 두 개의 경직된 성격적 습관에 의해서 더 많이 형성된다(아래의 신경증 단원을 참조할 것).

필요한 것은 새로운 방식의 경험을 시도하는 실험과 심리생물학적 에너지의 새로운 사용이다. 환자는 보고, 행하고, 대처하고, 배우는 것이 필요하다. 치료 시간은 실험하는 것을 보장해 줄 정도로 충분히 안전하면서도, 현실감이 들만큼 충분히 도전적인 상황을 제공한다. 게슈탈트 치료에서 우리는 이것을 '안전한 위기 상황'이라고 부른다. 만일 치료자가 너무 도움을 많이 주면 환자는 아무것도 할 필요가 없으며, 만일 치료자가 언어상의 내용만을 강조하면(예를 들어, 왜-왜냐하면), 환자는 실험하거나 느끼지 않고 생각만 할 수 있다. 환자가 이미 사용하는 과정들 [예를 들면, 생각에 사로잡히기(예상하기, 분석하기, 이유를 묻기)와 수동적이고 비창조적으로 있기("무엇을 할지 말해 주세요.")]을 치료에서 반복하기만 한다면, 아마도 환자는 거의 나아지지 않을 것이다.

게슈탈트 치료는 환자들이 스스로 탐구하고, 배우고, 자신의 문제에 대한 자신의 해결 방법을 찾아내기 위해서, 그들 자신의 감각을 사용하는 법을 배우는 데 기초하고 있다. 우리는 환자에게 그가 어떠해야만 하는지 혹은 왜 그가 지금의 상태인지 등의 내용에 대해서 말하기보다는 자신이 무엇을 하고 있으며, 어떻게 하고 있는지 알아차리는 과정을 가르친다. 우리는 환자에게 도구를 준다—어떤 의미에서 우리는 그에게 밥을 먹여 주기보다는 요리하는 법을 가르치는 것이다.

전통적인 심리치료는 치료 시간 중에 이야기되는 내용이 실제로 중요시된다는 점에서 내용 지향적이다. 게슈탈트 치료는 이해를 추구하는 환자가 어떤 방식으로 그것을 하는지에 대한 알아차림을 중요시한다는 점에서 과정 중심적이다. 우리는 무엇에 대해서 이야기하는 것 이상을, 즉 '작업'을 한다. 작업이란 안내된 알아차림 연습과 실험을 포함한 현상학적 실험을 말한다. 연습은 단지 환자가 무언가를 알아차리도록 만들려는 것이 아니라, 어떻게 알아차리는지를 알아차리게 하기 위한 것이며, 결국에는 자기가 알아차리는 것을 어떻게 회피하는지를 알아차리게 하기 위한 것이다.

전통적인 언어적 치료와 행동 치료에는 외부적인 목표가 있다. 환자는 지금 그대로 괜찮은 것이 아니다. 이것에 대해 환자와 치료자 모두가 동의하는 경우가 많다. 이러한 치료에서는 치료자가 변화의 대행자이며, 환자는 자신이 아닌 것이 되려고 노력함으로써 어떤 이상적인 상태(내용적 목표)에 이른다. 게슈탈트 치료에서는 우선 주어진 것—즉, 당신이 누구이며 어떤 상태라는 것—을 분명히 알고, 수용하는 것에 의해서 변화가 일어난다고 생각한다. 우리의 유일한 목표는 이러한 알아차림의 과정을 배우고 사용하는 것이다.

변화에 대한 게슈탈트 이론(변화의 역설적 이론, Beisser, 1970)에 의하면

> …변화는 자신이 아닌 것이 되려고 노력할 때가 아니라, 있는 그대로의 자신이 될 때 일어난다. 변화는 개인에 의한 강압적인 시도나 그를 바꾸려고 하는 다른 사람의 강압적인 시도를 통해서 발생하지 않는다. 변화는 있는 그대로의 자신이 되기 위해 시간과 노력을 기울일 때, 즉 자신의 현재 상태에 온전히 몰입할 때 비로소 일어난다. [치료자가] 변화의 대행자 역할을 거절함으로써 의미 있고 질서정연한 변화가 가능해진다.

게슈탈트 치료자는 '변화시키는 사람'의 역할을 거절한다. 왜냐하면, 그의 전략은 환자가 있는 그대로, 그곳에 있을 것을 격려하는 것, 심지어는 고집하기까지 하는 것이기 때문이다. 그는 변화가 '노력함', 강압, 설득, 통찰이나 해석 혹은 다른 그러한 수단에 의해서 일어나는 것이 아니라고 믿는다. 오히려 환자가 적어도 그 순간만이라도 그가 되고 싶어 하는 것을 버리고, 있는 그대로 되고자 할 때, 변화가 일어날 수 있다. 움직이기 위한 튼튼한 발판을 가지기 위해서는 한 자리에 서 있어야 한다는 것이고, 그러한 발판 없이는 움직이는 것이 어렵거나 불가능하다는 것이 전제다.

치료를 받음으로써 변화를 추구하는 사람은 적어도 두 개의 심리내적인 당파 간의 싸움으로 갈등하고 있다. 그는 자신이 '되어야만 하는 것'과 '있는 그대로'의 자신이라고 생각하는 것 사이에서 끊임없이 왔다 갔다 하면서, 결코 어느 쪽과도 완전히 동일시하지 못한다. 게슈탈트 치료자는 그 사람에게 한 번에 하나씩 자신의 역할에 온전히 몰입해 보라고 한다. 어느 역할부터 시작하든 간에 환자는 곧 다른 역할로 옮겨간다. 게슈탈트 치료자는 그저 그 순간에 환자가 있는 그대로의 자신이 되어볼 것을 요청한다.

환자는 변화되기를 원하기 때문에 치료자에게 온다. 많은 치료자들이 이것을 정당한 목표로 받아들이고, 다양한 방법을 통해서 그를 변화시키려고 시도하기 시작하면서, 퍼얼스가 상전/하인의 이분법이라고 불렀던 것을 만들어 낸다. 환자를 도우려고 애쓰는 치료자는 평등주의자적인 입장을 떠나서 모든 것을 아는 전문가가 되고, 환자

는 무력한 사람의 역할을 하면서도, 그의 목표는 그와 환자가 동등하게 되어야 한다는 것이다. 게슈탈트 치료자는 한 부분이 다른 부분을 변화시키려고 시도하는 상전/하인의 이분화가 환자 안에 이미 존재하며, 한 부분이 다른 부분을 변화시키려 하고 있고, 치료자는 이들 역할 중 어느 하나에 갇히게 되는 것을 피해야 한다고 믿는다. 치료자는 환자가 양쪽 역할을 다, 한 번에 하나씩, 자신의 것으로 받아들이도록 격려함으로써 그러한 함정에 빠지는 것을 피하려고 노력한다.

환자가 잠시 동안만이라도 자신이 아닌 것이 되려는 노력을 포기한다면, 그는 있는 그대로의 자신을 경험할 수 있다. 있는 그대로의 자신에 몰입하고 탐색하는 것, 세상에 존재하는 자신의 방식에 대한 현실을 견디어내는 것은 그에게 알아차림과 선택을 통해서 성장할 수 있는 중심축과 지지를 제공한다. 알아차림은 다음에 바탕을 둔 접촉과 실험을 통해서 발전한다. 즉, 자신에게 무엇이 필요한지를 알기 원하는 것, 주어진 것을 탐구하는 데 수반되는 혼동, 갈등 그리고 의심에 기꺼이 머물러 보려는 것, 그리고 새로운 해결책을 찾아내고 만들어내는 책임을 흔쾌히 지려고 하는 것이다. "인간은 야망이나 인위적인 목표를 통해서가 아니라, 그의 참된 본성을 통해서만 자신을 초월할 수 있다." (Perls, 1973, p. 49)

인본주의와 기술

게슈탈트 치료의 현상학적 작업은 마르틴 부버의 나와 너-지금과 여기라는 실존주의적 모델에 바탕을 둔 관계를 통해서 이루어진다. 그 모델에 의하면 한 개인은 자신을 자기 앞에 있는 개인이나 과제에 온전히 그리고 열정적으로 개입시키는데, 그러한 각각의 대상은 어떤 목적을 위한 수단이나 사물인 '그것'으로가 아니라 그 자체가 목적인 너(Thou)로 취급된다. 관계는 각각 별개의 존재와 개인적인 욕구를 가진 두 사람이 그들 사이의 차이를 인식하고 허용하면서 서로를 접촉할 때 발전한다.

각자는 자기 자신에 대해서, 대화에서 자신이 맡은 부분에 대해서 책임이 있다. 이것이 의미하는 바는 자신이 다른 사람에게 영향을 미치거나 영향을 받도록 허용할 것인지, 에너지를 주고받을 것인지에 대해 각자가 책임이 있다는 것이다. 두 사람이 다 허용을 하면, 만나는 것은 접촉과 철수의 리듬을 가진 춤과 같을 수 있다. 그러면 고립(접촉하기의 상실)이나 융합(결합, 혹은 개별성의 상실)보다는 연결하기와 분리하기가 가능해진다.

이러한 춤을 추기 위해서는 양측이 모두 지배되거나, 구원받거나, 억압되지 않고 자신을 조절하도록 허용되어야 한다. 각자는 상대방의 춤을 안무해 주려고 노력하기보다는 상대방의 춤에 반응하면서 자신을 조절한다. 이는 상호작용의 경직된 내용을 놓아버리고, 두 사람 사이에 나타나는 것을 허용할 때 일어날 수 있는 것에 대한 신뢰를 필요로 한다. 그것은 또한 정직한 대화에 직면했을 때 상대방이 그 자신을 조절하고 지지할 수 있다는 믿음을 요구한다.

게슈탈트 치료에서, 우리는 인본주의적이면서 동시에 기술적이기도 하다. 게슈탈트 치료에서는 [과학적] 기술이 사용되는데, 그것은 환자 스스로가 경험할 수 있는 능력을 증신시키기 위한 실험을 하기 위해 두 사람이 함께 작업하는 보평 안에 [표시 인 나세] 끼워 넣어져 있다. 작업은 환자의 문제를 찾아내는 것과 같은 과제에 초점을 둘 수도 있고, 혹은 관계 자체에 초점을 둘 수도 있다. 작업은 체계화되어 있든지, 초점이 잡혀 있지 않든지 간에 지각하기와 느끼기와 생각하기를 지금 일어나는 알아차림의 연속체로 통합시킨다.

치료자는 각 개인이 치료자가 설정한 외적인 목표로 자기 조절의 양식을 대체하지 않으면서 자신을 조절하도록 허용한다. 치료자는 환자가 언제 자기 자신을 중단시키고 거부하며, 자신에 대한 신뢰가 부족해지고, 치료자가 대신 해주기를 바라는지를 관찰한다. 그러나 치료자는 환자 행동의 질서정연함과 의미 깊음, 그리고 삶에 대처해나갈 수 있는 그의 능력을 믿는다. 치료자는 언어적 방법이나 재조건화 방식을 사용해서 환자가 이상적인 삶을 살도록 조종하지 않는다. 심지어는 그것이 이상적인 나-너 관계일지라도 마찬가지다.

그러나 치료자는 "나를 변화시켜 달라."는 세약 요청을 거절하는 것 이상을 할 수 있다. 치료자가 사용할 수 있는 현상학적 기술 전체가 있다. 치료자는 환자를 새로운 경험으로 인도할 수도 있는 새로운 무언가를 환자가 위험을 감수하면서 해보도록 어떤 방법을 제안할 수 있다. 우리의 목표는 어떤 역기능적인 행동이든지 그런 행동의 구조/기능에 대한 알아차림이며, 그 목표를 위해서 우리의 현상학적 기술을 사용한다.

게슈탈트 치료에서 모든 치료적 개입은 보이는 것과 느끼는 것에 바탕을 두고 있다.

어떤 때는 그저 우리에게 보이는 것을 나누기도 하고(피드백) 혹은 우리가 그에 대한 반응으로 느끼는 것을 나누기도 한다(개방). 어떤 때는 우리가 보고 느끼는 것이 [즉, 피드백해주는 것이] 자신이 좀 더 명확하게 알아차리기 위해서 환자가 무엇을 할 수 있는지에 대한 비전을 제시하기도 한다. 우리는 개방이나 피드백을 주는 것만큼이나 그러한 기술의 창조에 가치를 둔다. 기법들은 나-너 사이의 대화로부터 자연스럽게 만들어지며, 나-너는 때로 [과학] 기술적인 개입을 필요로 한다. 사례는 다음과 같다. 환자는 치료자를 쳐다보지 않고 말을 한다. 환자가 말을 하기는 하지만, 특정한 누군가에게 얘기하지 않으므로 대화는 중단되었다. 이제 진정한 대화를 하려면 치료자의 강력한 반응이 필요할 것이다. 다음과 같은 반응이 가능할 것이다. ① "당신은 나를 쳐다보지 않는군요." ② "소외감을 느껴요." ③ "실험을 하나 제안하겠어요. 말하는 것을 멈추고, 그냥 나를 쳐다보세요. 그리고 무슨 일이 일어나는지 보세요."

그러므로 게슈탈트 치료는 환자에게 주어진 과제들과 언어적 작업을 결합시킨다. 이 방법은 새로운 매스터즈와 존슨식의 치료법들이 최근에 발견했듯이 매우 강력하다. 이러한 과제들은 치료자와 환자의 창조성과 상상력만큼이나 다양하다. 거기에는 외부 세계를 지각하는 것, 자신의 신체를 즐기는 것, 양극성 대화(큰 소리로 혹은 글로), 표현적인 양식들(꿈, 예술, 동작, 시) 등 무수한 것들이 포함된다. 이것들은 흥분시키기 위해 사용되는 책략이나 카타르시스, 혹은 속성-치료와 혼동되기도 한다. 게슈탈트 치료에서 이러한 과제들은 모두 나-너 관계 안에 스며들어 있으며, 치료자-환자 두 사람이 알아차림을 통해서 서로에 대한 탐색과 환자의 문제 해결과 성장에 대한 탐색을 계속하는 데 이 과제들 모두를 사용한다.

과제들은 환자에게 할 수 있는 새로운 어떤 것을, 즉 경험의 새로운 양식을 제공한다. 반복하건대, 그저 아무 종류의 경험에나 심지어는 아무 종류의 알아차림에나 초점을 맞추는 것이 아니라, 자기 조절을 위해서 필요한 알아차림, 특히 알아차림 과정 그 자체에 대한 알아차림[2]에 초점을 맞추는 것이다.

2) 역자 주_ '알아차림 과정에 대한 알아차림(awareness of awareness process)'이란 '이차적 알아차림(a second order awareness)'으로 정의할 수 있는데, 알아차림 과정 자체에 대한 알아차림이다. 이때 개인은 자신의 알아차림 과정 자체를 관찰하거나 체험할 수 있다. 예컨대, 한 사람이 다른 사람의 표정을 살피다가 수치심을 느낄 수 있다. 알아차림 과정

환자들은 종종 치료란 그저 이야기를 하는 것이고, 변화는 자동적으로 온다는 선입견을 가지고 있다. 그들은 실험을 해보라는 요청에 혼동, 내키지 않음, 공포로 반응한다. 작업이 새로운 지식과 진정한 흥분의 [재]충전, 참된 변화를 가져오기 시작하면 환자들은 다른 방식으로 반응한다. 어떤 경우에는 환자들이 멋진 가능성들을 정말로 감지하고, 보다 많은 것을 갈망하기도 한다—그리고 또 어떤 경우에는 자신들이 무엇을 하고 있는지를 선명하게 보여 주는 방법과 변화하고자 하는 자신들의 욕구, 그리고 무엇보다도 진정으로 변화할 수 있는 가능성에 깜짝 놀라게 되면, 그들은 이제 '속임수 기법들(gimmicks)' 에 반대하기도 한다.

이러한 접근 방식은 명백한 것, 표면에 드러난 것을 추구하기는 하지만, '피상적인' 것과는 거리가 멀다. 전통적인 치료에서 환자의 삶의 진짜 구조를 이해하는 유일한 방법은 결정적인 요소들이 있다고 생각되는(선형적 인과론) 멀리 떨어진 곳(과거 혹은 매우 '깊은 곳')으로 가는 것이었다. 그러나 장 이론에 따르면, 영향을 미치는 모든 세력들은 현존하며, 시간 공간적으로 떨어져 있을 때에는 영향을 미칠 수 없다. 알아차림 훈련은 환자의 실존을 조절하는, 지금-여기에 있는 힘들의 실제적인 구조/기능에 도달한다. 이것이 더욱 명백해지는 것은 치료가 후반기로 접어들면서, 보다 단순한 과정들이 환자의 알아차림에 의해 파악되고, 현존하고 강력하면서도 전에는 환자가 회피했던 다른 근본적인 힘들 또한 명백해지면서부터다.

이것은 장의 어떤 부분도 배제하지 않고, 절대적으로 지금-여기에서 작업할 경우에만 효과적이다. 장의 어떤 부분은 중요하지 않다는 가정(현상학적 원칙을 위반하는 것임)을 가지고 출발하는 것은 과거의 경험 중 아직 사용 가능한, 지금-여기에 남아 있는 것들—예를 들면, 신체 언어나 감춰진 가설—에 대한 접근을 차단할 수도 있다. 순전히 언어적이면서 지금-여기에 있으려고 하는 것은 너무 많은 것을 놓치기 때문에 효과적이지 않다. 순전히 비언어적인 것도 같은 문제를 겪을 것이다.

에 대한 알아차림을 통해 그는 상대방이 이맛살을 찌푸리는 것을 본 후, 이를 그 사람이 자기를 싫어하는 것이라고 해석했고, 이는 다시 그가 과거에 부모로부터 거부받았을 때 느꼈던 수치심을 다시 떠오르게 만들었다는 사실을 알아낼 수 있었다. 또 다른 예로는 어떤 사람이 화가 났을 때, 자신의 정서를 고립시킨 후, 아무런 강한 감정을 느낄 수 없게 되었다. 알아차림에 대한 알아차림을 통해 그는 화가 날 때마다 자신의 분노 감정에 놀라서 혹은 그것에 대해 죄책감을 느낀 나머지 자신을 무감각하게 만듦으로써 그러한 감정으로부터 자신을 고립시킨다는 것을 발견할 수 있었다.

신경증 환자

신경증 환자는 자신의 진짜 욕구를 알아차리고, 받아들이고, 그 욕구가 그의 행동을 조직화하는 것을 허용하도록 자기 자신을 내버려두지 않는다. 각 욕구에 그의 흥분이 온전히 그리고 창조적으로 투입되는 것을 허용하는 대신에 그는 자기 자신을 차단한다. 그는 자기 에너지의 일부를 자신을 거스르는 데 사용하고, 일부는 대화에서 치료자의 몫인 절반을 조종하는 데 사용한다. 그가 이렇게 하는 이유는 '도사'가 자기를 고쳐줄 것에 의존하고 있기 때문이다. 신경증 환자는 성격이 경직되어 있고, 자기-지지는 감소되었으며, 대개 자신의 반복적이고 불만족스러운 행동 패턴에서 벗어날 수 없다고 믿기 때문에, 나-너 관계를 온전히 받아들일 수가 없다.

신경증 환자는 자기 자신의 힘이 발달하도록 허용하는 대신에, 치료자와 융합하고 치료자의 힘에 의존하려고 한다. 자신의 경계에 대한 신경증 환자의 지각은 약한데, 이는 자신이 가지고 있는 측면들에 대한 알아차림은 거부하고(투사), 외부의 것들을 마치 자신인 것처럼 받아들이기(내사) 때문이다. 이처럼 신경증 환자는 있는 그대로에 대한 알아차림을 상실한다.

그러므로 신경증 환자는 분열되어 있고, 알아차림이 감소되어 있으며, 자기 거부적이다. 자신의 측면들을 거부하고 따라서 분열되는 이러한 일관된 과정은 알아차림을 거부함으로써만 유지될 수 있는 것이다. 왜냐하면, 온전하고 지속적인 알아차림이 있다면 거부된 부분들은 접촉되고, 마침내는 통합될 것이기 때문이다.

신경증 환자의 이러한 자기 거부와 알아차리지 못함은 신경증 환자가 손쉽게 사용할 수 있는 자기-지지를 감소시킨다. 그는 자신이 자기 조절과 자기-지지를 할 수 없다고 믿게 되고, 따라서 그가 어떠해야 하는지를 말해주도록 다른 사람을 조종해야 하며, 그렇지 않으면 동화 과정 없이 '꿀꺽 삼킨' 경직된 규칙들('성격')에 따라 살도록 자신을 내몬다. 그는 자족적이 되거나 혹은 의존적이 되려고 노력하지만, 자양분이 되는 접촉과 철수를 위해서 자기-지지를 사용하지 않는다. 이처럼 신경증 환자는 그 자신과 다른 사람들을 물건처럼 통제하고, 자기 자신이 그렇게 통제되도록 허용한다.

그래서 신경증 환자는 치료적 상황을 늘 하던 식의 반복으로 만든다. 누군가가 그에게 어떠해야 하는지 말해주고, 그는 그것에 저항하거나 혹은 묵묵히 따르는 것이다. 만일 환자에게 무엇이 좋은지를 자기가 가장 잘 안다고 치료자가 믿는다면 문제는 더 심각해진다. 환자가 처방에 맞추어 변한다 할지라도, 그는 자신을 어떻게 조절하는지 배우지 못한 채로 그렇게 하는 것이다. 이렇게 하는 것도 바람직하지 못하고, 치료자가 생각하는 이상과 환자의 저항 사이의 싸움도 바람직하지 못한 것이다. 우리가 추구하는 것은 이러한 혹은 저러한 행동의 변화를 채택하는 것이 아니라, 환자가 자신의 행동에 대해 알아차림으로써 그가 자기를 방해하기보다는 자기를 지지하는 데 자신의 힘을 사용할 수 있게 되는 것이다.

많은 환자들이 변화되기 위해서 오고, 지금 상태에 있기를 원치 않는 반면에, 그들은 자기 안에서 진정한 변화를 하는 것을 원하지 않는다. 그들은 치료자가 자기 대신 그 일을 해주거나, 같은 게임을 더 살하게 만들어 주기를 원한다. 그들은 성장에 저항하고, 치료자가 실패하도록 에너지를 투자한다. 이러한 [치료자를 좌절시키는] 동기는 거의 언제나 치료 초기의 환자들이 바로 알아차리지 못한다.

문제는 환자가 조종한다는 것, 즉 자신의 환경을 관리한다는 것이 아니다. 그가 자신과 환경의 주고받는 것에 있어서나 접촉과 철수의 관계에 있어서 자기-지지에 기반을 두고 조종하기보다는, 자신이 좀 더 편안하게 불구의 상태로 남아 있게 자신을 도와주도록 다른 사람을 조종한다는 것이 문제다. 치료자는 환자의 참된 욕구에 교감하여야 하며, 환자에게 요구하지 않으면서 친밀하고, 그만을 위한 관심을 기울이는 동시에 환자의 교묘한 조종을 좌절시켜서, 환자가 "그의 모든 조종적인 기술을 자신의 진정한 욕구를 만족시키는 데 사용하도록 해주어야 한다." (Perls, 1973, p. 108)

> …만일 치료자가 자신을 억제한다면… 그는 장으로부터 중요한 도구, 즉 자신의 직관과 환자의 진행 중인 과정에 대한 자신의 감수성을 박탈하는 것이다. 그렇다면 치료자는 교감과 동시에 좌절을 사용해서 작업하는 것을 배워야만 한다. 이 두 가지 요소는 불완전해 보일지 모르지만, 치료자의 기술은 이 둘을 결합해서 하나의 효과적인 도구로 만드는 것이다. 그는 친절하기 위해서 잔인해야만 한다. 그는 전체적 상황에 대한 관계적인 알아차림을 가져야 하고, 장 전체와 — 자신의 욕구와 환자의 조종에 대한 자신의 반응과도, 그리고 환자의 욕구와 치료자에 대한 환자의 반응과도 — 접촉하고 있어야 한다. 또한 치료자

는 이러한 것들을 자유롭게 표현할 수 있어야 한다(Perls, 1973, p. 105).

신경증 환자와 작업하기 위해서 우리는 우리의 관찰, 정서적인 반응 그리고 우리의 창조적/예술적 능력을 접촉하고 나눈다. 우리는 환자에게 필요한 피드백을 준다. 환자가 그러한 피드백을 자신과 관련이 없는 것으로(예를 들면, 신체 언어), 혹은 너무 고통스러워서 인정할 수 없는 것으로(예를 들면, 그가 행동하는 방식) 결정했더라도 그러한 피드백을 준다. 우리는 우리의 정서적 반응을 포함해서 우리가 그를 어떻게 경험하는지를 환자와 나눈다. 우리는 환자의 삶을 지도하는 것을 거절하지만, 알아차림을 증가시키는 연습과 실험은 지도한다.

게슈탈트 치료자는 그의 관심과 행동과 말을 통해서 그가 마음을 쓰고, 이해하고, 들으려 한다는 것을 나타낸다. 이러한 '참된' 지지가 많은 환자들에게 자양분이 된다. 게슈탈트 치료자와의 친밀한 일대일 만남을 경험하지 못했던 관찰자들은 대부분의 게슈탈트 치료자들이 환자에게 지도하거나 대신 책임져주는 것을 '차갑게' 거절하면서 동시에 제공하는 '참된' 지지의 강렬함과 따뜻함을 때로 놓치기도 한다.

어떤 때는 우리의 접촉이 환자를 좌절시키기도 한다. 예를 들면, 환자가 우리의 승인이나 비승인을 구할 수도 있다. 우리는 흔히 거절한다. 그러면 승인이나 비승인을 추구하는 환자는 눈 맞춤이나 전반적인 태도로 보아 게슈탈트 치료자가 깊이 열중하고 있다는 것을 발견할 수 있으면서도 찬성이나 비승인을 나타내는 단서는 찾아내지 못할 수가 있다. 눈을 돌리지 않는 치료자의 응시는 그러한 환자에게 상당히 당황스러울 수가 있다. 이것은 좌절을 임상적으로 사용하는 일례다. [치료자가] 미세한 승인의 단서를 주는 것은 조건화의 한 형태로서, 환자가 자신을 표현하기보다는 치료자에게 좋은 인상을 주려고 노력하는 것을 강화할 것이다.

세상을 인지적인 방식으로만 경험하고, 새로운 어떤 모험도 하지 않으려는 강박적인 환자를 생각해 보자. 그는 자기가 어떠어떠해야만 하는지를 자신에게 말하고, "그래, 하지만…." 혹은 "나는 할 수 없어." 혹은 "아마 다음에는."이라고 대답한다. 그는 새로운 경험의 양식을 실험하자는 제안을 두려워하고, 그러한 제안을 명령으로 생각한다. 그는 또한 있는 그대로 기술하는 말을 판단이나 평가로 받아들인다. 기술된 바를 가지고 작업하거나 실험을 해보자는 제안을 따르기보다는, 자기 자신과 하는 "그래, 하지만…" 이라는 똑같은 게임을 치료자와 함께한다. 이것을 우리는 강화해서는 안 된다.

우리는 유기체적인 자기 조절과 실험을 중요시하고, 이러한 가치들이 우리의 개입을 인도해 준다. 환자는 탐색을 통해서 각 상황에서 어떤 경험의 양식이 자신에게 맞는지 스스로 선택하는 것을 배울 수 있어야 한다. 이러한 도구로서의 알아차림은 [분석적 치료에 수반되는] 내용으로서의 알아차림(통찰), 그리고 행동 수정에서 알아차림 훈련 없이 일어나는 행동변화와 대비된다.

우리는 환자에게 "당신은 ~해야 한다."라고 말하지 않는다. 환자는 "해야만 하는 것이 없다고요? 내가 해야만 하는 것이 없어야만 한다는 뜻인가요?"라고 물을지도 모른다. 그것이 아니다. 해야만 하는 것이 있어야 할지는 환자가 결정한다고 치료자는 설명한다. "내가 원하는 것은 무엇이든지 할 수 있고, 그래도 괜찮다는 거죠?" 이 또한 오해다. 환자가 무엇을 해도 다 괜찮다는 것이 아니다. 법적, 사회적, 경제적, 도덕적인 대가가 따른다. '당신 자신의 일을 하는 것' 에 대해 내가 허가를 해주는 것도 아니고, '내가 나의 일을 할' 때 허가해 달라고 당신에게 요청하는 것도 아니다. 나는 나의 선택에 대해 책임을 지고, 당신의 선택에 대해서는 당신이 책임을 지라고 말하는 것이다. 나는 환자들이 스스로 보고, 실험하고, 자신의 행동을 인정하고, 스스로 평가하도록 도와준다. 그것이 게슈탈트 치료에서 말하는 '당신 자신의 일을 하는 것' , 스스로 세상을 경험하는 것(실험하고, 지각하고, 느끼는 것), 당신 스스로 선택하는 것 그리고 당신이 충분한 지지를 확보하고 있는지를 알아내는 것의 의미다.

평가와 성숙

게슈탈트의 형성과 파괴의 과정이 선명하고도 자연스럽게 환자의 행동과 알아차림을 구성하여, 그의 지배적인 욕구에 의해 조직화되고 에너지가 동원되는 전체/통합체를 이룸으로써, 환자가 자신을 조절하는 것이 가능해질 때에 게슈탈트 치료는 성공한 것이다. 그러한 사람은 '알아차리고 있는 상태' 일 것이고—즉, 위에서 논의된 알아차림의 특성들을 가지고 있을 것이고—그의 삶의 공간에서 가장 중요한 사건과 접촉하고 있으며, 그의 행동에는 흥분감이 흘러들고, 책임감이 있으며, 자기 조절적이고, 새로운 탐색을 감행하는 것 등을 할 수 있을 것이다.

이처럼 우리는 성숙을 이상적인 종결 상태에 도달하는 것이라기보다는 계속적인 과정으로 정의한다. 성숙한 사람은 이러한 과정 중에 있다. 이것을 달리 말하자면 그는 창조적 적응의 과정에 있다고 하겠다. 창조적 적응이란 개인과 환경 간의 관계인데, 그것은 개인이 ① 그의 삶의 공간을 책임감 있게 접촉하고, 인정하고, 대처하며, ② 자신의 안녕을 가져오는 조건을 창출하는 것에 대한 책임을 지는 관계를 말한다. '창조적'이 아닌 '적응'은 외적인 기준에 그저 순응하는 것을 의미할 수 있다. '적응' 없는 '창조적'이란 것은 역기능적인 허무주의를 가리킬 수 있다. 개인의 행동은 환경에 대처하는 맥락에서만 성숙한 것이다. 그리고 자신의 가장 근본적인 욕구와 가치를 충족시키는 데 도움이 되는 조건을 창출해내려는 개인의 책임감 없이, 그저 대처하고 적응만 하는 것 역시 이러한 정의를 충족시키지 못하는 것이다. 일하고, 사랑하고, 권리를 주장하고, 양보하는 것 등은 창조적 적응의 일부가 될 때에만 성숙한 것이다. 게슈탈트 치료에서의 성공은 환자가 적응에 대한 어떤 외적인 척도에 의존하기보다는 그가 얼마나 분명하게 스스로 경험하고 판단할 수 있는지에 따라 평가된다. 우리는 환자가 게슈탈트 치료를 포함하여 어떤 치료 과정이든 그의 중요한 욕구들을 어느 정도까지 만족시키거나 좌절시키는지 자기 스스로 경험하는 방법을 배울 것을 기대한다. 이것은 환자가 자신이 무엇을 필요로 하는지/원하는지/선호하는지 알아야 하고, 자기 자신의 가치, 판단 그리고 선택에 대해 책임져야 한다는 것을 의미한다.

이러한 성숙과 알아차림은 그것이 환자와 치료자에게 분명하고 두드러지게 보일 때에만 게슈탈트 치료의 성공을 타당하고 신빙성 있게 확인해 준다. 성공은 외적으로 보이는 행동과 내적으로 경험하는 것 모두에 의해 측정된다. 환자가 다르게 느낄 수 있어야 한다. 환자가 명료함, 흥분, 안녕감, 탐구심 등이 증가되었다고 느껴야 한다. 환자의 경험과 드러난 행동에 대한 치료자의 관찰 간에 분명한 일치가 있어야 한다. 모든 내적인 알아차림에 대해 외적으로 나타나는 징후가 수반되어야 한다. 즉, 보다 더 살아 있는 것으로 환자가 느끼는 경우에 그것은 관찰할 수 있는 생리적인 변화로 나타나야 한다. 이처럼 분명한 성공의 증거가 치료자나 환자에게 나타나지 않으면, 추가적인 현상학적 탐색을 통하여 해명할 필요가 있음을 시사하는 것이다.

심리치료 모델들의 비교

전통적인 '말로 하는(talk)' 치료들의 토대는 아직도 대부분 정신분석적이다. [이러한 치료에서는] 환자의 행동이나 경험이 둘 다 신뢰받지 못하는데, 그 이유는 양쪽 다 추정되고, 관찰할 수 없으며, 숨겨진 '진짜' 원인들—무의식적 동기—에 의해 결정된다고 생각되기 때문이다. 환자에게 남는 것은 접근할 수 없는 무의식과 무기력하고 믿을 수 없는 의식이다. (개인의 현재 행동에 대한 멀리 있는 원인을 받아들이는 것을 종종 '통찰'이라고 부른다.) 무의식의 개념은 게슈탈트 치료에서 알아차림의 변화하는 전경/배경이라는 개념으로 대체되었는데, 이에 따르면 어떤 현상이 접촉되지 않는 것은 전경/배경 형성에서의 교란 때문이거나, 아니면 그 개인이 다른 현상과 접촉하고 있기 때문이다(Perls, 1973, p. 54 참조). 하지만 그러한 자료는 사용 가능하며, 환자가 그것에 주의를 기울이도록 직접적으로, 즉각적으로 가르칠 수 있다. 그 자료는 사용할 수 없는 것이 아니다. 게슈탈트 치료에서는 알아차림을 이전에 알아차리지 못했던 것을 망라할 수 있는 강력하고도 창조적인 통합자로 본다.

전통적인 심리치료에서 행동의 무의식적 동기에 대한 믿음은 환자로 하여금 알아차림에 대한 자기 스스로의 탐색보다는 치료자의 해석에 의존하게 만든다. 치료자는 알고 있고, 환자는 치료자가 이미 아는 것을 배움으로써 나아지거나, 아니면 치료자가 알고 있는 것을 듣기에 충분한 자아강도를 가졌다고 치료자가 생각할 때까지 치료자에 의해 '지지'받는다.

치료자가 '아는' 것이란 해석 및 현재 행동의 원인(현재 행동을 정당화[3])이라고 가정되는 과거 사건에 대한 추측을 말한다. 이러한 선형적 인과성의 모델은 그 행동의 구조적인 토대가 되며, 환자가 지각을 사용해 탐색해 볼 수 있는 지금-여기에 있는 힘들의 중요성을 감소시킨다. 전이를 통해서만 지금-여기에 있는 것에 개입하며, 환자의 왜곡을 해석하기 위해서만 지금-여기에 개입하는 것이다.

3) 역자 주_ 과거의 원인에 의해 현재 행동이 기계적으로 정해지는 것이라면 현재 행동은 정당화된다. 즉, 개인이 책임질 수 없다. 정신분석적 해석이 갖는 위험성을 지적한 말임.

이 모든 것은 환자를 희생하여 치료자의 지위를 격상시킨다. 그것은 환자의 상황 판단 수단, 즉 그가 무엇을 보고 그것에 대해 어떻게 느끼는지에 대한 그 자신의 감각을 무효화시킨다. 이것은 환자가 그 자신에 대한 책임이 없으며, 자기 자신을 알 수도 없고, 치료자가 치료하거나 제거해야 할 질병이나 장애를 갖고 있다고 말하는 것과 기능적으로 같은 것이다. 표면적으로는 의료적 모델을 거부하는 사람들조차도 실제에 있어서는 이와 같은 태도를 취하는 일이 많다. 그것은 게슈탈트 치료의 나-너 모델이 반대하는 바로 그 태도다. 환자는 너(Thou)보다 열등하다는 가정이다.

이러한 말로 하는 치료들과 행동 수정과 같은 보다 능동적인 모델들 간에는 괴리가 있다. 새로운 '제3세력'은 새로운 대안임을 주장한다. 불행히도 다수의 '새로운' 심리치료들은 말로 하는 치료나 재조건화 치료를 새롭게 만든 것에 불과하다. 다수의 새로운 치료들이 실존적이라고 주장하지만, 실존적인 방법론이 결여되어 있다. 대부분의 새로운 '실존적' 치료들의 방법은 현상학적이지 않다. 이러한 '새로운' 치료들이란 전통적인 말로 하는 치료에 다른 언어(새로운 내용)를 사용하고, 약간의 방법론적인 변화를(예를 들면, 보다 활동적인) 준 것에 불과한 경우가 많다.

이러한 '새로운' 말로 하는 치료에서, 치료자들은 환자가 어떠해야 하는지를 환자 자신보다 더 잘 안다고 생각하면서 여전히 변화의 대행자로 행동한다. 그들은 환자의 과제를 하나의 과정을 배우는 것으로 보기보다는 치료자들이 이미 알고 있는 것(내용)을 배우는 것으로 본다. 그래서 다수가 인본주의적으로나 기술적으로나 모두 빈약하며, 확실히 이 두 측면을 통합하지 않는다. 그들은 또한 알아차림에 대한 현상학적인 관점이 결여되어 있어서, 그들 자신의 분석을 더 신뢰한다. 그들은 시대에 뒤떨어진 선형적 인과성의 모델을 대체할 수 있는 인과성의 이론이 없다. 그들은 이드(id)의 충동성과 외적인 강화의 합과는 별개로 존재하는 자아(ego)를 설명하기에 적합한 동화(assimilation)의 이론이 없다.

보다 능동적인 제3세력 치료들 역시 현상학적이지 않다. 원하는 정서적 표현 혹은 흥분을 일으키기 위해 책략을 사용하는 참만남 집단, 이상적인 신체를 만들기 위해 고안된 신체 치료, 원초적 비명(primal screams)을 야기시키기 위해 고안된 치료들, 이 모두는 행동주의와 다음의 두 가지 요소를 공유하는데, 바로 그 점 때문에 게슈탈트 치료와는 (그리고 어떤 현상학과도) 구별된다. ① 그들은 외적인 행동을 중요시하며, 환자가 보는 대로의 세계는 중요시하지 않는다. ② 그들은 유기체의 자기 조절을 가져오는 종류의 알아차림 훈련을 희생하면서 외적인 행동을 통제하려는 목표를 가진다. 목표가 정서적 표현력이라면, 정서를 표현하려는 그의 충동과 표현하지 않으려는 충동을 그가 알아차리고 수용하도록 가르치기보다는 환자로 하여금 감정을 겉으로 과장해서 나타내도록 집단이 압력을 가하는 것이다. 행동주의자들은 과학적인 관점에서 이러한 재조건화를 한다. 명료한 용어와 명시된 기법들, 학습 이론, 객관적 자료 등을 가지고 하는 것이다. 참만남 집단의 지도자들은 적절한 지지 기반 없이 재조건화를 하는 경우가 많다.

게슈탈트 치료에서 우리는 말과 행동 간의 어떠한 분리도 거부한다. 현상학적이 되려면 우리는 모든 자료를—환자의 의식에 관한 자료와 우리가 관찰하는 자료 모두를—사용해야 한다. 우리는 알아차림의 현상에 온전히 관심을 기울이고, 알아차림에 대한 새롭고 보다 설득력 있는 정의를 사용함으로써 행동주의적 심리학과 체험적 심리학을 하나의 심리치료 체계로 통합한다. 이 새로운 정의의 요소들은 알아차림의 다양한 정의 중에 포함되어 있지만, 대부분의 다른 치료자들은 그것들 전부를 하나의 통합된 개념으로 포함시킬 것을 주장하지 않는다.

지금-여기의 알아차림을 가지고 작업함으로써, 그리고 치료자가 당위를 부과하지 않음으로써 게슈탈트 치료에 오는 환자는 즉각적으로 배우기 시작할 수 있다. 이러한 즉각적 변화는 신나면서도 두려운 것이다. 어떤 사람들은 게슈탈트 치료가 즉각적인 성장이나 쉬운 길을 약속한다고 잘못 생각한다. 이보다 더 틀린 생각은 없다. 게슈탈트 치료는 성장이 즉석에서 이루어질 수 없다고 믿는다. 알아차림과 성장은 즉각적으로 시작될 수 있지만, 성장한다는 것은 하나의 과정이지, 딱 맞는 일을 한 것에 대한 즉각적인 결과는 아니다. 게슈탈트 치료에서 우리는 그러한 길을 공유하며, 환자를 재조건화시키는 사람이나 모든 것을 아는 부모/도사가 됨으로써 환자를 속여 그 길을 벗어나게 하려고 하지 않는다.

우리는 알아차림을 통한 성장이 환자의 독립성과 가치 그리고 지각하는 능력을 존중해 주는 사랑의 '나-너 관계'로부터 생겨난다는 것을 안다. 이것은 로저스의 이론과 매우 유사하지만, 어떤 점에서는 명백히 다르다. 로저스는 인간으로서의 치료자 측면을 포함시키지 않고 내담자 중심 접근 방식으로 시작했으며, 나중에는 치료자와 환자 간의 완전한 상호적인 관계를 주장했다. 게슈탈트 치료에서는 관계가 완전히 상호적인(mutual) 것이 아니고, 오히려 환자의 학습에 초점을 맞춘다(이것은 부버의 개념이다.). 그리고 게슈탈트 치료에서는 치료자의 모든 면이 포함된다. 즉, [치료자의] 부정적인 감정들, [환자의] 감각 언어와 신체 언어에 대한 피드백, 창의성(알아차림을 증가시키는 창의적인 방법들), 알아차림 작업을 인도하는 기술적인 반응들, 그리고 도움을 요청하는 환자를 기꺼이 좌절시키고자 하는 의도 등도 포함된다.

대부분의 환자들은 치료자가 자신을 치료해주기를 원한다. 환자가 스스로 할 수 있는 것을 치료자가 환자를 위해 해준다든지 치료자가 너무 동정적이면, 스스로를 조절하고 지지할 능력이 없다는 환자 자신의 신념을 강화하게 된다. 치료자가 이런 식으로 도움을 주어야 할 필요가 있으면,[4] 환자는 계속해서 의존적이고, 신경증적이며, 자기 스스로 할 수 있는 것을 찾아내지 못하게 된다. "닭고기 스프는 독약이다." (Resnick, 1975) 치료자가 환자를 비난하거나, 강요하거나 혹은 승인하지 않으면 그것도 같은 효과를 가져온다.

치료자는 있는 그대로의 환자와 배려하는 마음으로 연결되는 것이 필요하고, '돕는 것' 을 자제해야 한다. 치료자는 환자 자신의 욕구와 장점에 대한, 그리고 세상에 대처하는 새로운 방식들을 창조해내는 자신의 잠재력에 대한 환자의 알아차림을 회복시켜주는 작업을 해야 한다. 요컨대, 치료자는 환자가 그 자신의 자기-지지를 표현하는 것을 지지해 주어야 한다.

요 약

게슈탈트 치료는 완전히 다른 틀이며, 그저 또 하나의 말로 하는 치료나 또 하나의 행동 치료 혹은 또 다른 참 만남 치료가 아니다. 그것은 그 안에서 치료자들이 그들 자신의 작업 스타일을 창조해야 하는 새로운 틀이다. 게슈탈트 치료는 일련의 기법 그 이상이다. 게슈탈트 치료 틀에 대한 이해를 가지고 각 상황에 자신의 감각적/체험적

4) 역자 주_ 치료자의 [경제적, 심리적] 필요에 의해 치료를 하게 되면, 환자가 치료자에게 의존하게 되는 위험이 생긴다.

도구들을 사용하는 치료자나, 치료자인 수련생, 혹은 환자들이 게슈탈트 치료적 태도를 채택한다면, 알아차림을 촉진하는 어떠한 기법이나 알아차리게 되는 도구를 습득하는 어떠한 기법도 그 체계 내에서 사용될 수 있다. 게슈탈트 치료는 적절한 이해 없이 작업하는 옹호자들과 비판자들의 슬로건화와 순진함 때문에 부적절하게 묘사되어 왔다. 사람들은 심지어 장 이론, 나-너 관계, 현상학에 대한 이해도 없이, 혹은 기초적인 게슈탈트 치료 문헌을 읽어보지도 않은 채 게슈탈트 치료 '연구소'를 만들고, 게슈탈트 치료를 가르치고, 책을 썼다.

다른 치료 체계에서는 종종 모순되거나 별개의 것으로 다루어지는 두 가지 측면이 모든 게슈탈트 치료적 사건에 항상 존재한다. 하나는 ① 나-너, 지금-여기의 대화에 참여하는 사람들이 갖는 즉각적인 개인적 욕구들이고, 또 하나는 ② 알아차림 작업의 기술적인 요선들이나. 모든 치료적 개입에는 양쪽 측면이 다 들어 있다. 각각의 개입은 알아차림 작업(현상학)에 영향을 미치는 [과학] 기술적 사건인 동시에, 치료자의 욕구를 표현하는 인간적인 사건이기도 하다. 인본주의적인 대화와 알아차림의 '기법들'이 게슈탈트 치료에서 통합된다. 게슈탈트 치료를 보는 것만으로 그들식의 게슈탈트 이론을 도출해내고, 그 이론이 이러이러한 것임에 틀림없다고 추정하는 사람들은 이 점을 혼동하는 경우가 많다. 기술적인 전문성과 인간적인 관심 중에서 택일해야 하는 것이 아니다.

게슈탈트 치료는 매우 강력하고, 따라서 남용될 수가 있다. 그렇기 때문에 게슈탈트 치료자의 책임이 크다. 그가 작업할 때 그는 다른 욕구들—예를 들면, 대접받는 것—보다 환자의 알아차림에 자연스럽게 더 관심이 쏠릴 만큼 충분히 성숙해야 한다. 기술적 작업을 접촉 내지 인도적인 측면과 어우러지게 하려면, 자신의 개인적 반응들이 환자의 알아차림과 성장 욕구에 어떤 영향을 미치는지에 대한 조망과 훈련이 필요하다. '나는 내 일을 한다(I do my thing).' 는 슬로건은 환자가 '중심을 잡고(centering)' [5] 알아

5) 역자 주_ 중심잡기(centering)란 정서, 생각, 신체 과정, 욕구 등을 포함한 현재 상황의 알아차림을 지도하는(directing) 과정을 의미한다. 간단한 예를 들면, 미래에 대한 불안한 생각들이 밀려오면서 숨이 가쁘고, 내쉬는 숨이 얕으며, 혼란스러워지는 것을 알아차린 사람이 자신의 호흡을 조절하면서, 생각을 지금-여기의 맥락에 집중하면서, 지금 이 순간에 무엇을 해야 할지를 인식하는 행위 같은 것이다.

차리고, 세상에서 자신의 삶에 대해 책임을 지도록 가르치는 것 없이 단지 흥분시키는 만남을 위한 선전용 현수막으로 남용되어 왔다.

우리는 체험하고 실험하는 것을 통해서 명백한 것을 명료화하는 데 우리의 인간적/기술적 잠재력을 사용한다. 우리는 우리가 경험하는 바대로의 상황 속에서 타인과 우리 자신에 대한 우리의 지각이라는 즉각적이고 생생한 자료를 중요시하며, 아무리 혼란스럽고 고통스러울지라도 유기체의 자기 조절이 회복될 때까지 알아차림의 연속체에 머물러 있는다. 각각의 요소는 어떤 욕구를 만족시키기 위한 것으로 간주된다. 따라서 그 요소가 전경으로 되고, 욕구가 충족되어서 그 요소가 배경으로 될 때까지 머무르도록(대처되고 소통되도록) 허용된다. 이러한 유기체적인 자기 조절이 경직되고 인위적인 조절을 대체한다. 생생한 알아차림, 나-너의 접촉/탐색 그리고 유기체적 자기 조절은 분석하고, 조건화시키고, 어떤 것에 **대해서** 말하는 것보다 성장을 증진시키는 데에 보다 자극적이고 강력하다.

환자가 발견하고 탐색하도록 허용하는 것은 계속해서 빠르게 변화하는 사회 질서를 가진 우리 현대 사회에 특히 적합하다. 게슈탈트 치료에서는 상황에 적응함으로써 건강해지려고 노력하기보다는 어떤 상황이 발생하든지 자신의 알아차림을 사용하는 방법을 배우는 것이다. 이것은 위약 효과나 증세의 자연스러운 완화 같은 것을 넘어서서 한 개인이 자신의 학습과 변화를 [스스로] 지도할 수 있는 구조를 학습할(깨달을) 것을 요구한다.

CHAPTER 07

게슈탈트 치료: 대화적 방법

주 해

조밀한 문장으로 구성된 이 논문은 1981년에 미발표 논문으로 처음 유포되었으며, 1983년에 독일어로 출간되었다. 여기에 실리는 것이 영어로 된 첫 공식적 출간이다. 이 논문에서 필자는 '나-너 순간'(부버의 시적인 '너'), '나-너 태도' 그리고 '나-너 관계'를 지칭하는 것으로 '나-너'라는 용어를 아직도 사용하고 있었다. 그 후에 나는 리처드 하이스너(Richard Hycner, 1985)의 추천에 따라 너(Thou)의 정점의 순간에 대해서만 '나-너'라는 용어를 사용하고, 태도와 관계를 지칭하기 위해서는 '대화적'이라는 용어를 사용하는 언어적 스타일을 채택한 바 있다. 따라서 이 논문에 나오는 '나-너 태도'와 '나-너 관계'라는 용어는 내가 이후의 논문에서 사용하는 '대화적 태도'와 '대화적 관계'라는 용어와 동일한 것이다. 이 논문에는 내가 다른 곳에서 논하지 않은 많은 내용이 담겨 있다.

배 경

게슈탈트 치료 이론은 무엇이 좋은 심리치료인가에 대한 이론이다. 게슈탈트 치료 이론은 다양한 출처에서 나온 생각, 관찰 그리고 기법들을 통합한다. 따라서 독자는 게슈탈트 치료에만 고유한 것이 아닌 많은 점들을 발견하게 될 것이다.

완비된 심리치료 체계에는 명시적으로든 암묵적으로든 다음의 요소들이 들어 있다. ① 어떠한 종류의 알아차림 혹은 통찰을 추구하는가에 대한 관점을 포함하여 의식에 관한 이론과 그러한 목표에 도달하기 위한 방법론; ② 치료자와 환자 간의 치료적 관계에 대한 태도 혹은 규범; ③ 과학적 이론

이러한 세 영역의 원리들을 어떤 특정한 방식으로 통합했는가에 따라 그것이 게슈탈트 치료인지 아닌지를 판별할 수 있다. 게슈탈트 치료자들이 했던 여러 가지 다른 진술들은 게슈탈트 치료에 필수적인 요소가 아니다. 예를 들면, 종종 특정한 시대정신(Zeitgeist)에서 흘러나오는 삶에 대한 일반적인 충고("당신 자신의 일을 하라." 따위)는 중요한 것이 아니다. 어떤 특정한 기술(예를 들면, 베개 때리기나 빈 의자에게 말하기)이나 스타일(예를 들면, 집단 상황에서의 일대일 치료)도 중요하지 않다(L. Perls, 1978). 중요한 것은 무엇이 좋은 심리치료를 구성하는가다.

게슈탈트 치료를 정의하기

세 개의 원칙이 게슈탈트 치료를 정의한다. 이 원칙에 따라 규정되는 치료라면 치료의 명칭이나 치료자의 기법 혹은 스타일에 관계없이 게슈탈트 치료와 구별이 불가능하다. 이 세 가지 원칙 중 어느 하나라도 어기는 치료는 게슈탈트 치료가 아니다. 또한 이 세 가지 원칙 중 어느 하나라도 제대로 그리고 완전히 이해한다면 거기에는 다른 두 가지가 포함되어 있다.

원칙 1: 게슈탈트 치료는 현상학적이다. 게슈탈트 치료의 유일한 목표는 알아차림이

고, 게슈탈트 치료의 방법론은 알아차림의 방법론이다(Yontef, 1976 참조).

원칙 2: 게슈탈트 치료는 전적으로 대화적 실존주의, 즉 나-너의 접촉/철수의 과정에 바탕을 둔다.

원칙 3: 게슈탈트 치료의 개념적 토대 혹은 세계관은 게슈탈트다. 즉, 전체론과 장 이론(field theory)에 바탕을 두는 것이다.

우리의 알아차림 기술은 현상학에 기초하고 있다. 게슈탈트 치료의 과학적 이론은 장 이론이다. 장 이론은 '지금' '과정' '양극성'과 같은 몇몇 핵심 개념들을 이해하는 데 있어서 중요하다. 그러나 그 주제에 대해서는 다른 논문에서 논의할 것이다. 본 논문에서는 원칙 2에 대해서, 그리고 그것이 원칙 1과 어떤 관계인지에 대해서 논할 것이다.

대화에 관한 논문을 쓰는 이유는 무엇인가?

대화란 무엇인가? 통상적인 용법으로 그것은 함께 이야기하는 것을 말한다. 실존적 대화란 두 개인이 인격체로서 함께 만났을 때 일어나는 것으로서, 그러한 대화 속에서 각 개인은 나-너로서 상대방에게 영향을 받고 상대방에게 반응한다. 그것은 일련의 준비된 독백이 아니다. 그것은 접촉의 특수화된 형태다. 게슈탈트 치료에서 대화란 이 후자의 의미로 사용된다. 실존적 대화란 나-너 관계를 구성하는 행동을 말한다. 게슈탈트 치료에서는 대화의 의미가 확장되어서, 두 개인이 인격체로서 함께 만나는 경우 심지어는 말없이, 예를 들면 몸짓이나 비언어적 소리를 사용해서 만나는 것까지도 포함하게 되었다. 피아노 연주자는 오케스트라와 대화를 나눌 수도 있다. 두 명의 무용수는 말없이도 대화할 수 있다.

처음부터 게슈탈트 치료는 주요 도구로써 치료자의 적극적인 현전을 이용하는 치료법을 중요시했다. 이는 치료자가 환자에게 하는 유일한 접촉이라고는 해석밖에 없는, 수동적인 정신분석가의 전통적인 역할로부터 탈피한 것이었다. 나-너 대화가 게슈탈트 치료에 대해서 갖는 관계는 전이 신경증이 정신분석에 대해 갖는 관계와 같다. 이처럼 전통적인 정신분석과 게슈탈트 치료의 목표는 비슷하지만 그 방법론은 다르다.

초기의 게슈탈트 치료 문헌에서 사용된 언어가 본 논문에서 사용된 언어와 다르며 정교하지도 않지만, 그것은 대화를 통한 치료의 초기 형태였다. 때로는 '대화'라는 단어에 대한 직접적인 언급 없이 다루어지기도 했다(Enright, 1975; Kempler, 1965, 1966, 1967, 1968, 1973; F. Perls, 1947, p. 82, p. 88, p. 185; F. Perls et al., 1951, pp. xi－x, p. 88; Polster, 1966; Polster & Polster, 1973; Shostrom, 1967; Simkin, 1962, 1976; Yontef, 1969, 1976). 많은 게슈탈트 치료 개념에 대해서 그랬듯이, 이론적인 정교함은 결여되어 있었다. 치료 수행 시 게슈탈트 치료는 치료자의 현전(presence)을 보여주었는데, 그것이 대화를 통한 치료의 시작이었다. 그러한 현전은 명확한 이론적 설명의 지침 없이 이루어지는 경우가 많았다. 전문성이 없으면 책임도 줄어드는 것은 당연한 일이다.

본 논문의 첫 부분에서는 심리치료에 있어서의 대화를 이해하기 위한 배경 개념들을 논할 것이다. 두 번째 부분에서는 나－너 관계의 특성들을 논할 것이다.

현상학과 알아차림

게슈탈트 치료 문헌은 의식을 증진시키기 위한 방법론인 원칙 1을 중요시해 왔다. 알아차림의 목표와 알아차림 작업에서 활용되는 기법(연습과 실험)의 측면에서 게슈탈트 치료적 접근을 논하는 논문들은 많다(Hatcher & Himelstein, eds., 1976; F. Perls, 1947, 1948, 1951, 1973; L. Perls, 1956; Polster & Polster, 1973; Zinker, 1977). 게슈탈트 문헌에서는 알아차림 그 자체에 대한 보다 기술적인 논의가 오랫동안 필요했다. 『게슈탈트 치료: 임상적 현상학』(Yontef, 1976)에서 그러한 논의가 시작되었다. 이 논문을 간단히 요약하여 원칙 2를 논하기 위한 배경 지식으로 제공하고자 한다.

알아차림은 경험하기의 일종이다. 그것은 감각 운동적, 정서적, 인지적 그리고 에너지 면에서 온전한 지지를 하면서 개인/환경 장에 있는 가장 중요한 사건과 주의 깊게 접촉하고 있는 과정이다. 지속적이고 차단되지 않은 알아차림의 연속체는 '아하!'로 이어지는데, '아하!'란 장에 있는 분리된 요소들이 명백히 서로 결합되어 있다는 것에 대한 즉각적인 이해다. 알아차림이 있는 접촉에 의해서 새롭고 의미 있는 전체가 창조된다. 이처럼 알아차림 그 자체가 문제의 통합이다.

추론 1: 알아차림은 유기체가 현재 갖고 있는 지배적인 욕구에 근거하여 그러한 욕구로부터 에너지를 받을 때에만 효과적이다.

추론 2: 그 상황의 현실과 거기서 자신이 어떤 상태인지를 직접적으로 알고 있지 않다면 알아차림은 불완전하다. 알아차림에는 '자신의 것으로 인정하기', 즉 자신의 행동과 감정에 대한 자신의 통제권과 선택과 책임을 아는 과정이 수반된다.

추론 3: 알아차림은 언제나 지금-여기에 있으며, 늘 변화하고 진화하고 자신을 초월한다. 알아차림은 감각적인 것이다.

개인들은 습관(알아차림에 미치지 못하는 조절)에 의해서 자신을 조절하거나, 아니면 의식적인 선택에 의해서 자신을 조절한다. 알아차림은 개인이 선택에 의해서 자신을 조절할 수 있는 방법이다. 현상학은 알아차림의 과정에 대해 배우기 위해서 게슈탈트 치료가 이용하는 방법이다. 우리의 목표는 유기체의 자기 조절을 위해 필요한 만큼 알아차림이 계발될 수 있도록 충분히 배우는 것이다.

현상학은 관찰자의 해석보다는 (유기체와 환경 둘 다를 포함하는) 상황에 의해 드러나거나 명백한 것에 근거한 이해를 추구한다. 현상학자들은 이것을 '주어진 것(given)'이라고 부른다. 현상학적 작업은 그 상황에 들어가 체험함으로써, 그리고 감각적 알아차림이 명백한/주어진 것을 발견하도록 허용함으로써 이루어진다.

그렇게 하려면 훈련이 필요하다. 특히 어떠한 데이터도 미리 배제하지 않으면서 현재 있는 것, 존재하는 것을 감지하는 훈련이 필요하다.

현상학적 태도는 무엇이 적절한지에 대한 선입견을 인식하고, 그것을 괄호로 묶는(제쳐두는) 태도다. 현상학적 묘사는 관찰된 행동[1]과 경험적이고 개인적인 보고 양쪽

1) 역자 주_ 여기서 관찰된 행동이란 치료자가 관찰한 행동을 뜻하며, 현상학적 묘사는 치료자가 관찰한 환자의 행동과 환자의 자기 보고를 함께 통합하는 것이다.

을 통합하는 것이다. 현상학적 탐구는 존재하는 것에 대해 보다 더 명료하고 상세하게 기술하는 것을 목표로 하며, '…일 것(what would be)' '…일 수 있는 것(could be)' '…였던 것(was)' '…일지도 모르는 것(might be)'을 중요시하지 않는다.

사람들은 바로 자기 앞에 있는 것을 보지 못할 때가 많으며, 또 그러한 사실을 깨닫지도 못한다. 사람들은 상상하고, 논쟁하며, 몽상에 빠진다. 이처럼 여과된 지각과 현상황에 대한 즉각적이고도 완전한 이해 간의 차이는 비전(秘傳)의 해답을 찾기 위해 애쓰다가 대신에 단순 명백한 '아하!'의 즐거움을 발견한 사람들이 가장 잘 안다.

게슈탈트 치료의 현상학은 부분적으로는 게슈탈트 심리학으로부터 물려받은 실험적 현상학이며, 상세한 해명(explication)을 위해 실험을 활용한다.

접촉하기

접촉은 원칙 2의 가장 기본적인 측면이다. 접촉하기는 연결하기/통합하기를 향해서, 그리고 또한 분리하기/철수하기를 향해서 움직임으로써 자기와 타인을 인정해가는 과정 전체를 말한다. 접촉은 관계의 기본적인 과정이다. 거기에는 자신과 타인 간의 차이를 인정하는 것이 수반된다(Polster & Polster, 1973; F. Perls, 1948, 1973; L. Perls, 1978). 따라서 접촉하기는 다음 네 가지 측면을 포함한다. ① 연결하기, ② 분리하기, ③ 이동하기 그리고 ④ 알아차림. 차이를 인식/인정하려면 알아차림이 필수적이다. 타인을 인정하기 위해서는 자신과 타인 둘 다에 대한 알아차림이 필요하다.

접촉이란 용어는 연결하고 분리하는 과정을 지칭하는 것이지만, 그러한 전 과정 중에서 연결하는 측면만을 가리키는 것으로 그 용어가 부주의하게 잘못 사용되는 경우도 가끔 있다. 접촉이라는 용어가 이 논문에서 그리고 게슈탈트 치료에서 보통 사용되는 방식을 좀 더 정확하게 기술하자면 접촉/철수의 과정이라고 해야 할 것이다.

인간은 개인/환경의 장에서 존재한다. 장은 경계들에 의해 (세)분화된다. 이러한 경계는 실체가 아니고 과정이다. 경계는 분리하고 연결하는 과정이다. 한 사람과 그의 환경을 구분하는 경계를 자아 경계라고 부른다. 자기 자신(나)을 내가 아닌 것으로부터 구별함으로써 개인은 자양분을 섭취하고, 나머지는 배설한다. 접촉 과정은 '만남의 기관(organ of meeting)' (Perls et al., 1951)이며, 이는 환경과의 관여다.

효과적인 경계는 투과적이며, 유기체와 환경 간의 교류를 허용한다. 폐쇄된 경계는 그 안에서 유기체가 외부에 대하여 자신을 닫아버리고(고립) 자족적이 되어, 스스로에게 자양분을 주려고 시도하는 하나의 벽과 같은 것이다. 너무 열려 있는 경계는 개별적인 정체성의 상실(융합/합병)을 통해 유기체의 자율적인 실존을 위협한다. 효과적인 경계에는 자양분이 들어오는 것을 허용하기에 충분한 투과성과, 자율성을 유지하고 독성 물질을 막기에 충분한 비투과성이 필요하다. 효과적인 경계는 개방성/폐쇄성의 정도를 [필요에 따라] 바꿀 수 있을 만큼 충분히 유연하다. 융합과 고립이라는 양 극단 사이에서 경계를 조절하려면 알아차림이 필요하다.

접촉의 과정은 '동화와 성장을 가져오는 작업'이다. 그것은 "유기체/환경의 장이라는 배경 혹은 맥락에 대비시켜 관심사인 전경을 형성하는 것이다"(Perls et al., 1951, pp. 230-231). 제이콥스는 다음과 같이 말한다. "접촉의 두 가지 본질적인 특성은 다음의 정의에 함축되어 있다. 첫째, 접촉은 필연적으로 생존과 성장으로 이어진다. 둘째, 접촉에는 관심사가 되는 전경과 관계를 맺는 행동이 포함된다. 개체는 그러한 전경을 향해서 움직이거나 또는 전경으로부터 멀어지는 쪽으로 움직여야 한다." (Jacobs 1978, p. 28)

고립된다는 것은 연결의 부족으로 인해 접촉이 없는 것이다. 고립은 분리의 부족으로 인해 접촉이 없어지는 융합 [이것의 동의어는 합병(fusion) 또는 병합(merging)이다.]의 반대쪽 극이다. 접촉한다는 것은 연결하기와 분리하기 사이의 움직임이다([그림 7-1] 참조).

어떤 사람이 접촉을 할 때, 그는 연결을 하면서도 그의 개별적인 존재를, 즉 그의 자율성을 유지한다. 두 사람이 서로 접촉할 때, 그들은 연결되면서도(심지어는 일시적으로 병합되기도 하면서) 그들의 개별적인 정체성을 유지한다. 어떤 사람이 반응이 없는 개체—그것이 무생물이든 비접촉적인 사람이든—와 연결되고 분리될 수도 있지만, 온전히 발전된 인간 접촉이란 연결과 분리의 리듬을 타고 움직이는 두 개별적 인간의 상호적 과정이다.

대화적으로 관계를 맺는다는 것은 이러한 상호적 접촉의 특별한 형태다. 대화적 접촉에서 두 사람에게 관심사가 되는 전경은 상대방과 한 사람의 인격으로서 상호작용하는 것이다.

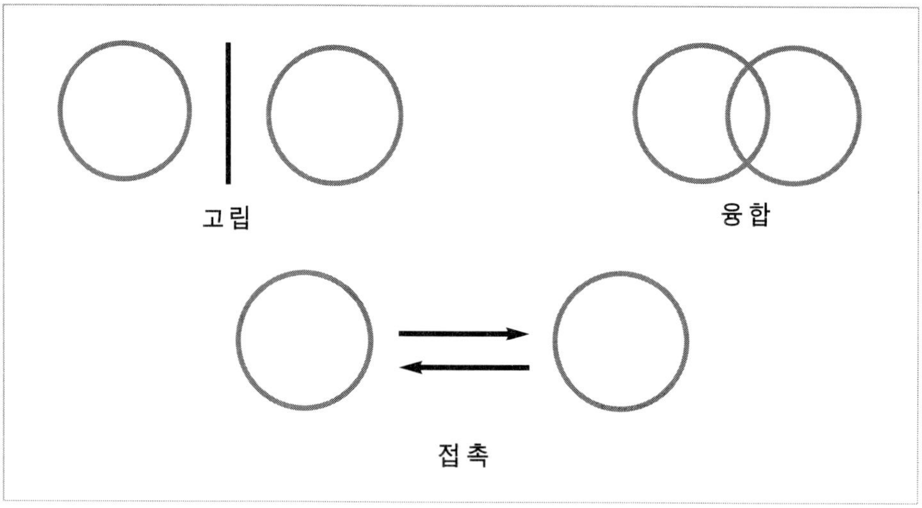

[그림 7-1]

움직임을 통하여 그 사람은 자신의 욕구와 상황적 요구에 맞게 자기의 일부분을 보여 준다. 다른 측면들은 배경이 된다. 상황이 변함에 따라 배경의 일부는 관련성을 갖게 되고 공유된다. 이처럼 상대방 쪽으로 혹은 상대방으로부터 멀어지는 쪽으로 움직이면서 자기의 다른 측면들이 시간을 두고 공유되는 것이다. 움직임이 없으면 자기의 어떤 측면들은 고착된 배경이 되고 이용할 수 없게 되며, 따라서 고립된다. 그래서 연결 역시 고착된다. 이것은 살아 있는 과정이라기보다는 습관화된 것이다. 움직임이 없이는 알아차림이 없고, 습관만 있을 뿐이다.

고립된 사람은 만성적으로 그리고 습관적으로 경계로부터 철수하여 환경과 접촉하지 않으며, 자신과 외부 사이에 방어벽을 가지고 있다([그림 7-1] 참조). 현상학적으로 보면 그로부터 자신을 구별해낼 '타인'이 존재하지 않는 것이다. 하지만 어떠한 관계 맺기가 없으면, 즉 어떠한 '타인'이 없으면, 한 개인이 구별되어 보이거나 존재할 수가 없다. 한 개인으로 정의되고, 살아 있다고 느낄 수가 없다. 이러한 고립을 성취하면서도 계속 살아가기 위해서는 개인이 자신을 분열시키고, 자신의 부분들 사이에서 관계를 갖는다(반전). '내성(introspection)'과 자기 자신에게 이야기하는 것이 그러한 고립화의 절차다. 이러한 과정에 관여하는 사람들은 외부적인 접촉을 대신하기 위해서 늘 환상 속에서 관계를 맺는다. 그들은 보통 내사된 '그들(them)'과 융합되어 있다. 거기에는 융합에 대한 갈망과 동시에 융합에 대한 공포가 있다. 자족은 고립의 한 측면이지, 게슈탈트 치료의 목표가 아니다. 게슈탈트 치료의 알아차림 작업은 자기-지지를 증가시키는데, 이때 자기-지지는 유기체의 보존과 성장을 위해 필요한 자양분을 환경으로부터 섭취하는 주체자로서 행동하는 개인도 포함된다.

융합은 자기와 타인 간의 구별이 없는 것, 동일성에 빠지는 것이다. 자신이 선호하는 바를 타인의 선호에 병리적으로 순종/종속시키는 것은 융합의 한 형태다. 융합은 자신의 분리된 정체성을 상실하는 것이다. 일시적 과정으로서의 융합은 연결하는 과정의 정점이며, 철수 혹은 고립화 과정의 소실이다. 오르가즘은 융합으로 볼 수 있다.

상호적 접촉에서 분리하는 측면이 없어질 때 융합의 순간 역시 소실되며, 거기에는 합병이, 다시 말해서 자아 경계의 소실인 합병, 즉 우리(WE)가 있게 된다. 그러나 스스로를 고립시키는 사람이 융합에 대한 생각으로 꽉 차 있듯이, 융합되어 있는 사람은 혼자 있는 것에 대해 두려움을 가지면서도 그것을 갈망하게 된다. 융합을 유지하기 위해서는 융합을 위태롭게 하게 될 힘들, 분리나 불화(예를 들면, 드러난 분노)에 대한 알아차림을 재촉할 수도 있는 힘들이 소외되고, 부인되고, 투사되어야만 한다. 그 사람은 독립적인 존재가 되어 독립성을 유지하는 것을 배제해버릴 정도로 타인에게 매달리고 의존한다. 융합된 사람은 자율적인 관계를 가능하게 할 만큼 충분한 자기-지지를 경험하지 않는다.

고립된 사람도 융합된 사람도 다름을 인식하지 못한다. 고립된 사람은 융합을 유일한 대안으로 보면서, 벽 내부에서 다름을 허용하지 않는다. 융합된 사람은 타인에게서 동일성을 요구하고, 고립을 대안으로 본다. 그래서 접촉하기와 철수하기의 중간 혹은 양극성은 없어지고, 융합 혹은 고립이라는 이분법이 전경이 된다.

이에 대한 예로는 두 가지 패턴이 있다.

1. 두 사람이 서로 융합되어 타인들로부터 그들을 분리시키는 고립의 벽을 쌓는다 ([그림 7-2] 참조).
2. 어떤 한 사람이 그의 중요한 타인과의 차이점을 말살시키고 융합을 이룬다. 서로 다름, 자율성 그리고 접촉에 의해서 융합이 위협받을 때, 그 사람은 철수하여 완전히 고립되거나 아니면 관계를 끝내버린다.

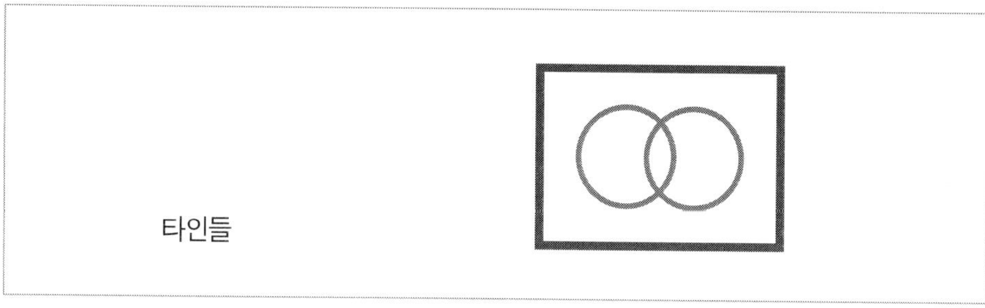

[그림 7-2]

나 – 너: 실존적 기반

게슈탈트 치료는 두 가지 의미에서 실존적이다. 일반적인 의미로 볼 때(1966; Kaufman, 1956; Sartre, 1946) 게슈탈트 치료는 현재의 일상생활에서나 치료 시간 중의 매 순간에서 환자 개개인이 보이는 실존의 현재적이고 인간적인 측면들을 중요시한다(Van Dusen, 1960). 조절하는 힘들은 현재 있는 것으로 생각되므로 환자들은 알아차림을 통해서 자신의 실존을 선택하고 통제할 수 있다.[2] 고전적인 정신분석의 욕동 이론이나 정신 결정론에서처럼 찾아야 할 '본질'이 있다고 믿는다면, 실존과 선택은 중요시되지 않고 본질(예를 들면, 변할 수 없는 욕동들)만이 원인이 되는 것으로 여겨지며, 전체로서의 유기체에는 자기 본질의 결정력을 초월할 수 있는 잠재력이 남아 있지 않게 된다.

게슈탈트 치료가 실존적이라고 하는 두 번째 의미는 게슈탈트 치료를 정의하는 특성의 하나인 관계 맺기에 대한 어떤 특정한 태도에 관한 것이다(Simkin, 1976). 철학적

2) **저자 주_** 인간은 존재를 가지는 것이 아니다—그들은 존재**이다**. 인간은 행동에 의해서—이 세상에 있음으로 해서—자신의 존재를 창조한다. 사람은 과정이다—인간은 '사물이 아니다(no-thing)'. 사람은 자신의 행동이며, 자신의 경험이다. 사르트르는 절대적인 '인간 본성'이 없다고 믿었다. 한 인간은 어떤 선행 관념이나 플라톤적인 본질에 의해서 결정되지 않는다. 자기 **안에**(*en soi*) 갇혀 존재하는 대상들은 청사진—그들의 본질—에 의해서 만들어진다. 인간은 자신을 **위하여**(*pour soi*) 존재하며, 그들 자신의 존재를 결정한다. 그러나 '참된 자기'를 가리키는 어떤 인간의 '핵심'은 있다. 그것은 때로 '본질'이라고 불리지만, 플라톤적 본질처럼 절대적이고, 정적이며, 물화된 개념으로 볼 필요는 없다. 나는 '핵심'이란 개념을 그 사람을 하나의 인격으로 통합하고, '이것이 진정한 나다.'라는 느낌을 주는 신념, 생각, 감정, 행동, 감각 등을 의미하는 것으로 사용한다. 따라서 '핵심'은 한 인간의 가장 소중하면서도 상처받기 쉬운 측면이다. '핵심'은 전체로서의 자기에게 참인 것을 가리킨다. 자기는 살아낸 과정이지 정적인 실체가 아니다.

인 차원에서 그것은 대화적 실존주의라고 불린다. 관계 맺기의 차원에서 그것은 나-너 대화, 만남 혹은 실존적 만남이라고도 바꿔 쓸 수 있다. 마르틴 부버는 대화적 실존주의를 웅변적이고 설득력 있게 보여주는 옹호자다(Friedman, 1976a, 1976b).

게슈탈트 치료 문헌에서는 접촉에 대해 논하면서도 그것이 성공적인 치료적 관계를 위해 필요하다고 마르틴 부버가 논했던 그런 특정한 종류의 접촉이라는 것을 충분히 명시하지 않는다. 사람들 간의 만남의 특별한 상호적 형태로서의 나-너 관계는 아마도 접촉의 가장 발달된 형태일 것이다(Jacobs, 1978). 그것을 통해서 알아차림이 증가되고, 환자가 성장을 회복하는 관계의 매체가 접촉이다. 관계에 관한 실존적 태도와 의식에 관한 현상학적 태도는 하나의 더 큰 전체의 단면들일 뿐이다(Van Dusen, 1960).

나는 항상 나-너의 나이거나 나-그것의 나이다. 나-그것의 나는 '그', '그녀' 혹은 '그것'의 언어로 말한다. 상대방에게 직접 하나의 인격으로 말을 걸지 않는다. 나-너 관계의 나는 '너(you)'에게 말하며, 상대방에게 하나의 인격으로 직접 말을 건다. 너의 태도는 상대방이 존중받을 만한 가치가 있으며, 다른 목표를 위한 수단으로 취급되지 않는다는 것이다. 어떤 사람이 일방적으로 다른 사람을 나-너 태도로 대할 수도 있지만, 나-너의 가장 높은 형태는 각자가 '너'의 언어로 말하는 두 사람 사이에 있는 것이다. 이 '너(Thou)'는 관계적 사건 혹은 인간이 온전하게 되는 것을 가능하게 하는 '만남'이다. 게슈탈트 치료에서 우리는 나-너 태도로 관계를 맺으면서 온전하고 상호적인 너가 구현되기를 바란다.

나-너는 접촉의 한 형태다. 고립 속에서는 접촉도, 나-너도 혹은 그 밖의 어떤 것도 존재하지 않는다. 융합 속에는 접촉이 없는데, 그것은 동일성 때문에 차이에 대한 어떤 인정도 배제되기 때문이다. 나-그것에는 관계 맺기가 존재하지만, 그것은 조작의 대상으로서의 타인과 관계하는 것이다. 타인은 하나의 인격으로 직접 말이 건네지는 것이 아니다. 한 사람의 특정한 인간적이고 개인적인 측면이 다른 사람의 그런 면과 연결되는 것이 아직 허락되지 않는다. 이는 나-너로부터 흘러나오거나, 그리로 흘러 들어가지 않는 동결된 나-그것 접촉이다.

나-너의 태도를 가진 사람이 다른 사람에게 말을 걸면서(나-너), 다른 사람을 조작될 대상으로(나-그것) 취급하지 않으면서도 아직 나-너는 완성되지 않을 수 있다. 즉, 상호적인 나-너가 아직까지 구현되지 않을 수 있다. 상대방이 충분히 신뢰하지 않을 수도 있고, 양쪽 모두 나-너 태도를 가지고 있으면서도 둘 사이에 너에 대한 지지가 충분하지 않을 수도, 즉 상호성이 발생하지 않을 수도 있다. 이러한 접촉 역시 나-너의 잠재력이 있는 '나-그것' 으로 볼 수 있다.

배려심이 있고 인간주의적인 치료자들은 어떤 학파에 속하든 간에 '나-그것' 과 '나-너' 가 혼합된 태도로 관계를 맺는 일이 많은데, 때로는 자신이 엄밀하게 '나-너' 적이라고 믿기도 한다. 어떤 때는 치료자들이 환자들을 '나-너' 태도로 다루면서도, '너' 와 관계가 있는 사건이 아직 발생하지 않은 것에 대해서는 명확히 알지 못한다.

심리치료에서 관계를 보는 태도가 다르면, 알아차림과 방법론에 대한 이론도 달라야 한다. 예컨대, 정신분석가는 분석되지 않은 환자의 동기가 무의식적이고 현재로서는 접근 가능하지 않으므로 환자들이 자기 조절—환자가 자신에게 좋은 것에 대한 최상의 선택을 할 수 있다는 의미로—을 할 수 없다고 가정할 수도 있다. 이러한 행동은 환자를 '그것' 으로 대상화하는 것이다. 이는 치료자가 온정주의적이고 호의적인 부모상이 되고, 치료는 나-너보다는 전이 신경증을 증진시킴으로써 이루어질 것을 요한다. 관계에 대한 이런 태도에 적합한 기법은 해석을 광범위하게 사용하는 것이다. 그래서 정신 결정론은 분석가가 가진 전이 유도적 입장의 비대화적 관계 맺기에 부합되는 것이다.

전이의 현재적 측면을 보는 따뜻하고 공감적인 정신 분석가조차도, 현상학적인 그리고/또는 실존적인 태도를 가장 중요하게 여겼다면 취했을 태도와는 다른 방식으로 관계를 맺는다. 후자의 상황에서는 환자가 알고 있는 것이 보다 존중을 받는다. 치료자의 추론과 직감은 치료자 안에 있는 것으로 정확히 인식되며, 환자와 치료자는 치료자의 해석과 환자가 해석의 영역에서 현상학적으로 초점을 맞출 때에 그가 자기 안에서 알아차리게 되는 것 사이에 서로 일치하는 것이 있는지 확인하기 위해 함께 작업을 한다.

'그것' 관계는 수직적이며, '너' 관계는 수평적이다. 환자가 얼마나 표현적이고 개방적이어야 하는지, 어떠한 신체 모양이 이상적인지 자기[치료자]가 가장 잘 안다고 믿거나, 환자가 반드시 사용해야만 하는 기법이나 장치가 있다거나, 치료자가 제안하는 것들은 반드시 따라야 할 지침이라고 믿는 심리치료자나 신체 치료자 역시 환자를 '그것' 으로 취급하고 있는 것이다. 대화나 환자의 알아차림 및 자기-지지에 근거하지 않은 환자의 급격한 변화를 위해서 자신의 카리스마나 게슈탈트 기법을 사용하는 게슈탈트 치료자는 수직적인 치료의 또 다른 예이며, 환자의 유능감보다도 치료자의 자아를 충족시키고 있는 것이다. 환자는 일시적으로 기분 좋을 수 있겠지만, 자신이 무엇을 하고 있으며, 그것을 어떻게 하고 있는지와 자신의 성장을 지지하는 방법을 배우지 못한다. 치료자 없이는 환자가 자기 조절을 할 수 없다는 확고한 믿음을 갖고 환자와의 만남을 시작하는 치료자들은 상대방을 하나의 인격으로 대하고 있는 것이 아니다.

'당위적' 조절

삶의 초기 순간부터 개인들은 외부적인 사회화의 힘, 예컨대 요구, 이상, 본보기 등에 직면한다. 이런 외적 기준들은 자동적으로 거부될 수도 있고, 고려되었다가 통합/거부될 수도 있으며, 혹은 자동적으로 받아들여지고 '삼켜질' 수도 있다. 이 마지막 가능성은 내사하는 것 혹은 동화 없이 '삼켜지는' 것이다. 당위적 조절은 내사된 당위들과 '내사하는 행위(introjecting)'를 기반으로 한다. 당위란 유기체적인 욕구와 내적인 우선순위를 비교하는 것으로부터 분리된 상태에서 외적인 기준에 따라 개인에게 그가 어떻게 자신의 행동을 규제해야 하는지를 말해주는 '~해야만 한다.'는 진술들이다. 당위는 유기체적 과정이기보다는 고정된 실체이며, 융통성과 반응성이 결여되어 있다. 일단 개인이 당위적인 조절을 시작하면, 그는 자기 전체에게는 중요하지 않은 새로운 당위들을 만들어내어 스스로 자신에게 부과한다.

반면에 개인이 그가 믿는 다른 사람들의 판단을 분석하고, 맛보고, 골라서 선택하며, 동화시키고, 그에게 맞지 않는 것은 거부할 때, 그는 유기체적 자기 조절을 통해서 조절을 하고 있는 것이다. 유기체적 자기 조절을 위해서는 내적인 욕구와 감정 그리고 신념뿐만 아니라 외적인 현실과 그러한 현실이 요구하는 것을 감지할 수 있는 능력이 필요하며, 그런 다음에는 환경 속에서 자신에게 적합한 것을 선제적으로 파악하는 것이 필요하다. '적합하다'는 것은 참된 내적인 자기와 개인/환경 장의 외적인 측면 간의 연결을 요한다. 게슈탈트 치료자들은 서로 갈등하는 요구들(예를 들면, 사회적인 요구와 충동적인 요구들)의 변증법적인 종합에 기반을 두는 통합된 조절을 위해서 작업을 하는데, 그러한 조절이 유기체적인 자기 조절이라고 불리는 것이다. 그것은 인간/환경이라는 이분법을 초월한다.

당위에 근거한 조절은 고정되어 있고 융통성이 없다. 왜냐하면, 그런 조절은 변화하지 않는 실체에 바탕을 두며, 외적인 요구와 내적인 욕구를 고려하여 나오는 변증법적인 통합이 아니기 때문이다. 현재의 상황에 반응적이기보다는 고정되어 있는 개인의 측면이 성격이다. 때로는 주어진 상황에서 건강한 충동을 표현하는 것이 안전하지 않을 때, 유기체적 자기 조절은 사람들이 그러한 표현을 억제하도록 이끈다. 이러한 자기 억제는 종종 습관화되어서, 경직되고 만성적인 성격적 갈등을 초래한다.

순응은 내사를 활용하며, 이는 한 개인이 환경적 압력에 직면해서 흡수하거나 거부하기를 선택할 수 있는 발달상의 성숙도/지지를 갖추고 있지 않을 때, 사용하는 일종의 대처 기능이다. 그러한 순응이 자동적이고 알아차림으로부터 벗어난 것이 될 때, 경직된 성격이 된다. 성격은 현재의 환경에 대해 온전히 알아차리고 있는 반응이라기보다는 습관에 의한 조절이다. 성격은 관계를 위한 안정된 기초를 제공하기 때문에 성격이 필요하다는 것은 명백하다. 우리가 매 상황의 모든 면에 대해 알아차리고 새롭게 반응함으로써 우리 자신을 조절할 수는 없다. 그런 예측 불가능성을 가지고는 사회가 존재할 수도 없다. 알아차림의 지배를 받지 않는 것은 습관적인 조절 방식의 지배를 받는다. 필요할 때에 알아차림이 나타나는 것이 기능적인 것이다.

당위적인 조절은 항상 개인 내에서 분열을 유발한다. 당위적인 조절은 본질적으로 이중적이다. 당위적인 조절은 동화되지 않은 내사, 즉 개인 내부의 이질적인 과정에 근거하고 있기 때문이다. 당위에 대한 통상적인 신경증적 반응은 습관적이고, 자동적인 반항이거나, 또는 순응을 가장한 자동적 반항이다. 좀 더 성격적으로 병리적인 반응 중에는 반사회적인 행동화도 있고, 개별적인 힘들을 완전히 분열시켜버리는 경우도 있다. 한 개인이 자신의 한 측면과는 관계를 맺고, 다른 측면과는 관계 맺는 것에 저항해 싸우기 때문에 개인 내부의 모든 이중적 기제들은 동시에 자아 경계 문제가 된다.

환자는 건강에 대한 바람에서뿐만 아니라 또한 '나는 더 잘해야 한다.'는 당위적, 자기 거부적 관점에서도 변화를 추구한다. 그러한 당위들은 '할 수 없다.'로 위장한 '하지 않겠다.'에 의하여 저항을 받는 경우가 많다(그는 자기가 더 잘할 수 없다고 스스로에게 말하지만, 실은 하지 않으려는 것이다.). 환자의 장점은 자기 것이 아닌 것으로 부인되고, 저항의 건강한 힘은 인정되지 않는다. 그의 현재 실존에서 무엇이 그에게 가치 있고, 무엇이 가치 없는지를 알기 위해서 당위들이 검토되지 않는다. 이 부인된 힘, 환자

안의 '구멍(빈 부분)'은 치료자에게 속한 것으로 돌려진다. 자신을 사랑하려 하지 않는 환자는 치료자가 자신을 사랑해줄 것을 기대할지도 모른다. 퍼얼스는 특정 환자에게 있어서 어디에 구멍이 있는지 알기 위한 좋은 진단적 척도는 환자가 치료자로부터 무엇을 얻으려 하는가를 알아차리는 것이라고 제안했다(Robert Resnick, 개인적 대화). 치료자들이 변화의 대행자나 구원자의 역할을 할 때, 그들은 환자의 내부적 전쟁에서의 어느 한 편을 연기하는 것이고, 그렇게 함으로써 환자가 분열을 통합하도록 정말로 도와 줄 가능성을 잃게 된다.

유기체적 자기 조절

유기체적 자기 조절은 자신의 내적 욕구와 환경의 요구, 그리고 내부적 및 환경적 자원에 대한 감각, 사고 및 정서적 자료 전체를 인식하는 것에 기초를 둔다. 유기체적 자기 조절은 [알아차림이 일어나기 위한 충분한 의식이 없이] 내사하거나 거부하기보다는 동화시켜 흡수하는 데 토대를 둔다. 인식과 동화에 근거를 둔 조절은 통합된 반응을 가져온다. 어느 주어진 순간에 알아차려지지 않은 자기 조절 과정들이 많이 있기 때문에, 유기체적 자기 조절의 기반은 의식적인 정신적 알아차림 그 이상이다. 그러나 유기체적으로 자기 조절을 하는 사람에게 있어서 필요하면 알아차림은 가능해진다.

동화시켜 흡수하려면 [알아차림에 의해서 지도되는] 생물학적 에너지(게슈탈트 용어로는 '공격성')가 필요하다. 이런 과정들은 내적/외적 경계의 일부분이다. 그 과정들은 외부에서 오는 당위적 조절을 그 사람에게 강요하는 것도 아니고, (병리적인 자기애나 버릇없이 구는 것에서 나타나듯이) 개인을 외부에 강제하는 것도 아니다. 통합되게 반응한다는 것은 오히려 갈등하는 힘들을 인정하고, 통합시켜서 책임감 있게 종합하는 것이다.

개인과 환경이 이분화되어 있다는 개념과, 개인과 환경을 보다 큰 전체인 개인/환경 장의 양극의 일부로 보는 개념 간의 차이를 보자. 장으로부터 분리되어 개념화된 개인은 보통 그 유기체에게만 있는 불변의 타고난 본질을 가진 것으로 여겨진다(아리스토텔레스식의 개념). 게슈탈트 치료에서 우리는 유기체/환경 장으로부터 나오는 성장의 가능성을 본다(장 이론은 이 구분을 이해하는 데 적합한 개념적 틀이다.). 유기체적 자기 조절에 의한 변화는 오랫동안 숨겨져 있던 본질이 펼쳐져 나오는 것이 아니라, 오히려 새로 계발(啓發)되는 그 무엇이며, 세상 속에서 살아가면서만 알 수 있는 것이다. 조직은 맥락 속에서 유일하게 존재한다.

당위적인 조절은 규정된 실체와 같고, 한 번에 모두 일어나게 된다. 유기체적인 자기 조절은 계속해서 새롭게 되는 과정이다. 그것은 본질적으로 피드백과 계속 되풀이되는 창조적 적응을 토대로 하는 체계다. 이는 부단한 생물심리사회적 과정으로서, 자기와 타인 및 사회의 새로운 요구와 변화되는 자원에 대한 알아차림의 연속체와 변치 않는 주의를 요한다.

유기체적 자기 조절은 접촉/철수의 과정을 통해서 기능하는 자연스러운 과정이다. 그것은 장 전체를 인정하는 것이기 때문에, 다른 측면들이 필요에 따라 자연스럽게 전경으로 떠오르게 된다. 당위적 조절은 인위적이며, 장을 이분화함으로써 기능한다. 그것은 융합과 고립의 과정을 통해서 기능한다. 당위적 조절은 단 하나의 옳은 방식만을 인정한다.

폴스터는 게슈탈트 치료의 두 가지 원리들에 대해서 언급했다(Polster & Polster, 1973). 두 가지 모두 유기체적인 자기 조절에 관한 것이다. ① 있는 것은 있다. ② 하나의 현상은 다른 현상으로부터 흘러나온다. 우리는 있는 것에 집중한다. 그리고 연속적으로 전경들이 나타나는 것을 좇아간다. 그러면 변화는 '당위'를 좇아가기보다는 '있는 것'에 대해 인정하면서 나타난다. 이것이 임상적인 현상학적 탐색의 핵심적인 과정이다.

유기체적 자기 조절에 대해 믿는다는 것은 환자를 현재 있는 그대로 (그가 '존재하고-있는' 대로) 수용하고, 또한 '되어 가고-있는' 그를—현재 그가 자신을 드러내고 있는 방식에서부터 자신의 가능성을 완전히 드러내게 되기까지의 성장 및 변화에 대한 그의 타고난 잠재력을—확인하는(confirming) 것이다.

변화를 강요하고, 당위들을 가지며, 자기를 가치 판단하는 등의 방법으로 변화하고자 하는 것과 알아차림과 자기 수용을 증가시킴으로써, 즉 자신의 현재 상태를 인정하는 것을 통해 변화하는 것 사이에는 중요한 차이가 있다. 후자의 경우 사람들은 자신을 알 수 있게 되고 유기체적인 자기 조절을 통해 성장할 수 있는 반면에, 변화 매개자적 접근 방식을 통해서는 사람들은 어떤 이상적인 것을 고수하도록 강요하는 힘들과 이에 저항하는 힘들로 분열된다. 게슈탈트 치료 알아차림과 대화적인 작업은 유기체적인 자기 조절을 위한 능력을 북돋아주고자 하는 것이지, 정신건강에 대한 게슈탈트 치료적 기준에 순응하는 새로운 성격을 발달시키고자 하는 것은 아니다.

변화 매개자가 없는 치료

환자들은 보통 그들 자신이 아닌 무언가가 되려는 이중적이고 당위적인 바탕 위에서 자신을 변화시켜 달라고 요청하면서 치료를 받으러 온다. 환자는 자기 자신에 대항하여 분리되어 있고, 치료자에게 자신의 심리내적 갈등 속에서 어느 한 편을 들도록 요청한다. 많은 치료자들이 그러한 계약을 맺으며, 때때로 긍정적인 결과들이 보고되기도 한다. 물론 자주 좌절스러운 경험도 보고된다. 변화에 대한 게슈탈트 치료 이론은 자신이 아닌 것이 되고자 노력할수록 동일한 상태로 머무르게 된다는 것이다(Beisser, 1970). 당위적인 바탕 위에서 변화를 시도하는 치료자는 유기체적인 자기 조절을 방해하는 '자기 분열(self-dividing)' 과정의 강화라는 대가를 치르면서 환자의 어떤 특정한 면의 변화를 선택하는 것이다.

어떤 치료자들은 성장과 치료로 가는 길로서 수용을 강조한다. 긍정적인 결과들이 이로부터 보고되었다. 어떤 치료자들, 특히 실존주의적인 치료자들은 수용에 대해 말을 하지만 실제로는 변화 매개자의 역할을 한다. 치료자들이 환자를 수용하는 것 이상을 하면서도 여전히 논의해오고 있는 의미에서의 변화 매개자가 되지 않을 수 있을까?

만일 치료자가 치료적 과제를 현상학적 초점화를 사용하면서 나-너 관계를 통해 있는 것에 대한 알아차림을 증진시키는 것으로 정의를 한다면 그는 환자를 수용할 수 있으며, 변화 매개자가 되지 않으면서 성장을 적극적으로 증진시킬 수 있다. 따라서 치료자는 알아차리지 못한 상태에서 알아차린 상태로의 변화를 위한 '매개자' 또는 촉진자다. 이는 과정을 목표로 하는 것이지, 방향이나 내용을 목표로 하는 것은 아니다. 이와 유사하게 만일 치료자가 자신의 관계적 과제를 대화적 접촉으로 정의를 한다면, 그는 변화 매개자가 되지 않으면서 적극적으로 환자의 알아차림을 증진시킬 수 있다. 예컨대, 치료자는 중립적으로 관찰할 수 있으며, 그가 관찰한 내용과 그것으로부터 자신이 개인적으로 영향받은 것에 대해 선택적으로 [환자에게] 말해줄 수 있다. 알아차림을 동반한 접촉은 성장을 가져다준다.

정신분석 역시 관계 수용과 통찰을 강조한다. 하지만 정신분석에서 관계를 수용하는 것은 현상학적이지 않은 해석을 통해서 이루어지며, 관계를 대화적으로 보지 않는 심리학적 입장에 서 있다. 게슈탈트 치료에서 우리는 현상학적–실존주의적인 접근이 환자에게는 유기체적 자기 조절을, 그리고 치료자에게는 온정적이고 정확한 공감적 이해 등의 자질을 증진시키는 가장 좋은 방법이라고 믿는다. 전이 신경증의 해석을 주요 도구로서 사용하게 되면 환자의 책임을 감소시키고, 전이를 장려하며, 개인 대 개인 접촉을 어렵게 만들고, 인지적 방어를 강화할 수 있다.

수용과 '제쳐두기(bracketing)'는 모든 현상학적 대화 치료를 위한 기초가 된다. 게슈탈트 치료에서 우리는 치료자의 통찰을 사용함으로써(예컨대, 정신분석적 지식을 이용한 이해) 현상학적 초점화를 안내할 수 있으며, 그렇게 함으로써 변화 매개자가 되지 않으면서 통찰의 발달을 증진시킬 수 있다.

예: 야심적이고 정력적인 한 남성은 돌봄을 받고자 하는 모든 소망을 부인한다. 치료자는 직감 혹은 이론적인 분석을 통해 환자가 돌봄받고자 하는 강한 소망을 가지고 있으며, 이를 알아차리기를 저항한다는 가정을 하게 되었다. 이런 근저에 놓여 있는 욕구를 암시하는 직접적으로 관찰 가능한 행동은 거의 없을지도 모른다. 두 가지 개입이 가능하다.

> 해석에 의한 개입: "당신은 실제로는 보살핌을 받고자 하며, 이를 부인하고 있습니다."
>
> 게슈탈트 치료 개입: "한 가지 실험을 해봅시다. 당신이 어린 소년이 되고, 어머니가 '나는 너를 정말로 사랑한다. 한번 안아 보자구나.' 라고 말합니다. 지금 이것을 상상해보고, 당신이 경험한 것에 대해 나에게 얘기해 주십시오."

현상학적인 개입과 해석 모두 환자의 욕구와 역동에 대한 치료자의 이해를 바탕으로 안내된다. 그러나 게슈탈트 치료적 개입은 해석적이지 않다.

현상학적 도구의 선택은 환자의 성격에 대한 이해를 바탕으로 한다. 치료자가 좀 더 언어적인 직면적 진술보다는 실험을 선택하는 것은 이 강박장애 환자가 고집스런 파워 게임에 가담하거나, 혹은 주지화를 함으로써 자신의 의존하고자 하는 소망을 회피하고자 할 것이라는 것을 알고 있기 때문일 수 있다. 만일에 히스테리 환자의 경우라면, 치료자는 차분하게 하는 인지적인 기법들을 강조할 수 있으며, '극적'인 기술들은 강조하지 않을 수 있다. 왜냐하면, 히스테리 환자는 행동화하거나 혹은 극적이 됨으로써, 거짓으로 정서를 고양시킴으로써 알아차리는 것을 회피할 수도 있기 때문이다. **예:** (집단에서: 관심을 받으면서도 자신이 무언가를 받았다는 것을 인정하지 않으면서, 이 히스테리 환자는 이 사람 저 사람에게 피상적으로 스쳐 지나간다.) 치료자: "실험을 한 번 해봅시다. 단지 한 사람과만 접촉하고 머물러보세요." (환자는 그렇게 한다.) "그가 당신에게 준 것을 당신이 인정하지 않았다는 것을 알아차려보세요."

다른 한편으로 환자가 우울하다면, 치료자는 그에게 일어서서 무언가를 하도록 요구하는 기법을 선택할 수 있다. **예:** 치료자: "일어서 보세요. 지금 당신의 부인이 여기에 있습니다. 그녀에게 말없이 움직임을 사용하여 스스로를 표현해보세요."

훈련된 알아차림이 없다면 기법들은 단시 실험적인 탐색에 시나시 않을 것이며, 치료자는 변화 매개자가 될 것이고, 환자는 자신의 알아차림에 초점 맞추기 위한 자신의 도구들에 대해 자신감을 형성하지 못할 것이며, 실험들은 재조건화의 시도들로 전락할 것이다. 현상학적 초점화[3]를 통해서 치료자는 환자가 통찰을 얻고, 과거로부터의

3) 역자 주_ '현상학적 초점화(phenomenological focusing)'란 어떤 현상을 조명하기 위해 현상학적 방법을 사용하는 일종의 지도된 알아차림(directed awareness)이다. 여기에는 경험되는 것을 기술하고, [치료자의] 해석이나 [치료자 또는 환자의] 반응을 지각하며, [치료자나 환자가] 자신의 경험이 객관적이거나 절대적인 사실이라는 믿음을 괄호에 묶어 제쳐두는 것을 포함한다. 젠들린의 Focusing은 현상학적 초점화의 한 종류에 불과하다.

관계중심의 현상학적 방법론에서는 치료자와 환자는 원칙적으로 동일한 행위를 한다. 처음에는 대개 치료자가 환자에게 무엇을 경험하는지[예컨대, 감정, 욕구, 생각 등] 묻는다. 그리고 환자가 치료자에게 보고한 내용들, 혹은 치료자가 관찰한 내용들에 대해 자세히 초점을 맞추는 것도 처음에는 주로 치료자가 한다. 환자도 이런 일을 할 수 있는 범위 내에서 이 과정을 공동 지도한다. 치료자와 환자 모두 자신들이 경험하는 것에 대해서, 그리고 어떻게 경험하는지에 대해서 돌아보고, 그것을 진지하게 서로에게 말한다. 현상학적 초점화 작업이 진행되면서 다듬기(예컨대, 관찰과 추론의 세분화)가 더욱 명료해진다. 이런 작업의 예를 들면 다음과 같다.

치료자: 지금 무엇을 경험하나요?
환　자: 잘 모르겠어요.
치료자: 당신은 화나 보여요.
환　자: 화났는지 모르겠어요.
치료자: 내가 관찰하기에 당신은 이를 악물고 있고, 눈을 가늘게 뜨고 있으며, 안색이 붉어졌어요. 당신은 그것을 어떻게 경험하고 있나요? [자신의 관찰과 추론을 세분화하면서도 자신의 해석이 수정될 수 있는 여지를 열어놓는다. 즉, 그것이 객관적인 사실이 아님을 인정한다.]
환　자: 나는 집주인과 싸웠던 것에 대해 생각하고 있었어요. (잠시 멈춤) 나는 그에게 짜증이 났어요.
치료자: 그 짜증을 어떻게 경험하세요?

[위의 내용은 2008년 8월 대표 역자가 저자와의 이메일 교신을 통해 확보한 자료임]

미해결된 과제를 다루며, 현재 자신에게 도움이 되는 것을 강화할 수단을 발견하고, 또한 과거에는 갖고 있었지만 현재는 더 이상 갖고 있지 않은 자신의 특성들을 재평가할 수 있도록 가르치고 허용할 수 있다

심리치료는 저항과 회피를 인정하게 하는 직접적인 현상학적 작업을 사용함으로써 [예컨대, 환자의 알아차림을 회피하는 과정을 알아차리게 하는 훈련을 통하여] 수용과 통찰에 있어서 좀 더 효과적일 수 있다.

현상학적 초점화와 열린 대화를 통하여, 환자는 전이 및 기타 다른 '병렬적 왜곡(parataxic distortion)'[4]을 포함해서 현재 그가 관계 맺는 과정도 유사하게 알아차릴 수 있게 된다. 이 맥락에서 과정이란 환자가 현재 무엇을 하고 있는지, 그리고 그것을 어떻게 하고 있는지를 아는 것을 말한다. 정신분석에서와 마찬가지로 관계는 명시적으로 다루어지지만, 그 방법에 있어서 전이 신경증을 촉진시킨 후 치료자가 해석하는 것이 아니라 현상학적 초점화와 대화에 의해 다뤄지게 된다.

게슈탈트 치료에서 치료자는 변화될 필요가 있는 것에 대해서가 아니라, 탐색될 필요가 있는 것에 대해 초점을 맞춘다. 게슈탈트 치료자들은 알아차림의 증가와 접촉이 성장으로 이어질 것이라는 믿음하에, (선입견을) 제쳐두고 환자의 조절에 있어 중요한 것[현상]을 관찰한다. 체험적 탐색은 [지금-여기에] 있는 것을 자세히 해명하면서, 그리고 세상과의 대화 속에서 유기체적 자기 조절을 위해 전경이 될 필요가 있는 것을 부각시키면서, 중립적으로 행해진다. 여기서 있는 것을 인정한다는 것은 불행하고, 곤경에 빠져 있으며, 알아차리지 못하고 있고, 좌절을 느끼며, 저항하고 있는 등의 상태에 [환자가] 처해 있음을 수용하는 것을 포함한다. 한마디로 말해 [이 모든 것들이] 존재한다는 것이다. 우리는 전체(whole) 사람을 보는 것이며 수용하는 것이다. 이것은 환자가 세상과 대화를 시작하거나, 다시 시작하거나 또는 더 나아지게 할 수 있도록 기본적인 지지를 제공하는 것이다.

있는 것을 인정하고 그곳으로부터 성장하는 것이 아니라, 변화에 직접적으로 목표

4) 역자 주_ 병렬적 왜곡(parataxic distortion)은 상상을 근거로 다른 사람들에 대한 지각을 왜곡하는 경향을 설명하기 위해서 설리번에 의해 처음 사용되었다. 다른 사람들을 지각하는 데 있어 발생하는 '왜곡'은 해당 개인과의 실제 경험을 근거로 하는 것이 아니라 투영된 상상의 성격을 근거로 하여 발생하는 것이다.

를 두는 것은 대화적인 태도와 현상학적인 태도 모두를 어기는 것이다. 자기 수용과 온전한 알아차림은 유기체적으로 결정되는 성장을 위한 지지를 제공한다. 환자들은 흔히 '내가 현재 어떤 상태인가'에서 '내가 그것에 대해 무엇을 할 수 있는가'로 조급하게 옮겨간다. 이는 이원론적으로 자신을 변화시키려 함으로써 자신의 문제를 비소유하는 한 방법이다(Yontef, 1976).

때때로 환자는 치료자가 [그를 있는 그대로 인정하고 있음에도 불구하고] 자신을 있는 그대로 수용하지 않는다는 잘못된 믿음을 가진다. 때때로 치료자는 [자신이 환자를 수용하지 않으면서도] 수용하고 있다고 믿으면서 스스로를 기만한다. 현상학적인 탐색을 통해서 우리는 치료자와 환자가 서로에게 어떻게 영향을 미치는지, 그리고 양쪽 모두 각자의 새로운 알아차림에 의해서 어떻게 영향을 받는지를 탐색해야 한다. 만일 알아차림 삭입이 환자에게 [오히려] 불확신과 우울감 등을 느끼게 하는 방식으로 진행되고 있다면, 환자는 이에 대해 치료자와 대화할 필요가 있으며, 치료자는 방어적이지 않은 방식으로 탐색을 해야 한다.

변화 매개자가 없는 치료 상황에서 치료자는 현상학적인 연구 컨설턴트이며, 대화 촉진자다. 치료자는 치료 환경을 책임지고, 그에게 가장 중요한 것에 따라 행동하며, 대화적으로 관계한다. 그리고 환자는 치료자와 치료 환경에 반응하여 그의 욕구에 따라 자신을 조절한다. 치료자는 환자가 자신의 반응을 인식하고, 치료자에게 효과적으로 반응할 수 있는 그의 능력을 깨닫도록 돕는다.

좋은 치료자가 되는 것은 치료자의 개인적 욕구들과 환자를 치료하는 데 있어 요구되는 것들 사이에 중첩되는 부분이 얼마나 많은지에 달려 있다. 자신을 환자에게 솔직히 드러내는 경향이 있고, 환자가 스스로 결정하고 자신 있게 반응하도록 돕고 싶은 욕구가 있는 치료자가 당위들을 통해 환자를 통제하거나 또는 환자를 구원하고 싶은 욕구를 가진 치료자보다 게슈탈트 치료에 더 적합할 것이다.

유기체적 자기 조절 과정을 신뢰한다는 것은 치료에서 유발된 전이를 통해 치료를 증진시키는 것을 말하는 것이 아니며, 또한 치료자가 단지 수용적이고, 공감적이고, 진솔하기만 하다면 완벽한 관계가 이루어질 수 있다는 의미도 아니다. 환자는 그 자신의 조절 체계를 가지고 있다. 좋은 관계는 치료자와 환자 양쪽 모두에 의해서 알아차림에 **의해**, 그리고 알아차림을 **위해** 차근차근 만들어지는 것이다. 이것이 게슈탈트 치료 과정의 핵심이다. 환자가 스스로를 선택하고 조절할 수 있는 권리와 힘이 있다는 것은 치료자의 행동에 제약을 가할 수 있으며, 치료자가 생각하는 건강한 행동과 다른 행동을 환자가 할 수도 있다는 것을 의미한다. 말하자면 모든 것이 치료자에게만 달려 있는 것이 아니라는 것이다.

치료자는 치료 환경(milieu), [치료자 자신의] 접촉, 유능성 그리고 돌봄에 대해 책임져야 한다. 환자는 자신의 생활과 치료 작업에 대해 책임져야 한다. 환자 자신은 아직 알지 못하는 면을 발견하고, 인정하고, 확인할[5] 수 있는 것이 치료자 유능성의 일부분이다. 개인의 핵심과 접촉하기 위해서는 치료자는 자신의 시각을 갖고 있어야 하며, 환자의 시각을 알아야 하고, 위험을 감수하고 직면시킬 수 있어야 하며, 분노를 만날 수 있어야 하고, 창조적 기법을 사용하고 좌절을 허용할 수 있어야 한다. 알아차림의 의미에서, 그리고 진정한 만남의 의미에서 존재(*is*)를 인정하는 것이 치료다. 그것은 삶과 배움의 자연스러운 과정이다.

대화적 관계의 특징들

관계는 일어나는 사건 중 하나다. 그것은 하나의 과정이다. 과정은 두 사람 **사이**(*between*)에 일어난다. 관계는 접촉하는 과정에서 만들어지며, 위에서 논의한 접촉에서 필요한 다음의 요건들을 충족시켜야 한다: 연결하기, 분리하기, 움직임 그리고 알아차림. 관계를 하기[맺기] 위해서는 '경계가 명확하게 분리된 두 사람(two separate self-defining people)'이 서로를 연결하고 인정해야 하며, 또한 자신의 분리된 정체성들을 유지해야 한다. 게슈탈트 치료에서 관계는 유기체적 자기 조절에 필요한 알아차림을 증진시키는 과제를 수행하는 가운데 형성된다. 게슈탈트 치료자에 의한 접촉은 나-너 관계를 본보기로 한다. 모든 형태의 접촉 중에서 한 개인 안에 있는 양립할 수 없는 갈등을 해결할 수 있는 가장 강력한 방법은 바로 한 사람의 핵심이 다른 사람의

5) 역자 주_ 확인(confirmation)이란 환자의 미발현된 잠재력을 치료자가 미리 알아보고, 그 성장 가능성을 긍정하고 수용하는 것을 의미한다.

핵심과 접촉하는 것이다.

치료에서는 기법적인 기술과 치료자의 개인적 접촉 모두 필요하다. 좋은 치료를 위해 필요한 접촉의 질에 대해서 많은 이들이 언급해왔다. 대부분 치료자에게 필수적인 것이 '돌봄(caring)'과 이해라는 것에 동의한다. 하지만 무엇이 돌봄인지, 그리고 얼마나 직접적으로 돌봐줘야 하는지에 대해서는 아직 일치된 견해가 별로 없다. 예를 들어, 고전적인 정신분석자의 돌봄은 고전적인 로저스식 치료에서와는 분명히 다르게 제시되었다.

대화적 접근 방식은 치료자가 환자에게 따뜻하게, 직접적으로, 개방적이면서, 잘 보살피면서 접근할 것을 요구한다. 그러나 당신이 좀 더 구체적인 쪽으로 관심을 옮긴다면, 과연 돌봄이란 무엇일까? 어떤 종류의 돌봄이든 모두가 다 치료적이거나 대화적이라고 할 수 없다. 돌봄은 접촉 과정과 관련된 것이며, 접촉 과정의 일부로서만 효력이 있다. 이는 상대방을 **한 사람으로서** 진정으로 만나는 그 무엇이라고 할 수 있다. 이는 어떤 감정이나 혹은 환자를 위해서 하는 어떤 행위 이상의 것이다. 이것은 사람들 **사이**의 과정이다.

게슈탈트 치료의 나-너 대화적 관계에서의 접촉하기는 아래의 5가지 특징들을 갖는다.

1. 포함

치료자는 환자의 현상학적인 경험을 존중하며, 환자의 현상학적인 세계로 조심스럽게 들어가고, 그것을 그 자체로 경험하며, 환자를 그 자체로 수용한다.

치료자는 환자와 접촉하면서 동시에 환자와 환자의 경험에 의해서 영향을 받을 수 있어야 한다. 그는 환자의 눈을 통해서 세상을 보려고 노력한다. 부버는 나-너의 요소 중 한 요소로 '포함(inclusion)'을 언급했는데, 포함은 나-너 양극에서 상대방의 극에 사는 것, 즉 환자의 세상에 자신을 포함시키는 것이다(Buber, 1965a, 1965b). 포함을 통해서 치료자는 환자와 관계를 하며, 동시에 환자에 대한 정보를 얻는다.

다른 사람의 세상에 들어가면서 그의 세계를 무시하지 않기 위해서 현상학적 치료자는 '제쳐두기(bracketing)'를 한다. 즉, 그는 스스로가 사는 방식과 무엇이 자료를 구성하는가에 대한 자신의 믿음들을 잠시 옆에다 두고, 동등하게 타당한 또 다른 현실과 다른 자료 군(群)들을 인정한다.

이는 치료자가 타인의 태도나 행동을 긍정적 혹은 부정적으로 판단하지 않고, 타인을 이해하고 수용하는 허용적인 태도를 말한다.

2. 현전

치료자는 자신의 진정한 자기를 보여준다.

치료자는 포함을 실천하면서 자신의 진정한 자기를 충분히 존중하기 때문에, 그것을 [진정한 자기를] 알고자 하며, 그것을 유지하고자 하고, 그것을 [마치 자신이 다른 사람인 것처럼 가장하기보다는] 있는 그대로 보여주고자 한다. 치료자가 실제로는 매우 걱정하지만 중립적으로 보이고자 하는 경우, 실제로는 두렵지만 차분해 보이길 원하는 경우, 혹은 화가 나 있지만 수용적이고 애정이 많은 것으로 보이길 원하는 경우, 치료자는 현전하기보다는 가장하고 있는 것이다.

대화적 치료에서 치료자는 지속적 부드러움에 의해서보다는 그의 정직에 의해서 돌봄을 더욱 잘 보여준다. 그는 환자가 자기 자신으로 있는 것을 허용할 뿐만 아니라, 치료자 자신도 환자에게 반응할 때 자기 자신으로 있기를 허용한다. 이것은 따뜻한 수용 이상의 것을 포함한다. 게슈탈트 치료자는 또한 자기-회의를 드러내고; 한계, 분노 및 지루함을 표현하며; 환자에 의해 부정되지만 자율적인 치료자에 의해서는 관찰되는 환자가 갖고 있는 측면들에 대해 관찰한 것들을 말해주고, 그리고 무엇보다 치료자는 충분히 독립적인 시각을 갖고 있어, 환자의 성격에 대해 명료하고 정확한 판단을 하여 작업을 안내해나갈 수 있다.

부버는 한순간에 타인을 그 자체로 수용하는 것이 성공적인 치료에 필수조건이지만 충분조건은 아니라고 말한다. 성공적인 치료자는 또한 내담자의 최대한의 잠재력을 확인한다(Friedman, 1976a, 1076b). 그런 치료자는 환자의 현재 드러난 모습을 넘어서서 그가 되어 가고 있는 사람을 향해 작업한다. '확인(confirmation)'은 환자가 알아차리고 있는 것뿐만 아니라, 환자의 거부되고 소외된 실존적인 면들까지도 수용하는 것이다. 이는 치료자가 '포함'하는 것뿐만 아니라, 치료자의 자율성과 현전을 필요로 한다. 실제 사람들과의 만남에서는 [상대방이] 원치 않아도 때로는 주어야 하는 것이 있는데, 정확한 피드백의 경우가 그렇다. 이런 '확인하는 현전(confirming presence)'은 때로는 환자를 수용하지 않는 것으로, 현재 있는 그대로의 환자를 거부하는 것으로 오해되기도 한다.

3. 대화에 헌신하기

대화적 치료자는 진정으로 대화에 전념한다. 그는 '둘 사이에'에 있는 것이 통제하도록 허락한다.

포함과 현전은 대화를 위해 필요한 기초적인 것들이다. 이 둘을 합치면 이는 치료자가 스스로를 환자에 의해 영향받도록 허용하고(포함), 또한 환자도 치료자가 어떤 사람인지에 의해 영향을 받는(현전) 방식으로 치료자가 접촉하는 것을 의미한다. 치료자는 분석하고 당위적으로 강요하기보다는 환자가 어떻게 존재하는지를 관찰하며, 환자의 현상학적인 세계를 공감적으로 살아내며, 환자의 과제 해결에 적절한지 여부에 따라 자신의 내면적 자기를 표현한다.

치료자는 환자를 통제하고, 조건화하며, 조작하고, 착취하거나 또는 '나-그것' 의 다른 형태들로보다는 '나-너' 태도로 이런 접촉을 한다. 대화에 '헌신한다' 는 것은 명백히 자신이 경험한 것에 근거하여 관계를 맺는 것을 의미하며, 또한 상대방이 경험한 것을 존중하는 것을 의미한다.

나-너 접촉 없이는 좋은 게슈탈트 치료를 할 수 없다. 그러나 접촉을 하는 것이 관계를 형성하는 것은 아니다.

관계는 각자 분리된 존재로서, 각자 개인적인 욕구를 가진 두 사람이 상호 간의 차이를 긍정하고 허용하면서 접촉할 때에 발달된다. 이는 두 사람의 독백을 단순히 조합하는 것이 아니라, 두 사람이 의미 있는 상호 교환을 하는 것이다.

대화에 헌신한다는 것은 단순히 각자가 그의 내적 자기를 상대방에게 표현하고, 또한 상대방의 자기 표현을 수용하는 것을 의미할 뿐만 아니라, 이것이 구제적으로 의미하는 바는 [대화의] 결과가 어느 한 개인에 의해서 통제되지 않고, '사이에 있는 것(The Between)' 에 의해 결정되도록 허용하는 것을 의미한다. 어느 한 사람이 지배하는 것을 포기한다는 것은 각자가 상대방의 다른 점에 의해서 영향을 받고, 대화 과정을 허용하며, 대화 과정에 헌신한다(dedicate)는 것을 의미한다. 이런 대화 과정은 게슈탈트 치료에서는 어떤 특정한 결과보다 더욱 가치가 있으며, 치료자나 환자 둘 중 하나가 통제권을 가지고 있는 것보다 가치가 있다.

우리는 의지력과 선택으로 접촉을 '할(make)' 수는 있다. 그러나 좀 더 깊은 의미에서 우리는 접촉을 '할' 수 없다. 상호적인 접촉은 두 사람이 '나-너 태도'를 살아내면서 접촉을 할 때에 **가끔** 일어나는 관계적 사건이다. 상호적 접촉은 허용되는 것이다.

다음 두 가지를 대조하라.

① **'접촉을 하기(making contact)'** 즉, 한 사람이 '여기에 있는 것', 온전한 관계를 확립하기 위해 접촉하려 노력하고 있는 것. 치료자는 환자의 행동과 관계없이 생동적이고, [자신의 상태를] 알려 주고 있고, [환자에게] 가까이 가려는 태도일 수 있다.

② **'접촉을 허용하기(allowing contact)'** 이것은 두 사람을 필요로 하며, 접촉을 시도 하는 것 이상의 힘, 즉 은총에 의해서만 발생하게 된다.

두 사람이 서로에게 나-너 태도를 가지고 자신의 진정한 자기를 보여 주고 표현할 때에, 때때로 그들 간에 애정적인 에너지의 흐름이 자유롭게 일어난다. 이것은 양자 모두 자신과 타인을 통제하려 하지 않을 때, 그리고 너(thou)가 일어나도록 허용할 때만 가능하다. 부버가 말하기를, 한 사람이 [타인에게] 사랑스럽게 다가가는 행동은 선택할 수 있지만, 사랑을 느끼는 것은 선택할 수 없다. 그것[사랑을 느끼는 것]은 우리가 일어나도록 허용하는 어떤 것이다.

이런 관계적 사건이 일어나기 위해서는 양자 모두 접촉에 응할 마음이 있어야 하며, 기꺼이 접촉하려 하고, 접촉을 지지할 수 있어야 한다. 치료에서 상호적 접촉은 보통 준비 작업이 있어야 가능해진다. 즉, 접촉을 시도하기, 현상학적 초점화를 배우기, 저항을 인정하기 등이 필요하다. [그러나] 심지어 두 사람 모두 진정한 자신이 되도록 허용하고, 성실하게 접촉을 하고 싶어하는 경우에도, 너(Thou)를 위한 [즉, 상호적 접촉을 위한] 지지가 그들 사이에 존재하지 않을 수 있다는 사실은 불행한 일이다. 전문가로서 혹은 다른 무엇으로서 [치료자가] 책임져야 할 중요한 부분은 이러한 상황이 발생했을 때, 이를 알고 그 한계를 수용하는 것이다. 이것도 '사이에 존재하는 것'에 따르는(yielding) 것의 일부분이다.

우리는 너(thou)가 일어날지 아닐지에 대해 미리 알 수 없다. 우리는 각자의 삶을 살 뿐이며, '접촉을 시도하고' 희망할 뿐이다. 우리는 깊이 있는 대화를 허용하거나 가능하게 하는 태도로 접촉을 시도할 수 있다. 그러나 우리가 노력하는 바로 그 과정에서 '너'가 일어나게 만들려고 한다면, 우리는 우리 자신 그리고/혹은 타인을 조작하거나 이상화할 대상으로 취급하는 것이다. 예컨대, '너'가 일어나게 하기 위해 다정하게 행동하려고 노력할 수 있을 것이다: [그렇게 되면] 치료자의 분노나 좌절, 숨고 싶은 욕구 등을 감춰야만 한다. [치료자의] 이러한 과정[욕구나 정서]들이 그의 사랑과 부드러움의 감정과 마찬가지로 밖으로 드러나도록 허용되지 않으면, 접촉은 자기 자신으로 존재하는 두 사람 간에 일어나는 것이 아니라, 환자와 치료자라고 불리는 두 이상들(ideals) 간에 일어나게 된다. 때때로, 나-너 관계에서 직면은 반드시 필요하다(Buber, 1965a; Jacobs, 1978, p. 105). 사람들이 자신으로 현전하고, 자신을 드러내고, 위험을 감수한 이후에야—그때 가서야, 오로지 그때 가서야 비로소 '너'가 발달할 수 있게 된다.

환자가 '나-너'에 관한 치료자의 생각을 수용하도록 공공연하게 혹은 은연중에 지지함으로써 많은 치료자들은 종종 '나-너'를 어긴다. 치료자가 사람들이 따라 행동할 좋은 원칙으로 개방성, 돌봄, 신뢰 등을 채택하고, 이를 건강을 위한 기준으로 제시할 때, 이런 '인본주의자들'은 사람들을 적응시키기 위한 외부적인 청사진 또는 기준—새로운 폭정—을 부과하는 것이다. 이것이 우리가 초기에 언급해왔던 '당위'라는 것이다. 인본주의적인 당위일지라도 당위기는 마찬가지다. 환자들이 모든 내적 비밀을 표현하기를 집단 지도자가 원할 때, 혹은 [환자들의] 철회하거나 사생활을 유지하려는 욕구가 존중되지 않을 때(아마도 이것을 저항이라고 부르면서), 혹은 지성이 경멸되거나 기술적인 반응이 허용되지 않을 때, 혹은 치료자가 환자를 어떠한 좌절도 경험하지 않도록 과잉보호할 때, 혹은 일반적으로 전문적인 치료자와 환자 간에 역할의 차이를 없앨 정도로 완벽한 상호성을 요구할 때, 이것은 나-너의 허용적인 측면을 진정으로 위반하는 것이다.

게슈탈트 치료의 목표는 오로지 알아차림이며, 게다가 자기 책임성과 선택이 부가된 것이다. 치료자가 사람들을 거기에다 맞추려고 하는 어떠한 이상들도 이러한 목표를 위반하는 것이다. 예컨대, 이상적인 관계, 이상적인 신체 혹은 이상적인 에너지 흐름 등. 이것이 의미하는 바는 환자가 성숙하고 좋은 사람일 수 있지만, 그러면서도 또한 그가 누군가를 조작하고, 숨기기를 선택할 수도 있다는 것을 뜻한다. 완전한 알아차림조차도 당위가 되어서는 안 되며, 알아차림은 단지 사람들이 자기 조절을 위해서 배우고 사용하는 도구나 과정일 뿐이다. 이상적인 알아차림 과정이란 것은 없다. 게슈탈트 치료는 사람들이 자신의 알아차림 과정을 알아차릴 수 있도록 돕는다. 게슈탈트 치료가 그렇게 하는 이유는 사람들이 책임지게 되고, 선별적이면서 분별력 있게 선택할 수 있도록 해주기 위한 것이다—그리고 심지어 언제 어디에서 자신의 알아차림 과정을 알아차릴지조차도 스스로 선택할 수 있도록 해주기 위한 것이다.

대화와 알아차림은 둘 다 현재가 중심이 되는 개방적인 과정이지, 폐쇄적이고 내용 지향적이 아니다. 대화 과정에 헌신하는 것은 대화가 자연스럽게 알아차림을 증가시킬 수 있으며, 또한 알아차림은 대화의 필요한 한 측면이기 때문에, 알아차림이라는 목표와 일치한다. 대화 과정에 헌신하는 것은 어떤 다른 목표를 우선시하는 것과 양립할 수 없다. 만일 특정한 행동을 수정하는 것이 목표가 된다면, 이것은 환자가 변화하도록 압력을 가하는 것이며, 이것은 대화와 현상학적인 탐색에 반대되는 것이다. 치료자가 대화와 현상학적 방법을 통해서 [환자의] 개방성과 표현성을 탐색하면서, 동시에 환자가 좀 더 개방적이고 표현적으로 되길 희망할 수 있다. [그러나] 치료자는 대화적이면서, 또한 동시에 개방성이나 표현성을 자신의 치료적 개입들의 일차적 목표로서 [환자에게] 요구할 수는 없다.

심리치료자가 대화와 과정 목표에 충실하게 전념하기 위해서는 인간의 타고난 가치와 스스로를 유기체적으로 조절할 수 있는 인간의 능력에 대한 믿음을 가져야만 한다. 과잉보호나 방치 혹은 통제를 하지 않으면서 접촉하기 위해서는 이러한 자기 결정에 대한 가치나 믿음을 필요로 한다. 궁극적으로 우리 자신을 보여주면서, 사이에 있는 것이 [치료적 만남을] 통제하도록 허용하는 것은 우선 믿음에 기초하고 다음으로는 희망컨대 경험적 자료에 의해 강화되는 일종의 순종(surrender)이다.

4. 비착취

게슈탈트 치료는 착취적이지 않으며, 조작적이지 않은 개인 대 개인 간의 관계로서, 치료자

는 각 개인 그 자체를 목적으로 대한다. 비록 치료에서 상호성이 완전하지 않고 과제/역할이 구별되어 있더라도, 치료자에 의해 격려되는 [혹은 시작되는] 위계적인 지위는 없다. 즉, 관계는 수평적이다.

적어도 네 가지 형태의 착취가 논의될 수 있다: A. 한 개인이 목적을 이루기 위한 수단으로 취급되는 것; B. 언어 사용에서의 비평등성(수직적으로); C. 치료자가 자신의 작업을 온전히 하지 않는 것; D. 적절한 맥락적 한계에 주의하지 못하는 것.

A. 한 개인이 목적을 이루기 위한 수단으로 취급되는 것 '나-너' 접촉은 타인을 한 인격체로서 긍정하고 접촉하는 것을 의미할 뿐만 아니라, 또한 타인을 나 자신처럼 그 자신으로서 가치 있는 목표라는 것을 인식하는 것이다.

있는 그대로의 치료자는 있는 그대로의 환자를 목적 자체로 보는 방식으로 접촉하며, 그리고 유일한 목표는 알아차림의 증가다. 이러한 대인 모델에 맞게 행동할 때, 각 개인은 타인이나 과제에 온전하고 강렬하게 몰두하게 되며, 각자는 너로써 취급되고, 그 자체로 목표가 되며, 그것(목표를 위한 어떤 것이나 수단)으로 다루어지지 않게 된다. 그렇게 되기 위해서 치료자는 어떤 다른 결과들보다 자기 결정을 하는 사람들 간의 진정한 접촉 과정에 대해 좀 더 관심을 기울여야 한다.[6)]

어떤 개인이 분석되고, 구제되고, 변형되고, 지휘를 받을 대상으로서 어떤 범주로 취급될 때, 그 사람은 '그것'으로, 구제자의 자아 만족이라는 목적을 위한 수단으로, 또는 외적인 목적 또는 목표(예: 정신 건강, 사회 정의 등)로서 다루어지는 것이다. 그 사람은 접촉되지 않는다. 게슈탈트 치료에서 우리는 각 사람, 각 만남, 각 순간 그 자체를 목표로 한다. 그 사람의 행동이 합의에 의해 긍정적이거나 부정적으로 판단되거나, 혹

6) **저자 주_** 우리는 [환자의] 잠재적인 폭력이나 치료자의 한계를 넘어서는 행동들 및 정신병에 직면할 때조차도 환자의 존재가 순응해야 하는 어떤 외적 기준(당위들)을 부과하지 않는다는 우리의 자세를 유지할 수 있을까? 비록 우리의 개입 방법은 달라질 수 있지만, 이에 대한 대답은 '그렇다'다. 그런 경우에 무엇보다 치료자가 도덕적이지 않고, 방어적이지 않게 환자와 접촉하려고 노력하는 것이 필요하다. 이것은 치료자가 자신의 개인적 한계들을 표현하고, 고수하며, 자신의 희망, 바람 그리고 감정들을 표현하는 것을 포함한다. 때로 이것은 환자를 제지하거나 입원시키거나, 환자를 위해 지역 서비스를 연계하는 등의 행동을 취하는 것을 포함한다. 그런 행동에서 전문가들은 치료자의 좁은 역할을 넘어서게 된다. 비록 대화와 현상학의 철학이 배경 지식으로 도움이 되지만, 그런 사례에서 정확한 행동 경로는 사회적 맥락과 그 전문가의 전체 훈련을 포함하는 총체적인 상황에 의해서 결정되며, 단지 심리치료자로서의 그의 역할에 의해서만 결정되는 것은 아니다.

은 그 만남이 '치유'로 이어지는지 아닌지는 **현존**(*is*)에 대한 이런 강조보다는 덜 중요하다.

치료자들은 사회적 개선을 위한 소망과 같은 많은 가치들을 갖는다. 만약에 치료 기간 동안 이런 다른 목표들의 중요성이 환자의 자기 결정보다 더 중요해진다면, 환자는 '그것'으로 취급되는 것이다. 각 개인은 선택할 수 있는 능력, 자기 조절할 수 있는 능력 및 자신의 가치를 갖는다. 게슈탈트 치료자들은 환자의 선택에 동의하거나 [좋은 선택이라고] 감탄하지 않을 때조차도 그들의 선택 (그리고 긍정적이고 부정적인 결과에 책임을 지는 것)을 존중한다. 치료자의 가치는 그것이 대화와 '제쳐두기'의 맥락 내에서 행해진다면, 그리고 설득이나 권위적 태도로 행해지지 않는다면 환자에게 이야기해줘도 괜찮다. 게슈탈트 치료는 개인의 성장과 알아차림 및 책임이 그러한 접촉으로부터 흘러나오며, 사회적 개선은 환자를 개조하는 것에 의해서가 아니라 나-너 대화에 기초한 치료에 의해 가장 잘 이루어질 것이라는 믿음 위에 서 있다.

치료자 역시도 단순히 목표를 위한 수단이 아니다. 왜냐하면, 치료자 또한 사람이기 때문이다. 만일 치료자가 단지 환자의 심리내적 자기 실현을 위한 수단이라면, 인간 대 인간의 관계는 따라서 축소되며, 알아차림의 영역 역시도 감소된다. 치료자와 환자는 서로 간의 알아차림을 동반한 접촉 속에서 자기 자신들을 진정으로 실현시킨다.

B. 언어의 불평등성(수직성) 엑스타인(Eckstein)이 언급하기를 정신분석 치료에서 환자와 치료자는 다른 언어를 사용한다. 즉, 환자는 자유 연상을 하며, 치료자는 해석을 한다(R. Eckstein, 강의, 1978). 게슈탈트 치료에서 환자와 치료자는 '현재-중심적 체험하기'라는 동일한 언어를 사용한다. 다른 언어를 가지고 접근하는 것은 치료자가 환자**에게** 혹은 환자를 **위해서** 어떤 것을 하는 수직적인 것이다. 이 수직적인 관계(Simkin, 1976)는 역할이 분화되는 단계를 넘어서는 종류의 것이며, 참여자들을 수직적인 관계에 놓이게 한다. 병든 환자와 그것을 치료하는 것이 오직 치료자인 의학적 모델은 수직적인 태도의 한 예다. 소비자 보호 및 '전체적 건강 운동들(holistic health movements)'은 부분적으로는 수평적인 관계로 향하는 움직임이다.

환자에게 혹은 환자를 위해서 무언가를 해주면서, 동시에 [환자로 하여금] 자신의 성장 작업에 대해 책임지는 방법을 알지 못한 채로 남겨두는 것은 항상 수직적이며, 또한 보통은 심리학적으로 착취적이기도 하다. 그는 치료자의 우월적인 (수직적인) 개입으로 인해 [기분이] 나아지고 있다고 느끼면서도 어떻게 그렇게 되었는지 모를 수도 있다. 따라서 [이러한 개입은] 환자 자신의 약함과 책임질 수 없음에 대한 믿음을 강화시킨다. 그래서 치료자(healer)는 환자를 희생양으로 삼아 자신의 힘과 지위를 얻게 된다.

나-너 관계는 수평적이고 비착취적이며, 동등한 자격으로 행해지는 대화 및 공동작업에 의해 특징지어진다. 치료자는 대화를 위한 분위기를 조성하고, 환자가 현상학적인 실험을 해나가도록 촉진할 책임이 있다. 대화는 성장할 수 있는 환경이나 매체를 제공하며, 알아차림 '작업'은 환자가 자신을 위해 사용할 수 있는 그 성장에 더욱 초점을 맞출 수 있는 도구 혹은 방법을 제공해 준다. 대화에 의한 성장에서 환자는 그가 진정으로 할 수 있는 것을 배우게 된다. 나는 이러한 수평적 대화를 강조하지 않는 어떤 치료에 대해서도 그것을 게슈탈트 치료라고 부르지 않는다.

이러한 수평적인 접근은 기법들이 어떻게 사용되는지에 대해서도 영향을 준다. '게슈탈트 기법들'을 가지고 환자가 목표를 달성하도록 만드는 것은 수직적이며, 게슈탈트 치료가 아니다. 환자에 대한 그와 같은 조작은 게슈탈트 알아차림 실험을 프로그램들로 변화시키며, 그것은 환자의 책임과 지지를 감소시킨다(L. Perls, 1978). 이것은 치료자가 환자를 희생시켜서 커지는 것이기 때문에(예: 카리스마 있는 치료자와 감사하는 환자) 부분적으로 착취적이다.

환자가 알아차림 안에서 그리고 세상 속으로 자신의 내적, 유기체적인 모습을 드러내는 것은 치유적이다. 이것은 개인 대 개인의 대화 속에서 함께하는 만남을 통해서 일어난다. 이런 만남은 [치료자가 아닌] 만남이 내적 자기들을 함께 '나누는 것(sharing)'이기 때문에 치유적이다. 환자의 심리내적 구멍을 '해명하는(explicate)' 것은 바로 이런 만남이다.

수직적인 관계에서 치료자는 자발적으로 자신의 사적인 세계를 함께 나누지 않으며, 환자가 자신의 세상으로 들어오도록 격려하지도 않는다. 치료자의 '나'는 내밀한 것으로 또는 감춰진 채 남아 있으며, 환자는 공공연하거나 은연중에 나-너 관계보다는 전이 관계로 이끌어진다. 게슈탈트 치료자들은 스스로를 보여 주고, 관계가 발달됨에 따라 관계에 대한 알아차림 작업을 한다. 전이 신경증은 격려되지 않는다. 전이 문제는 대화와 현상학적인 방법을 사용하여 철저하게 탐색되고, **다루어진다**(worked through).

수직적인 치료 관계에서 [작업의] 초점은 환자와 그의 문제, 병리 및 역사이며, 이것은 **실제 관계와 관련 없이** 고려되는 경향이 있다. 그리고 지금의 관계는 단지 변화될 필요가 있는 전이 및 다른 환자 왜곡들을 통해서만 이루어진다. 이렇게 함으로써 실제 관계는 배경으로 물러나서, 피상적이게 된다. 수평적인 관계에서 초점을 두는 것은 서로 거기에 온전히 있고, 현재에 중심을 둔 방식으로 온전히 보고 듣고 표현하는 것이다. 수평적인 대화는 환자가 이끌어가고 있는 실존(existence)의 중심에 다다를 수 있는 기반이 된다. 게슈탈트 치료에서는 대화와 현재의 존재가 전경이 되며, 전이는 그것이 일어나서 방해될 때에만 다루어진다.

'당위 금지(No shoulds)'가 수평적 태도의 한 측면이다. 치료자나 환자 모두 각자 자신의 가치들과 좋아하고 싫어하는 것, 필요로 하고 원하는 것들이 있으며, 각자 동등하게 스스로 결정하고 자기가 책임을 진다. 당위적인 치료자들은 환자에게 수직적으로 행동하고 있는 것이다. 환자가 치료자의 욕구를 충족시킬 책임이 있다고 [은연중에] 믿는 치료자는 수직적인 관계로 미끄러져 들어가는 것이다. 한 예로서 지루함을 느끼는 치료자는 이것을 환자의 탓으로 돌리고 ("당신은 좀 따분하다.") 환자가 좀 더 자신을 즐겁게 해주기를 기대한다. 치료자는 비착취적이고 수평적이면서 자신의 욕구가 치료적 작업에 중요할 때는 이를 표현할 수 있다. 그런 개입은 치료자 쪽에서 주의를 기울여 환자의 지지 수준을 살펴야 하며, [치료자] 자신의 좌절에 대해서는 자기가 책임을 질 수 있도록 해야 한다.

수평적인 관계는 각자의 책임이 자기 자신에게 있다는 믿음에 기초한다. 이것은 각자가 자신의 행동을 결정하는 주요 행위자이며, 자신의 심리치료에 책임이 있다는 것을 의미한다. 문자 그대로 '반응할 수 있는 능력(response-able)'을 의미한다. 알아차림이 있으면 각자는 자신이 소중히 여기는 것이 무엇인지 그리고 자신이 어떤 힘을 갖고 있지 않은지 알게 된다. 대화에 헌신하게 되면서 이러한 자율성을 발휘하고 있는 두 사람의 접촉으로부터 둘 사이에 무언가가 나타날 수 있다(치료자 책임에 관한 C 부분을 주의해서 읽기 바람.).

C. 치료자가 자신의 작업을 온전히 하지 않음 치료자는 환자와 암묵적 계약을 맺고 있으며, 치료자가 이러한 계약을 위반하게 되면 그것은 일종의 착취가 된다. 치료자가

그의 일을 온전히 하지 않는 것은 환자를 착취하는 것이다.

좋은 심리치료는 [치료자가] 기법적인 능력을 갖추고, 관계를 잘 맺을 것을 요구한다. 무엇이 좋은 관계 맺기이고, 어떤 기술적 개입들이 필요한지는 치료 체계들과 스타일에 따라 다르다. 나는 치료 학파와 상관없이 심리치료자들이 관계를 맺고 기법적인 양식을 다루는 것 모두에 대한 자신의 능력에 책임을 지지 않을 때마다 환자는 착취된다고 믿는다. 타인이 없다면 진정성이나 사용 중인 기술들 혹은 기법들의 창조, 그 어느 것도 소용이 없다(Buber, 1967, 165; Yontef, 1969).

게슈탈트 치료에서 치료자의 임무에는 적어도 대화를 위한 환경을 조성하기, 포함을 행하기, 그의 현전을 보여주기, 대화에 헌신하기, 착취적이지 않기, 관계를 살아내기, 실험적이고 현상학적이며 경험적인 안내자가 되기 그리고 환자의 성격에 대한 정확하고 전체적인 임상적 소망을 얻기 등이 포함된다.

비록 상호성과 수평적 태도가 게슈탈트 치료 시각의 한 부분이기는 하지만, 이때 상호성은 완전한 것이 아니다. 예를 들어, 치료자의 작업은 그 혼자만의 것이다. 환자가 치료자의 각 과제에 동등한 책임이 있다고 할지라도, 이것이 치료자가 환자의 행동과 상관없이 자신의 작업을 할 필요성을 감소시키지는 않는다.

모리스 프리드먼(Maurice Friedman)은 접촉, 신뢰 및 포함의 상호성에 대해서 언급했다(강의 및 개인적인 대화, 1979년 2월 25일). 심리치료에서 포함의 상호성은 완전한 것이 아니다(Buber, 1965a, 1965b, 1967, 1970; Jacobs, 1978, p 114ff; Simkin, 1976, p. 79).[7] [치료적] 계약은 환자에게 초점을 맞추는 것이다. 게다가 환자는 일반적으로는 치료자보다는 대화와 알아차림을 할 수 있는 능력이 적은 상태에서 치료에 오게 된다. 예를 들어, 환자는 흔히 치료가 시작되는 시점에는 치료자를 정확하게 볼 수 없다(Buber, 1965a, 1970). 만일 치료자가 환자를 정확하게 볼 수 있다면, 환자는 주어진 상황에 반응할 수 있는 더 많은 능력을 갖게 된다. 즉, 반응-능력(response-ability)을 갖게 된다. 더욱이 치료자가 환자를 보는 것처럼 환자도 치료자를 정확하고 철저하게 보려고 노력한다면, 이것은 환자로 하여금 자신이 만성적으로 지니고 있는 전이적 왜곡이나 다른 맹점

7) 역자 주_ 치료자와 환자가 서로 똑같은 비중으로 포함을 해야 하는 것이 아니라는 뜻임. 즉, 아무래도 치료자가 환자보다 더 많은 포함을 실천할 수밖에 없다는 의미임.

들을 작업하기 어렵게 만들 것이다.

게슈탈트 치료자는 참 만남, 혹은 환자가 치료자의 행동을 관찰하는 것 혹은 [환자가 그렇게 하기를 원한다면] 치료자의 생활과 감정에 대해 얘기하는 것 등에 대해 개방적이다. 그러나 우리의 [치료적] 계약은 치료자가 환자의 알아차림을 증가시키기 위해 특정 기간 동안 치료자의 모든 자원을 사용하는 것이다. 치료자가 그런 작업으로부터 환자만큼 성장할 수도 있지만, 계약은 환자에게 초점을 맞추는 것이다. 비록 심리치료 동안 상황 때문에 치료자의 어떤 측면들이 전경으로 떠올라야만 하는 경우들이 있기는 하지만, 치료자로서의 그 사람과 실제 그 사람 간의 '분리(split)'는 게슈탈트 치료에서는 요구되지 않는다. [그러한] 분리는 환자나 치료자의 무력증이나 신경증에 의해서 유지될 수 있다.

따라서 게슈탈트 치료자들은 치료적 태도에서는 수평적일지라도, [작업의] 초점은 환자와 치료자에게 완전히 [균등하다는 의미에서] 상호적이지는 않다. 환자의 사생활은 다음과 같은 질문에 의해서 침범을 당한다. "당신은 지금 무엇을 경험하고 있습니까?" 초점은 환자에게 맞추어지는데, 그 이유는 환자가 그렇게 하는 것을 원하거나 혹은 그것을 필요로 한다고 가정하기 때문이다. 그러나 환자가 어떤 순간에는 자신이 초점이 되는 것을 원치 않는다고, 즉 자신이 보여지는 것을 원하지 않는다고 혹은 치료자에게 초점이 가길 원한다고 말할 권리가 존중되며, 심지어는 그렇게 말하는 것이 더 바람직하게 간주된다. 이것은 저항으로 간주되지는 않는다. (치료자 역시 사람이며, 사적인 것이 보장되기를 바라는 욕구가 있을지 모른다. 좋은 게슈탈트 치료에서 이것은 직접적이고 개방적으로 다뤄져야만 하며, 환자의 요구를 '저항'이나 금기에 대한 위반이나 또는 방법론적 원리를 어긴 것으로 취급해서는 안 된다.[8])

한 사람의 전문가로서 치료자는 환자를 만날 때 환자에게 다가가서 손을 내밀고, 그에 대해서 알아보고, 도와줄 마음의 준비를 할 책임이 있다. 치료자는 만남 이전과 만남 동안에 스스로를 지지하는 방법을 통해서 이렇게 할 수 있도록 준비한다. 환자는 보통 치료자에게 다가가 손을 내밀고, 그를 알아보고, 도와주기 위해 [치료자와 같은

8) 역자 주_ 만약 환자의 사적인 질문에 치료자가 대답하고 싶지 않으면, 그런 질문을 하는 환자를 공격하기보다는 솔직하게 직접적으로 자신의 이야기를 하고 싶지 않다고 말하는 것이 더 낫다는 의미임.

방식으로] 자신을 준비하지는 않는다. 치료가 성공적으로 진행되면서 상호성은 좀 더 완성된다.

부적절한 [치료적] 진척의 책임이 부분적으로라도 치료자의 미숙함에 그 원인이 있을 때, 치료자가 환자에게 책임(비난)을 지우는 것도 착취적이다.

> 이러한 경우(내가 만족스러운 통합을 거의 또는 전혀 이룰 수 없는 경우), 나는 그들에게 변화와 방향의 재설정에 대한 필요성을 설득력 있게 보여줄 능력이 부족하거나 혹은 나 스스로 결정적인 저항을 알아차릴 수 있을 만큼 충분히 통합되어 있지 못할 수 있다(F. Perls, 1948, p. 578).

> 내가 알아차리는 한도 내에서 나는 나의 환자가 나아지길 원한다. 만일 그들이 나아지지 않는다면, 나는 이 지속적인 [치료적] 관계 안에서 내가 알아차리지 못한 것이 무엇인지 혹은 환자들로 하여금 알아차리도록 만드는 데 [내가] 실패한 것이 무엇인지를 찾아내야만 한다(L. Perls, 1970, p. 126).

만일 환자가 치료자를 정확하게 볼 수 있다면, 치료가 끝났음에 틀림이 없다는 것은 진실일까? 부버는 그렇다고 생각했다(Buber, 1967, p. 173). 게슈탈트 치료에서 우리가 발견한 것은 당신이 정신분석적 경향에서 현상학적인 경향으로 옮겨갈 때, 그리고 치료의 전이적 토대에서 대화적 토대로 옮겨갈 때 환자가 나-너로 관계할 수 있게 되기 때문에 흔히 치료 효과가 증대된다는 사실이다. 환자가 치료에서 덜 혼란되고, 좀 더 많이 기여할 수 있게 됨에 따라 더 많은 성장이 일어난다.

게슈탈트 치료에서 우리는 도구를 가르친다. 즉, 대화적이고 현상학적 작업이다. 이것은 치료자를 정확하게 보는 것을 넘어서서 다른 영역에도 적용될 수 있다. 예컨대, 자기를 정확하게 보는 것, 알아차림을 증가시키는 것, 생활양식을 선택하는 것, 새롭게 발생하는 장애들을 알아차리는 것 등과 같은 영역에 적용될 수 있다. 부버가 치료에 관하여 말할 당시에는 정신분석의 영향하에 있었는데, 정신분석에서는 일단 아동기의 내용과 전이가 다루어지고 나면, 이론상으로는 더 이상 다룰 것이 없다. 정신분석은 성장이나 성숙에 대한 모델이라기보다는 의학적 모델 혹은 병리적 모델이라고 할 수 있다.

치료에 대한 부버의 태도는 두 가지 면에서 위험성이 있다. 그의 입장은 치료자의 시각은 정확하고, 환자의 시각은 그렇지 않다고 가정하는 경향이 있다(Buber, 1970). 이는 어떤 경우에만 사실이다. 이것은 또한 나-너 관계를 당위, 즉 치료 목표로 만들 수 있는 위험을 갖는다. 게슈탈트 치료에서 우리의 목표는 알아차림이다. [이는] 그것(It)에 대한 알아차림, 너에 대한 알아차림, 어떻게 우리가 이 두 가지 방식을 행하고 또 두 가지 방식으로 관계를 맺을 수 있는지에 대한 알아차림, 그리고 따라서 [이 둘 사이에서 하나를] 선택할 수 있는 능력에 대한 알아차림을 포함한다. 알아차림은 선택하는 것을 가능하게 하며, 또한 나-너로 관계하는 것을 가능하게 한다. 이러한 지식을 갖고서 우리는 좀 더 깊은 알아차림 작업을 계속해 나갈 수 있다.

어떤 이들은 만일 치료자가 인위적으로 수직적인 자세(외양)를 취하지 않고 진정성을 갖고서 접촉을 한다면, 그는 치료를 하건 하지 않건 간에 똑같을 것이라고 주장한다. 그리고 만일 그렇지 않다면, 그는 '위선자(phony)'일 거라고 말한다. 사실 그가 치료자로서 겉모습을 취하지 않는다면, 그의 성격 구조는 적나라하게 드러나 보일 것이며, '치료자 같은' 그리고 '치료자 같지 않은' [그의] 특성은 치료실 안이나 밖에서 투명하게 드러나 보일 것이다. 그러나 사람들은 다른 맥락에서는 진정으로 다르다. 어느 한 개인은 연인으로서, 혹은 선생님으로서, 혹은 치료자로서, 혹은 아버지로서, 혹은 피고자로서 다르다. 치료는 친구 관계와 동일하지는 않다. 아리스토텔레스적 사고에 따르면 특성들은 맥락과 관계없이 한 사람에게 붙어 있다고 볼 수 있다. 게슈탈트 치료가 기초하고 있는 장 이론에 따르면 특성들은 그 사람이 속하는 장과 그 개인 사이의 함수다. 한 사람이 치료자 역할을 할 때, 그의 돌보는 모습과 훈련받은 측면은 다른 맥락들에서는 항상 그렇지 않을 수 있는 방식으로 두드러지게 나타난다. 치료자는 치료 작업에 대한 명백한 계약이 없다면, 공격적이고 침해적일 수도 있는 방식으로 다른 사람들의 성장 작업에 책임을 진다. 환자의 자기 탐색과 노출은 치료 관계의 한계 설정이 없다면 안전하지 않을 것이다. 치료는 한계 내에서 도전을 제공한다.

책략들(gimmicks)을 사용하는 것은 착취적(진정성이 부족한 것)인가? 혹은 아마도: 그것들을 사용하지 않는 것이 착취적인가? 나는 치료자가 치료 작업을 위해서 자신의 전체 자기와 자원들을 사용할 필요가 있다고 믿는다. 기법적인 조작이 작업에 도움이 되는데도, 이를 사용하지 않는 것이나 혹은 필요한 개인적 만남을 회피하기 위해서 '책략'을 사용하는 것은 마찬가지로 착취적이다.

D. 적절한 맥락적 한계에 주의하지 못하는 것 게슈탈트 치료자가 환자와 온전하게 전문적인 치료적 관계를 맺는 데 있어 다른 한계들이 존재한다. 치료자에 의해 행해지는 치료적 관계에 파괴적인 행동들은 이 논문에 쓰인 어떤 것에 의해서도 용납되지 않는다. 치료자는 나-너를 유도하는 분위기를 유지하는 데 책임이 있으며, 대화와 알아차림 작업의 기법적인 요구들에 전문가가 되어야 한다. 어떤 행동들은 알아차림 작업이나 대화에 부합되지 않기 때문에, 혹은 관련된 개인들의 (모든 진정한 관계의 한 부분인) 민감성 때문에, 혹은 한쪽이 갖는 대화에 대한 한계 때문에, 혹은 우리가 살고 있는 사회의 도덕적 또는 법적인 한계들 때문에, 온전한 관계로부터 배제된다.

예를 들어, 수치심에 고통 받는 환자들은 놀림을 받는 것, 농담 또는 크게 웃는 것 등에 직면했을 때 알아차림 작업을 진행할 수 없다(이런 것들은 그들에게 모욕을 주는 것으로, 그들이 얼마나 서툴고 부적절한지를 보여주는 것으로 경험된다.). 유머는 관계 맺기에서 중요한 부분이지만, 유머를 사용하는 치료자는 유머가 환자로 하여금 좀 더 깊은 수치감을 느끼도록 몰아갈 경우에는 그것을 사용하지 않아야 될 책임이 있다. 그런 상황에서 대화와 알아차림 작업은 치료자의 자유와 창조성이 착취적이 되지 않도록 하기 위해서 치료자 쪽에서 분별력을 발휘해서 행해야 한다.

전문가와 암묵적으로 맺은 계약 중 일부분은 어떤 외적 제약들이 지켜질 것이라는 것이다. 이것을 지키지 않는 것은 착취가 된다. 이들 중에는 다음과 같은 것들이 있다: 어떤 수준의 유능성을 갖출 것, 특정한 지식을 갖고 있을 것, 환자의 복지에 헌신할 것 그리고 윤리적인 규약들을 준수하고 어떤 정해진 동의된 한계들을 준수할 것.

심리학자들의 윤리적 규범들 중 원칙 5는 다음과 같이 규정하고 있다.

> 5. 소비자의 복지
>
> 심리학자들은 내담자들의 신뢰와 의존성을 이용하지 않기 위해 계속해서 자신의 욕구를 인식하고, 내담자를 대할 때 [자신이] 본질적으로 힘 있는 위치에 있음을 인지하고 있어야 한다. 심리학자들은 내담자들과의 이중 관계를 피하기 위해, 그리고/혹

> 은 그들의 전문적인 판단을 손상시키거나 내담자를 이용할 위험을 증가시키는 관계를 피하기 위해서 모든 노력을 기울여야 한다. 그런 이중 관계의 예로는 피고용인, 피감독자, 가까운 친구들이나 친척들을 치료하는 것이 있다. 내담자와의 성적인 친밀성을 갖는 것도 비윤리적이다(심리학자의 윤리 기준, 1977 개정, 미국심리학회).

사업 관계는 환자와 치료자의 치료적 태도에 방해가 되며, 전반적인 세상사를 온전히 다루어야 할 때 관계를 복잡하게 만든다. 치료는 삶을 위한 준비이지 삶을 대체하는 것은 아니다. 치료자가 또한 제3자일 때, 어떻게 환자가 치료자와의 그런 관계에 대해 작업을 할 수 있을까?

치료자와 환자 간의 성적인 관계는 적어도 이중 관계다. 이것은 대부분의 전문가 집단들의 윤리 강령에 어긋나는 것이며, 캘리포니아에서는 법에도 저촉된다. 만일 치료자가 진짜로 환자와 성관계를 맺고 있다면, 그는 치료자로서의 시각을 잃게 되고 연인으로서의 시각을 취하게 된다. 환자들은 치료자가 치료자 조합의 규칙들을 지킬 것이고, 그렇지 않은 경우에는 치료를 시작할 때 환자에게 알려줄 것이라고 가정할 권리가 있다. 게다가, 환자는 그 전문가가 계속해서 그렇게 할 것이고(특히 유혹에 직면했을 때에) 그렇지 않을 경우 치료자의 역할을 중단할 것이라고 가정할 권리도 있다. 환자가 치료자에게 전이하는 권위와 카리스마의 견지에서, 그리고 남자와 여자 사이의 성적 착취라는 사회적 맥락 안에서 치료자가 환자와 비착취적인 성관계를 가질 수 있다는 것은 의심스러우며, 하물며 착취적인 성관계를 가지면서도 환자에 의해서 비착취적으로 받아들여질 가능성은 거의 없다. 환자가 치료자를 착취적으로 지각하는 것은 그의 시각이 옳건 틀리건 간에 치료를 시행하는 데에 필수적인 신뢰에 방해가 된다.

다른 한편으로, 만일 치료자가 '환자에게 유익하므로' 성적인 관계를 맺는다고 말한다면, 그는 진정성을 잃은 것이며, 따라서 게슈탈트 치료가 기반으로 하는 대화적 태도에 반하게 된다. 나의 개인적인 견해로는 치료 중인 환자와 성적인 관계를 맺게 되면 치료자로서의 소임을 감당할 수 없게 된다. 역설적인 것은 치료 상황 밖에서 치료자와 환자가 서로 관계를 갖는 것이 어떤 면에서는 관계를 좀 더 온전하고, 현실적이며, 상호적인 것으로 만들 수도 있겠지만, 다른 한편으로는 사업 관계, 성관계 등으로 [부적절한 관계가] 무성하게 자라나는 것을 잘라낸 경우보다 나-너 친밀성과 알아차림 작업의 깊이가 훨씬 못하게 된다는 것이다. 바깥 경계는 경계 안에서 관계가 좀 더 깊어지도록 촉진할 수 있다. 식물의 온전한 성장은 때때로 가지치기나 잘라내기를 필요로 한다.

5. 관계를 살아내기

접촉하기는 삶에 대해서 말하는 것이라기보다는 살아내는 것이다. 이것은 분석하는 것보다는 실행하는 것이고, 체험하는 것이다. 이것은 환자와 함께 현재에 경험을 하고 있는 것이다. 치유는 대화 속에서 살아가는 중에 일어난다. 게슈탈트 치료자들은 함께하는 만남으로부터 온전한 생동감이 나타나도록 한다.

접촉하기는 즉각적으로 그리고 생동감 있게-지금-관련을 맺는 것이다. 관계는 이야기를 들려주는 것이 아니라 살아내는 것이다. 춤, 행동, 공연에 대해서 칠판 수업을 하는 것이 아니라 춤추고, 행동하고, 공연하는 것이다. 게슈탈트 치료자들은 개념이 아니라 경험에 그들 자신을 집중한다. 그들은 과거를 분석하기보다는 현재에 산다. 그들은 과거의 미해결된 면을 다양한 기법을 통하여 현재로 가져와서 우리로 하여금 그것에 대해서 단순히 이야기하기보다는 탐색하고, 맛보고, 행동하고, 눈으로 볼 수 있게 해준다.

게슈탈트 치료는 치료자의 자기 개방과 특정한 행동에 반대하는 규칙들이 없다. 전이 신경증에 의한 치료 맥락에서는 [치료자가] 환자에게 자발적으로 스스로를 개방하는 것, 춤을 추거나, 기쁨이나 분노를 폭발하거나 혹은 부드러움을 보여 주는 것 등은 행동화이며, 퇴행이고, 자기애적인 탐닉이며, 분석적 탐색에 방해가 되는 것으로 간주된다. 게슈탈트 치료 맥락에서는 이것들은 나-너 관계에서의 알아차림을 증진시키는 친밀성을 이루는 불가결한 한 부분이 될 수 있다. 서로 다른 탐색 유형들은 치료자로 하여금 다른 태도나 다른 지침을 따르게 한다.

히스테리적인 행동이나 퇴행, 행동화, 정신병적 '보상작용의 상실(decompensation)' 등을 게슈탈트 치료적 관계가 깊어지면서 나오는 깊고 생생하며 의미 있는 표현과 구별하는 것은 중요하다. 어떤 비평가들은 거만하게 게슈탈트 치료자들이 이러한 차이들을 인식하지 못하고 있다고 가정하거나, 아마도 좀 더 정확하게는 히스테리나 나르시시즘이 게슈탈트 치료에 나타나면 게슈탈트 치료자들은 이를 유발하거나, 격려하거나 또는 그 둘 간의 차이를 알지 못할 것이라고 믿는다. 나는 또한 개인 게슈탈트 치료자에 의해 유발된 나르시시즘을 전체 게슈탈트 치료 탓으로 돌리는 것을 보기도 했다. 그런 [잘못된] 행동은 어떤 형태의 심리치료에서도 나타난다.

나의 수련생 치료자 중 한 사람에게 치료가 더 이상 진척을 보이지 않는 환자가 한 명 있었다. 그 환자가 경험하는 이미지들은 익사하는 것이었다. 그때의 감정은 억압되지 않고 느껴졌다. 환자는 평소와는 달리 스스로를 자제할 수 없었기 때문에 '미칠 것' 같았으며, 어찌할 바를 몰랐다. 이 수련생의 정신분석가 슈퍼바이저는 이 사례에서 환자의 표현은 억압과 부자연스러움으로부터 삶이 만개하는 쪽으로 가는 과도기를 나타내는 것이라는 것을 알지 못하고, 환자의 표현을 '보상작용의 상실'로 보았다.

게슈탈트 치료 관계는 인간 조건의 대부분의 측면들을 포함하는 온전한 것이다: 이러한 인간 조건에는 감정, 사고, 자발성, 프로그램 실험, 기술, 창조성, 싸우기, 사랑하기, 좌절스런 지루함 등이 포함된다. [이것들 중의] 어떤 생략도 환자나 치료자에게 맹점이 되며, 그렇게 되면 관계를 축소한다. 만일 우리가 환자가 알아차리지 못하는 대인이나 개인내적 행동 혹은 의도적인 행동에 조율되지(attuned) 못한다면, 우리는 관계를 축소한다. 우리는 원래 망막의 암점(scotoma)이 있었던 곳에 알아차림을 가져다주려고 작업한다.

요 약

게슈탈트 치료는 대화와 현상학을 단일화된 임상적 방법론으로 결합시키는 심리치료 체계이다. [게슈탈트 치료의] 방법론을 이해하기 위해서는 위에서 논의한 다음의 개념들을 이해해야 한다. 현상학, 알아차림, 접촉, 실존적 관계, 유기체적 대 당위적인 조절 그리고 변화 매개자가 없는 치료. 게슈탈트 치료에서 대화적 관계의 다섯 가지 본질적인 특성도 논의되었다. 더 많은 정교화가 요구되며, 특히 실제 치료에서 발생하는 일반적인 오류에 대해 좀 더 깊이 있는 연구가 필요하다.

CHAPTER 08

게슈탈트 치료:

게슈탈트 심리학으로부터의 유산

주 해

이 글은 국제 심리학자 학술회의 의회(International Council of Psychologists Conference)에서 게슈탈트 이론 학회(Society for Gestalt Theory)가 후원한 한 심포지엄에서 1981년 8월에 발표된 것이다. 그 당시 이 글은 '게슈탈트 치료: 과거, 현재 그리고 미래'라는 제목과 '게슈탈트 치료: 게슈탈트 심리학의 진정한 계승자?'라는 부제가 붙어 있었다. 이 글은 독일어로 된 요약과 함께, 1982년에 독일어 저널인 『Gestalt Theory』에 영어로 실렸다. 이 글은 또한 세르보-크로아티아어로도 출판되었다.

게슈탈트 치료는 고전적 정신분석의 수정판으로 출발했다(Perls, 1947, 1948; Polster, 1975b). 게슈탈트 치료는 곧 다양한 분야의 지혜를 하나의 임상적 방법론으로 통합하기 위한 전체적이고 자율적인 체계가 되었다(Perls, Hefferline, & Goodman, 1951). 정신분석에서 온 임상 발달적 및 기질적인 관심들 그리고 중요한 관점들이 그 당시의(특히 치료 방법으로서의) 정신분석과는 매우 다른 한 체계 내에서 활용되었다. 게슈탈트 치료 체계를 세우는 데 있어 게슈탈트 개념은 필수적인 것이었다.

그러나 게슈탈트 치료 체계가 게슈탈트 심리학과 상당한 관련이 있는지 그렇지 않은지에 관하여 의문이 제기되어 왔다. 심지어 어떤 사람들은 게슈탈트 치료가 게슈탈트 심리학과 핵심적인 면들에서 모순이 된다고 본다(Henle, 1978; Sherrill, 1947). 게슈탈트 치료의 기본적인 방법론은 역사적으로는 아닐지라도, 철학적으로 게슈탈트 심리학으로부터 직접 계승된 것이라는 것이 본 저자의 입장이다. 에머슨(Emerson)과 스미스(Smith)는 "게슈탈트 심리학에 대한 적절한 배경 지식 없이는 누구도 게슈탈트 치료를 이해할 수 없다."(1974, p. 8)고 믿었다. 우리는 그렇게 유래된 기본적 원리들과 게슈탈트 방법을 임상적으로 적용하는 데 있어 게슈탈트 치료가 사용하는 실존 철학에 대해서 논의할 것이다.

게슈탈트 심리학자들과 게슈탈트 치료 사이의 관계를 멀어지게 하고 게슈탈트 치료를 일반적으로 잘못 이해하게 만드는 데 공헌한 요인들이 있다. 그 하나는 게슈탈트 치료를 마치 게슈탈트 치료가 '퍼얼스파'인 것처럼 프리츠 퍼얼스와 잘못 동일시하는 것이다. 퍼얼스의 스타일은 종종 학자답지 못하고 성급한 것이었다. 게슈탈트 심리학에 대한 그의 지식과 이해는 제한된 것이었다. 그의 대중적이고 판에 박힌 듯한 문구 수준의 진술들은 관심을 끌어 왔고, 많은 사람들에 의해서 게슈탈트 치료를 대표하는 것으로 치부되어 왔다. 이 스타일은 고전적 게슈탈트 심리학자들의 주의 깊은 과학적 접근 방법을 포함하여 모든 건전한 학문과 대조되는 것이다. 더욱이, 주의 깊게 정의 내리지 않고 적절한 전반적인 게슈탈트 치료적 관점 없이 받아들여지면, 이 진술들 중 어떤 것들은 게슈탈트 심리학과 불일치해 보일 뿐만 아니라 내부적으로도 모순이 된다.

모든 게슈탈트 치료가 퍼얼스파는 아니다(Dolliver, 1981; Dubin, 1976). 게슈탈트 치료는 프리츠 퍼얼스에 의해서뿐만 아니라, (게슈탈트 심리학에 정통했던) 로라 퍼얼스, 이사도어 프롬, 폴 와이츠, 폴 굿먼 그리고 그 외 다른 사람들(L. Perls, 1976, 1978; Rosenfeld, 1978)에 의해서도 확립된 것이다. 이후에도 많은 사람들, 예컨대 어빙 폴스터와 미리엄 폴스터(1977), 제임스 심킨(1976), 조셉 징커(Josef Zinker, 1977)와 같은 사람들이 중대한 영향을 끼쳤다. 지나친 대중적 관심이 여전히 프리츠 퍼얼스에게 주어지고 있다. 더욱이, 문제가 되는 것은 이론적으로 좀 더 만족스러운 그의 그리고 다른 사람들의 좀 더 학자적인 노력들은 무시되고(예를 들면, Perls, Hefferline, & Goodman, 1951), 오히려 관심을 받아온 것은 퍼얼스의 대중적인 글들이라는 것이다.

다른 요소는 게슈탈트 치료에 관한 고급 교재들의 부족과 명확하고 뚜렷이 구별화된 게슈탈트 치료 모델의 결여에 있다. 만일 게슈탈트 치료자들이 게슈탈트 치료가 무엇인지 명확히 하지 않는다면, 게슈탈트 치료와 다른 시스템을 비교하려고 하는 사람들은 그 작업을 제대로 해내기 힘들 것이다. 현재 게슈탈트 치료에 관한 모델을 만드는 것에 대한 관심이 증가하고 있고, 게슈탈트 치료의 미래는 대부분 이러한 노력의 성공여부에 달려 있다(Yontef, 1981a, 1981c).

이 글은 게슈탈트 심리학으로부터 온 게슈탈트 치료 원리들에 내한 개요를 제공하고 게슈탈트 심리학과 이들 원리들의 관계를 보여 주기 위한 것이다. 이 글은 단지 개요이기 때문에 상세한 설명은 최소한으로 유지될 것이다.

편협하고 단편적인 방식으로 게슈탈트 치료와 게슈탈트 심리학을 비교하는 것은 대단히 부적절한 일이 될 것이다. 둘 사이의 유사하거나 다를 수 있는 세부 사항들은 전체적인 구조보다는 덜 중요하다. 이것이 게슈탈트적인 방식이다. 공통적인 단어들을 사용한다거나(예를 들면, 전경/배경) 또는 장의 특수한 측면들 중(예를 들면, 유기체적 변수들) 어느 것을 강조하느냐에 따른 차이가 둘 사이의 근본적인 관련성이나 비관련성을 보여주는 것은 아니다.

비록 우리가 베를린 학파(Koffka, Köhler, Wertheimer)에 속하는 게슈탈트 심리학자들의 관점들을 정통이라고 보고, 게슈탈트라는 용어를 부여받을 자격이 있는지를 판단하기 위해서 그 관점들을 사용할 수도 있겠지만, 그렇게 하는 것보다는 베를린 학파의 게슈탈트 심리학자들이 그들의 맥락 속에서 하고 있는 것과 게슈탈트 치료자들이 그들의 맥락 속에서 하고 있는 것을 서로 비교하는 것이 더욱 유용할 것이다. 게슈탈트 치료와 게슈탈트 심리학과의 근본적인 관련성에 대한 통찰을 얻기 위해서는 이러한 관점에서 보는 것이 더욱 쉬울 것이다.

이 두 게슈탈트 운동들이 공유하고 있는 게슈탈트적 접근 방법은 현상학적 장 이론의 한 형태다. 이것의 핵심에는 탐색이 있다(Wertheimer, 1983, p. 3). 이 시점에서 우리는 이 방법의 두 가지 측면에 주목함으로써 우리가 나중에 하게 될 논의를 미리 엿볼 수 있을 것이다. ① 이것은 의심하지 않는 즉각적이고, 소박한(naive) 경험을 신뢰하는 것을 토대로 한다. 이는 객관적이거나 주관적인 혹은 내부적으로 보고된 것들이나 외부적으로 관찰된 것들 등 모든 경험 자료들을 포함하는 것을 의미한다. ② 이것은 연구되어지는 모든 상황들의 본질적인 전체 구조를 형성하는 기능적 상호 관계들에 대한 통찰을 추구한다(Köhler, 1969).

이 방법은 게슈탈트 심리학이 대안을 제공했던 주요 연구 방법들과 크게 대조를 이룬다(이것들에 대한 개관을 위해서는 Heidbreder, 1933, 그리고 Wertheimer, 1945 등을 참조할 것). 분트(Wudnt)와 티치너(Titchner)의 내관주의는 즉각적인 ('소박한') 지각을 믿지 않았다. 오히려 그들은 그것이 착오에 의한 것이라고 믿었다. 사람들은 '진실'을 알기 위해서 훈련을 받아야만 했다. 사람들은 오직 질이나 속성들만을 지각한 후(예를 들면, 선, 색상, 형태), 이것들을 추론하고, 명명하고, 의미 있는 대상들로 형성하는 법을 배워야만 한다는 것이다. 우리는 의자나 테이블 같은 대상들을 보는 것이 아니라, 이것들을 [어떻게 봐야 하는지] 학습할 필요가 있다는 것이다. 내관주의 연구에 참가한 피험자들은 '순수한' 지각의 질과 속성들을 보고하도록 교육받았다. 이처럼 내관주의자들은 즉각적인 지각을 믿지 않았을 뿐만 아니라, 원자론적인 관점을 가지고 있었다. 예를 들면, 정신(mind)은 전체가 아니라, 그 내용물들의 합인 것이다.

행동주의자들 역시 그들의 자극-반응 이론에서 원자론적이다. 그리고 그들 또한 피험자들이 경험했다고 말하는 것을 불신하거나 배제했다. 경험의 주관적인 자료들은 특별히 그리고 명백히 배제되었다(예: Köhler, 1947, p. 34).[1]

임상적인 상황에서 게슈탈트 치료는 유사한 상황에 직면했다. 당시의 정신분석학자들은 (1940년대) 환자를 전체적으로 이해하려고 고군분투했지만, 환자들의 의식적 경험을 불신하는 이론을 가지고 있었으며,[2] 실체들을 찾는 데 있어 대체적으로 이분법적이고, 원자론적이며, 아리스토텔레스적이었다. 그리고 인간은 자신이 통제할 수 없는 힘들에 의해 동기가 유발되는 것으로 보았다(Stewart, 1974). 행동주의자들이 처음 치료를

1) 저자 주_ 몇몇 행동주의자들이 S-O-R의 'O'에 초점을 맞추고 있기 때문에 현재 상황은 조금 다르다.
2) 저자 주_ 이는 현재 하인츠 코헛의 영향하에 있는 일부 정신분석자들의 경우에는 상황이 조금 다르다.

시작했을 때, 그들은 여전히 원자론적이었으며 경험을 우습게 여겼다. 두 접근 방법 모두 환자의 즉각적인 경험의 힘을 탐색의 도구로 활용하지 않았으며, 두 접근 방법 모두 모든 종류의 자료들을 포함시키지 않았다(Yontef, 1969, 1976).

게슈탈트 치료는 게슈탈트 심리학과 같은 목적을 가지고 있었지만 맥락은 달랐다. 베르트하이머는 다른 맥락에서 같은 일을 하기 위해 당신은 그것을 다르게 해야만 한다고 말했다(Wertheimer, 1945). 철학이나 방법의 차이 때문이 아니라 맥락의 차이 때문에, 게슈탈트 치료는 게슈탈트 심리학과 여러 가지 측면에서 달랐다. 같은 전경이 배경(맥락)의 차이로 인해 다른 의미들을 갖는다. 기초 연구를 수행하는 이론 심리학자에게 요구되는 것과 임상적 맥락에서 일하는 심리치료자들에게 요구되는 것은 서로 다르다. 예를 들면, 기초 연구에서는 무엇을 살펴볼 것인지를 결정하는 주체가 연구자들이다. 하지만, 심리치료에서는 환자들 스스로가 자료들과 자기 자신 및 자신의 현상들을 제공한다.

게슈탈트 심리학과 게슈탈트 치료는 둘 다 연구되는 상황, 과정 또는 사건에 본질적인 구조를 제공하는 힘들에 관한 통찰을 추구한다. 둘 다 경험된 대로의 그리고 현 상황에 의미 있게 스며들어 있는 대로의 모든 종류의 자료들을 포함한다.

이 글의 나머지 부분에서 우리는 게슈탈트 심리학과 게슈탈트 치료의 게슈탈트 방법인 현상학적 장 이론에 대해 대략적으로 살펴본 후, 이 방법이 실존 심리치료의 게슈탈트 치료적 양태에서 어떻게 적용되는지에 대해 살펴볼 것이다.

현상학적 장 이론

1. 지각하는 자의 즉각적인 경험

> 다른 모든 과학들과 다를 바 없이, 심리학에도 하나의 단일한 출발점이 있는 것 같아 보인다. 즉, 우리가 소박하게 그리고 무비판적으로 [있는 그대로] 보는 대로의 세계가 그것이다(Köhler, 1947, p. 7).

장[이론]적 접근에서 연구되는 것은 나타나는 현상들 뒤에 있다고 가정되거나 추론되는 힘들로서의 실체라기보다는, 경험에 주어진 현상들이다. 장 이론적 연구방법은 기술적(descriptive)이다. 즉, 이 방법은 무엇이 그리고 어떻게(구조와 기능)를 기술한다. 이것은, '왜'와 같은 종류의 인과 관계에 집중하는 아리스토텔레스적 접근 방식과 같은 분석적 또는 분류적 접근 방식과는 다른 것이다(Lewin, 1935).

게슈탈트적 장 접근 방식은 현상학적이다(Yontef, 1969, 1976). 이것은 그 순간에 그 사람에 의해서 경험된 대로의 '장'을 연구한다. 현상학은 그 순간에 즉각적으로 그리고 소박하게 경험된 것만을 자료로 받아들인다(Idhe, 1977; Köhler, 1947; L. Perls, 1976).

장 이론적 접근에서는 모든 현상들이 법칙적으로 나타나는 것으로 생각되며, 또한 적절한 연구 대상으로 간주된다. 어떠한 현상들도 우연으로, 심지어는 독특하다거나 또는 반복되지 않는 사건들로 분류되지 않는다(Köhler, 1947, 1969; Lewin, 1935).

현상학적 관점에서 보면, 모든 사건들이 연구되거나 또는 경험될 수 있다. '경험된 대로'라는 말은 단지 또는 대부분 '주관적인 것' 또는 '감정'만을 의미하는 것은 아니다. 이것은 감정들 및 다른 '주관적' 경험들만큼이나 '객관적' 경험 또는 외부 수용성(exteroception)도 포함한다. 행동을 체계적으로 관찰하는 것은 감정들을 명료화하는 것만큼이나 현상학에서는 본질적인 것이다.[3] 현상학적 치료자는 단지 환자의 경험 전체를 관찰하고, 믿고 그리고 촉진시키는 것뿐만이 아니라, 환자의 경험 중 어떤 측면이 억제되었거나 또는 무시되었는지에도 특별한 관심을 기울인다. [그렇게 함으로써] 현재 중요하면서도 환자의 현재 알아차림을 벗어나 있는 것들이 자각되게 된다.

현상학적 탐색은 경험을 기반으로 하기 때문에, 가정되어진, 단정된, 학습된 또는 추론된 요소들과 경험되어진 것을 반드시 차별화할 필요가 있다. 베르트하이머는 이것을 "학습에 의해 타락하지 않은" (Wertheimer, 1945, p. 211) 경험이라고 말한다. 후설(Husserl)은 이것을 '제쳐두기(bracketing)'라고 말한다(Idhe, 1977). 편견들—형이상학적 편견들, 무엇이 자료를 구성하는가에 대한 편견들, 개인적 가치들—은 오염되지 않고 그 상황에서 '주어진' 것을 주체가 경험할 수 있도록 하기 위해 현상학적 탐구를 하는 동안 제쳐두거나 또는 '괄호 안에' 묶여지게 된다.

3) 저자 주_ 게슈탈트 치료에서 관찰 가능한 행동을 강조하는 것은 '행동주의적'인 것이라기보다는 게슈탈트 치료 현상학의 본질적인 한 측면이다.

가장 대중적으로 잘 알려져 있으면서도 가장 이해받지 못하는 게슈탈트 치료의 한 측면이 '지금'에 대한 강조다. 현상학적 장 이론은 지각자의 경험을 시간과 공간 [지금-여기] 속에 위치시킨다. 즉, 지금-여기에서 일어나는 것으로 본다. 이것이 의미하는 바는, 비록 알아차림의 대상이 그때 또는 거기에 있을 수 있을지라도, 알아차림의 과정은 항상 지금 그리고 여기에서 일어난다는 것을 의미한다. 아인슈타인에 따르면, 현대 물리학의 장 이론에서는 '멀리서부터의 작용(action at a distance)'은 존재하지 않는다—효과를 갖는 것은 동시간적으로 그리고 구체적으로 현존한다(Einstein, 1950, 1961; Koffka, 1935; Lewin, 1935). 예를 들면, 어머니에게서 버림받은 느낌을 경험하고 있는 환자가 이 경험을 치료자의 사무실에서 이야기한다. 기억과 느낌은 치료 시간 동안 지금-여기에서 발생한다. 그러나 경험의 대상은 과거에 발생한 것이다. 게슈탈트 치료에서 현재를 강조하는 것은 게슈탈트 심리학의 직접적인 영향이다(Wallen, 1970).

무엇이 즉각적이고 적절한지는 관찰자에 따라 상대적이며, 절대적이지 않다. 아인슈타인의 운동에 관한 연구에서 장 이론에 따르면, 정지해 있는 것으로 간주되는 것은 기준체(reference body)에 따라 상대적이다. 현상학적 장 이론에서는 어떤 장이 연구될지는 몇몇 관찰자들의 경험에 의해서 정의내려진다. 연구 주제를 결정하는 데 있어 몇몇 개인들이(과학자, 실험 대상, 치료자 또는 환자) 주제를 정의하고, 탐색은 그 장에서 경험된 것을 근거로 하여 진행된다.[4)]

요약 게슈탈트적 접근은 무언가를 가정하거나 또는 설명하기보다는 묘사를 한다는 점에서 장 현상학적 접근 방식이다. 장의 기본적 구조에 대한 통찰을 얻기 위해 즉각적인 알아차림이 사용된다. 편견들, 예컨대 내관주의의 편견들과 같은 것들은 제쳐두게 된다. 게슈탈트 치료는 알아차림이 유일한 목표라는 점에서 장 이론과 그 목표가 서로 일치한다(Simkin, 1974, Yontef, 1969, 1981b). 예를 들면, 환자의 문제 행동과 그와 관련된 강화 패턴들은 게슈탈트 치료자의 현상학적 탐구의 적절한 주제가 될 수 있다.

---

4) **저자 주_** 장은 어떤 유기체/환경 장에 있는 참여자의(예를 들면, 대화 참가자들 중 한 명) 경험의 장일 수 있다. 이것은 자신이 연구되는 상호작용의 밖에 있다고 생각하는 제3 관찰자의 경험에 의해 정의된 장일 수도 있다. 이 외부 관찰자 역시 연구되는 상호작용—'외부' 관찰자 그리고 관찰자와 관찰대상 사이의 상호작용—을 포함하는 유기체/환경 장의 한 부분이다.

하나의 실험으로써, 하나의 통찰을 얻기 위한 수단으로써(즉, 알아차림: 정의를 위해서는 Yontef, 1976과 아래 내용을 참조할 것) 그 행동의 수정을 제안하거나 또는 강화 스케줄을 제안하는 것은 현상학적 태도와 상당히 일치하는 것이다. 통찰과 상관없이 최종 목표로서 그 행동을 재조건화하려고 시도하는 것은 현상학적 접근 방식이 아니다.[5)]

예: 환자는 자신이 완벽하지 않으면 사랑받을 수 없다고 생각한다. 이 생각에 대한 탐색이 그의 치료 작업을 위해서는 필수적이다. 의심할 여지없이 그가 게슈탈트 치료자이건 아니건 간에, 치료자는 환자의 이러한 믿음을 지지하지 않는다. 게슈탈트 현상학적 접근은 이 주제에 대한 탐구는 하겠지만, 이 생각이 불합리하다는 이유로 환자를 위해 선택을 해주는 것은 자제한다. 그리고 마찬가지로 환자를 재조건화하는 것도 자제한다. 이 탐색에는 관련된 역사적 경험들에 대한 탐구를 포함하여 아래와 같은 다양한 기법들이 활용될 수 있다. 예를 들면, 완벽하지 않다는 이유로 그를 거부하거나 또는 거부해 온 사람과 대화 나누기; 상반되는 자료를 제시하기(환자의 불완전함에 대한 관찰 및 그에 대한 치료자의 반응 표현); 사랑하지만 그러나 불완전한 다른 사람에 대한 환자의 감정에 대한 탐색; 그의 '완전한 자기'를 묘사하기; 그를 무조건적으로 사랑하는 '좋은 부모'를 상상하기; '불합리한' 생각을 확인해 주는 또는 반대하는 진술하기, 그리고 이에 대한 신체 감정적 반응들을 관찰하기.

2가. 본질적 구조

> 게슈탈트 심리학의 기본적 전제는 인간 본성은 패턴이나 전체로 조직화되며, 그것은 개인에 의해 이러한 틀로 경험되고, 그리고 그것은 오직 패턴이나 자신이 그것의 구성 성분인 전체의 기능으로서만 이해될 수 있다는 것이다(Perls, 1973, pp. 3-4).

경험은 조각난 것이라기보다는 구조화된 것이라는 것이 매우 기본적이며 핵심적인 게슈탈트적 믿음이다(Wertheimer, 1938, 1945). 이것은 현상학적 탐구의 결과물이며 실

5) 저자 주_ 이러한 접근을 통해 행동의 변화가 일어날 수도 있고, 알아차림을 얻을 수도 있을 것이다. 그러나 이것은 방법에 있어서 현상학적이 아니다. 이것은 '블랙박스' 행동주의적 이론의 한 예가 될 것이다.

험, 제쳐두기 그리고 경험을 신뢰하기 등에 대한 믿음을 지원해준다. 이것은 우주가 질서정연하고, 결정되어 있다는 일반적 장 개념과 일치하는 것이다(Einstein, 1950, 1961).

우리는 구분된(segregated) 전체들로 지각한다. 우리는 사물들이 두드러져 보이는 방식으로 지각하거나 (전경), 또는 배경과 구분되는, 그리고 내적인 부분들로 세분되는 방식으로 대상들을 지각한다. 우리는 티치너와 몇몇 초기 행동주의자들이 믿었듯이 고립된 자극만을 보는 것이 아니다. 우리는 윌리엄 제임스(William James)가 생각했듯이 세계를 하나의 거대한 전체로서— '하나의 거대한, 개화하는, 윙윙거리는 혼동'— 보는 것 또한 아니다.

전체의 어떤 속성들은 [아무것도 없는 상태에서] 나타나는 것이지, 어떤 한 부분에도 내재하지는(inherent) 않는다(Emerson & Smith, 1974). 전체는 자신의 고유한 특성들을 가지며, 그것을 이루고 있는 부분들의 단순한 합이거나 또는 모음('그리고—누적하는')이 아니다(Wertheimer, 1938b). 따라서 전체는 부분들의 합 이상이다. 그러나 거기에서 그치는 것이 아니라, 전체는 그것의 부분들을 결정짓는 하나의 장이다(Köhler, 1969).

전체의 행동이 그들의 개별적 요소들에 의해 도출되지 않고, 부분 과정들 자체가 전체의 내재적(intrinsic) 본성에 의해서 결정되는 [그러한] 전체들이 존재한다(Wertheimer, 1938, p. 2).

게다가, 의미는 지각의 게슈탈트를 포함하여 게슈탈트의 본질적인 한 부분이다. 이것은 부가된 것이 아니다. 이러한 게슈탈트의 견해는 생기론(生氣論)의 이상주의자적 의미를 가진 유물론의 기계적 결정론과 시각을 함께한다(Koffka, 1935; Köhler, 1947). 각각의 사건은 질서와 의미 모두를 가지고 있으며, 그리고 그러한 것으로서 지각된다.

서로 간에 그리고 전체에 대해서 기능적으로 상호 관련된 복합적인 힘들이 장을 구성한다(Lewin의 관련됨의 법칙, Lewin, 1935). 이러한 힘들이 단순히 기계적이 아닌, 장에 있어서 역동적이고 본질적인 구조를 제공한다(Koffka, 1935; Köhler, 1947, 1969). 어떤 내적 통일성이 존재한다(Wertheimer, 1938). 부분들 간에 '구체적인 상호 의존'이 존재할 때만이 전체는 부분들의 '순수한 누적' 합이라기보다는 의미 있는 하나의 전체가 되는 것이다(Wetheimer, 1938b).

장 이론적 견지의 다른 하나의 측면은 장은 텅 빈 공간으로 둘러싸인 고립된 부분들 또는 입자들로 구성된 것이 아니며, 다른 입자들에 의해 멀리서 영향을 받지 않는다는 것이다.

> 단순한 기하학적 무로서의 텅 빈 공간은 물리학에서 사라졌다. 장력과 응력의 한정적으로 분배된 체계에 의해 대체되면서…(Koffka, 1935, p. 42; Einstein, 1950, 1961도 참조할 것).

에너지는 전체 장의 한 측면이다. 입자들은 연속적인 에너지로 이루어진 장의 한 부분이기 때문에 그러한 장의 어떤 부분에서의 변화는 장의 나머지 부분에 영향을 미치게 된다. 모든 변화는 장 전체에 '파문을 일으킨다.' 질서는 콘크리트 수로가 물을 이끌어 가듯이 기계적으로 부과된 것이 아니다. 질서는 장을 이루는 힘들의 역동 속에 있다.

이러한 접근 방식의 효용을 보여주는 한 예는 '두드러짐(Prägnanz)'의 원리를 문제 해결에 적용하는 것이다. 두드러짐의 원리는 장은 최대한 질서정연한 방식으로 그 자신을 형성한다고 주장한다. 전체적인 조건이 허락하는 한, 순수하고 명확하게, 통제되고 효율적으로, 안정성과 힘을 가지고 그렇게 한다. 문제가 있는 상황은 또한 그것의 해결책을 가지고 있다(Wertheimer, 1945). 따라서 심리치료에서 현상학적 초점화와 대화를 통한 묘사는 그 상황에 내재한 해결책을 가져다준다.

전체의 구조에 대한 이러한 개념은 게슈탈트 치료 목표를 이해하는 하나의 중요한 실마리가 된다. 게슈탈트적 탐구는 장의 구조적인 양상들에 대한 이해를 추구한다. 이때 목표는 구조적인 명료함이라고 할 수 있는 통찰이다(Köhler, 1947; Wertheimer, 1945). 후설의 현상학에서도 유사한 점을 강조하고 있다(Idhe, 1977).

본 저자는 앞서 알아차림을 정의하면서 그것을 게슈탈트 치료의 목표로서 논의했다(Yontef, 1976). 이제 나는 심리치료에서 추구하는 알아차림이 게슈탈트 심리학에 의해 정의된 통찰을 목표로 한다는 점을 덧붙이고자 한다.

통찰이란 중요한 관계들이 명확해지도록 지각 장을 양식화하는 것이다. 이것은 해당 요소들이 전체와 관련하여 제자리를 찾게 되는 하나의 게슈탈트를 형성하는 것이다(Köhler, Heidbreder, 1933, p. 355에서 재인용).

2나. 장의 구조와 '유기체적' 요인들

어떤 학자들은 마치 게슈탈트 치료가 중요한 요소들을 내적인, 즉 '유기체적'인 것이라고 보는 반면, 게슈탈트 심리학은 장의 구조를 외부 요소들의 기능에 의한 것이라고 보는 것처럼 게슈탈트 심리학과 게슈탈트 치료의 관계를 논해왔다(Sherrill, 1974).

[하지만, 사실은] 두 게슈탈트 학파 모두가 외적 그리고 내적 힘들을 포함한 전체 상황들을 염두에 두고 있다(Köhler, 1938; Perls et al., 1951). 전체는 이분법적이거나, 또는 미분화되었다기보다는 양극을 가지고 있다. 게슈탈트 치료 용어에서 우리는 유기체/환경 장을 연구한다. 전체로서의 장은 다수의 결정하는 힘들을 가지고 있다. 어느 것이 강조되는지는 연구되는 실제 상황에 달려 있다. 무엇이 전경화되는지는 해결해야 할 과제에 달려 있다.

상황은 개별적인 그리고 외부적인(다른 사람들, 사회, 생명이 없는 힘들) 요소들을 포함한다. 기본적 지각 과정을 연구할 때, 예컨대 대상들을 대상들로서 인식하는 것과 같은 경우, 그 상황은 대체적으로 하나의 전체로서의 지각자와 '외부에' 존재하는 것들 사이의 직접적 연결에 의해 결정된다. 이 수준에서 지각은 주로 유기체적 요소들에 의해서 학습되거나 또는 결정된 것이 아니다. 테이블은 유기체적 관심, 감정 등과 관계없이 쉽게 지각된다. 그러나 만일 우리가 동기 수준이 올라가 있는 사람들을 대상으로, 예컨대 배가 고픈 사람들을 대상으로 모호한 자극에 대한 연구를 한다면, 지각은 그들의 동기 상태에 의해 영향을 받을 것이다. 이것은 전체 상황의 함수에 의해 정해진다. 실험적으로 만일 우리가 과제의 방해나 미해결 게슈탈트를 연구한다면, 우리는 그 피험자의 자아가 주어진 과제에 얼마나 관여되어 있는가와 같은 '유기체적' 요소들에 따라 결과가 달라지는 것을 보게 될 것이다.

심리치료에서 우리는 기초 연구를 위한 이상적인 상황보다는 복잡한 상황들을 지속적으로 다루게 된다. 비슷한 정도로 복잡한 특정 상황의 조직화와 다른 상황들의 조직화가 달라지는 것은 어떤 자극들이 다른 자극들보다 더 많은 유기체적 에너지를 요구하며, 각 개인이 자신의 지각을 구조화하기 때문이다. 각 상황은 유기체적 그리고 외부적 변수들에 의해서 조절된다. 이 문제에 있어서 게슈탈트 심리학과 게슈탈트 치료는 유일하게 그들이 작동하는 맥락에 있어서만 서로 차이가 있다. 예를 들면, 게슈탈트 심리학자인 쾰러(Köhler)는 게슈탈트 치료자가 하는 것과 마찬가지로 그 자신의 알아차림 과정의 구조를 논한다.[6)]

일반적으로 치료자들은, 특히 게슈탈트 치료자들은 환자들로 하여금 자신의 감정에 대한 민감성이 높아지도록 작업을 한다는 것이 보편적으로 잘 알려져 있다. 그러나 게슈탈트 치료 이론이 그와 마찬가지로 외부적 상황에 대한 환자의 민감성을 높이는 것을 강조한다는 사실은 잘 알려져 있지 않다. 세상에 대한 알아차림이 없는 자기 알아차림은 단지 유기체/환경 장의 일부만을 다룰 뿐이다.

베르트하이머(1945)는 직장에서 문제가 있는 한 여자에 대한 이야기를 했다. 처음에 그는 그녀가 너무 자신에 몰입한 탓에 자신의 감정들만을 집중적으로 다루고, 전체 상황을 묘사하지 않기 때문에, 그 상황을 이해하지 못했다. 어떤 사람들은 게슈탈트 치료가 단지 이 여자의 신경증을 반복하게 될 것이라고 잘못 생각한다. 자기-몰입은 통찰을 생산하지 않는다.

다른 한편으로는 환자가 외부적인 상황은 적절하게 묘사하지만 자신의 감정, 소망, 욕구 또는 생각은 잘 모르는 임상적 상황들이 존재한다. 게슈탈트 치료가 공헌한 것 중 하나는 게슈탈트 심리학의 통찰을 신체적, 정서적 그리고 동기적 과정들의 알아차림에 적용한 것이다(Wallen, 1970). 게슈탈트적 탐색은 구조적인 명료성(통찰)을 추구하며, 실제 부족한 부분으로 하여금 어떤 변수들에 집중할 것인지를 결정하게 한다.

6) 저자 주_ "…전체적 전개는 세계에 대한 소박한 그림으로 시작되어야만 한다. 이러한 시작이 요구되는 것은 과학이 발생할 수 있는 어떤 다른 기초도 존재하지 않기 때문이다. 다른 많은 사람들을 대표할 수도 있는 나의 경우, 이 순간 그 소박한 그림은 어두운 숲이 둘러싸고 있는 푸른 호수, 내가 앉기로 선택한 단단하고 차갑고, 커다란 회색 바위와 내가 글을 쓰고 있는 종이, 나무를 거의 움직이지 않는 희미한 바람소리, 그리고 배와 낚시의 특징적인 강한 냄새로 이루어져 있다. 그러나 이 세상에는 그 이상이 존재한다. 어찌해서인지 나는 지금 내 눈 앞에, 비록 그것이 현재 내가 바라보고 있는 푸른 호수와 융해되지는 않지만, 몇 년 전 물가에 서서 바라보았던 일리노이 주의 좀 더 옅은 푸른빛이 도는 다른 한 호수를 바라보고 있다. 나는 내가 혼자 있을 때, 떠오르는 이런 종류의 수천 가지의 광경들을 바라보는 데 완전히 익숙해져 있다. 그리고 이 세상에는 훨씬 더 많은 것들이 존재한다. 예를 들면, 종이를 가볍게 가로지르는 나의 손과 손가락들과 같은 것들이다. 지금, 글 쓰기를 멈추고 다시 주위를 둘러볼 때, 나는 또한 건강과 활력을 느낀다. 그러나 그 다음 순간에 나는 쫓기는 느낌으로 변하는 경향이 있는 어두운 압력과 같은 어떤 것을 나의 내부 어딘가에서 느낀다. 나는 이 원고를 몇 달 내로 끝내겠다고 약속했던 것이다" (Köhler, 1947, p. 7).

3. 체계적 실험

현상학적 장 접근 방식은 연구되는 현상의 구조에 맞는 언어적 기술(description)을 찾기 위해 체계적 실험을 활용한다. 이데(Idhe)는 이것을 '변이적 방법(variational method)'이라고 부른다(Idhe, 1977). 현상학적 접근은 연구 또는 치료를 위한 주된 도구로써 해석보다는 실험을 사용한다. 실험은 우리가 자신에게 무엇이 맞는지 또는 참된 것인지를 느낄 수 있도록 해준다(Simkin, 1974).

본 저자는 모든 게슈탈트 치료 기술들이 실험을 위한 하나의 수단이라고 믿는다. 이것은 행동 수정 프로그램에서의 실험과는 대조된다. 이러한 생각에 따른다면, 예컨대 치료에서 말해진 어떤 것을 다시 반복하거나 또는 크게 말하도록 누군가에게 요청하는 것은 정화를 목적으로 하는 것이 아니라 (비록 정화가 일어날 수는 있지만), 알아차림의 증가를 돕기 위한 것이다. 예를 들면, 반복과 외침을 통해 환자는 자신이 무엇을 느끼는지, 얼마나 강렬히 느끼는지, 그리고 어떻게 자기가 자신의 감정을 억제하는지를 발견할 수도 있다. 이 특정한 개입은 알아차림 수준을 높이는 것을 목적으로 하는 전반적인 현상학적 탐색의 단지 한 부분일 뿐이다.

체계적인 탐색은 경험되는 모든 현상을 연구하기 위해서 사용될 수 있다. 장은 관찰자에 의해 정의되는 연구의 한 단위다. 게슈탈트 치료에서 장은 임상적 관련성에 의해 선택된다. [그리고] 그렇게 적용된 게슈탈트 방법의 유용성은 게슈탈트 치료자의 임상적 통찰력에 의해서만 제한된다.

현상학적 장 방법은 관찰자가 장의 한 부분이라는 사실에 특히 주목한다. 이것은 세 가지 측면을 담고 있다.

① 우리가 어떻게 보는(see)가 하는 것은 부분적으로 우리가 어떻게 바라보는(look)가에 의해 결정된다.[7] 게슈탈트 학자들이 주장하듯이 '소박하게' 바라보는 것은 내성(內省)하는 것과는 아주 다른 경험을 낳는다. 편견 없이, 즉 제쳐두기를 통해

7) 역자 주_ 우리가 대상을 지각함에 있어 그것을 어떤 것이라고 결론을 내리는 것은 우리의 보는 태도와 무관하지 않다는 뜻임. 즉, 어떻게 보느냐에 따라 대상을 달리 지각할 수 있다.

바라보기 위해서는 훈련이 필요하다.

② 관찰자는 연구 대상에 영향을 미친다. 현대 물리학에서 과학자들은 측정하는 행위 또는 관찰하는 행위가 연구되는 물리적 사건을 변화시킨다는 사실을 발견했다. 관찰되는 환자 또는 피험자는 관찰되는 행위에 의해 어떻게든지 영향을 받는다. 그 사람은 관찰된 후에는 관찰되기 이전과 똑같을 수가 없다. 게슈탈트 치료에서 이것은 환자와 치료자 사이의 대화를 통해서 다루어진다. 인간 피험자는 관찰당하는 효과에 대한 그의 경험을 보고할 수 있다.

③ 모든 것을 볼 수 있는 사람은 없다. 어떤 현상의 특정 측면을 묘사하기 위해서 어떤 시각이 사용되었는지에 대해서만 밝힐 수 있을 뿐이다.

4. 알아차림 과정에 대한 알아차림

게슈탈트적 접근은 알아차림 또는 통찰을 얻는 과정을 이해하는 것을 특히 강조한다(Perls et al., 1951, 1973; Wertheimer, 1945).

통찰력 있는 알아차림은 항상 하나의 새로운 게슈탈트이며, 그 자체로서 치료적이다(Perls et al., 1951; Yontef, 1976). 새로운 게슈탈트의 형성은 그 안에서 '중요한 관계들이 명백해지고', 그리고 '관련된 요소들이 전체에 대하여 제자리를 찾아가는' [게슈탈트 훈련 없이] 자연적으로 발생하는 하나의 과정이다. 그렇지 않을 때, 즉 습관적 행동과 의식적이지 않은 노력들이 통찰을 가져오지 못하면, 게슈탈트 훈련[8]에서 현상학적 탐색을 사용하여 통찰/알아차림 과정에 대한 이해를 시도할 수 있다.

이러한 통찰력 있는 새로운 게슈탈트를 형성할 수 있는 능력이 성공적인 유기체적 자기 조절을 위해 필수적이다. 구조가 보이지 않는(structure-blind) 상태가 아니라, 구조가 명확한(structure-clear) 상태로 알아차리는 것이 가장 중요하다. 이것이 의미하는 바는 우리의 의식적 주의를 가장 많이 필요로 하는 과제 또는 쟁점과 관련하여 우리 자신과 상황을 알아차려야 한다는 것이다(Yontef, 1969, 1976).

이상적으로는 알아차림 과정은 좋은 게슈탈트의 성격을 가지고 있다. [이때] 전경은

8) 역자 주_ 여기서 게슈탈트 훈련이라 함은 게슈탈트 치료란 말과 동의어로 사용하고 있다.

날카로우며, 배경과 명백한 관련성을 갖고서 지각된다. 전경은 우선적인 욕구 또는 상황적 특징을 반영하면서, 상황에 적합한 방식으로 바뀐다. 전경은 고정되거나, 또는 경직되어 있지 않으며, 또한 지나치게 빨리 바뀌지도 않는다.

피험자 또는 환자가 현상학적으로 더욱 섬세해질수록, 직접적인 알아차림에서(예를 들면, 어떤 사회적 문제에 대한 강조) 좀 더 반영적인 알아차림, 즉 직접적인 알아차림에 대한 알아차림으로 강조점이 이동하게 된다(Idhe, 1977). '반영적 알아차림(reflexive awareness)'은 한 개인의 전반적 알아차림 과정에 대한 알아차림으로 발전된다. 게슈탈트 치료에서 이러한 정교한 현상학적 태도는 성격 구조 및 알아차림의 회피 패턴에 대한 통찰로 이어진다.[9)]

게슈탈트 방법의 실존적 적용에 대해 논의하면서 우리는 어떻게 게슈탈트 치료에 있어서의 이러한 현상학적 강조가 알아차림 과정으로부터 [지각하는 사람으로서의] 한 사람의 실존에 대한 좀 더 포괄적인 집중으로 옮겨가는지를 보게 될 것이다.[10)]

질 높은 게슈탈트 치료에서 작업의 한 조각 또는 한 부분은 알아차림 과정 자체에 대한 알아차림, 환자의 성격 구조, 환자의 존재와 본성에 대한 포괄적인 그림, 환자-치료자 관계의 강도와 발달 등 직접적인 알아차림은 아주 조금밖에 포함하고 있지 않은 더 큰 배경 상황과 관련될 때 [비로소 그 의미가] 드러나는 하나의 조그만 전경에 불과하다. [그러한] 단편적인 작업은 [전체] 구조를 잘 보지 못하는 경향이 있으며, 따라서 통찰을 잘 생산해내지 못한다. 다시 한 번 말하지만, 치료자의 통찰력이 필수적이다.

5. 의도성

현상학적 접근은 의도성을 기반으로 하고 있다. 알아차림은 항상 무언가에 대한 알아차림이다. 지각하는 자와 지각되는 것 사이에는 상호 관계('의도적 상호 관계')가 있

9) **저자 주_** 이데는 이러한 현상학적 태도를 일상적 알아차림에 '통합하는(incorporate)' 것을 '현상학적 상승(phenomenological ascent)'이라고 말한다(Idhe, 1977, p. 128). 이러한 현상학적 태도를 통합해낸 사람은 좀 더 명료하게 지각하며, 모든 상황에서 다양한 측면에 열려 있고, 또한 그것들을 발견하기를 기대한다. 또한 자신이 어떤 상황의 구조에 대해 명확할 때, 그리고 그렇지 않을 때, 그것에 대해서 민감하게 알아차린다. 현상학적 상승을 하게 되면, 우리는 어떤 상황에 대한 경험을 하나의 좁은 시각에 제한하지 않게 된다.

10) **역자 주_** 치료가 진행되면서 차츰 현상학적 탐색의 초점은 과정으로부터 [지각하는] 개인으로 옮겨간다는 의미임.

다. 주체와 객체의 분리는 지각(perceiving)과 피지각(perceived)이라는 통일된 양극으로 통합된다. 우리가 우리 자신의 욕구로부터 대부분 지각을 형성해낸다는 생각은 의도성과는 반대되는 것이다. 반면에, 지각하는 사람이 없다면 인간적으로 경험되는 외부적 세계도 존재하지 않을 것이다. [또한] 세계가 없다면, 나는 알 수 없을 것이며, 나 없이는 인간적으로 이해되는 [상상되는] 세계란 존재하지 않을 것이다.

게슈탈트 방법의 실존적 적용

특정한 발달적 그리고 성격적 주제들에 대해서 게슈탈트 치료가 민감하게 반응하는 것은 정신분석학의 영향을 받아서다. 현상학적 장 방법은 게슈탈트 치료가 대부분 게슈탈트 심리학으로부터 가져온 것이다. 게슈탈트 치료에서 게슈탈트적 방법을 적용하는 데 있어 철학적 방향을 제시하는 것은 실존주의다. 이러한 현상학적 실존주의적 접근은 게슈탈트 치료에 관계 이론을 제공하고, 알아차림 작업에 방향을 제시한다.

실존적 게슈탈트 치료는 실존주의적 심리치료다(Edwards, 1977; Van Dusen, 1968, 1975a, 1975b, 1975c). 대부분의 실존적 접근 방식들과 마찬가지로 이것은 현상학적 방법을 기반으로 하고 있다. 게슈탈트 치료는 하이데거와 사르트르 그리고 다른 이들이 후설 현상학을 실존주의적 방향으로 전환한 것과 거의 같은 이유로 게슈탈트 방법을 실존적 방향으로 전환했다(Idhe, 1977).

게슈탈트 심리학은 후설 현상학과 같이 대체적으로 내용 심리학이다. 게슈탈트 치료는 게슈탈트 방법을 행위(act)와 내용(content)을 모두 지향하는 심리학 체계로 변형시킨다. 행위 심리학에서는 지각하고 경험하는 사람 쪽으로 관심이 이동한다. [여기서] 관심은 그 사람이 실존적인 방식으로 자신을 의도적 상호 관계에 개방하는 구조에, 즉 그 사람에게 그리고 그가 어떻게 세상을 만나는가에 대해 쏠린다.

게슈탈트 치료에서 강조점이 본질에서 존재로, 특히 개별적인 사람들의 존재로 이동한다는 점에서 게슈탈트 치료는 게슈탈트 심리학과 다르다. 게슈탈트 치료에서 가장 중요한 현실은 존재—사람들이 살아가는 그대로의 모습—다. 게슈탈트 심리학은 사람들을 고유하고 전체적인 것으로 본다. 따라서 환원주의적 태도로 사람들을 연구하는 것은 특히 부적절하다고 본다. 그러나 사람으로서의 사람 그리고 그 사람의 경험 전체보다는 지각 또는 인식과 같은 것을 강조해왔다. 사람으로서의 사람, 그리고 그 존재에 대한 연구에 현상학적 방법론을 적용함으로써 [게슈탈트 치료는] 다른 사람들과 **인격체로서** 대화함으로써만이 인간은 **진정으로** 자신을 정의내릴 수 있다는 사실을 발견해냈다. 사람들은 서로 간에 끊임없는 관계 속에서만 존재한다.

실존적 태도를 이해하기 위한 또 하나의 중요한 열쇠는 **진정으로** 자신을 정의하는 것이다. 현상학적-실존주의적 탐색을 통하여 사람들은 입 밖으로 표현되지 않은 믿음의 맥락 내에서 산다는 것을 밝혀냈다. 틀에 박힌 생각들로 이루어진 이러한 학습된 습관은 우리의 시야를 흐리게 만드는 혼탁물처럼 작용함으로써 우리는 있는 그대로의 세상과 있는 그대로의 자기에 대한 즉각적인 경험을 하지 못하게 된다(Idhe, 1977). 명확하고 정확한 즉각적 경험을 근거로 한 자기에 대한 정의는 우리가 책임져야 할 것이 무엇인지 그리고 우리가 어떤 선택을 하고 있는 것인지를 알게 해준다. 이것이 진정성(authenticity)이라고 일컬어지는 것이다. 침전물을 근거로 자기에 대한 지각을 혼탁하게 하는 것은 자기기만이다(Sartre, 1966).

게슈탈트 치료는 책임과 진정성을 기반으로 하여 선택할 수 있게끔 침전물을 제쳐두고 알아차림을 날카롭게 하도록 환자를 좀 더 지원하기 위해 탐색이라는 게슈탈트 현상학적 장 방법을 활용한다. 온전한 알아차림과 자기기만은 반대되는 개념이다(Yontef, 1976). 지각에 대한 게슈탈트적 시각은 개인적 책임을 명확히 인식하는 데 부가적인 지원을 제공한다. 배경은 많은 가능한 전경들을 담고 있기 때문에, [그것들 중에 중요한 것을 전경으로 골라] 자신을 위해서 복잡한 경험의 장을 구성하는 것은 바로 개인[의 책임]이다. 예를 들면, 미해결 상황이 관심을 달라고 시끄럽게 요구하며 장의 다른 측면들과 관심을 받고자 경쟁할 때, 개인은 무엇이 전경이 될 것인가를 조절한다. "오직 나만이 나의 감정을 느낄 수 있고, 나의 생각을 할 수 있고, 나의 감각을 감지할 수 있고 그리고 나의 행위들을 행위할 수 있다. 오직 나만이 나를 살 수 있다." (Emerson & Smith, 1974, p. 9)

대화적 관계

대화는 현상학적-실존적 심리치료 관계에 가장 적절한 접촉의 특정한 형태다. 접촉은 게슈탈트 치료 문헌에서 심도 깊게 다루어진다(F. Perls, 1947, 1973; L. Perls, 1976, 1978; Polster & Polster, 1973). 여기서는 단지 접촉이 다른 한 사람의 승인(acknowledgement)을 수반한다는 것만 언급하고자 한다. 대화, 즉 나-너 형태로서의 접촉은 위에서 논의한 것처럼 진정성을 기반으로 한 접촉의 한 형태다. 대인관계에서 접촉이 의미하는 바는 다른 사람을 나와 마찬가지로 진정성을 갖고 행동할 수 있는 능력을 갖고 있으며 목적을 위한 수단으로서가 아니라 목적 그 자체로서 대우받을 만한 가치가 있는 사람으로 대하는 것을 의미한다. 이렇게 하면 보통은 자신이 의미하는 바를 말하고, 자신이 말하는 바를 의미하게 된다.

모든 심리치료적 관계들은 보살핌을 기반으로 한다. 정신분석적 관계의 기저에 놓여 있는 따뜻함과 수용은 절제의 규칙으로 특징지어지는 관계 매체를 통해 표현된다. 게슈탈트 치료에서 보살핌, 따뜻함 그리고 수용은 대화적 관계를 통해 드러난다(Jacobs, 1978; L. Perls, 1976, 1978; Rosenfield, 1978; Simkin, 1974; Yontef, 1969, 1976, 1981a, 1981b, 1981c). 다섯 개의 특성들이 이러한 대화적 관계를 특징짓는다(Yontef, 1981b).

포함(Inclusion) 이것은 자신의 분리된 자율적인 존재를 동시적으로 유지하면서 판단하거나, 분석하거나 또는 해석하지 않고, 다른 사람의 경험 속으로 가능한 한 온전히 자신을 투입하는 것이다. 이것은 현상학의 핵심인 즉각적인 경험에 대한 믿음을 실존적으로 그리고 대인적으로 적용한 것이다. 코헛이 공감을 강조하기 위해서 정신분석을 수정한 것은 정신분석을 이러한 방향으로 돌려놓는다. 실제 치료에서 포함은 환자의 현상학적 작업을 위해 안전한 환경을 제공한다. 그리고 환자의 경험에 대해 이해한 것을 나눔으로써, 환자의 자기 알아차림을 예리하게 만드는 것을 돕는다.

현전(Presence) 치료자는 자신을 표현하는 것을 절제하기보다는 치료자로서의 자신을 표현한다. 그는 규칙적으로, 현명하게 그리고 분별력을 가지고 그가 관찰한 것들, 그가 선호하는 것들, 감정들, 개인적 경험, 생각 등을 치료적 관계의 일부로서 표현한다. 따라서 치료자는 현상학적 보고를 모델링함으로써 그의 관점을 [환자와] 공유할 수 있다. 그렇게 함으로써 그는 환자가 신뢰에 대해 학습하고, 알아차림을 높이기 위해 즉각적인 경험을 사용하는 법을 배울 수 있도록 돕는다. 만일 치료자가 개인적인 현전보다 이론에서 도출된 해석에 주로 의존한다면, 그는 환자로 하여금 현상을 즉각적인 경험 안에서 알아차림을 높이기 위한 도구로 사용하도록 이끌어주지 못할 것이다.

대화에 헌신하기(Commitment to Dialogue) 접촉 과정은 관련된 사람들의 합 이상이며, 포함과 현전의 합조차도 넘어서는 하나의 전체다. 대인관계적 과정에 충실하고, 그리고 궁극적으로 그것에 '따르는(surrender)' 것은 다른 사람을 접촉하고, 자기를 표현하는 것을 넘어서는 것이다. 이것은 접촉과 그것의 결과를 조절하기보다는 '사이(between)'에서 접촉이 발생하도록 허락하는 것이다. 베르트하이머(1945)는 어떤 상황에 내재한 해결책을 찾기 위해서는 이전에 지니고 있던 믿음이나 태도보다는 그 상황의 진실에 대한 진심 어린 욕망과 헌신이 요구된다고 했다.

착취의 불허(No Exploitation) 모든 형태의 착취는 대화적 관계와 모순되는 것이다(Yontef, 1981b). 착취는 환자의 실제 경험을 본래대로 보호하기보다는 치료자의 목표에 맞추기 위해서 환자의 경험에 영향을 미친다.

살아 있는 대화(Dialogue Is Lived) 대화는 무엇에 대해 이야기하는 것이라기보다 행해지는 어떤 것이다. '살아 있는'이라는 말은 행위의 흥분과 즉시성을 강조하는 것이다. 대화의 형태는 춤, 노래, 말 혹은 참여자들 사이에서 에너지를 표현하고, 이동시키는 모든 양상들이 될 수 있다. 게슈탈트 치료가 현상학적 실험에 기여한 중요한 공헌 중 하나는 비언어적 표현에 의한 경험의 해명(explication)을 포함시켜 그 범위를 확장한 것이다. 예컨대, 사랑에 대해 이야기하기보다는 사랑하는 사람에게 직접적으로 사랑을 표현하는 것이 말로만 하는 것과는 비교할 수 없을 정도로 온전히 사랑을 느끼고, 보여줄 수 있다.

요 약

적절히 설명되었을 때, 게슈탈트 치료의 기본적인 방법은 게슈탈트 심리학의 현상학적 장 이론에서 직접 그 시원을 찾을 수 있다. 이러한 방법의 주요 특성들은 다음과 같다. ① 즉각적인 경험 전체에 대한 믿음, 편견들을 제쳐둔 상태에서의 지금-여기에 대한 믿음; ② 지각의 경험적 장인 구별된(segregated) 전체의 내재적 구조에 대한 통찰의 추구; ③ 연구되는 현상들의 구조에 대한 참된 기술(description)을 얻기 위한 체계적 실험; ④ 알아차림 과정 자체에 대한 통찰의 추구; ⑤ 의도성.

'유기체적' 요인들의 전체 장과의 관계가 논의되었다. 게슈탈트 방법의 실존적 적용이 논의되었다. 이 방법은 강조 대상을 의식의 내용에서 의식의 행위로, 본질에 대한 추구에서 지각자의 실존으로 각각 변화시켰다.

이 글은 사람들을 다른 사람들과 불가분의 관계에 있으며, 또한 불가피하게 즉각적이고, 진정성이 있는 태도와 자기기만, 혼동, 편견에 사로잡혀 있는 태도 사이를 구별하는 현상학적인 실존적 과제에 직면해 있는 존재로 바라보는 실존적 태도의 발달과정을 기술했다.

또한 [이 글에서는] 현상학적-실존 치료에 그리고 포함, 현전, 대화에의 헌신, 비착취 그리고 온전히 살아 있는 대화라는 그것의 특성들에 적합한 심리치료적 관계 유형으로서의 대화적 관계가 논의되었다.

이들 철학적 원리들이 게슈탈트 치료의 주요한 본질인 통합적인 체계를 형성한다. 특정한 치료 기술, 치료 스타일 그리고 일상적인 진부한 표현들은 전혀 중요하지 않기 때문에 게슈탈트 치료의 본질을 손상시키지 않고 제거될 수 있다. 게슈탈트 치료의 아름다운 특징들 중 하나는 게슈탈트 치료가 매우 다양한 스타일들에 적용될 수 있는 체계라는 것이다(Melnick, 1980; L. Perls, 1976, 1978; Polster, 1975a; Simkin, 1974; Yontef, 1976, 1981a, 1981b, 1981c; Zinker, 1977). 이러한 원리들은 모든 양식(개인, 집단, 워크숍, 공동, 가족)에 적용될 수 있다. 그리고 적절한 전문가적 사전 주의와 변형을 통해 모든 임상 집단에 적용될 수 있다. 이것은 개인-지향적인 치료뿐만 아니라 집단 과정에도 적용될 수 있다. 더욱이 이 리스트는 결코 가능성이 소진되지 않는다. 중요한 것은 실존적-현상학적 장 방법의 전반적인 순수성을 지키는 것이다.

CHAPTER 09

진단적, 정신분석적 시각들을 게슈탈트 치료에 동화하기

주 해

이 글은 1987년 4월에 케이프 카드(Cape Cod)에서 열린 『게슈탈트 저널(The Gestalt Journal)』이 주최한 게슈탈트 치료의 이론과 실제에 관한 제9회 연차 회의에서 내가 한 개회사의 원고입니다. 이 글은 1988년 봄, 『게슈탈트 저널(The Gestalt Journal)』에 실렸습니다.

안녕하세요. 나는 게슈탈트 치료의 이론과 실제에 관한 생각들을 교환하는 주요한 회의들 중의 하나로 자리매김하게 된 이 자리에 서게 된 것을 기쁘고 영광스럽게 생각합니다. 이 자리에서 나는 그저 기본 원칙들을 반복하기보다는 게슈탈트 치료에 대한 최근의 나의 관점에 대해 말할 수 있을 것이라 생각합니다.

나는 게슈탈트 치료의 이론과 실제 속에 진단적이고, 정신분석적인 관점들을 동화시키기 위한 방법론에 대해서 말하고 싶습니다. 게슈탈트 치료자들은 정신분석적 관점들을 실제 치료에 적용해왔습니다. 나는 그 방법론과 또한 체계의 통일성을 어떻게 일관성 있게 유지할 수 있는가에 관심이 있습니다. 나의 주제는 다음과 같습니다. '정신분석과 다른 시각들을 게슈탈트 치료의 이론과 실제 속으로 변형시켜 들여오는 원리들, 그리고 이런 과정을 통해서 게슈탈트 치료의 이론과 실제가 어떻게 변형되는가.'

왜 게슈탈트 치료자들이 정신분석에서 빌려 오는가?

우리는 늘 통합적 틀을 유지해 왔습니다. 내가 게슈탈트 치료를 사랑하는 이유 중 하나가 바로 이 점입니다. 우리는 [마차를 만들기 위해] 매번 바퀴를 재창조할 필요는 없습니다. 우리는 전체 장으로부터 우리가 필요한 것을 가져옵니다. 게슈탈트 치료에서는 사람들이 그들이 필요로 하는 것이 무엇인지를 아는 것, 그리고 그런 욕구를 만족시키기 위한 자원들을—가치 있다고 생각되는 것은 하나도 배제하지 않고 어디에서든—발견해서 사용하는 것이 중요하다고 강조합니다. 이처럼 독선으로부터의 자유로움이 게슈탈트 치료의 특징입니다.

효과적인 최신 치료는 몇몇 새로운 정신분석학적인 접근들이 제공하는 성격적 그리고 발달적인 개념들을 필요로 합니다. 그것들은 내담자들을 더 잘 알기 위해 지극히 유용합니다.

지속적인 심리치료는 워크숍이나 치료 시연과는 다른 종류의 지식을 요구합니다. 장기간의 여행을 위해서 우리는 나침반과 지도가 필요합니다. 특히 성격장애자들과의 작업에서는 유기체적 자기 조절에 대한 탐색이나 신뢰만으로는 충분하지 못합니다. 우리는 즉각적 개입의 장기적 효과에 대해 알아야 합니다. 우리는 치료가 효과가 있는지 알 필요가 있습니다. 구조를 세워나가는 올바른 과정들이 언급되고 있습니까? 어떤 특정한 환자의 치료에 소모되고 있는 시간의 길이는 타당한 것일까요? 어떤 특정한 환자에게 무엇이 주된 주제입니까?

대상관계 이론과 자기 심리학은 사람들의 현상학, 발달, 인간관계와 치료의 과정에 대한 귀중한 통찰들을 제공합니다.

나는 특히 심각한 성격장애자들과 작업을 할 때, 우리가 이러한 새로운 통찰을 필요로 한다고 생각합니다. 전통적인 유형의 게슈탈트 치료와 정신분석은 심각한 성격장애를 가진 환자, 특히 자기애적 성격장애와 경계선 성격장애 환자들의 경우에 부정적인 또는 극히 미미한 영향만을 미치는 결과를 낳아왔습니다. 그리고 우리는 이런 환자들을 더욱 많이 보고 있습니다. 우리가 이러한 환자들을 다루기 위해 필요한 것들 중 많은 것들이 게슈탈트 치료 내부에서 개발되지 않았습니다. 그러므로 우리들 중에 많은 사람들이 이러한 환자들에 대한 훌륭한 조망을 갖고 있는 대상관계 치료자들로부터 통찰을 빌려 쓰고 있습니다.

나는 게슈탈트 치료 내부에서 개발되어온 것들이 가지는 이러한 한계점들에 대한 부인은 방어적이고, 퇴보적일 수 있다고 생각합니다. 단순히 펄스, 헤퍼라인 그리고 굿먼의 생각들을 고쳐 말하는 것으로는 그 공백을 채울 수 없습니다. 구두적 전통과 함축적 이론을 언급하는 것 역시 도움이 되지 않습니다. 이제 우리는 우리의 문헌에 대해 스스로 책임을 져야 할 때입니다. 예를 들면, 나는 자기애는 융합의 개념으로 설명될 수 있다는 사실을 언급하는 것을 들어왔습니다. 그러나 나는 자기애적 성격에 대한 철저한 탐색을 게슈탈트 문헌에서 아직까지 그다지 많이 본 적이 없습니다.

나는 게슈탈트 치료가 상당히 개선되었다고 생각합니다. 나는 우리들이 이전의 어느 때보다도 지금 더 나은 치료를 하고 있다고 생각합니다. 성격장애를 다루는 데 있어서는 특히 그렇다고 생각합니다. 나는 우리가 그간 관찰하고, 인정해왔으며, 학습하고, 개선해왔으며, 그래서 지금은 성격병리에 대한 보다 분명한 개념을 가지게 되었다고 생각합니다. 우리는 심각한 성격병리와 신경증, 중증의 정신장애의 차이를 보다 선명한 방식으로 구분해내고, 성격병리들의 서로 다른 유형들 간의 차이도 보다 선명한 방식으로 구분해냅니다.

나는 우리가 부분적으로는 축적된 치료 경험 때문에, 또 부분적으로는 치료 체계들 간의 정보 교환에 힘입어 개선되어 왔다고 생각합니다. 게슈탈트 치료의 상당 부분이 다른 체계들 속으로 섞여 들어갔고, 게슈탈트 치료자들 역시 다른 체계들로부터 많은 것을 빌려왔습니다. 물론 그렇게 하는 것이 게슈탈트 치료에 새로운 것은 아닙니다.

최근에는 많은 게슈탈트 치료자들이 대상관계 이론에서 개념들을 빌려오고 있습니다. 그러나 이러한 것이 문헌에서 충분하게 주목되지 않고 있습니다. 그 사실 하나만으로도 오늘 밤의 나의 주제가 정당화될 것입니다. 우리가 무엇을 빌려왔으며, 그리고 우리가 어떻게 그것을 사용하고 있는가? 왜냐하면, 이러한 개선들이 우리들의 문헌에서는 논의되지 않고 있기 때문에, 많은 사람들이 실제 치료에서의 이러한 변화와 개선들을 단지 게슈탈트 치료와는 다른 어떤 것을 하는 것으로 생각해왔습니다.

우리는 어떻게 이 새로운 지식들을 사용하고 통합하는가 그리고 어떻게 체계의 통일성을 보존하는가를 고려해야 할 필요가 있습니다. 우리는 무엇을 빌려오고, 어떻게 빌려올 것인지를 다룰 필요가 있습니다. 많은 사람들이 이러한 과제를 단편적으로 [제대로 소화시키지 않은 채] 자기 것으로 받아들이는 '게슈탈트 치료 그리고…'를 만들어냄으로써 달성해왔습니다. '게슈탈트 치료 그리고…'의 문제점은 게슈탈트 치료를 독특하고, 효과적으로 만드는 바로 그 원리들을 파괴한다는 것입니다. 예를 들면, 구조를 사물화함으로써 자기 스스로 책임을 지는 개인의 의미를 상실해버리는 것입니다.

나의 정확한 주제: 어떻게 동화할 것인가

오늘밤 강연의 분명한 주제는 어떻게 동화할 것인가에 관한 것입니다. 정신분석적 개념들을 빌려 쓸 때 '게슈탈트 치료 그리고…'가 되지 않도록 하기 위해 염두에 두어야 할 것들입니다.

게슈탈트 치료자로서 우리는 성장이란 곧 동화를 통해서 일어난다는 것을 알고 있습니다. 게슈탈트 치료가 변화하고 성장하는 것은 동화를 통해서입니다. 오늘 강의 주제의 두 번째 부분은 게슈탈트 치료에서 내가 관찰하고 있는 어떤 변화들을 지적하기 위한 것입니다.

비록 성격장애의 치료에 대해서 간접적으로 말하겠지만, 나의 주제는 어떻게 성격장애를 정의하거나 혹은 치료하는가에 대한 것이 아닐 뿐만 아니라, 정신분석의 어떤 원리들을 빌려와야 하는지에 대한 것도 아닙니다. 내가 게슈탈트 치료자들에게 탐색하길 추천하는 명료한 정신분석학적 문헌들도 있지만, 내가 논의하고자 하는 생각들의 대부분은 내가 알고 있는 대로의 게슈탈트 치료를 강조점을 좀 달리하면서 연장하고, 상세히 설명한 것입니다.

게슈탈트 치료 환자들을 더 잘 알기 위해 정신분석을 사용하기

게슈탈트 치료는 우리가 탁월한 치료를 할 수 있도록 도움을 제공해왔습니다. 또한 우리가 다양한 자료들을 통합할 수 있도록 지원해주었습니다. 그러나 우리의 체계는 자족적이지 않습니다.

퍼얼스, 헤퍼라인 그리고 굿먼은 경험된 접촉의 지금-여기의 순간을 치료에서의 해결의 실마리로 훌륭하게 논의하고 설명하였습니다. 그러나 우리는 여기에서 멈추어야 할까요? 이것으로 충분하단 말입니까? 이것이 우리가 게슈탈트 치료에서 환자를 이해할 수 있는 상한선이란 말입니까? 그리고 환자를 진정으로 안다는 것이 무엇을 의미합니까?

우리는 경험되고 있는 접촉의 지금-여기 순간들에 중심을 두지만, 그러나 그것이 우리 지평의 끝은 아닙니다. 우리는 보다 더 큰 게슈탈트들을 알아차릴 필요가 있습니다.

현상학적 경험들은 네 가지 시간-공간 영역을 나타내는 풍요로운 벽걸이 융단과 같은 것입니다. 나는 우리들의 치료가 우리의 네 개의 시간-공간 영역들에 관해서 명백하게 주의를 증가시킴으로써 개선되어 왔다고 생각합니다.

첫째 영역은 물론 게슈탈트 치료자들에게 가장 익숙한 것입니다. 어떤 특정 순간의 [지금-여기의] 전체 개인-환경 장을 말합니다. 여기에는 구체적이고, 즉각적으로 관찰 가능한 것들, [이것의] 개인에게 있어서의 의미, 지금-여기에 구체적으로 나타나는 [과거의] 미해결된 과제들, 그리고 지금-여기에 표현된 미래에 대한 소원이나 두려움 등이 포함됩니다.

둘째 영역은 '지금 그리고 거기' 그 사람의 삶의 공간입니다. '지금'은 바로 이 순간으로 끝나지 않습니다. 그것은 그 환자가 치료 장소의 안팎 전역에 걸쳐 현재 겪고 있는 모든 것, 즉 한 사람의 현재 존재의 전체를 포함합니다.

셋째로, '그때 그리고 여기' 치료적 맥락—이것은 여기 치료실 안에서 일어나는 것입니다. 그러나 정확히 바로 이 순간을 말하는 것은 아닙니다. 나는 게슈탈트 치료에서 전이의 패턴에 대한 인식과 치료 시에 치료 관계에 대해 좀 더 많은 대화를 나누는 것을 포함하는 치료 관계의 중요성에 대한 새로운 강조가 이루어지고 있다고 생각합니다.

또한 그때-그리고-여기 맥락에는 다른 요소들도 포함되어 있습니다. 예를 들면, 상담 기관에서 일을 하다 보면 다른 우발적인 고려사항들이 발생하는 경우가 있습니다. 나는 재향군인 관리국에서 인턴으로 일하던 때를 기억하는데, 그때 우리가 한 모든 치료는 우리가 내놓고 말하지 않는 어떤 것에 의해 상당한 영향을 받고 있었습니다. 그것은 재향군인 관리국이 환자가 병이 지속되도록 돈을 지불한다는 것이었습니다. 그리고 만약 그들이 좋아지게 되면, 재정적 지원을 멈춘다는 것입니다. 그것은 치료적 맥락에 매우 중요한 영향을 미치는 부분이었습니다.

나는 한번은 자신이 생각하기에 게슈탈트 치료에는 적합하지 않은 방식으로 보살핌 받기를 원하는 환자들의 요구 때문에 상당히 좌절을 느끼고 있는 어떤 훈련생에게 자문을 해준 적이 있었습니다. 좀 더 깊이 탐색하면서 드러난 치료적 맥락의 일부는 그녀 환자들의 대부분이 그녀가 작성해서 배포한 광고문을 보고 그녀에게 왔다는 것이었습니다. 그 광고물에서 그녀는 그녀가 좌절시키고자 했던 의존성을 제공해주겠다는 내용을 암묵적으로 약속했던 것입니다.

넷째 시공간 영역은 '그때 그리고 거기', 즉 그 환자들 삶의 이야기입니다. 예를 들면, 어빙 폴스터는 그의 새로운 책 『모든 사람들의 인생은 한 권의 소설이 될 가치가 있다』에서 이것을 논의하였습니다. 만약 우리가 한 사람이 시간이 흐르면서 어떻게 이처럼 발달해왔는가에 대해 관심이 없다면, 어떻게 진정한 대화가 가능하겠습니까? 의미가 나타날 수 있도록 허용해주는 배경은 이전에 경험한 순간들의 연속인 역사와 발달을 포함합니다.

환자를 더 잘 안다는 것은 진단적 변별을 한다는 것을 의미합니다. 치료의 시작에서 그리고 치료의 전 과정을 통해, 독특한 개인들과 개인들의 유형들 간에 차이가 있는지 변별해야 합니다. 이 환자는 정신증적인가, 자살 경향성이 있는가, 타인들에게 위험을 가하지는 않는가? 이 환자는 의료적 문제 때문에 혹은 향정신성 약물의 투여를 위해 의사에게 의뢰할 필요가 있는가? 이 사람은 신경증적인가, 아니면 성격장애를 갖고 있는가? 이 사람은 경계선 혹은 자기애적 성격장애인가? 조작적으로 보면, 우리가 이러한 변별을 해야 할 필요가 있는 모든 것들이 지금-여기에서 즉각적으로 관찰 가능한 것은 아닙니다. 그것은 오랜 기간에 걸쳐서야 관찰이 가능합니다. 그러나 실제 치료에서 우리는 치료를 시작하는 바로 그 순간부터 이러한 변별을 시작할 필요가 있습니다.

치료자가 치료의 시작에서부터 환자의 현상과 현재의 행동을 정확하게 그리고 적절하게 이해하는 것은 절대적으로 중요한 일입니다.

실례로서 분열을 일으키고 있는 경계선 성격장애 환자들에 대해서 논의를 해봅시다. 즉, 이러한 환자들은 장의 한 부분과 접촉을 하고 있으면서, 아마도 반대 극인 다른 부분과는 접촉을 하고 있지 않을 수 있습니다. 그리고 다른 경우에는 반대 현상이 나타나기도 합니다. 예를 들면, [자신의] 의존 욕구와는 접촉하고 있으면서 [자신의] 자신감 있는 성인의 자율적 능력들과는 접촉하지 않고 있는 것입니다. 그런데 또 다른 날에는 자신의 성인으로서의 자신감, 자율적 능력과는 접촉을 하고 있으면서 자신의 퇴행적 충동들로 인한 곤란들과는 접촉을 하지 않고 있는 것입니다. 이런 환자들은 퇴행적 충동을 갖고 있는데, 만일 그 욕구를 충족시켜주면 그들은 있는 것을 다시 재구성하거나 통합하는 대신에 계속해서 더욱더 퇴행하는 경향을 보입니다. 그들은 흔히 치료 초기에 아주 강하고 원시적인 정서로 그들의 인생사를 꺼내놓습니다. 그러나 그들은 전체적 조망을 얻기 위해 대화를 통합하거나 활용할 줄을 모릅니다. 그들은 매우 충동적입니다. 즉, 대상 항상성을 결여하고 있습니다. 이것이 의미하는 바는 치료자나 다른 사람들이 눈앞에서 사라지면, 그들을 마음에 간직하고 있는 것도 어렵다는 것입니다. 그리고 물론, 그들은 버림받는 것에 대한 아주 심각한 문제를 갖고 있습니다.

이러한 종류의 환자는 아주 초기에 한계를 정해줄 필요가 있습니다. 예를 들면, 전이의 경우에 그렇습니다. 그들은 접촉과 경계의 기술들과 감각적 접촉을 배울 필요가 있습니다. 저에게 여러 번 자살을 시도한 한 환자가 있었습니다. 그 자살 시도들은 매우 심각한 것들이었고, 그녀는 심지어 가장 최근에 치료를 받던 치료자를 무기로 공격하기까지 했습니다. 그녀는 회기들 사이에 나를 기억해낼 수가 없었습니다. 물론, 그녀는 나의 이름은 기억을 했지만 그것이 전부였습니다. 나는 그녀에게 갖고 다니라고 나의 사진 한 장을 주었습니다.

대부분의 환자들과 접촉하는 방식과는 다르게, 나는 경계선 성격장애 환자들과는 매 회기의 전후에 매우 강박적으로 지금-여기 접촉을 시도하는 경향이 있습니다. 두 가지 예를 들어볼까 합니다. 모두가 아주 오래전에 내가 개인 사무소를 처음 열었을 당시에 있었던 일들입니다. 그때 당시 나는 경계선 성격장애가 무엇인지 잘 몰랐습니다. 그래서 성공적인 경우 하나와 그렇지 못한 경우 하나를 예로 들고자 합니다.

내가 분디니(Bundini)라고 불렀던 한 환자가 있었습니다. 처음에 그가 저를 그렇게 불렀기 때문에 나는 그를 분디니라고 부릅니다. 분디니가 누구인지 모르시는 분들도 계시리라 생각합니다. 분디니는 모하마드 알리의 매니저입니다. 이 환자는 자기의 상태를 아주 아주 심각한 것으로 보았고, 실제 그런 식으로 행동했습니다. 그리고 나의 마술을 통해서 그는 챔피언이 되려고 했습니다. 권투에서가 아니라, 삶에 있어서 말입니다. 나는 이 환자를 도대체 믿을 수가 없었습니다. 그는 정말 아픈 척을 하고 있는 것 같아 보여서 나는 그에게 매우 단호하게 행동했으며, 직면을 많이 했습니다. 비록 내가 그때 당시 경계선 성격장애가 무엇인지 잘 몰랐지만, 이러한 접근은 상당히 효과가 있었습니다. 시간이 지나면서 분디니는 훨씬 건강한 방식으로 행동하기 시작했고, 좀 더 심각하고 효과적인 심리치료 작업을 시작할 수 있었습니다.

나는 또 다른 경계선 환자를 동시에 보고 있었는데, 그녀를 문지기의 딸이라고 부르도록 하겠습니다. 그녀는 동양 여인이었는데, 그녀는 자신을 맛있는 것은 하나도 얻지 못하고, 저택의 문 앞에 앉아 있는 소작농의 아이로 보고 있었습니다. 나는 그때 당시 그 환자에게 사고 장애가 있다고 보았기 때문에, 일종의 인내와 자제 혹은 점잖음으로 이 환자를 대했습니다. 만약 실제로 그녀가 사고 장애가 있었더라면 정말로 적절했었겠지만, 이 환자에게는 적절한 것이 아니었습니다. 치료가 2년 차로 접어들면서부터 전이가 부정적으로 돌아섰습니다. 이것은 불가피한 것이었고, 병세는 정신병적인 상태로 치닫게 되었습니다. 그때 이후로 나는 이것이 매우 흔한 일이라는 것을 알게 되었습니다. 그녀에게는 좀 더 많이 직면하고, 좀 더 단호하게 행동하고, 좀 더 많이 한계를 정해줄 필요가 있었던 것입니다. 이런 종류의 통찰이 우리가 치료가 시작될 때부터 필요한 것이라고 나는 생각합니다. 그러나 게슈탈트 치료 내에서 우리는 이러한 작업을 충분히 이루어내지 못했습니다.

이러한 종류의 경계선 환자와 대상 항상성을 갖고 있으며, 자신이 이해받고 있다거나 존중받고 있다는 느낌이 없고, 자신이 중화시킬 수 없는 상처, 공포, 격노와 같은 매우 강하고 원초적인 감정들을 갖고 있는 자기애적 성격장애 환자를 비교해봅시다. 그런 환자를 다룰 때 우리는 무엇보다도 그 환자의 현상을 듣고, 인정하고, 존중하고, 함께 머물러 줄 필요가 있습니다. 예를 들면, 만일 당신이 치료의 초기에 이런 자기애적 성격장애 환자에게 접촉 기술들을 가르치려고 하면, 큰 문제가 발생할 가능성이 많습니다. 그들은 저항을 할 것이고, 당신은 좌절을 느끼게 될 것입니다. 그리고 그들은 자기애적인 상처를 입게 될 것입니다. 보통은 치료가 시작되었을 때, 종종 발생하는 이상화가 이러한 종류의 환자에게는 매우 유용합니다. 그리고 경계선 환자들과는 대조적으로 그들은 자신들의 이야기를 하도록 격려될 필요가 있습니다.

환자가 치료나 또는 치료자에게 화가 났을 때, 이러한 차이점을 식별할 수 있는 것이 중요합니다. 자기애적 환자의 경우, 당신이 그들의 시각을 인정하고, 방어 없이 환자와의 상호작용 속에서 당신 자신의 부분을 인정한다면, 그는 안정을 되찾고 치료작업을 다시 시작할 가능성이 높습니다. 그러나 경계선 환자의 경우는 그렇게 단순하지 않습니다. [이 경우] 치료자는 환자에게 좀 더 단호할 필요가 있고, 더 많은 대화를 할 필요가 있으며, 좀 더 자아를 길러줄 필요가 있습니다.

예를 들면, 환자가 심리치료 때문에 낙심한다고 보고할 때, 우리는 이러한 종류의 구분을 할 필요가 있습니다. 이 환자는 일생을 함께 해왔지만 알아차리지 못했던 그러한 종류의 절망감을 마침내 접촉하게 되었다는 것을 보여주는, [따라서] 낙심이 실제로 좋은 징조가 되는 분열성(schizoid) 환자일까요? 아니면 이 환자는 이전 회기에서 발생한 일종의 공감적 실패를 반영하고 있는 자기애적 환자일까요? 아니면 이 환자는 치료자가 심리적 과정들의 극적 성격을 주시해보아야만 하는 경계선 환자일까요?

하나의 예: 나의 사진을 주었다고 말한 그 환자의 예를 들어봅시다. 내가 휴가를 냈습니다. 내가 휴가를 떠나기 전에 그녀는 상당히 절망감을 느끼고 있었습니다. 그러나 그것이 딱히 내가 휴가를 떠나는 것과 관련이 있었던 것은 아니었습니다. 한 훌륭한 치료자가 나를 대신하고 있었고, 그녀의 상담을 맡았습니다. 그 치료자는 환자가 자신의 절망감을 표현하고 있는 동안 우아하게 앉아서 대부분의 경우에는 매우 도움이 되는 그러한 종류의 반영과 공감적 듣기를 해주었습니다. 그리고 그 환자는 집으로 돌아가서 자살을 시도했고, 그로 인해 거의 죽을 뻔했습니다. 나의 사진을 보면서, "나는 게리가 돌아 올 때까지 기다릴 거야."라고 혼잣말을 했었다고 나중에 그 환자가 나에게 보고했습니다. 그 상담 회기에서 잘못된 것은 경계선 환자로 하여금 절망감을 느끼며 앉아 있게 함으로써 [자신에게] 어떤 희망이 있을 수 있다는 모든 느낌을 배경에서 배제해버린 것입니다. 그리고 치료자가 그 감정에 공감적으로 동조를 해준 것은 오히

려 거기에 희망이 없다는 것을 확인해주는 듯이 보였다는 것입니다. 그녀는 "나는 비록 당신이 가망이 없다고 느끼지는 않지만, 당신의 감정을 당신과 함께 다루어보고 싶습니다."와 같은 몇몇 단순한 진술을 필요로 했던 것입니다.

치료에 있어서 이러한 종류의 통찰을 필요로 하는 또 다른 시기는 성격적 특성상 다음에 나타날 단계 또는 국면이 무엇인지를 알아야 할 때입니다. 때때로 치료가 후반에 접어들면 경계선 환자들은 종종 증세가 호전되었다고 느끼고 치료를 멈추기를 원합니다. 비록 나는 우리가 대부분의 경우 환자들이 언제 치료를 시작하고, 언제 치료를 멈출 것인지에 대해 스스로 책임을 지면서 스스로 내린 결정을 상당히 존중한다고 생각하지만, 상태가 호전되었다고 느껴서 치료를 멈추기를 바라는 경계선 환자의 경우는 종종 여전히 분열을 하고 있는 경우가 많습니다. 이제 그들은 자율적이 되었다고 느끼고, 그 자율성을 지키기 위해서 치료를 그만두기를 원합니다. 그들은 그렇게 하는 것이 자족적이 되는 것이라고 생각합니다. 그러나 그들은 아직까지 자율성과 상호의존성을 이해하지 못하고 있습니다. 이것은 감정적 굶주림과 동등한 것입니다. 이것은 유지 가능한 것이 아닙니다. 그리고 그 시점에서 환자가 치료를 진짜로 멈출 것인지, 아닌지에 대한 논의는 치료자에 의해 주도될 필요가 있습니다. 이것은 논의될 필요가 있는 것입니다.

우리는 왜 우리가 이러한 심리학적 통찰을 활용해야만 하는가에 대한 나의 시각을 논의해왔습니다. 다음으로 나는 환자에 대한 정신분석적 사고방식들을 게슈탈트 이론과 실제 치료에 제대로 통합하는 것을 가능하게 해주는 장 이론 용어들로 전환하는 방법에 대해 이야기하고자 합니다. 그 이후에 나는 이러한 개념들을 게슈탈트 치료의 대화적 그리고 실험적-현상학적 방법론에서 어떻게 사용하는지에 대해 이야기하고자 합니다.

개념의 치환: 온전한 인간에 의한 행위

우리가 어떻게 뉴턴적 그리고 뉴턴 이전의 정신분석적 성격 이론의 언어를 장 이론적, 과정 용어로 치환할 수 있을까요? 퍼얼스, 헤퍼라인 그리고 굿먼은 이러한 작업을 많이 했습니다. 정신분석적 욕동이론은 인간을 자신과 분리된 힘들 또는 충동들에 의해 움직이는 실체로 보았습니다. 사물들이 존재하고, 힘들이 존재하며, 그것들이 이분화되어 있다는 것은 지극히 뉴턴적인 사고입니다. 정신분석은 인간적 과정을 기계론적, 사물-같은 개념들로 사물화합니다. 자아, 이드, 초자아—이것들 역시 매우 뉴턴적인 개념들입니다. 심지어 상당히 유용하다고 생각되는 좀 더 최근의 정신분석 학파들조차도 자기를 사물-같은 구조로 취급합니다. 퍼얼스, 헤퍼라인 그리고 굿먼의 주요 목표들 중 하나가 사물화된 자기(대문자로 표기된 Self)를 제거하고, 오직 자기(사물화되지 않은—소문자로 표기된 self)만을 갖는 것이었습니다. 내가 경계선 환자를 치료하는 데 있어 대단히 유용하다고 생각하는 매스터슨(Masterson) 역시 '철회하는 대상관계 단위(Withdrawing Object Relations Unit—WORU)' 그리고 '보상하는 대상관계 단위(Rewarding Object Relations Unit—RORU)'와 같은 개념들을 갖고 있습니다. 이것들은 매우 사물-같은 개념들이지만, 과정 용어들로 번역이 가능합니다.

첫 번째 치환: 모든 심리학적 과정, 행동, 구조는 '행동'으로 다루어져야만 하며, 명사, 사물 또는 사물-같은 기술보다는 행위 동사 그리고/또는 부사에 의해 명시되어야 합니다.

나는 『정신분석을 위한 새로운 언어(*A New Language for Psychoanalysis*)』라고 불리는 책을 쓴 프로이트 학파 정신분석가인 로이 셰이퍼(Roy Shafer)의 개념을 빌려 써왔습니다. 그는 전체 프로이트 초심리학 (metapsychology)을 게슈탈트 치료에 매우 부합되는 과정 용어로 번역했습니다. 사실 어떤 면에서는 우리의 과정 언어보다 더 급진적인 용어로 바꾸어 놓았습니다.

이와 같은 사고방식으로 보면 정신(mind)은 사물이 아닙니다. 그것은 우리가 하는 어떤 것 혹은 우리가 어떤 것을 하는 방식입니다. 이런 사고방식으로 보면 나는 "말하는 것에 대한 불안을 갖고 있다."고 말할 수 없습니다. "나는 이 연설을 매우 불안하게 합니다."라고 말해야 옳습니다. 그렇다면 정신분석의 사물-같은 개념이 우리가 한다고 주장하는 것은 무엇입니까? 과정이란 무엇입니까? 그 사람이 경험하고, 또 하고 있는 것은 무엇입니까? 이러한 것들이 치환적 종류의 질문들입니다. 그 사람은 죄책감을 갖고 있는 것이 아닙니다. 행위가 있는 것입니다. 즉, [이 경우] 대개 비난하는 행위가 있는 것입니다.

행위는 '나의 한 부분'에 의해서가 아니라, 나의 존재 전체에 의한 것입니다. 이러한 행위,

또는 과정 지향에서는 나는 행동과 의미를 찾고, 부과하고 그리고 창조하는 사람으로 취급됩니다. 그렇지 않으면 우리는 사람들 사이의 관계가 아니라, 서로 협조하고 대항하는 사물들을 갖게 됩니다. 예를 들면, 리비도적인 자아가 가혹한 초자아와 싸우거나 또는 치료자의 자아와 환자의 자아가 동맹을 맺거나 하게 됩니다. 만일 우리가 정신분석적 개념들을 내사하게 되면, 우리 또한 그러한 사물화를 흡수할 위험이 있습니다.

그 사람의 부분을 마치 그것이 분리된 한 사람인 양 다루고, 사물화하는 것은 단지 정신분석 치료에만 국한된 것은 아닙니다. 상전, 하인, 내면의 아이 같은 용어들도 마찬가지의 방식으로 사용됩니다. 행위 주체인 그 사람 전체를 내버려두고서 인간적 과정들을 묘사할 때, 이러한 일들이 미묘하게 발생합니다. 예를 들면, 접촉 경계들 또는 전경들을 마치 그들이 행위 주체인 것처럼 언급할 때가 그렇습니다. 나는 게슈탈트 치료의 몇몇 기술들은 주요 행위자로서 행동하는 전체적 인간의 의미를, 적어도 행위의 주된 중심으로서의 전체적 인간의 의미를 잃었다고 생각합니다. 환자들이 부분 또는 사물 언어를 사용할 때, 예를 들면, '그것' 혹은 '그러나'와 같은 용어를 쓸 때 '그것'을 '나'로 그리고 '그러나'를 '그리고'로 번역하는 통합된 의미론인 게슈탈트 치료 언어가 매우 유용합니다. 이러한 치료 의미론적 태도로 접근하는 것이 우리의 전문적 문헌에서 [환자들뿐만 아니라] 우리에게도 많은 도움이 될 수 있습니다.

나는 단지 경험적 순간들보다는 경험하고 있는 그 사람에 집중하는 것을 더 좋아합니다. 경험을 하고, 갈등이나 조화 속에 있고, 온전함을 느끼거나 분열을 느끼는 것은—부분들이 아닌—[온전한] 한 사람입니다.

행위는 선택되는 것입니다. 이것은 행위 원리의 한 결정적인 측면입니다. 사람들은 스스로—결정하고, 선택을—하고, 책임을 지고 그리고 활동합니다. 비록 사건들이 개인과 상황에 의해서 함께 결정되지만, 그 개인의 행위는 선택되는 것입니다. 환자들을 헤아리는 마음에서, 나는 우리가 사람들을 그들의 환경(의 작용)에 의해 결정되는 것으로 간주하는 정신분석적 경향에 따라 환자들을 다루는 것을 경계하고, 주의해서 볼 필요가 있다고 생각합니다.

사람들은 그들이 하는 것을 선택합니다. 안전한 상황 속에서도, 그리고 불안한 상황 속에서도 사람들은 불안을 느낄 수 있습니다. 그러나 그들은 정말 행위의 선택권을 갖고 있습니다.

엄마가 애정이 없다고 해봅시다. 그리고 그 사람은 자신을 차단하고, 애착을 부정하고, 그리고 자신이 사랑스럽지 않다고 믿음으로써 [그 상황에 대해] 반응을 한다고 해봅시다. 이러한 일련의 흔한 반응이 이 상황에서 유일하게 가능한 반응은 아닙니다. 행위 반응은 선택되는 것입니다.

(이 상황의 한 부분으로서의 이 사람의 대처 반응을 포함하여) 이 상황으로부터 결과된 믿음들은 내사될 가능성이 충분히 있습니다. 그러나 이것들 역시 사물들은 아닙니다. 그것들은 그 사람에 의해서 적극적으로 유지되고, 계속 끌고 다니게 됩니다.

내사하는 것은 접촉, 변별 그리고 동화가 없이 유기체 안으로 흡수하는 행위입니다. 따라서 그 사람은 통합하거나 거부하는 것이 불가능하게 됩니다. 비록 대부분의 경우 [자기 것으로] 소유되지는 않지만, 내사하기는 하나의 행위입니다. 즉, 내사도 선택한 것입니다. 나중에 내사하기의 결과물인 [예컨대] 당위들은 자발적인 행동을 방해하는 데 사용될 수 있습니다. 이것 역시 선택된 행위입니다. 비록 우리들이 "우리가 내사를 갖고 있다."고 말하지만, 처음부터 끝까지 이 내사는 실제로 그 사람에 의한 정신적 행동입니다.

어떻게 우리가 상황을 구조화하느냐가 매우 중요합니다. 우리는 모두 어떤 치료 또는 훈련 집단에서도 항상 시작할 때, 두려움 그리고 믿음 그리고 융합과 같은 많은 문제들이 발생한다는 것을 알고 있습니다. 우리 지도자들 중 하나가 자기 심리학의 영향하에서 첫 세 달을 시작하는 집단을 맡아서 두려움, 믿음 그리고 융합과 같은 이러한 문제들에 초점을 맞추게 되었습니다. 그는 "우리가 불안하게 느끼기 때문에, 물론 우리는 접촉을 시도하거나 위험을 감수할 수는 없습니다."라는 말로써 그 상황을 구조화 했습니다. 물론 그 집단은 잘 진행이 되지 않았다는 것을 여러분께 말씀드리고 싶습니다. 자기 심리학의 영향을 받은 그 지도자는 [치료자인] 훈련생들이 집단에서 불안함에도 불구하고 알아차림만 있으면 자신의 책임을 질 수 있다는 사실을 믿기가 어려웠던 것입니다. 그는 자신의 감독자로부터 불안하면 선택과 책임을 질 수 없다고 배웠던 것입니다.[1]

1) 역자 주_ 이 부분은 본문에 오류가 있어 2008년 8월 저자와의 이메일을 통하여 다음과 같이 고치는 것이 타당하다는 답신을 받았음. "It was difficult for those trainers who followed self psychology to believe that the individual therapist-trainee in the training group could, with awarenes, take responsibility even when feeling afraid." (p. 267)

나는 한번은 한 경계선 환자와 몇몇 결혼 생활의 문제점들에 대해 책임을 지는 것에 대한 작업을 하고 있는 중이었습니다. 나는 그녀와 '이 부분에 그녀가 책임이 있고, 그리고 저 부분에는 책임이 없으며, 그녀의 남편은 이 부분에 책임이 있다.'는 것에 대해서 이전에 이미 이야기를 나누었습니다. 어느 한 회기에서 자동적으로 나는 [너무 현학적이지 않은 방식으로] 책임감에 대해 이야기를 했습니다. [그런데] 그녀는 내가 그녀의 가정에서 일어난 모든 것에 대해 그녀에게 100% 책임이 있다고 말한 것으로 [잘못] 확신하고서 집으로 돌아갔습니다. 우리가 어떻게 구조화해서 말하는지가 중요합니다.

내가 이러한 태도들에 대해서 말할 때, 나는 우리가 환자에게 무엇을 그리고 어떻게 말할 것인지에 대한 임상적 변별력과 좋은 판단력을 갖추고 있을 것을 전제한다는 것을 명확히 하고 싶습니다. 나는 "당신은 책임이 있습니다." "당신은 책임이 없습니다." "당신은 안전합니다." 또는 "당신은 위험을 감수할 수 있습니다." 또는 "당신은 위험을 감수할 수 없습니다."와 같은 말을 자동적으로 하는 것을 옹호하지 않습니다. 모든 것은 임상적 변별력을 갖고 행해져야만 합니다.

소유가 부인된 행위(disclaimed action)라는 말은 환자가 스스로 [자신의 행위를] 알아차리지 못하도록 말들 때, 예를 들면, 자신의 행동이 선택된 것이라는 것을 모를 때, 즉 자신의 행위를 부인하거나 회피하는 것을 지칭합니다. 모든 행위들은 인정되고 자기 것으로 주장되거나, 또는 인정되지 못하거나 할 수 있습니다. 여기에는 소유를 부인하는 행위도 포함이 됩니다. 이것 역시 하나의 행위이며, [이 행위가] 자기 것으로 인정하거나 혹은 인정하지 않거나 할 수 있습니다. 나는 치료에 있어서 우리가 할 일은 필요에 따라 환자로 하여금 자신의 행위에 관심을 기울이도록 돕는 것과 또한 [환자가] 가능한 한 이런 자신의 선택을 많이 소유[인정]하는 작업을 하도록 돕는 것이라고 생각합니다.

셰이퍼(Shafer)는 다음과 같이 통찰에 관한 매우 유용한 정의를 하고 있습니다. 그는 **통찰**을 '소유가 주장된 행위'로 정의하고, **저항**을 '소유가 부인된 행위'로 정의하고 있습니다. 저항은 저항하는 행위로 다루어집니다. 여기서의 행위란 한 사람이 역설적이면서도 모순된 두 개의 행위에 동시에 관여되는 것을 말합니다. 예컨대, 다른 사람들로부터 무언가를 원하면서도, 동시에 두려움을 느끼고서 자신의 욕구나 두려움을 외면하는 사람이 있습니다. 원하고 있음 혹은 두려움을 느끼고 있음을 부인하는 것이

'저항' 입니다.

게슈탈트 치료에서 우리는 그 사람 전체를 무언가로 축소하는 것을 피하고자 합니다. 우리는 그것을 공간적으로 '나의 한 부분'으로 축소하는 것을 피하고자 하며, 또한 그것을 시간상 고립된 한 순간으로 축소하는 것도 피하고자 합니다. 나는 이러한 동화적인 시각이 게슈탈트 치료를 확장하며, 전체적 인간이라는 것의 의미에 집중하게 하고, 그리고 이전에 충분히 게슈탈트 치료에서 주목받지 못했던 과정들에 관심을 기울이게 한다고 생각합니다.

자기의 개념

이러한 변형이 어떻게 이루어지는가에 대한 한 예를 자기의 개념에서 찾아볼 수 있습니다. 이것은 통상 사용되듯이 사물화된 부분-자기(part-self) 개념들 중의 하나입니다. 우리는 이 용어를 사용하면서 우리가 어떤 의미를 소통하고 있다고 생각합니다. 실제로 이것은 여러 가지 의미로 사용되고, 또한 차별화되지 않은 활용으로 인해 매우 혼란스러운 용어입니다. 이 단어에는 적어도 열다섯 개의 다른 모순되는 의미가 있습니다. [예컨대] 자기라는 것은 시간이 흐르면서 지속되는 한 사람에 관한 것입니다. 자기는 전혀 고정된 것이 아닙니다. 이것은 오히려 지금-여기의 상호 관계들을 말합니다. 자기는 전체적 사람을 말합니다. 자기는 그 사람의 핵심적 부분을 말합니다. 자기는 한 사람이 자기 자신에 대해 갖고 있는 느낌을 말합니다. 그리고 또한 자기의 다른 유형들이 있습니다. 이상적 자기, 거짓 자기, 과대 자기 그리고 기타 등등.

펄스, 헤퍼라인 그리고 굿먼은 자기 개념을 장 이론 용어에 동화시키고, 소화시키고, 치환시켰습니다. 그러나 나는 그들의 용어가 의미론적으로 더 이상 유용한 것인지에 대해서는 확신하지 못합니다. 나는 우리가 '자기'라는 용어를 활용하는 데 있어 이것의 명시적 의미는 명확하다고 생각합니다. 그러나 이것의 함축적인 의미는 너무도 오염이 되어서 나는 변화를 제안하고자 합니다.

우리들 중 몇몇은 환자들의 주관적 경험에 더욱 가깝게 접근하고자 시간의 경과에 따른 그 사람의 정체감에 더 큰 관심을 기울여 왔습니다. 그리고 대상관계 이론과 자기 심리학적 시각들을 [전체 통합된 사람에 대한] 게슈탈트 치료 개념에 들여오고 있습니다. 불행히도 이것은 종종 적극적인 동화 과정을 거치지 않고, 그리고 모순들을 인정하고 조정함이 없이 행해져 왔습니다. 결과적으로(퍼얼스, 헤퍼라인 그리고 굿먼에서 그들이 그러했던 것처럼) 명시적 의미가 분명할 때조차도 자기라는 단어의 함축적 의미들은 너무나 혼동되고 오염되어버렸습니다.

나는 전체를 찾아가는 과정에서 그 사람이 한 부분으로—핵심으로서의 자기로—축소되어버리는 것은 아이러니하다고 생각합니다. 이것은 전체를 잃어버리는 것일 뿐만 아니라 그 사람을 그것, 하나의 구조적 실체로 축소하는 것이기도 합니다. '그것' 이 응집력을 가지거나 또는 '그것' 이 분열되거나 합니다. 그리고 바로 이것이 책임을 부인하는 것, 행위 주체를 잃어버리는 것입니다.

나는 행위를 항상 그 사람 전체에 의한 것이고, '자기(the self)' 에 의한 것이 아니라는 시각을 유지하고, 그리고 자기라는 용어를 주체와 객체가 동일한 사람인 그 사람 전체를 언급하는 대명사인 재귀대명사로만 사용할 것을 제안합니다. 예를 들면, 내가 나를 언급할 때처럼 말입니다.

이런 식으로 활용하면 자기라는 단어는 사람들이 자기 자신을 가리키는 표지로서 사용될 것이고, 자기의 양상들로서 간주되었던 과정들은 이제 한 사람 전체의 기능으로서 논의되게 될 것입니다. 한 사람 전체는 상호작용들의 체계로 생각될 것이고; 자기-개념은 사람들이 갖고 있는 자신은 누구인지에 대한 느낌이 될 것이며; 이상적 자기는 그 사람이 되고자 하는 사람의 상이 될 것이고; 거짓 자기는 수용받기 위해 만들어진 진실하지 못한 행동 그리고 자기의 왜곡된 의미가 될 것이다. 과대 자기는 과거 또는 현재의 결함이 있는 측면들을 배제하거나 축소하는 사람이 갖는 자기에 대한 팽창된 느낌이 될 것입니다. 그러면 우리가 사람들을 안정성, 흔들림이 없음, 자신감, 융통성, 가치들, 응집력이 있는 자기 대 분열된 자기와 같은 특성들에 따라 구분할 때, 이러한 구분은 그 사람 전체에 관한 것이지 자기가 갖는 특성들에 관한 것이 아니게 될 것입니다. 분열된 자기에 대해 이러한 과정 용어로 이야기하기 위해 우리는 그 사람 전체가 무엇을 하는가를 묻게 될 것입니다. 그러면, "그 사람은 알아차림을 분리시켜 놓고, 하나의 응집력 있는 그림으로 통합하지 않습니다. 그 사람은 여러 다른 상황에 걸쳐 자신에 대한 대상 항상성을 유지하지 않습니다. 예컨대, 실패했을 때, 성공 경

힘들을 기억하지 않습니다."와 같은 대답을 할 수 있을 것입니다.

내가 빈번하게 관찰하는 임상적 현상 중의 하나는 자기가 하나의 사물이라는 생각을 갖고 있는 사람들에 관한 것입니다. 그들은 알아차리기 작업을 하기 시작하면, 공허의 경험을 접촉하게 됩니다. 그들은 "오, 나는 자기를 갖고 있지 않아. 다른 사람들은 갖고 있는데; 나는 자기가 없어."라고 믿기에 이릅니다. 그들이 자기는 사물이 아니라는 과정적 관점을 배우게 되면, 그것은 흔히 임상적 작업의 매우 유용한 한 부분이 됩니다.

우리는 경계선 환자를 다루는 데 절대적으로 필요한 분열의 개념을 논의해왔습니다. 이것[분열]은 우리가 민감해져서 알아볼 수 있어야 할 현상입니다. 왜냐하면, 내담자가 자발적으로 이러한 현상을 이해하지는 않을 것이기 때문입니다. 그러나 우리는 예를 들면, 매스터슨의 '철회하는 대상관계 단위'와 '보상하는 대상관계 단위'와 같은 뉴턴적 정신분석 언어로 이 개념을 사용할 필요는 없습니다. [위의 개념들을] 행위언어로 말하자면, 환자가 다른 사람들을 완전히 돌봐주고 애정을 베풀어주는 존재로 간주하거나 혹은 [반대로] 완전히 유기하는 존재로 여긴다고 풀이할 수 있습니다. 혹은 우리는 다음과 같이 말할 수 있습니다. 이 환자는 자신을 자신감 있고, 따라서 전혀 보살핌을 필요로 하거나 받는 존재로 생각하지 않거나, 또는 [반대로] 의존적이고, 무능하고 그리고 매달리는 존재로 생각하거나 하는 사이에서 왔다 갔다 합니다. 그리고 이 각각의 생각하는 방식은 [이쪽 생각을 할 때는] 전혀 [자신의] 반대쪽에서 했던 사고방식을 알아차리지 못합니다. 그리고 나는 그 사람의 다른 기능들도 같은 방식으로 다룰 수 있다고 생각합니다. 이드(id)는 그 사람의 공격적이고 리비도적인 감정들로, 자아(ego)는 그 사람의 사고, 대상 항상성, 시공간적 방향잡기 등으로 기술할 수 있을 것입니다.

개념의 치환: 교차하는 힘들의 지금-여기의 기반

두 번째의 치환은 다수의 교차하는 힘들이 작용하고 있는 지금-여기의 기반이라는 게슈탈트적 생각을 고려함으로써 [정신분석] 개념을 장 이론적 관점으로 바꾸어놓는 것입니다.

게슈탈트 치료에서 한 개인은 항상 개인-환경 장의 한 부분입니다. 내부와 외부 사이의 이분법은 존재하지 않습니다. 동일한 사건을 다른 관점으로 볼 때조차도(예컨대, 내부적 그리고 외부적), 그리고 어떤 사건들은 사적으로 유지되어 서로 의사소통되지 않을지라도, 게슈탈트 치료의 장 이론에서는 내부와 외부의 구분이 존재하지 않습니다.

존재하는 모든 것들은 관계하기의 조직망 속에서 오직 관계 속에서만 존재합니다. 항상 다수의 힘들이—장에서 상호 관계하면서, 다수의 파문과 서로 다른 농도를 만들어내면서—구체적으로 현재에 존재합니다. 우리는 정신분석의 단선적이며 일방향적인 인과적 진술들을 항상 상호작용하고, 동시에 존재하는 다수의 힘들을 설명하기 위해 변형시킵니다.

장 이론에서는 장에서 일어나는 어떠한 변화도 전체 장에 영향을 미친다고 봅니다. 그것은 장 전체에 파장을 일으킵니다. 이것이 함축하는 바는 치료를 할 때 항상 다수의 타당하고 유용한 시작점들이 존재한다는 것입니다. "올바른 분석적 반응은 이러저러한 것입니다."와 같은 말들로 시작하는 분석적 문헌에 나오는 진술들을 읽은 적이 있으실 겁니다. 장 이론적 시각에서 보면, 항상 다수의 타당하고 유용한 시작 관점들이 존재하기 때문에, 명백히 유일하게 옳은 반응이란 있을 수 없습니다. 장 이론적 시각에서 우리는 좀 더 실용적이 되고, 가변적이고, 개인적 스타일과 창조성을 기꺼이 고려하는 방향으로 초점을 맞춥니다.

이러한 기반(matrix) 개념의 다른 한 측면은 '멀리서부터의 행위'는 없다는 것입니다. 효과를 갖는 것은 지금-여기의 장, 즉 힘들의 기반 안에 구체적으로 존재해야 합니다. 이것은 반드시 동시적으로 존재해야만 합니다.

한 예로서의 발달이론

심리학적 발달은 시간의 경과에 따라 발달하는 복합적인 힘들의 상호작용을 포함합니다. 게슈탈트 치료에서 인간의 심리적 발달이라는 개념은 이것을 항상 생물학적인 성숙, 환경적 영향들, 개인과 환경의 상호작용 그리고 고유한 개인에 의한 창조적 적웅이 복합적으로 작용한 결과라고 봅니다. 프로이트의 욕동이론에서는 강조점이 오직 생물학적 요소들에만 있었고, 인간의 성장 잠재력에 관해서 매우 부정적인 관점을 갖고 있었습니다. 펄스, 헤퍼라인 그리고 굿먼 그리고 카렌 호나이와 같은 그 시대의 다른 저술가들은 환경적 영향들에 대한 알아차림, 개인과 환경 사이의 상호작용을 여기에 부가했으며, 개인의 창조성과 성장에 대한—성장과 성숙을 위한 타고난 잠재력에 대한—낙관주의를 유지했습니다.

코헛과 대상관계 이론가들은 환자에 대한 훌륭한 개념들을, 특히 발달 단계에 대한 훌륭한 개념들을 우리에게 제공해왔으며, 그들은 마침내 환경적 그리고 상호작용적 영향들에 대해 인지했습니다. 그러나 그들은 생물학적 힘들은 인정하지 않는 경향이 있습니다. 더욱이, 비록 그들이 환자에게 연민을 느끼고 공감적이기는 하지만, 그들은 그 개인을 과거의 역사적 영향들에 의해 결과된 것으로 좀 더 비관적으로 봅니다. 그들은 환자가 고유하고, 창조적인 존재이며 그리고 긍정적인 잠재력을 갖고 있다는 관점을 상실하고 있습니다. 혹은 다른 식으로 말하자면, 성장하고 성숙하기 위해 타고난 각 개인의 잠재력에 관한 낙관주의를 상실하고 있습니다.

내가 시도한 이러한 시각들의 통합은 다음과 같은 점에서 게슈탈트 치료 모델과 부합되는 것입니다. 나는 배경과 발달적 요소들에 나 자신을 민감하게 만들기 위해 정신분석적 개념을 사용합니다. 그러나 나는 장 안에 있는 다른 요소들과 더불어 생물학적 요소들에 대한 알아차림을 유지합니다. 나는 각 개인의 창조를 위한 잠재력 그리고 선택하고 성장할 수 있는 능력에 대한 낙관주의를 유지합니다. 그리고 나는 이들 다수 요소들 사이의 시간 경과에 따른 상호작용을 지속적으로 강조합니다. 나는 자신이 누군지의 복합성에 대한 개인의 알아차림이 유기체적 자기 조절로 이어진다는 것을 믿습니다(변화의 역설적 이론).

개념의 치환: 시간의 경과에 따른 움직임

뉴턴적 그리고 뉴턴 이전의 개념들을 장 이론적 용어로 치환하는 것에 대해 토론을 계속하다 보니, 우리는 시간의 경과에 따른 움직임의 개념에 도달하게 되었습니다. 우리의 변증법은[2] 시간 차원을 추가할 것을 요합니다. 우리들의 이론은 과정 이론입니다. 그리고 과정이란 시간의 경과에 따른 발달을 말합니다. 심지어 구조조차 천천히 바뀌는 과정입니다.

모든 것이 공간 속에서 움직이고, 시간 속에서 변화하고, 되어가고, 움직이고, 발달합니다. 이러한 사고방식에서 보면 사람들은 우리가 지금까지 논의해오고 있는 이러한 기반들의 끊임없는 연속선상에 있습니다.

물론 우리는 의미가 전경과 배경 사이의 관계를 말한다는 것을 알고 있습니다. 그리고 한 사람의 경험이 갖는 역사적 순서가 배경의 매우 중요한 부분이라는 것을 알고 있습니다. 그것은 오직 한 측면일 뿐 전체는 아닙니다. 그러나 나는 과거의 경험에 대한 지식이 그 사람의 정체성의 의미를 파악하고, 또 이해하는 데 필요하다고 믿습니다.

따라서 우리는 그 사람의 과거를 탐색합니다. 그리고 나는 점점 더 많이 그러한 탐색이 이루어지고 있다고 믿습니다. 그러나 우리는 과거가 현재를 유발했다고 믿기 때문이 아니라, [현재를] 이해하기 위해서 [과거를] 현상학적으로 탐색한다는 것을 기억하면서 그렇게 할 필요가 있습니다. 멀리서부터의 행위는 존재하지 않습니다. 역사는 이미 발생했고, 이제 그것은 주어진 것입니다. 그리고 그 사람은 그 주어진 것을 처리합니다. 그리고 무언가 다른 것을 함으로써 행위를 선택할 수 있습니다. 이것은 시간상 A가 B에 앞서고, 그래서 A가 B를 유발한다는 뉴턴적 개념과 대조되는 것입니다.

나는 하나의 지나간 기반이 나중의 사건들을 일으키거나 통제할 수 없으며, 지나간 어린 시절의 어떤 사건이 그 자체로는 미래의 사건을 결정지을 수 없다고 믿습니다.

억압과 분열의 개념을 구분하는 것이 시간적 관점의 중요성을 이해하는 하나의 좋은 예가 될 것입니다. 억압의 경우 개인은 어떤 것을 계속해서 알아차림이 없는 상태로 유지합니다. 그 사람은 아빠는 멋지다라고 말하면서 아빠에 대한 분노는 알아차리지 못할 수 있습니다. 그리고 그것은 일정기간 동안 지속적으로 유지됩니다.

어느 한 순간에 분열은 억압과 매우 비슷하게 보일 수 있습니다. 그 사람은 아빠에 대한 어떠한 분노도 알아차리지 못할 수 있습니다. 그러나 시간이 경과하면서 발생하

2) 역자 주_ 게슈탈트 치료의 이론적 작업을 변증법이라고 지칭한 것임. 특히 욘테프는 과정 중심으로 게슈탈트 치료를 이론화하고 있으므로 게슈탈트 치료 이론을 변증법적이라고 보고 있음.

는 것이 이 두 과정을 구별합니다. 한 순간 분열하는 행위가 억압과 매우 유사해 보였던 그 사람은 다른 순간에는 알아차리고 있는 것과 알아차리지 못하는 것을 바꿔버립니다. 아빠에 대한 어떠한 분노도 알아차리지 못하던 그 사람이 [시간이 좀 지난 뒤] 이제는 아마도 아빠에 대한 어떠한 훌륭한 점도 지각하지 못하고, 오직 분노와 격노만을 알아차릴 것입니다. 이처럼 매번 지각이 바뀌면서, 양극성 중 오직 한 쪽 반만을 보다가 그리고 나서는 다른 쪽 반만을 보게 됩니다. [이 사람의] 분열의 체계를 해체하지 않으면, 균형 잡힌 시각, 즉 합리적으로 정확한 지각과 올바른 판단은 불가능합니다.

그래서 효과적인 치료를 위해서 우리는 우리가 작업 해나가는 과정들이 시간이 경과함에 따라 어떻게 발달해가는지에 대한 알아차림을 유지해야만 합니다. 그것들이 그대로 유지되는지, 변화하는지, 어떻게 변화하는지 등.

요약하면, 지금까지 나는 정신분석적 개념들을 현재 상황 속에서 선택하고, 실험할 능력을 보유하고 있는—그리고 시간이 경과하면서 발달하는—행위 주체로서의 개인-환경 장 속에 자연스럽게 스며들어 있는 전체적 인간이라는 게슈탈트 치료 모델에 어떻게 통합할 것인지에 대해 이야기했습니다.

치료적 관계

이제 나는 게슈탈트 치료 방식으로 어떻게 이러한 정신분석적 관점을 사용할 것인지, 그리고 어떻게 환자들과 작업을 할 것인지에 대해 얘기하고 싶습니다. 어떻게 우리는 이러한 기술들을 게슈탈트 치료 유형의 관계에 사용할 수 있을까요?

물론, 게슈탈트 치료의 강조점은 전이와 해석에 기반을 둔 관계와는 반대로 접촉과 현상학적 초점화에 기반을 둔 관계에 있습니다. 내가 알고 있는 모든 정신분석 치료자들의 모델에서 전이는 장려되고, 치료자는 중립성을 유지할 것이 요구되며, 절제의 규칙을 따릅니다. 이것은 환자의 어떠한 소망도 만족시키지 않는다는 것을, 또한 분석가에 의한 '나' 진술은 없다는 것을, 그리고 가장 주요한 도구는 여전히 해석이라는 것을 의미합니다.

물론 지금은 우리는 관계한다는 것이 항상 접촉과 전이의 혼합물이라는 것을 알지만, 우리는 현상학적으로 그리고 대화적으로 전이를 다룹니다. 우리는 전이를 알아봅니다. 그러나 그것을 금지하지도, 격려하지도 않습니다. 우리는 전이의 해석에 대한 대안들을 알고 사용합니다.

접촉은 첫 번째 실재입니다. 게슈탈트 치료의 장 이론에서 모든 것은 관계하기라는 렌즈를 통해 보여집니다. 게슈탈트 치료에서 환자와 작업을 할 때, 접촉은 첫 번째 현실입니다. 퍼얼스, 헤퍼라인 그리고 굿먼은 인간의 개인 대 개인의 관계들을 강조한다는 점에서 실존적 전통을 따르고 있습니다.

사실, 우리의 대화와 장을 강조하는 렌즈를 통해서 보면, 한 개인은 다른 사람들과의 관계 속에서가 아니면 정의조차 할 수가 없습니다. 관계란 본래부터 있는 것이지 부가된 것이 아닙니다. 비록, 아마도 대상관계 이론가들과는 그러한 타고난 관계를 강조한다는 점에서 공통점이 있을 수 있지만, 이러한 신념은 정신분석 이론에서는 발견할 수 없습니다.

관계는 우리가 게슈탈트 치료를 실제로 하는 데 있어서 가장 중요한 부분입니다. 그러나 1960년대 후반의 단발적 게슈탈트 치료는 이러한 강조점을 잃어버렸습니다. 그것은 매우 자유롭고 흥분되는 것이었지만, 기법 지향적 태도로 인해 관계에 대한 주된 실존적 강조를 상실했습니다. 나는 한 개인을 강조하지 않으면서, 혹은 한 개인이 자기 자신에 대해서 어떻게 보는지에 대한 이야기를 하지 않으면서, 과정에 대해서만 이야기하는 것 역시 관계에 대한 실존적 강조점을 상실하게 되며, 따라서 관계의 패턴에 대한 명료한 인식을 발달시킬 수 없게 된다고 생각합니다. 그러므로 그렇게 하는 것은 분열하는 것입니다.

관계는 시간의 경과에 따른 접촉입니다. 칼 로저스는 접촉은 관계의 가장 기본적인 단위라고 말했습니다. 나는 게슈탈트 치료에서 우리가 접촉의 순간들에 관해서는 가장 명확하게 알고 있지만, 관계는 일련의 순간들 그 이상이라는 것, 고립된 순간들을 합해 놓은 것 이상이라는 사실에 있어서는 항상 그만큼 명확하게 알고 있지는 않다고 생각합니다. 나는 관계를 하나의 사물로서 말하고 있는 것이 아닙니다. 나는 하나의 게슈탈트가 시간의 경과에 따라 확장되는 것처럼 관계란 '시간의 경과에 따른 접촉(contact over time)' 이라고 봅니다.

게슈탈트 치료에서 관계의 성질

접촉: 사람이 사람으로서 서로에게 영향을 미치는 것

나는 좋은 치료는 치료자에 의한 어떤 특별한 종류의 접촉을 요구한다고 생각합니다. 즉, 환자를 이해하고 수용하는 것, 치료자의 인간성을 보여주는 것, '사이(between)'를 보호하는 것, 즉 치료자와 환자 사이에 일어나는 것에 '굴복하기(surrender)' 같은 것들에 의해 특징지어지는 접촉입니다. 이것은 '나'와 '너'가 있고 그리고 그 둘의 차이를 인식하는 것으로는 충분하지 않으며, 대화적 접근 방식에서는 둘의 상호작용으로부터 발달하고, 나타나는 것에 굴복하기 또한 존재한다는 것입니다. 이것이 의미하는 바는 환자뿐만 아니라 치료자 역시 영향을 받는다는 것을 의미합니다.

환자를 이해한다는 것은 자신을 환자의 현상학적 시각 안으로 투사하기 위한 포함(부버의 개념) 혹은 공감(보다 더 일반적으로 사용되는 단어인)을 말하는 것입니다. 동시에 자기 자신이 분리되어 있음에 대한 알아차림을 유지하고, 이것이 투사라는 것을 기억하면서—우리는 진정으로 다른 사람의 경험을 경험할 수는 없습니다—최대한 환자가 이 세상을 보듯이 보는 것을 의미합니다.

포함과 확인(inclusion & confirmation) 있는 그대로의 그들을 수용하고, 또한 그들의 성장 잠재력을 확인해주는 것을 말합니다. 그리고 환자가 자신의 실제 경험을 방해할 때, 우리는 그들의 소박한(naive) 경험을 경험으로 수용합니다. 거기에 더하여 우리는 그들의 '차단 행동(interruption)'을 차단하거나, 차단하려고 시도합니다. 우리는 단지 환자의 알아차림을 수용하고 존중할 뿐만 아니라, 또한 좀 더 세련된 알아차림을 위한 그들의 잠재력을 확인[3]합니다.

환자로 하여금 [자신이] 이해받고 있다고 느끼게 하면서, 그들의 차단 [행동]을 차단

3) 역자 주_ 여기서 확인이란 환자 스스로는 아직 알아차리지 못하고 있고, 따라서 인정되지 않는 자신의 능력 또는 성장 잠재력을 치료자가 미리 알아보고 긍정해주는 것을 뜻한다.

할 것을 강조하는 것은 게슈탈트 치료에서는 새로운 것입니다. 치료자의 공감 또는 모든 다른 치료적 개입의 정확성에 대한 평가는 환자의 현상학[4]에 달려 있습니다. 물론, 목표는 여전히 자신과 다른 사람들에 대한 알아차림을 증가시키는 것입니다.

내가 짐 심킨과 게슈탈트 치료를 처음 시작했을 때, 그는 나의 자기-차단을 차단했습니다. 그리고 나는 그가 나를 이해한다고 느꼈으며, 이 과정의 결과로 나는 나 자신을 더욱 잘 이해할 수 있게 되었습니다. 나는 짐과 함께 한 집단에서 이러한 과정에 참여했던 다른 많은 사람들이 편집적으로 되고, 파워게임에 가담하며, 그들의 수치감과 자기애적 상처가 더 커지는 것을 보았습니다. 이것은 현저한 자기애적 문제들을 가진 사람들 사이에서 특히 빈번히 일어났습니다. 종종 그들은 이해받거나, 수용된다고 느끼지 못했습니다. 솔직히 말하면, 그들이 종종 이해받지 못했다는 것을 지금은 알겠습니다. 그 시대의 많은 게슈탈트 치료자들이 그랬던 것처럼, 짐은 대상관계 유형의 이해를 바탕으로 해서 그의 관계 접근 방식을 변화시키지 않았습니다. 내가 생각하기에 이것은 게슈탈트 치료에 새롭게 도입된 강조점입니다.

치료자의 온전한 인간으로서 현전하는 것에 대한 강조는 포함과 함께 모든 실존 치료의 특징입니다. 치료에서 한 인간으로서의 치료자의 명백한 현전에 대한 강조는 게슈탈트 치료와 분석적 입장을 취하는 정신분석적 접근 간의 가장 중요한 차이점 중 하나입니다. 게슈탈트 치료자는 [자신의] 관찰과 정서적 반응, 이전의 경험, 창조성, 직관 등을 [환자와] 공유합니다.[5]

그러나 나는 우리가 어떤 종류의 현전이, 어떤 종류의 환자에게 혹은 상황에서, 어떤 효과를 가져오는지에 대해 보다 구체적으로 발전시킬 필요가 있다고 생각합니다. 언제 개인적 반응들을 [환자와] 공유해야 하는지, 언제 관찰한 것들을 공유해야 하는지, 언제 환자의 현상학을 강조하고, 명료화하고, 분명히 나타내야 하는지, 언제 실험을 강조해야 하는지 등을 밝혀야 합니다. 나는 우리가 환자의 강점과 약점들, 욕구, 희망 그리고 환경을 고려하는 현전이 필요하다고 생각합니다. 그저 치료자의 '나'를 [환자와]

4) 역자 주_ 환자의 현상학(phenomenology)이란 '환자가 주관적으로 경험하고 지각하는 것'이란 뜻인데, 이런 맥락에서 본문의 의미는 치료자의 공감이 정확했는지의 기준은 환자 자신이 [치료자로부터] 정확하게 공감받았다고 느끼는지 여부에 달렸다는 뜻이다.

5) 역자 주_ 환자와 공유하다(share)라는 말은 환자에게 말해준다는 뜻임.

공유하는 것만으로는 충분하지 않습니다.

이런 것들을 명료화함에 있어서 대상관계 이론은 우리를 핵심 주제들로 이끌어 주고, 적절한 타이밍과 순서에 따라 그것에 초점을 맞추도록 도와주는 데 유용하게 쓰일 수 있습니다. 대상관계 이론을 배경에 둠으로써 치료자의 초점을 더욱 예리하게 만들어주고, 또한 그의 시각을 넓혀줄 수 있습니다.

예를 들면, 반드시 이상화와 반영하기의 부드러운 온기 속에서 그들의 상처에 대해 이야기하면서 치유될 필요가 있는 자기애적 성격장애를 갖고 있는 환자는 보살핌에 있어 단호함이 요구되고, 책임감을 가르쳐줄 필요가 있고 그리고 양극성에 대한 알아차림을 강조해줄 필요가 있는 경계선 환자와는 다른 현전을 필요로 합니다. 게슈탈트 치료의 방법론을 진정으로 이해하고, 또한 자신의 환자들을 진정으로 이해하는 게슈탈트 치료사는 [각각 서로] 다른 환자들에게는 자발적으로 그리고 진정으로 [서로] 다르게 대할 것입니다.

우리가 현전에 대해 이야기할 때, 우리는 또한 역전이와 자기 책임성에 대해서도 이야기할 필요가 있습니다. 나에게 있어 치료에서 치료자의 자기 책임감, 그리고 환자의 성격 유형에 상관없이 대화적으로 그리고 치유적으로 관계하는 치료자의 능력보다 더 중요한 것은 없습니다. 환자를 있는 그대로 수용하여 반응할 수 있기 위해서 환자에게 전이되거나 투사된 요인들에 의해 오염된 그런 관계가 아닌 진정한 관계를 맺기 위해서 치료자는 오래된 과거의 찌꺼기를 명확히 알아차릴 필요가 있습니다.

효과적인 치료를 위해서 치료자는 환자의 알아차림을 명확히 반영할 수 있어야 하고, 오염되지 않은 관찰을 할 수 있어야 하며, 환자의 치유 작업을 위한 다음 단계에 대한 분명한 조망을 가질 수 있어야 합니다. 자신의 편견, 관점들을 [환자에게] 부과하거나 또는 자신의 필요에 의해 극적인 변화를 요구하지 않으면서 그렇게 할 수 있기 위해서는 치료자의 자기-지지가 강력히 요구됩니다.

예를 들면, 나는 치료자가 인내하지 못하고 미봉책을 원할 때, 이것은 병렬적 왜곡[6)]

6) 역자 주_ 병렬적 왜곡(parataxic distortion)은 상상을 근거로 다른 사람들에 대한 지각을 왜곡하는 경향을 설명하기 위해서 Harry S. Sullivan에 의해 처음 사용되었다. 다른 사람들을 지각하는 데 있어 발생하는 '왜곡'은 해당 개인과의 실제 경험을 근거로 하는 것이 아니라 투영된 상상의 성격을 근거로 하여 발생하는 것이다.

이며, 진정한 현전은 아니라고 믿습니다. 미봉책은 치료자 자신의 자기애적 만족을 위한 것이지 환자를 위한 최선은 아닙니다. 치료자가 참을성이 없고 좌절을 느낀다면, 이것은 치료자에 의한 행위입니다. (참지 못하고 좌절하는) 이러한 행위는 환자가 아니라 치료자의 책임입니다. "내가 좌절을 느끼고 있습니다."가 "당신이 저를 좌절시키고 있습니다."보다 더 명확한 실존적 진술입니다.

나는 가장 위험한 치료자는 효과적이고 강력하게 현전할 수 있지만, 자기애적 성향의 맥락에서 그러한 사람이라고 믿습니다. 그러한 치료자는 상당히 흡인력이 있을 수 있습니다. 그리고 그러한 강력한 영향력으로부터 멀리 떨어질 필요성을 깨닫기 위해서는 환자가 상당한 지적 능력과 건강한 자기-지지를 갖추고 있어야만 합니다.

치료를 처음 시작하는 환자들은 이러한 자기보호 능력을 갖추고 있지 않습니다. 환자의 심리적 장애는 종종 치료자의 역전이나 다른 병렬적 어려움들을 보지 못하게 하거나, 심지어 환자로 하여금 효과적인 치료를 어렵게 하거나 혹은 불가능하게 하는 치료자의 역전이를 좋아하게 하거나, 또는 긍정적으로 평가하도록 하기에 충분합니다. 그러므로 예를 들어, 의존성에 대한 환상적 욕망 때문에 자율적인 자기 책임을 회피하는 환자가 자신에게 의존하는 환자를 필요로 하는 치료자를 만나게 되면, 그 결과는 아마 매우 길고 비생산적인 그리고 해롭기까지 한 치료가 될 수 있을 것입니다.

나는 효과적인 치료자는 현상학적 알아차림 작업을 할 때 요구되는 전통적 게슈탈트 치료 기법에 더하여, 내가 지금까지 말해온 관계적 기술들을 필요로 한다고 믿습니다. 나는 우리가 그러한 것을 잃어버리지 않는 것이 중요하다고 생각합니다. 즉, 지금-여기에서 감각적 관찰과 접촉을 하는 능력, 과정을 명료화하는 능력, 적절한 위험의 정도를 측정할 수 있는 능력, 생동감을 어떻게 촉진할 것인가를 아는 것, 앞으로 나아가도록 도울 수 있는 것, 실험을 어떻게 설계하는지를 아는 것 등을 잃지 않는 것이 중요하다고 생각합니다. 정신분석 자료를 통합하는 데 따르는 위험 중 하나는 게슈탈트 치료 방법론의 강점 중 일부가 약화될 수 있다는 것입니다.

나는 게슈탈트 치료 이론과 실제 치료에 정신분석적 관점을 통합함으로써 결과적으로 개인과 집단치료에서 관계의 질을 더 강조하게 되었다고 생각합니다. 그리고 나는 이것이 우리가 집단치료를 수행해온 방식에 많은 변화를 일으켰다고 생각합니다. 특히, 집단 구성원들 사이의 관계를 더욱 강조하게 만들었고, 전체 집단적 요인들을 더욱 강조하게 되고, (워크숍 모델과는 대조적으로) 집단에서 시간의 경과에 따른 관계들의 변화를 더욱 강조하게 되었다고 생각합니다. 나는 또한 좀 더 집중적인 성격적 작업을 하는 데 있어 우리가 좀 더 많은 것을 깨닫게 되었고, 좀 더 정교화되었기 때문에, 게슈탈트 치료자들이 깊이 있는 심리치료를 위한 주된 양식으로 집단치료만을 사용하는 경우는 줄게 되었고, 개인치료를 하거나 또는 개인치료와 집단치료를 병행하는 경우는 증가하게 되었다고 믿습니다.

나는 게슈탈트 치료의 틀 안에서 정신분석적 통찰을 사용하는 것이 정신분석이나 정신분석적 심리치료를 하는 것과 비교하여 많은 이점이 있다고 아주 굳게 믿고 있습니다. 부분적으로 그 이유는 우리가 보다 넓은 영역의 사용 가능한 발전된 개입들을 갖고 있기 때문이라고 생각합니다(왜냐하면, 전이 신경증이 발전되는 것을 방해할까봐 기법들이 금지되지는 않기 때문에). 그리고 우리는 전이를 보다 다양한 개입들을 통해 더욱 개방적으로, 더욱 실험적으로 다룰 수 있습니다. 치료자가 자신의 개인적인 면을 보여줄 것을 강조하는 게슈탈트 치료에서 환자는 치료자가 보여주는 반응들이 건강한 것인지 또는 해로운 것인지를 판단하기가 [정신분석의 경우보다] 더 쉽습니다. 현상학을 강조하고, 또 환자와 치료자의 '자기 결정(self-direction)'을 중시하는 것은 둘 다 [환자와 치료자]의 지혜를 최대한 활용할 수 있게 해주고, 또한 각 개인의 실제 모습이 어떤지에 따라 그에 알맞은 [적응] 기술들을 개발할 수 있게 해줍니다.

환자와 치료자 양자의 즉각적인 경험에 기반을 둔 관계

게슈탈트 치료 전통의 외부로부터 온 개념을 갖고 작업을 할 때 염두에 두어야 하는 주된 요인은 게슈탈트 치료에서의 치유적 관계는 환자와 치료자 양자의 즉각적인 현상학적 경험에 기반을 두어야 한다는 것입니다. 정신분석에서는 보다 많은 개입들이 주로 정신분석적 이론에 의해 이끌어지고, 분석가와 피분석가의 실제적 경험은 게슈탈트 치료에서 보다 덜 강조되고, 덜 긍정적으로 다루어집니다. 게슈탈트 치료에서 이론이 극히 중요하기는 하지만, 게슈탈트 치료를 행할 때 우리는 환자와 치료자의 즉각적인 알아차림에 초점을 둡니다. 게슈탈트 치료의 개입들은 전문적으로 이끌어집니다. 하지만 그 개입들은 항상 이러한 즉각적인 경험들에 기반을 둡니다.

대화는 '공유된 현상학(shared phenomenology)' 입니다. 다른 개입들도 역시 공유된 현상학입니다. 예를 들면, 반영, 공유된 관찰들, 실험들과 같은 것들은 공유된 현상학이라고 볼 수 있습니다. 게슈탈트 치료 방법론은 소박한(naive) 알아차림에서 보다 훈련된 알아차림으로 옮겨가는 것을 강조합니다. 나는 게슈탈트 치료에서 탐색은 항상 환자의 때 묻지 않은 [소박한] 실제 알아차림을 찾아내는 것에서부터 시작해야 한다는 사실을 힘주어 말하고 싶습니다. 첫째로, 이 특정한 환자가 그 순간에 중요하다고 생각하는 것을 명확히 해야 할 필요가 있습니다. 그 경험을 그 환자의 경험으로 이해하고, 수용해야 합니다.

무력하게 행동하는 환자의 예를 들어봅시다. 우리의 첫 번째 임무는 그 환자가 은밀히 조작하는 행위를 좌절시키는 것이 아닙니다. 우리가 처음으로 해야 할 일은 그것이 환자에게 어떻게 느껴지는지를 알아내는 것입니다. 그것은 어떤 느낌일까? 어떻게 그 환자가 그것을 이해하고 있는가? 나는 1960년대의 게슈탈트 치료의 방식에서는 이런 종류의 이해가 충분히 이루어지지 않았다고 생각합니다. 그리고 때때로 치료자는 멸시적인 혹은 냉소적인 혹은 모욕적인 태도를 취했는데, 그것은 환자에게 '당위'를 부여하는 것이나 마찬가지의 행동이었습니다. 나는 치료자의 임무는 탐색하는 것이라고 생각합니다. 치료자의 임무는 만족시키는 것이 아닙니다. 직면하는 것도 아닙니다. 좌절시키기는 것도 아닙니다. 우리들의 최우선 과제는 탐색을 하는 것입니다.

나는 환자의 알아차림이 무엇인지 밝히는 이러한 문제를 잘 예시하는 서로 다른 두 작업의 예를 여러분들과 함께 나누고자 합니다. 내가 처음으로 게슈탈트 치료를 시작했을 때, 나는 내가 느끼는 혼란에 대해 두 가지 다른 작업을 했습니다. 하나는 프리츠와 함께한 작업이었고, 다른 하나는 짐과 함께한 작업이었습니다. (당시에 나는 혼란을 많이 느꼈습니다.) 내가 프리츠와 함께 작업을 할 때는 그는 내가 지지를 받기 위해 조종한다고 보는 것 같았습니다—그가 옳았었을 수도 있습니다. 그리고 나는 그의 지시를 따르면서 혼란된 상태에서 집단을 헤매고 다니던 것을 기억합니다. 그리고 마침내 나는 내가 가장 원하는 것은 무대에서 내려오는 것이라는 것을 깨달았습니다. 그래서 나는 무대에서 내려와서 자리에 앉았습니다. 그러나 나는 자리에 앉는 것을 제외하고는 그다지 배운 것이 없었습니다.

조금 나중에 시작했지만, 거의 같은 시기에 나는 같은 종류의 혼란을 느끼며, 짐 심킨과 작업을 했습니다. 짐은 내가 경험하는 혼란이 어떤 것인지를 주의 깊게 알아냈습니다. 나에게 그것은 안개와 같은 것이었습니다. 그리고 짐이 나에게 그 안개가 되어 보라고 요구했을 때가 내가 치료에서 했던 가장 중요한 작업이 시작되는 순간이었습니다. 그래서 나는 항상 환자의 알아차림에 대한 이해가 우선이 되어야 한다는 점을 강조할 것을 제안합니다. 그리고 나서야 당신이 환자 자신의 경험을 기반으로 해서 다듬고, 실험하고, 행동 프로그램을 짜는 것이 가능해집니다. 첫 번째로 환자가 경험하는 것이 무엇인지를 찾아내고, 그것을 명료화하십시오. 환자의 경험이라고 당신이 믿게 된 것이 실제로 환자가 자신이 경험한 것이라고 인정을 하는지 확인하십시오.

알아차림의 단계들

알아차림과 알아차림 작업은 발달상의 순서를 갖고 있습니다

① **단순한 알아차림** 환자가 와서 그들의 삶에서 겪는 문제에 대해 이야기합니다. 그들은 과정을 알아차리지 못하고, 알아차리고 있다는 것을 알아차리지 못하고, 치료자와의 관계를 알아차리지 못합니다.

② **알아차림에 대한 알아차림** 이 단계의 알아차림 수준에서 그 사람은 알아차리고 있다는 것을 알아차리게 됩니다. 게슈탈트 치료가 현상학에 가장 많이 빚지고 있는 부분이 바로 이 부분입니다. 종종 훈련 집단들은 이 알아차림 수준에서 움직입니다. 여기에는 회피와 저항에 대한 알아차림, 제쳐두기에 대한 알아차림, 지금-여기에서의 접촉 작업에 대한 알아차림, 알아차림과 접촉을 위한 도구들을 개발하고 다듬는 것에 대한 알아차림 등이 포함됩니다.

③ **경험하는 사람의 성격에 대한 알아차림** 알아차림에 대한 알아차림은 경험하는 사람의 성격을 알아차리는 데로 발전합니다. 사람들이 알아차림과 회피의 유형을 알아차리고, 알아차림과 회피로 이끄는 조건들을 알아차리고, 알아차림과 알아차리지 못함의 유형 등을 알아차리게 되면, 사람들은 경험하는 사람의 전반적인 성격

구조를 알아차리게 됩니다.

④ **현상학적 상승**(phenomenological ascent) 이것은 현상학적 태도가 그 사람의 일상생활 속으로 스며들어가는 단계입니다. 항상 여러 현실들이 존재한다는 것을 아는 태도, 제쳐두기의 태도, 어떤 한 상황이 실제로 어떻게 작용하는가에 대한 통찰을 얻기 위해 [치료를 받거나 치료를 하고 있는 순간에만이 아니라] 일상적으로 반복적인 관찰을 하는 태도 등입니다.

예: 저항을 다루기

저항을 이해하고, 작업하는 것은 효과적인 심리치료를 하는 데 있어 가장 중요하고 피할 수 없는 측면들 중 하나입니다. 우리가 논의하고 있는 그 관점에서 보면 저항은 탐색되고, 현상학적으로 공유되어야 할 어떤 행위로 다루어집니다. 그것을 다루다 보면 우리는 환자가 '저항'하고 있을 때, 그가 경험하고 있는 것이 무엇인지를 알아내게 됩니다. 우리는 또한 치료자들의 즉각적인 현상학적 경험에 주의를 기울입니다. 우리는 제쳐두기로 시작을 합니다. 그래서 저항을 받고 있는 것이 치료라든지 혹은 치료자라는 등의 믿음을 갖고 치료를 시작하지 않습니다. 현상학적 초점화의 결과로 우리는 환자의 경험과 우리들 자신의 경험을 활용할 수 있으며, 또한 이러한 양쪽의 경험적 관점들을 사용함으로써 우리는 대화할 수 있고, 초점을 맞출 수 있고, 실험할 수 있습니다. 이러한 과정을 통하여 치료자 역시 상호작용 속에서 자신이 기여한 부분을 이해함으로써 성장할 수 있습니다.

'통찰'은 '[둘] 사이'로부터 그리고 대화로부터 발전합니다

나는 통찰은 이러한 종류의 대화로부터 발전한다고 믿습니다.

통찰 아하! 경험이다. 부분들과 전체 간의 관계에 대한 동시적인 이해다.
비록 게슈탈트 치료 문헌에서 나의 생각과 다른 진술들을 보아왔지만, 나는 게슈탈트 치료 알아차림 작업의 목표는 통찰이라고 믿습니다. 게슈탈트 치료 알아차림 작업에서 추구하는 통찰은 정신분석적 통찰과는 다른 것입니다. 만일 당신이 내가 그렇게 했듯이, 위와 같이 게슈탈트 심리학적 정의를 사용하여 통찰을 정의한다면, 통찰은 우리가 목표로 하는 어떤 것이 될 것입니다. 만약 당신이 이 정신분석적인 단어를 '정서적 통찰'로 제한해서 사용한다 하더라도, 정신분석적으로 활용되었을 때 대부분의 경우 나타나는 역사적이고 해석적인 '왜' 방식의 접근은 게슈탈트 심리학과 게슈탈트 치료에서 일관되게 사용하는 전체적이며, 감각적이고, 현상학적이며, 실존적인 활용과는 다른 것입니다.

나는 통찰은 환자(환자의 알아차림)와 치료자(치료자의 알아차림) 사이에서 변증법적으로 생성된다고 믿습니다. 나의 게슈탈트 치료 모형에서 통찰은 기법이나 좌절 또는 '게슈탈트 치료' 스타일의 행동 수정으로부터 오는 것이 아닙니다. 그것은 치료자의 힘과 카리스마로부터 오는 것도 아닙니다. 그것은 치료자에 의해 통제되지 않습니다. 그것은 환자와 치료자의 공동 작업으로부터 발생합니다.

치료자의 경험, 환자의 경험, 치료자의 경험, 환자의 경험, 이런 식으로 이어지는 연쇄적 게슈탈트가 있습니다. 아하!

만일 실연(enactment)과 무대극이 필요하다면, 제 생각에 우리는 다음과 같은 질문을 할 필요가 있습니다. 누구를 위해서 필요한 것인가? 무엇을 위해서 필요한 것인가? 누구에게 보조를 맞춰갈 것인가? 기법의 남용은 신비화나 지나친 단순화로 이어질 수 있습니다. 그러한 예로서 환자의 이야기를 충분히 듣지 않고, 빈 의자 기법을 지나치게 사용하는 것이 될 수 있습니다.

예술과 사랑으로서의 치료

나는 게슈탈트 치료에서 나에게 매우 중요하고, 또한 우리의 이론과 치료에서 결정적으로 중요한 어떤 것으로 끝을 맺고자 합니다. 게슈탈트 치료는 예술입니다. 조셉 징커(Joseph Zinker)는 게슈탈트 치료는 '창조적으로 되는 것에 대한 허락(permission to be creative)'이라고 말했습니다. 나는 그 말에 동의하고, 또한 더 나아가 나는 창조성과 사랑이 효과적인 게슈탈트 치료의 필요하고도 핵심적인 부분이라고 생각합니다.

전문적인 지식과 훈련 없이는 치료가 비효율적이고 해로울 수 있습니다. 어떤 치료는 실제로 부정적인 결과들을 야기하기도 합니다.

그러나 이 세상에 게슈탈트 치료를 [손쉽게 할 수 있는] 요리책은 존재하지 않습니다. 요리책들은 기능(craft)을 위한 것이고, 치료란 하나의 예술(art)이기 때문입니다. 그리고 나는 치료를 하는 것이 치료자의 모든 창조성과 사랑을 요구하는 하나의 예술이라고 생각합니다.

감사합니다.

Awareness Dialogue & Process

PART III
장 이론

A w a r e n e s s D i a l o g u e & P r o c e s s

CHAPTER **10**

장 이론의 소개

주 해

1991. 이 논문은 전체 장 이론 단원에 대한 읽기 쉬운 소개와 개관을 할 목적으로 쓰였다. 여기에서 논의된 대부분의 내용은 장 이론 단원에 속하는 다른 두 글들에서 좀 더 정교하게 다루어진다. [제11장 게슈탈트 치료에서의 자기: 토빈에게 보내는 응답(1983) 그리고 제12장 게슈탈트 치료의 사고 양상들(1984)].

게슈탈트 치료 이론은 장 이론을 바탕으로 하고 있다. 이것은 단지 역사적인 우연이 아니다. 장 이론은 게슈탈트 치료 이론 체계의 나머지 부분들과 가장 잘 작동하는 종류의 과학적 사고다. 장 이론과 게슈탈트 치료의 현상학, 대화적 실존주의, 절충주의, 임상적 선택들에 대한 유연한 태도 등은 서로 잘 맞는다. 더욱이 장 이론은 게슈탈트 치료 이론이 다루는 폭 넓은 지적, 사회적, 문화적, 정치적 그리고 심리학적인 쟁점들을 가장 잘 포괄하는 이론적 접근 방법이다(특히, Perls, Hefferline and Goodman, 1951).

게슈탈트 치료 이론에서 장 이론의 중요성을 고려할 때, 게슈탈트 치료 문헌에 장 이론에 대한 숙고가 거의 없었다는 것은 놀라운 일이다. 나는 명확하고 설득력이 있으며, 일관성 있고, 체계적이며 그리고 포괄적이라고 생각하는 장 이론에 대한 논의를 게슈탈트 치료 문헌에서 본 적이 없다. 나의 글인 '게슈탈트 치료의 사고 양상들'(1984a와 그 아래)에서 나는 장 이론의 몇몇 측면들에 대해 논의하지만, 이 글은 조엘 래트너(Joel Latner, 1983)가 쓴 글에 대한 응답으로 쓰인 것이며, 래트너의 글과 상관없이 논의된 측면들조차도 불완전하다. 래트너의 글은 장 이론의 몇몇 측면들에 있어서는 뛰어나고 설득력이 있으나, 다른 측면들에 있어서는 부적절하고 그릇된 인상을 주는 측면이 있다고 나는 생각한다. 이 논문에서 나는 그의 글에 대한 나의 응답에서 내어놓은 논의들을 반복하지는 않을 것이다. 나는 독자들에게 고전 과학이론(뉴턴의 기계론적 이론)과 포스트모던 이론(장 이론)(Latner, 1983)의 차이점에 대한 래트너의 뛰어나면서도 읽기 쉬운 논의와 (이 단락의 초반에서 인용한) 그와 나눈 나의 대화를 읽어볼 것을 추천한다.

장 이론에 대해 이야기하고, 읽고, 이해하는 것은 매우 어려우며, 아마도 게슈탈트 치료 이론 중 논의하기가 가장 힘든 측면 중 하나일 것이다. 장 이론은 아주 다른 사고 방법이며, 매우 추상적이다. 임상적 관심사들과 장 이론의 관계는 게슈탈트 치료 이론의 다른 측면들보다 덜 명확하다.

나는 장 이론에 대한 이 소개 글을 [특히] 장 이론적 논의들이 감각적 경험이나 임상적 관련성과 거리가 너무 멀다고 느끼거나, 혹은 이 주제에 대한 대부분의 논의들이 갖는 추상적 성격에 대한 본능적 두려움과 혐오를 갖고 있는 사람들을 위해 선명한 개관이 되기를 바라면서 썼다.

우리는 왜 장 이론이 필요한가?

심리치료자들이 왜 장 이론처럼 추상적인 것을 연구할 필요성이 있는가? 게슈탈트 치료는 실제적이며 구체적인 경험 그리고 감정들의 직접적 표현 등을 강조하는 경향 때문에 이런 것을 좋아하는 치료자들을 끌어들이는 면이 있다. 지금-여기의 감각 경험에 집중하고, 거기에 약간의 임상 경험을 더하는 정도로 만족하면 안 될까?

게슈탈트 치료의 실제와 이론은 우리의 알아차림 과정에 대한 알아차림의 중요성을 기반으로 하고 있다. 우리의 사고 과정은 이것의 중요한 한 측면이다. 우리는 이 사실을 치료 과정에서 언급한다. 그리고 우리는 이 사실을 이론화 과정에서 그리고 이론을 가르치는 과정에서도 언급할 필요가 있다. 펄스, 헤퍼라인 그리고 굿먼(1951)은 우리가 어떻게 생각하는가와 우리가 어떻게 이 세계에 존재하는가의 문제가 필연적으로 서로 상호작용한다는 것에 대해 논의했다. 어떤 사람이 세계에 대해 어떻게 생각하는가는 그 사람의 철학적 오리엔테이션을 포함하여 부분적으로 그 사람의 성격과 관련 있다; 역으로, 성격은 부분적으로 우리가 어떻게 생각하는가와 관계가 있다. 장 이론은 우리의 생각하는 과정에 주목한다.

켈리(Kelly)가 모든 사람들은 암묵적인 과학적 이론들을 가지고 있다는 말한 것에 대해 나는 그의 생각이 옳았다고 느낀다(Kelly, 1955). 공격적인 지적 검토를 하지 않으면, 개인적 기능은 검토되지 않은 편견들, 믿음들, 형이상학적 가정들, 언어학적 용법들, 내사된 사고 양상들 등에 의해 채색 [오염]된다. 우리는 이러한 가정들 위에 서 있으며, 이 가정들은 우리의 접촉과 알아차림 과정에 스며들어 우리의 사고, 감정, 지각과 행동들을 결정하고 바꾼다. 이들 가정들에 대해 명확히 알아내는 것이 현상학의 기능들 중 하나이며, 또한 게슈탈트 치료 방법론에 있어 매우 중요하다. 알아차림과 동화를 그렇게 중요시하는 한 시스템이 우리가 어떻게 생각하는가와 같이 중요한 주제를 융합과 검토되지 않은 내사의 수준에 남아 있도록 내버려둔다는 것은 일관성 없는 일이 될 것이다.

하지만 이들 알아차림이 결여된 지적 과정들을 검토하는 것은 단지 힘들고 고된 일일 뿐만 아니라, 흔히 불안과 회피 기제들을 유발한다. 나는 이 글을 쓰는 것을 포함하여 항상 장 이론에 관한 글을 쓸 때마다 이 사실과 싸워야만 한다. "형이상학적 태도의 무비판적인 가정은 우리들로 하여금 불안으로부터 쉽게 달아날 수 있도록 탈출구를 제공한다." (Bevan, 1991, 477)는 말이 있다.

불행하게도 이들 과정들이 검토되지 않으면, 일관적이지 못한 부분들과 이론적 편견들 그리고 제한들이 여전히 남아 있게 되며, 이로 인해 예상치 못한 결과를 낳게 된다. 예를 들면, 펄스, 헤퍼라인 그리고 굿먼에서 생물학적인 것과 사회적인 것으로 이분화한 것은 그들 이론의 중심이 되는 전체론적 (장 이론) 주제와 모순이 된다. 그리고 이 사실을 이론적으로 검토하지 않은 것은 게슈탈트 치료의 잠재력이 활짝 꽃피는 것을 제한하는 또는 적어도 늦추는 결과를 낳았다.

퍼얼스가 1960년대에 보여주었던 개인주의적, 직면적 그리고 드라마 지향적 이론의 입장들을 검토하지 않은 것은 게슈탈트 치료의 발달에 극히 해로운 영향을 미쳤다. [이런 점을 개선하기 위한] 장 [이론적] 분석은 작업의 전체 맥락을, 특히 대인관계들을 살펴볼 것이다. 장 분석은 [또한] 개인주의를 완화하면서 가족, 그룹 그리고 다른 사회적 과정들을 전면으로 이끌어낼 것이다. [그리고] 장 분석은 직면적이고 드라마 지향적인 방식의 부정적 효과들을 알아차리고 완화시키면서, 어떻게 이 과정들이 시간을 두고 점차적으로 발전하는가를 살펴볼 것이다. 또한 좀 더 부드럽고, 좀 더 미묘한 개입들이 갖는 장기적으로 긍정적인 효과들에 대해 좀 더 긍정적 평가를 내릴 것이다.

나는 장 이론이야말로 좋은 이론만큼 실제적인 것은 없다고 말한 레빈의 시각을 잘 예시하고 있다고 생각한다. 장 이론은 우리가 행하는 것 중에 무엇이 중요하고 핵심적이며, 무엇이 주변적인 것인지 초점을 맞추게 도와줄 수 있다. 또한 우리가 행하고 연구하는 다양한 형태들을 묶어주는 공통점들을 확인할 수 있도록 도와줄 수 있다. 나는 장 이론이 예를 들면 새로운 생각들, 방법론들과 기술들을 평가하고, 동화하는 데 있어 지침과 방향을 제공할 수 있다고 믿는다. 장 이론은 단지 우리의 연구와 치료를 위한 지적인 지침만을 제공하는 것이 아니라, 의사소통을 위한 체계를 제공해 줄 수도 있다.

게다가, 나는 장 이론이 게슈탈트 치료 방법론의 근간이 되는 게슈탈트 치료 이론의 핵심적 부분이기 때문에, 자신이 선택한 접근 방식에 대한 포괄적인 이해를 원하는 게슈탈트 치료자라면 장 이론을 공부해야만 한다고 주장하고 싶다. 게슈탈트 치료의 몇몇 중심 개념들은 장 이론적 태도 없이는 이해하기가 어렵거나 불가능하다. 아마도 우리는 단지 장 이론에 대한 피상적 연구만으로도 게슈탈트 치료를 그럭저럭 해나갈 수 있을 것이다. 그러나 확실히 이론적 작업이나 교육 또는 훈련을 하기 위해서는 [장 이론에 대한] 좀 더 깊이 있는 이해가 필요하다. 나는 게슈탈트 이론을 지도하고 또는 게슈탈트 이론을 쓰는 사람이면 누구든지 장 이론에 대해 철저히 이해할 필요가 있다고 생각한다.

나는 논리적 이분법, 기계적 사고 그리고 단순한 인과적 모델들을 기반으로 하고 있기 때문에 해결되지 않은 심리학에서의 많은 쟁점들을 게슈탈트 치료의 장 이론적 시각이 해결하도록 도와줄 수 있다고 생각한다. 그러한 모델들이 특정 변수의 범위 내에서 특정 종류의 탐색을 위해서는 [뉴턴 물리학 모델이 그것이 작용하는 한계 내에서는 정확하게 적용되는 것처럼] 어느 정도 효용이 있다고 하겠으나, 어느 범위를 넘어서면 물리학에 있어서나 심리학에 있어서나 마찬가지로 상황들이나 자료들의 전체 범위를 설명할 수 없다.

장 이론은 물리학에서 뉴턴의 기계적 이론을 포함하면서도 또한 이전의 이론이 적절하게 다루지 못했던 현상들을 설명할 수 있는 이론으로서 칭송받는다. 이 사실이 장 이론을 좀 더 포괄적인 것으로 만든다. 비록 심리학에서의 기계적 이론들이나 장 이론적 이론들은 둘 다 모두 어떤 현상들에 대해서는 적절하게 설명하지만, 그리고 장 이론은 기계적 이론들의 모든 현상들을 다 설명할 수 있지만, 그 역은 아니다[즉, 기계적 이론들을 갖고 장 이론적 현상들을 모두 설명할 수는 없다.].

장 이론 언어는 기계적 언어로도 묘사될 수 있는 현상들을 묘사할 수 있다. 토빈에 대한 나의 응답(제11장 게슈탈트 치료에서의 자기: 토빈에게 보내는 응답, 1983)은 정확히 이 점을 다룬다. 장 이론적 접근 방식은 기계적 이해 방식의 이원론적 사고에 의해 만들어진 몇 가지 딜레마들을 피해간다. 예를 들면, 개인이 환경을 만드는 것인가, 아니면 환경이 개인을 만드는 것인가? 기계적인 방법에서는 선형적으로 이 문제를 연구하기 위해 실험들이 고안될 수 있다. 그러나 이런 식으로 제기된 문제는 장 이론에서는 좀 더 쉽게 다루어질 수 있는 거짓 이분법에 불과하다. 개인적 부분이 장의 나머지 부분에 영향을 미치고, 또한 장의 나머지 부분이 개인에 영향을 미치면서 개인/환경 장은 스스로를 창조해낸다. 순환적 인과 관계는 기계적 모델의 선형적 인과관계와 진정한 장 이론 사이의 어딘가에 위치해 있다.

프로이트적 욕동이론에 대한 논쟁이 다른 하나의 예가 될 것이다. 많은 이들이 이 이론이 기계적, 환원주의적 그리고 이원론적이라고 하여 반대한다. 장 이론적 기반이 없으면서 이 이론에 반대하는 사람들은 물리적 에너지가 전체론적 이론에 필요한 한 측면이며, 기계적, 환원주의적 그리고 이원론적 사고를 하지 않고도 장 이론 내에서 잘 설명될 수 있다는 것을 깨닫지 못한 채, 모든 물리적 에너지 개념을 기계적, 환원주의적 그리고 이원론적인 것으로서 거부한다. 장 이론적 시각은 몸과 마음, 감정들, 사회적 상호작용들, 영적인 측면 그리고 초월 심리학적(transpersonal) 측면들을 포함하는 심리학적 이론을 통합하기 위한 이론적 지지를 제공할 수 있다.

게슈탈트 치료의 자기 개념이 다른 하나의 예가 될 것이다. 나는 이것이 사람들이 평가하는 것보다는 더 우아하고 유용한 개념이라고 생각한다. 그러나 이것은 장 이론의 맥락 내에서만 적절하게 이해될 수 있다. 장 이론에 대해 세밀하게 이해하지 못할 경우 우리는 대개 자기 개념에 대한 두 개의 일반적 태도들 중 하나를 취하게 된다. 우리가 자기 개념을 '내부의 소인'[homunculus; 극미인][1]처럼 구체적으로 존재하는 것으로 다루게 되면, 이러저러한 일들을 하는 내부의 '핵심'이 존재하게 된다. 그러나 개인은('I') 능동적인 행위자가 아니다. 그러면 어떤 사람들은 '응집력 있는 자기를 갖고 있는' 것으로 간주되며, 어떤 사람들은 '부서진 자기'를 갖고 있는 것으로 간주된다. 이것은 하나의 추상적 개념에 물리적이고 구체적인 존재의 속성을 부여하는 것이다.

한편, 우리가 자기 개념을 과정 용어들로 정의하게 되면, 우리는 자기 개념은 가질 수 있지만 '총체적인 자기(overall self)', 만질 수 있는 존재는 가질 수 없게 된다. 이 포괄적인 주제에 대한 세밀한 논의에 관심이 있는 독자들에게는 하레(Harré, 1991)와 로빈슨(Robinson, 1991)을 추천한다. 예를 들면, 1971년에 코헛은 자기 개념을 '낮은 수준의 추상적 개념'으로 정의했다(Kohut, 1971). "'낮은 수준의 추상적 개념'이라는 말의 의미는 사람들이 특정한 경험들을 근거로 한 일반화를 통해 그들 자신에 대한 관념들을 형성한다는 뜻이다."(Wolfe, 1989). [이는] 개념일 뿐, 존재는 아니다. 게슈탈트 치료의 자기 개념은 이런 식으로 잘못 해석되어 왔다(예, Tobin, 1982).

퍼얼스, 헤퍼라인 그리고 굿먼은 자기를 "순간순간의 접촉 시스템… 자기는 작동하고 있는 접촉-경계이며, 그것의 활동을 통해 전경들과 배경들이 형성된다."(Perls, Hefferline and Goodman, 1951, p. 235)라고 정의했다. 이와 같은 정의는 '나타나는(emerging)' 자기를 강조한다. 즉, 유기체/환경 장에서 지속적인 상호작용을 하면서, 장을 통합하는 자기를 부각시키고 있다. 그러나 이것은 만일 누군가가 뉴턴적 기계적

1) 역자 주_ homunculus는 고대 의학에서 가정했던 정자(精子) 속의 극미인(極微人)을 의미한다.

용어를 통해 사고한다면, 과거로부터 현재까지 이어지는 자기의 연속성은 없으며, "진정한 자기"(Tobin, 1982)란 없기 때문에 총체적 자기-응집력이 거의 없는 사람과 자기-응집력이 있는 사람 사이에 자기 기능의 차이는 없다는 것으로 해석될 수 있다.

장 이론에서 모든 사건들과 사물들은 장의 조건들에 따라 그리고 지각하는 사람의 관심사에 따라 구성된다. 얼마나 물질적으로 구체적이거나 또는 추상적이거나 간에, 모든 실재하는 것들은 이런 방식으로 구성된다. 이제 어떤 사람들은 모든 개념들이나 기억 등은 저장되었다가 다시 기억되는 것이라기보다는 재구성되는 쪽에 가깝다고 믿는다(Gergen, 1991의 논의 참조, 특히 p. 26). '사물들'은 욕구들이나 과거에 이해한 것들에 대한 기억 등에 의해서뿐만 아니라 상황에 따라 현상학적으로 구성된다. 장 이론에 대한 이해 없이는 자기가 현재의 유기체/환경 장과는 별개인 '어떤 고정된 기관으로' 존재하지 않는다는 개념(Perls, Hefferline and Goodman, 1951, p. 5)은 흔히 잘못 해석된다. 자기는 과정이다. [그러면서도] 이것은 어떤 실체적 존재보다도 더 실재적이다. 그리고 이것은 현재의 유기체/환경 장 내에서 구성된다.

게슈탈트 치료의 자기 개념은 응집력과 전체성 그리고 시간의 흐름 속에서 연속성을 갖는 것으로서의 자기 개념과 특정한 맥락 내에서 항상 매 순간 형성되는 것으로서의 자기 개념, 둘 다를 설명할 수 있다. 장 이론은 게슈탈트 치료로 하여금 능동적인 행위자로서의 개인에 초점을 맞추게 해주며, 또한 현재 속에서 그리고 시간이 경과하거나 다른 맥락들 속에 있음으로써 필연적으로 발생하는 변화 가운데의 장 관계들의 복잡성에 유념하게 해주며, 그리고 어떻게 사람들이 그들의 자기를 다르게 구성하는지 그 차이점들에 주목하도록 해준다. 이러한 게슈탈트 치료의 자기 개념은 좀 더 정교화되고 발전될 필요가 있으며, 이 글은 그 작업을 하기에는 적절치 않다.

어떤 사람들은 현재의 장에 유연하게 적응하면서 조화와 연속성을 갖는 자기를 형성한다. 자기 장애를 가진 사람들은 흔히 그렇게 할 수가 없다. 그들의 자기-구조들은 이전의 구조들을 조화롭게 통합하지 못하며 응집감과 연속감, 안전감 그리고 자존감을 유지하지 못한다. 특히, 현재의 장이 스트레스가 많을 때 더욱 그렇다. 대신에 그들의 자기-과정들과 자기-경험은 흔히 융통성 없이 고정된 부정적 내사들과 그들 자신에 대한 심상들에 근거하여 조각나 있다. 그들의 자존감과 응집력은 자신이 누구이며, 상황이 어떤지에 대한 명확하고 유연한 통합 없이 현재의 장 내부에 존재하는 힘들에 의해 쉽게 방해받는다. 또 다른 [종류의 병적인] 사람들은 맥락에 관계없이 항상 똑같고, 환경에 의해 영향을 받지 않는 자기에 대한 고정된 감각을 형성한다. 이 '고정된 게슈탈트(fixed Gestalt)'는 유연성이 없고, 장 속에서 상호작용을 통해 변화하여 성장할 수 있는 능력이 극히 제한되어 있다.

게슈탈트 치료에는 장 이론적 용어들에 의해서만 적절하게 이해될 수 있는 많은 역동적 개념들이 있다. 이들 중 몇 개의 예를 들면 다음과 같다. 유기체/환경 장; 경계; 지지; 전경/배경; 대화적 관계; 지각의 현상학적 구성 등.

장 이론을 사용하는 데 있어서의 한계들

때로는 장 이론이 논의되는 방식이 사람들로 하여금 흥미를 잃게 만든다. 장 이론에 대한 극히 단순화된 측면들을 자주 듣는다. 아마도 쿠르트 레빈(Kurt Lewin)에 대해 모호하게 언급한 후, 주제를 바꾸는 식의 이러한 언급은 사람들이 보기에 이렇게까지 야단법석을 떨만한 가치가 있을까 의심하게 만든다.

그러나 장 이론은 의미론적 도구 또는 단지 한 시스템의 전체를 언급하는 것 이상이다. 장 이론은 레빈의 위상 기하학 이상이다.

최고의 장 이론 논의들 중 어떤 것들은 다른 이론적 시각들이 논의될 때, 간접적으로 생겨난다. 예를 들면, 현상학, 대화 그리고 게슈탈트 치료의 전체 이론적 구조가 장 이론에 근거하고 있고, 장 이론은 이들 시각들의 많은 부분들, 그중에서도 가장 중요하면서도 가장 어려운 측면들과 서로 얽혀 있다. 현상학을 온전히 이해하기 위해서는 장 이론의 측면들도 이해해야 한다.

솔직히 말해서 나는 장 이론을 직접적으로 논의할 때보다 현상학이나 게슈탈트 심리학에 관하여 논의할 때, 심지어 장 이론의 측면(aspect)들에 관하여 논의할 때 더 자신 있다. 그래서 나는 전략적 분별력에서 혹은 게으름이나 무지에서 장 이론을 직접적으로 가르치기보다는 현상학이나 대화를 더 자주 가르친다. [그런데] 이렇게 하는 것은 사람들로 하여금 스스로 장 이론과 싸워보고, 과연 그것이 시간을 투자할 만한 가치가 있는 것인지 판단할 기회를 박탈해버린다. 부분적으로 이것이 내가 이 논문을 쓰고 있는 이유다.

때때로 장 이론은 마치 어떤 시각에 타당성과 권위를 부여할 수 있는 것처럼 사용되는 듯하다. 이것은 마치 어떤 것이 장 이론 원리들과 일치한다고 말하기만 하면, 바로 그것이 진리라고 말하는 것과 같은 것이다. 이것은 자신이 옹호하는 것이 무엇이든 곧 장 물리학적 권위와 연결시킨다. 그리고 실제로 약간의 권위를 부여할 수도 있다. 나는 장 이론을 지위나 권위를 부여하기 위해 사용하는 것을 좋아하지 않는다.

장 이론은 [그것을 사용했다고 해서 무조건] 타당성을 부여하지 않는다. 예를 들면, 나는 장 이론이 어떻게 신비적이거나 초월 심리학적 아이디어들이 가능할 수 있는지에 대한 그럴듯한 [사실은 오류의] 논리(post hoc)를 제공할 수 있다고 생각한다. 하지만 그 이상은 아니다. 그러나 나는 초월 심리학적 경험이나 신비주의적 사고들에 장 이론이 실제로 타당성을 부여할 수 있는 듯이 장 이론을 사용하는 것을 보아왔다. 내가 여기서 말하고자 하는 것은 신비주의적 또는 초월 심리학적 경험에 대한 논평이라기보다는 타당성의 근거로서 장 이론을 사용하는 데는 한계가 있다는 뜻이다.

때로 장 이론은 게슈탈트 치료에서 긍정적이고 경외적인 반응을 불러일으킬 수 있는 어떤 종교적 우상처럼 다루어지는 듯하다. '장'은 '좋은 단어'다. 때로 장 이론에 대한 논의가 두 아이들이 "아냐, 아냐, 아냐, 아냐! 내가 너보다 더 장 이론적이란 말이야." 하고 말하는 것처럼 들린다. 나는 폴스터 부부의 작업에 대한 래트너의 장 이론적 분석에 대해 몇 사람이 이런 식으로 반응하는 것을 들었다(Latner, 1983; Polsters, 1973). 즉, "그래서 어쨌다고?"라고 되묻거나 혹은 그의 분석을 "너무 까다롭게 군다."며 무시해버리는 것을 보았다. 그런데 이는 불행한 일이라고 생각한다.

이론들은 지침과 설득력을 제공할 수 있다. 그러나 어떤 명제가 진실이거나 거짓임을 증명할 수는 없다. 이론은 이론일 뿐이다. 그것은 생각들의 체계적 통합이다. 그러한 것으로서 이론은 유용하고, 위안을 주며, 자극적이고, 도발적이며, 발견적 가치가 있고, 그리고 기타 등등일 수 있다. 그러나 포스트모던 과학에서는 이론들은 어떤 종류의 절대적 진리로도 간주되지 않는다. 어떤 것을 장 이론 용어로 풀어내는 것이 그것을 진실로 만들지는 않는다.

조엘 래트너는 다음과 같이 말한다. "어떤 것들[이론들]이 다른 것들보다 더 진실이라고 믿는 대신, 내게는 어떤 것이 다른 것들보다 더 설득력이 있는 것처럼 보인다."

(Latner, 1983, p. 85) 장 이론은 내게 유용해 보이는 '내게 설득력이 있는' 하나의 시각이다. 그러나 이것은 [그 자체가] 진실은 아니다.

퍼얼스, 헤퍼라인 그리고 굿먼(1951)은 그들이 장 이론이 "독창적이고 왜곡되지 않은 자연스러운 삶에 대한 접근 방식"이라고 주장할 때 이 범위를 넘어선다. 이것은 장 이론이 진실이며, 다른 사고 방법들은 본래부터 잘못된 것이라는 것을 함축한다. 래트너는 이 주장을 논박한다(1983, pp. 86-87). 그리고 나는 그와 동의한다. 나는 어떤 이론도 본래부터 진실이거나, 또는 모든 목적들에 최고로 적합하다고 말할 수 없다고 하는 것이 보다 일관성이 있다고 본다. 장 이론은 게슈탈트 치료 이론이 근거하고 있는 이론이며, 그것은 많은 이점을 갖고 있다. 우리들 중 몇 사람은 그것이 좀 더 자연스럽다고 믿는다. 이것은 우리가 선호하는 것이다.

물리학에서 장 이론들은 본질적으로 수학적 표현들이며, 수학적 조작과 수학적 증명들이 가능하다. 그리고 궁극적으로는 경험적 검증 또는 반증을 해야 한다. 물리학에서 나오는 언어적 표현(formulations)들은 단지 근사치들일 뿐이다. 물리학자들의 형이상학과 세계관(언어적 표현)들은 장 이론을 바탕으로 한 그들의 수학적 작업의 결과로 인해 달라지지 않는다. 이 책의 다른 논문에서(제12장 게슈탈트 치료에서의 사고의 양상들, 1984a) 나는 학문적 경향과 철학에서 서로 반대의 입장에 있는 두 물리학자가 그들의 수학 표현들이 실제로 단계마다 동등한 것이라는 사실을 발견한 뒤에도 서로에 대한 반대 입장을 거두지 않은 매우 인상적인 일화를 소개한 한 물리학자를 인용했다(Sachs, pp. 92-93).

심리학에서의 장 이론은 물리학에서보다 '진리'를 더욱 못 드러낸다. 왜냐하면, [심리학에서는] 장 이론을 위한 수학적 근거를 활용할 수 없으며, 또한 장 이론적 진술들과 장 이론적 진술들이 아닌 것들 사이의 차이점들을 (또는 다양한 장 이론적 진술들의 차이점들을) 변별해주는 직접적인 경험적 검증도 할 수 없기 때문에, 여러 가지 [언어적] 표현들 사이에서 특정한 것을 경험적 근거에 의해 더 낫다고 결정할 수 없기 때문이다.

어떤 열성적인 사람들은 맥락이나 명료성의 정도와 상관없이 모든 일상적 언어 사용을 뉴턴적이라고 하면서, 이는 게슈탈트 치료 이론에 위반된다고 몰아붙인다. 따라서 그러한 전체 논의 자체가 타당하지 않다면서 장 이론을 정치적 쟁점으로 만든다. 나는 이러한 반사적 반응이 도움이 되지 않는다고 생각한다. 종종 단순한 뉴턴적 언어가 좀 더 명료한 의사전달을 하기도 한다. 그래서 경우에 따라 어떤 언어를 사용할지 분별해서 하는 것이 필요하다고 생각한다.

임상적 맥락에서 우리는 환자와 의사소통이 되는 것이라면, 또한 공감, 존경, 이해 그리고 보살핌에 근거한 치료 관계를 더 진전시킬 수 있는 것이라면, 그것이 어떤 언어이든 상관없다. 예를 들면, "당신은 듣는 기능이 없군요(You have no ears.)."[2]라는 말은 좋은 게슈탈트 치료 이론적 표현이 아니다. 이것은 '듣기(hearing)'가 유기체/환경 장에서 일어나는 통합적 과정이라기보다는 그 사람의 소유물이라는 것을 함축한다. 이것은 명료하게 의사소통이 되고, 또한 유용할 수도 있다. 하지만 이것은 비난적이거나 모욕적으로 들리기도 한다. "당신은 듣는 기능이 없군요."라는 말은 치료자가 장 이론이나 대화적 용어들로 생각하고 있지 않음을 보여준다. 이러한 해석은 문제가 오직 환자 안에만 있고, 치료자와 환자 사이에는 없다고 가정한다는 데 있어서 뉴턴식이며 비-대화적이다. "당신은 듣는 기능이 없군요."라는 표현은 표현된 변수들의 범위에 있어 폭이 좁고 인과 관계를 귀인시키는 데 있어 일방적이다. 치료자의 태도와 환자가 귀 기울이지 않는 것과는 아무 관계가 없는 것일까?

때로는 뉴턴적 언어로 된 진술이 매우 명확한 의사소통을 하며, 치료 관계를 더 발전시킨다. 이것은 내가 볼 때마다 짜증이 나는데, 이런 시도 중에 하나가 '내부의 아이'에 대한 언급이다. 이것은 하나의 과정으로부터 하나의 사물을 만들어내는 것이라 할 수 있는데, 결코 장 이론적이라고 할 수 없다. 그러나 이것은 때로는 유용한 용어이며, 치료자와 환자 사이의 공감적 유대 형성을 촉진시켜줄 수 있다.

가끔 나는 [환자들이] "내 안의 아이가 그것을 했어요."라는 말을 하는 것을 들을 때, 마치 "나는 책임이 없어요, 내 안의 아이가 그랬어요."라고 서투르게 농담하는 것처럼 들린다. 심지어 어떤 환자는 '내부의'라는 말을 빼고 '내 아이'가 이러저러하게 느꼈다고 말할 때, 한순간 나는 그 환자가 자신의 실제 자녀들 중 하나에 대해 이야기하고 있다고 생각했는데, 그것은 진짜 서투른 농담처럼 들렸다. 때로 이러한 태도는 "이러

2) 역자 주_ 이는 퍼얼스가 투사 개념을 설명하면서 한 말 가운데, "어떤 사람들은 눈이 없고, 어떤 사람들은 귀가 없다. 자신의 눈이나 귀를 타인에게 투사해버림으로써 스스로 보고 들을 수 없다."고 한 말을 근거로 환자들을 [냉소적으로] 진단 내지 비판하는 행위를 염두에 두고 한 말임.

한 감정을 가진 사람은 내가 아니야. 그리고 나는 내 안의 아이에 대해 책임이 없고, 아무런 선택권도 없어. 이것은 나의 학대하는 부모에 의해 과거에 만들어졌어."라는 태도다. 그러한 환자들이 표현하고 있는 경청하고, 존중하고 그리고 명료화할 필요가 있는 매우 중요한 주관적 경험들이 있다. 그러나 그런 것은 다음과 같이 장 언어를 통해서도 가능하다. "나는 겁이 났고, 외로웠고, 절망적이었고, 또한 내게 어떤 선택권이 있다는 것을 믿지 않았습니다. 내게 진정으로 다른 좋은 대안이 없었던 어린 시절에 느꼈던 것처럼 말이에요."

전에 나의 환자였던 어떤 사람이 나와의 치료 경험에 대해 편지를 보내왔다. 그녀는 편지에서 내가 그녀에게 치료 과정 중에 떠올랐던 은유적 이미지를 뉴턴적 언어를 사용하여 들려주었었는데, 그것이 매우 도움이 많이 되었었다고 다음과 같이 기억을 상기시켜주었다.

> 내가 느끼는 정적이고 가혹한, 수그러들지 않는 적막한 고독감을 묘사하기 위해, 나는 팝콘 알갱이 안에 쏙 들어간 표백된 태아를 그려보았습니다. (내가 건트립을 발견한 후 [그녀는 Guntrip, 1969에 대해 언급했다.], 그 태아는 안경을 끼고 건트립을 읽고 있었습니다.)
>
> 이 태아는 세상으로부터 등을 돌리고 있었습니다. 그리고 알갱이 밖의 어떤 것도 듣거나 느낄 수 없었습니다.
>
> 장기간에 걸쳐 강렬하고 지속적으로 접촉에 대해 집중한 결과로, 그리고 특히 우리의 관계에 대해 집중한 결과로 나타난 주된 변화는 단순한 고립과는 반대되는 외로움을 경험하기 시작했다는 것입니다.
>
> 내가 당신과의 접촉 안으로 나의 외로움을 가져올 수 있게 되면서, 결국 초록빛 싹이 알갱이의 꼭대기에서 자라났습니다. 이 초록빛 싹은 내 자신의 고립감과 우리의 접촉을 연결해주는 통로였습니다. 나는 이 초록빛 싹을 통해 내가 다시는 전적으로, 그리고 완전히 고립되는 일은 결코 없을 것이라는 것을 알았습니다.
>
> 나중에 나의 분석가와 함께 내 인생에서 최악의 우울증을 앓고 난 후에, 내 알갱이 안의 세계는 정의상 개인적이고 공유할 수 없는 상태에서 원칙적으로 (그리고 그녀와의 경험을 통해서도) 공유할 수 있는(다른 사람이 알 수 있는) 상태로 변해 있었습니다.

> 그러나 두 세계들(내가 살고 있는 세계와 나의 알갱이 세계) 사이의 연결은 이 초록 싹과 함께 생겼습니다.

언어는 맥락에 맞아야만 하며, 그 자체가 본질적으로 그리고 저절로 진실이거나 거짓은 아니다. 임상적 시험이란 개별적 환자들과 무엇이 통하는가를 알아보는 것이다. 쉽게 설명하고, 명확하게 전달하는 것이 많은 맥락들에서 이론적 정확성보다 더 우선적이다. 셰이퍼(Shafer, 1976)는 정신분석을 위해 우리의 언어보다 한 층 더 극단적인, 철저한 과정 용어를 만들어낸다. 하지만 그는 이것이 이론적 논의나 형식화에서는 매우 중요하지만, 임상적 장면에서는 반드시 [과정 언어에] 구속될 필요가 없다는 것을 명확히 한다. 장 이론적 물리학자도 기구나 책상, 점심, 승진 등을 언급할 때는 뉴턴적 언어로 이야기한다.

기계적, 뉴턴적 이론 체계는 자체 영역 내에서는 충분히 잘 작동한다. 우리가 공간을 천천히 이동하는 적당한 크기의 물체를 다루는 한, 뉴턴 이론적 예상들은 잘 맞아떨어진다. 치료자로서 우리가 하는 작업들 중 몇몇의 경우도 단순한 기계적 언어가 환자들과 나누는 단순한 대화에는 심지어 더 나을 수도 있다.

불행하게도 장 이론적 언어를 사용하지 않는 많은 게슈탈트 치료자들은 그들이 무엇을 하고 있는지 깨닫지 못하고 있다. 이것이 의미하는 바는 그들이 단순히 그들의 언어 활용에 있어 실용적이라는 것이 아니라, 그들의 임상에서의 언어 사용에서나 혹은 게슈탈트 치료에 대해 이야기하는 것과 게슈탈트 치료 이론 자체 사이의 이론적 갈등을 자각하고 있지 못하다는 것이다. 이러한 조잡한 언어가 게슈탈트 치료에 대해 수업을 하거나 또는 글을 쓸 때도 마찬가지로 사용된다면, 이것은 가장 불행한 일이 될 것이다.

장 이론 이해하기

장 이론은 무언가를 연구하기 위한 하나의 접근 방식이다. 그리고 '장'은 이 접근 방식에서 하나의 기본적인 도구다. 모든 것이—즉 사건들, 대상들, 유기체들 혹은 시스템들이 모두 장 시각에서 연구될 수 있다. 어떤 접근 방식이 장 이론적인지 아닌지의 기준은 그것의 철학과 방법론이 특정한 원칙들에 충실한지 아닌지에 달렸다.

이는 '정확한' 또는 '옳은' 장 이론이 있다는 것을 의미하지는 않는다. 많은 서로 다른 그리고 동등하게 타당한 장 이론들이 존재한다. 그리고 나는 어떤 특정한 장 이론이 유일하게 옳은 길이라고 할 만한 것이 없다고 생각한다.

장은 현상학적으로 정의된다. 장의 범위와 정확한 성질 그리고 사용된 방법들은 연구하는 사람에 따라, 그리고 무엇이 연구되느냐에 따라 달라진다. 장은 아원자(subatom) 입자들만큼 작고 빠를 수도 있으며, 우주만큼 넓을 수도 있다. 어떤 장들 내부의 힘들은 인간의 오감에 의해서 관찰될 수 있지만, 다른 장들에서는 그렇지 않을 수도 있다. 장은 실체적이거나 물리적일 수 있으며, 혹은 비실체적일 수도 있다. 게슈탈트 치료에서 우리는 유기체/환경 장들 안에 있는 사람들을 연구한다. 유기체/환경 장의 환경은 학교, 사업, 가족, 커플, 훈련 집단, 자신의 삶의 공간 내에 있는 개인 등일 수 있다.

다음 단락에서 장 이론들의 아홉 가지 일반적 특성들이 논의될 것이다. 이 논의 이후에 이 글은 장 이론에 대한 공식적 정의와 논의에 대한 요약으로 끝을 맺게 될 것이다. [이 글에서 다루는 많은 주제들이 이 책의 다른 글들에서 좀 더 자세하게 다루어질 것이다. 특히 제12장 '게슈탈트 치료의 사고 양상들'에서, 또한 제6장 '게슈탈트 치료: 임상적 현상학'(1976), 제8장 '게슈탈트 치료: 게슈탈트 심리학으로부터의 유산'(1982), 제11장 '게슈탈트 치료에서의 자기: 토빈에게 보내는 응답'(1983)에서].

독자에게 방향성을 부여하기 위해 특성들을 다음에 나열한다.

장들의 특성들

1. 장은 관계들의 체계적 조직망이다.
2. 장은 시간과 공간 내에서 연속적이다.
3. 모든 것은 장에 속한다.
4. 현상들은 전체 장에 의해 결정된다.
5. 장은 통합적인 전체다. 모든 것들이 장 내부에서 그 밖의 모든 것들에 영향을 미친다.

부가적인 장 이론적 태도

6. 지각된 실재는 관찰자와 관찰되는 것 사이의 관계에 의해서 형성된다.
7. 동시간성(contemporaneity)의 원칙
8. 과정: 모든 것은 [무언가가] 되어가는 중이다.
9. 인자형(genotypic) 불변 요소들에 대한 통찰

장들의 특성들

장은 관계들의 체계적 조직망이다

나는 장을 다음과 같이 정의한다. '함께 하나의 통일된 상호작용적 전체를 형성하는 상호 영향을 미치는 힘들의 총체(totality).'

장 접근 방식은 전체적인 것이다. 레빈의 관련됨의 원리는 하나의 사건이란 항상 둘 또는 그 이상의 사실들 사이의 상호작용의 결과라고 말한다. 연구되는 현상은 각각 어떤 시간과 공간 내에서 동시에 발생하고, 우리가 장이라고 부르는 통합된 전체를 형성하고 시간이 지남에 따라 역동적으로 변화하는 상호 관련된 힘들의 복잡한 조직망이라는 맥락 내에서 연구된다. 또는 잉글리시(English)와 잉글리시(English)가 말하듯이, "심리학에서 장은 그 안에서 유기체가 기능하는 상호의존적인 영향들의 복잡한 총체, 심리적 사건을 설명하는 상호의존적인 요소들의 구성을 강조하는 데 사용된다." (p. 206)

장은 상호작용적이며, 같은 시간대에 존재하는 힘들에 의해 결정된다. 이처럼 [장 이론가들이] 상호작용에 대해 우호적인 태도를 갖는 이유는 일방향적 선형적 설명들이 상호작용 속에서 발생하는 다수의 요소들과 다수의 영향들을 잘 설명하지 못할 것이라고 의심하기 때문이다. 단순한 선형적 설명들은 아래에서 논의될 부가적인 난점들을 안고 있다. 예를 들면, 이들은 동시간성(contemporality)을 강조하지 않으며, 종종 '멀리서부터의 작용(action-at-a-distance)'을 가정한다.

최근에 한 의료기관의 책임자가 어떤 특정한 당직자가 근무를 할 때면 항상 뭔가 잘못되는 것처럼 보인다는 말을 했다. 우리는 이것을 어떻게 설명할 것인가? 많은 변수가

존재한다. 그리고 이들 변수들 각각은 단순한 선형적 설명으로 나타낼 수 있다. 이 의료기관 책임자는 여자이고, 이 당직자는 남자다. 성이 결정적 요소일까? 이 여자가 위압적인 여자일까, 아니면 아마도 그녀는 반복적으로 자신이 희생자가 되도록 내버려두는 것일까? 우리는 다수의 정신역동적 해석들을 만들어낼 수 있다. 하나의 추가적인 사실은 그 여성은 내과 의사라는 점이다. 남성인 당직자가 내과 의사들과의 관계에서 문제가 있는가? 권위자들과의 관계에서 문제가 있는가? 또는 여자들과의 관계에서 문제가 있는가? 이 내과 의사가 남자들과 관계에서 문제가 있는가? 더욱이 이 내과 의사는 흑인이고, 그 당직자는 라틴계다. 문화 인종적 관계들과 같은 요소들이 관련되어 있는 것처럼 보인다. 이 병원의 구조를 면밀히 조사해보면, 이러한 갈등을 조장하는 구조적 요소들이 들어날 수도 있다. 예를 들면, 이 내과 의사는 새로 충원된 직원이다. 어떻게 이 구조가 그리고 직원들이 새로운 내과 의사들을 맞이하는가? 가족을 부양하면서 낮은 대우를 받는 당직자가 더 나은 대우를 받는 독신 내과 의사에게 어떤 감정을 느낄까?

이 상황에 대한 적절한 이해는 다수의 요소들을 서로 연관지을 것을 요구한다. 두 개인들의 개별적 정신역동들, 직원 관계들의 정치적 그리고 구조적 요소들, 문화적 그리고 인종적 관계들 등. 만일 내가 단순히 이 여자의 아동기와 그녀가 가지고 있는 현재의 문제점 사이의 단순한 인과관계를 포함하는 인지 지도(cognitive map)를 사용해서 [상황을 설명하려] 한다면, 이것은 부적절하고 지나치게 단순한 것이 될 것이다. 만일 내가 이것을 어떻게 여성들이, 아니면 흑인들이, 아니면 흑인 여성들이 대우받는가에 대한 단순한 해석으로 환원시키려 한다면, 이것은 관련된 개인들의 성격적 기능들이라는 요소들을 빼놓게 될 것이다. 만일 내가 이를 병원의 구조적인 문제로 축소시키려고 한다면, 이것 또한 적절하지 못할 것이다. 오히려 이 상황에는 이 모든 요소들이 상당히 많이 서로 관련되어 있다.

관계는 모든 곳에 존재한다

관계는 우리가 알고 있는 대로의 존재에 내재한다. 장 이론적 시각에서 보면, 존재하는 모든 것들이 관계들의 조직망으로 구성되어 있다. 하나의 장은 관계들의 조직망이며, 그것은 또한 한 층 더 큰 관계 망들의 맥락 안에 존재한다. 안다는 것 역시 관계다.

즉, [단원 6에서 논의하겠지만] 지각하는 사람과 지각되는 것 사이의 관계다. 우리는 사물을 관계 속에서 지각한다. 예를 들면, 우리가 알고 싶은 것, 우리가 믿는 것, 관찰되는 사건의 배경, 역사, 우리의 욕구들, 언어학적 영향들 등과의 관계 속에서 지각한다.

퍼얼스, 헤퍼라인 그리고 굿먼은 접촉[관계]이 첫 실재이며(현상학적으로), 유기체는 그것의 환경과의 관계를 떠나서는 아무런 의미도 없다는 [또한 현상학적 환경은 지각하는 사람에 의해 지각된 것으로서만 의미가 있다는] 게슈탈트 치료의 기본적 개념을 제시했다.

"실존은 본질에 앞선다(Existence precedes essence)." 실존은 세계 속에서의 관계다. 이것은 내재하는 본질이 실존에 앞서는 것으로 보는 플라톤적 이상주의 및 아리스토텔레스의 논리적 범주화 둘 다와는 대조되는 것이다. 실존적으로 볼 때, 절대적 본성이라는 것은 존재하지 않는다. 인간의 존재와 의식(consciousness) 없이는 인간적 특성들은 존재할 수 없으며, 유기체/환경 장 안에서의 관계로서만 의식은 존재할 수 있다. 언어와 개념들은 사회적 과정으로서 학습되거나 또는 창조된다. 그들은 절대적인 본질들이 아니다.

내가 고등학교에 다닐 때 우리는 물리적 세계가 아원자 수준에서 어떻게 구성되어 있는지에 대해 관계를 전혀 강조하지 않는 기계론적 모델로 배웠다. 이 모델은 행성들이 태양의 둘레를 돌듯이 전자들이 핵 주위를 도는 소형 태양계 같은 것이었다. 핵과 전자들은 각각 자신의 위치에 고립되어 있고, 그들 사이에 공간을 가진 단단한 실체로 그려졌다. 이들 불연속적인 입자들 사이의 빈 공간을 통해, 어떤 질서 같은 것이 만들어졌다. 물론, 입자들은 입자들과는 다른 종류의 재료로 만들어진 특정 종류의 에너지(천문학적 수준에서의 중력과 유사한 전자기적 에너지)에 의해 움직여졌다. 이것은 매우 뉴턴적인 모델이었다.

하지만 이제 아원자 세계를 연구하는 물리학자들은 이를 더 이상 그런 식으로 보지 않는다. 전자들과 에너지는 분리된 것들이 아니며, '단단한' 입자들은 에너지가 강하게 집중된 것들이며(이들은 어떻게 관찰되느냐에 따라 파장일 수도 있고, 또는 입자들일 수도 있다.), 전체 구조는 이러한 집중된 에너지들 사이의 관계들에 의해 작동한다. [어떤 물리적] 효과들은 장의 공간을 지나가는 파동을 통해, 그리고 장의 시간적 흐름을 통해 만들어진다.

관계는 본질적이며, 역동적이고 구조화되어 있다

어떤 자연적 현상의 조직망은 구조화되고 통합된 전체다. 하나의 관계망과 그 외부에 있는 것은 서로 구별되며, 그리고 관계망 내부에서도 세분화가 이루어진다. 관계망 속에는 역동적인 구조가 내재한다. 별들은 중력에 의해 영향을 받는 관계 속에 있으며, 그 체계는 구조화되고 통합되어 있다. 조직망의 구조가 갖는 상태는 시간이 지나면서 변화한다. 때로는 와해되고(entropy), 때로는 좀 더 분명한 게슈탈트들을 형성하면서(prägnanz) 변화한다.

게슈탈트 심리학자들은 장 내부의 구조는 장의 관계들 속에 내재하는 것이지, '특별한 배열'에 의한 것이 아니라는 사실을 중요시한다. 자연스런 장의 조직은 미리 정해진 통로로 물이 지나가게 하기 위해 단단한 콘크리트로 통로들을 만드는 것과는 달리, 자연의 다른 힘들과 서로 상호작용하면서 강이 자신의 자연적 경로를 찾아가는 것처럼 만들어진다. 장의 조직 내에 문제나 역기능이 발생했을 때, 그 해결책들 또한 장의 역동 안에 존재한다(Wertheimer, 1945).

좋은 이론은 장의 내재적인 구조를 명확히 밝혀준다(통찰에 대한 이 책의 단원 9를 참조할 것). 이론은 그 자체가 하나의 장이며, 좋은 이론은 설명적인 요소들을 인위적으로 부가하거나 또는 그 이론에 본질적 관계가 없는 자료들을 활용하기보다는, 그 이론에 내재하면서 연구되는 장의 내적 구조에 대한 통찰을 드러내주는 자연적 요소들을 찾아냄으로써 개발된다.

장들은 항상 복잡한 다수의 세분화된 상호 관계들을 가진 다수의 요소들로 구성된다. 장 이론에서 관계들의 조직망은 항상 다수의 결정 변인들에 의해 결정되는데, 이때 그 변인들은 연구되고 있는 현상을 이해하는 데 필수적이면서, 전체에 내재하는 체계적 구조를 갖는다. 아리스토텔레스적 논리 또는 뉴턴적 사고에서와는 달리 장 이론적 사고방식에 있어서는 불가피하게 본질적 부분인 중대한 맥락적 요소들이 존재한다.

아마도 이것의 의미는 분트와 같은 구조주의자들의 태도와 대조해봄으로써 이해될 수 있을 것이다. 그는 심리학을 정신적 내용물을 요소들로 분석하고 나서 그들 간의 연결 법칙을 찾는 것으로 보았다. 이것은 요소들과 연관들을 강조하면서, 역동적 전체는 강조하지 않는 정신 화학적 접근 방식이다(Mesiak & Sexton, 1966, p. 80). 이 정신 화학적 접근 방식은 전체가 시계처럼 분해될 수 있고, 다시 조립될 수 있는 뉴턴의 기계적으로 결정된 우주와 같은 것이다. 구조주의자들에게 있어 전체는 부분들의 합과 정확히 일치하며, 연구자는 연구되는 것에 영향을 미치지 않으면서 절대적으로 아는 것이 가능하다.

시간과 공간 내에서 장은 연속적이다

'장' 그리고 '힘들'은 역동, 움직임 그리고 에너지를 함축하는 말이다(Mesiak & Sexton, 1966, p. 354). 이러한 언어적 용법은 상대성 이론에서의 전자기 장들의 연구와 시간을 다루는 방식으로부터 [물리학에서는] 문사 그대로, 그리고 [심리학에서는] 유추에 의해 도출된다(English & English, 1985, p. 207). 장 이론적 접근 방식을 사용하면서 우리는 시간이 흐르면서 이루어지는 삶, 움직임, 변화, 활기찬 상호작용 등을 생각한다. 장의 힘들은 전체에 속하는 것이고, 시간이 흐르면서 발달한다.

"장(field): 어느 한 시점에만 존재하는 입자에 대비하여, 시간과 공간에 걸쳐 지속적으로 존재하는 어떤 것"(Hawking, 1988, p. 184). 장은 뉴턴 역학에서의 물질적 지점들이 차지했던 자리를 넘겨받는다(Einstein, 1950, p. 74).

레빈은 다음과 같은 사실을 지적한다. 심리학에서는 "물리학에서처럼 사건들과 대상들을 어떤 집단으로 묶는 것은… 논리적 이분법은 지속적 변이를 허용하는 일련의 개념들의 도움에 의한 분류법으로 대체된다. 그런데 이는 부분적으로 단순히 더 많은 경험을 통하여, 그리고 과도기적 단계는 항상 존재한다는 인식 때문에 가능하다." (1938, p. 22) 어떤 의미에서 장 이론적 시각은 양자택일적 이분법들보다는 연속체로서의 세계에 대한 시각이다(Einstein, 1961, p. 55).

19세기에 장 개념이 도입되기 전까지는 자연에 대한 묘사가 사물적 언어에 의해 이루어졌다.

> … 분리되고, 지각할 수 있고, 구별 가능한 물질들의 조각들, 각각 특정한 장소의 특정한 시간에 있는, '자신의 에너지'로 또는 상대방이 발휘하는 영향에 의해 움직이

> 는… 한편, 장의 개념은 물질적 세계에 대한 가장 근본적인 묘사는 오히려 연속성에 의해 이루어져야만 한다고 주장한다. 마치 거친 물의 표면에서 파동들이 퍼져나가는 것을 우리가 마음 속에 그리는 것과 같이(Sachs, 1973, p. 5).

장 이론의 렌즈를 통해 보면 움직임이 정지를 대체하고, 사건들이 사물을 대체하고, 연속성이 비연속성을 대체한다.

모든 것은 장에 속한다

> … 대상들은 독립적인 물리적 힘들이 아니며, 대상으로서의 그들의 질을 그들에게 반응하는 유기체로부터 얻는다…(English & English, p. 207).

대상들, 유기체들 등은 현상학적으로 결정된 장의 한 부분으로서 현상학적으로만 존재하며, 그러한 장에서의 상호작용에 의해서만 의미를 가진다. 레빈은 "한 사람에 의한 모든 에너지의 발현은… 전체 장에 의해서만 정의되어야 한다."(English & English, p. 20)고 말한다. 이것은 한 사람이 장의 나머지 부분에 미치는 영향과 장의 나머지 부분이 그 사람에게 미치는 영향 둘 다를 포함한다. 이것은 장 이론의 가장 중요한 측면이고, 현상학적 측면들과 일치하며(특히, 실재는 관찰자와 관찰되는 것의 현상학적 구성이라는 점에서), 또한 대화적 시각과도 일치한다(즉, '나'는 '나-너' 또는 '나-그것'의 한 부분으로서의 '나'라는 의미에서).

장에 속한다(of a field)[3]는 것은 단순히 장과 무관하게 장 안에 있다(in a field)[4]는 것

3) 역자 주_ 장에 속한다(of a field)란 말은 장의 한 부분이라는 뜻과 같다. 예컨대, 유기체/환경 장에서 유기체나 환경 둘 다 유기체/환경 장의 한 부분이며, 둘 다 장에 속한다. 이때 어느 한 부분이라도 빠지면 온전한 전체 장이 될 수 없다. 여기서 부분이라는 말은 부속품적인 의미가 아니고, 구성적인(constructive) 부분이다. 즉, 다른 부분[부속품]으로 교체할 수 있는 그런 성질이 아니다. 어느 한 부분을 바꾸면 전체도 따라서 바뀌게 되는 그런 부분인 것이다. 예를 들면, 세 사람으로 구성된 합창단에서 한 사람이 빠지거나 다른 한 사람으로 교체되었을 때, 그 합창단[전체]의 노래는 이전과는 전혀 다른 것이 될 것이다.

4) 역자 주_ 장 안에 있다(in a field)란 말은 장과 아무런 관계없이 그냥 있음을 뜻한다. 장 이론적으로는 [또한 현상학적

이 아니다. '장 안에 있음'은 유기체 또는 대상을 절대적인 용어들로, 즉 장 밖에 있는 것으로 정의한다. 그러고 나서 거기에다 전체적 맥락을 부여하기 위해 장을 더한다. [말하자면] 한 사람은 장과 무관하게 존재(형태, 본질)를 갖는다. 그리고 개념적으로 장 안에 놓여지는 것이다. 장에 속하는(of-a-field)적인 시각은 어떤 것도 장에 속하지 않는 것은 없다고 생각한다.

한 사람과 환경은 모두 장에, 즉 유기체/환경 장에 속한다. 사람들은 그러한 장에 속하며, 또한 장의 구성하고 결정하는 힘에 속한다. 심리적 장은 사람들과 별개로 존재하지 않는다. 사람들은 장과 별개로 존재하지 않는다. 한 고립된 개인과 외부 환경 사이에 존재하는 관계 같은 것을 의미하는 것이 아니다. [정확히 말하자면, 그런 관계는 존재하지 않는다.] 한 개인은 어느 시점에서 그가 [한 부분으로서] 속하는 장에 의해서만 정의될 수 있으며, 또한 장은 오로지 누군가의 경험이나 시각에 의해서만 정의될 수 있다.

연구자들은 흔히 '장에 속하는'과 '장 안에 있는'을 서로 잘 구별하지 않는다. 심지어 잉글리시와 잉글리시가 내린 장의 정의조차도 '장 안에 있는'을 '장에 속하는'과 명확히 구별하지 않았다. 그들은 장을 다음과 같이 정의한다.

> 1. 경계들이 있는 영역 심리학에서 사용되는 것처럼, 장(영역)과 경계는 둘 다 은유적으로 사용될 수 있다. 예를 들면, 우리가 행동의 한계를 정하는 규칙들에 대해 말할 때, 우리는 단순히 물리적 장소를 언급하는 것이 아니라 허용되는 행동을 언급하는 것이다(English & English, 1958, p. 206). '장'은 또한 "2. 일군의 힘들이 그 안에서 작용하는 전체 공간"을 지칭한다(English & English, p. 206).

잉글리시와 잉글리시는 마치 사건들과 사물들을 위한 단순히 텅 빈 수용체로서의 장을 고려하고 있는 듯하다.

으로도] 장과 무관하게 그냥 있는 것은 아무것도 없다. 장 안에 있음의 개념은 단지 관념적으로 생각된 것일 뿐이다. [하지만] 뉴턴의 기계론적 시각에서는 모든 것을 이처럼 '장 안에 있음[그냥 있음]'의 관점에서 다룬다.

장에 속하지 않는

하나의 유기체가 장 안에서만 존재할 수 있다는 생각은 장 이론적 시각이며, 객관적 사실은 아니다. '장에 속하는' 적인 시각에 대한 대안들이 존재한다. 이 점을 명료화하기 위해 나는 심리학에서 여전히 관찰될 수 있는 서로 다른 두 가지 시각들에 대해 논하고자 한다.

갈릴레오적 대 아리스토텔레스적 사고방식들

레빈은 장 이론적(갈릴레오적) 시각과 아리스토텔레스적 범주화 논리를 대조한다(Lewin, 1983). 아리스토텔레스적 체계 안에서 각각의 사물은 본질 또는 덕을 가지며, 그 본질은 [모든 사물의] 첫 번째 원인인 동시에 그 사물이 존재하는 목적론적 궁극의 목표다. 사물은 그것이 속하는 힘들의 장에 의해서가 아니라, 그것의 본질(형태)에 의해 결정된다. 플라톤적 체계들 역시 이러한 특성을 갖는다. 대부분의 심리학적 분류체계들도 같은 논리를 갖고 있다.

예 환자의 인생에 일어난 불행한 상호작용에 대해 환자 본인이 부분적으로 책임이 있다고 해석하면서 직면적인 태도를 취하는 치료자에게 환자는 분노를 느낀다. 치료자는 다음과 같이 생각한다. 이 환자는 자신의 자기애적 성격장애 때문에 화가 났다. 좀 더 장 이론적인 기술은 다음과 같은 것이 될 것이다. 치료자와 환자의 상호작용의 장 안에서, 환자는 치료자를 자신의 주관적 경험에 대해 이해를 잘해주지 않거나 걱정하지 않는 사람으로 경험했으며, 이해의 결여를 경험함으로써 이 환자의 자기-응집감은 와해되었고, 분노의 감정이 떠올랐다. 자기애적 성격장애라는 용어가 언급하는 것은 바로 이러한 자기-응집력이 와해되기 쉬운 경향성이다.

위의 다른 두 성격묘사는 모두 사실일 수도 있고, 반드시 서로 모순되지 않을 수도 있다. 하지만 두 시각은 서로 매우 다르며, 다른 결과들을 낳는다. 장 이론적 시각은 현재의 관계적 힘들을 본다. 그러나 분류적 접근 방식은 현재의 상호작용과 별개로 환자의 본질(essence)을 본다. 분류적 접근 방식에서는 맥락적 요소들이 환자의 문제를 이해하는 데 있어서 본질적이지도 않고, 반드시 필요하지도 않은 것으로 생각된다.

아리스토텔레스적 체계는 분류적 접근 방식이기 때문에, 연구될 수 있는 것은 빈번하게 발생하고 변하지 않는 것뿐이다. 더욱이, 변화하지 않고 빈번하게 발생하는 것만이 법칙을 갖고 있는 것으로 간주되었다. 당신은 무언가의 본질을 그것이 속하는 범주에 의해서 알 수 있다. [또한] 당신이 한 대상의 본질을 알게 되면, 당신은 그것이 속하는 범주를 알게 된다. 그리고 그것이 그 대상에 대한 설명이 된다. 당신은 어떻게 그 범주를 알게 되었는가? 당신은 범주를 구성하는 대상들을 통해 그 범주를 알 수 있다. 물론, 이것은 순환론적이다.

'장에 속하는' 적인 접근 방식에서는 모든 사건이 독특하지만, 질서정연하고 연구가 가능하다. 맬컴 팔렛(Malcolm Parlett)은 이것을 "특이성의 원리(The Principle of Singularity)"(1990)라고 부른다. 장 이론에서는 많은 반복이 거듭되지 않아도 관찰이 가능하고 측정이 가능하기 때문에 모든 사건은 연구 가능하다.

아리스토텔레스적 분류체계는 '가치들에 의한 분류'를, 특히 절대적이며, 가치가 부가된 이분법들을 지향하는 경향이 있다: 선과 악, 천국과 지상, 기타 등등(Lewin, 1938, pp. 3-4). 원형 움직임이 더 나은 움직임이기 때문에, 아리스토텔레스에게 있어서 행성들의 궤도는 원형이어야만 했다. 지구가 태양의 둘레를 돈다는 것이 그에게 연역적 사실인 것처럼 보였듯이, 이것은 그에게 연역적으로 옳은 듯이 보였다.

이들 가치 분류들과 이분법들은 음/양과 같이 '장에-속하는' 통합된 그리고 세분화된 전체들인 변증법적 양극성들과 비교될 수 있다. 전기 장의 음극과 양극은 가치가 부가된 이분법들이 아니며, 통합된 전체에 속한다. 이들 변증법적 양극성들에 대한 지식은 주로 연역을 통해 발생하는 것이 아니라, 장 내부에서의 '기술적 상호작용(descriptive interaction)'으로부터 발생한다.

기계적 자연과학

뉴턴 물리학과 같은 고전적 ('현대적') 자연 과학의 접근 방식 역시 사건들을 장에 속하는 것으로 보지 않는다. 뉴턴 물리학에서 대상들과 사건들은 텅 빈 공간 안에 있다.

“고전 물리학 체계 내에서 장의 개념은 물질이 연속체로서 취급되는 경우에 보조적인 개념으로 나타난다.”(Einstein, 1960, p. 144). 이 이중적 체계 내에서 공간과 대상들이 하나는 텅 빈 것으로서, 다른 하나는 단단한 것으로서 서로 반대의 극을 이룬다.

기계론적 과학에서 ‘장 안에 있는’ 사건들은 불연속적이며, 전체에 속하는 것이 아니다. 힘을 전달하는 매개체가 보이지 않을 때도, 하나의 별은 한 행성의 움직임에 영향을 미친다고 말할 수 있다. 고전 물리학에서 영향들 또는 효과들은 멀리에서 발생할 수 있다. 시간, 즉 빛이 하나의 사물에서 다른 하나의 사물로 정보를 전달하고 효과를 만들어내는 데 걸리는 시간, 혹은 연속적 매체를 통과하는 데 걸리는 시간은 뉴턴 체계에서는 고려될 필요가 없었다(Sachs, 1973).

우리는 이러한 자연 과학적 시각을 확대하여, 상호작용하는 다수의 요소들을 보고 대상은 장 안에 있다고 말할 수 있다. 그러나 이처럼 대상과 공간이 서로 다른 물질로 되어 있고, 또한 공간은 비어 있으나 덩어리는 채워져 있다는 식의 이분법은 장 이론이 아니다. ‘장에 속하는’의 개념은 모든 것이 장에 속하며, 장의 역동적 ‘조직화(organization)’에 참여하는 것을 말한다. 장 이론에서는 모든 것이 이러한 힘들로 이루어진다. 아인슈타인 이래로 물리학에서는 질량과 에너지가 같은 재료로 구성되어 있는 것으로 간주되며, 그들은 이분화되지 않는다. 그들은 서로 전환될 수 있다. 아원자(subatomic) 물리학에서 보면 질량은 에너지의 구조화된 패턴으로 이해될 수 있다.

심리학에서는 이러한 뉴턴적 시각을 추종하는 강한 전통이 존재한다. 분트와 티치너 같은 구조주의자들의 정신 화학적 접근은 최고의 예가 될 것이다. 그리고 어떤 범위에서는 심리학에 있어서 모든 실증주의적, 선형적, 인과적 진술들과 논쟁들이 같은 패러다임에 속하는 것이라고 할 수 있다. 물리학과 심리학에서 뉴턴 역학을 넘어서는 패러다임은 그 태도에 있어서 서로 놀라울 정도로 유사하다. 예를 들면, 아인슈타인의 장 이론과 게슈탈트 심리학이 그러하다(예, Latner, 1983).

현상들은 전체 장에 의해 결정된다

레빈: 행동은 그것이 속하는 장의 기능이다; 장 분석은 ‘하나의 전체로서의 상황들

에서(situations as a whole)' 시작한다. 경험하기 역시 그것이 속하는 장의 기능이다; 경험적 장 분석도 하나의 전체로서의 상황을 강조한다.

모든 사건이나 경험, 대상 또는 유기체는 그것이 속하는 장에 의해 결정된다. 어느 부분이든지 그 부분의 모든 움직임은 전체 장에 의해 결정된다. "…연관된 현상들의 속성들은 그 당시 그들이 속했던 전체 장에서 파생되거나 그것에 의존한다."(English & English, p. 206) 유기체/환경 장이 개체[사람]를 결정한다. 물론, 이것은 전체가 부분들을 결정한다는 게슈탈트 심리학 원리를 표현하는 단지 하나의 방법일 뿐이다. 팔렛은 이것을 '조직화의 원리(Principle of Organization)'라고 부르는데, 이에 의하면 "의미는 전체 상황을 보는 것으로부터, 즉 공존하는 사실들의 전체성을 보는 것에서 온다." (1990)

환자가 회복되는 것은 전체 장의 기능이다. 이것은 단지 그 환자의 동기나 힘에 의해 결정되는 것이 아니라, 치료자의 기술, 전달 체계를 이루는 구성 요소들(상담소, 병원, 보험 회사 등), 환자의 삶의 공간에 속하는 가족과 친구들 등에 의해 결정된다. 나의 예전 수련생이었던 남자 치료자가 그녀의 장에 포함되어 있었기 때문에, 그리고 단지 그가 그녀에게 좀 더 참아보라고 말했기 때문에 첫 두 주를 잘 견뎌내고 이후까지 집단에 머물렀던 한 여성 환자가 생각난다. 그녀는 그렇게 했고, 치료는 상당히 성공적이었다. 나는 또한 단지 한 주에 여러 번 상담을 받기를 원했기 때문에, 그리고 그가 병원에 있어야만 보험회사가 이것을 허용한다는 사실 때문에 내가 말렸는데도 듣지 않고 병원에 입원했던 한 경계선 성격장애 환자도 지금 떠오른다. 나는 병원 환경의 퇴행하게 하는 힘이 이 환자에게 너무 유혹적일 수 있다는 점이 두려웠다. 그리고 그는 강한 유혹을 견디지 못하고 결국 그 힘에 굴복하고 말았으며, 이후 몇 년간을 병원에서 보내게 되었다. 환자들은 복잡한 전체 장에 속하며, 그것에 의해 결정된다. 그런데 그런 힘들을 무시할 때 우리는 위험을 각오해야만 한다.

이 원리는 게슈탈트 치료 훈련 워크숍에도 적용된다. 훈련의 질은 집단적 과정들을 포함한 다양한 요소들에 의해 결정된다. 가끔 게슈탈트 치료 워크숍 지도자들은 워크숍 초기에 일대일 작업에 초점을 맞추는데, 이때 그들은 집단에 속하는 개인들이 어떻게 집단 참여에 대처하고 있는지에 대해서는 관심을 거의 기울이지 않는다. 이것은 장의 많은 부분을 무시하는 행위이며, 또한 훈련생들에게 장에서 실제로 발생하는 것의 많은 부분을 무시하도록 가르치는 것이다.

집단 초기에 [치료자가] 안전 요인들에 공감적 관심을 기울여줌으로써 집단이 안전하게 느껴지면, 이어지는 일대일 작업은 집단의 지도자가 전체 집단에 관심과 민감성, 보살핌을 보여주지 않고 조급하게 일대일 작업에 집중할 때와는 [작업의 질이] 달라지게 된다. 전체 장이 부분들을 결정한다. 어떤 훈련생들은 초기에 집단 내에서의 자신의 위치를 다루기 위한 시간을 갖지 않았을 경우, 후반에 가서 문제점들을 보여준다. 조급하게 개별 작업이 진행될 경우, 이러한 위험에 대처할 준비가 되어 있는 사람들에게는 유리하게 작용하지만, 그렇지 못한 사람들에게는 나쁘게 작용한다. 만일 집단이 초기에 작업할 준비가 된 훈련생들이 보여주는 빠른 치유에 많이 집중하게 되면, 불안하고, 수치심과 모욕감을 두려워하고, 따라서 물러서서 타인들의 작업을 한동안 구경할 필요가 있는, 그리고 집단 내에서 자신의 역할을 찾는 데 있어 [지도자나 다른 사람들의] 도움을 필요로 하는 집단원들은 집단 후반에 자신들의 작업을 하기 위해 필요한 내적인 또는 대인적 지지를 구축하지 못한다. 결과적으로 지도자와의 작업에 빠르게 집중할 수 있는 사람들과의 집중적인 개별적 작업만이 이루어지게 되며, 이는 집단 지도자의 카리스마적인 특성은 돋보이게 하겠지만 개인과 집단의 욕구를 희생시키고, 또한 집단 및 훈련의 발달과 집단 구성원들의 전반적 발달에 손상을 입힌다. 이러한 접근 방식은 집단의 욕구를 만족시킨다기보다는 치료자의 자기애적 욕구를 만족시킨다.

만약 집단의 지도자가 집단을 존중하고, 흔히 집단 참가자들이 워크숍 초기에 느끼는 불안과 공포, 수치심, 죄책감 등을 집단이 탐색할 수 있도록 돕는다면, 개인들은 집단 내에서 만나는 느낌, 받아들여지는 느낌, 이해받는 느낌, 안전한 느낌을 느낄 가능성이 더 높다. 이렇게 함으로써 수련 중인 치료자들이 이를 보고 배워서 자신들의 환자들과 치료작업을 할 때도 좋게 작용할 것이다. 만일 이런 것이 워크숍의 초기에 이루어지지 않으면, 그리고 개방적이거나 위험감수 행동에 대해서는 좋게 평가하고 자기-보호적 행동에 대해서는 그렇지 않을 때, 집단은 많은 사람들에게 안전하지 못한 곳이 된다. 이런 상황에서 어떤 사람들은 더욱 방어적이 될 것이고, 흔히 그 결과로 집단의 지도자/또는 집단의 나머지 구성원들에 의해 집중적으로 부정적인 평가를 받게 될 것이다. 내 경험으로는 집단 초기에 집단의 안전에 대한 욕구를 무시하고, 서둘러 개별 작업을 하는 집단 지도자들은 흔히 자신이 문제를 더욱 악화시키고 있다는 자각은 고사하고, 문제 자체를 전혀 인식하지 못한다. 불행하게도 이러한 집단의 태도 때문에 고통받는 참여자들은 그들 자신들의 부적절함 탓이라기보다는 집단의 지도자가 집단을 이끄는 방식 때문에 얼마만큼 자신들의 고통이 유발되는지를 또한 알아차리지 못한다.

5일에서 9일 정도의 워크숍을 할 때, 처음 이삼 일간 [집단원들의] 집단 속에서의 느낌을 다루는 데 투자한 시간들은 집단의 응집력을 향상시키고, 훈련 맥락에서의 치료 효과를 높여주고, 나아가서 훈련 자체에 상당히 긍정적 효과를 가져다준다. 만일 이러한 작업이 이루어지지 않으면, 결국 집단 응집력은 그다지 좋지 못하게 되고, 집단 구성원들의 적극적 참여는 줄어들고, 워크숍이 끝날 때쯤의 개별 작업의 깊이와 이론적 이해는 더욱 얕아지고, 따뜻함과 만족감 그리고 활기는 줄어들며, 불화와 구조적 어려움들이 증가하게 된다. 한 집단을 대상으로 여러 심난 리너가 차례로 돌아가면서 집단을 이끈 [실험]에 내가 지도자 중 한 사람으로 참여했을 때, 나는 첫 지도자가 시간을 들여 다양한 성격들, 감정들, 두려움들, 집단 내의 역할들에 대한 존중을 보여주면서 [기초를 다져놓은 경우에는], 나중 지도자들의 작업이 더 잘 진행된다는 것을 알게 되었다. 역으로 첫 지도자가 그렇게 하지 않으면, 나중에 방어적인 집단 구성원은 더욱 방어적이 되고, 집단 안전과 응집력의 발달이 어려워지며, 또한 다른 집단 문제들도 더 많이 발생하게 된다.

장은 통합적 전체다: 모든 것이 모든 것에 영향을 미친다

장의 본질적 속성은 그것의 역동적 측면이다. 역동적 장 내부에는 이에 속하는 모든 부분들 사이의 상호작용이 존재하며, 따라서 레빈이 말하듯이, "장의 어느 한 부분의 상태는 장의 모든 다른 부분에 의존한다." (Misiak & Sexton, 1966, p. 355) 에너지의 장에서 모든 부분들은 서로 상호 관계를 가지며, 장의 어느 한 부분에서 어떤 변화가 일어나든지 장 전체에 파장을 일으킨다. 이것이 우리가 '장'이라는 단어를 사용하는 데 있어 필요한 측면들 중 하나다. 사실상, "아주 피상적인 수준에서, 독자들은 장 이론을 현재 사건의 상호 연관성 및 행위를 결정하는 영향들의 전체성에 대한 강조를 의미하

는 것으로 이해할 수도 있다." (English & English, 1958, p. 207)

통합된 전체는 역동적 이해를 위해서 부분들로 세분화될 수 있고, 세분화되어야만 한다. 그러나 전체는 체계적인 통일체이며, 요소들의 합으로 구성된 것이 아니다.

아마도 심리학에서 이것의 가장 명료한 예는 가족이 될 것이다. 만일 가족 구성원 중 한 사람에게 무슨 일이 생기면, 모든 사람들이 어떻게든지 영향을 받는다. 가족 구성원 중 하나가 변화하면, 가족의 모든 사람들이 어떻게든지 영향을 받는다. 흔히 전체로서의 가족은 한 사람, 즉 드러난 환자(identified patient)에 의해서 구현된 어떤 욕구를 가지고 있다. 가족의 모든 사람들이 이것에 의해 영향을 받는다. 만일 그 드러난 환자가 변해서 더 이상 가족의 병을 대신 앓지 않는다면, 그 시스템이 변화한다. 예컨대, 어떤 다른 가족 구성원이 가족의 문제를 짊어지기 시작할 수도 있다.

조직의 정책과 구조가 다른 하나의 예가 될 것이다. 흔히 작은 변화들이 커다란 효과를 가져오는데, 그 이유는 장에 속하는 모든 것들이 예상 불가능한 방식으로 서로 영향받기 때문이다. 최근 몇 년 사이에 장 이론의 한 종류인 '혼돈 이론(chaos theory)'이 이러한 종류의 작은 변화들에 의한 예상 불가능한 결과에 대해 이야기해왔다. 계획을 담당하고 있는 사람들이 장의 모든 측면들에 미칠 영향들을 적절하게 고려하지 않고 계획을 수정하면, 흔히 불행하고, 부정적이고 그리고 아마도 [미리 생각했었더라면] 예방 가능한 기능상의 혼란들이 발생하게 된다.

장 이론의 다른 특성들

지각된 현실은 관찰자와 관찰되는 것 사이의 관계에 의해서 형성된다

장 이론의 시각에서 보면, 어떠한 장도 시간, 공간, 관찰자의 알아차림(관찰과 측정의 양태들을 포함한)을 구체화하지 않고는 정의될 수 없다. 절대적인 것은 없으며, '객관적'인 것은 존재하지 않는다.

이전의 글에서(제8장 게슈탈트 치료: 게슈탈트 심리학으로부터의 유산, 1982) 나는 다음과 같은 사실을 관찰했다. ① "우리가 [사물을] 어떻게 보는지(see)는 부분적으로 우리가 어떻게 바라보는지(look)에 의해 결정된다"(p. 31); ② "관찰자는 그의 연구 대상에 영향을 미친다"(p. 31); 린 제이콥스는 다음과 같이 덧붙인다. "또한 관찰되는 대상이 관찰자가 관찰을 하고 있는 것에 대한 관찰을 하기 때문에, 관찰되는 대상이 관찰자에게 영향을 미친다!!"(1991년 8월 개인적 대화에서); ③ "누구도 모든 것을 볼 수는 없다. 우리는 단지 현상들의 어떤 측면들을 기술하기 위해 어떤 시각을 취했는가에 대해서만 알 수 있을 뿐이다"(p. 32). 이것은 자연과 분리되어 그것을 객관적으로 측정할 수 있다는 단순한 뉴턴적 가정들을 부정하는 포스트모던적 시각이다.

우리가 무엇을 바라보는가(look), 우리가 어떻게 바라보는가, 우리가 바라보는 맥락, 이 모든 것들이 우리가 관찰하는 것을 결정한다. 현대 물리학의 초기에는 어떤 현상들은 파동으로 발생하고, 어떤 현상들은 입자들로 발생한다고 생각되었다. 포스트모던 물리학에서는 동일한 현상이 파장 또는 입자로 보일 수 있다는 사실이—관찰의 방법에 따라—밝혀졌다. 이 사실은 물리학에서 가장 위대한 지성들 중 몇 사람의 업적을 마구 뒤흔들어놓았다. 현실은 객관적이지도 절대적이지도 않은 것처럼 보인다.

상대성 이론의 천문학적인 거리에서 보면, 심지어 '단순한' 동시간성의 문제, 그리고 시간적으로 무엇이 먼저 오는가의 문제조차 관찰자의 위치에 따라 달라진다. 우리는 두 사건들로부터 오는 빛의 파장들이 어느 한 순간에 어떤 임의적 지점들(관찰자의 눈들)에 닿을 때 두 사건들이 동시에 발생했음을 안다. 만일 관찰하는 각도를 바꾸면, 이 사건들은 더 이상 정확히 동시 발생적이지 않게 된다.

시간과 공간의 이러한 통합의 흥미로운 결과는 절대적 동시성에 대해 이야기하는 것이 더 이상 가능하지 않게 되었다는 것이다. 왜냐하면, 이제 두 사건이 한 관찰자에게 동시에 발생하는 것처럼 보인다고 하더라도, 첫 번째 관찰자와 떨어져서 움직이고 있는 다른 관찰자들에게는 일반적으로 동시적으로 보이지 않을 것이라는 결론을 내려야만 하기 때문이다. 물론, 이것은 시간이 누가 되었든지 그것을 언급하고 있는 사람의 움직임의 상태에 따라 달라지는 측정치인 주관적인 실체가 되었기 때문이다(Sachs, 1973, p. 50).

우리는 두 개의 사건들 중 어느 것이 먼저 발생하는가 하는 것을 한 사건의 빛의 파장들이 관찰자에게 더 일찍 도착함에 의해서 알 수 있다. 우주의 한 끝에 있는 어떤 관찰자의 위치에서 보면 사건 1이 사건 2보다 먼저 발생한다고 상상해 보자. 사건 1의 시간/공간적 위치가 이 관찰자에게는 더욱 가깝거나 또는 더 이르다. 그러나 만일 우주의 정확히 반대되는 위치에 한 관찰자가 존재한다면, 두 번째 관찰자에게는 사건 2로부터의 빛의 파장들이 더 이르거나 또는 더 가깝게 보일 수도 있다. 어느 쪽이 옳은가? 이것은 관찰자에 따라 상대적이다. 절대적인 시간, 절대적인 실재란 존재하지 않는다.

우리가 어떻게 바라보는가 하는 것이 우리가 무엇을 보는가를 결정할 뿐만 아니라, 종종 적극적으로 관찰하는 행위가 실제로 우리가 관찰하는 것을 변화시킨다. 이러한 현상은 측정하는 도구의 빛이 연구되는 현상들에 영향을 미치기 때문에, 그 현상의 위치와 움직임을 동시에 측정하는 데에 한계가 있는 아원자 물리학에서 가장 명확하게 볼 수 있다. 당신이 측정하고 있는 것[측정 도구]에 에너지를 가하면, 당신은 다른 것[측정 대상]에 영향을 미치게 된다.

심리학에서 관찰자가 관찰에 영향을 미친다는 것은 명백하다. 지시 사항을 약간 다르게 표현하거나 또는 지시자의 태도를 조금만 바꾸어도 다른 효과들을 얻게 되는, '실험자 편견' 에 대한 증거는 얼마든지 있다. 더욱 놀라운 것은 심지어 쥐들조차도 실험자의 기대에 따라 다르게 행동하는 것처럼 보인다는 것이다. 시험을 보는 사람들은 시험 감독의 성격 특성들에 따라 다른 시험 결과를 보인다. 예를 들면, 소수민족에 속하는 구성원들은 시험 감독이 같은 소수민족 출신일 경우 대개 더 나은 결과를 보인다. 하지만 시험 결과는 너무나 자주 관찰자에 의해 또는 감독자에 의해 영향을 받지 않는 객관적인 측정치들인 것처럼 보고된다.

동시간성의 원리

우리가 시간-공간적 사건들을 의식할 때, 우리 자신들의 시간 중심은 현재다. 현재 이외의 다른 실재란 존재하지 않는다(Perls, 1947, p. 81).

레빈의 동시간성의 원리는 영향을 미치는 모든 것이 지금-여기에 있다는 것을 의미한다. 혹은 다른 말로 하면, 오직 현재 사실들만이 현재 행동과 경험을 만들어낼 수 있다는 것이다. 지금-여기에 대한 강조는 게슈탈트 치료에서 항상 아주 중요한 부분이었기 때문에 게슈탈트 치료자들에게 이는 아주 익숙하다.

게슈탈트 치료 이론에서 동시간성은 지금-여기에서 어떤 사람이 경험한 현상에 의해 정의된다. 처음부터 게슈탈트 치료 이론은 과거에서 지금까지의 시간의 흐름 속에서의 중심점으로서 지금-여기를 강조했다. '지금'은 정지해 있는 또는 절대적인 것으로 간주되어 오지 않았다. 알아차림은 지금-여기에서 발생하는 감각적 사건이지만, 이것은 '기억하기(remembering)'와 '기대하기(anticipating)'를 포함한다. 어느 시간대에서 길을 잃어버리는 것,[5] 시간의 흐름을 잃어버리는 것,[6] 알아차림의 현재 기능에 대한 알아차림[7]을 잃어버리는 것은 항상 알아차림에 왜곡이 일어난 것으로 간주되어 왔으며, 흔히 심리적 기능장애를 일으키는 데 한몫을 한다. 과거에 대해 이야기하는 것은 그렇게 하는 것이 현재의 관심사이고 생생한 현재 기능의 한 부분일 때 좋은 게슈탈트 치료 방법이 될 수 있다. 현재 그것이 필요한 데도 과거에 대해 이야기하지 않는 것은 현재의 어떤 측면을 피하기 위해 과거에 대해 이야기하는 것만큼이나 역기능적이다. 동시간성에 대한 게슈탈트 치료 이론은 초기부터 거의 바뀐 것이 없다.

때때로 게슈탈트 치료 이론의 지금-여기 개념은 실제 치료에서 또는 이론에 대해 이야기하는 중에 왜곡되었고, 지금도 왜곡된다. 이론적으로 말하자면, 과거와 미래, 즉 이미 발생한 것과 앞으로 예상되는 것, 그리고 과거로부터 시작해서 아직 끝나지 않은 것과 미래에 소망하는 것, 이 모든 것들이 다 지금-여기의 일부분이다. 이것은 종종 순간적 흥분을 제외하고는 아무것도 중요한 것이 없다고 주장하는 쾌락주의적 개념으로 왜곡되었다. 비록 쾌락주의나 지금-여기의 고정된 개념 모두가 한 번도 좋은 게슈탈트 치료 이론으로 간주된 적은 없었지만, 게슈탈트 치료 이론은 흔히 이런 식으로 입에 오르내렸으며, 이러한 왜곡된 인식은 게슈탈트 치료의 '꽝꽝꽝' 스타일을 지지했다. 나는 1969년에 쓴 게슈탈트 치료에 관한 나의 첫 번째 글에서 이것에 관

5) 역자 주_ 과거나 미래에 빠져서 현재의 알아차림과 접촉을 하지 못하는 것.

6) 역자 주_ 지금 또는 현재란 정지된 시점이 아니라 시간의 흐름이다. 이러한 시간의 흐름을 알아차리지 못하는 것은 현재와의 접촉이 단절된 것이다. 즉, 이미 마음이 과거나 미래로 달려가 있는 것이다.

7) 역자 주_ 'losing awareness of the present function of awareness'의 번역인데, 앞의 두 설명과도 통하는 말이다. 즉, 알아차림은 항상 지금-여기에 대한 알아차림이며, 또한 우리는 그러한 사실을 알아차릴 수 있다. 그러나 우리는 또한 자주 이러한 사실을 잊어버리고, 과거나 미래에 빠져버린다. 즉, 알아차림의 현재 기능에 대한 알아차림(자각)을 잃어버린다.

해 논의했다(제3장 게슈탈트 치료의 실제에 대한 개관, 1969). 최근에 나는 동시간성의 의미가 확장될 필요가 있음을 논의해 왔다(제1장 미국 내 게슈탈트 치료의 최근 추세와 그로부터 우리가 배울 점, 1991; 제9장 진단적, 정신분석적 시각들을 게슈탈트 치료에 동화하기, 1988).

동시간성은 장 이론 일반 전체를 통해 흐르는 주제들 중 하나다. 아인슈타인 이래로 물리학에서는 시간과 공간 양자에 대한 구체화 없이는 물리적 현상에 대한 의미 있는 진술을 할 수 없게 되었다. 하나의 사건을 연구하기 위해서는 양자역학의 아원자적 사건들이든, 아니면 상대성 이론의 천체적 움직임이든, 그 사건은 시간과 공간 속에 놓여져야만 한다. 움직임을 정의하는 것은 바로 연속적으로 일어나는 시간과 공간적 사건들 속에서 한 사건을 측정하는 것이다(다음 단락을 참조할 것).

상대성 이론과 대부분 20세기 물리학의 특징들 중 하나는 '멀리서부터의 작용(action-at-a-distance)' 은 존재하지 않는다는 생각이다. 즉, 원인과 결과의 연결은 구체적으로 시간과 공간적인 연결이어야만 한다는 것이다.[8] 현재의 장에 있는 어떤 것이 현재의 장에 있는 어떤 힘에 의하지 않고, 과거의 어떤 것에 의해서 결정된다는 단순한 선형적 인과관계는 더 이상 포스트모던적 장 이론에서는 받아들여지지 않는다. 하나의 요소가 다른 요소에 힘을 가할 때, 이제는 '멀리서부터의 작용' 이라는 뉴턴적 개념 대신에, "연속적인 방식으로 모든 공간을 채우는 힘들의 잠재적 장(Sachs, 1973, p. 7)" 이 존재한다고 생각한다.

장을 구성하는 에너지의 힘들은 현재에서 상호작용한다. 그들은 동시적으로 존재한다. 장의 에너지와 별개로 사물을 움직이는 에너지가 존재하지는 않는 것과 마찬가지로, '멀리서부터의 작용' 은 존재하지 않는다. 이것은 레빈의 동시간성의 원리와 사실

8) 역자 주_ 모든 과학은 인과관계에 의해 [자연, 인문, 사회] 현상들을 설명한다. 여기서 인과관계란 원인과 결과의 관계를 뜻하는데, 실제로 우리가 관찰하거나 가정하는 것은 원인이라고 가정하는 사건과 결과라고 가정하는 사건만이 있지, 그 둘 사이의 관계, 즉 인과관계 자체가 관찰 가능하거나 혹은 실재하는 것이 아닐 수 있다. 영국의 경험론 철학자들(J. Lock 그리고 D. Hume 등)은 실제로 이러한 '관계' 의 존재를 부정했었다. 이후 독일 철학자 칸트는 이러한 인과관계를 인간의 선험적 오성 양식인 12범주의 하나로 설명했다. 이렇게 해서 영국 경험 철학과 대륙의 이성 철학의 싸움은 칸트의 종합 철학에 의해 중재되었지만, 여전히 그러한 인과관계를 어떻게 시간과 공간상에서 확인할 것이냐의 문제는 남게 된다. 여기서 고전 물리학과 포스트모던 물리학(장 이론)의 쟁점이 나누어지게 되었고, 후자는 인과관계를 과거와 미래를 연속적으로 잇는 현재 장에서의 구체적인 힘들의 역학 관계로 설명한다.

상 같은 것이다. 심리학에서 과거나 유전 혹은 사회가 [개인에게] 영향을 미친다면, 이 힘들은 동시간적 장에 존재해야만 한다. 효과는 현상들이 서로 접촉할 때만, 그리고 같은 시간과 공간 속에서 상호작용할 때만 발생한다. 만일 우리가 정의된 장의 밖에 있으면서 [현재] 과정들에 영향을 미치는 힘들을 알아차리게 되면, 그 특정한 장의 경계 또는 정의는 더 큰 영역을 포함하기 위해 확대된다. 이 새롭게 확장된 장은 모든 장들이 갖는 속성들을 갖게 된다. 즉, 모든 것은 전체 장에 속하며, 장 내부의 모든 것들은 다른 모든 것들에 서로 영향을 미치고, 시간이 경과하면서 발달한다(development over time)는 등의 속성을 갖게 된다.

예 자신의 현재 상태에 대해 부모 때문이라고 원망하면서, 또한 자기는 희생자라고 믿으면서 매우 고통스런 분위기를 풍기며 복수하고 싶어하는 경계선 성격장애 환자들을 생각해보자. 성장 과정을 살펴보니 어린 시절에 학대를 받았다는 사실이 밝혀졌다. 그러나 어떻게 과거가 현재를 있게 만드는가? 그의 과거는 그의 [자신과 세상에 대한] 믿음, 지속적으로 갱신되어온 아직 해결되지 않은 감정적 과정들, 신체 자세, 해결되지 않고 생생하게 유지되어온 강렬한 정서적 상태들, 그리고 고정된 게슈탈트의 형태로 된 자기 이미지들 등의 형태로 환자에 의해 계속 [현재로] 운반되어 온 것이다. 이것들은 모두 환자가 행하는 '과정들(processes)'이다. 환자가 현재 얼마나 다르게 [행동]하느냐 하는 정도에 따라 그만큼 과거는 더 이상 기능장애를 유발하지 않게 될 것이다. 비록 그 힘들이 몇몇 이전의 장에서 시작되었다고 할지라도, 건강이나 질병을 위한 힘은 현재의 장에 존재한다.

과정: 모든 것은 [무언가가] 되어가고 있는 중이다

게슈탈트 치료는 종종 '과정 치료(process therapy)'라고 말하여진다. 실제로 과정은 장 이론에서 필수적이면서 중심적 측면이다. 그러나 과정이란 무엇인가?

모든 것과 모든 사람들이 움직이고 있고, 무언가가 되어가고 있다. 과정적 지향에서 보면, 모든 것은 에너지(움직임, 행위)이며, 장의 역동적 힘들에 의해 구조화되며, 시간과 공간을 통해 움직인다. 장 이론이 현상들을 분리된 입자들로 다루기보다는 연속적인 전체로 다루는 것과 마찬가지로, 이것은 장을 고정되어 있다기보다는 움직이고 있는 것으로 다룬다.

팔렛(Parlett): "변화하는 과정의 원리는 경험이 영구적인 것이라기보다는 일시적인 것이라는 사실을 언급한다. 어떤 것도 절대적인 방식으로 고정되거나 정지해 있는 것은 없다." (Parlett, 1990) 20세기 이전에는 우주가 팽창하거나 축소한다고 생각하는 사람은 아무도 없었던 데 반해, 이제 우주가 팽창하거나 축소하고 있는 것으로 간주된다는 것은 흥미롭다. 모든 것이 변화한다. 정지해 있는 것으로 보이는 것조차 사실은 시간이 경과하면서 변화하고 있는 중이다.

물리적 시각에서 본 과정

과정이라는 개념에 대한 우리의 논의를 아마도 상대적으로 단순한 물리학의 영역에서 시작하는 것이 도움이 될 것이다.

물리학은 현상들이 시간과 공간 내에서 위치를 바꿀 때의 물리적 현상들을 연구한다. 물리학에서 발생하는 것은 과정이다. 즉, 시간과 공간을 통한 움직임이다. 움직임이란 간단히 말해서 시간 1에 공간의 어느 한 지점에 있고, 시간 2에 공간의 다른 지점에 있으며, 시간 3에 공간의 또 다른 지점에 있는 등의 현상이다. 움직임은 시간과 공간에 의해 정의된다. 시간과 공간은 그것을 통과하는 움직임과 관련하여 의미를 갖는다.

물리학에서 포스트모던적 시각은 모든 물리적 과정이 시간과 공간 양자의 내부에 위치하며, 관찰자의 준거 틀을 기준으로 상대적인 움직임[운동] 안에 있다는 것을 받아들인다. 측정 자체가 움직임을 요구한다. 예컨대, 물리적 현상을 측정하기 위해 [피관찰대상에게 도달하기 위해] 그리고 관찰자에게 [기록되려면] 되돌아오기 위해 빛의 파동들의 움직임을 요구한다.

물리학은 질량과 에너지를 다룬다. 뉴턴적 물리학에서는 이들이 각각 다른 재료들로 이루어진 것으로 생각했다. 즉, 질량은 [스스로] 움직일 수 없고, [외부에 있는] 에너지에 의해 움직이는 것으로 간주되었다. 아인슈타인 이래로 이것은 더 이상 받아들여지지 않는다. 고체 물질은 아원자적으로 보면 에너지로 구성되어 있고, 에너지로 전환될 수 있으며, 다른 물체들에 에너지적 영향을 미친다.

질량은 물질의 양이다. 이 단어는 '밀가루 반죽처럼 함께 들러붙는 것'을 의미하는 라틴어 messa에서, 그리고 '보리 케이크'를 의미하는 그리스 단어 maza에서 왔다. 물리학에서 이것은 "관성과의 연관 속에서 측정된 한 물체 내의 물질의 양이다; 주어진 물체의 질량은 물체의 무게를 중력에 의한 가속도로 나눔으로써 결정된다." 그래서 질량의 의미는 에너지와 움직임을 포함한다(Webster, p. 1107).

에너지는 잠재적 힘 또는 행위 능력, 또는 힘을-생산하는 효과를 말한다. 이것은 행위, 작용, 활동적인, 작업을 하고 있는 등을 의미하는 라틴어와 그리스어 어근에서 왔다. 물리학에서 이것은 "일을 하기 위한 능력 그리고 저항을 극복하기 위한 능력" 등을 말한다."(Webster, p. 601)

웹스터 사전은 또 에너지에 대해 다음과 같이 말한다. "에너지는 활동 개념과 연결되어 있고; 힘은 능력이란 개념과 연결되어 있으며; 활기는 건강이라는 개념과 연결되어 있다."(p. 601) 에너지와 힘이 이런 식으로 정의되면, 힘(예: 레빈)과 에너지에 대한 심리학적 관념은 신비성이 제거되고, 경험과-거리가-먼 초심리학적 성격을 벗어버리게 된다(Lynne Jacobs와의 개인적 대화, 1991년 8월).

게슈탈트 치료 이론에서의 과정

게슈탈트 치료의 장 이론에서는 모든 것이 장(우리의 영역: 유기체/환경 장)의 에너지와 움직임으로 간주된다. 모든 것이 행위이고 무언가가 되어가는 과정이며, 진화하고 변화하고 있는 과정 중에 있다. 우리가 명사를 동사로 번역하는 것과 관련되어 있는 것이 이것이다.[9] 어떤 현상이든지 과정적 시점에서 고려될 수 있다. 심지어 프로이트적 정신분석의 사물화된 개념들조차도 급진적 과정 언어로 번역될 수 있다(예: Shafer, 1976). 게슈탈트 치료에서는 이론화에 있어 과정 언어를 선호한다. 예컨대, 임상적 현

9) 역자 주_ 펄얼스는 환자들이 명사를 사용하는 것을 동사로 바꿔서 말하도록 시켰다. 예컨대, "나는 아버지에 대한 미움을 갖고 있다."는 "나는 아버지를 미워한다."로, "나는 어머니에 대한 사랑이 있다."는 "나는 어머니를 사랑한다."로 각각 바꿔서 말하게 한다.

상을 과정 용어로 기술하고, 치료적 개입에 있어서도 시간과 공간에 걸친 발달(감정들에 대해 단순히 이야기하기보다는 감정들을 표현하기, 움직이도록 하는 치료적 개입들의 사용, 뭔가 다른 것을 실험해보기, 변화의 역설적 이론의 한 부분인 발달에 대한 믿음 등)을 강조한다. 과정적 지향은 고정된, 정지한 개념들에 의존하기보다는 나타나는(emerging)[10] 것, 즉 떠오르는 게슈탈트를 신뢰한다.

웹스터 사전(1960, p. 1434)에 과정에 대한 아래의 몇 가지 정의가 수록되어 있다. 우리가 관심이 있는 것은 첫 다섯 가지의 정의다. 나는 우리의 논의에 가장 적절한 한 가지 정의를 이탤릭체로 표시했다.

1. 나아가기 또는 앞쪽으로 움직이기; 점진적인 과정; 경향; 진보; 절차
2. 행해지는 경로: 주로 과정 중에 있는.
3. 경로, 시간과 같은.
4. *많은 변화들을 포함하는 지속적인 발달; 소화 과정과 같은*
5. 무언가를 하는 특정한 방법, 일반적으로 여러 단계들 또는 작용들을 포함하는.

위의 모든 것들은 공통적으로 시간과 공간에 걸친 연속적인 움직임을 가지고 있다. 과정 지향(process orientation)은 변화하지 않는 구조를 강조하는 [즉, 시간상의 한 지점을 바라보면서 시간을 통한 사건들의 진행을 고려하지 않는] 지향과는 대조적인 것이다. 고정적 지향은 지금 이 순간에 게슈탈트가 나타나고, 서로 상호작용을 한 후에, 이어서 다음 게슈탈트에 자리를 내어주는 것을 검토하는 대신에 고정된 게슈탈트를 바라본다.

과정은 시간 차원에 초점을 맞춘다. 게슈탈트 치료 이론의 다른 한 측면인 변증법은 일종의 과정 변인이다. 그것은 시간에 걸친 발달을 기술한다.

10) 역자 주_ 나타나는 것이란 아무것도 보이지 않는 데서 무언가 새로운 것이 형성되어 가시화되는 것을 의미한다. 이는 변화의 과정을 기술하고 있는데, 이러한 나타남은 끊임없는 유기체와 환경의 생명 현상이라 할 수 있다. 무에서 유가 나타나는 것이 아니고, 공(空)의 변화과정이다. 공에서 생명현상이 나타났다가, 다시 공으로 사라져가는 과정이다. 이러한 사라짐은 무로 되는 것이 아니다. 배경의 일부가 되어 있다가 다시 새로운 형상을 갖고 나타난다. 반야심경의 색즉시공(色卽是空) 공즉시색(空卽是色)의 의미는 게슈탈트의 형성과 파괴의 과정과 같다고 볼 수 있다. 또한 과정적 시각은 이 세상에 불변적인 고정된 실체는 없다는 제행무상(諸行無常)의 사상과 맥을 같이 한다.

과정은 다음과 같은 것이다.

> 일관된 질 또는 방향이 분간될 수 있는 한 대상 또는 유기체 내에서의 변화 또는 변화하기. 과정은 항상 어떤 의미에서 활동적이다; 어떤 것이 발생하고 있는 중이다. 이것은 변화하는 것의 구조 또는 조직 형태, 즉 과정적 변화에도 불구하고 상대적으로 정지해 있다고 생각되는 구조와는 대조적인 것이다(English & English, 1958, p. 410).

우리 논의의 다른 영역들에서처럼 우리는 다시 한 번 여기에서 게슈탈트 치료 이론과 다른 장 이론들, 예컨대 물리학과의 사이에 몇 가지 공통점들을 발견한다. 사물들은 단지 변화하기만 하는 것이 아니라 그 변화에는 질서가 존재한다. 과정은 무작위적인 것이 아니라 지속적인 발달이다. 물리학에 있어서 최근의 흥미로운 발전들 중의 하나가 혼돈 이론이다. 하지만 심지어 혼돈 이론의 혼란스럽고 예상 불가능한 장 속에서조차 그들은 기저에 놓여 있는 질서를 발견하고 있는 중이다.

이러한 필연적인 변화에 대한 믿음, 그리고 기저에 놓여 있는 질서에 대한 연관된 믿음은 우리의 치료 방법론에 있어서 중요하다. 우리는 우리의 치료적 개입이 있거나 없거나 관계없이 사태가 변화한다는 것을 알고 있다. 때때로 우리가 개입을 하지 않으면, 혹은 환자가 새로운 행동을 실험하지 않으면, 사태들은 최악의 상황으로 변화할 것이다. 새로운 행동은 위험을 내포하지만, 반복적으로 행동하는 데서 오는 변화 역시 위험을 수반한다. 사태가 변화한다는 것[한 사태가 다른 사태를 유발한다는 것]을 알면서, 그리고 명료한 알아차림이 그 변화의 한 유용한 부분이 될 수 있다는 것을 알면서, 우리는 현재의 알아차림을 명료화할 수 있다.

변화의 역설적 이론과 우리의 과정 지향은 실험적인 행동, 즉 정확히 예측할 수 없는 변화들로 이어지는 행동을 지지한다. 물론, 모든 유능하고 경험 있는 치료자들(또는 과학자들)은 실험을 어떻게 이끌 것인가에 대한 어느 정도의 아이디어들을 가지고 있다. 따라서 궁극적인 의미에서 질서가 존재할 뿐만 아니라, 또한 독창적인 치료적 개입을 이끄는 데 있어서도 역시 질서가 존재한다. 모든 치료자들은 분명히 개입의 궁극적 결과를 정확히 알지 못한 채 개입을 한다. 그러나 우리는 우리가 미래를 알지 못한다는 사실을 분명히 하기 위해, 그리고 현재 속에서 우리를 안내하기 위해 우리의 과정 이론을 가지고 있다.

행위 심리학으로서의 게슈탈트 치료: 하나의 짧은 역사

시간을 거슬러 올라가보면, 게슈탈트 치료와 연결된 많은 길들이 프란츠 브렌타노(Franz Brentano)(『경험적 관점에서의 심리학』, 1874)에게로 집중된다. 현상학, 실존주의, 게슈탈트 심리학 그리고 장 이론은 모두 브렌타노의 행위 심리학에 의해 많은 영향을 받았다.

과정 지향의 한 부분은 행위를 내용(content)과 구별하고, 내용보다는 행위를 강조하는 것이다. 현상학적 접근 방법은 실재(reality)를 정의함에 있어서, [지각되는 대상을] 지각하는 지각자의 행위에 따른다. 지각하는 행위에 초점 맞추기, 측정하기, 반응하기, 책임지기(참조: 책임이 있는) 등은 모두 행위 지향적인 것들이다.

행위와 내용을 구별하는 것 그리고 행위 심리학의 시작은 모두 브렌타노에게로 거슬러 올라간다. 브렌타노에게 있어 심리학은 심리학적 행위들을 연구하는 것이었다. 그는 듣는 행위와 '들은 것(내용)'을 구분했다. 브렌타노는 관념화하는 행위들, 판단하는 행위들 그리고 사랑하고-미워하는 행위들, 이들 모든 행위들이 '의도적으로' 어떤 대상을 향하는 것이라고 말한다. 이것이 지각하는 사람과 지각되는 것에 의한 실재의 현상학적 구성의 기원이었으며, 알아차림은 항상 어떤 것에 관한 알아차림이라는 게슈탈트 치료 원리의 철학적 배경이다. 또한 이것은 심리학에서 장 이론의 과정적 사고에 중요한 영향을 미쳤다.

브렌타노는 과정의 형성, 즉 게슈탈트 치료의 행위 심리학이 생겨나는 데 있어 중요한 영향을 미쳐온 아리스토텔레스의 사상을 심리학에 도입했다. 브렌타노가 데카르트적 이원론 및 데카르트가 가진 일반적 플라톤적 영향들에서 떨어져 나오면서 행위 심리학을 만든 것은 부분적으로 그가 스콜라 철학적 사고에 담긴 아리스토텔레스적 영향을 상당히 많이 받은 데에 기인하는 것이다(Misiak & Sexton, 1966, p. 89). 레빈이 지적한 것처럼, 장 이론은 부분적으로 아리스토텔레스적 분류에서 떨어져 나오려는 움직임이기는 하지만(Lewin, 1938), 장 이론 역시 아리스토텔레스적 사고에 의해 상당한 영향을 받았다. 유기체/환경 장의 단일성에 대한 개념 및 다른 게슈탈트 치료 개념들은 이러한 브렌타노에 의해 매개된 아리스토텔레스적 영향에 의존하는 부분이 있다.

따라서 우리는 아리스토텔레스적 사고의 한 측면을 잠깐 살펴볼 것이다.

아리스토텔레스의 철학은 유물론(Democritus)과 관념론(Plato)의 종합이었다. 그의 철학은 그의 스승(플라톤)의 관념론과 비교하여 좀 더 이성적인 그리고 경험적인 근거를 가지고 있었다. 비록 좀 더 경험적인 근거를 가지고 있었음에도 불구하고, 여전히 "아리스토텔레스적 전통은… 우리는 순수한 사고에 의해 우주를 다스리는 모든 법칙들을 알아낼 수 있다고 주장했다: 관찰에 의한 확인은 필요하지 않았다."(Hawking, 1988, p. 15)

게슈탈트 치료를 위해서 중요한 것은 아리스토텔레스의 '질료-형상론(hylomorphism)'이 플라톤과는 달리 인간의 통일성을, 즉 영혼과 물질의 통일성을 그의 철학의 출발점으로 삼았다는 것이다(Misiak & Sexton, 1966, p. 7). 아리스토텔레스는 [함께 작용하여] 하나의 전체를 [또는 하나의 물질을] 형성하는 두 개의 원리를 구분했다. 즉, 잠재력과 행위, 질료와 형상이 합쳐져서 하나의 물질을 형성한다는 것이다.

만일 독자가 '형상'을 '게슈탈트'로 대체한다면, 어떻게 이 브렌타노가 중재한 아리스토텔레스적 영향이 게슈탈트 치료에 도입되게 되었는지 좀 더 명확해질 수 있을 것이다. 아리스토텔레스에게 있어서 형상(게슈탈트)은 모든 속성들의 원천이며, 특성들을 결정한다. 인간만이 생각할 수 있기 때문에, 최고의 형상은 인간의 형상이다(Shapiro, 1990, '종 차별에 대하여'를 참조). 이것을 인간에게 적용하면: 영혼은 형상이고, 몸은 질료다.

퍼얼스, 헤퍼라인 그리고 굿먼(1951)은 아리스토텔레스의 행위 개념과 어떻게 이것이 유기체/환경 장을 통합하는 데 있어 중요한지를 논의한다(예: p. 229). 퍼얼스, 헤퍼라인 그리고 굿먼에게 있어 대상과 생물학적 지각을 결합하는 것은 바로 행위다. "'행위 속에서' 그리고 감각적 지각 속에서 대상과 감각 기관은 동일한 것이다라는 것은 아리스토텔레스적 유산이며, 정확한 통찰이다."(Perls, Hefferline and Goodman, 1951, p. 229) 수분의 부족과 수분을 섭취하고자 하는 갈망은 같은 행위다(Perls et al., 1951, p. 260).

> 모든 접촉 행위는 알아차림, 운동 반응 그리고 느낌이 결합된 [감각 기관, 근육 체계 그리고 자율신경 체계들이 협조하여 이루어지는] 하나의 전체다. 그리고 접촉은 유기

체/환경 장 내부의 표면-경계에서 일어난다.

한 동물의 정의는 그것이 속한 환경을 포함하기… 때문에, 우리는 '유기체와 환경 사이의 경계에서'라고 하기보다는 이것을 이처럼 다소 이상한 방식으로 말한다. 공기가 없는 상태에서 호흡하는 사람을 정의하는 것은 의미가 없다…. 한 유기체의 정의는 유기체/환경 장에 대한 정의다; 그리고 접촉-경계란… 장의 새로운 상황을 알아차리는 특정한 기관이다….

궁극적으로 이 모든 것은 유기체/환경 장의 [미해결 상황을 완결하기 위한] 조직화를 명료하게 설명하기 위한 것이다….

상호작용의 경계로서 그것의 감수성, 운동 반응 그리고 느낌은 환경 부분과 유기체 부분 둘 다를 향하고 있다.[11] 신경학적으로 유기체는 수용기와 고유 수용기를 가지고 있다.[12] 그러나 행위나 접촉을 할 때는 [감정으로 채색된] '지각을 시작하게 만드는(perception-initiating)' 하나의 단일한 전체적 움직임이 있다. [우리의 지각 활동이 시작되는 방식은] 자기-느낌, 예컨대 갈증이 있고, 그것이 지각된 후에 그 정보가 [감각 기관의] 물-지각 부서로 전달이 되는 식이 아니다. 사실은 [갈증을 지각하는] 행동과 동시에 이미 물은 밝고-바람직한-그쪽으로 향하게 하는 대상으로, 혹은 수분의 부족은 결핍되고-넌더리나는-문제 있는 것으로 [우리의 지각체계에] 주어져 있다 (Perls, Hefferline, & Goodman, 1951, pp. 258-260).

인자형(genotypic) 불변 요소들에 대한 통찰

대부분의 장 이론들이 (위에서 언급한 것처럼) 현상들이 질서정연하다고 가정하며, 이 질서를 좀 더 발견하기 위한 방법론을 가지고 있다. 우리는 이것을 두 개의 주제 ① 통

11) 역자 주_ 유기체-환경 장은 유기체와 환경의 양극성으로 구성되어 있는데, 접촉 경계에서 접촉이 일어나는 과정은 감각 기관과 운동 기관이 유기체와 환경을 동시에 고려하면서 어떤 행위를 함으로써 이루어진다는 설명이다.

12) 역자 주_ 고유 수용기(Proprioceptors)란 근육과 관절에 위치한 특별한 감각 기관이며, 이것의 기능은 근육, 건, 인대, 관절 등에서 오는 여러 가지 감각 정보를 중추신경계에 전달하는 것이다. 이는 신체운동에 따른 감각을 지각하여 신체 자세를 교정하게 해준다.

찰과 방법론, ② 법칙의 성격하에 논의할 것이다.

앎의 성격과 통찰의 정의

나는 많은 사람들이 마치 통찰이 게슈탈트 치료에 낯선 것이며, 그것은 정신분석적 용어로서 현재의 원인을 과거에서 찾는 지성화된 그리고 해석적인 탐구와 같은 것으로 이야기하는 것을 들어왔다. 대부분의 정신분석가들은 그들이 말하는 통찰이란 분석가와 환자 사이의 현재 관계를 근거로 한 정서적 또는 감정적 통찰이라고 말할 것이기 때문에, 이것은 맞지 않는 말이다. 이것은 단지 정신분석적 사고에 대해서만 지나치게 단순화된 부정확하고 비생산적인 잘못된 표현일 뿐만 아니라, 또한 게슈탈트 치료에 대한 좋은 이해도 아니다.

통찰은 게슈탈트 심리학과 게슈탈트 치료를 이해하는 데 필요한 개념이다. 통찰이 게슈탈트 심리학에서 정의되었듯이 정의된다면, 그것은 [좋은] 게슈탈트 치료의 목표가 된다. 게슈탈트 심리학에서 통찰의 정의는 부분들과 전체에 대한 동시적 통합적 알아차림인 '아하!'다. 이것은 비록 명시적이지는 않더라도 펄스, 헤퍼라인 그리고 굿먼에 함축되어 있는 내용이다. 나는 이 '아하!'에 대해 비록 그 당시 통찰이라는 단어를 사용하지는 않았지만 '임상적 현상학'(제6장, 1976)에서 논의했다. 그리고 '게슈탈트 치료: 게슈탈트 심리학으로부터의 유산'(제8장, 1982)에서는 명시적으로 통찰에 대해 논의했다.

"통찰이란 중요한 관계들이 명백히 드러나는 방식으로 지각의 장을 '양식화하는(patterning)' 것이다; 이것은 해당 요소들이 전체와 관련하여 각자 제자리를 차지하게 되는 게슈탈트의 형성이다."(Heidbreder, p. 355, Koehler 재인용).

통찰은 알아차림의 한 형태다. 즉, 전체의 구조에 대한 파악이 있는 알아차림이다. 장의 '조직화(organization)'에 대한 논의의 초점은 이것이 알아차림 작업의 목표라는 것이다. 즉, 장이 어떻게 조직화되었는지에 대한 알아차림이다. 장은 구조를 가지고 있다. 통찰은 이 구조와 온전히 '접속하고(connecting)'[13] 이 구조를 아는 것이다.

13) 역자 주_ 접촉으로 해석해도 무방하다. 다만 접촉의 대상이 어떤 개체나 환경이 아니라 다소 추상적으로 볼 수 있는 '구조(structure)'이기 때문에 접촉 대신 접속이란 용어가 더 정확한 느낌이 든다.

심리학적 통찰은 또한 유기체/환경 장의 조직화에 대한 의미와 그것의 정서적 중요성을 느끼는 것이다. 이것은 자기 자신의 감정들과 욕구들, 동기들 그리고 행동을 아는 것을 포함하지만, 주로 내부 성찰만을 의미하는 것은 아니다; 이것은 전체 장을 포함하여 자신 그리고 타자(other)[14]를 아는 것이다. 이것은 자신의 '알아차림 과정(awareness process)'과 자신의 성격 구조를 알아차리는 것을 포함한다. 이것은 현재의 장 내부에서 새롭게 지각된 것이라기보다는 다른 시간들과 장소들에 있었던 장들로부터 넘어온 고정된 게슈탈트들을 알아차리는 것을 포함한다.

심리학적 영역에서의 통찰은 자신의 책임이 무엇인지 아는 것, 장에서 자신이 기여한 부분을 '소유하는(owning)' [15] 것, 그리고 이것이 선택된 것이라는 것을 아는 것을 포함한다. 이것은 자신의 선택들이 내는 효과들을 아는 것이다. 또한 자신의 책임이 아닌 것을 아는 것, 자신의 것이 아닌 것을 '탈소유하는(disowning)' 것, 그리고 선택된 것이 아닌 것을 아는 것을 포함한다. 심리치료에서 통찰은 단순히 무작위적 알아차림이 아니라, 환자의 성격적 그리고 대인관계적 주제들과 연관된 장의 조직화에 대해 정확히 느끼는 이해다.

현상학적인 방법은 장의 조직화에 대한 통찰을 얻는 데 있어 지침을 제공한다(Idhe, 1977; Spinelli, 1989 참조). 나는 이 책의 다른 몇몇 글들에서 현상학적 방법에 대해 논의한다(제5장, 제6장, 제8장, 제9장). 여기서는 나는 현상학적 방법에 대한 단지 5개의 특성들만을 아래와 같이 나열할 것이다.

1. 사고의 관습적 방식들을 괄호 안에 넣어라.
2. 장의 구조적 특징들을 찾아라. (통찰)
3. 체계적 실험을 사용하라. (변화적 방법)
4. 직접적인 알아차림을 반성적 알아차림의 주제로 만들어라.[16]
5. [경험되는 것을] 경험하는 사람의 의도적 상관관계에 관심을 가져라.[17]

---

14) 역자 주_ 여기서 '타자'라 함은 다른 사람, 사물, 환경, 상황 등을 모두 포함한다.
15) 역자 주_ '소유한다(own)'는 말은 자신의 것(행위)으로 인정한다는 뜻임.
16) 역자 주_ 알아차림에 대한 알아차림을 의미함.
17) 역자 주_ 우리의 의식은 항상 '무엇에 관한 의식'이다. 즉, 지향성을 갖고 있다. 후설은 이러한 지향성을 토대로 하는

법칙의 성격

통찰은 먼저 구체적 맥락에 나타나는 발현들(manifestations) 혹은 표현형적인 발현들이 현상학적으로 명료화되고 나서, 그 다음으로 인자형 불변 요소들이 확인될 것을 요구한다. 이것이 의미하는 바는 먼저 우리의 알아차림에 나타나는 것을 좀 더 일반적인 이해 [즉, 주어진 상황 내에서 변하지 않는 것]에 연관짓는 것을 의미한다. 더 나아가서, 한 특정 맥락에서 불변적인 것으로 보이는 것을 여러 상황들과 맥락 전역에 걸쳐 불변적인 것들과 연관짓는 것을 의미한다.

레빈은 우리가 포스트모던 과학이라고 부르는 것의 접근 방식인 장 이론적 접근은 하나의 구체적인 '구성적(constructive)' 방법이라고 말한다. 이것은 각 개별적 경우를 이해하는 데 있어 임석한 요구 조건을 제시한다. 어떠한 발현도 이것이 규칙적이 아니거나, 혹은 빈번하게 발생하지 않는다고 해서, 혹은 이것이 '환상'이라는 등의 이유로 제외될 수는 없다. 그리고 단순히 이것이 속하는 범주를 명명하는 것으로도 충분하지 않다. [예컨대] 청각적 환각은 이것을 명명한다고 해서, 그리고 이것을 정신 분열증 증상들의 범주에 넣는다고 해서 적절하게 설명되지 않는다.

실험적 데이터를 타당하게 만들어주는 것은 이러한 태도다. 순수한 사례에서 무엇이 일어나는지 발견하는 일은 그 순수한 사례가 자연에서 발생하든 발생하지 않든 상관없이 타당한 자료다. 장 이론적 접근 방식에서 과학은 빈도를 세는 문제가 아니다. 그것은 장에 속하는 힘들이 어떻게 조직되는가를 정확히 이해하는 것이다.

가능하다면 어느 대상이 연구되든지 간에 모든 사례들에 적용되는 좌표들이 사용된다. 물론, 이는 연구의 목적이 대부분 물리적 대상들의 움직임과 관련이 있는 물리학에서 더욱 쉽게 이루어진다. 물리학에서 이것은 당신이 한 대상(키, 폭, 깊이)과 그것의 공간과 시간에 걸친 움직임을 측정할 수 있다면, 당신은 자연 법칙을 발견할 수 있다는 것을 의미한다. 일반화를 하게 되면, 이는 모든 관찰자들에게 사실이어야만 한다.

의식의 활동 또는 사고 과정을 노에시스(Noesis)라고 불렀으며, 이때 의식의 대상 혹은 의미를 노에마(Noema)로 지칭했다. 대상과 그를 향한 의식의 지향성은 그 본질구조에서 독특한 상관관계가 있다. 즉, 의식의 대상(노에마)이 없는 의식 활동 [사고 과정]은 없으며, 의식 활동(노에시스)이 없는 의식의 대상 또한 존재하지 않는다. 이를 의도적 상관관계라 부르며, 노에시스와 노에마는 이처럼 서로 양극성의 한 부분을 이루고 있다.

즉, 일반화는 관찰자의 위치를 고려해야만 한다. 뉴턴 물리학에서 관찰자에게 상대적인 것은 오직 공간뿐이었다. 그러나 포스트모던 물리학에서는 관찰자의 시간적 조망 역시 고려되어야만 한다. 법칙들은 모든 관찰자들의 시간/공간적 조망을 고려하여 전 영역에 걸쳐 적용될 수 있어야만 한다.

물리학에서 장 이론은 '기술(description)'만으로는 부족하다. 기술은 필요하고 중요하다. 하지만 단순한 [기술적] 자료는 [표현형적 발현들에 대립되는 것으로서] 인자형 법칙들이 무엇인가를 기술하기에는 충분치 않다. 만일 우리가 특정한 맥락, 예컨대 문화적 맥락에 충실하면서도 동시에 좀 더 일반적 타당성을 갖는 법칙들을 원한다면, 단순한 기술을 넘어서는 무언가가 필요하다. 인자형 법칙들은 여러 맥락에서 사실이면서, 또한 다양한 표현형적 발현들 사이의 차이들을 설명한다.

물리학에서 감각적 지각은 도구와 수학을 통해서 확장된다. 연구되는 많은 현상들은 일반적 경험의 영역을 넘어서거나 혹은 감각들을 통해 직접 경험할 수 없다. 도구에 의해 확장되지 않은 인간적 경험은 포스트모던 물리학 연구를 위해서는 불충분할 수도 있다. 그러나 심리학적 연구들의 대상이 되는 것은 바로 이러한 인간적 경험들이다. 장 이론적 심리학에서 기술(description)은 현상학과 대화에 의해 확장된다. 물리학에서와는 달리 심리학에서 우리는 연구 대상들에게 이야기할 수 있고, 그들이 무엇을 경험하는지 알아낼 수 있다. 질문지들과 실험들을 사용하면서도 피험자들의 경험을 묻지 않는 심리학적 연구들은 이러한 현상학적 확장을 이용하지 못하는 것이다.

인자형 타당성을 얻는 다른 하나의 방식은 하나의 문화적 맥락에서 표현형적 발현을 연구하고 나서 다시 비교문화적으로 그것을 연구하는 것이다. 어떤 현상에 대한 진정한 통찰적 이해는 어느 한 문화에서의 그 현상의 세부사항을 [문화 전체에서의 그 현상의 위치를 포함하여] 풍부하게 기술할 수 있고, 또한 그것이 여러 다른 문화에서 어떤 부분이 달라지고, 어떤 부분이 불변적인지를 깨닫고 설명할 수 있을 때 가능하다. 이 현상은 모든 문화들에서 발생하는 것인가, 만약 그렇다면 그것은 각 문화에서 마찬가지의 역할을 하는가?

장 이론적인 과학적 시각에서 볼 때, 온전한 이해는 개별적인 사례를 설명해야만 할 뿐만 아니라, [단순히 하나의 법칙이 작용한다는 것만이 아니라] 정확히 어떻게 이 법칙이 작용하는지에 대한 통찰을 또한 추구해야만 한다. 그렇게 해야만 일반적으로 적용될 수 있는 법칙들을 발견할 수 있다. 표현형(phenotype), 즉 한 현상의 특정한 외양은 이것의 원리들이 인자형(genotype)의 시각에서 보일 수 있을 때에야 비로소 온전히 이해될 수 있다. 이때 표현형은 좀 더 일반적 법칙들이라고 할 수 있는 인자형의 특정한 실례다.

최근의 심리학 문헌들을 살펴보면 구체적인 역사적 그리고 문화적 맥락에 국한된 법칙들을 옹호하는 사람들을 볼 수 있다. 다른 사람들은 일반적 법칙들의 형태로 이루어진 일반적인 연구 결과들을 옹호하고 진척시킨다. 장 이론에 대한 온전한 이해를 통하여 이 논쟁에서 빠져나갈 수 있다. 구체적인 문화적 발현에 대한 이해는 이것이 좀 더 큰 장의 한 부분으로 보일 때만이 완전하다; [또한] 일반적 법칙들은 그것들이 시간, 장소, 사람, 문화 등 다수의 구체적 현실들과 특정하게 연관된 정도만큼 타당하다.

이와 같은 이론적 정교화는 가끔 '수용(acceptance)'과 '확인(confirmation)' 개념 사이에 지목되는 차이를 이해하는 데 있어서도 유용하다. 수용은 때때로 한 사람을 있는 그대로 받아들이는 것으로 정의된다. 확인은 그 사람을 있는 그대로 수용할 뿐만 아니라, 또한 그 사람의 존재가 살아가고 성장할 수 있는 잠재력을 확인한다. 이것은 인자형/표현형 상황과 정확히 대응하는 것이다. 한 개인은 '표현형'(이 사람이 지금-여기의 한 맥락에서 존재하는 정확한 방식)을 발현한다. 그러나 이것은 유일하게 가능한 '인자형'(그 사람이 존재할 수 있는 다양한 진정한 방식들)의 발현은 아니다. 간단히 말해서 승인은 한 사람을 수용하는 것을 의미한다. 그러나 그것은 그 사람의 단지 하나의 발현만을 수용하는 것을 의미하지는 않는다.

장 이론의 정의

이제 우리는 장 이론에 대해 내가 공식적으로 내린 정의를 살펴볼 준비가 되었다.

다음은 내가 내린 장 이론에 대한 다소 압축된 정의다. 어떤 면에서 이것은 전체 글의 개요 역할을 할 수도 있을 것이다.

> 장 이론은 사건들, 경험하기, 대상들, 유기체들 그리고 체계들을 [그것들의] 타고난

> 성격에 따라 분류하거나 또는 개별적 특성들로 분석하고 나서 [그것들을] '더하여-합해진(and-summative)' 전체들로 형성하기보다는 함께 하나의 통일된 상호작용적이고 지속적인 전체(장)를 형성하는, 서로 영향을 미치는 힘들의 인식할 수 있는 총체의 의미 있는 부분들로 검토하고 밝히기 위한 하나의 체제(framework) 또는 시각이다. 모든 그러한 사건, 대상 또는 유기체의 정체성과 질은 '하나의-장-안에서(in-a-field)'만 동시적으로 존재하며, 오로지 지각하는 사람과 지각되는 대상 사이에서 서로 영향을 미치는 상호작용에 의해 형성된 '배치(configuration)'를 통해서만 알 수 있다.

방식과 정도에는 차이가 있지만, 장 이론들은 장들에 대해서 대략 다음 다섯 가지 가정들을 하는 경향이 있다.

1. 장은 관계들의 체계적 조직망이다.
2. 장은 시간과 공간 속에서 연속적이다.
3. 모든 것은 장에-속한다.
4. 현상들은 전체 장에 의해 결정된다.
5. 장은 통합된 전체다: 모든 것들이 장 내부에서 그 밖의 모든 것들에 영향을 미친다.

방식과 정도에 있어서 차이는 있지만, 장 이론들은 다음 네 가지의 부가적인 태도를 갖는 경향이 있다.

6. 지각된 실재는 관찰자와 관찰된 것 사이의 관계에 의해서 구성된다.
7. 동시간성의 원리
8. 과정: 모든 것은 [무언가가] 되어가는 중이다.
9. 인자형 불변 요소들에 대한 통찰

요 약

장 이론은 게슈탈트 치료 전반에 스며들어 있는 태도다. 이것은 게슈탈트 치료의 나침반을 안내하는 천연 자석이다. 장 이론은 게슈탈트 치료의 다양한 원천들의 결실들을 통합하는 과학적 세계관이다. 장 이론은 '접촉 경계', '과정으로서의 자기' 등과 같은 역동적 구성적 개념들을 가능하게 한다. 그것은 게슈탈트 치료 체계를 함께 묶어주는 인식적 접착제다.

수많은 장 이론들이 존재하며, 어떤 것들이 다른 것들보다 절대적으로 더 옳다고 말할 수 없다. 장 이론 내의 모든 것은 시간, 공간 그리고 관찰자의 현상학적 알아차림에 대하여 상대적이다.

장 이론은 모든 사건, 경험, 대상, 유기체 또는 체계를 연구하기 위한 체제다. 그것은 함께 하나의 통합된 전체를 형성하고, 장의 부분들을 결정하는 힘들의 총체를 강조한다. 사람들과 사건들은 장에-속할 때에만 존재한다. 그리고 의미는 장 내부에서의 관계들을 통해서만 얻어진다. 장 내부에 존재하는 사실들만이 장에 영향을 미친다.

게슈탈트 치료의 장 이론적 접근 방식에서는 모든 것이 움직이고, 되어가고 있는 것으로 본다. 어떤 것도 정지해 있는 것은 없다. 단지 어떤 것들은, 예컨대 구조(structure) 같은 것은 보다 빠르게 움직이고 변화하는 다른 과정들과 비교해서 상대적으로 느리게 움직이고 변화한다.

장 이론들은 장이 어떻게 작동하는지, 장 내부의 힘들이 정확히 어떻게 전체 구조에 딱 맞게 함께 자리를 찾아 들어가는지에 대한 통찰을 얻으려 시도한다.

실재(reality)는 객관적이지도 임의적이지도 않다. 오히려 '외부에 있는 것(what's out there)'과 지각하는 유기체에 의해 협력적으로 그리고 동시간적으로 구성된 것이다.

장 이론은 게슈탈트 치료의 일반 이론과 방법론에 있어서 필요하고 중심적인 부분이며, 게슈탈트 치료 이론과 실제를 더욱 발전시키는 데 공헌할 커다란 잠재력을 갖고 있는 하나의 사고방식이다.

CHAPTER 11

게슈탈트 치료에서의 자기: 토빈에게 보내는 응답

주 해

이 글은 스테판 토빈(Stephan Tobin)이 1982년 『게슈탈트 저널(The Gestalt Journal)』에 발표한 논문에 대한 응답으로 1983년에 쓰였다. 그의 글에서 토빈은 나 역시 이 글과 다른 곳에서 주장해왔던 게슈탈트 치료에 필요한 많은 변화들을 주장했다. 나는 그의 입장을 이 글에서 요약한다. 그리고 그의 글과 친숙하지 않은 독자들도 어려움 없이 논점들을 따라올 수 있으리라 믿는다.

우리가 서로 동의하는 부분들이 있음에도 불구하고 그에게 응답하는 글을 써야겠다고 느낀 이유는 자기, 자기 장애들, '경계'와 '핵심' 등에 대한 토빈의 논의가 게슈탈트 이론의 장 이론적 기초에 대한 이해가 전혀 없이 게슈탈트 치료에 있어서의 이러한 쟁점들을 이론화했기 때문이다. 나는 이 논의가 장 이론 문제를 예시해줄 수도 있을 것이라고 생각한다. 이 장을 제10장 '장 이론의 소개'와 함께 읽는 것이 가장 좋을 것이다.

나는 스테판 토빈의 『자기 장애, 게슈탈트 치료와 자기 심리학(*The Gestalt Journal*)』(Fall, 1982)을 읽으면서 복잡한 감정들을 느꼈다. 나는 로스앤젤레스 연구소의 내 동료가 이처럼 시기 적절한 글을 썼다는 점에서 기뻤다. 나는 대상관계 이론과 코헛의 정신분석적 접근을 고려할 필요성, 게슈탈트 치료를 통한 성격장애(그리고 다른 증상 집단들) 치료에 대해 논의할 필요성, 좀 더 솔직하게 실패들을(개인적인 것과 체계적인 것 모두) 논의할 필요성, 자기 개념을 논의할 필요성, 그리고 현재를 낳은 역사적-경험적 배경에 환자의 현 상호작용을 연관시킬 필요성에 대해 진심으로 동의한다.

한편, 나는 그의 글의 몇 가지 이론적 진술들에 대해서 반대한다. 이들 중 몇몇 진술들은 나에게 중요해 보인다. 그리고 또한 이들 중 몇몇은 토빈의 치료적 접근에서 되풀이된다.

태도에 있어서 전환의 필요

토빈은 [치료자가] 환자의 경험을 경청할 때, 환자의 성격 구조와 경험을 더 현실적으로 고려하는 방향으로 태도를 전환할 것을 주창했는데, 이때 치료자가 언제 자신의 경험을 공유하고, 언제 환자의 경험을 반영할지, 혹은 언제 어린 시절의 자료를 가져올지 등에 대해 좀 더 정교한 접근이 필요하다고 했다. 이러한 목적을 위해 토빈은 하인츠 코헛과 다른 대상관계 이론가들과 같은 최근의 정신분석적 저자들에게서 나온 정보를 동화시킬 필요가 있다고 주장한다. 토빈은 치료자와 환자 사이의 관계에, 그리고 환자가 경험하는 환자 자신의 욕구에 더욱 주의를 기울일 필요가 있다고 주장한다. 이와 동시에 치료자들이 무의식적으로 치료 작업을 오염시키지 않도록 치료자가 자신의 감정과 욕구를 알아차리고 있는 것이 중요하다고 말한다. 토빈은 신경에 거슬리고, 직면적 기법에 의존하던 것에서 좀 더 공감적인 접근으로, 그리고 융합에 대해 공포반응을 보이던 태도에서 보다 관대한 태도로 전환할 것을 주장하며, 이러한 최근의 움직임을 연대기적으로 나열한다. 그는 [자신의] 치료적 실패로 인해 부득이하게 일어났던 변화들에 대해 정직하게 자신을 개방한 점에서, 그리고 자신이 인정한 바를 기초 이론에 접목시키려는 시도들을 통해 [나의 희망으로는] 우리 모두가 따랐으면 하는 모범을 제시한다.

내가 토빈의 글에서 문제를 느끼는 부분은 [우리의] 필요한 태도 전환에 관해 그가 이론화하는 방식이다. 나는 그가 기존의 게슈탈트 치료 이론을 특징짓는 방식에 대해, 그리고 그가 주창하는 변화를 이론화하는 방식에 대해 둘 다 반대한다. 그의 임상적 경고는 기꺼이 수용할 수 있으나, 이를 게슈탈트 치료에 대한 비평으로 이용한 것에 대해서는 이의를 제기한다. 나는 게슈탈트 치료 이론에 대한 토빈의 일반적 기술에 대해 논의할 것이며, 어떤 점에서 내가 그것이 부정확하다고 보는지 토의할 것이다. 그러고 나서 나는 다음과 같은 이론적 문제들을 논의할 것이다. 과정으로서의 자기, 경계 현상으로서의 자기('핵심'으로서가 아닌), 심리치료의 절차, 과거의 역할, 나-너 모델과 관련된 임상적 문제들.

게슈탈트 치료 이론에 대한 토빈의 기술

토빈은 게슈탈트 치료가 무시하고 있는, [다른 치료 이론에서는] 합의된 자기와 자아에 대한 정의들이 있음을 암시한다. 그는 자기에 대한 게슈탈트 치료 이론을 개인의 '핵심'을 간과하는 경계 현상의 하나로 특징짓는다. 따라서 그는 게슈탈트 치료가 대인관계적(interpersonal)이며, 핵심 갈등들을 다루지 않는 것으로 본다.

그는 게슈탈트 치료 이론이 "안정성, 기초가 든든함, 자신감, 유연성 등의 중요한 자기-기능들 중 일부를 다루지 않는다…." (p. 5)고 말한다. 더욱이, 토빈은 게슈탈트 치료가 하나의 구조로서 자기의 연속성을 설명하지 않으며, 개인이 즉각적인 상황에 실존하는 자기를 가져온다는 사실을 인정하지 않는다고 주장한다. 오히려 토빈은 게슈탈트 치료 이론이 현존하는 자기에 대해 전혀 언급하지 않고 즉각적인 상황만을 개념화하는 것으로 기술한다.

이보다 더 중요한 것은 토빈이 게슈탈트 치료에는 자기의 핵심적 존재에 관한 기술이 없기 때문에, 게슈탈트 치료가 다양한 증상 집단(예를 들어, 경계선 성격장애와 자기애적 성격장애) 환자들을 치료하는데 필요한 [방향] 수정을 하지 않는다고 말하고 있다는 점이다. 더 나아가서 그는 『게슈탈트 치료』[1]로부터 "모든 개인은 똑같이 효과적이고,

잘 기능하는 자기를 가진다." (Tobin, p. 5)는 결론을 이끌어낸다.

토빈은 게슈탈트 치료의 나-너 관계 접근 방식을 임상적 상황과 무관하게 [환자들에게] 거칠게 들이대는 직면으로 특징짓는다. 그는 게슈탈트 치료가 치료자들에게 치료 과정 중에 발생하는 그들의 감정과 욕구를 구별하기 위한 어떤 체계도 제공하지 않으며, 따라서 그들이 환자의 복지에 지속적으로 헌신할 수 없다는(게슈탈트 치료가 역전이를 논의하지 않기 때문에, p. 14) 끔찍한 비난을 하고 있다. 따라서 스트레스 상황에서 파편화를 경험하고 있는 자기 장애 환자는 그가 퍼얼스로부터 내사하여 받아들인 거친 치료를 받게 될 것이라고 했다(그래서 결국 이 환자는 치료되기보다는 상처를 받게 될 것이라고 했다.).

더 나아가서 토빈은 게슈탈트 치료가 의식적인 의도와 자기 알아차림은 다루지만, 무의식과 저항은 다루지 않는다고 본다. 토빈은 좀 더 집중적인 치료를 주장한다. 그리고 대다수 게슈탈트 치료자들이 (전이를 증가시키기 위한) 좀 더 빈번한 치료 회기와 좀 더 장기적인 치료과정의 이점을 보지 못한다고 믿는다.

게슈탈트 이론의 일반적 표상

심리학의 문헌들을 살펴보면 '자기'와 '자아'에 대한 용어 정의가 일치하지 않고, 다양한 자료들에서 정반대의 의미로 사용되고 있다. 게슈탈트 치료에 많은 영향을 끼친 퍼얼스의 『자아, 배고픔 그리고 공격성』(1947)과 퍼얼스, 헤퍼라인 그리고 굿먼이 쓴 『게슈탈트 치료』(1951)는 과정으로서의 자기 이론을 자세히 설명하는 데 주력하고 있다.

『게슈탈트 치료』에서 퍼얼스와 다른 저자들은 정상적인 성격과 신경증적 성격에 관한 이론에 대해서는 상세히 설명하지만, 좀 더 심각한 정신병리에 대해선 잠시 언급하고 있을 뿐이다. 나는 게슈탈트 치료에서 다양한 증상 집단에 관한 임상 보고서가 더

1) 역자 주_ 퍼얼스, 헤퍼라인 그리고 굿먼이 공동 저술한 『게슈탈트 치료(*Gestalt Therapy*)』(1951)를 지칭함.

많이 출판되어야 한다는 토빈의 의견에 동의한다. 하지만 내가 알기로는 모든 사람들이 마찬가지로 건강한 자기를 가졌다고 보는 것은 게슈탈트 치료가 아니며, 그러했던 적도 없다. 모든 사람이 똑같이 건강한 자기를 지녔다고 믿는 것은 정신병리나 기능상의 의미 있는 개인차와 같은 현상이 없다고 믿는 것과 같은 것이다. 나는 개인적으로 게슈탈트 치료 이론이나 게슈탈트 치료에 있어서의 내 스승들이 그렇게까지 단순하지는 않았다고 생각한다.

내가 읽은 게슈탈트 치료 문헌 어디에도 자기의 현상학적 실재를 부정하는 내용은 없었다. 그런데 토빈은 굳이 "나는 자기를 현상학적 실재라고 생각한다."(p. 8)고 말한다. 비록 어떤 사람들은 "[나는] 내가 아홉 살이었을 때와 같은 사람[이다]"(p. 8)와는 다르게 이것을 개념화하는 쪽을 선호할 수는 있겠지만, 훌륭한 게슈탈트 치료자나 이론가들 가운데 '자기'의 현상학적 실재에 대한 토빈의 주장에 이의를 제기할 사람은 없다고 생각한다.

내가 게슈탈트 치료를 이해하기에는 게슈탈트 치료가 자기의 '핵심' 과정들이나 자기의 구조적 측면들을 소홀히 취급한 적은 없다. 자기의 게슈탈트 치료 과정 이론은 '지적 나태'나 '우물쭈물하는 반지성주의'의 산물과는 거리가 멀다(비록, 이런 특성들이 게슈탈트 공동체에서 발견되는 것은 확실하지만)(Tobin, p. 9). 과정적 사고는 심리학에서 여전히 비전통적이고 완전히 발전되지 못했으며, 매우 엄밀한 사고를 요구한다. 이것은 게슈탈트적 사고에 의해 대체된 전통적인 뉴턴의 기계론적 사고들보다 더 엄밀한 사고를 요구한다. 한편, 나는 토빈이 과정으로부터 구조를 분리해낸 시점에서 그가 이 이론을 과도하게 단순화하고, 잘못 해석하고 있다고 생각한다.

물론, 토빈이 게슈탈트 치료에 대한 자신의 견해를 뒷받침해줄 논의를 게슈탈트 문헌에서 정선해낸 것은 사실이다. 그러나 나는 또한 그가 나-너 치료 관계를 다루는 게슈탈트 치료 저서들을 제대로 제시하지 못했다고 믿는다(예를 들어, Polster & Polster, 1973; Yontef, 1981a, 1981b, 1982 등). 비록 퍼얼스는 자주 거칠고, 직면적이고, 자기애적이었지만, 그리고 이를 많은 게슈탈트 치료자들이 무의식적으로 받아들였지만 (토빈 자신이 스스로 그랬다고 인정했듯이), 나는 게슈탈트 치료의 이론이 이것을 옹호한 적은 결코 없었다고 생각한다. 게슈탈트 치료는 전이에 기초한 관계로부터 대화 관계로 전환했으며, 초기 문헌들은 바람직한 관계의 특성을 충분히 정확하게 상술하지 않았던 것이 사실이다. 그러나 그때 이래로 이 문제에 많은 관심을 기울였다. 그리고 토빈이 논의한 태도의 변화들은 매우 시기 적절하고 필요한 것이었다. 그러나 나는 대화적 관계를 기술하는 특성들에 대한 이론화는 나-너 관계가 실제 치료에서, 그리고 우리가 이론화하는 데 있어서 유용한 개념이 되려면, 토빈의 글에서의 논의보다는 좀 더 정교해질 필요가 있다고 생각한다.

토빈은 게슈탈트 치료 이론에 대해 내가 반대하는 다른 몇몇 주장들을 한다. 그는 다음과 같이 주장한다. "게슈탈트 치료는 다른 실존주의적-인본주의 치료와 마찬가지로 의식적인 의도와 자기 알아차림에 거의 전적으로 의존한다." (p. 34) 게슈탈트 치료는 못알아차림(unawareness)(무의식), 저항과 전이를 포함한 전체 알아차림 과정을 탐색하기 위해 현상학적 알아차림을 이용한다. 나는 게슈탈트 치료에서 저항을 다루지 않는다는 토빈의 주장에 동의하지 않는다(p. 31). 나는 게슈탈트 치료에서 알아차려지지 못하는 것과 그 방식에 집중하도록 훈련을 받았으며, 또한 저항과 무의식을 다루는 훈련 역시 받았다. 이때 그렇게 하는 데 있어 현상학적인 접근을 사용하도록 훈련 받았다. 이는 확실히 지난 10년간 로스앤젤레스 게슈탈트 치료 연구소의 훈련과정 중 주요한 한 부분이 되어왔다. 토빈은 그가 목욕물과 함께 아기마저도 버렸다고 말한다. 그러나 나는 게슈탈트 치료 역시 그러했다는 그의 주장에 이의를 제기한다.

토빈은 알아차림 작업이 통찰-지향적인 것과 반대되는 표현적인 작업이라는 것을 암시한다(p. 33). 나는 통찰이 게슈탈트 치료가 지향하는 알아차림의 형태라고 생각한다. 다만, 우리는 통찰을 대체로 역사적인 것으로 보기보다는(Yontef, 1982 참조) 게슈탈트 심리학적 용어(전체적인 현재 상황의 구조에 대한 알아차림)로 정의한다. 표현은 통찰을 추구하는 우리의 현상학적 작업에서 단지 한 측면에 불과하다.

자기: 과정과 구조

게슈탈트 치료는 구조와 기능이 분리될 수 없고, 인간의 구조는 과정이라는 장 이론적 사고에 기초한다. 안정된 구조들이 존재한다는 사실이 의심되지는 않지만, 그러나 그것들은 과정들로서 개념화된다. 과정은 리듬이 있고, 지속적이고, 내적인 일관성이 있다. 즉, 이것은 구조적이다. 『자아, 배고픔 그리고 공격성』(1947)에서 퍼얼스는 자아나 자기 같은 개념들의 과정적 해석을 상세히 기술한다. 『게슈탈트 치료』에서 퍼얼스와 다른 저자들은 과정으로서의 자기를 상세하게 설명한다. 그러나 토빈은 게슈탈트 치료가 자기의 실재를 의심하며, 자기가 지속성을 지니고 모든 상황에서 활동한다는 사실을 믿지 않는다고 주장한다.

자기: 핵심과 경계

게슈탈트 치료 이론에서 자기는 개인의 접촉 체계다. 유기체/환경의 장을 떠난 '핵심(core)'이나 '자기(self)'는 없다. 또한 우리가 보통 '내적인(internal)' 것으로 특징짓는 과정(process)이 없는 인간적 환경도 없다. 자기가 건강하거나, 신경증적이거나, 정신병적이거나, 또는 자기 장애 범주에 속하거나 간에 게슈탈트 치료는 이를 경계에서 발생하는 하나의 과정으로 본다. 심각한 병리 현상이 존재하고, 어떤 환자들은 특정한 스트레스 상황에서 보다 악화된다는 것이 명백한 사실이다. 퍼얼스는 우리가 그 현상을 어떻게 이론화해야 하는지를 언급하고 있으며, 내가 토빈에게 이의를 제기하는 부분이 바로 이 부분이다.

상호작용을 할 때에 그 복잡성과 유기체적 관심이 커지면 커질수록(단지 갈등이 아니라) 자기가 더 많이 활성화된다. 어떤 사람들은 스트레스나 갈등에 직면하여 분명히 분열을 일으킨다. 이를 게슈탈트 치료의 과정 이론과 일관되게 개념화하는 방식은 토빈이 언급한 것처럼(p. 6), 예를 들면 자기 장애에서 나타나는 갈등이 그 분열된 사람의 자기의 양을 감소시키는 것이 아니라 자기 과정이 분열되고, 비효율적으로 된다고 보는 것이다. 자기의 응집력은 떨어진다. 그러나 자기는 여전히 접촉 체계로 남아 있다. 이것은 접촉 경계 기능(자기)의 내적 그리고 대인적인 측면들을 포함한다.

토빈은 다음과 같이 주장한다. "게슈탈트 치료의 주요한 한계 중 하나는 개인과 그의 환경 사이의 기능적인 경계 혼란에 주된 초점을 맞춘 나머지 개인의 핵심에서 일어나는 구조적 혼란을 거의 알아차리지 못한다."는 것이다(p. 5). 이후에 그는 다음과 같이 말한다. "…게슈탈트 치료자들은 자기와 자기-아닌 것(no-self) 사이의 경계 혼란에 그들의 관심을 대부분 쏟기 때문에, 자기 안의 혼란에 대해서는 무관심하다."(p. 9) 게슈탈트 치료가 자기와 자기가 아닌 다른 것들 사이의 장애만을 다룬다는(p. 9) 토빈의 주장은 그가 과정과 구조를 분리하고, 경계와 핵심을 분리했기 때문에 가능한 것이다. 문제는 만일 당신이 경계 그리고 과정과 분리된 것으로 간주되는 구조적 핵심을 생각해내더라도, 우리는 내적 갈등과 분열에 대한 논의를 인정하지 않을 것이라는 것이다. 왜냐하면, 과정에 대한 게슈탈트 치료적 논의는 구조 개념을 포함하며(그 역도 또한 성립한다.), 유기체/환경 장의 경계 현상에 대한 모든 논의는 토빈이 핵심이라고 부르는 기능들을 포함하기 때문이다.

토빈은 경계로부터 분리된 핵심이 있다고 생각하며, 만약 핵심이 분열되어 있다면 치료자와 환자 간의 경계에서 작업이 이루어질 수 있기 전에, 이 핵심에 대한 치료가 선행되어야 한다고 믿는 것 같다. 이것은 다음 부분에서 명확하게 논의될 것이다. 이론적으로 그리고 임상적으로 이것은 내가 토빈과 이론적으로 동의하지 못하는 점들 중에서 가장 중요한 것들 중 하나다.

심리치료의 순서

토빈의 글이 임상적 태도에서 필요한 변화를 명확히 제시하고 있다는 점은 인정을 받아왔다. 이런 변화를 통해 토빈은 자기애적 환자를 대상으로 훨씬 더 많은 성공을 거두어왔다. 나의 초기 스타일이 토빈과는 달랐어도 나도 환자의 성격 구조에 대한 이해를 더 많이 활용하는 보다 부드럽고, 공감적이고, 관계 지향적인 치료로 그와 유사한 방향 전환을 했다. 나 역시 코헛과 대상관계 이론가들을 공부하면서 혜택을 보았다. 그리고 이로 인해 자기 장애 치료에 있어 더 많은 성공을 거둬왔다는 것을 인정한다. 자기애적 장애는 단지 그중 하나에 불과할 뿐이다.

그러나 토빈은 장기 치료의 특정한 순서 때문에 이러한 성공이 가능했다고 주장한다. 그는 먼저 환자와 신뢰 관계를 맺고 이해를 한다. 그러고 나서 자기에 대한 작업을 한다('핵심' 에 대한 작업이기에 게슈탈트 치료로 간주하지 않는다.). 그러고 나서 게슈탈트 치료(경계 작업)를 하고, 그리고 종결을 한다. 나는 자기 작업을 게슈탈트 치료가 아닌 것으로 분류하는 것은 이론적이고 실제적인 근거에서 볼 때, 유감스러운 일이라고 생각한다. 이것은 게슈탈트 치료의 개념을 제한하며, 매우 중요한 자기 작업으로부터 게슈탈트 치료의 힘을 분리시키는 것이다(Tobin, p. 40).

토빈과 내가 비슷한 태도의 전환을 이루었고, 치료적 효과에서도 비슷한 향상을 경험했지만, 나는 치료 순서를 전혀 다르게 개념화한다. 따라서 토빈의 성공은 나의 경우처럼 그의 태도와 지식의 향상과 관련된 것이지, 반드시 구조적 '핵심' 으로서 자기를 정의하고, 이로부터 그가 이끌어낸 순서와 관련된 것이 아닐 수 있다. 토빈은 자기애적 성격장애에 대해서만 논의하고 있지만, 나는 경계선 환자나 분열성(schizoid) 환자들과도 더 많은 성공을 거두어왔다. 그리고 많은 환자들이, 특히 경계선 환자들이 토빈이 제시하고 있는 특별한 치료 순서로는 치료가 잘되지 않는다는 것이 내 경험이다. 나는 이것이 자기와 '핵심' 에 대한 이론적 문제와 관련이 있다고 생각한다.

토빈은 "나는 응집력 있는 자기가 장과의 접촉을 위한 전제조건이라고 생각한다. 그 반대라기보다는."(p. 11)이라고 진술한다. 이 주장은 자기를 접촉 체계로 볼 때, 이해하기 어렵다. 그리고 설령 핵심인 '자기'가 있다 하더라도, 어떤 형태로든 접촉을 통하지 않고 어떻게 [이러한] 자기에게 양분을 공급할 수 있겠는가? 우리가 바람직한 접촉 형태와 방식에 대해 토론할 수는 있지만, 어떤 형태로든 경계를 통하지 않고 어떻게 양분이 섭취될 수 있는지 모르겠다.

접촉과 동시에 혹은 그 이후보다는 접촉 이전에 자기가 발달할 수 있다는 믿음은 특별한 치료적 선택이라는 논리적 결과를 낳는다. 먼저 토빈은 환자를 지지한다. 그러고 나서 어린 시절에 대한 논의를 통해 자기 작업을 한다. 그러고 나서 그는 과정의 알아차림에 대한 게슈탈트 치료를 하고 종결한다.

토빈은 핵심 자기가 발달하여 강해질 때까지 환자를 치료하고 나서, 그 다음으로 경계 현상에 대한 작업을 할 수 있다고 생각하는 것 같다. 나는 경계를 통하지 않고 어떻게 이 핵심에 도달할 수 있는지 모르겠다. 이런 경계 현상에 대한 작업은 두드러지게 될 수도 있고 또는 관심을 끌지 않고 될 수도 있다. 하지만 '핵심' 에 도달하기 위해서는 경계를 통과해야만 한다. 실제로 경계 기능들을 향상시키는 치료는 환자로 하여금 스스로 자신의 현재 기능과 과거의 경험적이고 역사적인 배경과의 연관성을 알아차리는 (통찰) 힘을 기르도록 해준다. 토빈은 게슈탈트 치료가 직면적이고, 상호작용적이며, 내적 자기를 다루지 않기 때문에, 처음의 두 단계들은 게슈탈트 치료가 아니라고 논한다. 그러나 나는 토빈이 그의 글에서 설명하는 것보다 게슈탈트 치료가 훨씬 더 포괄적이고, 유연한 체계라고 생각한다. 나에게 게슈탈트 치료는 공감적 경청, 상호 이해 쌓기, 어린 시절 이야기의 활용, 직면의 사용 그리고 그 이상을 포함하는 것이다.

나는 사람들이 게슈탈트 치료를 주로 혹은 반드시 거칠고 부조화스런 스타일을 사용하는 것으로 많이 알고 있다는 사실을 알게 되었다. 그러나 이것은 게슈탈트 치료의 한 가지 스타일에 불과하다고 생각한다. 이 하나의 스타일이 게슈탈트 치료라는 생각을 버린다면, 자기애적 또는 경계선 환자와의 초기 작업이 경계 작업이라는 것을 좀 더 쉽게 이해할 수 있게 될 것이다. 이것은 치료자가 치료 초기 단계에서 환자가 꺼내놓지 않는 어린 시절 이야기를 어느 정도까지 다루어야 하는지, 그리고 이것이 해석을 통해서 이루어져야만 하는지를 포함해서 대답되지 못한 많은 질문들을 남긴다. 토빈과 나는 이 문제에 대해서 의견이 일치하지 않는다.

나는 집중적인 심리치료에서의 모든 작업이 경계 작업인 동시에, 토빈이 핵심이라 언급하는 것에 대한 작업이라고 생각한다. 그리고 치료의 정확한 초점은 각 환자와 진단 집단의 임상적 요구사항들에 따라 달라져야 하며, 그것도 주로 이론적 관점에서보다는 대화적이고 현상학적인 작업에서 가장 잘 도출된다고 생각한다. 자기 장애들 안에서조차 상반된 욕구들이 있다. 예를 들어, 자기애적 성격장애 환자와 경계선 환자들은 흔히 아주 다른 임상 태도와 치료 순서를 필요로 한다. 성격 이론과 심리진단(정신역동을 포함해서)에 대한 탄탄한 배경지식을 바탕으로 이를 활용할 수 있는 치료자가 가장 좋은 치료를 할 수 있는 입장에 있다고 하겠다.

자기애적 환자는 자신이 이해받았다고 느낀 후에야 대화가 가능할 수 있으며, 치료자가 경험한 것을 너무 조급하게 환자에게 직면시키는 것은 비효율적이라는 토빈의 견해를 임상적 경험을 통해서 나도 확실히 지지한다. 나는 게슈탈트 치료의 대화적 관점에서 보면, 자기애적 상처는 치료자가 환자에게 입히는 것이 아니고, 환자가 치료자에 대해 반응하면서 생기는 것도 아니며, 오히려 그것은 치료자와 환자 사이의 상호작용에서 발생하는 것이라는 점을 지적하고 싶다. 상처는 인정될 수 있고, 현재 과정들은 탐색될 수 있으며, 이를 통하여 자기를 탐색하고, 형성해나갈 수 있다. 그러고 나서 치료자는 토빈이 주장한 대로 전이적 소재들을 다룰 수 있고, 치료자의 관점을 공유할 수도 있다(집단 감수성 훈련 그룹식의 만남(encounter)이 아닌, 하나의 공유하기로). 혹은 현재 일어나고 있는 지금-여기의 과정으로 한층 더 깊이 들어갈 수도 있다. 예컨대, 치료자가 지친 듯이 보였을 때, 치료자가 자신에게 관심이 없는 것 같아 상처를 받았다는 것을 환자가 인정한 후에, 치료자는 많은 선택을 할 수 있다. 치료자는 [자신과] 부모 중 한 사람과의 유사성을 지적할 수 있을 것이고, 치료자가 실제로 경험하고 있던 것을 공유할 수도 있을 것이다. 혹은 환자가 상처받았던 과정에 대해 질문할 수도 있을 것이다. 예를 들어, 환자가 자신의 상처를 치료자가 반영하는 것을 듣고 이해받았다고 느낀 후에, 치료자는 다음처럼 말할 수 있다. "내가 지친 듯이 보였을 때, 당신은 자신에게 뭐라고 말했습니까?"… "당신이 '그는 내게 관심이 없어.' 라고 자신에게 말했을 때, 그 밖에 또 뭐라고 말했습니까?" 그 대답은 아마도 다음과 같은 것일 것이다. "만일 내 치료자가 나에게 관심이 없다면, 나는 흥미롭지 않은 사람임이 틀림없어." 치료자: "와, 그건 내가 당신에게 싫증이 난 것보다 진짜 훨씬 나쁘네요. 그렇다면 정말 당신은 없어질 것 같네요. 당신이 내게만 지루한 것이 아니라, 세상 모든 사람들에게 지루하다는 것이니까요. 그건 정말로 당신을 이 세상에서 사라지게 만들 것 같네요."

토빈이 자기애적 성격장애를 위해 주창하는 치료 순서(핵심 자기에 대한 작업을 한 후에 접촉에 대한 작업을 하는)를 다른 자기 장애들에도, 예컨대 경계선 환자들에게 적용을 한다면, 내 경험상 이것은 흔히 비참한 결과를 낳는다. 치료자가 그런 환자를 치료할 때 너무 일찍 어린 시절에 대한 소재를 도입하거나, 환자가 자발적으로 생각해낸 어린 시절의 이야기를 철저하게 탐색한다면, 경계선 환자는 아주 강렬하고 원초적인 정서를 경험할 것이다. 그러나 그것을 담아내고, 동화하고, 작업해낼 만큼 충분히 발달된 자기 기능을 갖고 있지 못할 것이다. 치료 초기에 경계선 환자는 전형적으로 자기-분열 대처 양식 속에서 무표정한 얼굴로 이야기하거나, 혹은 원초적인 분노를 폭발시키거나, 관찰하는 자아가 거의 없는 상태에서 [치료자의] 돌봄을 요구할 수 있다. 그러나 원초적인 기능과 성인의 기능을 통합할 수는 없다. 분노가 통제력을 벗어나 폭발하지는 않더라도 경계선 환자의 퇴행적 성향은 쉽게 강화된다. 그리고 그 결과로 과장된 긍정적 전이가 발생한다. 그리고 1~2년 후에 거의 정신병적인 긍정적 전이가 정신병적인 부정적 전이로 바뀌면서 치료를 망치게 된다. 경계선 성격장애 환자의 치료 초기에 토빈이 주장하는 수준의 긍정적 전이를 조장하고, 어린 시절에 대한 이야기가 일찍 도입된다면, 원초적이고 퇴행적인 소망은 강화되고, 치료 후반에 가서 환자는 부정적 전이를 발전시킨다는 것을 나는 경험했다. 그러나 환자는 이러한 부정적 전이를 다룰 수 있는 충분한 자기-지지를 발전시키지 못한 상태이고, 아직까지 환자의 상호작용 기술은 미숙한 상태이기 때문에 배신감은 환자가 다루기에는 너무 크다.

오로지 자기를 통과함으로써, 즉 접촉 기능을 통해서 어린 시절에 대한 이야기를 다룸으로써 환자는 과거와 관계 맺고, 과거를 완결할 수 있기 위해 자기를 더 잘 발전시킬 수 있다. 예를 들어, 버려지거나, 굶주리거나, 맞아 쓰러지지 않고, "싫어요."라고 말할 수 있다는 것을 배우고, 이런 지식을 기반으로 해서 치료자와 친밀한 관계를 발전시킨 경계선 환자는 어린 시절에 받은 순응에 대한 요구들과 자기를 주장했을 때, 부모들에 의해서 버려진 기억 등에 직면할 수 있게 된다. 나는 [경계선 환자들에게 있어서] 비난과 알아차림, 접촉/융합/고립, 분리 등을 구분해내는 것과 같은 문제들을 명확히 하는 경계 작업이 어린 시절에 대한 이야기를 다루려는 어떤 중요한 시도보다 앞서 이루어져야 한다고 생각한다.

요 약 토빈의 이론화는 내 경험으로는 유감스러운 결과를 낳을 수 있는 치료 순서의 선택을 내포하고 있다. 내게는 게슈탈트 치료에 있어서의 자기가 자기 경계를 통하지 않고 다루어질 수 있는 어떤 핵심(core)이 아니며, 오히려 개인은 자기 경계를 통해서 치료될 수 있다. 이것은 나-너 만남이 공감적 이해로 통하는 게슈탈트 치료의 길이라는 생각과 일치하며, 자기는 접촉을 통해 현전하게 된다는 실존적 전제의 한 예시다.

과거의 역할

과거가 현재의 배경이라는 것은 확실하다. 퍼얼스는 과거는 현재로 통한다고 분명히 말하고 있다(1947, p. 93, p. 95). 전경은 현재이고 배경은 과거라고 하면, 의미란 전경과 배경 사이의 관계를 말하는 것이기 때문에, 과거 경험이 게슈탈트 심리치료의 중요한 한 부분이 된다는 것은 명백해진다. 집중적인 장기 치료가 의미 있기 위해서는 환자가 과거, 현재와 미래에 관한 감각을 발전시켜야 한다는 것 또한 명백하다(Yontef, 1969). 이를 위해서는 치료자가 게슈탈트 치료자거나 그렇지 않거나 간에 그 과정에서

[환자에게] 지침을 제공할 것이 요구된다. 나는 이에 반대할 게슈탈트 치료자들이 많을 것이라고는 생각하지 않는다.

비록 과거와의 연결을 전혀 경험하지 못하면서 자기애적으로 상처입고 방어적인 환자가 어떻게 과거가 현재로 이어지고, 어떻게 자신이 현 상태를 유지하는지 이해함으로써 이득을 보는 것이 사실이라고 해도, 내가 동의하지 못하는 몇몇 진술들이 토빈의 논의에는 포함되어 있다(pp. 26-27). 첫째, 환자의 현재가 그의 과거의 경험과 관련이 있다고 해서, 그것이 그가 과거에 [그의] 환경의 희생자였다는 것을 의미하지는 않는다. 오히려, 환자는 환경과 지속적으로 상호작용하고 있으며, 과거에도 그러했다. 그리고 환자는 그러한 상호작용에 뭔가 기여했고, 또한 과거에 있었던 환경과의 상호작용의 부정적 효과를 미래에까지 유지하는 데도 어떤 역할을 했다. 그러나 과거가 현재의 원인이고, 환자는 과거의 희생자이고, 선택권이 없었고, 지금도 없다고 믿는 토빈은 정신분석적 사고에서 발견되는 뉴턴적, 기계론적, 선형적 인과 모델을 활용하고 있다(Tobin, p. 9, p. 26). 둘째, 치료자가 환자에게 자신의 행동에 대한 책임이 있다고 믿는다고 해서, 토빈이 말하는 것처럼 환자에게 이것을 즉각적으로 해석해주는 것을 의미하지는 않는다(p. 27). 치료자는 환자에게 조급하게 개방하지 않고, 환자보다 좀 더 정확한 인과 관계에 대한 시각을 유지할 수 있다. 셋째, 당신이 환자의 현 상태가 환자로서는 어쩔 수 없는 것이었다고 말할 때, [환자의] 수치심은 오히려 증가될 수 있다고 믿을 만한 몇 가지 이유가 있다. 부모의 양육이 너무 나빠서 환자가 선택권이 전혀 없었다고 한다면, 그러면 환자는 절망적일 정도로 손상을 입고, 장애를 입은 것으로 보이게 된다. 위니컷(Winnicott)의 '충분히 좋은(good enough) 엄마'라는 개념에는 어느 정도 최소한의 양육이 제공된다면, 아이는 절망적이지 않으며, 선택권을 가지고 있다는 생각이 포함되어 있다.

대화, 역전이 그리고 치료자의 책임

토빈과 나는 환자의 자율성과 치료자로부터의 독립성이 중요하다는 것에 동의한다. 내가 게슈탈트 치료에 매료되었던 것은 정확히 이 점 때문이었다. 이전에 정신분석적 심리치료를 받아보았고, 전통적인 정신역동 방식에 대한 훈련을 받아보았지만, 게슈탈트 치료를 경험하기 전에는 수용이나 자기 수용 혹은 자율성을 경험해보지 못했다. 나는 심킨의 '당위 금지(No shoulds)'라는 생각에 매혹되었다.

나는 토빈이 마치 게슈탈트 치료의 나-너 접근을 환자에게 강요된 어떤 것처럼 논하는 것은 유감스러운 일이라고 생각한다. 마치 게슈탈트 치료에서 진정성과 자율성에 대한 욕구가 새로운 것인 양(p. 30), 환자가 독립적이기를 치료자가 소망하기 때문에 [환자가] '독립적으로 행동하기(acting independent)'보다는 '독립적이 되기(be independent)'를 원한다는 그의 논의는 게슈탈트 치료의 대화적 접근으로 나를 끌어들인 본질을 놓치고 있다. 임상적 판단이나 전략 혹은 시기를 고려하지 않고, [무조건] 환자에게 어릴 때 받은 학대와 관련하여 현재 겪고 있는 고통에 대한 책임은 자신에게 있다고 말하는 것은 게슈탈트 치료를 잘 적용하는 것이 아니다. 나에게 대화는 거칠게 직면시키는 것과 동등한 것이 아니다.

이와 유사하게 토빈은 임상적 상황이 요구할 때, 자신의 일부를 억제할 것을 굳이 주장하면서 이것이 나-너에 대한 나의 글(pp. 27-28)과 반대되는 것이라고 암시한다. 나는 나-너 개념에 대해 그가 규정하는 특징에 동의하지 않는다. 그러나 요구되는 것이 무엇인지에 대한 분별력을 바탕으로 자신을 억제하는 것이 바람직하다는 점에 동의한다. 그리고 치료자 자신의 욕구가 치료적 과제에 방해가 되지 않는다면(즉, 치료자의 욕구가 다른 곳에서 충족되고, 치료자가 치료자로서의 자신을 온전히 내어줄 수 있으면), 이렇게 하는 것이 어려운 일은 아닐 것이다. 나는 임상적인 필요에 따라 환자들에게 나 자신을 억제하거나 표현하는 것을 항상 실행해왔고, 또한 그렇게 해야 한다고 믿어왔다. 토빈이 제시한 바는 나의 견해를 정확하게 보여주지 못한다.

1969년에 나는 다음과 같이 썼다. "나-너 관계에서 책임에 관한 문제가 가장 결정적이다. 자기실현 모델은 환자에게 강요되거나 추천되지 않는다. 게슈탈트 치료자는 자신의 자유를 포기하거나 또는 환자가 자신의 자유를 포기하는 것을 수용하기를 단호히 거절한다. 게슈탈트 치료자는 자신의 가치에 따른 행동에 책임을 진다. 그러나 환자에게는 단지 다음과 같은 처방을 제안할 뿐이다. '치료 시간에 이 행동을 실험적으로 한번 해보시고, 당신이 어떤 발견을 하게 되는지 살펴보세요'." (Yontef, 1969, p. 13) 환자의 자율적인 알아차림의 발달에 도움이 되지 못한다면, 게슈탈트 치료건 아니건 간에 나는 그것이 좋은 치료라고 생각하지 않는다.

1976년에 나는 나의 견해를 훨씬 더 명확하게 표현했다. "치료를 처음 시작하는 환자들은 흔히 그들이 의미하는(mean) 바를 말하지(say) 못하고, 그들이 말하는 바를 의미하지 못한다. 이는 그들이 알아차리지 못하기 때문이다."(Yontef, 1976, p. 4) 나는 같은 글에서 환자와 치료자 간의 차이를 인식하는 것과 무언가 다른 것이 발생하게 만들려고 하기보다는 그들 사이에 실제로 일어나고 있는 것에 치료자가 따라야(surrender) 한다는 것에 대해 언급했다(p. 6). 즐거움을 제공받기보다는 환자와의 작업에 진정으로 관심을 기울일 수 있을 만큼 치료자가 충분히 성숙할 필요가 있다는 것 또한 언급했었다. 토빈은 나-너 관계에 대한 나의 이전의 논의를 게슈탈트 치료에 대한 그의 견해를 뒷받침하는 것으로 잘못 전달하고 있다. 그는 [나의 글을] 문맥에서 벗어나 인용한다. 나의 글은 토빈이 우리의 이론과 반대되는 것으로 제시한 것들 중 일부를 이미 주장하고 있는 게슈탈트 치료 문헌 중 하나에 불과하다.

토빈은 자신의 과거 실수를 인정하고, 이를 장을 개선하는 수단으로 제시했는데, 이는 대화적 접근의 핵심적인 요소를 스스로 보여준다. 나는 이 흥미롭고 유용한 논의가 자신이 이전에 한 치료들에 대해 때때로 그가 이론 탓을 하는 쪽으로 넘어갈 때 흠집이 났다고 생각한다. 그는 흔히 내가 이해하는 것과는 다른 이론 상을 제시하고, 내가 항상 사용해왔던 게슈탈트 치료 이론보다 훨씬 부적절한 어떤 것으로 게슈탈트 치료 이론을 치부한다. 예를 들면, 토빈은 과거에 자신이 환자에게 했던 빈정거림이 자신의 자기로부터 나왔고, 그의 태도와 내사에 대한 책임은 자신에게 있다고 인정한다(pp. 25-25). 그러나 그는 이어서 다음과 같이 말한다. "하지만 나는 역전이 현상에 대해 거의 언급하지 않거나 고려하지 않는 게슈탈트 치료적 틀 안에서만 작업을 하는 한, 자신의 행동과 감정들을 자신의 문제 때문에 발생했을 수도 있는 것으로 검토하는 것이 어렵다고 생각한다."(pp. 25-26)

게슈탈트 치료는 처음부터 치료자 자신에 대한 알아차림과 책임을 강조해왔다. 대부분의 훌륭한 게슈탈트 치료 훈련은 이것을 상당히 심각하게 취급한다는 것이 나의 경험이다. 나는 게슈탈트 치료의 실제와 훈련에서 사용된 경계적 접근이 치료자가 치료에서 발생하는 것과 경험되는 것에 대한 자신의 책임과 역할을 정기적으로 살펴보는 것에 개방적이 될 것을 요구한다고 믿는다. 이러한 자기 알아차림을 역전이라고 부르지는 않는다. 그 이유는 관계의 현실, 치료자 반응의 현실 그리고 치료자 반응의 전이적 측면들이 모두 동등하게 존중되기 때문이다. 명칭이 다르다고 해서 게슈탈트 치료의 치료자가 자신의 반응을 알아차려야 할 책임이 있고, 자신의 반응에 대해 스스로 책임을 져야 한다는 사실이 달라지는 것은 아니다.

나는 실존적, 대화적, 나-너 관계 그리고 현상학적 접근 그리고 알아차림 접근 방식이 이 훈련을 위한 훌륭한 체계를 제공해준다는 사실을 발견했다. 나는 내 일을 전문적으로 수행하는 데 영향을 미치는 나 자신의 문제들에 대해 주로 게슈탈트 치료 훈련을 통해 배웠다. 게슈탈트 치료가 변하길 바라는 방향에 대한 토빈의 훌륭한 글과 제안들이 내가 판단하는 게슈탈트 치료 이론의 이미지와 일치하지 않는다는 것이 유감스럽다.

나는 많은 나쁜 치료들이 행해지고 있으며, 그 중 일부는 게슈탈트 치료자들에 의해 자기 책임을 무책임하게 환자에게 투사하는 것을 정당화하기 위해 게슈탈트 치료의 상투적 표현들과 은어들을 사용한다는 토빈의 의견에 동의한다. 또한 많은 게슈탈트 치료자들이 자신의 좌절감과 지루함 등에 대해 환자에게 책임을 전가한다. 많은 카리스마적인 치료자들이 환자를 희생하여 자기애적인 미화를 증가시킨다. 나는 토빈과는 달리 이것이 게슈탈트 치료가 치료자의 자기 알아차림과 자기 책임에 초점을 두지 않기 때문이 아니라, 이 체계가 남용되기 때문이라고 본다.

토빈은 일반적으로 행해지는 것보다 게슈탈트 치료를 더 집중적인 것으로 만드는 것에 대해 논의하는데, 이러한 시도는 나 또한 격려하는 바다. 몇몇 환자들에 있어서 이것은 한 주에 한 번 이상의 만남을 의미한다. 나는 이것이 게슈탈트 치료 이론과 일치하며, 많은 치료자들이 게슈탈트 치료자이건 아니건 간에 충분히 집중적으로 혹은 길게 치료하지 않는 잘못을 저지른다고 믿는다. 그러나 나는 회기를 늘리는 것이 전이를 증가시키기 위한 것이라는 그의 생각에는 반대한다. 회기의 빈도를 늘리는 데는 다양한 임상적 이유들이 있다. 이것은 나-너 체계 내에서 역시 마찬가지다. 나는 전이를 증가시키기 위해서보다는 전체 관계를 발전시키기 위해 더 잦은 회기를 선호한다. 더 잦은 회기는 때로 재발의 위험을 감소시키고, 알아차림 작업의 강도를 늘리는 데 도움이 된다. 게슈탈트 치료가 전이 신경증을 발전시키려 하지 않으면서도 치료 강도를 높일 수 있다는 것에 유념할 필요가 있다.

나는 절실히 필요했던 토빈의 글에 흥분했고, 지금도 흥분된다. 자기에 대해 더 많이 인식하고, 다양한 성격 구조를 가진 환자들을 위한 치료의 변화와 절차를 고려하는 데 있어 보다 세심해지는 방향으로 게슈탈트 치료가 태도를 전환할 필요가 있다는 그의 논의는 내가 게슈탈트 치료가 변하길 원하는 방향과 일치하는 것이다. 환자의 경험을 더욱 존중하여 주의를 기울이고, 환자에 대한 자기 자신의 정서적 반응 구조를 알아야 할 치료자의 책임을 명확히 하는 방향으로 그가 태도를 전환한 것 역시 마찬가지다. 글을 쓰는 과정에서 자신의 치료자로서의 실수를 논의함으로써 그는 본보기를 세우는 중대한 기여를 하고 있다. 아마도 그는 우리에게 같은 일을 할 수 있는 용기를 줄 것이다.

그러나 나는 게슈탈트 치료 이론에 관한 그의 많은 논의들에 반대한다. 이 글에서 몇몇 게슈탈트 치료 개념들에 대한 그의 설명과 그 자신이 이론화한 내용의 몇몇 측면에 관해 나는 의견을 달리한다는 것을 밝혔다. 게슈탈트 치료 이론에 대한 그의 세밀한 논의는 게슈탈트 이론을 더 빈약하고, 단순하고 그리고 부적절하게 보이도록 만들었다고 생각한다. 일부 필요한 변화들에 대해서는 토빈과 동의하지만, 나는 이러한 변화들이 게슈탈트 치료 이론을 정교화하고 개선하는 변화들이어야 한다고 생각한다. 게슈탈트 치료 이론에 대한 토빈의 해석은 임상적으로 요구되는 것을 다루기에 부적절한 것으로 게슈탈트 치료 이론을 만들고, 그가 개선 사항들을 개념화하는 방식은 이들을 불필요하게 게슈탈트 치료 이론과 갈등하게 만든다. 그가 논의한 변화들은 게슈탈트 치료 이론에 대한 나의 해석과 일치한다(나는 내 해석이 새로운 것이라고 생각하지 않는다. 오히려 내가 게슈탈트 치료를 처음 알게 된 이래로, 내가 알아왔던 대로의 게슈탈트 치료 이론 안에 이미 있었던 것이라고 생각한다.). 반면에 토빈이 해석하는 대로의 게슈탈트 치료 이론은 이러한 새로운 임상적 개선들을 포함하기에 부적절하다.

내가 다르게 다루어졌으면 좋았겠다고 생각하는 주요 개념들 가운데 과정과 구조의 등가성 그리고 지속성을 포함하는 과정으로서의 자기의 성격 등이 있다. 또한 우리는 '핵심'으로서의 자기와 경계 현상으로서의 자기 간의 관계에 대해 의견을 달리한다. 내부적인 것과 대인적인 것 사이의 이분법에 근거하는 토빈의 모든 논의에 나는 매우 강력히 반대한다. 나는 그러한 논의가 퍼얼스, 헤퍼라인 그리고 굿먼이 이루어낸 거짓 이분법의 아름다운 통합을 무효화한다고 생각한다. 이에 더하여 나는 토빈이 과거가 현재로 통할 뿐만 아니라 현재를 유발하기도 한다는(환자는 선택권이 없는 상태에서) 좀 더 정신분석적이고 뉴턴적인 견해를 취하면서, 현재가 과거와 미래를 연결하는 것이라는 장 이론적 개념을 포기한 것에도 반대한다.

토빈은 이러한 이론적 접근 선상에서 개인의 핵심을 치료한 후에 접촉에 대한 작업을 해야 한다고 주장한다. 내가 보다 더 강력하고, 유연하며, 효과적이라고 여기는 접근법은, 자기는 접촉의 체계이며 핵심은 접촉 경계를 통해서 도달되어야만 한다는 게슈탈트 치료 개념에 근거한 것이다. 내게는 모든 게슈탈트 치료가 경계와 핵심 둘 다에 관한 것이다. 핵심을 먼저 다룬다는 생각으로부터 토빈은 향상된 치료 효과를 낳는다고 그가 주장하는 치료 절차를 이끌어낸다. 내 의견으로는 향상된 치료 효과는 그 절차에 기인하는 것이 아니라, 환자의 욕구에 대해 더 많이 반응하고, 자기 장애의 특성에 대한 지식이 더욱 정교화된 탓일 수 있다. 더욱이 [그가 제안하는] 이 절차는 특히 경계선 환자와 같은 몇몇 자기 장애들에는 실제로 해로울 수 있다.

끝으로 지적하고 싶은 것은 토빈은 (나-너) 대화를 거친 직면 및 충동적인 자기개방과 동일한 것으로 보며, 내가 게슈탈트 치료의 대화적 접근에서 발견하는 민감성, 힘 그리고 유연성을 보지 못한다는 것이다. 토빈이 상상하는 대로의 게슈탈트 치료 모델에서는 게슈탈트 치료가 [그것이] 직면한 임상적 과제를 해결하는 데에 부적절하며, [따라서] 그러한 임상적 욕구들을 채우기 위해서는 부득이 정신분석적 개념들을 활용해야만 한다는 것이다. 하지만 [그가 말하는] 채워지지 않은 임상적 욕구들은 게슈탈트 개념들을 좀 더 우호적으로 다루기만 한다면 [게슈탈트 치료 안에서] 채워질 수 있는 것들이다. 예컨대, 단순한 전이의 증가가 아닌 좀 더 집중적인 관계를 발전시키는 것이다.

CHAPTER 12

게슈탈트 치료의 사고 양상들

주 해

이 글은 조엘 래트너(Joel Latner)의 '이것이 바로 빛의 속도다.'(Latner, 1983)에 대한 응답으로 1984년에 쓰였다. 이 글의 첫 부분은 실제로 래트너에 의해 논의된 게슈탈트 치료 운동의 정치학에 대한 논평이다. 두 번째 부분은 그의 장 이론에 대한 논의에 답한 것이다. 나의 장 이론에 대한 논의는 장 이론을 일반적인 역사적 시각 속에서 이루어진다. 정치적 상황의 논의보다는 이 글에서 다룬 장 이론에 대한 논의가 더 중요하다고 믿기 때문에, 나는 이 글을 '게슈탈트 치료의 역사와 정치학' 아래서 다루기보다는 이 부분에서 나눈다.

이 글은 조엘 래트너의 "이것이 바로 빛의 속도다."(Latner, 1983)에 의해 자극을 받은 것이다. 나는 그가 시작한 이론적 논의에 대해 몇 가지 변경과 제안을 하고 싶다.

래트너는 게슈탈트 치료의 이론적 가정들의 두 경향, 즉, 뉴턴의 이론(특히, 시스템 이론)과 장 이론을 주시한다. 그는 이들 사고 양상 각각을 묘사한다. 그리고 게슈탈트 치료 관련 글들에 나타난 뉴턴적 사고를 제시하고, 그리고 어떻게 이것이 장 이론적 사고와 다른지를 보여준다. 비록 그는 장 이론적 시각을 명백히 선호하지만, 뉴턴적 사고와 단편적 경향('서부 해안')을 포함한 다른 사고의 경향들이 존재한다는 것을 인정한다. 그는 이들 경향들을 게슈탈트 치료 '학파들'이라고 분류하고, 이들에게 지명을 부여한다(뉴욕, 클리블랜드, 서부 해안).

이 글은 두 부분으로 분명하게 나뉜다. 첫 부분은 래트너에 의해 제기된 게슈탈트 치료의 이론적 대화에서 벗어나는 주제들을 논의한다. 첫 부분의 도입부에서 나는 이것이 좀 더 중요한 쟁점들로부터 불행하게도 벗어나는 것이라는 나의 논문을 지지하면서 게슈탈트 치료의 분파주의 문제에 대해 광범위하게 분석할 것이다. 이어서 명료함을 방해하는 다른 하나의 장벽, 즉 내가 '슬로건과 기술' 접근법이라고 부르는 것과 '구체적 그리고 일회적인' 접근법이라고 부르는 것 사이의 혼동에 대해 좀 더 짧게 분석할 것이다.

두 번째 부분에서는 게슈탈트 치료의 이론적 대화에서 근본적이라고 믿는 몇몇 쟁점들에 대해 특히 뉴턴적 사고방식들 이후에 나타난 다양한 사고방식들에 대해 좀 더 명확히 할 필요성에 대해 논의할 것이다. 나는 장 과정의 개념화하기와 현상학적으로 경험된 인본주의적 관심사들은 통합할 필요성이 있음을 주장하면서 이 글을 끝맺을 것이다.

동부 해안-서부 해안: 대화 또는 논쟁?

이 부분에서 나는 다루기 곤란한 뉴욕-서부 해안 분열에 대해, 그리고 게슈탈트 치료의 개념화 모델들을 분류하는 데 있어 지리적 명칭을 사용하기는 어렵다는 점을 논의하고자 한다. 이 글을 써 나가면서 나는 이론적 쟁점들에 좀 더 적절하게 상응한다고 믿는, 그리고 덜 적대감을 불러일으킬 수 있다고 믿는 명칭들을 제안할 것이다.

알아차림과 행동에 대한 의미론의 영향은 처음부터 게슈탈트 치료 이론의 한 측면이 되어왔다(Perls, 1948). 나의 첫 게슈탈트 치료 훈련 워크숍(1965)에서 퍼얼스는 우리가 탐구하는 현상을 정확하게 구별하고 나타낼 수 있는 언어를 사용하는 것이 중요하다는 것에 대해 이야기했다.[1] 최근에는 미리엄 폴스터가 언어를 정확히 사용하는 것의 중요성에 대해 주의를 환기시켰다(M. Polster, 1981; Wysong & Rosenfeld, 1982, p. 67). 게슈탈트 치료 '학파들'의 명칭들은 기술(記述)들이 정확하고, 분류되는 대상을 그 명칭들이 적절히 나타낼 때만이 유용한 것이 될 것이다. 내가 보기에 래트너가 선택한 명칭들은 그 임무에 적절하지 않다.

래트너의 글을 본 나의 첫 반응은 감정적인 것이었다. 나는 게슈탈트 치료에 더 많이 있었으면 했던 유용하면서도 흥미진진한 이론적 분석을 하고 있는 저자를 발견하게 되어서 흥분했다. 나는 우리를 이 담화에 불러들인 우리들의 공통적 배경을 발견하는 것이 즐거웠다. 나도 [그처럼] 정신건강 분야에 들어오기 전에 정치철학을 공부했었고, 동양철학도 공부했었다. 나 역시 [그처럼] 게슈탈트 치료 이론을 더 잘 이해하기 위해 물리학에서의 장 이론과 게슈탈트 심리학을 공부했었고, 또한 물리학과 수학에 대한 훈련의 부족으로 전자에는 한계를 느꼈었다.

나는 이 글을 읽으면서 이론화의 질이 우수하고, [서로 다른 이론적 입장의] 차이점들을 인정하며, 개인적 인신 공격적(adhominem) 측면들보다는 이론에 대한 담화를 더 옹호하는 점들 때문에 기분이 고양되었다. 나는 내가 오랫동안 관심이 있었던, 그리고 그것들에 대해 좀 더 글을 쓰려고 의도했던 주제들에 대한 나의 생각을 좀 더 명료화할 수 있었다. 나는 내가 게슈탈트 치료 이론으로 가르치고 있기는 하지만, 문헌에서 한 번도 본적이 없었던 개념들을 인식할 수 있었다. 나는 그의 설명을 읽었고, 그리고 그의 분석으로부터 배웠다. 이 글을 읽으면서 나는 내가 좀 더 명료화하거나 덧붙일 수 있는 핵심 사항들을 발견했다. 좀 더 추상적인 논의를 할 수 있기 바랐기 때문에, 때로 상당한 외로움을 느끼면서 캘리포니아에 있는 동료들과 논쟁해왔던 주제들을 또한

1) 저자 주_ 삽입을 하자면, 그가 이것이 이름들의 정정(rectification)이라는 '공자'의 개념에서 온 것이라고 했던 것이, 내가 게슈탈트 치료에 매력을 느끼게끔 도와주었다는 점을 지적하고 싶다. 동양철학은 정신건강 분야로 들어오기 전 나의 주요 연구분야 중 하나였다. 그래서 동양철학의 일부를 통합할 수 있는 이 치료적 경향에 매료되었다. 현대 학자들은 일반적으로 이름들의–정정 철학이 공자학파의 이름으로 행해졌다고 믿지만 사실은 법가(法家; Legalism)라고 불리는 아주 다른 학파의 개념이라는 것을 나는 알고 있었기 때문에 이것이 더욱 나를 매료했다. 법가의 철학에 함축된 것은 게슈탈트 치료와는 상당히 어긋나는 것이다. 나는 이 사실에 개인적인 의미를 부과했다. 즉, 내가 게슈탈트 치료 이론의 개념화에 있어 이 점을 개선하는 역할을 할 수도 있을 것이라는 희망이었다.

발견했다. 나는 게슈탈트 치료에 존재하는 뉴턴의 기계론적 사고에 대한 상세하면서도 명료한 묘사가 특히 도움이 된다는 사실을 발견했다.

예를 들면, '장에 속하는(of the field)'과 '장 안에 있는(in the field)'의 차이점에 대한 그의 논의는 이론적으로 중요하지만 종종 간과되어 왔다(Latner, 1983, p. 78). '어떤 감정을 갖고 있다고 말하는 것'은 뉴턴적 사고방식이며, 우리와 우리의 감정은 하나라고 말하는 것은 장 이론적 개념화 방식이라는 것을 보여준 것 등은 좀 더 추상적인 수준의 이론화와 좀 더 구체적인 수준의 이론화 사이를 연결하는 데 도움이 되었다(pp. 78–79).

다른 하나의 예: 분열된 세상에 사는 데서 오는 파편화에 대한 퍼얼스 등[2]의 믿음 그 자체가 이중적인 분열을 보여준다는 점을 지적한 것은 수년간 나를 괴롭혀온 명백한 이론적 모순을 더욱 뚜렷하게 느끼게 해줬다(pp. 85–86).

다른 한편으로 나는 불편함과 곤란함을 느끼지 시작했다. 게슈탈트 치료 이론 분파들에 대해 그가 사용한 명칭들이 내가 보기엔 개념적 임무에 부적절해 보였을 뿐만 아니라, 개인적으로는 (내가 쓰거나 가르친 내용이나, 스타일 혹은 질 때문이 아니라) 지리적 소속 때문에 무시당한 것 같은 느낌이 들게 했다.

불행히도 최근에 나는 의사소통 망을 열기보다는 닫아버리는 아주 불경하고, 경멸적이며, 건방진 말들을 사용해서 동부 해안-서부 해안 쟁점들을 논의해온, 동부 해안과 서부 해안 양쪽 사람들로부터 온 글들, 이야기들, 편지들 그리고 개인적 대화들에 대해 듣고 읽어왔다. 부분적으로 나는 이번 기회에 단순히 래트너에게 응답하는 것이 아닌, 이 일반적인 쟁점에 대한 공개적인 논의를 하고자 한다. 그러나 나는 또한 그의 흥미진진한 이론적 논의가 불필요하게 이러한 문제에 의해 오염되었다는 점에 유감을 느낀다. 나는 그가 제기한 문제들이 이론적인 수준에서 이론적인 문제들로서 응답되는 것을 보고 싶다. 이론적인 분석에서 벗어나 더욱 논쟁적이고 경멸적인 스타일로 접어들었기 때문에 이럴 가능성은 훨씬 희박해졌다.

몇몇 곳에서 그는 전체 서부 해안을 경멸적으로 무시하면서 글의 주제에서 벗어난다(부제: 게슈탈트 치료에 있어 장과 시스템 이론들). 래트너는 명백히 인신공격적인(ad

2) 역자 주_ 퍼얼스, 헤퍼라인 그리고 굿먼이 1951년에 저술한 저서『Gestalt Therapy: Excitement and Growth in the Human Personality』. New York: Julian Press를 지칭함.

hominem) 용어들로서가 아닌, 쟁점의 자격으로서(qua) 이 쟁점들을 논의하고자 했다. 그는 "…우리들 사이의 차이점들은 지리적 차이들과 성격적, 기질적 차이에 뿌리를 둔 것이 아니라, 우리 이론과 치료의 적대적이고 통합되지 않은 요소들에, 그리고 그들 사이의 해결되지 않은 갈등에 뿌리를 두고 있다."(Latner, 1983, pp. 71-72)고 말한다. 나중에 이 글에서 그는 물리학에 관하여 언급하면서 "이들 차이점들이 전적으로 설명의 문제인 양 다루어진다는 것은 놀랍다."(p. 86)고 말한다. 그는 게슈탈트 치료와는 반대로, 뉴턴적 사고 그 자체가 신경증적인 것은 아니며, 건강하지 않은 회피 속에서 사용되었을 때만 그렇다고(p. 87) 말할 때, 이러한 태도를 고수한다.

그러나 이 글의 다른 곳에서(pp. 84-85) 그는 일관성에 대해, 그리고 기술 지향적이고 흥미 지향적인 게슈탈트 치료자들의 결정적인 문제점들 및 이론의 통합과 전체성을 무시한 난편적인 또는 늘로건와하는 방식의 개념화에서 오는 그들의 어려움에 대해 논의한다. 그는 정곡을 찔렀다! 그러나 그는 이 문제가 마치 지리적인 것처럼 논의를 하고, 그렇게 하는 것이 진정으로 이 문제를 다루는 것인 양 서부 해안 전체를 무시한다. 이 시점에서 이 이론적 분석은 논쟁으로 밀려나고 만다.

게슈탈트 치료에서 서부 해안이 어쨌다는 것인가? 그의 삶의 마지막 10년간 퍼얼스에 의해 그리고 다른 사람들에 의해 행해진(서부 해안 스타일이 아닌) 명확한 스타일의 게슈탈트 치료가 존재해왔다. 이 스타일은 보통 워크숍들에서 행해진, 유감스러운 몇몇 독특한 양상들을 가지고 있다. 집단 상황에서 일대일로만 치료하는 식의 집단치료, 매우 직면적이고 때로는 거친 태도, 융합과 추상적 이론에 대해 공포를 느껴 회피하는 태도, 경직성, 치료 과정 중 외부에서 주어지는 애정어린 돌봄과 배려의 필요성을 도외시하는 점, 지속적 개인 심리치료를 그다지 강조하지 않는 점, 그리고 게슈탈트 치료를 세우는 데 있어 퍼얼스 이외의 다른 사람들이 한 공헌을 무시하는 점 등 나는 이들 각각의 점에서 이 스타일에 반대한다. 로라 퍼얼스(Laura Perls)는 정확하고 덜 적잉된 어조로 이 점에 대해 다음과 같이 언급한다.

> 게슈탈트 치료는 포괄적이고 유기체적인 접근법으로 인식된다. 그러나 나중에, 특히 서부에서, **그러나 동부에서도 역시**, 게슈탈트 치료는 퍼얼스가 당시에 한 것과 같은 것으로 대부분 치부되게 되었다. 주로 뜨거운-의자(hot-seat) 기법을 사용한 퍼얼

> 스의 생의 마지막 5년 동안에 게슈탈트 치료는 매우 잘 알려지게 되었다. 이 방법은 시범 워크숍에서는 괜찮은 방법이다. 그러나 우리는 전체 치료를 그런 식으로 운영할 수는 없다. 그렇지만 사람들은 그렇게 한다. 나는 그들이 스스로 자신을 제한하고 있으며, 많은 해를 끼치고 있다고 생각한다(Wysong & Rosenfeld, 1982, p. 16). [저자 강조]

그녀는 오늘날의 게슈탈트 치료에 대해 계속하여 언급한다.

> 아, 그것[그러한 실수]은 여러 방식으로 번성하고 있다. 게슈탈트 치료를 통해 행해진 많은 것들은 정신분석에서, 그리고 더 잘 알려지고 유명하게 된 다른 접근법들에서 행해진 같은 것[실수]들이기 때문에 많은 점에서 우려가 된다. 게슈탈트 치료는 단순화되고, 위조되고, 왜곡되고 그리고 잘못 전달되었다(Wysong & Rosenfeld, 1982, p. 17; L. Perls, 1976, 1978).

이 책의 다른 곳에서 이사도어 프롬은 퍼얼스의 생의 후반 작업들을 특징짓기 위해 '신(neo)-게슈탈트' 라는 용어를 사용한다. 그는 이 스타일의 문제점들을 명확하게 그리고 예리하게 논의한다. 그리고 약간은 경멸적으로, 그러나 적어도 그는 퍼얼스의 행동을 퍼얼스의 탓으로 돌린다. 신-게슈탈트를 기술 지향적인 것으로, 그리고 좋은 치료보다는 좋은 연극을 좀 더 염두에 두고 있는 것으로 간주한다. 그는 이 스타일의 다른 결점들을 지적한다. 빈 의자를 사용하여 치료자는 다시 한 번 '소파 뒤에' 있게 되며, 소위 몸과 마음의 분열이 재도입된다. 정신분석의 빙산이 층(layers) 이론에 의해 다시 불러들여지며, 방어를 깨부수기 위한 작업은 경계 과정들이 갖고 있는 네/아니요 기능의 중요성을 다루지 않는다. 그리고 '실존적 메시지'를 중심으로 한 그의 꿈 작업은 정신분석 유형의 해석을 재도입한다(From, 1978, 1984; Wysong & Rosenfeld, 1982, pp. 26-46에 있는 면담 참조). 그는 또한 그가 퍼얼스의 '시범 스타일'(Wysong & Rosenfeld, p. 37)이라고 부르는, 청중을 끌어들이는 수완에 대해 논의한다. 그리고 퍼얼스가 그의 삶의 마지막 10년간 보여준 치료에 대한 일회적인 태도가 게슈탈트 치료를 기술과 슬로건들에 연관되도록 조장했다고 비판한다.

다른 곳에서와 마찬가지로 캘리포니아에서도 역시 "퍼얼스의 이들 후기의 작업들은 그것들의 즉각성과 자발성에도 불구하고, 우리들 중 상당수를 당혹스럽게 만든다." (Rosenblatt, 1980, p. 12)는 것은 사실이다. 이 단계에서 쓰인 퍼얼스의 글들이 이론적 질이 낮기 때문에 게슈탈트 치료의 신용을 떨어뜨리고 비판에 취약하게 만든다.

퍼얼스의 후기 작업과 1960년대의 자기애, 그리고 '쉬운 해답' 철학이 낳은 결과물들에 대해 많은 이들이 비판적으로 논의해왔다. 제4차 게슈탈트 연례 회의의 기조연설에서 로스앤젤레스 게슈탈트 치료 연구소의 설립자인 로버트 레스닉(Robert Resnick)은 퍼얼스가 서부로 이동하여 좀 더 폭넓은 청중에게 게슈탈트 치료를 시연하면서 얻어진 절정에 달한 특징들이 강조된 기술들에 대해 논의했다. 로젠블라트(Rosenblatt)는 퍼얼스의 '캘리포니아 시기'에 대해 언급하고, 이어서 LSD와 히피운동의 유혹적인 영향에 대해 언급한다(Rosenblatt, 1980, p. 11). 나는 그들이 한 퍼얼스의 치료에 대한 비평이 그가 살았던 서부 해안에 대한 논의보다 더 유용하다고 믿는다. 만일 누군가가 후자에 대해 논의하고자 한다면 문제들이 발생한다. 예를 들면, 그는 중심적 경향성들뿐만이 아니라 그 경향성의 변종들까지도 논의할 필요가 있게 될 것이다. 좋은 사회학적 분석을 통해 용어들, 시간 그리고 장소가 정의되어야 할 것이다.

1965~1970년의 캘리포니아는 1984년의 캘리포니아가 아니라는 사실이 지적되어야만 한다. 캘리포니아는 다른 지역과 마찬가지로 1960년대 후반과 1970년대 초기의 과도함으로부터 벗어났다. 좋은 이론적 진술은 항상 공간과 시간을 언급한다(래트너도 알고 있듯이). 이 경우 래트너는 1980년이 아니라 1970년의 서부 해안에서의 게슈탈트 치료를 논의하고 있는 것이다.

나는 또한 게슈탈트 치료의 이론들을 분류하는 데 있어, 미국의 지리적 명칭을 사용하는 것이 상당히 민족 중심적이라고 생각한다. 뉴욕 시티, 클리블랜드 또는 미국의 서부 해안이라는 용어들로 게슈탈트 치료를 논의함으로써, 이 나라의 나머지 지역 그리고 세계의 나머지 지역의 게슈탈트 치료자들이 너무 간단히 잊혀진다고 생각한다.

만일 서부 해안이라는 용어가 단지 '신-게슈탈트' 시기 동안 퍼얼스가 살았던 지역을 가리키기 위하여 사용됐다면, 이 용어는 [여전히] 부적절하지만, 그래도 나는 그다지 반대는 하지 않았을 것이다. 그렇게 사용되었을 때, 그것은 '게슈탈트 심리학의 베를린 학파'에서 지리적 명칭이 사용된 것과 같이 될 것이다. 내가 알기로는 이렇게 사용한 것이 베를린에 대한 위장된 정치적/사회학적 진술은 아니다. 서부 해안이라는 용어를 래트너가 사용한 것은 1965년에서 1970년 사이에 퍼얼스가 사용한 일종의 접근 방식을 지칭하기 위한 것이 아니라, 이 나라의 커다란 한 부분을 풍자하기 위해 사용한 것이다.

래트너는 샌프란시시코 게슈탈트 치료 연구소에서 있었던 어떤 수업에 참가한 사람들에 대해 언급한다. 그들에게 게슈탈트 치료의 기초적인 용어들을 소개했더니 "텅 빈, 잘 이해되지 않는 듯한 얼굴들과, 그러고 나서는 '도대체 이 이상한 것들은 뭐야?'라고 말하는 듯한 조롱하는 웃음과 만나게" 된 일을 언급한다. 그는 이것이 서부 해안의 일반적인 태도라는 것을 암시한다(Latner, 1983, p. 83).[3] 그는 다음과 같이 말한다.

> 나는 내 자신이 그것들을 술술 써버리는 경향이 있다는 것을 발견한다…. 일관성을 염두에 두지 않고, 다음으로 나타나는 새로운 것이 단순히 그것이 새로운 것이라는 이유로 매력적이게 된다. 그것이 제자리에 있는지 그리고 앞서 지나간 것과 관계가 있는지 없는지 판단할 기준이 없다(이것은 마치 [다른] 여자 꽁무니를 쫓아다니는 남편과 같다. 새로운 것은 무엇이든지 그를 흥분시킨다. 그리고 아내와의 경험으로 인해서 그에게 달라지는 것은 없다.)(Latner, 1984, p. 84).

우리들은 모두 이론에 반대하고, 어떤 통합도 없이 각각의 새로운 기술들을 받아들이고, 게슈탈트 심리학, 게슈탈트 치료, 현상학, 기타 등등을 이해하지 못하는 서부 해안에 있는 기관들과 개인들을 알고 있다. 나는 또한 이런 식으로 치료하고 생각하는 게슈탈트 치료자들을 전 세계적으로 알고 있다. 우리의 싸움은 어디에 있건 간에, 이

3) 저자 주_ 이 집단은 내가 지금까지 만났던 집단들과 매우 다른 듯이 보인다. 나는 이 특정 집단이 다른 것인지 아니면 로스앤젤레스와 비교하여 사람들이 어느 정도 일반적으로 다른 것인지 잘 모르겠다. 나는 또한 래트너의 그들의 외양에 대한 추론들이 ("'도대체 이 이상한 것들은 뭐야?' 라고 말하는 듯한" (Latner, 1983, p. 83)) 그들의 기분이나 또는 그들의 부정적 반응의 대상을 정확하게 나타내는 것인지 모르겠다. 만일 그들의 기분에 대해 래트너가 옳다고 하더라도, 나는 그들의 태도가 실제로 이론을 향한 것인지 또는 아마도 래트너의 성격 또는 스타일이 이러한 반응을 불러일으킨 것인지, 그가 쓴 것을 보고는 잘 모르겠다. 나는 후자의 가능성이 높을 것이라고 믿는다는 이야기를 하려는 것이 아니다. 단지 내가 말하고자 하는 것은 개인적으로 무시당하고 싶지 않다는 것과 그의 샌프란시스코에서의 경험을 바탕으로 로스앤젤레스 연구소를, 또는 서부 해안의 다른 훌륭한 지도자들을 무시당하게 하고 싶지 않다는 것이다.

무지와 싸우는 것이다. 전 세계적으로 소위 '뉴욕 학파'의 직계 후손들은 아니지만(게슈탈트 치료를 하는 모든 사람들을 뉴욕 학파로 간주하지 않는 한) 게슈탈트 치료 이론의 질적인 지적 작업에 관심이 있는 게슈탈트 치료자들이 존재한다. 그들은 래트너의 글들과 같은 지적으로 공격적인 글들에서 파생되는 담화를 필요로 한다. 그러나 그들은 래트너의 분류에서는 적절하게 고려되고 있지 않다.

동–서 문제는 새로운 것이 아니고 게슈탈트 치료에 국한된 것도 아니다. 동부, 특히 뉴욕 시티와 서부, 특히 로스앤젤레스 사이의 경쟁 관계의 증거는 어디에나 있다. 캘리포니아에 제대로 된 극장이 있어? 캘리포니아 사람들은 모두 느긋하고, '별나고' 의존할 수 없고, 추상적인 생각을 할 능력이 없고, 생활 방식의 다양성에 관대하고(결점이라고 할 만큼), 극단적으로 다원적이다. 한편, 뉴욕 사람들은 세련되고, 사람들을 깔보고, 편협하고, 비현실적 공론을 즐기며, 건방지고, 거칠다. 캘리포니아에 관한 농담: 나라 전체가 한쪽으로 기울었다. 그리고 모든 도토리들[미친 놈들(nuts)][4]이 캘리포니아 쪽으로 굴러갔다. 뉴욕에 관한 농담: 관광객이 뉴욕 사람을 붙들고 물었다. '엠파이어 스테이트 빌딩 쪽으로 가는 길 좀 가르쳐 주시겠습니까, 아니면 그냥 꺼지는 것이 나을까요(or should I just go fuck myself)?'[5] 양쪽의 고정관념들에 모두 어느 정도는 진실성이 있는 것같아 보인다. 그러나 얼마만큼의 진실이 담겨 있는지는 잘 모르겠다. 또한 이 고정관념들에는 상당한 정도의 왜곡이 담겨 있다. 나는 고정관념이 심각한 분석 대상으로서의 가치는 없다고 생각한다.

동–서의 문제가 게슈탈트 치료에서도 새로운 것은 아니다. 1978년에 미리엄과 어빙 폴스터가 지리적 분류에 대한 그들의 시각에 대한 질문을 받았다. 둘 다, 사람마다 상당한 차이가 있다는 점을 들어 이 구분의 난점을 표명했다. 나는 이렇게 표현하고 싶다. 지리적 구분에 의해서 설명될 수 있는 것보다는 개인들 사이의 차이점들에 의해 설명될 수 있는 변량이 더 많다. 어빙 폴스터는 뉴욕 집단 내에 그리고 클리블랜드 집단

4) 역자 주_ nuts에는 도토리 또는 암나사라는 뜻과 미친놈들이라는 이중의 의미가 있다. 여기에서는 나사가 빠져 굴러가듯이 미친놈들이 한쪽으로 쏠려 [서쪽에 모두] 모였다는 의미로 사용되었다.

5) 역자 주_ fuck oneself는 원래 자위한다는 의미지만 여기서는 길을 가르쳐 달라고 했을 때, 뉴욕 사람들의 일반적인 답이 'Fuck you!'라는 것을 빗대어 한 말이다.

내에 존재하는 엄청난 다양성을 지적했다. 그는 또한 캘리포니아적 상황이 다르기 때문에, 캘리포니아에서의 게슈탈트 치료 작업이 다를 수 있다는 점을 지적했다(Wysong & Rosenfeld, 1982, pp. 59-60).

내가 알기로는 서부 해안에 하나의 학파 또는 단일적인 시각이 존재한다고 생각하는 사람은 없다. 이 현상을 '학파'로 언급함으로써 이 분야를 기계론적으로 이분화할 뿐만 아니라, 이것은 또한 래트너가 논의하고 있는 치료들을 하나의 학파로 승격시킨다. 나는 학파들로 굳어버린, 그리고 학파들 사이의 논쟁보다는 쟁점들을 쟁점들로서, 그리고 개방적으로 논의하는 것을 선호한다. 나는 서부 해안 학파가 권위자[래트너]의 결정에 의해 창조되었다고 믿는다.

래트너는 서부 해안을 무시하기 위한 근거로 짐 심킨과 클라우디오 나란조(Claudio Naranjo)의 이론적 취약점을 이용한다. 심킨은 그가 퍼얼스, 헤퍼라인 그리고 굿먼의 『게슈탈트 치료』를 읽었으나 이해할 수 없었고, 그리고 이것이 "게슈탈트 치료와 거의 관계가 없는" 것으로 간주한다고 말한 것이 인용되었다. 래트너는 또한 나란조가 게슈탈트 치료와 게슈탈트 심리학 사이의 어떤 연관성도 보지 못한 점을 인용했다(Latner, 1983, p. 83, pp. 89-90). 나의 개인적인 시각은 심킨과 나란조의 그것들과는 상당히 다르다. 나는 단지 래트너가 '서부 해안'이라고 지칭하는 단편적이거나, 또는 반이론적 계통을 따르지 않는 서부 해안의 많은 사람들 중 단지 한 사람일 뿐이다. 나의 개인적인 시각, 그리고 서부 해안에 사는 다른 사람들과의 나의 경험은 래트너의 그것과는 다르다. 래트너의 글에 대한 논의를 결말짓기 위해 간략하게 개인적인 말을 덧붙이고 싶다.

나란조와는 달리 나는 게슈탈트 치료의 뿌리를 게슈탈트 심리학에서 찾는다(Yontef, 1982). 심킨과는 달리 나는 『게슈탈트 치료』라는 책을 게슈탈트 치료를 이해하는 데 있어 필수적인 것으로 간주한다. 서부 해안의 많은 사람들이 나와 동의한다. 기질, 스타일, 이론적 신념, 생활 방식의 차이점들에 대한 캘리포니아의 다원적 관용으로부터 나는 배웠다. '충분한 공간'이 있으며, 그리고 당위들(shoulds)에 얽매이기보다는 좀 더 있는-그대로(is) 사는 법을 나는 심킨으로부터 배웠다. 이것은 내가 계속하여 배우고 있는 교훈이다. 그리고 아마도 게슈탈트 치료를 하는 다른 사람들 또한 이 교훈으로부터 배울 수 있을 것이다. 내가 처음으로 퍼얼스와 심킨에게서 게슈탈트 치료를 배웠을 때, 나는 그들로부터 내가 취할 수 있는 것을 가져왔고, 그리고 내게 유용하지 않은 것은 거부했다. 나는 그들의 반이론적 편견을 거부하고, 그들이 만족시켜주지 못한 욕구들을 충족시키는 데 도움을 줄 다른 곳을 물색했다. 내가 이렇게 자기조절을 할 수 있었고, 그리고 해야만 한다는 것을 배운 것이 내가 게슈탈트 치료 일반에서, 그리고 특히 짐 심킨에게서 배운 가장 중요한 것이다.

몇몇 매우 훌륭한 게슈탈트 치료와 훈련이 서부 해안에서 행해지고 있다. [다른 지역에 있는 만큼] 우리 지역에도 엉터리들, 자극하는 것에 주력하는 자들, 무지한 자들이 있다. 서부 해안 출신으로 전국에서 시연을 하고, 워크숍을 주최하는 사람들 중 많은 이들이 순회 워크숍에서 경험적인 작업을 한다. 이들 중 몇몇은 기본적 이론에 대해 알지 못하거나, 신경을 쓰지 않는다. 몇몇은 기본적 이론을 알고 있고, 신경도 쓰지만 [순회 워크숍이라는] 맥락에서는 이것이 잘 드러나지 않는다.

기본적인 개념들(예를 들면, 융합)이 알려져 있지 않고, 심지어 경멸받는 샌프란시스코 연구소에서의 훈련 상황에 대한 래트너의 묘사는 소름이 돋게 한다. 로스앤젤레스에서의 내 경험은 상당히 다르다. 나는 UCLA와 GTILA[6]에서 1971년 이래로 게슈탈트 치료 이론에 대한 이론 중심 강의를 해왔으며, 래트너가 발견한 것과 같은 조롱과 불신을 발견한 적이 없다. 나는 단지 '내사' '융합' 등을 구체적인 수준에서 지도했을 뿐만 아니라 장 이론, 현상학, 실존주의에 대해서도 이야기했으며, 게슈탈트 치료를 서양의 역사와 동양 사상의 맥락 속에서 이야기하기도 했다. 심지어 내가 가르치는 스타일 때문에, 그리고 실존주의와 장 이론 같은 어려운 주제들 때문에 학생들이 헤맬 때조차도 나는 학생들이 일반적으로 수용적임을 발견했다.

나는 첫해 수련생 중 어느 누구도, GTILA의 학생들은 두말할 필요 없이, 래트너가 샌프란시스코에서 받았다고 말하는 그런 접대를 하는 것을 상상할 수조차 없다. 내가 1974년에 GTILA의 훈련 프로그램의 장을 맡았을 때, 그런 접대를 받지 않았다. 비록 그 당시 이론 교육이 상당히 제한되고 체계가 없다는 것을 발견했지만, 나는 또한 이 상황을 개선하기 위한 노력에 대해 지도자들과 훈련생들이 지지적이고 존중적이라는 것을 발견했다. 1974년경에는 1960년대의 반이론과 반사고적 편향이 대부분 변화되

6) 역자 주_ Gestalt Therapy Institute in Los Angeles의 약자임.

었다. 그때 이후로 훈련 2년차에 들어가기 위해서 우리 훈련생들은 '융합'과 같은 용어를 정의해야 할 뿐만 아니라 또한 추상적인 문제들에 대한 어느 정도의 이해를 보여주어야만 하는 이론시험을 보도록 요구받아 왔다.

래트너는 퍼얼스에 대하여 다음과 같이 언급한다. "[그는] 깊게 생각하는 것, 그리고 지적 활동에 적극적으로 반감을 표했다. 그리고 이러한 편향은 그의 삶의 마지막 10년간 그리고 그의 사후에도 대체로 지속되었다."(Latner, 1983, p. 83) 비록 더 이상 반이론적 성향의 과장된 표현을 듣지는 못하지만, 게슈탈트 치료 전반에서 깊이 있는 대화가 부족했고, 아마도 서부 해안에서 좀 더 그러했을 수 있다. 대화를 격려하는 포럼들을 제공함으로써 『The Gestalt Journal』은 이 상황을 바꾸는 데 있어 훌륭한 작업을 해왔다. 그러나 '뉴욕 학파' 조차도 퍼얼스, 헤퍼라인 그리고 굿먼 이후로 새롭게 생산해낸 것이 거의 없다. 나는 로라 퍼얼스와 이사도어 프롬이 생산한 지적 열매들을 맛보았다. 나는 래트너와 함께 높은(세련된) 질을 [추구하는 것에] 동의한다. 그러나 나는 더 먹고 싶은 욕구를 느끼며, 배가 고픈 상태로 계속 남아 있어야만 했고, 빠른 시일 안에 [출판] 예정된 것은 거의 없었다. 우리의 이론적 문헌의 문제는 서부 해안에만 제한된 것이 아니다.

로스앤젤레스에서 나는 이론을 경멸하는 지도자를 발견한 적이 없으며, 일반적으로 그들이 기본적인 용어들에 대해 잘 알고 있다는 것을 발견했다. 그러나 내가 철학적 수준의 이론에 약하고, 지적 논쟁에 참여하는 것을 개인적으로 아주 싫어하는 지도자들을 많이 발견한 것은 사실이다. 이론에 대해 이야기하는 사람들조차도 그중 몇몇은 래트너가 언급하는 종류의 논쟁들에 대해 제대로 이해하지 못하고 있으며, 이 수준에서 동년배들과 적극적으로 참여하는 것을 피한다. 그래서 래트너의 특징적 묘사에는 어느 정도의 진실이 있는 듯이 보인다. 나는 이론을 회피하는 자들의 학파를 만들기보다는 행동들과 개념들을 묘사함으로써 더욱 이 문제를 효과적으로 다룰 수 있다고 믿는다.

서부 해안이라고 분류되는 것의 불행한 결과들 중 하나는 이 지적인 '죄'를 서부 해안으로 추방하는 경향이 있다는 것이다. '무지한' 신봉자들을 서부 해안이라고 분류하는 것은 단지 이 문제를 적절하게 분류하는 데 실패하고, 게슈탈트 치료 이론을 잘 이해하고 있는 서부 해안 사람들을 무시할 뿐만 아니라, 다른 곳에 있는 게슈탈트 치료자들에게 이 죄를 서부의 탓으로 돌리는 위험한 자기 만족을 허락한다. "아, 그것은 단지 서부 해안 게슈탈트 치료에서만 그래요." 게다가, 그러한 타이틀을 부과함으로써 이 무지한 자들에게, 마치 이것이 하나의 학파인 듯한, 그리고 당신이 그 학파에 속하면 '무지' 한 것이 당연하다고 기대하는 일종의 허가를 내주게 된다.

장 이론과 게슈탈트 심리학 체계에 대한 부적절한 이론화, 그리고 일관성 없는 이해의 문제는 다른 곳에서도 발견할 수 있다(심지어 게슈탈트 치료의 '뉴욕 학파' 속에서 조차도?). 무지한 자들에 대한 경멸은 비평가들에 대한 방어가 될 수 있다. 게슈탈트 심리학자들이 게슈탈트 치료에 대해 비판하면서, [게슈탈트 치료는] 게슈탈트 심리학과 연관되어 있지 않음은 말할 필요도 없고, [게슈탈트 치료자들은] 게슈탈트 심리학이 무엇인지조차 모른다고 말할 때(예: Henle, 1978), 나는 사람들이 다음과 같이 응답하는 것을 들어왔다. 이것은 단지 이론을 모르면서 게슈탈트 치료를 시연하고 논의하는 사람들 때문에 그렇다(특히 서부 해안의?). 내 생각에는 아무도 게슈탈트 치료와 게슈탈트 심리학의 일치점들과 비일치점들을 제대로 탐구해본 사람은 없다.

우리는 동부–서부의 논쟁과 그것에 연관된 퍼얼스와 다른 창립자들을 둘러싼 경쟁관계를 지속하기보다는 게슈탈트 치료 이론의 부적절함 그리고 불완전함에 집중하는 편이 좋을 것이다. 내 생각으로는 이들 논쟁들과 경쟁들은 [게슈탈트 치료] 이론에 대한 좀 더 주의 깊은 관심과 지적인 대화에 진정으로 관심이 있는 사람들 사이의 더 많은 접촉을 방해한다.

나는 서부 해안의 게슈탈트 치료가 마치 우리 모두가 아침에 먹는 시리얼의 한 형태인 양(nuts, flakes and fruits)[7], 넓은 황무지인 양 무시되는 것이 싫다. 같은 이유로, 나는 몇몇이 뉴욕 시티에서의 게슈탈트 치료를 같은 비아냥거리는 태도로, 그리고 경멸적으로 무시하는 것 또한 좋아하지 않는다. 뉴욕 시티의 풍자는 의견의 불일치가 있는 경우 사람들이 [쉽게] 무시당하는, 잘난 체하는, 공론적인, 독단적인, 적대적인 [뉴욕 사람들의] 태도를 보여준다.[8] 내용은 바뀌지만 무시하는 태도는 그대로 남는다.

7) 역자 주_ nuts: 땅콩, 미친 놈 flakes: 곡식의 얇은 조각 괴짜 fruits: 과일, 이상한 사람.

8) 저자 주_ 뉴욕의 게슈탈트 지도자들이 다른 기관들에서 온 구성원들이나 지도자들과 이야기조차 하지 않으려 하기 때문에 뉴욕 지역 사람들이 게슈탈트 치료와 관련된 모든 상황을 피한다는 이야기를 나는 들어왔다. 이것은 단지 뒷공론에 불과하기 때문에, 나는 이것을 뉴욕에서의 게슈탈트 치료에 대해 사람들이 어떻게 말하는지의 단순한 한 예일 뿐이라고 생각하며, 이것을 진실로 간주하지 않는다.

우리의 대화들에서 나는 다른 사람에 대한 더 많은 존중을 기대한다. 즉, 한 사람을 비난하는 것과 그 사람의 이론적 관점을 비판하는 것을 구분했으면 좋겠다. 뉴턴적 사고가 '신경증적'이고, "의식에 대한 잘못된 심리학에 근거를 둔 현실에 대한 잘못된 지각"이라는 펄스, 헤퍼라인 그리고 굿먼의 생각을 논의할 때(Latner, 1983, pp. 85-86), 래트너가 드러낸 태도는 내가 반대하는 태도의 한 예를 보여준다. 래트너는 뉴턴적 사고를 신경증적이라고 부르는 것에 명백히 반대한다.

하지만 래트너는 학파들에 대해 논의를 시작할 때, 마치 펄스가 게슈탈트 치료를 창립하는 데 아무 연관이 없었던 것처럼 펄스를 무시한다. 그는 다음과 같이 말한다. "펄스 등의 게슈탈트 치료가 있다. 이것은 『게슈탈트 치료』에서 설명된 바로 그 치료다…. 그리고 펄스의 게슈탈트 치료가 있다."(Latner, 1983, p. 82) 비록 내가 펄스의 후기 작업들에 대한 비판에 대해 동의하기는 하지만, 여기서의 태도는 게슈탈트 치료를 창립하는 데 있어 펄스의 공을 조금도 인정하고 있지 않는 것 같아 보인다. 나는 창립자들과 스승들에게 진 빚을 인정하는 것은 당연하고, 또한 차이점들이 있을 때, 그들과 맞서는 것 또한 정당하다고 생각한다. 래트너는 펄스에게 맞서기는 하지만, 펄스의 공은 인정하지 않고 그를 무시한다.

이 글에 대해 나는 나의 스승인 짐 심킨과 의견을 달리해왔다. 어떤 사람들은 스승과 제자가 같은 정체성을 갖고 있어야 한다는 듯이, 마치 서부 해안의 모든 사람들이 심킨과 동의하는 것처럼 생각하는 것 같다. 우리는 모두 펄스와 심킨의 복제품이 아니다.

나는 우리의 개념적 체계를 더욱 명확하게 개선하기 위한 래트너의 모범을 다른 사람들도 모두 따르는 것을 보고 싶다. 그러나 지리적인 명칭들과 인신 공격은 피하고, 학파들이 시기상조적으로 만들어지지 않았으면 한다. 나는 오히려 이론적 제시들의 내용과 질을 높이는 데 중점을 두고 싶다.

'슬로건-그리고-기술' 대 '구체적-그리고-일회적인'

많은 이들이 게슈탈트 치료 시스템 전체에 대해 이해한 것을 직접 보여주거나 말해주지 않는 사람들, 그리고 전체 치료 체계에 대한 명백한 존중 없이 치료를 하는 사람들에 대해 비판해왔다. 후자의 경우, 점증적 작업과 장기 치료는 자주 일회적 태도에 자리를 내주게 되는데, 이때 일회적 태도는 연속성을 제공해주지 않으며, 또한 장기적이며 집중적인 심리치료를 위해 필요한 정신역동 및 관계들에 대한 세분화된 지식도 쌓아주지 않는다(I. From, 1978, 1984; Latner, 1983; F. Perls, 1969; L. Perls, 1973, 1976, 1978, in Wysong & Rosenfeld, 1982; Rosenblatt, 1980.).

비록 이러한 치료자들의 종류는 매우 다양하지만, 나는 두 개의 모델 유형들로 구분을 하고 싶다. 나는 다른 유형들의 존재를 완전히 존중하며, 내가 논의하는 두 개의 모델 유형들이 연속선의 양 극에 불과하다는 것을 인정한다.

한 유형은 슬로건으로 말하고, 기술로 [치료를] 행한다. 두 번째 유형은 슬로건화하는 것 이상을 한다. 그러나 전체 이론에 대한 명백한 통합 없이 구체적으로 말한다. 이것은 단편적(piecemeal)이라는 용어의 전형적인 게슈탈트 심리학적 정의에 맞아 떨어진다(Koffka, 1931, 1935; Köhler, 1938, 1947, 1969; Wertheimer, 1938, 1945). 두 번째 유형의 치료 관행은 불필요하게 기술들을 지나치게 강조하지는 않지만, 연속성의 장기적, 점증적 치료의 중요성도 명백히 존중하지 않는다. 퍼얼스가 개별적 치료는 시대에 뒤떨어진 것이라는 선언을 한 것도 이런 유형의 한 예가 될 것이다.

특정한 맥락에서는 구체적인 조각 수준에서의 일회적인 치료적 만남들과 담화가 상당히 책임감 있고, 훌륭한 전문적 게슈탈트 치료일 수 있다는 사실을 인정하고, 심각하게 받아들이는 것이 옳은 태도일 것이다. 그러한 치료 관행들이 알아차림과 선택을 통해 행해진 것이라면 나는 반대하지 않는다. 그러나 [그러한 치료 관행들이] 성격의 경직성에서 비롯되었거나, 혹은 훈련이 부족해서, 아니면 다른 방식으로 할 능력이 못되어서 환자에게 좀 더 전체적인 그림을 알려주지도 않고 분별없이 행해진다면, 나는 상당히 곤란하다고 생각한다. 알아차림을 갖고서 치료사는 '소(小)-강의' 같은 형태로 이루어진 구체적인 언어로 이야기할 수 있을 것이다. 아니면 워크숍을 강조하는 스타일로 치료할 수도 있을 것이다. 하지만 이런 접근법의 한계들에 대해, 그리고 대안적인 게슈탈트 치료 양상들과 활용 가능한 자원들에 대해 분명하게 말해야 한다. 그리고 이것은 게슈탈트 치료의 한 유형일 뿐, 본질적인 것은 아니라는 것을 명확히 해야만 한다.

게슈탈트 치료의 모든 측면에서 이들 매우 상이한 두 형태의 접근법들을 구분하는 것이 매우 유용할 것이다. 불행하게도, 서부 해안 '학파'를 무시하면서 래트너는 흠잡을 데 없는 자격들을 갖고 있으며, 동시에 그들 자신의 게슈탈트 치료 스타일을 가지고 있는 숙련된 치료자들/지도자들을 무시해버린다. 래트너는 임상적 배경과 적절한 게슈탈트 치료 훈련을 결여한, 그리고 전체적인 방식으로 개념화하는 데 전혀 재능이 없는 사실상 훈련을 받지 않은 사람들과 그들을 혼동하고 합쳐버린다. 예를 들면, 융합이 무엇인지도 모르고, 또한 알고 싶어하지도 않았던 래트너의 학생들과 퍼얼스를 마찬가지로 취급하여 무시하는 것은 논쟁의 여지가 있다.

슬로건-그리고-기술 방식으로 작업하는 것은 최소한의 개념화를 의미한다. 그러한 방식들에서 사람들은 슬로건을 반복하고, 기술들로 치료하며, 그리고 전체로 통합하는 것에 관심이 없다. 그러한 사람들은 '게슈탈트 치료 기술들'에 대해 자주 이야기한다. 서부 해안 게슈탈트 치료 또는 신-게슈탈트 치료라고 불리는 많은 치료들이 적절하게 이 범주로 구분된다.

이 방식으로 치료하거나 가르치는 사람이라면 누구나 유능하다고 상상하는 것이 내게는 어렵다. 그들은 게슈탈트 치료 이론의 전체성(wholeness) 또는 게슈탈트 치료에서 전체성의 중요성을 이해하지 못한다. 그들은 [게슈탈트 치료의 가장 덜 중요한 측면인] 기술에 대해 이야기한다. 구별되는 전체로서 한 이론을 이해하는 데 필요한 추상적인 작업을 한 번도 해본 적이 없기 때문에, 그들은 흔히 전체 이론이라는 것이 무엇인지조차 모른다는 것이 내 경험이다. 때로 이러한 사람들은 만일 그들이 이 이론의 전체성을 이해했다면, 하지 않았을 게슈탈트 치료에 대한 비판들을 한다. '게슈탈트-그리고' 기법들 중 많은 수가 이 범주에 들어간다(L. Perls, 1973, 1976, 1978, 그리고 Wysong & Rosenfeld, 1982).

전 세계적으로 이러한 접근 방식을 보아왔고 들어왔지만, 나는 한 번도 내 스승이 이것을 좋은 게슈탈트 치료로 간주하는 것을 들어본 적이 없다. 오히려, 비록 후기에 퍼얼스가 의도치 않게 이 접근법을 길러냈을 수도 있지만, 퍼얼스 그리고 짐 심킨 둘 다 원칙적으로 지나친 단순화, 속성-훈련 그리고 속성-치료에 반대한다(Perls, 1969).

치료에 충분한 능력을 갖춘 많은 게슈탈트 치료자들과 지도자들이 단편적인 개념화를 한다. 많은 사람들이 단편적 이론화와 통합된 이론화의 차이점을 모르고 있다. 몇몇은 보편적인 문제들을 제기하지만, 그들이 단편적으로 그렇게 한다는 것을 모르고 있으며, 또한 그들의 통합적 사고가 드문드문 일어난다는 것도 모른다. 이들 치료적-능력이 있지만 단편적-이론화를 하는 사람들 중 몇몇은 게슈탈트 치료 이론을 전반적으로 알고 있지만(아마도 유기적 연관성이 떨어지거나 또는 직관적 기초를 바탕으로), 단지 구체적인 개념들 또는 지나치게 단순화된 개념들에 대해서만 이야기한다. 경험적 워크숍에서 전달되는 이론에 대한 단발적인 접근은 종종 좀 더 보편적인 이론에 대한 논의를 대체해버린다. 워크숍을 기획하는 사람들은 의제(議題)에 대해 어느 정도의 결정권을 가지고 있다. 물론 이러한 상황에서 지도자가 알려진 일반 이론의 중요성을 강조하고, 이 특정한 워크숍의 한계를 명백히 할 수 있다.

그러나 훌륭한 게슈탈트 치료자이고 지도자이면서도 단편적인 이론을 가르치고 논의하면서 이론적 논의와 내용에 있어서 취약한 사람들이 많이 있다는 사실은 분명해 보인다. 이런 수준의 논의에서는 어느 정도 추상적 이론화를 포함할 수도 있는 몇몇 구체적인 수준의 개념화가 이루어진다. 하지만 이런 이론화는 조각들을 전체로 묶어낼 수 없다. 다른 맥락에서 가져온 개념들이(예를 들면, 코헛의 정신분석) 그들의 원래 전체 맥락에서 고려되거나, [그러한 맥락이] 이 개념을 게슈탈트 치료에서 활용하는 데 있어 고려되지도 못한다. [또한] 게슈탈트 이론의 여러 측면들이 상호 간의 일관성 측면에서 고려되지도 않는다. 나는 누군가가 단편적 개념화를 하는 사람이고, 누구는 아니라는 말을 하려는 것이 아니다. 오히려 나는 단편적 개념화 대 전체적 개념화에 관심이 있다.

일반적 쟁점을 제기하는 단편적 이론화는 비록 일관성은 없지만(단편적이라는 말의 정의상), 개략적으로 뉴턴적 뉘앙스를 가지고 있거나, 또는 장 이론적 뉘앙스를 가지고 있다(대부분은 전자). 비록 단편적인 접근 방식은 기계론적 접근 방식과 더욱 일치하는 것 같아 보이기는 하지만, 단편적으로 조각난, 뉴턴적 설명들과 유사한 장 이론에 대한 보편적이고 단편적인, 불분명한 신술들을 실로 많이 듣는다. 다음 부분에서 나는 게슈탈트적 접근 방식과 우주적 상호작용설을 혼동하는 것에 대해 논의할 것이다. 대부분의 장 이론-지향의 단편적 개념화는 이 둘을 혼동한다(세계가 하나의 커다란 게슈탈트라고 그럴듯하게 말하면서).

나는 '슬로건-그리고-기술' 접근 방식과 '구체적-그리고-일회적인' 접근 방식 둘 다 다소 문제가 있다고 생각한다. 그러나 그들은 똑같은 문제는 아니다. 전자는 엉터리 치료라고 부를 수도 있는 문제다. 후자는 엉터리 치료의 수준을 넘어서는 사람들에게 있어서 질과 적절성의 문제다.

포스트-고전적 양상들: 신-뉴턴주의, 우주적 상호작용설 그리고 게슈탈트 심리학

래트너는 뉴턴적 기계주의적 사고와 사고에 대한 장 이론적 체계들을 흑백논리로 이분화한다. 내 생각으로는 뉴턴적 사고와 뉴턴적 사고 이후의 심리학적 사고의 구분을 너무 절대화시켜서 포스트-뉴턴주의 체계와 동양적 체계를 [서로 구분 가능함에도 불구하고] 융합적으로 만들어버렸다. 게다가, 그는 우리가 게슈탈트 치료에서 연구하는 인간적 체계와 물리학에서 연구하는 물리적 체계를 구분하는 데 실패했다. 물리학에서 고전적 장 이론 이후에 나타난 몇몇 태도들은 게슈탈트 심리학과는 모순이 된다. 게슈탈트 치료를 하는 데 있어 우리가 게슈탈트 심리학과 완전히 동의할 필요는 없지만, 지적으로 정직하기 위해서는 이러한 것을 명시적으로 말할 필요가 있다고 나는 생각한다.

가. 배경

게슈탈트 장 이론은 고전적, 뉴턴적 세계관에 대한 몇몇 자발적인 20세기 반응들[9] 중 하나다. 게슈탈트 장 이론이 게슈탈트 치료의 토대라면, 정신분석은 뉴턴적 세계관에 근간을 두고 있다. 비록 래트너가 단지 한 종류의 장과 장 이론이 있는 듯이 말하고 있지만, 패러데이(Faraday), 맥스웰(Maxwell) 그리고 마하(Mach)의 물리적 힘의 장들, 계량의/기하학적 장들(아인슈타인), 통계적/확률의 장들(양자 이론) 그리고 환경적/행동

9) 저자 주_ 심리학에서는 기능주의, 현상학, 실존주의, 인본적 심리학 등이 이에 포함된다. 게슈탈트 심리학에서 장 이

적 장들 그리고 현상학적 장들(게슈탈트 이론)을 포함한 다양한 종류의 장과 장 이론들이 있다. 이 배경 단락 다음에 오는 단락에서 나는 특히 게슈탈트 치료에 관련된 두 종류의 장 이론들, 즉 게슈탈트 장 이론과 우주적 상호작용설을 구분하려고 한다.[10)]

모든 장 이론들에는 공통점들이 있다. 즉, 공간, 사건들 그리고 사물들이 자신들의 정의와 의미를 이끌어낸 장들의 한 부분으로서만 다루어진다. 사람들은 나중에 환경과 상호작용하는 분리된 본질을 가지고 태어나는 것이 아니라, 그 개인과 환경은 하나의 전체이며, 그것으로부터 외부적인 그리고 개인적인 측면들이 분화되어 간다.

장 이론 분석에서는 장 개념이 분리된 물질적인 점들(material points)(뉴턴 물리학)과 학습의 단위로서의 이분법적 범주들(아리스토텔레스적인 분류)을 대체한다(Lewin, 1935). 모든 것들은 다수의 상호 연관된 힘들의 기반(matrix)에 통합된 한 부분으로 간주되며, 하나의 일차원적 원인들에 의해 유발되지 않는다.

이러한 시각에서 관계들은 내재적인 것이며(레빈의 관련됨의 법칙), 우리는 부분들로 시작하기보다는 전체로서 시작한다. 비록, 이것이 게슈탈트 심리학적 접근에서는 항상 본질적인 것이었지만, 주카브(Zukav)는 이것을 물리학에서는 새로운 것이라고 이야기한다(pp. 308–309).

론적 접근은 물리학의 장 이론에 빚을 지고 있다. 그러나 이러한 접근은 초기 게슈탈트 주의자들이 물리학에서 유사한 작업을 하고 있다는 것을 알기 이전에 자발적으로 시작되었다. 쾰러는 다음과 같이 언급한다.

> 따라서 명백히 초기의 게슈탈트 심리학자들은 다른 심리학자들에게는 매우 신비해 보이는 그들의 관찰을 믿었을 때 틀리지 않았다. 왜냐하면, 지금 게슈탈트 심리학자들은 이 절차가 그들을 가장 진보한 자연 과학자들, 즉 물리학자들의 이웃이 되게 만들었다는 사실을 발견했기 때문이다.
>
> 그러나 이게 다가 아니다. 몇 년 후에 나는 몇몇 뛰어난 물리학자들이 훨씬 더 일반적인 의미에서 게슈탈트 심리학자들의 과학적 절차에 동의하는 것을 발견했다.
>
> 나는 내가 인용한 것이 초기의 게슈탈트 심리학자들은 멋진 방식으로 나아가는 것과는 거리가 멀게, 아주 순진하게 **(그때 당시 이들 위대한 과학자들의 주목할 만한 진술들을 아직 접하지 못한 상태에서)** 자연 과학에 등장한 경향들과 전적으로 일치하는 방향으로 작업했다는 것을 명확히 했기 바란다(Köhler, 1969, pp. 59–62)(저자 강조).

부가적으로 설명하자면, 1916년에 이루어진 장기간에 걸친 아인슈타인과의 개인적 접촉을 바탕으로 베르트하이머는 자신의 이론을 발전시켜가는 과정에서 아인슈타인의 사고 과정에 대한 [자신의] 흥미와 관심을 토로한 글을 남겼다(1945). (베르트하이머가 게슈탈트 심리학을 창립하면서 발표한 기초 연구와 출판물들은 1910년과 1912년 사이에 출간되었다.)

10) 저자 주_ 물리학에서의 장 이론에 대한 배경지식을 위해 나는 다음을 추천한다: Bentov, 1977; Capra, 1975; *Capra*, 1976; Davies, 1983; Einstein, 1950; Einstein, 1961; Keutzer, 1984; King, 1976; *Sachs*, 1973; Wolf, 1981; *Zukav*, 1979(특히 이탤릭체로 강조된 것들 참조).

아인슈타인의 상대성 장 이론에서는 우주가 질서정연하고 이해 가능하다. 시간과 공간은 관찰자의 체계에 항상 상대적인 것으로, 그리고 서로 불가분의 것으로 간주되었다. 그는 질량(mass)(구조)과 에너지(과정 또는 기능)가 같은 것이며, '다른 재료들'로 구성된 것이 아니라는 것을 발견했다.

갈릴레오 이래로 물리학은 피상적인 상호 관계들을 관찰하기보다는 상황들 전반에 걸친 역동적 설명들을(인자형(genotyic)[11] 법칙들을) 추구해왔다(Lewin, p. 11). 이것은 구조적인 작업에 더욱 가깝고, 점차적으로 덜 단순 감각적(표현형(phenotypic)[12]) 관찰에 근거한다(Lewin, 1935, p. 13; Einstein, 1950).

어떤 자료도 배제하지 않고, 엄격하고 완전한 법칙성을 추구하는 태도가 아인슈타인으로 하여금 뉴턴 물리학을 수정하도록 만들었고, 그리고 게슈탈트 심리학으로 하여금 실험 심리학의 많은 연구 결과들을 비판하도록 만들었다. '시각적 착각'과 같은 것을 근거로 일반화에 예외를 두는 것은 게슈탈트 심리학에서는 수용 가능한 것으로 간주되지 않았다. 완전한 기능적 분석은 모든 자료를 설명해야만 하고, 단순한 통계적 근거 이상을 바탕으로 그렇게 해야 한다.

빛의 속도를 감안할 필요성과 새로운 상대화된 시간/공간 개념을 결합한 정확한 기능적 이해에 대한 요구는 특정한 개입 매개체가 없는 상태에서의 '멀리서부터의 작용(action at a distance)'이라는 개념은 더 이상 수용 가능하지 않은 것이 되었다(Sachs, p. 69). 이것은 또한 게슈탈트 심리학 장 이론의 한 부분이었다.[13]

래트너가 논의한 장 이론은 대부분이 양자 이론에 영향을 받았다. 장의 양자론은 전혀 볼 수 없거나 확실한 위치를 알 수 없는 믿기 힘들 정도로 작고 빠르게 움직이는 소립자와 아원자 입자들(subatomic articles)의 연구에서 나왔다. 우리는 그들을 찾을 확률적 진술들만을 할 수 있을 뿐이다. 이 아원자적 영역에는 내재하는 불확정성이 있다. 우리는 임의의 정확도 기준에 맞춰 입자의 위치와 운동량을 동시에 측정할 수 없

11) 역자 주_ [생물] 유전자형(型), 인자형(因子型). 여기서는 모든 상황을 포괄하는 [근저에 있는] 원인에 대한 설명을 추구해 왔다는 의미임.

12) 역자 주_ [생물] 표현형(表現型). 육안으로 볼 수 있는 생물의 형질. 여기서는 밖으로 드러난 현상들을 의미함.

13) 저자 주_ 그러나 게슈탈트 심리학에서 동시간성(contemoraneity)의 개념은 빛의 속도를 감안할 필요가 없으며, 또한 그 결과로 인해 '지금' 속에 어떤 것들이 포함되었는지를 고려할 필요가 없다.

다.[14] 원리적으로 볼 때, 한쪽의 측정에 대한 우리의 지식이 정확하면 할수록, 다른 쪽에 대한 지식은 더욱 불명확하게 된다(J. King, 1976). 그래서 양자의 장 이론은 어떤 사건을 찾을 통계적 확률들의 파장들인 장들을 포함한다. 이것은 단순히 관찰자의 위치를 고려한 것 이상이다. 이것은 관찰행위가 필연적으로 관찰되는 것에 영향을 미칠 수밖에 없다는 말이다. 더 나아가서, 양자론은 관찰자의 개념화, 그리고 그것의 측정에 의하지 않고는 피관찰 대상은 존재할 수조차 없다는 것을 증명하는 것으로 자주 해석된다. 이러한 입장은 고전 물리학의 근원적 믿음과 나아가 우주는 질서정연하고 이해 가능하다는 상대성 이론의 믿음까지 뒤흔들어 놓는다(Sachs, p. 110).

추가적으로, 양자 이론가들은 연구되는 대상의 성질이 자기 자신의 성질에 따른다기보다는 오히려 관찰자에 달려 있다고 믿는다. 예를 들면, 물리적 사건들은 파동(에너지) 또는 입자(질량)의 형태를 띠는 것으로, 그러나 둘 다의 형태를 띠지는 않는 것으로 생각되어 왔다. 각각의 수학적 처리는 달랐고, 그리고 잘 풀려나갔다. 그러나 실험자의 조작에 따라 동일한 아원자 입자들이 때로는 파동처럼 행동하고, 때로는 입자처럼 행동한다는 것이 발견되었다(파동-입자 이중성).

이 모든 것이 의미하는 바는 무엇인가? 수학적 계산과 실험의 차원에서는 명확성이 있었지만, 철학적으로 의미하는 바는 명확하지도 딱히 정해진 것도 아니었다. 논평자들은 이론 물리학의 현 상태가 변화를 내포하고 있다는 데 의견이 일치하는 것 같다(Sachs, 1973; Zukav, 1979). 외부적 현실이 존재하기는 하는 것일까? 우주는 '본질적으로 임의적이고'(Heisenberg), 입자들은 본래부터 부정확한가(Born)?(Sachs, p. 84) 우주는 이해 가능한 것일까?

어떤 사람들은 우주 자체가 본래부터 부정확하다고 말한다(Sachs, p. 84). 양자론의 가장 널리 수용되는 해석은 (코펜하겐 해석) "현실에 대한 완전한 이해는 [인간의] 이성적 사고 능력을 훨씬 넘어서는 것이다."라는 것이다(Zukav, p. 38). 아인슈타인은 우주가 질서정연하고 궁극적으로는 이해 가능하다고 주장하면서, 죽을 때까지 이들 두 시각들과 싸웠다. 어떤 사람들은 아원자 연구의 실험 결과들이 예측 불가능하게 변화하

14) 저자 주_ 불확정성은 [심리학에서 최고로 정확히 측정한 것보다 더 정확한] 측정에 있어서의 임의적 정확도 수준과 관련되어 있다는 것에 주목해야만 한다.

는 것은 인간의 의식이 '숨겨진 변수'로 뒤에서 작용하기 때문이라고 믿는다.

양자 물리학에서 발견된 것은 견고한 입자 구성요소들이 아니라, 상호 연결들이다(Capra, 1975, p. 68). '입자들'이 발견되었지만, 그들은 고립된 입자들이 아니었다. 그들은 그들의 상호 연결 활동 밖에서는 아무 의미가 없다. 아원자 물리학에서 우리는 어떤 현상의 존재와 그것의 활동들을 분리할 수 없다(Capra, 1976).

만일 모든 것이 과정, 상호 연결 그리고 흐름이라면, 이것은 구조 또는 안정성이 없는 현실이 존재한다는 것을 의미하는 것인가?(Keutzer, 1984; Sachs, 1973에 있는 논의 참조) 명백히 우리의 사물의 객관적 실재성, 언어 그리고 구조에 대한 시각은 현대 물리학의 결과로 근본적으로 변화했다. 그러나 모든 구조와 객관적 실재성이 착각인가?

사실, 물리학자들은 움직임을 만들어내는 것은 바로 구조의 존재라는 것에 동의하는 듯이 보인다. 저항 없이는 생명도 없다(J. King, 1976). 그러나 구조는 실험자가 실험적 조작과 측정에서 그것을 찾을 확률에 의해서만 정의될 수 있는 상호 연결들의 망이다.

우리는 이러한 명백한 이중성, 즉 사물(입자)과 과정(파동)으로 [동시에] 보일 수 있는 물리적 세계를 어떻게 다루어야 하는가? 보어(Bohr)는 상보성(comlementarity)의 개념을 소개한다. 두 실험이 같은 현상에 대해 다른 시각들을 제공할 때, 둘 다 포괄적인 이해를 위해서 필요하고, 둘 중의 하나로 환원될 수 없다. 예를 들면, 사물 자체는 파동(연결성) 또는 입자(구별 가능한 사물) 이론 하나만 가지고 적절하게 그리고 완전히 설명될 수 없다. 이 상보성은 환원주의적(reductionistic) 해석과는 대조되는 것이다.

게슈탈트 치료 이론에서 논의한 장의 양극성의 분화(polar differentiation)(『Ego, Hunger and Aggression』)와 부합된다고 보이는 이 상보성의 원리는 한 현상의 물체(사물)적 또는 질량적 측면은 공간의 측면으로 (시간적 측면과는 별개로) 다룬다. 그리고 과정적 또는 에너지적 시각은 시간의 측면으로 (공간적 측면과는 별개로) 다룬다. 환원주의적 시각은 이들 불가결한 시각들 중 한쪽 또는 다른 한쪽을 잃게 될 것이다. 나는 래트너의 분석이 이런 식으로 환원주의적이 된다고 믿는다.

명백히 현대 물리학은 단일체가 아니다. 아인슈타인과 같은 몇몇은 자연이 완전하고, 질서정연하며, 우리가 묘사하는 모든 것이 보편적 법칙의 발현이라는 믿음을 고수한다(Sachs, p. 87). 동시에 양자이론의 코펜하겐 해석은 자연의 근원적 양상들은 그들이 보이는 방식의 결과물들에 불과할 뿐이라고 주장한다(Sachs, p. 88). 어떤 사람은 물리학에 대한 후자의 해석과 유사한 해석을 고수하는 동시에, 영적인 중요성을 논의할 때는 극동의 신비주의로부터 빌려온 보편적 우주 법칙을 언급한다.

명백한 것은 실험적 증거와 수학적 형식주의가 물리학자들의 형이상학적 성향을 결정하지는 않는다는 것이다. 삭스(Sachs)는 이것을 예증하는 하나의 논쟁을 인용한다. 그의 연속적 장 접근에서 아인슈타인과 같은 입장에 속하는 슈뢰딩거(Schroedinger)와, 아인슈타인과 대수적 접근에서 의견이 상충했던 하이젠베르그는 서로 수학적 계산에 있어서 단계마다 모두 일치한다는 사실을 발견했다. 그럼에도 불구하고 둘 다 상대방의 성향과 철학을 싫어했으며, 각자 자신의 것을 바꾸지도 않았다(Sachs, pp. 92-93).

상보성은 어떤 개념도 어떤 사물 또는 과정의 모든 측면을 정확하게 그리고 완전히 나타낼 수는 없다는 것을 의미한다(J. King, 1976). 그리고 어떤 언어도 모든 맥락에서 효과적일 수는 없다는 것을 의미한다. 일상의 거시적인 세계의 기계론적 언어는 아원자적 세계에서 기능하지 않는다(Capra, 1975, p. 59). 비록 언뜻 보기엔 이 사실이 우리의 일상 언어가 부적절하다는 점을 지적하는 듯하지만, 심지어 아원자를 연구하는 물리학자들도 고전적, 기계론적 언어를 그들의 실험 작업에서 사용한다는 사실에 주의해야 한다. 왜냐하면, 아원자 물리학의 순수 과정적, 비사물적 언어는 거시적 세계에서는 기능하지 않기 때문이다(Capra, 1975, pp. 132-133).

> 커다란 측정 장비들에 의해 준수되어야만 할 물리학의 법칙들은 고전 물리학의 법칙들이고, 반면에 현미경으로 관찰되는 물질에 의해 준수되어야 할 법칙들은 양자 물리학의 법칙들이라는 것이 양자론에서 계속 유효하다(Sachs, p. 89).

심리학에서 우리들은 두 언어 모두를 몹시 필요로 한다. 장 접근 방식에서조차도 우리 언어의 대부분은 기계론적이면서 거시적으로 남아 있어야만 한다.[15)]

15) 저자 주_ 미시적 세계의 비사물적 언어는 임상적으로 사용하기에는 너무 불편한 점이 많다. 예를 들면, 많은 현상학적 연구 보고서들에 사용하기에는 너무 번거롭다. 그들의 기본적 작업은 수학적 언어들로 행해지고, 구두 언어는 부차적인 것이기 때문에 물리학자들은 이러한 어려움을 갖고 있지 않다.

몇몇 기본적인 개념들에 대한 동의가 물리학에서 이루어졌다. 공간-시간의 상대성, 질량과 에너지의 등가성, 현상들은 (입자 또는 파동) 상호 연결들의 장들 내에서만 의미가 있으며(고립된 입자들은 의미가 없다), 사건들의 구조와 기능(활동들)은 의미 있게 분리될 수 없으며, 관찰자는 계산에 넣어야만 하는 참가자이며, 속성들 그리고 명칭들은 인간이 만들어낸 추상들에 불과하고, 세계는 본래적으로 정적이 아니라, 역동적이다.

그러나 아직까지 심지어 수학적 수준에서조차 통일된 장 이론에 대한 합의는 없다. 단지 구두적 접근에서 약간의 동의가 이루어졌을 뿐이다. 물리학의 통일된 이론은 고사하고, 양자역학 또는 상대성 이론 어느 쪽으로부터도 인식론 또는 형이상학에 대한 합의가 전혀 없다(Capra, 1975, p. 132). 현대 물리학의 중요한 두 이론들은 그들의 공리적 근거를 유지한다. 상대성 이론에서의 장 이론은 결정론적이고, 이것의 근원적 실재(existent)는 연속적인 장들이며, 이것은 비선형적이다. 양자론에서의 장 이론은 비결정론적이고, 이것의 근원적 실재는 불연속성(discreteness)이며(비록 뉴턴적 의미에서는 아니지만), 선형적 겹쳐놓기(superposition)다(Sachs, p. 105).[16)]

아직도 결론은 나지 않았다. 실험적 큰 발전들이 내어놓은 예상들과 새로운 이론들이 본질적으로 다른 학파들과 해석들을 통합해가는 가운데, 갈등을 조절하기 위한 끊임없는 노력으로 물리학은 빠르게 변화하고 있다.[17)] 아인슈타인은 그가 원하는 종류의 장에 대한 설명이 가능하지 않을 수도 있다고 경고한다. 그는 많은 물리학자들이 그러한 설명이 가능하지 않고 양자 형식의 장 이론이 가능한 최선이라고 믿는다는 것을 인정한다. 그는 다음과 같이 결론을 내리면서 이에 동의하지 않는다.

> 나는 그렇게까지 멀리 영향을 미치는 이론적 포기가 현재로서는 우리의 실재적 지

16) 저자 주_ 상대성과 양자역학을 설명하는 장 이론을 만들어내고자 하는 노력은 지속되고 있으며, 이는 빛의 속도에 접근하는 입자들을 연구하는 데 있어서 필수적이다. 양자 이론과 상대성 이론의 현 상태가 불안정하다는 것은 명백해 보인다(Sachs, pp. 111-112; Zukav, 1979). 뉴턴 물리학이 상대론적 물리학의 근사치였던 것과 꼭 마찬가지로, 비상대론적 양자 이론이 상대론적 양자 이론의 근사치에 불과한 것으로 여겨지고 있기 때문에 특히 더 그러하다(Sachs, p. 94).

17) 저자 주_ 이 사실은 빛보다 빠른 속도로 전달되는 정보에 의해 매개됨으로써 '멀리 떨어진' 원인에 의해 유발되는 효과들이 있을 수 있다는 최근의 지적에 의해 지지된다(Zukav, 1979).

> 식에 의해 정당화되지 않으며, 또한 우리는 상대적 장 이론의 길을 끝까지 추구하는 것을 단념해서는 안 된다고 생각한다(Einstein, 1961, p. 157).

이러한 모든 것을 미루어보아 우리 모두가 물리학에서 온 이론들을 생각 없이 받아들이는 것에 대해 얼마간의 주의를 기울여야 마땅하다고 나는 믿는다.

캐프라(Capra)는 우리가 사차원적 시공간에 대한 직접적 경험이 없다는 사실에 대해 이야기한다. 그러나 그는 지금 물리학자들이 본 역동적 우주가 그들의 인식론에 있어서 현대 물리학의 발견들을 수용할 수 있는 동양적 신비주의들(도교, 힌두교, 불교)의 우주와 '유사'하다는 점을 지적해왔다(Bentov, 1977; Capra, 1975, p. 17, 81; Capra, 1976; Zukav, 1979).

래트너는 여기에서 더 나아간다. "현대 물리학의 시각은 불교적, 도교적 그리고 힌두교적 사고와 전체 윤곽에 있어서 동일하다."(Latner, 1983, p. 76) 이것은 현대 물리학이 이들 동양 철학들과 전체 윤곽이 동일할 뿐만 아니라, 현대 물리이론들도 서로 윤곽이 동일하며, 동양 철학들 또한 서로 동일하다고 가정하는 것처럼 보인다.

비록 상대성 이론과 양자역학 모두가 뉴턴적, 기계론적 체계를 넘어선다는 점에서 서로 의견이 일치함에도 불구하고, 두 현대 물리학 이론 사이에는 중대한 차이점들이 있다. 그들은 서로 다른 현상들을 연구하고, 그들이 사용하는 수학적 공식들이 다르기 때문에 다른 예측들이 나온다. 동양 철학들과 물리학 사이에는 방법의 차이가 있다(Capra, 1976). 형이상학적 위치들을 근거로 한 철학적이고 종교적인 체계들과, 주로 경험적 조사 그리고 수학적 계산을 근거로 한 과학적 체계 사이에는 차이점이 있다. 내 의견으로는 이 모든 이론들 사이의 유사점은 놀랍고 매혹적이지만, 그들은 동일한 것이 아니다. 동양 철학들은 동일한 것이 아니다. 물리학 이론들은 동일한 것이 아니다. 그리고 이 두 집단의 이론들은 동일한 것이 아니다(Zukav, 1979). 나는 이들 개념들이 융합되는 것을 원하는 것이 아니라 구분되기를 원한다.

캐프라는 비록 명백히 이 유사점들에 마음이 사로잡혀 있기는 하지만, 다음과 같이 말한다. "나는 이러한 차원들이 우리가 물리학에서 다루는 차원들과 꼭 같은 것이라고 말하는 것은 아니다. 그러나 이것이 우리가 상대성 이론에서 가지고 있는 개념들과 매우 유사한 시간과 공간에 대한 개념들로 신비주의자들을 이끌었다는 것은 놀랍다."

(Capra, 1976) 그에게 있어서 '추상적 개념의 과학적 세계' 그리고 신비주의의 세계는 어느 한쪽으로 환원되거나 통합될 수 없다는 것을 명백히 하기 위해서 캐프라는 상보성의 개념을 사용한다(Capra, 1976).

게슈탈트 치료의 심장부는 물리학에 있거나 또는 형이상학에 있는 것이 아니라, 현상학적 임상 작업에 있다. 우리는 단순히 물리적 연결성(물리학에서처럼)만을 포함하는 것이 아닌, 각 개인에게 있어서 각 사건의 심리학적 의미를 본질적으로 포함하는 현상학적 장에 대한 현상학적 탐구를 기초로 한 실존적 상황들의 구조에 대한 통찰을 얻고자 노력한다.[18)]

우리가 지나치게 단순화하거나 또는 생각 없이 받아들이고, 이들 모델들로 우리 자신을 한정하지 않는 한, 물리학에서 온 모델들을 고려하는 것은 지적인 자극이 되고 유용하다. 몇몇 장 이론들이 존재하고, 각각의 의미에 대한 다수의 해석이 있다. 변화 가능성은 현재 매우 크다. 적어도 다루어야 할 것이 단지 뉴턴 모델과 장 이론 모델만 있는 것이 아니라는 것은 명백하다.

나. 게슈탈트 치료에서 뉴턴주의 이후에 나타난 이론들

1. 중심 원리들

아인슈타인에 따르면, 물리학에서 장 이론은 우리가 연구한 것과 우리가 지각할 수 있는 것 사이의 거리를 확대시킨다. 즉, 우리는 물리학의 장 접근 방식으로 연구된 것의 대부분을 볼 수 없다. 물리학에서 이 문제는 기계 사용, 사고와 수학 그리고 실험에 의해 해결된다. 게슈탈트 치료에서는 체계적이고 상세하며 통제된 실험적 조사, 수학이나 측정의 사용, 또는 계측기 사용을 통한 관찰의 확대 등은 거의 없다. 우리는 엄격하고 체계적인 논리적-철학적 분석 또한 거의 하지 않는다. [그렇다면] 우리는 우리의 감각들로 직접 관찰할 수 없는 것을 어떻게 다루어야 하는가?

18) 저자 주_ 레빈은 '실현화 에너지'와 본질적 (인자형) 역동들을 해명하는 것의 중요성을 언급한다(Lewin, 1935).

우리는 현상학적 철학과 방법론을 사용하여 인간 체계를 연구하고, 연구되는 시스템[즉, 인간]은 그것의 내적 경험을 보고할 수 있다. 우리는 이를[즉, 피 관찰자의 보고] 현상학적 실험 및 외적 관찰[치료자의 관찰]과 통합함으로써 우리가 필요로 하는 것을 알아낸다. 이러한 이유로 게슈탈트 치료 이론을 정립하는 데 있어 우리의 실존적 현상학이 결정적으로 중요한 것이다.

사르트르의 실존주의에 대한 요약이 생각난다. 존재가 본질에 앞선다(existence precedes essence). 나는 우리가 끊임없이 우리 자신의 관심을 경험된 대로의 우리의 존재(existence)에 맞추고, 우리의 본질(essence)에 대한 이론들의 적합성에 대해서는 그러한 [존재] 경험에 비추어 판단할 때, 게슈탈트 치료에서 우리가 최선을 다하는 것이라 생각한다. 직접적 경험을 활용하고, 형이상학적 편견을 제쳐두는 현상학적 방법은 이러한 실존적 초점화와 연결된다. 나는 우리가 지나치게 물리학으로 무장하거나 혹은 동양적 신비주의에 수용적이 되어서, 직접적이고 즉각적인 현상학적 경험 안에 있는 우리의 중심을 잃어버리고 형이상학적 사변에 빠져버리지 않기를 희망한다.

2. 세 개의 대안들(간략히 서술)

아래에서 나는 게슈탈트 치료를 이론화하는 세 개의 대안적 강조[모델]들을 논의할 것이다. 그것은 선형(neo-Newtonian), 비선형(우주적 상호작용설) 그리고 통합(게슈탈트 심리학) 모델이다. 선형 그리고 비선형 이론화는 모두 전체를 양극성(polarity)의 반으로 줄여버린다는 점에서 이분법적이고 환원주의적이다. 통합된 이론화는 이 둘을 서로 통합한다.

선형 이론화는 '좌뇌'라고 불리어온 것을 강조한다. 이것은 고전적, 뉴턴적, 기계론적, 사물-같은 사고의 상당한 잔재들을 보여준다. 래트너에 의해 '클리블랜드 학파'라고 묘사된 시스템 이론의 한 종류가 여기에 맞아떨어진다.

나는 동양적 신비주의와 같은 비선형적 '우뇌' 사고와 게슈탈트 심리학에서 보는 것과 같은 통합적 사고를 서로 구분한다. 이 단락은 주로 이러한 구분을 명확히하기 위해 쓰였으며, 이러한 [둘의] 차이는 지금까지 게슈탈트 치료 문헌에서 충분히 명료화되지 않았다. 조셉 징커는 창조적인 치료자는 의식의 두 양상, 예컨대 '사물을 분류하고 지적인 활동을 하는' [좌뇌의 기능]과 '공간적 이미지를 경험하거나 직관에 귀 기울이는' [우뇌의 기능]을 통합할 줄 안다고 말했는데, 이때 그는 우리에게 통합된 태도의 구체적인 예를 제공한 것이다(Zinker, 1977, pp. 59-60).

3. 게슈탈트 치료에서 선형 이론화

래트너는 그의 글에서 게슈탈트 치료가 원자론적이고 기계론적인 언어 그리고 뉴턴적 태도로부터 온전한 탈출을 하지 못했다고 명확히 말한다. 비록 그는 클리블랜드 연구소에서 활용하고 있는 시스템 이론에 초점을 맞춰 이야기했지만, 명백히 뉴턴적 파편들은 시스템적 접근 방식에만 국한된 것은 아니다. 그리고 클리블랜드에만 국한된 것도 확실히 아니다. 하지만 모든 시스템적 접근 방식들이 뉴턴적이거나 또는 기계론적인 것도 아니라는 점에 주의해야 한다. 그러나 게슈탈트 치료 관행에는 "너의 눈을 사용하라!"와 같은 기계론적 영향들을 보여주는 수많은 말들이 있다. 이것은 행위자('나')와 눈을 이분화한다는 점에서 뉴턴적이다. 그리고 지각을 중추 신경계가 동시에 함께 관련된 활동으로 보기보다는 말초 감각 기관들의 활동으로 취급한다는 점에서 게슈탈트 심리학과 일치하지 않는다.

기계론적 언어는 과정 언어의 [언어적] 난점 때문에, 그리고 보통의 뉴턴의 기계론적 개념들이 아주 잘 작동하기 때문에, 또한 '사물들이 구성하는 부분들로 이루어졌다고 말하는 것이 훌륭한 근사치'이기 때문에 여전히 광범위하게 사용된다(Capra, 1975, p. 81). 또한 우리는 고전 시대 또는 고전 시대 이후의 물리학에서와는 다른 시스템들을 연구한다. 한 가지 예: 심리학에서 우리는 빛의 속도를 고려할 필요가 없다. 따라서 현대 물리학에서처럼 동시성('지금')의 모델과 같은 정교한 모델을 필요로 하지 않는다(또한 우리의 '지금' 모델은 뉴턴의 절대적이고 선형적인 개념과도 다르다.).

그들 주제의 매개 변수가 알려져 있고, 관찰이 피관찰 대상을 교란시키는 정도가 주어졌을 때, 기계에 의해 확장되지 않은 감각적 관찰이란 현대 물리학적 관점에서 볼 때 부적절하다. 뉴턴 물리학에서는 우리가 [무엇이든] 관찰할 수 있으며, 또한 연구되는 시스템에 영향을 미치지 않고 그렇게 할 수 있다고 가정하고 있다. 게슈탈트 치료에서 우리는 우리가 한 사람의 참가자이며, 객관적 관찰자가 아니라는 것을 알아차리고 있기 때문에 뉴턴적 가정을 하지 않는다. 그러나 우리는 측정과 수학적 계산 없이도 관찰을 통해 통찰을 얻을 수 있다는 것을 가정한다. 관찰자들의 관찰은 환자에 의해 보고된 알아차림 보고와 통합된다. 우리는 고전 시대 또는 고전 시대 이후의 물리학 모델을 수용하기보다는 새로운 모델로 진화할 필요가 있다. 물리학 모델들만 갖고서 게슈탈트 사고에 대해 행한 어떠한 분석도 만족스런 결과를 가져오지 못할 것이다.

선형적인 게슈탈트 치료 이론화는 언어와 태도에 있어서 모두 매우 기계론적인 것으로부터 시작해서 장 이론의 정신을 상당히 보유하면서 기계론적, 뉴턴적 흔적이 담긴 일상 언어로 글을 쓰는 것들에 이르기까지 다양하다. '자기(self)'를 '핵심(core)'으로 논의하는 사람들은 '극미인(homunculus)'을 다시 만들어내어[19] 인위적 구조를 만들고, 한 사람을 분열시켜(그것을 homunculus에게 투사함으로써) 책임 회피를 조장하게 된다(스테판 토빈과 저자의 토론은 『The Gestalt Journal』, Spring, 1983에 실려 있음). 한편, 나는 비록 폴스터 부부의 글들에서 래트너가 언급한 비과정 언어의 문제를 발견한 것은 사실이지만, 그가 염려하는 그러한 왜곡을 찾을 수는 없었다.

불행하게도 래트너는 이들을 모두 함께 묶고서 뉴턴적 언어의 증거가 존재하면, 그는 그 이론을 완전히 뉴턴적인 것으로 치부해버린다. 그는 주의 깊게 작지만 중요한 세부사항을 서술한다. 그러나 그는 갑자기 모든 것을 다 버리고 지나친 일반화로 도약해버린다. 전체론적이기를 갈망하는 하나의 이론 안에 남아 있는 고전 이론적 잔재를 지적하는 것은 도움이 되기는 하지만, 이렇게 날카롭게 이분화하거나 지나치게 느슨한 일반화는 미숙하고 자의적인 것이다. 이 양자택일적 성향은 그 정신에 있어서 기계론적인 것이고, 그러한 정도에 비례해서 그것은 그의 분석의 취지와도 맞지 않는다.

폴스터 부부는 뉴턴 언어의 잔재를 보여준다. 하지만 [그렇다고 해서] 그들의 작업을 단순히 뉴턴적인 것으로 치부하는 것은 잘못된 것이다. 그들은 선형 인과론에 서 있으면서 시간과 공간을 절대적인 것으로 처리하고, 그들이 연구하는 현상은 '저기 외부에' 있으면서 객관적으로 연구될 수 있다고 믿으며, '더하여-합하는 식의' 과정에 의해 분석하고 종합할 수 있다는 가정에서 작업하며, 정적이고 사물화된 극미인-유형의

19) 역자 주_ homunculus는 고대 의학에서 가정했던 정자(精子) 속의 극미인(極微人)을 의미하며, 여기서 저자는 자기를 핵심으로 논의하는 사람들이 또 다시 과거의 어리석은 생각에 빠져들고 있다고 비판하고 있다.

개념 등을 사용하는 정신분석보다는 확실히 더 장 이론적이다(Wertheimer, 1938, pp. 12-16; 1945).

코프카(Koffka)는 우리는 사실들(facts)이 요구하는 바를 해야만 한다고 말한다(Koffka, 1935, p. 9). 나는 폴스터 부부의 책에 묘사된 전체 인간 묘사들이 사실들의 요구에 의해 기술되었으며, 과정 언어를 통해서는 적절히 설명되지 않았다고 생각한다. [하지만] 이것을 하는 것이 래트너가 한 것과 같이 인본적 접근 방식과 장 이론적 접근 방식을 이분화시키는 것보다 더 유용할 것이라는 나의 관점을 아래에서 논의할 것이다. 장 이론이 완성되기 위해서는 이러한 현상들을 설명해야만 하고, 인본주의적 관심사들은 과정적 사고와 통합된다면 더욱 만족스럽게 다루어질 것이다.

4. 우주적 상호작용설과 게슈탈트 심리학을 구분하기

동양의 신비주의적 시각을 논의하면서 캐프라는 그들이 "모든 사물들과 사건들의 통일성과 서로 관련되어 있으며 또한 세상 만물의 현상에 대한 경험이 모두 근본적 단일성(oneness)의 발현이라는 사실을 알아차리고 있다."고 말한다(Capra, 1975, p. 130). 또한 여기까지는 아인슈타인의 장 접근 방식과 맞아떨어진다.

래트너는 장 이론 모델에서의 우주를 '이어붙인 자국이 없는' 우주(Latner, 1983, p. 87), 그리고 '파동치는 장'(p. 75)과 같은 용어로 묘사한다. 그의 서정시 같은 묘사는 어떤 감정을 전달한다. 그러나 이들 개념들이 정확히 언급하는 것이 무엇인지는 불분명하다. 래트너의 미분화된 장 개념은 동질적인 장인 것처럼 보인다. 동질적인 연속적 에너지의 장에서 실체들은 (구조들과 개념들을 포함하여) 추상적 개념의 인위적인 산물로 보인다. 게다가, 이러한 사고의 양상에서는 세계를 하나의 거대한 게슈탈트로 취급하는 경향이 있다.

그의 책(1973)에서 래트너는 다음과 같이 말한다.

> 성장은 점점 더 복잡하고 거대한 게슈탈트를 형성함으로써 이루어진다.
>
> 게슈탈트들을 형성한다는 것은 전체들을 형성한다는 것이다.

> 우리의 용어로 말하면, 이 방향은 **마지막 게슈탈트**를 향한 것이다. 우리의 발달의 추진력은 유기체/환경 장의 점점 더 많은 잠재력을 포괄할 수 있는 전체들을 향한 것이다. 이 과정의 좀 더 나아간 단계들에서 우리는 우리 자신과 우주를 받아들인다. 게슈탈트란 나와 우주가 하나 되는 것이다. 나의 모든 것과 내 주변의 모든 무한한 활동들과 에너지, 사람들과 사물들, **이들 모두가 함께 하나의 전경을 이룬다.** 어떤 것도 배제되지 않는다.
>
> 여기에 앉아 있으면서 이 책은 나와 관련되어 있으며, 나는 나의 의자에, 나의 의자는 바닥에, 바닥은 집에, 그리고 계속하여 모든 인간들에게, **이 세상의 모든 대상들에게** 그리고 하늘에, 별들에, 그리고 나머지 모든 것들에 관련되어 있다. 마지막 게슈탈트는 우리가 **그 밖의 모든 것과 상호작용하는** 범위의 무한함을 알아가기 시작하는 것이다. 글을 읽으면서 **우리는 우리의 눈을 움직인다. 그러면 전체 상호 연결된 우주가 움직인다.** 최종 게슈탈트란 이것을 세포적으로, 신체적으로, 정신적으로, 영적으로, 우리 존재의 깊은 곳까지, 아무것도 남기지 않고 이해하는 것이다(Latner, 1973, pp. 193-195). [저자 강조]

우주적 상호작용설의 이러한 비선형적 시각은 게슈탈트 심리학자들에 의해 명백하게 논의되었으며, 그들은 이에 대해 격렬한 반대를 제기했다(아래에서 논의된). 선형 이론화는 자연의 단일성을 고려하지 않는 반면에, 비선형적 이론화는 자연의 선형적이고 구분된 측면을 고려하지 않는다. 둘 다 근본적 상보성의 한 부분을 잃으며, 그것은 경계가 없는 장 또는 이분화된 장 사이의 선택을 강요한다.

이것은 심리학에서는 오래된 논쟁이다. 윌리엄 제임스(William James)는 요소주의에 이의를 제기한 초기의 영향력 있는 사상가들 중 한 사람이다. 제임스는 의식을 지속적인 흐름으로 간주했다. 그는 이 지속성을 일차적인 것으로 강조했을 뿐만 아니라, 모든 구분을 이차적인 것으로 보았다. '사물들'은 [부분적인 그리고 실제적인 목적으로] 원래는 '하나의 크고, 꽃피고, 윙윙거리는 혼돈'인, 경험의 흐름으로부터 추출해낸 것이다. 게슈탈트 심리학은 이러한 해석들에 단연코 동의하지 않는다(Heidbreder, 1933, p. 337).

우리는 어떻게 분리된 조각들이면서 불연속성으로 존재하는 '물성(thingness)'과 구조에 대한 현상학적 경험을 설명할 수 있는가? 고전 물리학에서는 이것이 문제가 되지 않았다. 퍼얼스, 헤퍼라인 그리고 굿먼은 다음과 같은 두 개의 해석을 얼마간 지지한다. ① 사물들과 구조는 추상의 산물이며, 따라서 마음이 인위적으로 부과한 것이다. 나는 이것이 래트너가 동의한 해석이라고 생각한다. 이것은 물성과 자기(self)의 직접적 체험에 우선권을 부여하지 않는 관념주의적 시각이다. ② 통합적 시각에서는 과정적 측면과 구조적 측면 둘 다가 자연적인 것으로 간주된다. 물론, 명칭들과 개인적인 의미들은 사람이—만든 것이다. 하지만 장은 분화된 장이다. 이것이 상보성의 그리고 게슈탈트 심리학의 시각이다.

잠깐 래트너가 한 말을 살펴보자. "객관적인 실재가 존재한다고 가정하는 것은 장 이론과 조화되지 않는 것이다. [장 이론에 따르면] 실재하는 것은 보는 사람의 시각에 달려 있다. 좀 더 공식적인 용어로는 관찰자의 위치에 달려 있다.(Latner, 1983, p. 77)" 만일 그가 절대론(absolutism)과 주관-객관의 분리를 거부하기 때문에 객관적 세계를 거부하는 것이라면, 나는 그와 다툴 이유가 없다. 만일 래트너가 개인이 단지 관념과 사물의 이름만을 창조하는 것이 아니라 사물 자체를 창조하며, 따라서 세계가 주관적이라는 이유 때문에 객관적인 세계에 의문을 제기하는 것이라면, 나는 그의 의견에 진정으로 반대한다.

'관찰자의 위치' 라는 공식적 용어는 정확한 측정을 위해서는 이것이 상술되어야만 한다는 사실이 이제는 명백해졌다는 점에서 정확하다. 철학적인 수준에서 이 문제는 주관적으로 창조된 세계를 제외하고는 어떤 세계도 존재하지 않는다. 따라서 객관적인 세계는 존재하지 않는다고 주장하느냐 [이는 이분법적 시각임], 아니면 우리 외부에 세계가 있기는 하지만 우리의 지식은 우리와 세계와의 관계의 한 부분이고 따라서 우리가 아는 세계는 항상 우리에 의해 부분적으로 결정된다는 현상학적 입장을 주장하느냐의 문제다.[20]

실존적-현상학적 시각은 양극성을 가정한다. 우리는 타자를 향하여 의도한다(지향성의 극).[21] 알아차림은 무언가에 대한 알아차림이다. 이는 우리와는 별개로 존재하는

20) 저자 주_ 이것은 보어가 말한 상보성의 상호작용적 측면과 비슷한 것이다.

21) 저자 주_ 의도성(intentionality)에 대해 이데(Idhe)가 1977년에 쓴 글은 매우 읽기 쉽다.

세계가 있다는 것을 뜻한다. 안다는 것은 자기와 타자를 결합하는 것이다. 즉, 주관/객관의 결합이다. 이러한 실존적 현상학적 시각은 이분화된 주관 또는 객관의 개념을 거부한다. 객관적인 세계를 거부하는 것은 뉴턴적 객관성만큼이나 분열 또는 환원주의다.

비록 코르지브스키(Korzybsky)의 "지도는 영토가 아니다."라는 말이 의심할 여지없는 진실이기는 하지만, 그럼에도 불구하고 명명하기와 분류하기는 인간이 기능하는 데 있어 필수적이며 인공물이 아니다(J. King, 1976). 명명하는 과정에서 우리는 동시에 해당 개념의 반대되는 것을 만들어내며, 그렇게 함으로써 장을 양극성들로 세분화하는 일에 참여하게 된다. 래트너는 뉴턴적 이분화된 장을 선택하거나, 또는 세분화되지 않은 장에 중점을 두는 쪽을 선택하거나, 둘 중 하나를 선택하도록 우리에게 강요한다. 게슈탈트 심리학적 접근 방식은 제3의 대안이다. 즉, 세분화된 장이다. 우리는 현상들을 무시하고 축소하거나, 그렇지 않으면 양극성의 자연적 존재를 인정하고, 지나친 단순화를 하지 않는 유용한 개념들을 만들어낼 수 있다.

자기, 성격 그리고 경계와 같은 개념들은 위의 문제가 어떻게 다루어지는가에 달려있다. 선형적인 시각에서 자기는 단지 현상학적 실재로서만 받아들여지는 것이 아니라, 하나의 사물, 즉 '극미인'으로서 묘사된다. 이것은 장으로부터 추출된 것으로서 '장에 속하는'이 아닌 '장 안에 있는' 것으로 취급된다. 비선형적 시각에서 자기는 구조나 규칙성(regularity) 또는 시간적 연속성을 결여한 과정이다. 후자의 시각에서 보면, 한 순간의 유기체/환경 장의 상호작용들만이 실재하며, 이것이 의미하는 바에 따르면 유일하게 규칙적인 것은 [단지 신경증적이고, 경직되어 자연스럽지 않게 보이는] 성격뿐이다. 이것이 '장에 속하는' [자기]다. 이는 장으로부터 자연스럽게 나타나는 실체나 사람들의 존재를 인정하지 않는 것이다.

경계라는 개념도 같은 쟁점들을 안고 있다. 우리는 경계를 사물로, 단지 흐름으로, 아니면 과정과 구조로 다루어야 하는가? 전자(electron)가 힘을 갖지 않은 질량으로 구성된 분리된 입자 구조체로 관찰되지 않았다는 사실이 전자가 단순히 추상적 개념으로 존재한다거나 또는 다른 모든 아원자 입자들과 동등한 것이라는 것을 의미하지는 않는다. 이것의 이름과 속성들은 추상적 개념들이지만, 이것의 존재는 추상적 개념이 아니다. 이것은 우리가 사람들이나 자기 등을 직접 경험할 수 있는 거시적 수준에서 한층 더 명확하다.

비록 내가 토빈의 분석과 해결책의 대부분에 동의하지 않지만, 나는 그가 만일 장 시각이 하나의 전체로서 연속적으로 존재하는 자기를 배제하는 것으로 해석된다면, 이것은 우리의 현상학적 경험과 모순이 되며, 따라서 우리의 현상학적 태도와 불일치한다고 지적한 것은 옳다고 믿는다(Tobin, 1982; Yontef, 1983). 통합된 시각에서 자기란 그 사람 전체를 말하며, 이는 유기체적 규칙성들 또는 반복들을 포함한다. 이는 장에 속하지만, 분화된 전체를 의미한다. 도대체 비신경증적인 성격이 존재하는가? 사물-같은 구조에 근거한 것이 아니라, 그리고 정신적 이미지(자기 개념)에 들러붙기 위한 반복적 시도에 근거한 것이 아니라, 오히려 내가 반복적으로 그리고 자연적으로 나 자신을 경험하는 대로의 나 자신을 인정하는 반복들은 없는 것인가?

퍼얼스, 헤퍼라인 그리고 굿먼은 환경으로부터 개인을 분리한 후, 더하기에 의해서 그들을 다시 재결합하는 뉴턴적 방식에 명백히 반대한다는 점에서 게슈탈트 심리학자들과 의견 일치를 본다(Latner, 1983, p. 78). 그러나 사람들은 "장의 상호작용들로 다시 되돌려졌을 때만 의미가 있다."고 말하는 것은 어떤 뜻인가?(Latner, 1983, p. 78). 이것이 확실히 의미하는 바는 사람들은 '장에 속하는' 한 부분으로서만 의미 있게 존재한다는 것이다. 사람과 환경 사이의 맥동하는(pulsating) 접촉 경계들은 '장에 속하는' 것이다. 첫 번째 현실은 '사이(between)'의 접촉이다. 이것은 '나-너' 또는 '나-그것'을 제외한 '나'는 없다. 즉, 대인적인 장을 떠나서 존재하는 '나'는 없다는 실존적 대화적 믿음과 부합되는 것이다.

그러나 각 개인이 개인적인 경계를 갖는다는 것은 어떤 의미인가? 여기서 래트너는 이분법적 사고를 한다(Latner, 1983, p. 80). 폴스터 부부는 개인은 비록 유기체/환경 장의 일부이지만, 현상학적으로 자기 개념과 '경계성(boundedness)'을 느낀다는 사실을 인정함으로써 이를 설명한다. 이러한 자기 경계성에 대한 알아차림은 또한 장, 즉 현상학적 장을 구성한다. 사람들 사이의 접촉 경계, 그리고 또한 각자가 경험하는 나-경계 둘 다가 존재한다. 폴스터 부부는 이것을 다루고, 래트너는 이것을 장 이론으로부터 제거해버린다(Latner, 1983, p. 80). "이러한 애매모호함은 전체적 접근처럼 보이는 것으로부터 시스템적 접근으로의 미묘한 이동을 의미한다. 왜냐하면, 폴스터 부부는 이제 그들의 경계에서 만나서 당구공들처럼 접촉하는 한정된 실체들을 묘사하고 있기

때문이다." (Latner, 1983, p. 80)

래트너는 계속하여 말한다. "퍼얼스 등은[22] 우리 자신을 전체적 존재로 생각할 수 있다고 말한다. 우리는 우리 자신에 대한 경험들로부터 우리가 생각하는 우리 자신이라는 관념을 추출해내는 위업을 달성할 수 있다. 우리는 또한 우리 자신을 텅 빈 공간 내의 당구공들로 생각할 수도 있다." (Latner, 1983, p. 81) [하지만] 우리 자신을 전체적인 존재로 생각한다는 것이 반드시 실제로 우리가 우리 자신을 '장의 일부로' 경험하지 않는다는 것을 의미하는 것은 아니다. 또한 [그것이] 반드시 우리가 래트너가 언급한 당구공 사고에 [함께] 참여하고 있다는 것을 의미하는 것도 아니다.

래트너는 "경계를 고집하는 것은 건강한 융합에 대한 두려움을 암시한다."고 말한다(Latner, 1983, p. 87). 분리를 고집하는 것은 실제로 건강한 융합에 대한 회피일 수 있다. 그러나 주의해야 할 점은 개인적인 경계들을 고집스럽게 거부하는 것이 건강한 물러남에 대한 회피일 수 있다는 것이다. 건강한 알아차림은 자기(전체적 인간)와 환경 사이에 작동하는 경계 과정의 분리 및 연결 기능을 포함한다.

폴스터 부부가 공들여 설명하는 자기 개념은 존재하는 하나의 현상이며, 그 자체로 장의 일부다. '거울 자기(looking glass self)'에 대한 사회 심리적 연구는 자기 개념이 대체적으로 '장에 속하는(of the field)' 산물일 수 있다고 지적한다. 퍼얼스, 헤퍼라인 그리고 굿먼이 건강한 상태에서 성격은 거의 존재하지 않는다고 말할 때, 그들은 현재 장의 현실보다는 오래된 이미지에 애착하는 과정을 언급하는 것이다. 그것은 폴스터 부부가 확장된 나-경계들의 중요성을 강조하는 것과 상당히 일치한다. 이 견해는 뉴턴적인 것이 아니지만, 거시적 세계는 뉴턴적 언어를 사용한다. 퍼얼스, 헤퍼라인 그리고 굿먼은 존재하는 것(what is) 대신에 어떤 관념에 집착하는 것에 반대하는 입장을 취한다. 나는 이것이 개인적 전체성에 대한 알아차림에 반대하는 입장이라고 믿지 않는다.

래트너는 우리가 개인적 경계성과 자기 개념을 실재하는 현상으로 다루든지, 아니면 어떤 대상도 없는 장을 선택하든지, 양자택일을 해야 한다고 이분법적 요구를 한

22) 역자 주_ 퍼얼스, 헤퍼라인 그리고 굿먼이 1951년에 저술한 저서 『Gestalt Therapy: Excitement and Growth in the Human Personality』. New York: Julian Press를 지칭함.

다. 나는 이것이 래트너가 뉴턴적 태도와 포스트-뉴턴적 태도로 이분화하고, 또 포스트-뉴턴적 태도를 지나치게 단순화한 예라고 믿는다. 그는 지나친 일반화를 지지하기 위해 언어학적 세부사항을 이용한다.

성격에 대해 다루면서 래트너는 또한 자기/환경의 각 순간이 자연적 규칙성이 없이 [따로따로] 불연속적으로 존재하는 것으로 다루는 경향이 있다(예를 들면, Latner, 1983, p. 81). 그리고 이때 뉴턴 학파들이 공간을 갖고 하던 것을 시간적 측면을 갖고서 한다. 이러한 해석은 사람과 환경의 공간적 통일성은 인정하지만, 시간적 측면은 인정하지 않는다.[23] 고립된 순간은 고립된 입자만큼이나 의미가 없다. 퍼얼스, 헤퍼라인 그리고 굿먼의 '지금'에 대한 한 가지 해석은(내가 동의하는 해석은 아니지만) 실제로 지금을 고립된 순간으로, 그리고 삶을 (그리고 치료를) 일회적인(episodic) 것으로 취급한다. 많은 사람들이 고립된 순간으로서의 지금은 게슈탈트 치료에서 일반적으로 의미하는 지금이 아니라는 것을 명확히 했다(L. Perls, 1973, 1978).

사회적/정치적 영역에서 게슈탈트 치료는 유사한 쟁점을 가지고 있다. 래트너는 그의 책에서[24] 사회구조가 자유롭게 기능하는 것을 제한한다고 말하면서, 무정부주의를 예찬했다(Latner, 1973, pp. 62-63, 107). 그는 반대편 극을 논의하지 않는다. 즉, 자유롭게 기능하는 데 있어, 이러한 한계가 필수적이라는 사실을 말하지 않는다. 비록 그가 내놓고 그렇게 말하는 것은 아니지만, 그는 사회적/정치적 구조는 자연스러운 것이 아니며, 따라서 그것들은 없는 편이 더 나을 것이라는 인상을 남긴다. 권위주의에 대한 이러한 지나친 반응은 인위적이고 임의적이며 변덕스러운 통치구조와, 필요하고 이성적이며 사회적으로 유기적인 통치구조들을 구분하지 않는다. 이것은 지나치게 적은 구조가 갖는 부정적인 효과와 자연은 항상 구조를 갖는다는 게슈탈트 심리학적 관념을 인정하지 않는 것이다.

23) 역자 주_ 만일 시간적 측면에서도 사람과 환경의 통일성을 인정한다면, 연속성을 지닌 구조(structure), 즉 성격이라든가 아니면 자기를 인정하는 것이 된다. 그런데 욘테프에 의하면 래트너는 분화된 장을 인정하지 않으며, 안정된 성격이나 자기 등의 구조도 인정하지 않는다. 즉, 래트너는 단지 하나의 흐름으로서의 미분화된 장만을 가정하고 있다.

24) 저자 주_ 이 글은 1973년에 출판된 그의 책에 대한 비판이 아니다. 명백히 1973년의 래트너와 1983년의 래트너가 똑같을 수는 없다. 그러나 여기서 논의된 주제들에 대해서 나는 초기의 저술과 후기 저술 사이에 어느 정도 일관성을 발견했다.

래트너는 그의 책에서 "사회적 규범들과 사건들은 치료에서 다루어지지 않는데, 그 이유는 그것들은 치료적 변화 과정을 통하여 바뀔 수 있는 것이 아니기 때문이다. 자연적 과정들 역시 마찬가지로 치료적 대상이 되지 않는다."(Latner, 1973, p. 131)라고 말했다. 여기서 그는 장 이론보다는 뉴턴적 이론에 더욱 가까운 이분법을 상정한다. 우리는 확실히 실제로 치료에서 (알아차리면서 또는 알아차리지 못한 채) 사회적 규범들을 다루며, 그것들을 바꾸는 것을 도와주고 있음에도 불구하고(반드시 건설적인 방향으로는 아닐 수 있지만), 그는 사회적 규범들을 치료에서 분리해버린다. 더욱 중요한 것은 래트너가 자연스런 과정들과 자연스럽지 않은 과정들을 이분화한다는 것이다. 바이오피드백[25)]은 알아차림을 갖고서 시행하면, 많은 자연스런 과정들이 조절될 수 있고, 변화될 수 있다는 것을 보여주어 왔다.

뉴턴적 그리고 아리스토텔레스적 이분법과 미분화된 선제라는 두 극단들 사이에 통일된 양극성을 가지고 있는 세분화된 장이 있다. 비록 완전한 흐름, 변화, 구조적 제한들의 부재 등이 자유롭게 들릴지도 모르지만, 이것은 '무(nonexistence)'에 더욱 가까운 것이다. 삶과 행동은 동질적이지 않은 장으로부터 나온다(Koffka, 1935, p. 43). 저항으로부터 삶이 나오며, 저항이 없이는 생명력이 없다(J. King, 1976). 개별적인 것들은 장들의 한 부분으로서 존재한다. 비록 이러한 특수성[26)]은 모든 것을 포용하는 통일성의 맥락에서 나타나지만 말이다(Capra, 1975, p. 145; 아인슈타인도 같은 주장을 했다.).

5. 게슈탈트 심리학: 통합된 이론화

쾰러(Köhler)는 이 문제에 대한 간결한 요약을 제공한다.

> **요 약** 자연은 독립적인 요소들로 구성되어 있고, 그들의 순수한 총합이 현실을 구성한다는 것이 하나의 시각이다. 다른 하나의 시각은 자연에는 그러한 요소 같은 것

25) 역자 주_ 바이오피드백-EEG나 근육긴장(EMG), BP 등을 통해 생체송환을 함으로써 신체나 상태를 의식적으로 컨트롤하기.

26) 역자 주_ 여기서 특수성이란 부분을 지칭한다. 부분은 전체에 포함되지만, 부분과는 구분되는 독자성을 갖고 있다. 이러한 독자성을 특수성이라고 부른 것이다. 이러한 부분은 다른 부분과 구분되는 경계를 갖는다고 하겠다.

들은 없으며, 모든 상태들과 과정들[만이] 광대한 우주적 전체 안에서 현실이다. 따라서 모든 부분들(parts)은 단지 추상의 산물일 뿐이라는 것이다. 첫 제안은 완전히 잘못된 것이다. 두 번째 제안은 게슈탈트 원리에 대한 이해를 도와준다기보다는 오히려 방해한다. 그러나 우주적 상호작용설은 이 문제에 있어 우리를 도와주기보다는 오히려 자연에 대한 완전히 그릇된 인상을 제공한다.

자연 과학이 우주적 상호작용설에 대해 대단한 관심을 보여준 적은 결코 없었던 반면, 철학은 물리적 현상들의 구체적인 예들에 의해 방해받지 않기 때문에 오히려 더 고민해왔다. 이 가설은 [겉보기에는] 게슈탈트 원리를 완전히 수용하는 듯이 보인다. [하지만] 사실상, 이것은 단지 원리를 오염시킬 뿐이다.

… 그 결과는 혼동하여 그릇된 방향으로 강조점을 제시함으로써 결국 게슈탈트 원리에 정반대되는 위치에 이르게끔 하는 것이다. 중요한 사실이 빠져 있다. 즉, 과학적으로 확정할(determine) 수 있고, 자연적 법칙들을 갖추었으며, 자기 안에 폐쇄되어 있으면서(self-enclosed) 한정적으로 확장된 게슈탈트들의 존재…

… 게슈탈트 원리는 그것 자신의 경험적 대상들과의 조화 속에서 한정적인(finite) 적용을 한다. 그러므로 [이의 적용은] 직접적인 결과를 가져다준다(Köhler, 1938, pp. 30-31).

쾰러는 에너지의 역동적인 분포에 대해 논의했는데, 그 내부에서 어떠한 부분도 자족적이지 않고, 에너지의 지역적(local) 흐름은 전체의 과정에 의존한다.

만일 비슷한 개념을 감각 경험의 기초가 되는 과정들에 적용하려면, 우리는 실수를 피해야만 한다. 윌리엄 제임스는 심리학적 원자론[27)]에 대해 이의를 제기하면서, 감각적 장에서 지역적인 경험은 순수하게 지적인 이론이 파악할 수 있는 범위를 넘어서는 방식으로 그들의 이웃들과 서로 얽혀 있다고 말한 적이 있다. 그는 또한 원래의 감각 경험은 균일하게 연속적인데, 모든 분할과 경계들은 실용적인 이유로 나중에 장에 도

27) 역자 주_ 모든 실재가 더 이상 나눌 수 없는 기초 구성 요소들로 구성되어 있다는 이론. Atomism이라는 단어는 고대 그리스어 atomos에서 왔는데, 이것은 '더 작은 조각들로 나누어질 수 없는'을 의미한다.

입된 것이라고 생각했다.

> 게슈탈트 심리학의 시각에서 보면, 그러한 진술은 사실에 부합하지 않는다. 장 전역에 걸친 보편적 역동적 상호의존에도 불구하고 그 내부에는 경계들이 있고, 그 경계들에서는 역동적인 요소들이 '균일한 연속성(uniform continuity)'이 아니라, 오히려 '분화 수단(measure of segregation)'을 향해 움직인다(Köhler, 1947, p. 80).

불교나 현대 물리학의 게슈탈트 치료와의 유사점에 대한 이야기는 빈번히 제임스의 시각을 수용하면서 행해지거나, 혹은 적어도 제임스의 시각과 게슈탈트적 시각을 구분하는 데 실패한다. 상대성 이론과 장의 양자론은 수학적이다. 따라서 이러한 문제를 가지고 있지 않다. 문제는 수학적 모델들이 말로 번역되고, 그것들의 철학적 중요성이 평가될 때 발생한다. 이러한 과정에서 나온 몇몇 해석은 제임스의 해석과 유사하다. 즉, 세계는 하나의 거대한 게슈탈트이고, 그 내부에는 본질적인 구조가 존재하지 않으며, 모든 것은 그 밖의 모든 것들과 ('이은 데 없이') 연관되어 있다는 것이다.

코프카는 하나의 거대한 게슈탈트로서의 세계에 대한 문제를 논의한다.

> 그렇다면 우리는 모든 사실들이 아주 복잡하게 상호 연결된 집단들 또는 단위들 안에 포함되어 있어서 각각의 수량화가 진정한 질의 묘사이고, 복잡한 일련의 사건들 각각이 질서정연하고 의미가 있다고 주장하는 것인가? **간략히 말해서, 우리는 우주와 그 안의 모든 사건들이 하나의 거대한 게슈탈트를 형성한다고 주장하는 것인가?**
>
> **우리가 그렇게 주장한다면, 우리는 질서정연하거나 또는 의미 있는 사건들은 없다고 주장하는 실증주의자들(positivists)만큼이나, 그리고 질은 양과 근본적으로 다르다고 주장하는 사람들만큼이나 독단적일 것이다.** 그러나 인과 범주가 모든 사건이 어떤 다른 사건과 인과적으로 연결되어 있다는 것을 의미하는 것이 아닌 것과 마찬가지로, 게슈탈트 범주가 모든 두 상태들 또는 사건들은 하나의 게슈탈트에 함께 속한다는 것을 의미하는 것은 아니다. 인과 관계의 범주를 적용한다는 것은 자연의 어느 부분들이 이러한 관계에 있는지를 찾는다는 것을 의미한다. 유사하게, 게슈탈트 범주를 적용한다는 것

> 은 자연의 어느 부분들이 기능적 전체들의 부분들로서 속하는가를 알아내고, 이러한 전체들에서 그것들의 위치를 발견해내고, 또한 그들의 상대적 독립성의 정도를 파악하고, 그리고 '더 큰 전체들(larger wholes)'이 작은 '하위-전체들(sub-wholes)'로 분화되는 과정을 알아내는 것을 의미한다(Koffka, 1931, 1935, p. 22). [저자 강조]

인간에 의해 부과되지 않은 '분화(differentiation)'가 존재하는가? 관찰자에 의해 창조되지 않은 '구조(structure)'가 존재하는가? 건강한 사람은 안정적인 자기 구조 없이 지금-여기에만 존재한다는 시각은, 바로 이와 같이 세계는 하나의 거대한 미분화된 게슈탈트이며, 움직이며 변화하는 과정을 단지 인간의 관념에 의해 정지시켜놓은 것이라는 시각이다. 이것은 일종의 철학적 관념주의다.[28]

베르트하이머는 게슈탈트 장 이론을 이런 식으로 해석하지 않는다.

> '주어진 것(the given)'은 그 자체가 다양한 정도로 '구조화되어 있으며'('형태화되어 있으며'), 그것은 다소간에 제한적으로 구조화된 전체들 및 '전체-과정들(whole processes)'로 구성되어 있다. 이때 전체-과정들은 그들의 '전체-속성들(whole-properties)'과 법칙들, 특징적인 '전체-경향성들(whole-tendencies)', 그리고 부분들의 전체-결정성들(whole-determinations)'을 지닌다. '조각들(pieces)'은 거의 항상 전체 과정들의 '부분들(parts)'로서만 나타난다(Wertheimer, 1938, p. 14).

그는 계속하여 자연적으로 주어진 분화와 포괄성은 다양하다고 말한다. 이처럼 무엇이 서로 맞고, 서로 맞지 않는지를 분별하는 것은 우주적 상호작용설과는 대립되며, 상반되는 것들이 모두 진정한 양극성을 형성하는 것은 아니며, 오로지 공통적인 맥락에서 떠오르는 것들만이 진정한 양극성을 형성한다는 게슈탈트 치료적 입장과 잘 부

28) 역자 주_ 여기서 저자는 퍼얼스, 헤퍼라인 그리고 굿먼의 저술에서 암시되고 있는 입장을 비판하고 있다. 저자의 견해로는 장이 [관찰자 혹은 해석자의 시각과 관계없이] 분화되어 있으며 구조를 갖고 있다는 것이다. 따라서 성격이나 자기 같은 것도 일정한 안정성을 지닌 구조를 갖고 있는 것으로 본다. 만일 이러한 안정적인 구조를 부인한다면 성격이나 자기에 대한 일체의 논의는 무의미해질 것이다.

합된다.

레빈은 경고한다. "전체—현상들을 연구하기로 마음먹은 사람들은 전체들을 가능한 한 모든 것을—포괄하는 것으로 만들려는 경향성에 대해 특히 경계할 필요가 있다. '모든 것들은 그 밖의 모든 것들에 달려 있다.' 는 말은 물리학에서 사실이 아닌 것만큼이나 심리학에서도 사실이 아니다." (Lewin, 1935, p. 289)

게슈탈트 심리학자들은 전경과 배경의 관계가 주로 그 상황의 성격에 의해 결정되며, 모든 질서들이 관찰자로부터 오는 것은 아니라는 것을 명확히 한다. 상황 안에는 구조가 있다. 퍼얼스가 "상황이 결정하게 하라." 고 말했을 때, 언급한 것 중 일부가 이것이다.

게슈탈트 심리학의 시각은 이분법적인 철학적 선택들을 피하며, 분화된 전체의 개념을 선호한다. 특히, 구조(실량, 실제, 안정된)와 기능(에너지, 과정, 변화) 사이의 이분법을 피한다. 구조가 제거되거나 또는 그것이 일종의 착각 또는 부수현상으로 다루어진다면, 구조와 기능은 통합될 수 없다. 자기를 핵심이 없이 순수한 대인관계적 경계 과정으로만 보는 입장과, 반대로 자기를 사물화된 핵심(극미인)으로 보는 입장은 서로 첨예하게 다른데, 전체적 견해를 위해서 통합될 필요가 있다. 현재 과정으로서의 자기 개념에 대한 생각은 비록 이것이 전체적 탐구의 일부가 되어야만 하겠지만, 자기의 현상학적 경험을 설명하는 데 충분하지 않다(Tobin, 1982).

단순한 기억 또는 스냅 사진 이상의 방식으로 자기라고 불릴 수 있는 유기체적 연속성 또는 자발적인 반복이 존재한다. 나는 자기와 다른 실체들에 대한 현상학적 현실이 착각이 아니며, 그런 것으로 취급당해서도 안 된다고 믿는다.

나는 게슈탈트 심리학적 태도에 대한 좀 더 세밀한 지적 정교화가 게슈탈트 치료에 커다란 도움이 될 것이라고 믿는다. 우리가 받을 수 있는 도움의 한 예는 게슈탈트 치료 내의 단순한 모순의 영역에 있다. 어떤 사람들은 우리가 해석을 하지 않는다고 말하지만, 우리는 해석을 한다. (때로 자신의 행동을 보는 것보다 다른 사람들의 행동을 보는 것이 더 쉽다.) 이사도어 프롬은 '실존적 메시지를' 찾는 대중화된 게슈탈트 치료 꿈 작업에 관련된 게슈탈트 치료자들의 해석 행위를 지적했다. 래트너의 '이음새 없는 우주' 또한 하나의 해석이다. 즉, 그의 이 개념에서는 모든 앎이 주관적인 해석으로 축소되어버리고 만다.

비록 게슈탈트 치료자들은 해석을 하지 않는다고 말하는 사람들이 있지만, 이때 대체로 해석이라는 단어가 정의되어 있지 않다. 종종 이것은 '자료에, 명백한 것에 [뭔가를] 덧붙이는 행위'로 정의되어 왔다. 이 정의는 상당히 뉴턴적이다. 우리가 보는 것은 분명히 항상 우리 자신의 일부분이 관여되어 [즉, 보는 행위가 포함되어] 함께 정해지는 것이지, 단지 밖에 있는 것들에 의해서만 정해지는[지각되는] 것이 아니다. 이 용어가 특정 종류의 해석[29]을 배제한다는 뜻으로 정의되지 않는 한, 장 이론에서는 우리가 해석을 하지 않는다는 진술은 말이 되지 않는다.

그렇다고 해서 이 진술에 전혀 진실성이 없다고 말하는 것은 아니다. 왜냐하면, 게슈탈트적 접근은 단편적, 기계론적 분석보다는 즉각적인 경험을 강조하기 때문이다. 게슈탈트 심리학자들은 기계론적, 원자론적 해석 및 분석, 그리고 게슈탈트적 해석 및 분석의 차이를 상세하게 기술한다. 전자의 경우에는 뉴턴적 접근의 모든 가정들이 고수되는 데 반해서, 후자의 경우에는 부분들이 전체와 분화되어 있으며, 전체와 항상 유기체적 방식으로 관련되어 있다. 후자는 게슈탈트 치료의 경험적 접근과 부합되며, 전자는 정신분석적 해석 및 분석과 일치한다.

요 약

물리학 이론들에 대한 논의는 심리학에서 생각을 자극하는 데 유용하다. 그러나 물리학의 권위에도 불구하고, 이들 유사점들은 우리가 논의하고 있는 영역에서 아무것도 증명하지 않는다. 심지어 물리학에서조차 통일 장 이론은 아직까지 가능하지 않다. 따라서 우리는 물리학 이론이 적절히 우리의 영역을 다루어줄 것이라 기대할 이유가 전혀 없다. 그것이 [우리의 생각을] 자극할 수는 있다. 그러나 우리 자신의 생각을 대체할 수는 없다.

29) 역자 주_ 여기서 특정 종류의 해석이란 정신분석이나 행동치료 이론적 해석을 의미한다. 특히 정신분석적 해석을 염두에 두고 있는데, 환원주의적 해석 및 과거에 의해 현재를 인과론적으로 설명하는 방식의 해석을 뜻한다. 게슈탈트 치료에서 해석을 하지 않는다는 의미는 이러한 좁은 의미에서 해석을 하지 않는다는 뜻이다.

나는 우리가 진정한 뉴턴적 메커니즘 그리고 뉴턴적 언어와 개념들을 [필요에 의해 아직도] 조금 사용하고 있는 장 이론들을 서로 구별하고, 또한 우주적 상호작용설과 게슈탈트 장 이론을 서로 구별할 필요가 있다고 믿는다. 내가 이해한 바로는 게슈탈트 연구 또는 게슈탈트 치료적 탐색의 목적은 연구되는 상황의 구조에 대한 통찰을 얻는 것이다. 우리의 목적은 우주와 하나가 되는 것도 아니고, 또한 어떤 형이상학적 체계를 추종하는 것도 아니다. 오히려 형이상학적 믿음을 '제쳐두고' 현상학적 실존적 방법론에 따라 상황들을 탐색하는 것이 우리의 목적이다(Idhe, 1977).

나는 상대성 이론과 다소 일치하는 게슈탈트 [심리학의] 장 개념에서는 장을 내부적으로 분화되어 있고, 또한 그것이 속하는 더 큰 우주로부터도 분화되어 있는, '연구의 한 닫혀진 단위(a closed unit of study)'로 기술할 것이라고 믿는다. [세]분화는 종종 양극성의 경향을 갖기 때문에 전체를 파악하기 위해서는 반대되는 것들이 통합되어야만 한다. 게슈탈트 치료가 '우뇌' 치료라고 말할 때, 나는 이러한 양극성의 관념이 부정되고, 선형적 극[즉, 좌뇌의 기능]이 고려되지 않는다(또는 적어도 최소화된다)고 믿는다.

우리는 다음 사항들을 포함한 게슈탈트 치료에서의 장 접근 방식에 대한 더 깊은 탐구를 필요로 한다. 모든 장 이론에서 근본적인 과정으로서의 관계(relationship); 이러한 관계의 개념을 '타고난 자기(innate self)'의 개념과 비교하기[여기서 '타고난 자기'의 개념은 아리스토텔레스적 본질 개념에 대한 현대적 등가물이라고 할 수 있는데, 이때 그러한 본질적 천성은 선택하기보다는 발견되는 것이며, 사회적 상황에도 의존적이지 않다. 그런 관점에서 사회적 상황은 단지 우리의 선한 천성을 부패시키는 요인으로 간주될 뿐이다.]; 장 이론과 현상학 및 실존주의 철학의 관계, 그리고 그것들이 우리의 저술들에 어떻게 나타나고 있는지; 과정 이론에서의 구조의 성질에 대한 더욱 엄밀한 탐구; 이러한 쟁점들과 자기(self)의 정의와의 관계; 장 이론에서 지금-여기가 의미하는 바; 우리의 장 이론적 시각에서 나온 심리치료 연구 방법론에 대한 추천사항들; 장 시각에서 본 진단, 성격, 인간 발달, 가족 체계들, 조직 발달 등에 대한 탐구 등.

사람들 그리고 과정 지향(process orientation)

래트너는 폴스터 부부의 이론화와 같은 인본주의적 이론화는 과정 지향적인 게슈탈트적 장 시각과 흔히 잘 통합되어 있지 않다는 사실을 훌륭하게 잘 지적해내고 있다. 『게슈탈트 치료』30) 에서 이에 대한 탐구가 아직도 끝나지 않았다는 것 또한 사실이다. 예를 들면, 이 책에서는 연속성의 현상학적 경험에 대해 명확한 설명을 충분히 제공하지 않고 있다. '전인(whole person)', '자기 경험(experience of self)' 그리고 '경계성(boundedness)' 등의 개념에 대한 탐구가 필요하다. 접촉을 치료자와 환자의 관계에까지 확장시키는 것, 즉 지속적이고 헌신적인(committed) 대화는 [아직] 설명되지 않았다. 그리고 자아(ego)와 자기(self)에 대한 관계 역시 아직 설명되지 않았다.

나는 우리가 장 이론을 확대하여 인본주의적 수준의 관심들과 현상학적 현실들을 탐구할 필요가 있다고 생각한다. 나는 사람들에 대한 전체적(holistic) 개념을 희생시키지 않으면서 인본주의적 글들을 장 과정 용어들로 재작업할 필요가 있다고 생각한다. 온전한 인간의 개념을 지향하면서도 여전히 장 이론을 사용하는 것은 가능하다. 그렇지 않다면 게슈탈트 치료가 '전인(whole person)'의 현상학적 현실을 다루어오지 않았다는 토빈의 비평(Tobin, 1982)을 우리 스스로가 확증하게 될 것이다.

래트너는 폴스터 부부의 인본주의적인 지향과 장 지향에 대해 논의한 후, 이 둘을 경쟁적이고 대조되는 것으로 기술한다. 그는 폴스터 부부의 글에 있는 뉴턴적 또는 기계론적 특색들을 보여주고 다음과 같이 말한다. "이들 용어들의 의미 차이는 엄청나다(그들은 서로 다른 우주에서 온다.)."(Latner, 1983, p. 81) 비록 래트너는 폴스터 부부가 이론화를 하는 데 있어 몇 가지 강한 뉴턴적 언어를 사용한 것을 보여줬지만, 그는 공간 속의 대상들로서 사람들에 대해 논의하는 인본주의와, 과정에 대해 장 이론적 접근을 갖고 논의하는 다른 우주가 존재한다는 식의 이분법적 시각으로 결론을 맺는다. '다른 우주들.' 그는 다음 단락으로 이 부분의 끝을 맺는다.

> 나는 이러한 변화가 폴스터 부부로 하여금 장과 에너지에의 집중보다는 공간 속의 대상에 집중하도록 허용한다는 것을 언급했다. 추상적으로, 공식적으로 그것은 사실이다. 그러나 사실상 폴스터 부부가 집중하는 실체들은 사람들이다. 퍼얼스 등이 그

30) 퍼얼스, 헤퍼라인 그리고 굿먼이 1951년에 저술한 저서『Gestalt Therapy: Excitement and Growth in the Human Personality』, New York: Julian Press를 지칭함.

> 자체가 과정인 자기(self)가 어떻게 기능하는가를 전문적으로 다루는 데 반해, 폴스터 부부는 사람들과 그들의 자기개념들을 강조하며, 또한 그들의 자기개념들이 다른 사람들과의 만남을 형성하는 방식에 집중한다. 이것은 명쾌하게 제시된 인본주의적 관점이다. 나는 이 모든 시간을 그것을 조롱하기 위해 쓰고 있는 것은 아니다. 나는 그것의 뿌리들과 그것의 가정들을 강조하고, 그리고 그것을 게슈탈트 치료에 대한 또 다른 방식의 사고와 구별하기를 원한다(Latner, 1983, p. 83).

여기에서 래트너는 기계론적인 시각[시고]에 빠진다. 어떻게 세계는 하나의 큰 게슈탈트이면서 동시에 인본주의와 장 이론이 서로 다른 우주들에서 오는 것이 가능할 수 있는가? 나는 단지 하나의 우주가 존재한다고 믿는다. 그리고 나는 우리가 어느 우주인가를 논의하고 있는 것이 아니라, 오히려 우주를 바라보는 데 어떤 종류의 렌즈를 사용할 것인가를 논의하고 있다고 믿는다. 일반 상대성 이론을 논의하는 데 있어 아인슈타인은 세계를 하나의 거대한 게슈탈트로 다루지도 않았고, 또한 몇 개의 우주가 존재한다고 가정하지도 않았다. 그는 단지 자연 법칙들이 단일 우주에 속하는 모든 영역들에 적용된다고 주장했을 뿐이다. 우리는 사람들을 대상으로 보면서도 또한 사람들을 과정으로 보는, 즉 양극성의 상보적 시각에서 적용할 수 있는 단일 우주 언어가 필요하다. 래트너는 두 마리 말에 올라탄 한 명의 기수를 묘사하고 있는 것이다. 함께 협력하여 마차를 끌 수 있도록 말들을 끌어당기는 대신에 그는 이들을 둘로 나눈다(Latner, 1983, p. 72).

장은 모든 수준 또는 모든 작업 영역에 적용할 수 있는 개념이다. 이것은 현재를 묘사할 수 있으며, 또한 과거에서부터 현재까지 또 미래에 이르기까지 시간이 미치는 모든 범위를 묘사할 수 있다.

'공간에 있는' 대상들이라는 개념으로 표현된 현상들은 '장에 속하는(of the field)'이라는 개념으로 바꾸어 말할 수 있다. 나는 우리의 이론적 작업을 뉴턴적 인본주의, 그리고 사람들의 현상학적 실재를 사람들로서 다루지 않는 장 언어 사이에서 하나를 선택해야만 하는 것으로 축소시키기를 원치 않는다.

사람/환경 장을 '전인(whole person)'을 표상하면서도, 또한 동시에 장 이론적인 개념들로 묘사하는 문제에 대해서 이야기해보자. 건강한 상태에서는 성격이 거의 존재하지 않는다(Latner, 1983, p. 81)는 [펄스 등의 저술과] 관련된 믿음은 유기체/환경 관계가 가장 중요하다는 점을 고려하면서도 유기체가 나타내는 반복들 (자기) 그리고 이들 반복들에 대해 개인들이 유지하는 이미지들(자기-이미지)에 대해 [긍정적으로] 설명해 주기 위해서 다시 바꿔서 새롭게 표현될 필요가 있다.[31)]

있는 것은 있는 것이다(What is is). 우리는 장들의 한 부분으로 존재하며, 또한 우리는 실제로 공간 속의 대상들로서 우리 자신을 경험한다. 이 두 사실들이 모두 설명을 필요로 한다. 그렇게 하기 위해서는 아마도 우리가[우리의 사고 범위를] 확장하거나, 새로운 것을 창조해내야만 할 것이다. 그러나 [그렇게 하지 않고] 우리의 과정 이론과 우리의 인본주의[32)] 사이에 둘 중 하나를 선택하는 것으로 끝낸다는 것은 내게는 참을 수 없는 일이다.

게슈탈트 심리학과 후설의 현상학 모두가 퍼얼스 등이 보여준 똑같은 단점들을 가지고 있다. 즉, '전인(whole person)' 에 대한 기술을 하지 않으면서 전체적 용어들로 인간 과정을 다루려 한다. 이 문제는 실존적 현상학이 선험적 현상학으로부터 갈라져나왔을 때 해결되었다. 나는 우리 [게슈탈트 치료]의 뿌리가 실존적-현상학적 배경이라는 것을 알고 있는 것이 아주 유용할 것이라 믿는다. 내 생각에 우리의 본질은 형이상학 또는 물리학에 있는 것이 아니라, 우리의 직접적 실존적 경험에 있다. 우리는 제쳐두기와 실험하기로 우리의 효율성을 높일 수 있다. 우리가 다른 분야들에서 온 정교한 개념들을 동화(assimilation)나 통합(integration) 없이 [무비판적으로] 덤벼들어 받아들인다면 우리의 효율성은 줄어들게 될 것이다.

몇 마디 끝맺는 말들

나는 우리가 래트너의 뒤를 따라 우리의 개념적 체계를 개선하기 위한 지적 정교화 작업을 증진시켜나가기를 바란다. 하지만 나는 이러한 과정에서 우리가 지역을 언급하는 것이 아니라 개념화들을 언급하는 데 명칭들과 분류들을 사용했으면 한다. 또한

31) 역자 주_ 건강한 사람이라도 반복적으로 자신을 경험하는 경험이 존재하며, 이를 자기[이것들이 어떤 패턴을 보일 때는 성격]라고 부르며, 또한 그러한 경험에 대한 개인들의 이미지, 즉 자기-이미지가 존재한다.

32) 역자 주_ 여기서 저자가 말하는 인본주의란 '자기(self)' 라는 연속성 있는 구조를 가진 개체를 인정하는 입장을 지칭함.

나는 우리가 대인적 논쟁을 벌이기보다는 이론적 제시물들의 질과 그것들의 내용에 더 초점을 맞췄으면 한다. 그렇게 하기 위해서 우리는 분파적이거나 개인적 경쟁관계를 제쳐둘 필요가 있다.

나는 우리가 게슈탈트 치료에서 뉴턴적 개념을 사용하는 것이 항상 이 접근 방식을 뉴턴적인 것으로 만드는 것은 아니라는 것을 인정해야 한다고 주장해왔다. 그리고 나는 고전 시대 이후의 시각들을 서로 구별해야 한다고, 특히 게슈탈트 심리학과 우주적 상호작용주의자들의 접근 방식들을 명백히 서로 구별해야 한다고 심혈을 기울여 주장해왔다.

나는 또한 우리가 게슈탈트 심리학자들이 한 것처럼 어떤 특정한 과정들에만 집중하기보다는 '전인(whole person)'에 대한 인본주의적 개념에 초점을 맞춰야 하며, 이때장 이론적 언어를 사용해야 한다고 주장해왔다. 이것이 현재 우리가 당면한 더 중요한 이론적 과제들 중 하나라고 믿는다.

A w a r e n e s s D i a l o g u e & P r o c e s s

PART IV

게슈탈트 치료의 실제

CHAPTER 13

게슈탈트 치료의 변별적 적용

주 해

1990. 이 논문과(성격장애를 가진 사람들을 다루는) 논문 제14장은 특별히 이 책을 위해 하나의 묶음으로 쓰였다. 이 첫 번째 논문에서 나는 게슈탈트 치료에서의 진단에 관한 일반적 주제에 관해 논하는데, 진단이 왜 필요하며, 그 위험성들 그리고 진단을 어떻게 할 것인가에 관하여 논의할 것이다. 제14장에서 성격장애 일반, 특히 자기애적 그리고 경계선적 성격장애의 치료에 대해 논할 때, 진단의 효용성을 예시할 것이다.

어떤 사람들은 게슈탈트 치료가 시간(과거사), 공간(가족, 공동체, 문화), 환자의 개인적 정체성(자기 감각, 발달사) 혹은 개인의 특징적 성격 조직화의 특성 등의 넓은 맥락을 고려하지 않고서, 고립적이고 단편적인 일회적 만남 속에 행해진다는 인상을 갖고 있다. 이것이 사실이라면 게슈탈트 치료는 누가 치료받거나, 어떤 맥락에서 치료받거나, 구별하지 않고 치료한다는 이야기가 될 것이다. 게슈탈트 치료에 대하여 이렇게 믿고 있는 비평가들은 당연히 이것이 하나의 체계에 있어서 거의 치명적인 단점이라고 생각한다. 몇몇 게슈탈트 치료자들도 게슈탈트 치료에 대해 역시 이러한 관점을 가지고 있는데, 그들 중 일부는 이것이 유연성, 자발성과 인간적 태도라는 면에서 장점인 것처럼 여길지도 모른다.

이 책의 앞부분을 읽은 독자들은 게슈탈트 치료의 성격을 이렇게 묘사하는 것에 대해 내가 아주 강력히 반대하고 있고, 더구나 그러한 한계가 장점이 될 수 있다는 생각에는 더욱 강력하게 반대한다는 사실을 분명히 알 것이라 생각한다. 나는 그러한 한계를 가진 방법론이 치료자의 능력과 치료의 효율성 및 안전성을 심각하게 제약할 것이라고 믿는다. 나는 게슈탈트 치료를 가장 잘 실행하기 위해서 변별적으로 적용시켜야 한다고 생각한다.

위에서 언급한 문제들은 게슈탈트 치료의 적용 범위를 이해하고, 다양한 환자들과 함께 다양한 환경 속에서 게슈탈트 치료를 어떻게 시행할지를 아는 데 있어 매우 중요하다. 나는 진단 과정을 나의 게슈탈트 치료적 관점에서 논의하고, 이어서 이를 경계선적 그리고 자기애적 성격장애에 대한 변별 치료의 예를 들어 설명하겠다.

진단

나는 인간적 진단과 평가를 강력히 주장한다. 어떤 사람들은 진단과 환자와의 인간적 대화 관계를 서로 대립적인 것처럼 여긴다. 나의 개인적 체험은 그와 다른데, 내 경험으로는 정확한 진단이 인간적 치료를 도와준다. 내가 환자와 관계된 진단적 문제들을 분명히 이해하지 못했을 때에는 환자에 대한 나의 이해와 환자의 자기 경험이 줄어들어서 치료의 효과가 심각하게 감소되었다.

그렇지만 진단의 잠재적인 부정적 효과들에 대한 인간적인 염려는 정당하며, 이는 효율적이면서도 위험성을 고려하는 진단과 평가 이론 및 실제를 도출해내기 위해 잘 이해될 필요가 있다. 고전적 정신분석으로부터의 진보에 대하여 짧게 역사적으로 개관하면서 시작하자.

진단에 대한 반대 예

고전적 정신분석의 수립

내가 처음으로 심리치료 수련 기간(1962~1964)을 보낸 정신병원에서는 고전적 정신분석의 영향 아래 불행히도 이론에 치우치고 경험과 동떨어진 해석들과 의학적 유형 진단들을 강조하고 토론하는 경향이 있었는데, 이들은 행동묘사에 기반을 두지 않았으며, 변별치료의 효율성에 거의 도움 되지 않는 것들이었다.

치료는 흔히 장황한 진단 단계(예를 들면, 검사와 상세한 심리사회적 역사)에서 시작했고, 스태프들의 진단에 대한 토론으로 이어졌다(예를 들면, 정신분열증, 편집증적 유형 대 편집증). 비록 진단은 치료자가 주의를 기울여서 보고, 해석의 주된 원천으로 삼는 많은 자료들을 제공해주었지만, 치료적 접근에 있어서는 거의 변화를 가져다주지 못했다. 환자와의 접촉보다는 환자를 분류하고 진단적 토론을 하는데, 더 많은 주의를 기울이는 것 같았다.

정신분석의 기초적 규칙과 함께 장황한 진단 단계가 환자들에게 주는 메시지는 그들이 수동적으로 자신의 '문제'에 대해서 말하거나, 혹은 자신의 과거에 대해 말한 뒤, 치료자가 그것들이(문제 혹은 과거가) '정말로 무엇을 의미하는지'를 말해주기를 기다려야 한다는 것이었다. 즉, 치료자가 환자의 문제, 원인, 치료 방법 그리고 바람직한 결과가 무엇인지 사전에 파악한 뒤, 그것들을 환자에게 이야기해주는 권한을 갖고 있었다.

이러한 전통적 모델에서 치료자는 지혜를 갖고서 환자에게 그것을 나누어주는 위계적으로 권위 있는 위치에 있었다. 진단을 하는 것은 치료자를 그러한 위치에 있도록 지지해주는 과정의 한 부분이었다. 치료자는 진단하고 해석할 수 있는 전문가였다. 문제와 강점, 치료 목표 등의 분석과 치료 방법의 선택은 전문가만의 영역으로 간주되었다. 개인이 선택하고, 성장하고, 자신을 위하여 자신의 개인적 상황을 인지하는 능력에 대한 믿음은 결정적으로 결여되어 있었다.

환자의 직접적인 경험은 존중받지 못했는데, 그 이유는 환자들이 그 경험의 의미를 무의식에 가두어두며, 그것에 직접적으로 접근하지 못한다고 가정했기 때문이다. 반면에, 치료자는 환자의 사회적 과거사와 자유연상의 회기들에서 나온 자료들로부터 의미를 도출해낼 수 있는 이론에 접근할 수 있었다. 따라서 장황한 진단 단계는 수직적, 위계적 체계의 일부분이었는데, 그 체계 안에서 대화와 환자의 실제적, 직접적 경험은 이론, 진단 그리고 권위에 종속되었다.

만일 해석을 해주어도 이해를 못하면, 환자가 저항한다고 여겼다. 결국, 해석은 치료자에 의해 진단과 평가 과정을 통해 세밀하게 수행되었다. 저항은 치료자에 의해 극복되어야 했다. 자발성, 다양성, 선택, 대화 혹은 나타남 등의 여지는 거의 없었다.

이러한 전통적 관계 속에서 치료자는 전문가적인 거리감과 태도를 유지했으며, 환자가 원하는 것을 충족시켜주지 않았고, 환자보다 몇 걸음 앞서야 했으며, 말을 하기 전에 조심스럽게 숙고했고, 감정을 (보여주지 않는 것은 물론이고) 느끼지도 않았다(왜냐하면, 그것은 역전이가 될 것이기 때문이다.). 이 모델에 있어서 치료자의 역할은 접촉보다는 진단과 해석이었다. 치료자의 실제적이고 직접적인 경험은 환자의 그것처럼, 그것이 역전이로 분류되어 분석해서 소멸시켜버려야 할 어떤 것으로 이름 붙여지지 않는다면, 강조되지 않았다.

이 이론은 치료자나 환자가 능동적이 되거나, 치료자가 감정을 드러내는 것을 금지시켰다. 치료자는 감정을 나타내거나 '나'가 들어가는 말을 하지 않았다. 만약 치료자나 환자가 능동적이거나, 명백하게 상호작용적일 때에는 '외-행동화(acting-out)' 그리고 '내-행동화(acting-in)'로 분류되었고, 그것은 좋은 것으로 간주되지 않았다. 따라서 치료자와 환자의 창조적이며 생기 넘치는 잠재력 및 둘 사이의 관계는 격려되지 않았으며, 오히려 그 시절의 이론과 실행 규칙 때문에 심각하게 제한되었다.

또한 (사람과 관계하는 것은 고사하고) 사람보다는 병을 다루는 경향이 있었다. 환자는 분류되어서 비좁은 공간에 가두어졌다. 존재론적 용어로 표현하면 환자는 교정되어야 할 사물, '그것'으로 다루어졌다.

이론 지향적 해석, 분류 그리고 치료적 가면이 방법론적 조망의 일부였다. 이 치료 방법론은 환자를 위험한 내적 충동과 엄격한 사회적 명령에 의해 지배되는 것으로 보는 프로이트적 인간관과 일치했다. 이러한 전체 체계는 인간적 성장과 인간적 만남의 능력을 불신하는 데 기초를 두고 있다. 이것은 새로이 출현하는 시대정신과 그에 뒤따른 치료 운동과는 맞지 않았다.

정신분석 내부에서의 개혁

게슈탈트 치료는 정신분석 운동 내에서도 선천적 충동과 미리 정해진 경로의 성장 발달을 강조하던 고전적 프로이트 학파보다는 정신분석의 성격 이론에 사회적 요소를 도입했던 사람들, 그리고 고전적 모델보다는 더욱 능동적인 치료자 참여 모델을 주장했던 사람들로부터 영향을 받아왔다. 이러한 발달의 흐름에는 랭크(Rank), 라이히(Reich), 호나이(Horney) 그리고 실제로 대부분의 신-프로이트 학파 이론가들이 포함되어 있다. 이들은 인간의 성장 잠재력에 대하여, 그리고 성장(발달적 성격 형성과 치료에 있어서 모두)에서 관계의 중요성에 대해 서술했다.

하지만 일반적으로 그들은 아직도 정신분석적 시야 속에 머물러 있었으며, 여전히 수용하기 어려운 정신분석적 체계의 네 가지 관점들을 지니고 있었다. 첫째로, 그들은 정신분석적 의식 이론을 고수했는데, 여기서는 사고와 행동이 의식적으로 선택할 수도 없고, 또한 긴 정신분석 과정을 거치지 않고서는 쉽게 알아차려지지도 않는 무의식적 충동에 의해 결정되는 것으로 믿어졌다.

> 프로이트는 정신분석적 방법 없이 무의식은 결코 의식화되지 않는다고 분명히 밝혔다. 이러한 견해는 프로이트의 완성된 저작들의 전체 구조 속에 널리 퍼졌었고, 프로이트적 정신분석의 후기 수정 저작들 중 많은 것들에 있어서도 가장 강조되는 내용이 되었다(Masek, 1989, p. 275).

프로이트 이전에는 무의식이 개인의 지각이 완전히 혹은 절대적으로 접근할 수 없는 영역으로 취급되지 않았고, 단지 개인의 경험에 암묵적으로는 포함되면서도 직접적으로 반영되지는 않는 것으로 개념화되었다는 사실이 흥미롭다(Masek, 1989, p. 274). 이런 관점에서 보면, 프로이트 이전 학파의 개념들은 프로이트 이후 학파들 및 게슈탈트 치료 개념들을 포함한 현상학적 개념들에 더 가깝다. 그러나 사회적 의식을 가진 정신분석의 개혁가들도 알아차리지 못한 것들은 직접적 감각적 알아차림으로 나타난다는 알아차림의 현상학적 이론 쪽으로 혁명적 전환을 하지는 않았다.

두 번째로, 그들은 또한 전이의 확립, 관리 및 분석을 치료의 가장 중요한 기법으로 강조하는 정신분석의 관계이론을 그대로 유지했다. 세 번째로, 그들은 주된 개입으로서 해석을 계속 강조했다. 이것은 앞의 두 가지를 연결시키는 것인데, 해석의 대상이 대체적으로 전이의 무의식적 측면이었기 때문이다.

정신분석의 논쟁에서 해석의 내용을 의문시하는 토론은 있었지만, 해석 자체를 강조하는 점에는 변화가 없었다. 그래서 최근의 정신분석 이론들도 해석의 기초로서의 욕동이론에는 이의를 제기하지만, 아직도 여전히 전이에 기초한 해석을 정신분석적 치료의 본질로 삼고 있다. 심지어 하인츠 코헛도 만약 정신분석이 끝나려면 공감을 해준 다음에 해석 단계가 뒤따라야 한다고 말했다(Kohut, 1984).

네 번째로, 그들은 대체로 아직도 현재가 과거의 사건들(특히, 어린 시절의 사건들)에 의해 선형적 방식으로 결정된다고 가정하는 기계론적, 선형적 인과 관계 모델을 유지하고 있었다.

인본주의적-실존주의적 반응

인본주의적 실존주의적 운동은 이러한 경향에 대해 이의를 제기했다. 의식에 관한 현상학적 이론, 관계에 대한 대화의 이론 그리고 인과관계에 대한 비선형적 과정이론이 대안적 이론들의 핵심을 이루었다. 이러한 운동의 선두에는 칼 로저스, 메인(Maine) 주 베셀(Bethel)의 NTL[1] 실험실에서 생겨난 집단과정 운동, 그리고 물론 게슈탈트 치료가 있었다.

치료에 있어서는 개개인의 유일성, 한 인간으로서의 치료자와 환자 사이의 관계, 지금-여기, 인간 정신과 의식의 활기와 힘에 대한 믿음, 그리고 열정적인 개인적 상호작용, 창조성 및 자발성을 격려하는 것 등이 강조되었다. 로저스가 아마도 관계의 본질(즉, 한 개인으로서 정서적으로 현전하며, 무조건적이고 긍정적인 관심과 따뜻함 그리고 일치성을 보여주는 치료자와의 공감적인 유대)에 대해 가장 명료하게 설명한 사람이었을 것이다.

인본주의적 운동에서는 의학적 모델과 전통적인 정신분석 모델에 대한 상당한 반감이 있었다. 즉, 사람들을 범주 속에 집어넣어 질병을 가진 실체로 규정짓는 데 대한 혐

1) 역자 주_ National Training Laboratories for group development.

오감이었다. 인본주의적 실존주의적 태도란 우리가 전체로서의 인간을 다루며, 그러한 인간으로서의 전체성이 개인 대 개인의 만남이라는 맥락 속에서 나타난다는 것이었다.

인본주의적 실존주의적 운동에서 관계는 수직적이라기보다는 수평적이며, 환자와 치료자는 동등한 사람으로서 협동했다(비록 치료 과제로 인하여 초점은 환자에 더 맞추어졌지만). 치료의 권위는 전문가라는 사실이나 혹은 이론에서 나오는 것이 아니라, 치료적 대화에서 서로의 실제 경험에 의해 나왔다.

새로운 인본주의적 태도는 전제주의, 자의적으로 부과된 혹은 권위적인 제한들, 당면한 욕구에 부합되지 않는 고정된 제도와 '고정된 게슈탈트'를 경직되게 고수하는 것 등을 강하게 반대하는 게슈탈트 치료의 정치적 그리고 철학적 입장 및 열정과 잘 어울렸다. 게슈탈트 치료는 고전 정신분석의 진단, 무의식 이론, 관계 이론 그리고 인과 관계의 기계론적 이론 등을 거부했다. 게슈탈트 치료에서는 치료자가 아주 긴 진단적 과정을 통하여 미리 모든 것을 다 살펴본 뒤, 환자에게 무엇이 진실인지 말해주는 권위자로서의 치료자의 관점은 폐기되고, 개인의 성장, 명료성, 진실, 가치 등은 사회적인 상호작용으로부터—즉, 환자와 치료자 사이의 대화 관계로부터—생겨난다는 믿음이 선호되었다.

내가 게슈탈트 치료를 발견했을 때, 그리고 게슈탈트 치료의 인간성에 대한 그리고 사람을 치료하는 방법에 대한 관점을 접하게 되었을 때, 나는 흥분되었었다. 이론에 의거한 선험적 신념과 개념에 따라 환자를 분류하고, 분석하여, 좁은 틀에 집어넣는 것에 대해 반기를 드는 게슈탈트 치료는 나에게 해방감을 가져다주었다. 해석을 치료의 대들보로 삼는 것에 대한 반란은 나에게 안도감을 느끼게 해주었다. 치료자는 환자와 거리를 두고, 간접적으로 대해야 하며, 자애나 어떤 종류의 감정도 보여서는 안 된다는 전분석 관계이론에 게슈탈트 치료가 반대한 것도 나의 성장을 촉진시켜주었다.

인간과 심리치료에 대한 새로운 관점을 지향하는 운동의 일부로서의 여러 체계들 중에서 게슈탈트 치료가 내게는 가장 매혹적이었는데, 그 이유는 게슈탈트 치료가 치료자 및 환자 모두의 활력과 창조성의 힘 그리고 다양한 종류의 기술적, 개인적 개입들을 수용하는 이론적 틀을 제공해주는 통합적 토대를 갖추고 있었기 때문이다.

게슈탈트 치료를 위시한 로저스 등의 현상학적 치료 방법은 치료란 해석을 의미하며, 또한 해석은 진단과 이론에 의해 이루어지는 것이라는 고전적 공식으로부터 과감하게 벗어났다. 옛날 체계는 환자(혹은 치료자)의 현상학적 경험과는 동떨어져 있었다. 개입(내용, 순서, 시기)은 이론에 의해 미리 정해져 있었다. 치료에 있어서 자발성과 창조성, '예술적 운용(art)' 등은 별로 지지받지 못했다.

이러한 새로운 접근은 인간 잠재능력 개발운동이라고 불렀는데, 여기에는 충분한 이유가 있었다. 게슈탈트 치료는 이 운동의 탁월한 일부분이었다. 게슈탈트 치료는 사람이란 주변 사람들과 접촉할 때 성장이 이루어진다고 단언했다. 성장은 현상학적으로 초점을 맞추고(이는 관찰자와 관찰 대상의 접촉이다.) 대화적으로 접촉할 때 나타나는 것이었다. 인간 잠재능력 회복운동은 심리치료를 질병-치료를 하는 일이라기보다는 진실과 이해작업을 하는 것으로 보았다. 이러한 들뜬 분위기 속에서 진단은 충동이론, 접근 불가능한 무의식, 치료자에 의해 유도된 전이 및 기계론적 인과론과 함께 내버려졌다.

진단의 필요성

반진단적 편향이 너무 지나쳤는가?

가끔씩 진보의 행로는 중심을 잡기까지 하나의 극단에서 그 반대 쪽 극단으로 왔다 갔다 하는 과정을 겪는다. 나는 진단을 철저하게 거부하는 것은 반-명제로 나아간 경우라고 생각한다. 이 단원에서 나는 접촉과 알아차림 작업을 분류와 평가로 대체해버리는 한 극단과 모든 분류와 평가를 반대하는 다른 극단 사이의 중간지대를 지향하는 합-명제를 지지한다. 나는 이 '진단의 필요성' 단원을 진단은 게슈탈트 치료적 태도에 반하는 것이라고 생각하는 사람들을 위해 썼다. 이 단원에서 나는 진단의 장점들에 대해 논할 것이다. 진단이 게슈탈트 치료에서 필요하고도 중요한 측면이라는 것을 이미 알고 있는 사람들은 이 단원을 읽지 않아도 된다. 그 다음 단원에서 나는 진단과 진단의 본질에 대해 논할 것이다.

나는 진단에 반대하는 태도가 게슈탈트 이론에 필수적이라고 여기지 않는다. 반대로, 나는 훌륭한 진단이 게슈탈트 치료의 필수적이며 불가결한 부분이라고 생각한다.

게슈탈트 치료에 반진단적 경향이 있다고 봄으로써 생긴 불행한 측면 중의 하나는 흔히 임상가들이 진단의 필요성, 그리고 성격 구조 및 치료 방향에 대한 정보를 나눌 필요성을 인식하게 될 때, 게슈탈트 치료를 떠나 다른 치료 체계로 옮겨갔다는 것이다. 반진단적 경향이 (특히, 진부한 문구나 유치한 수준으로 나타날 때) 쉽게 치료자가 되기를 바라는 학생들에게 게슈탈트 치료를 안식처로 여기게 만들며, 이는 다시 게슈탈트 치료를 무시와 경시, 논박과 비판의 손쉬운 목표물이 되게 만든다.

이는 인본주의적 심리치료 운동의 전반에 걸친 문제가 되어 왔다. 자기 심리학의 공감적 접근이 로저스의 방법과 유사할 뿐 아니라, 시카고에서의 칼 로저스의 초기 작업(Kahn, 1989년의 논의 참조)으로부터 유래했을 가능성이 있는데도 불구하고 1980년대의 자기 심리학이 비교적 큰 성공을 거둔 데에는 로저스의 치료를 변별적으로 적용시키는 데 대한 임상문헌이 없었던 점이 부분적 원인이었다는 지적이 있다. 로저리안 운동은 양과 질적인 면에서 모두 훌륭한 연구들을 많이 생산해냈지만, 그것의 이론적 편향 때문에 진단에 따른 변별적 적용에 관한 논의가 잘 발전되지 못했다. 참고로, 로저스는 수정되지 않은 내담자 중심의 접근법이 입원한 정신분열병 환자를 성공적으로 치료할 수 있음을 보여주려고 했다. 하지만 로저스에 의해 용기 있게, 그리고 명확하게 발표된 증거는 그 반대 사실을 보여주었으며, 이는 나의 견해를 지지해준다(Rogers, 1967).

치료자는 분류, 평가 및 진단을 한다

진단은 독특한 개인으로서, 그리고 다른 개인들과 공유하는 특성과 연관해서 그 사람이 누구인지에 대해 존중하는 자세로 주의를 기울이는 과정일 수 있다. 분류, 평가 그리고 진단은 평가의 불가결한 부분이며, 유능한 치료자들은 모두 이것을 행한다. 우리는 보편적인 패턴들을 찾아내며, 환자가 어떤 부류의 사람인지, 핵심 문제가 무엇인지, 강점은 무엇인지, 치료의 개략적 진행이 어떻게 될 것인지, 어떤 접근법들이 효과가 있을 것 같은지 그리고 위험 징후들은 어떤 것들이 있는지 등에 대해 판단한다. 모든 환자들이 비슷하지는 않기 때문에 우리는 환자들 사이에 존재하는 차이점을 알아차리며, 또한 그것에 의해 영향을 받는다.

우리는 진단하는 것을 피할 수 없다. 단지 우리는 엉성하고 부주의한 방식으로 할 것인지, 아니면 온전한 알아차림을 갖고서 신중한 방식으로 할 것인지를 선택할 수 있을 뿐이다. 알아차림 없이 진단하게 되면, 환자에게 우리의 신념이나 판단 체계를 강요하는 위험을 더욱 가중시키게 된다. 우리는 최근의 연구 결과들을 염두에 두면서 이러한 판단을 할 수도 있고, 혹은 이 분야의 축적된 지식을 고려하지 않고 우리 스스로 발견하고자 노력할 수도 있다.

이것은 다른 치료에서와 마찬가지로 게슈탈트 치료에서도 사실이다. 마이클 빈센트 밀러(Michael Vincent Miller)는 다음과 같이 말했다.

> 현재의 순간들은 만일 과거와 미래를 포함하는 보다 큰 시각 속에 기초를 두고 있지 않으면, 무작위적이며 불연속적일 수 있다. 이 시각이란 말하자면 인간의 발달에 대한 시각이며, 사람들이 어떻게 경험하는가를 이해하는 방식이고, 그것은 곧 성격 이론이다(Miller, 1985, p. 53).

게슈탈트 치료와 다른 시스템 간의 상호작용

나는 진단과 치료에 관한 숙고들을 포함하는 사례 자료들이 발표된 다른 연구 결과들과 함께 게슈탈트 치료에 상당히 의미 있는 것들이라고 믿는다. 그리고 게슈탈트 치료에 있어서의 그러한 자료들도 이 분야의 발전에 매우 유용할 것이다. 최근 몇 년간 미국에서의 심리학 문헌의 움직임을 보면 다양한 체제들로부터의 자료가 유용하다는 것이 강조되었으며, 어떤 한 학파만의 배타적 유용성이 중시되지는 않았다. 이러한 수렴과 절충주의로 가는 움직임은 게슈탈트 치료로부터 많은 도움을 받을 수도 있고, 또한 게슈탈트 치료에 도움을 줄 수도 있을 것이다. 나는 여전히 게슈탈트 치료가 다양한 접근법들이 갖는 지혜를 활용할 수 있는 최선의 체제라고 믿는다. 레스 그린버그의 저작을 읽으면, 세련된 절충적 연구에서 게슈탈트 치료의 영향이 얼마나 유용할 수 있는지 알 수 있다(Greenberg, 1986, 1988).

게슈탈트 치료 이론의 진단적 잠재력이 더욱 많이 활용되지 않았다는 것은 불행한 일이며, 현재 전 세계적으로 그런 잠재력을 계발하려는 다양한 노력이 진행되고 있다는 것은 즐겁고 고무적인 일이다. 그러한 노력이 성숙되고 검증되기 이전 동안이라도 나는 가용한 모든 진단적 지혜를 사용하려고 한다. 나는 이미 게슈탈트 치료의 틀 속에서 행해졌던 것이나 게슈탈트 치료의 용어로 번역된 것들에만 제한하지 않으려고 한다. 나는 게슈탈트 치료의 관점에서 심리치료를 하는 심리학자이지만, 나의 임무를 오로지 게슈탈트 치료 문헌에서 서술된 것들에만 국한시키지는 않는다. 실제적 경험에 기초하여 기술된 자료이면서 나의 배경을 풍성하게 만들어줄 수 있는 것이라면, 나는 언제든지 그러한 자료를 활용하며, 또한 나의 수련생들에게도 추천한다. 이것을 어떻게 하는지에 대해서는 제9장(진단적, 정신분석적 시각들을 게슈탈트 치료 속에 동화하기)과 본 장의 후반에서 논의할 것이다.

분류, 진단 및 평가의 활용

훌륭한 진단적 서술은 단순한 분류가 아니라, 정보를 제공해준다. 공통적인 진단 용어를 사용하는 것은 정보 교류를 용이하게 함으로써 우리가 서로 배울 수 있게 해준다. 진단의 결과는 좀 더 전체적인 인간 지향적 이해와 서술들을 포함해야만 한다. 그것은 개인적 정체성의 지속성이라는 주제에 더욱 주의를 기울이게 해준다. 즉, 지금-여기의 순간에 더하여 연속성을 부여한다. 이는 환자의 심리적 구조의 설명을 용이하게 해준다. 이는 또한 치료자의 배움에도 도움이 되며 환자의 발달적, 임상적 역사를 환자를 위해 활용하는 데도 도움이 된다.

진단은 치료자로 하여금 각 개별 환자들의 특수하고 서로 다른 실재와 그들의 유형을 더욱 정확하고, 명료하고, 다른 것과 구별되게 이해할 수 있게 해준다. 진단은 환자가 무슨 경험을 하게 될지, 특정한 중재에 대해 어떻게 반응할지, 치료 시간에 치료자에게 보여주는 행동과 함께 어떤 다른 행동이 뒤따를지를 치료자가 더욱 잘 추측할 수 있도록 해주며, 또한 철저하게 다루어야 할 핵심적 발달 사건들을 인지하는 것을 가능하게 해준다.

평가와 진단은 치료자가 자신의 경험을 통하여 패턴 인식에 기초한 판단을 할 수 있게 되는 과정이다. 비록 치료에 있어서의 결정들은 관찰이나 대화, 치료자의 정서적 반응, 직관 등 많은 요소들을 기초로 해서 이루어지지만, 이러한 결정들은 진단적 판단으로부터 받은 정보에 의해 도움을 받는다. 진단적 정보가 필요한 결정들은 다음과 같다. 어떤 환자들을 치료에 받아들일 것인가, 진료소와 병원에서 환자에게 어떤 치료자를 연결시켜줄 것인가, 어떤 개입 방법을 쓸 것인가, 환자가 좋아지고 있는가, 그 판단 기준이 어디에 있는가 등이다.

새 환자를 보면 다음과 같은 질문들이 제기된다. 제기되는 핵심 문제는 무엇인가? 어떤 문제를 먼저 다루어야 하나? 이 환자가 필요로 하는 것은 무엇인가? 이 사람의 이야기는 믿을 만한가? 환자가 조종하고 있는가, 만약 그렇다면 어떻게 조종하고 있으며, 무슨 목적으로 그렇게 하는가? 발달사에 관해서 묻는 것이 좋을까, 아니면 지금-여기에 머무는 것이 좋을까? 나의 정서적 반응을 상대방에게 표현하는 것이 나을까, 아니면 환자의 행동에 대한 나의 관찰들을 말해주는 것이 나을까, 환자의 알아차림에 대해 묻는 것이 나을까, 아니면 실험을 제안하는 것이 나을까?

환자에게 직면을 시키는 것이 안전한가? 환자가 분별력이 있는가? 신체적 문제가 있는지 확인하기 위해 병원에 의뢰할 필요가 있는가? 환자에게 자살 충동이 있는가? 나의 개입이 부정적 영향을 미치고 있는 것처럼 보이는 이유가 무엇인가? 환자의 상태가 나빠지는가, 아니면 심각한 '막다른 골목 작업(impasse work)'으로 들어가는가? 아니면 아마도 자기애적 상처에 반응하고 있는가? 환자가 내가 말하는 것을 왜 이해하지 못하는가? '못 알아듣는 척하는' 것일까, 아니면 이해를 하기 위한 배경지식이 없는 것일까, 아니면 학습 장애를 가지고 있는 것일까, 아니면 지능이 모자라는 것일까? 아니면 환자가 적대적인 것일까, 무서워하는 것일까, 아니면 슬그머니 치료자를 바보 취급하려는 것일까? 아니면 아마도 치료자가 분명하게 이야기하지 못한 것일까?

이 환자의 삶의 패턴들은 무엇인가? 이 환자의 발달적 배경에는 우리로 하여금 이 환자의 인생행로에 대해, 그리고 이 환자의 현재 행동의 의미에 대해, 보다 분명히 이해할 수 있게 해줄 어떤 자료들이 있을까?

진단적 이해는 치료자로 하여금 어떤 개입 방법을 사용할 것인지, 어떤 순서로 진행할 것인지, 어떤 시점을 택할 것인지를 더 잘 알 수 있게 해주며, 또한 이 환자와 유사했던 이전 환자들과의 치료 경험을 이것들과 연관시킬 수 있도록 해준다. 진단적 이해는 어떤 예방조치가 필요한지 치료자에게 사전에 경고해줄 수도 있다. 예를 들면, 어떤 환자가 에너지가 증가하는 것 같다고 말하면서 사실 에너지가 지칠 줄 모르고 솟아난다고 이야기했다고 하자. 이것은 정상적인 현상인가, 아니면 정상보다 나은, 격려해주어야 할 현상인가—아니면 이것은 양극성 장애 환자의 조증 단계의 시작이어서 걱정해야 할 일인가?

진단은 또한 치료자로 하여금 자신과 아주 다른 환자들을 이해하기 쉽게 해준다. 치료자는 자신과 유사한 환자들은 비교적 쉽게 이해하며, 공감적 반응을 해주기도 쉽다. (이는 자신의 치료를 충분히 받은 치료자들에게 있어서 그러하다.) 그러나 치료자와 매우 다른 환자들은 치료자가 더 많이 노력해야 한다. 이때 진단이 도움을 준다. 진단은 치료자들 사이의 정보 교환을 도와주며, 치료자의 지각을 예민하게 만들어준다. 우리가 굳이 모든 것을 처음부터 다시 시작할 필요가 있겠는가?[2)]

진단은 즉각적으로 분명해지지 않는, 특히 긴 시간 동안의 함축적 의미를 포함하고 있는 것들을 알아차리는 데 도움을 준다. 우리는 아래에서 경계선 환자의 치료에 대비되는 자기애적 성격장애에 대한 변별치료를 논할 때, 이에 대한 예를 볼 것이다.

진단의 정의

진단이라는 말의 어원은 두 개의 그리스어 단어, 즉 '알다'와 '통하여 혹은 사이에'로 거슬러 올라간다. 가장 일반적인 의미에서 그것은 구별하거나 식별하는 것을 뜻한다. 웹스터 사전은 그것을 다음과 같이 정의한다.

> 검사에 의하여 질병 상태의 성질을 결정하는 행위나 과정, 혹은 어떤 사물의 성질을 결정하기 위하여 사실들을 주의깊게 조사하는 것 혹은 그러한 검사나 조사의 결과로서의 결정이나 의견.

나는 진단이란 용어를 후자의 두 의미로, 즉 사실에 대한 주의깊은 조사나 그러한 검사의 결과라는 의미로 사용하며, 이 용어를 질병 상태의 검사에 국한시키지 않는다.

잉글리시와 잉글리시(English & English)의 『심리학 사전』(1958)에서는 진단의 두 가지 정의를 제공한다.

2) 역자 주_ 우리 스스로 진단 체계를 처음부터 다시 만들 필요가 있겠는가? 즉, 기존의 진단적 지식을 활용하면 된다는 뜻임.

> 나타난 증세들로부터, 그리고 그것의 근원과 경과에 대한 연구로부터 질병이나 비정상을 판정하는 것 혹은 관찰된 성격들을 근거로 행해진 개인에 대한 모든 종류의 분류.

웹스터 그리고 잉글리시와 잉글리시의 일반적인 의미에서 볼 때, 분명히 진단은 어떤 유능한 심리치료에서도 반드시 있어야 하는 것이다.

다시 잉글리시와 잉글리시에 따르면 변별적인 진단은 두 개의 비슷하게 보이는 상태들을 놓고, 그중에서 단지 하나의 상태에서만 발견되는 의미 있는 증세나 속성을 찾음으로써 그 둘을 서로 구분하는 것이다. 이는 원래 의학적인 용도로 사용되던 것인데, '유추(analogy)'에 의하여 모든 종류의 상태로 확장되어 사용되고 있다. 내 생각에 이는 좋은 치료자라면 항상 하는 행위다.

게슈탈트 치료의 렌즈를 통한 진단

진단 과정은 의미추구 행위다. 게슈탈트 치료 이론에서의 의미는 전경과 배경 간의 관계다.

전경-배경의 불변적 요소

전경-배경의 형성과 의미구성 과정은 인간 기능에 있어서 불변적 요소다(Spinelli, 1989). 이 과정의 질이 한 개인의 의식과 자기 조절의 질을 결정한다. 개인은 유기체의 두드러진 욕구와 환경을 모두 고려하여 그때그때 전경을 적절히 형성하는 정도만큼 유기체적으로 자신의 삶을 조정하고 있다고 말할 수 있다. 개인의 전경/배경 의미형성 과정을 조심스럽게 현상학적으로 연구하면 개인의 성격 체제를 이해하게 된다.

분명하고 생생한 전경은 어떤 것이라도 그 순간 그 사람의 경험적 배경에 대비하여 두드러져 나타나는 것이기 때문에 의미가 깊다. 그러나 만약 전경/배경의 관계가 보다 큰 게슈탈트에 연결됨이 없이 단지 한 순간의 흥분에 의해서만 정의된다면 그것은 의미를 너무 좁게 해석하는 것이다. 좋은 치료를 위해서 이러한 좁은 의미의 해석으로는 불충분하다. 좋은 치료를 위해서는 의미를 훨씬 더 본질적으로 이해해야 하는데, 이때 의미란 개인의 끊임없는 실존과 그를 둘러싸고 있는 인간 환경이라는 좀 더 큰 배경을 함께 고려하여 정의되는 게슈탈트다.

개인의 현상학적 배경의 깊이가 얕은 정도만큼 개인의 의미에 대한 이해의 깊이도 역시 얕아진다. 개인의 현상학적 전경이 신선하고, 명확하고, 열정적이지 않은 정도에 따라 그만큼 개인이 느끼는 의미의 정도 또한 줄어들 것이다.

치료에서의 전경과 배경의 과정

심리치료에서 치료자가 전경/배경 과정을 파악하는 것은 단순히 무작위적인 자극에 의해서 혹은 치료자의 개인적 욕구 혹은 관심에 이끌려서 하는 것이 아니라, 치료자의 특정한 임무이며, 매우 중요한 활동이다. 치료가 효과가 있으려면 치료자는 치료의 순간을 치료 과제와 관련해서 중요한 더 큰 배경과 연결시킴으로서 어떤 의미를 형성해야만 한다.

게슈탈트 치료 이론에서 '자기'란 항상 개인과 환경의 상호 관계성이며, 현재의 유기체적/환경의 장이다. 한 개인의 존재성은 관계 속에서의 개인으로만 이해될 수 있고, 유기체적/환경의 장으로부터 결코 분리되어 있지 않다. 하지만 맥락은—즉, 유기체/환경의 장—순간 순간 변화하는 반면, 각 개인은 시간, 공간 그리고 맥락을 넘어서 거의 변화하지 않는 특징적이고 독특한 관계방식들을 가지고 있으며, 개인은 이 관계방식들을 매 순간 새로운 장으로 가져온다. 이러한 관계방식들에는 행동, 감각, 지각, 사고, 감정, 믿음 등이 있다.

진단이란 치료자가 환자의 특성과 성격의 구조에 대한 의미나 통찰을 추구하는 과정이라 할 수 있다. 이때 치료자는 다른 유형의 환자들과의 비교를 통해 그들과 이 환자 사이에 서로 패턴의 유사성과 차이점을 구분해내고, 이 지식에 근거하여 개입 방법을 고안해낸다. 이는 치료자가 주어진 상황에서 최상의 치료법을 고안해내기 위해 어느 한순간에 나타나는 개인의 현상을 보다 큰 게슈탈트에 연관시키는 과정이라 할 수 있는데, 특히 개인이 다양한 유기체/환경 장과 상호작용할 때 드러내는 불변적 요소와 연관시키는 과정이라 하겠다.

우리는 독특한 개인을 이해하려고 노력한다. 그러나 개인을 다른 사람과 비교하여 이해하지 않으면, 그 개인의 독특성을 완전히 이해할 수는 없다. 만약 환자가 사고장애를 가지고 있을 경우, 치료자가 사고장애에 대해 알지 못하거나 사고장애가 무엇인지 모른다면, 그 독특한 개인을 이해하지 못할 것이다. 그리고 사고장애를 이해한다는 것은 사고장애를 가지고 있지 않은 사람들의 사고과정과 비교할 때만 의미를 가진다.

임상적으로 우리는 흔히 또 다른 자율적이고 중요한 사람의 상실에 기인한 우울과, 자기애적 실패에 따르는 공허와 붕괴로부터 오는 우울을 구분해야 할 필요가 있다. 전자의 경우, 치료자의 '나' 전달법은 치료자가 보살펴주며 손을 내미는 것처럼 환자에게 경험될 수 있지만, 후자의 경우 치료자의 '나' 전달법은 자기애적 환자에게 자신의 영역을 침입하면서 반응을 요구하는 것처럼 경험될 수 있고, 결과적으로 자기애적 상처를 입어 치료가 조기 중단될 수도 있다.

어떤 순간이든 전체적이며 지속적인 패턴의 어떤 측면들이 유기체/환경의 장에서 나타나게 될 것이다. 진단을 할 때 치료자는 어느 특정한 순간의 치료적 유기체/환경의 장에서 개인의 패턴을 인식함으로써 개인의 전체적인 패턴을 이해하려고 시도한다. 진단은 환자의 내적 구조가 어떻게 작동하는지를 통찰하려는 시도일 뿐 아니라, 치료 초기에 있어 치료적 개입을 위한 정보를 수집하기 위한 목적도 있다. 변별진단은 환자의 패턴이 초기에 드러나는 것을 이용하여 이를 다른 패턴들로부터 구분하는 것인데, 치료자는 이를 바탕으로 자신의 반응을 수정할 수 있다.

의미, 접촉 및 알아차리지 못함

개인, 생물학적 조건, 장소, 시간, 문화 등에 따라 변화하는 무한한 전경/배경의 잠재적 가능성[3]들이 있다. 하지만 어느 한순간에 분명하게 형성될 수 있는 전경은 하나밖에 없다. 많은 경우에 개인들은 보다 큰 의미들을 알아차리지 못한다. 즉, 개인들은 대개 표면적으로 드러나는 전경과 그것의 온전한 의미를 드러나게 해줄 수 있는 배경의 관계를 제대로 알아차리지 못한다. 이것은 유익할 수 있는데, 왜냐하면 만약 우리가 매우 거대하거나 긴 폭의 게슈탈트들의 궁극적 의미만을 알아차리고 있다면, 보다 직접적이고 구체적인 떠오르는 실재들은 놓치고 말 것이기 때문이다. 만약 우리가 별들

3) 역자 주_ '전경/배경의 가능성'이란 여러 가지 가능한 '의미'를 뜻한다. 예컨대, 목이 마른 사람(배경)에게 물(전경)의 의미는 그렇지 않은 사람(배경)에게 있어서의 의미와 다르다. 즉, 같은 물이라도 어떤 배경이냐에 따라 그 의미가 달라진다.

만을 본다면, 장미의 향기나 길 위의 구덩이들을 놓쳐버리고 말 것이다.

게슈탈트 치료는 개인의 알아차림 과정에 대한 알아차림에 주의를 환기시킴으로써, 체계적으로 놓칠 수 있는 것들을 필요에 따라 알아차리게 만들어준다. 이를 가장 효과적으로 하기 위해서는 치료자의 시각이 환자의 시각에 제한되지 않게끔 치료자의 전경은 보다 큰 게슈탈트들을 고려해야만 한다. 그런데 나는 여기서 치료자가 강박적이고 지적인 방식으로 진단에 초점을 맞추거나 궁극적 의미를 찾아내야 한다고 말하는 것이 아니라, 치료자가 치료의 방향을 정할 때 풍부함과 지혜를 가져야 한다는 뜻이다.

진단은 그 어떤 형태의 의미와 마찬가지로 절대적이 아니다. 오히려 반대로, 진단은 구성되는 것이다. 이 구성은 치료자와 환자 사이의 접촉으로부터 생겨난다. 게슈탈트 치료에서 의미는 치료자와 환자에 의해 각각 따로, 또한 둘에 의해 함께 만들어진다. 게슈탈트 치료 이론을 포함해서 이론, 진단 그리고 연구 결과들은 특정한 순간에 어떤 전경, 어떤 배경 그리고 어떤 전경과 배경의 관계에 집중하는 것이 가장 유용한지를 밝히는 데 도움이 될 수 있다.

환자에게 있어서 어느 한순간의 게슈탈트는 그의 전 생애의 보다 큰 총체적 영역 속에서 그것이 차지하고 있는 위상으로부터 그 의미가 발생한다. 치료에 있어서 어느 한 순간의 게슈탈트는 전체 치료의 보다 큰 총체적 영역 속에서—특히, 치료자와의 치료 관계에서—그리고 궁극적으로 환자의 생애 전체 영역 속에서 그것이 차지하는 위상으로부터 그 의미가 생겨난다.

사례들과 토론

환자와 치료자의 만남에서 치료자에게 선명한 전경이 형성된다. 예를 들면, 집단치료자는 한 매력적인 여성이 방으로 들어올 때, 젊은 남성 참가자가 가볍게 얼굴이 붉어지고 숨을 멈추는 것을 알아차린다.

이것이 치료에서 어떤 중요성을 지닐까? 치료자가 그가 관찰한 것을 직접적으로 언급해도 될까? 그 젊은 남성과 여성이 서로 가까이 만나게 될지도 모를 집단 접촉실험 같은 것을 제안하는 것이 적절할까? 이 젊은 남성이 잘 지지받고 있으며, 집단 속에서의 접촉과 알아차림 작업에 상당히 개방적이고, 그가 매혹당한 여성들에 대한 그의 불안감을 다루어보길 원한다고 잠시 상상해보라. 이제 잠시 대조적인 시나리오를 상상해보라. 그 젊은 남성이 연약하고, 쉽게 상처받으며, 위협받을 경우 편집적이 되며, 격분하게 된다고 하자. 이제는 그 젊은 남성이 동성애자이며, 여성들에 대한 그의 혼합된 긍정적, 부정적인 감정들에 대해 이중적이고, 여성들에 대한 그의 감정들을 다룰 준비가 되어 있지 않다고 상상해보라.

이러한 차이점들에 의해 치료자가 어떻게 개입할지가 달라진다는 점을 모든 독자들이 알 것이라고 나는 기대한다.

또 다른 예를 들어보자. 환자가 그의 부인과 지난밤에 다툰 것에 대해 환자 자신의 책임이 좀 있다고 치료자가 말했을 때, 그가 치료자의 진술을 잘 안 받아들이려고 한다면, 이 환자는 수치심 경향이 심해서 스스로를 비난하고, 치료자의 말에 의해 수치심을 느끼는 경우일까? 아니면 그는 자신의 부인에게 했던 것처럼 지금 치료자에게도 아무 반응을 보이지 않는 것일까? 아니면 이 환자는 만성적으로 책임감 없이 반응하는 사람이라서 치료자가 매우 단호하고 주장적인 태도를 보여줄 필요가 있는 사람일까? 어쩌면 그는 현실과의 모든 접촉이 끊어진 정신증(psychosis) 환자일지도 모른다.

나는 다시금 이러한 구분들이 치료자로 하여금 각각 다른 반응을 하게 만들 것이라는 점을 독자들이 쉽게 알 수 있으리라 생각한다. 아래에서 우리는 자기애적 성격장애를 가진 환자들과 경계선적 환자들을 서로 다르게 치료하는 데 있어, 변별진단이 어떻게 유용하게 사용되는지 보다 자세히 탐구해보기로 한다.

또 다른 예에서는 한 환자가 안절부절못하고 있는 것이 치료자의 전경이 된다. 이에 대해서도 반드시 구별하여 반응해야 한다. 만약 안절부절못하는 것을 지적할 경우, 이 환자는 부끄러움, 위축감, 분노 등을 가지고 반응하게 될 자기애적으로 상처받기 쉬운 환자인가? 아니면, 그는 안절부절못함에 대해 자세히 알아보기 위한 치료자의 온갖 실험에 협조적으로 반응하긴 하지만, 모든 것을 '마치 …인 것처럼' 하는 방식으로 반응하는 환자인가? 아니면, 그는 아주 기이한 사람이라서 보통 때는 오늘보다도 더 극적인 제스처를 보여주는 사람일까? 아니면, 그는 단순히 긴장한 신경증적 환자로서, 안절부절못하면서 소모해버리는 자신의 감정적 에너지의 일부분을 치료를 통하여 되찾을 수 있는 환자인가?

치료자는 무엇에 반응해야 할지, 그리고 그것이 치료에서 얼마나 중요한지를 어떻게 판단해야 할까? 그에 대한 부분적인 대답은 다음과 같다. 먼저, 현재 주의가 집중되고 있는 지금-여기의 전경을 그것에 대한 환자 개인의 배경적 의미에, 다음으로 그것을 환자의 지금까지 관찰된 삶의 패턴과 연관시킴으로써, 그리고 마지막으로 그것을 치료자와의 상호작용에서 나타나는 의미에 연관시킴으로써 가능해진다.

우리가 환자의 행동을 예측하게 되고, 그에 대한 변별적 이해에 따른 반응을 하게 되면, 즉 이 환자가 다른 사람들과 어떻게 비슷하며, 어떻게 다른지를 구별하는 변별진단에 의해 우리가 반응하게 됨에 따라, 우리는 우리의 이해와 반응에 대해 체계적인 지식을 갖추게 된다. 그러면 차츰 시간이 경과하면서 우리는 임상적 경험이 축적되면서 환자 행동에 대한 우리의 이해와 반응들의 잘잘못을 검증할 수 있게 된다.

게슈탈트 치료자는 분석하고 진단하는가?

몇몇 진부한 수준의 진술들을 보면 게슈탈트 치료자들이 분석하거나 해석하지 않는다고 주장해왔다. 이런 주장이 정신분석적 해석을 하지 않는다는 것을 의미한다면, 이는 비록 내가 게슈탈트 치료를 행하는 데 있어서는 사실이 아닐지라도, 상당히 옹호할 만한 것이다. 하지만 게슈탈트 치료자가 분석이나 해석을 전혀 하지 않는다는 주장은 터무니없는 말이다. 그 어떤 관찰도 자료에 여러 방식으로 무언가를 더하게 마련이다. 무엇을 관찰할 것인가, 무엇을 강조할 것인가, 관찰자와 관찰 대상 사이의 상호작용으로부터 어떤 의미를 찾아낼 것인가 등의 모든 의사결정은 자료에 뭔가를 추가하는 것이다. 우리가 제안하는 실험들, 관찰들, 숙제 내주기, 우리의 감정적 반응 등은 모두 부분적으로—추론을 포함하여—현상학적 상호작용에서 생겨나는 의미들을 근거로 해서 만들어지는 것들이다.

분석이나 해석이 게슈탈트 치료 이론 및 실제와 합치될 수 있다는 것은 적어도 네 가지 요소에 의해 설명될 수 있다. 첫째, 게슈탈트 치료의 진술들은 현상학적으로 초점이 맞춰져 있다는 점이다. 위에서도 논의했었지만, 간단히 말해서 이것은 제쳐두기, 판단중지 등을 가리킨다. 요컨대, 어떤 진술이든 선입관으로 뒤섞인 것들로부터 실제적 경험을 분리시키기 위해 현상학적 환원을 통한 '해명(explication)'이 필요하다.

둘째, 임상적 상황에서 현상학적 탐구는 대화적 형식으로 행해진다는 것이다. 이는 환자가 실험과 결론 도출에 참여하도록 격려되고 훈련된다는 것을 의미한다. 분석이 환자에 관한 것일 때에는 환자가 현상학적으로 알아차린 경험이 분석의 정확성을 가리는 가장 중요한 기준이 된다.

셋째, 게슈탈트 치료 이론과 일치하려면 결론이 궁극적으로 '장 이론적 과정 언어'로 구성되어야 한다. 임상적 상황과 많은 예비적 토론에서 언어는 아직 과정 용어로 변형되지 않았을 수 있다. 기계론적 언어로 행해진 해석은 "당신은 적대적인 사람이군요."와 같을 수 있다. 이에 대해 '장 과정적'으로 행해진 해석은 "당신은 직접적으로 드러내지 않으면서, 화를 표출하시는군요."와 같을 수 있다.

환자는 흔히 장 과정적 해석보다 기계론적 해석을 한다. 나는 공허하다고 느끼는 환자들이 "나는 내가 없어요."라고 결론내리는 것을 자주 들었다. 그 환자는 자신에 대해 기계론적 해석을 하고 있는 것이다. 자기를 우리가 가질 수 있거나 혹은 가질 수 없는 하나의 사물로 생각하는 것은 불행스런 기계론적 해석이며, 이런 생각은 필연적으로 좌절감을 가져다주며, 환자로 하여금 중요한 성장작업을 할 수 없도록 만든다. 공허함을 경험하는 과정은 하나의 '자기 과정(self process)'이다. 나에게 최근에 나이가 든 아버지의 병에 대해 이야기하는 환자가 있었다. 그는 '가족단위'의 붕괴 가능성에 대해 이야기했는데, 마치 그것이 변화에 의해 자동적으로 무로 돌아가는 사물인 것처럼 말했다. 그가 그 가족단위를 과정 용어로 표현했을 때, 그는 그 가족단위에 관계되는 인간적 행위들을 깨달았으며, 이 행위들이 아버지의 죽음으로 인해 변화할 것이며, 가족은 정적인 것이 아니라 항상 변화의 과정에 있다는 것을 깨닫게 되었다.

넷째, 해석이나 분석이 게슈탈트 이론과 일치하도록 만드는지 여부는 그것이 '구조가 분명한 분석'(Wertheimer, 1945)인지에 달려 있다. 어떤 분석들은 마치 화학 공식에서처럼 분리된 원소들의 합계를 내는 것처럼 한다. 게슈탈트 심리학자들은 이러한 분석들을 '그리고 합계적(and summative)' 분석이라고 불렀다. 이러한 종류의 분석은 전체의 구조를 고려하지 않는다. 그런 해석들은 통찰력이 있다기보다는 기계론적이고, 단순화되었으며, 오해를 초래한다.

이를 달리 말하면, 게슈탈트 분석에서 부분들은 전체의 '불가결 요소적(integral)' 부분이다. 게슈탈트적 태도와 일치하지 않는 분석에서 부분들은 어떤 외부의 이론적 편견들로부터 도출된다. 폭스가 말했듯이 "분석에는 두 가지 종류가 있다. 한 종류에서는 전체가 전체 자체에 이미 주어진 혹은 내포된 세부들로 분화된다. 다른 종류에서는

어떤 임의적인 분할 원칙이 전체에 강제적으로 부과된다." (Fuchs, 1938, p. 354)

예를 들어, 한 남자가 직장에서 있었던 그의 상사와의 문제에 대해 이야기한다고 하자. 그 상사는 권위주의적이며, 변덕스럽고 예측불가능하다. 책임분담, 직권사용 및 특전을 주는 데 있어 불합리하고 공평하지 못하다. 환자는 이에 쉽게 상처받고, 원색적으로 분노하며 반응한다. 치료자는 환자의 전이반응을 가지고 작업하는데, 왜냐하면 그 상관과 환자의 아버지 사이에 명백한 유사점이 있기 때문이다. 치료자는 환자의 반응이 전이현상에 의해 설명될 수 있다고, 즉 환자의 아버지와의 과거 경험에 기인한다고 해석한다.

전이는 단지 하나의 조각에 불과하며, 구조가 분명해지기 위해서는 전체에 연관되어야 한다. 전이 하나만으로는 충분한 설명을 위해 필수적인, 실제 상황에서의 요인들의 복합성을 설명하지 못한다. 구조가 분명한 해석은 환자가 현재의 실제 상황에서 어떻게 행동하고, 느끼고 지각하는지, 과거 상황에서 형성된 신념들과 태도를 어떻게 현재의 전경으로 가져오는지, 이러한 행동이 환자의 일반적인 기능에 어떻게 영향을 미치는지, 그리고 이러한 것들이 어떻게 직장 상황의 구조에 의해 그리고 함께 일하는 사람들의 성격들에 의해 촉발되고 강화되는지 등을 분명히 보여준다.

나는 게슈탈트 치료에서의 진단이 전체의 구조를 완전히 인식하고 나서 내려져야 한다고 생각한다. 사람을 다룰 때에 이는 오랫동안 형성된 그들 자신에 대한 이미지와 정체성, 그들의 현재 상호작용 의미의 맥락, 현재 순간의 배경을 형성하는 여러 맥락에서의 그러한 상호작용들의 역사 등을 설명해주는 것을 뜻한다.

진단을 다룰 때에는 무엇이 정상이고 비정상인가 하는 문제가 제기된다. 진단의 정의에 대한 토론에서 나는 병적인 상태의 진단에만 그 정의를 제한하지 않는다고 말했었다. 하지만 행동패턴을 관찰하거나 치료적 개입에 대한 결정을 할 때, 정상 상태와 병적 상태의 문제가 제기된다.

표준에서 벗어남은 말 그대로 표준에서 벗어난다는 것을 뜻한다. 이는 정상 이하일 수도 혹은 비범할 수도 혹은 그저 다를 수도 있다. 그리고 비정상이라는 용어를 사용하기 위해서는 기준이 무엇인가를 분명히 하는 것이 매우 중요하다. 한 집단이나 문화에서 통계적으로 정상적인 것이 인간 기능이론의 맥락에서 혹은 특정한 개인의 유기체적 기능의 관점에서는 정상일 수도 있고 아닐 수도 있다. 한 개인에게 어느 한 맥락이나 문화에서는 기능적인 것이 다른 상황에서는 상당히 역기능적일 수 있다.

게슈탈트 치료는 특정한 내용이 아니라 과정 중심의 정상상태 이론을 가지고 있다. 즉, 게슈탈트 치료 이론은 문화적으로 중립적인 정상상태의 개념을 내놓는다. 그것은 정상상태를 유기체/환경 장에서의 전경/배경의 형성과 파괴 과정에 의해 설명한다. 이는 많은 철학과 윤리 문제들을 미해결로 남겨놓지만, 심리치료에서 상당히 쓸 만한 정상상태의 기준을 제시한다. 만일 한 개인이 환경과의 관계에 있어 알아차림과 접촉 과정이 분명하고, 분명한 게슈탈트를 형성하여, 현재 무엇이 있는지 그리고 개인과 환경에 있어서 필요한 것이 무언지를 잘 알아차릴 수 있다면, 그는 심리적으로 건강하다고 말할 수 있다.

현상학적, 장 이론적 관점에서 보면, 절대적으로 건강한 문화는 없으며, 개인이나 문화를 판단할 기준도 없다. 그러나 우리는 한 개인의 기능을 관찰하여 알아차림, 접촉, 경계선 등이 분명한지를 밝혀주는 용어들로 그 기능을 서술할 수 있다. 이렇게 함으로써 '병든 문화' 속에 살면서도 그 문화와 거리를 두고 사는 사람은 건강하다고 판단하고, 반대로 심지어 건강한 문화 속에서도 지나치게 순응적으로 사는 사람에게는 병적이라고 판단할 수 있는 여지를 남겨둔다.

진단이 정확했는지는 환자와 치료자의 현상학, 그리고 그 둘 사이의 대화적 과정을 통하여 검증이 이루어진다.[4] 그 어떤 통계적인 혹은 이론적인 검사 혹은 치료자의 의견 또는 미리 세워둔 성과기준도 현상학적 초점화와 대화, 그리고 환자가 스스로 결정한 자기 조절에 기초하여 서서히 드러나는 구별들(discriminations)을 대체할 수는 없다.

평가와 진단은 DSM-III 핸드북의 코드번호와 결코 같아서는 안 된다. 이는 서술적 자료들의 일부분에 불과하다. 진단이란 이 단원에서 서술된 바의 임무를 실제로 행하는 것이다.

어떠한 치료도 똑같은 것은 없다. 치료 관계란 유일한(unique) 개인으로서의 한 환자에게 치료자가 유일한 현전(presence)을 갖고서 관계하는 것이다. 그러나 사람들이 서로 어떻게 비슷하며, 서로 어떻게 다른지를 구별하기 위해 우리가 사용할 수 있는 특

4) 역자 주_ 환자와 치료자가 각각 자신의 내면적 현상을 알아차리고, 또한 둘 사이에 나타나는 현상을 알아차려서, 그것들이 진단적 관점과 일치되는지 확인해 보는 것을 의미한다.

정한 패턴들이 있다. 이런 방식으로 생각함으로써 차츰 시간이 지나면서 우리는 이런 패턴들을 통해 유일한 상황이라는 것이 완전히 유일하지만은 않다는 것을 배우게 되며, 따라서 우리는 늘 반복해서 새로운 평가적 틀을 창조해낼 필요는 없게 된다.

나는 어떻게 평가하고 진단하는가?

자기애적 성격장애를 가진 환자와 경계선적 조건을 가진 환자들에 대한 변별적 치료에 관한 구체적인 생각들을 말하기 전에, 환자와 대화를 통해 관계하면서 내가 어떻게 평가하고 진단하는가에 대해 일반적인 나의 접근 방식을 소개하겠다.

첫째로, 가능한 한 나는 언제나 치료를 시작할 때 '중심잡기(centering)'와 '제쳐두기(bracketing)'의 태도로 임함으로써, 환자와의 상호작용에서 명백한 것('주어진 것')이 나의 시선을 끌도록 해준다. 예컨대, 나는 무엇을 보고 듣는가? 접촉의 질과 방법은 어떠한가? 환자의 알아차림 과정은 잘 이루어지고 있는가? 지금-여기에 무엇이 있는가? 그리고 그것이 나에게 어떤 영향을 미치는가?

나는 무엇을 보고 듣는가? 신체와 언어패턴

나는 개인의 호흡, 신체 자세, 움직임 그리고 음성을 관찰한다. 환자가 얼마나 긴장해 있는가, 그리고 긴장의 패턴은 무엇인가? 안색은 어떠하며, 동작은 편안한가? 활기는 있는가? 움직임이 우아하고, 힘이 있는가? 목소리의 높낮이와 리듬이 편안한가? 힘이 들어가 있는가? 음성이 고르지 못하고, 끊기는가? 아니면 장황한가?

주도적

환자가 수도적인가? 환자가 나에게 주도권을 가질 기회를 주는가? 그가 나에게 '반작용(react)'을 하는가, 혹은 내가 마치 없는 사람인 것처럼 행동하는가? 스스로 자율적인 개인으로서의 자신을 무시하고, 단지 나에게 반작용만 하고 있는가?

이야기의 일관성

환자의 이야기가 얼마나 일관적인가? 그의 설명에서 하나의 측면이 다른 측면으로부터 자연스럽게 연결되어 나오는가? 그가 하는 말이 뜻이 통하는가, 아니면 "도대체 무슨 소리를 하는 거야?"라고 반문하게 되는가? 상식적으로 볼 때, 그것이 논리적인가? 이야기가 나를 혼란스럽게 만들고, 머리를 막 흔들게 만드는가? 이야기가 불완전하고, 빠뜨리는 곳이 많은가?

활기와 정서

환자는 얼마나 많은 활기를 보여주는가? 감정의 질과 강도 모두가 이야기 내용이나 상황과 일치하는가? 에너지의 질은 어떠한가? 활기가 없는가? 정신병적 철수에서처럼 전혀 활기가 없는가? 아니면 우울 감정에서처럼 활기가 없는가? 아니면 반전 행동에 의한 급격한 에너지의 차단이 있는가? 아니면 모든 것이 예행연습을 한 것처럼 너무 매끄럽게 나오는가? 에너지가 과장되었는가? 아니면 전경이 매우 빨리 형성되고, 또한 빨리 변화하는가?

치료 시간 내의 변화들

치료 시간 내에 제스처와 다른 비언어적인 측면들은 어떻게 변화하는가? 치료 시간 내에 그동안 잠재되었던 반응, 반전 행동, 감정의 질 등이 변화하는가? 만일 그러하다면, 직선적인 모양으로 변화하는가? 예컨대, 환자는 치료 시간에 전반적으로 차츰 기분이 향상되는가, 아니면 매 순간의 주제와 그것이 환자에게 갖는 의미에 따라 변화하는가?

환자의 이야기 듣기

게슈탈트 치료는 고전 정신분석이 점차 '자유 연상(때로는 게슈탈트 치료자들이 이를 '자유 해리'라고 비꼬기도 했음)'과 환자의 과거 및 현재 역사를 자세히 이야기하는 것 등을 위시하여 대체로 감정이 빠지고, 생기 없이 강박적인 반복적 과정으로 변질되어 버린 것에 대한 인본주의적 반응으로 출현했다. 게슈탈트 치료집단, 감수성 집단 그리고 비슷한 시도들은 지금-여기 활동들의 흥분과 활기를 발견했다. 이 새로운 운동의 주안점은 유기체적으로 중요하지 않은 것에 시간을 쓰기보다는 환자가 절실하게 중요하다고 느끼는 것에 집중하여 초점을 맞추는 것이었다.

불행히도 1960년대 후반의 많은 게슈탈트 치료자들은 환자의 삶에 대하여 논의하는 것을 '실재(reality)', 즉 '지금-여기'의 회피라고 간주했다(제1장 '미국 내 게슈탈트 치료의 최근 추세와 그로부터 우리가 배울 점'의 논의를 보라.). 이러한 급진적인 태도는 자극과 소동, 열정과 기분의 고양을 가져다주었다. 가장 많이 출판되고, 가장 많이 모방되었던 것이 바로 이러한 극도로 단순한 입장이었다. 이는 환자에게 어느 한순간에 실제적으로 중요한 것을 식별하라고 요구했는데, 이론적으로 보다 건강한 게슈탈트 치료적 입장에 비해 지나치게 단순한 것이었다.

성숙한 게슈탈트 치료자들은 이 과격한 입장에 오랫동안 머물지는 않았다. 실제적인 경험과 더불어 이론적 숙고에 대한 보다 나은 이해를 통해, 이들은 대화와 환자의 관심이 지시하는 것을 따라가게 되었다. 그러나 게슈탈트 치료 이론을 과도하게 단순화시키고 경직된 독단적 교리로 취급했던 사람들은 신댁의 기로에 놓이게 되었다. 즉, 편협하게 그들이 정통적인 게슈탈트 치료 원칙이라고 생각해왔던 것들이나 기법들 혹은 상투적인 것들을 따르거나 혹은 이것들에 반기를 들고 게슈탈트 치료를 거부해야만 했다.

많은 게슈탈트 치료자들이 이러한 한계를 느껴서 다른 치료법으로 옮겨갔다. 게슈탈트 치료 이론과 이론의 역할을 보다 잘 이해함으로써(그리고 이를 진부한 수준의 언어화로부터 구분해냄으로써) 이러한 홉슨의 선택[5]이 불필요하다는 것이 우리들 중 많은 사람들에게 명백하게 되었다.

최근에 어빙 폴스터(1987)는 개인 역사의 중요성과 그 이야기로부터 어떻게 드라마를 끌어내는가에 대해 분명히 언급했다.

나는 개인 역사의 중요성을 존중하지 않고는 의미 있고 포괄적인 장기치료를 하는 것이 불가능하다고 생각한다. 치료 초기에 긴 진단적 작업과 개인력을 알아보는 고전적 치료법에 대한 대안은 그것들을 송두리째 무시하기보다는 현상학적, 대화적 임상작업 도중에 그런 것들이 나타날 때마다 필요에 따라 함께 다루는 것이다.

5) 역자 주_ 영국의 말 대여업자 Thomas Hobson이 손님에게 마구간 입구에서 가장 가까운 말을 내주기로 하고 그것이 싫으면 그만두라고 한 고사에서 유래함. 주어진 것을 갖든지 말든지 둘 중에 하나를 선택하라는 것. 즉, 진정한 선택이 아닌 선택의 자유를 제공하는 것.

치료자가 어떤 영향을 받는가?

나는 관심을 갖고 반응하는가, 무관심하게 반응하는가? 환자가 말하는 것을 듣고 내가 아무것도 느끼지 못한다면 왜 그럴까? 나는 감정을 느낄 수 없는가? 내 삶의 다른 사건들이 끼어들어서 방해하는가? 혹은 환자가 그의 유기체적 가치가 있는 것은 아무것도 표현하고 있지 않는가? 혹은 아마도 유기체적 가치가 있는 어떤 것을 표현하고 있지만, 에너지가 위축되고 억제되었는가? 내가 무언가 느낀다면 어떤 방식으로 느끼는가? 내 안의 어떤 것이 건드려지는가? 내가 슬픈 감정으로 또는 동정적인 느낌으로, 또는 화나는 느낌으로, 아니면 즐거운 기분으로 반응하는가? 어떤 추억이나 연상 또는 은유가 떠오르는가?

치료자가 어떻게 영향을 받는지는 몇 가지 이유 때문에 중요하다. 치료자가 자신의 반응을 알아차리는 것은 자신의 반응에 대한 책임을 지고, 자신의 중심을 잡고, 판단을 유보하고, 또한 부지중에 오염된 개입을 하는 것을 예방하기 위해 중요하다.

게다가 진정한 대화를 할 수 있기 위해서는 치료자가 자신의 반응을 알아차리고, 또한 그 반응이 어디서 왔는가를 아는 것이 매우 중요하다. 자신의 반응을 아는 것은 또한 그것의 진단적 가치 때문에 중요하다.

많은 치료자들은 자신의 반응에 대한 책임을 환자에게 떠넘기는 경향이 있다. 정신분석에서 저항과 투사적 동일시의 개념이 종종 그런 방식으로 사용되어 왔다. 불행하게도 이는 게슈탈트 치료에서도 일어났다. 이 두 체계 모두에서 훌륭한 치료는 치료자들이 그들 자신의 감정적 반응에 대해 책임질 것을 요구한다.

게슈탈트 치료에서는 치료자의 모든 감정적 반응을 역전이로 간주하지는 않는다. 치료자의 반응이 현재의 장에 대한 통찰 없이 투사될 때, 그리고 다른 장으로부터, 즉 다른 시간, 장소 혹은 다른 개인으로부터 넘어온 것일 때, 그것은 역전이라고 할 수 있다. 치료자의 감정적 반응이 통찰을 충분히 한 채, 지금-여기의 환자에 대한 반응이라면 그것은 전이가 아니다. 하지만 그럼에도 불구하고 다른 종류의 병렬적 왜곡(parataxic)[6]을 배제할 수는 없으며, 이를 환자에게 이야기하는 것이 좋을지도 일률적으로 말하기

6) 역자 주_ Harry S. Sullivan에 의해 처음 사용된 개념으로서 치료자의 과거 경험이나 공상, 매스컴의 영향 등에 의해 환자의 존재를 왜곡해서 지각하는 현상을 지칭함.

는 어렵다. 이러한 모든 판단을 잘하기 위해서는 환자의 기질을 아는 것 못지않게 치료자 자신이 환자로부터 어떤 영향을 받는지를 알아차리는 것이 중요하다.

전경이 형성되도록 허용하기

내가 중심을 잡고, 판단을 유보하며, 나 자신이 (장으로부터) 영향을 받도록 허락해줄 때, 나는 전경이 형성되도록 허용하는 것이다. 즉, 나 자신이 명백한 것들에 의해 영향을 받도록 허용하는 것이다. 이것이 의미하는 바는 어떤 것이 알아차림 속으로 들어오도록 허용하여, 전경의 윤곽이 뚜렷해지도록 해준 다음, 그것이 전경의 형성과 파괴의 전체 주기를 통과하도록 해주는 것이다. 이렇게 함으로써 자발적인 반응이나 호기심이 일어날 여지를 만들어주며, 지금-여기의 상호작용과 폭넓은 배경 사이에 관계가 형성되도록 해주는 것이다. 이처럼 전경이 형성되면, "내가 이 상황을 어떻게 이해해야 되지?" "내가 여기서 무엇에 흥미가 끌리지?" "어떻게 하면 치료가 될까?" "내담자의 이야기에서 중요한 것이 무엇일까?"와 같은 질문들에 대한 답이 저절로 나온다.

치료 시간의 패턴들과 환자 삶 속의 패턴들

치료 시간에 일어나는 것들과 환자가 작업하고 있는 주제 사이의 유사점을 관찰하는 것이 변별적 치료를 위해 특히 가치 있는 일이다. 만약 환자가 치료 시간 동안 일어나지 않는 행동패턴에 대해 작업하고 있다면 왜 그런가? 만약 그것이 치료 시간 동안에 일어난다면, 환자의 주의를 이것에 집중시키는 것이 종종 그들을 깜짝 놀라게 하고 새로운 조망을 얻게도 한다. 치료자가 이것을 알아차리게 되면, 그는 환자의 비효율적이고 반복적인 대인관계 패턴에 쉽게 말려들지 않을 수 있다.

예를 들어, 25세의 남성이 그가 데이트하는 여성들의 감정적 반응이 결여되었음을 불평한다. 그가 관계하는 여성들에게 따뜻함, 흥분, 보살핌, 민감성 등이 없다고 이야기하는 그의 목소리는 감정이 결여되었고, 지적으로 치우친 느낌이 들었다. 그의 말의 내용은 무척 합리화가 많았고, 강박적으로 빙글빙글 돌고 있었다. 차츰 치료자는 환자가 치료자와의 관계에서 감정을 회피하고 있다는 사실을 알아차리게 되었다. 그리고 이를 통하여 그가 여인들과의 관계에서 어떤 식으로 행동하고 있는지 추측할 수 있었다. 이것은 치료자와 환자에게 한 가지 문제에 대한 두 개의 관점을 제공해주었다.

치료자가 관찰한 것, 그리고 자신의 반응을 이야기해주고 실험을 제안했더니 환자는 상처를 받아 점점 방어적이 되고 괴로워해서, 중요한 치료 작업을 할 수가 없었다. 다시 치료자가 환자가 하는 말들에 대해 조금씩 차근차근 공감적으로 반응을 해나갔더니 그는 안정감을 회복했고, 점차 개방되어 심리적 작업을 깊이 있게 할 수 있었다. 나중에 환자의 이야기를 통해 알게 되었지만, 이러한 현상은 밖에서도 비슷하게 일어나고 있었다. 즉, 그의 친구나 애인이 그의 감정을 잘 보살펴줬을 때, 그의 기분이 안정된다고 했다.

치료 시간의 환자 행동을 관찰함으로써 환자의 밖에서의 행동을 이해하는 것이 빨라졌고, 반대로 밖에서 하는 환자의 행동패턴에 대한 보고를 들음으로써 환자가 치료 시간에 하는 행동을 이해하기도 더 수월해졌다. 때로는 서로 유사성이 없을 때, 환자를 더 잘 이해할 수 있는 경우도 있었다.

두 자녀를 가진 37세의 기혼 여성이 치료자와의 친밀한 만남에 안전한 느낌이 든다고 보고했으며, 치료가 끝나고 나면 항상 기분이 나아진다고 말했다. 치료 시간 중에 그녀는 밝아보였으며, 유머감각을 가지고 있었고, 개방적이었으며, 상당히 상식적이었고, 의미 있는 자기탐색을 했다. 하지만 그녀는 남편과의 사이에서는 편치 못했고, 바보스러우며(스스로의 관찰과 남편의 관찰에 의하면), 뚱하고, 완고하며, 과민하고 폐쇄적이었다. 그녀의 행동은 왜 이처럼 불일치될까?

치료 시간에도 처음에 그녀는 매우 방어적이었으나, 시간이 지나면서 치료자가 보살핌을 가지고 반응하며, 들어주고, 공격하지 않으며, 공정한 피드백을 해준다는 것을 알게 되었다. 집에서 그녀는 그녀 남편이 공격적이며, 신랄하고, 자신을 고립시키며, 다정한 구애를 거부하는 것 등을 경험했다. 그녀가 치료자와 접촉을 잘할 때에는 응집력과 자존감을 느낄 수 있었지만, 상황이 안전하지 않을 때 그녀는 분열되고, 화나고, 때때로 공포에 질렸다. 이것은 특히 그녀의 남편과 같이 있을 때 그랬으며, 그들의 관계는 각자 그들 자신의 부모들과의 어린 시절 발달경험으로 인한 전이에 의해 매우 심하게 오염되어 있었다.

무엇이 이것을 이해 가능하게 만드는가?

'무엇이 내가 들은 것들 혹은 내가 관찰한 것들을 작업이 가능하도록 만드는가?'

'무엇이 그것을 이해할 수 있도록 만드는가?' 하고 나는 스스로 물어본다. 만약 그것이 중요하다면 무엇이 그것을 중요하게 만드는가?

여기서 치료자의 임무는 연구자의 그것과 같다. 내가 관찰한 것을 어떻게 설명하는가? 수년 전에 나는 당시에 20년간 결혼생활을 해온 부부를 치료했다. 이 기간 동안 그들은 그가 다른 여자들과 관계를 가져도 된다는 계약을 맺었지만, 그는 그렇게 하지 않았다. 이제 그녀는 계약의 변경을 요구했으며, 그 변경 때문에 그는 이혼하고자 했다. 실제 행동에 변화가 올 조짐도 없었는데, 두 사람에게 모두 자신들의 계약 내용을 바꾸는 것이 왜 그렇게 중요했을까? 그는 바람을 피우려는 의도가 없었다. 무엇이 그것을 그렇게 중요하게 만들었을까?

자유의 상징을 유지하는 것은 그에게 절대적으로 중요했는데, 왜냐하면 그렇게 함으로써 그는 그를 숨 막히게 하던 어머니에게서 경험했던 것 같은 느낌, 즉 붙잡혀서 꼼짝 못하는 느낌을 피할 수 있었기 때문이었다. 그러나 부인은 점점 나이가 들어가면서 자신의 외모에 대해 불안을 느꼈고, 자신에 대한 남편의 지속적인 관심의 상징으로서 계약의 변경을 원했던 것이다.

진단적 배경에 관한 물음과 상관관계

나는 환자와 작업이 잘될 때는 해석이나 진단 혹은 이론에 대해 별로 생각하지 않는다. 하지만 가끔 나는 문제가 무엇인가에 대해 생각한다. 때로는 치료 시간 후에, 때로는 치료 시간 전에, 때로는 치료 시간 도중에 이런 생각이 떠오른다. 어떨 때는 그 순간의 전경이 이러한 추상적인 물음에 의해 영향을 받는다. 그러나 그렇게 함으로써 환자와의 접촉이 깨어지는 것은 아니다. 이 경우에 그 순간의 전경은 나의 배경 속에 있는 좀 더 추상적인 정보들로부터 도움을 얻는다. 종종 내가 꽉 막힐 때는 환자에 대해 그리고 우리의 역사에 대해 내가 아는 것을 기억해내어 나 자신의 중심을 잡는다.

다음의 것은 완벽하거나 체계적인 리스트로 생각하지는 않지만, 내가 중요하다고 생각하는 몇몇 관련 요소들이다.

지지의 수준

나는 환자의 성격 조직화의 수준들(정신병적, 인격장애적, 신경증적, '정상적 신경증적'), 그리고 생물학적, 문화적 그리고 인종학적 요소들에 대해 세밀한 구분을 한다. 그 중에서 가장 중요한 것은 환자의 인격구조의 특징에 관한 것이다.

접촉 능력? 환자의 현재 접촉 능력은 어떠한가?

공감: 환자가 어느 정도로 공감을 할 수 있고, 또 수용할 수 있는가. 즉, 다른 개인의 현상학적 실재에 대한 이해가 가능한가.

친밀성: 접촉 능력은 자신을 개방하고, 상처받을 수 있으며, 친밀해질 수 있는 능력을 포함한다.

대화: 여러 형태의 대화능력에 대해 평가할 필요가 있다. 이는 협상하고, 싸우고, 타협하고, 논쟁하고, 자신의 관점을 표현하고, 또한 다른 사람의 말에 귀 기울이며, 힘들거나 좌절했을 때에도 갈등관계에 있는 사람이나 어떤 문제에 계속 접촉하면서 머무를 수 있는 능력 등을 포함한다. 또한 종종 간과되지만, 여기에는 건강하게 놓아버리고, 철수하고, 포기할 수 있는 능력도 포함된다.

공격성: 환자는 어느 정도로 다른 사람의 욕구와 한계를 고려하면서도 자신의 심리생물학적 공격성을 적절히 자기 주장적이며, 통합된 형태로 사용할 수 있는가? 그는 공격성을 사용할 때, 자신과 다른 사람에 대한 배려를 하는가? 그는 공격성을 발휘할 때 조절능력을 갖고 있는가. 예컨대, 결과를 고려하면서 행동하는가?

즐거움: 어느 정도로 환자는 즐거움과 흥분을 경험할 수 있으며, 놀이와 관능성 그리고 성에 대해 열려 있는가?

알아차림 과정

고려해야 할 가장 중심적인 영역은 개인의 알아차림 과정이 어떻게 작용하는가를 탐색하는 것이다. 그가 어떻게 감각하고, 지각하고, 느끼며, 추론하고, 상상하고, 원하는가? 의식의 흐름은 어떻게 흘러가는가? 혹은 어떻게 가로막히는가? 무엇에 대한 알아차림이 허용되며, 어떤 것이 허용되지 않는가? 어떻게 알아차림이 회피되는가? 즉, 어떤 수단에 의해 회피되는가?

알아차림 과정은 개인의 자기-지지와 여러 종류의 접촉 능력을 판단하는 데 있어 가장 중요하다.

전경/배경의 형성과 파괴 과정: 한 개인은 전경/배경의 형성과 파괴 과정을 어떻게 수행해나가는가. 즉, 전-접촉단계, 접촉단계, 최종-접촉단계, 후-접촉단계 등을 어떻게 전형적으로 통과해가는가? 그는 새로운 전경이 알아차림 속에 떠오르도록 충분히 이전의 것들을 놓아버리는가? 여러 종류의 자극들이 자신에게 영향을 미치도록 허용하는가? 어떤 것들이 허용되며, 어떤 것들은 허용되지 않는가? 그는 자신 또는 주변 사람들의 욕구에 의해 자극받을 수 있는가? 그는 새롭게 떠오르는 전경이 선명하고 강하게 되도록 허용하는가? 그는 최종-접촉에 온전히 굴복하여, 자발적이고 온전한 행동을 완성하는가? 마지막으로, 그는 축소된 자기로 볼 수 있는 후-접촉 상호작용 단계로 자연스럽게 들어가는가?

건강한 기능은 전경이 욕구에 따라 변화하는 것을 요구한다. 만약 전경이 너무 천천히 변화하면, 개인은 경직된 상태에 갇히게 되어, 전경을 완성하여 놓아버리고 새로운 전경으로 나아갈 수 없다. 만약 전경이 너무 빨리 변화하면 전경이 깊어지지 못하고, 피상적으로 되고 만다. 전경이 너무 빨리 변화해서 히스테리의 경우처럼 아무것도 깊어지지 못하는가? 혹은 그가 전경을 변화시키지 않은 채로 오랫동안 유지하여 최종-접촉이나 후-접촉단계를 기피하는가?

구별하는 능력: 이 개인은 사물을 정확하게 구별하는가? 얼마나 세밀하게? 그는 단지 이것 아니면 저것의 이분법적 범주로만 구분하는가?(유능한-모자란; 선한-악한; 훌륭한-보잘것없는) 혹은 그가 너무나 신중하고 세밀한 구분을 해서 유려한 행동이 나타나지 않는가? 그는 그의 부모와 현재의 다른 의미 있는 사람들을 구분할 수 있는가? 그는 정당한 권위와 권위적 통제 사이를 구분할 수 있는가? 자유와 방종을 구분할 수 있는가? 책임과 비난의 구분은? 맛있음과 맛없음 혹은 역겨움의 구분은? 중요성의 정도들에 대해서는? 희망 없음과 가능성 사이는?

소유와 느낌: 그는 자신의 행동, 감정, 사고를 자신의 것으로 소유[7]하는가? 그는 그것

7) 역자 주_ 소유(own)란 자신의 행동이나 감정, 욕구, 사고 등을 타인에게 투사하지 않고, 자신의 것으로 인식하는 것을 뜻한다. 그 반대는 '탈소유(disown)' 다.

을 실제로 느끼는가? 아니면 단순히 지적으로만 관찰하거나, 혹은 자기 책임이라고 추론하는 것인가? 그는 보통 어떤 경계선 혼란을 보이는가(예를 들면 투사)?

알아차림을 표현하기: 그는 자신의 감정, 소원, 생각들을 표현하는가? 표현은 개인에서 개인으로 향하는가? 그것은 빗겨가거나 다른 것으로 대체되고, 잡담으로 변해버리는가? 그는 이 감정, 소망, 생각들과 연관된 감정 에너지와 의미를 전달하는가? 아니면 단지 그것에 대해(about) 이야기만 하는가?

개인적 관계

이 개인의 관계의 역사는 어떠했는가? 그것은 아무래도 너무 짧았는가? 혹은 반대로, 불만족스럽거나 심지어 악용된 관계인데도 집착해왔는가? 그는 파트너와 자신의 욕구를 함께 고려하는가, 아니면 자신이나 상대편 중 어느 한 사람의 욕구만을 고려하는가? 혹은 아무의 욕구도 고려하지 않는가? 이 사람은 새로운 사람들을 만날 수 있는가? 알고 있는 사람들과 의미 있는 상호작용을 할 수 있는가? 자신을 분리시키고 지지할 수 있는가? 애정 어린 융합으로 나아가면서 자신을 지지할 수 있는가? 건강한 융합과 철수 사이를 왔다 갔다 할 수 있는가? 혹은 연속적인 접촉과 철수의 좁은 범위 속에 틀어박혀 있는가?

일(Work)

이 개인은 자신의 연령과 배경, 지성과 가치체계에 걸맞은 성취와 업적에 대한 헌신과 몰두를 보여주는가? 그는 비교적 감정적으로 만족스러우며, 재정적 지원에 적합한 직업을 가지고 있는가? 큰 목적이나 계획을 잘 수행하기 위하여 헌신할 수 있는가? 자신의 발전을 위하여 매진할 수 있는가? 삶의 균형을 위하여 몰두와 성취를 포기할 수 있는가? 때로는 일에 매진할 수도, 때로는 중단할 수도 있는가?

평가를 위한 기타 전문적 문제들

진단과 관련하여 제기되는 몇몇 윤리와 능력에 관한 문제들이 있다. 나는 진단에 대해서 체계적이지 못하다는 것은 가능한 최상의 치료를 하지 않은 것과 동일하며, 또한 우리의 직업적 소명을 다하지 못한 것과 같다고 생각한다. 게슈탈트 치료자들에게 이는 다른 현상학적 자료들과 마찬가지로 행동적 자료들까지도 고려할 것을 요구한다. 즉, 그 어떤 자료들도 체계적으로 배제되어서는 안 된다는 것을 요구한다.

동시에 진단을 위한 진단은 치료적인 작업을 향상시키지 못한다. 그것은 지적인 가치를 가질 수 있고, 혹은 연구를 위하여 유용할 수 있지만, 치료를 위해 유용한 것은 아니며, 치료자로 하여금 (그리고 아마도 환자에게도 마찬가지로) 치료를 수행하기보다는 오히려 치료에 방해가 되게, 정보를 수집하거나 진단하는 데 몰두하게 만들 것이다.

정확한 진단에 관한 직업적 의무의 중심에는 현상학적 작업의 핵심에도 내재하는 요소가 들어 있다. 즉, 가설과 사실 사이의 차이를 아는 것이다. 정보의 원천은 무엇이며, 얼마나 알려져 있으며, 주어진 자료는 무엇이며, 이는 어느 정도로 확증되었는가? 만일 치료사가 충분한 교육과 치료와 훈련을 받지 못했다면, 그리고 사람들이 아는 것과 자기가 아는 것에 대해 정확히 판단할 수 있을 만큼 겸손하지 못하다면, 환자는 치료자의 의견을 과도하게 믿게 될 수 있고, 또한 치료자가 알려주는 약간의 지식 때문에 속아 넘어갈 수도 있다.

연구나 철학적인 분석에 잘 훈련되지 않은 치료자는 이러한 일을 잘 해나갈 수 없다. 마찬가지로 자기애에 빠진 치료자들도 이런 일을 할 수 없다. 그들은 종종 무의식적이긴 하지만 환자들로부터 지나친 찬사를 받으려고 애쓸 수 있다.

마지막으로, 진단이란 체계적 패턴에 대한 인식으로서 치료적 과업을 위해 유용한 도구다. 그것은 사람들을 좁은 틀 속에 가두지 않는다. 그것은 사람들을 좋은 사람과 나쁜 사람, 가치 있는 사람과 가치 없는 사람, 성장 가능한 사람과 불가능한 사람 등의 이분법으로 나누지 않는다.

CHAPTER 14
성격장애의 치료

주 해

1990년에 발표한 이 논문은 제13장 '게슈탈트 치료의 변별적 적용'과 함께 이 책에 실을 목적으로 썼다. 제13장에서는 일반적인 진단에 관한 문제를 논의했다. 이 소론에서는 자기애적 성격장애와 경계선적 성격장애에 대한 자세한 예와 더불어 성격장애의 진단과 치료에 대해 논할 것이다.

이 논문의 범위

직관은 충분하지 않다

나는 심리치료가 20년 전보다 나아졌다고 믿는다. 더 효과적으로 발전했으며, 비효율적이고 해로운 치료 경험 때문에 고통받는 환자는 줄어들었다. 특히 이는 성격장애 환자들에게 해당되는 말이다. 나 스스로도 많이 진보했다. 치료자로서 내가 개인적으로 진보한 배경에는 일반적으로 전문가 사회가 많이 배우고 발전한 측면도 있다. 나는 다양한 임상가들과 경험을 공유함으로써 많은 것을 얻었다. 자신의 직관이나 느낌 또는 한 사람의 스승으로부터의 가르침이나 하나의 체계에서 비롯하는 시각만으로는 최신 치료 수준에 미치기 어렵기 때문에 나는 서로의 치료 경험을 공유해야 치료가 발전한다고 생각한다. 많은 임상가와 경험을 나누는 것은 일반화와 편향을 감소시키고, 다양한 시각을 갖추게 하며, 한 사람이 볼 수 있는 환자 수보다 더 많은 환자의 치료로부터 교훈을 얻게 해준다.

치료자로서 나의 발전은 그동안 약 40,000시간의 개인, 공동, 집단 게슈탈트 치료를 했고, 오랜 시간에 걸쳐 생각하고, 가르치고, 자문하고, 그러한 경험들에 대해 글을 쓰고 하는 것 등을 포함하여 내가 개인적으로 나이가 들고, 성장했기 때문이기도 하다. 나는 내가 배운 것들의 일부를 여기에 나누고 싶다.

이 소론을 통하여 나는 전반적인 성격 구조를 변별적으로 이해함으로써 게슈탈트 치료를 각기 다른 방식으로 적용하여 치료를 더 잘할 수 있다는 것을 보여주고자 한다. 전반적인 논의를 한 다음에 '자기애적 성격장애(narcissistic personality disorder)'와 '경계선적 성격장애(borderline personality disorder)'에 대한 각기 다른 치료법을 토의함으로써 그렇게 할 것이다. 이렇게 하는 것에는 몇 가지 이유가 있다. 가장 중요한 이유는 '변별진단(differential diagnosis)'을 함으로써 치료가 달라진다는 것을 보여주기 위함이다. 즉, 문제에 대한 세분화된 이해를 통하여 더 나은 치료를 할 수 있다는 것이다.

내가 여기서 비교 대상으로 경계선적 성격장애와 자기애적 성격장애를 선택한 이유는 임상 장면에서 이 둘을 흔히 볼 수 있고, 내가 이들에 대한 치료 경험이 많으며, 또한 이들의 경우 진단에 의해 치료 과정과 선택할 수 있는 치료 기법, 환자가 필요로 하는 것을 이해하는 것 등이 크게 달라지기 때문이다. 진단에 대한 적절한 이해가 없으면 이들에 대한 치료는 본질적인 것에 대한 초점을 못 맞추고, 치료 순서와 개입 시기에 대한 적절한 감각도 없이 방향을 잃고 표류하게 된다. 올바른 진단과 이해를 하면, 이 환자들은 성공적으로 치료할 수 있으며, 그렇지 못하면 이 환자들은 치료를 통하여 오히려 악화될 수 있다. 나로서는 이런 이유들 때문에 이 성격장애들을 우선적으로 선택했다. 게다가 적절한 조망을 갖추지 못한 채 이런 환자들을 치료하다 보면, 치료자의 정신 건강도 위협받을 수 있기 때문이다.

'정답인' 개입은 없다

나는 이 논의가 게슈탈트 치료자들에게 도움이 되기를 바라지만, 다른 한편으로는 독자들이 경계심을 갖기 바란다. 간혹 정신분석 문헌들을 읽다 보면 "어떤 임상적 상황에 대해 오로지 하나의 정확한 분석적 태도만이 존재한다."(Kohut)라고 써놓은 것을 발견하기도 한다. 유일하게 정답인 방법은 없다. 게슈탈트 치료나 정신분석에서나 '정답인' 반응이나 스타일은 없다. 많은 저자들이 마치 합의된 진실이 있는 것처럼 글을 쓰고 있지만, 성격장애의 치료 방법에 대한 통일된 의견은 아직 없다. 이 소론의 결론 또한 절대적으로 옳지는 않다. 내가 내린 결론들은 나의 성격과 나의 장단점 등에 영향을 받으면서, 내게 온 환자들을 치료하면서 나의 경험에 기초한 것들이다.

환자의 성격과 치료 방법들에 대한 토론들은 치료자와 환자가 처한 맥락에 따라, 그리고 사용된 치료의 체계, 치료양식, 치료 기관, 지역사회 등의 특정 맥락에 따라 변형되어야 한다. 전체론적인 통합을 유지하기 위해서는 정신분석에서 유래한 일반화가 어떤 것일지라도 게슈탈트 체계에 맞게 동화되어야 하며, 단편적으로 내사되어서는 안 된다(제9장 '진단적, 정신분석적 시각들을 게슈탈트 치료에 동화하기'를 보라). 예를 들어, 매스터슨(Masterson)의 저술과 같은 정신분석적 문헌에서는 최소 필요한 치료 시간이 일주일에 세 번 또는 심지어 일주일에 여섯 번이 적절한지 등에 대해 토의하고 있다. 이런 논의에 의하면 치료 중기에 이르기 위해서는 2년 정도가 걸리며(이는 상당히 정확한 계산인 것 같다.), 그렇게 되면 평균 300시간의 치료 시간이 소요된다. 게슈탈트 치료에서는 통상적으로 일주일에 한 번 또는 두 번 정도를 시행하므로, 정신분석적 접근법을 게슈탈트 치료에 적용시키려면 이러한 정황을 고려하여 치료 방법을 그에 알맞게 수정해야만 한다.

치료 횟수가 유일한 변인은 아니다. 내 생각에 경계선적 성격장애와 자기애적 성격장애의 치료에 대한 매스터슨의 논의는 충분한 가치가 있다. 하지만 매스터슨은 환자가 치료자로부터 정서적 반응을 원하는 것은 저항이며 행동화하는 것이라고 말한다.

정신분석의 과업이 지적인 것이기 때문에 매스터슨에게는 이런 것은 행동화인 것이다(Masterson, 1981, p. 78). 이런 태도는 게슈탈트 치료의 그것과 무척 다르기 때문에 치료 과업에 대한 그의 진술들도 철저한 동화 과정 없이는 게슈탈트 치료에서 그대로 받아들일 수 없다. 코헛도 치료자가 실수로 환자에게 자신이 가톨릭 신자라는 사실을 알려주는 바람에 치료가 완전히 실패해버렸다고 말한 적이 있는데, 이런 것을 보면 치료적 태도 간에 얼마나 큰 차이가 존재하는지 알 수 있다.

나는 훌륭한 게슈탈트 치료를 하기 위해서 정신분석적 논의에서와 같은 환자의 배경에 대한 이해와 동시에, 치료자의 정확하고 심오한 자기 이해가 있어야 하며, 대화관계와 현상학적 초점화를 포함한 게슈탈트 치료 체계에 대한 이론 및 실제의 이해, 그리고 이들을 치료 과정에 구현시키는 것 등이 필요하다고 믿는다.

나는 진단과 정신역동, 다른 학파의 치료, 치료 효과와 과정에 대한 연구를 포함한 일반적 전문 정보를 고려하고자 노력한다. 그러나 이 소론에서는 이 모든 것을 분명하고도 체계적으로 논의하지 못했다. 이는 이 소론에서 인정해야 하는 여러 제한점 가운데 하나다.

나의 결론은 과학적으로 검증되지는 않았다. 또한 그런 연구를 하기 위한 조작적인 기준을 제시하지도 않았다. 게다가 진단과 발달적 배경 등에 대한 상세하고도 중요한 분류 같은 것도 논의에 포함시키지 않았다. 그리고 모든 성격장애들을 다 논의하지도 않았다. 성격장애의 분류나 진단, 치료에 대해서도 완전하게 논의하지 않았다. 나는 DSM-III를 베끼거나 요약하려고도 하지 않았고, 그것을 게슈탈트 용어로 바꾸려고도 하지 않았다. 이 소론의 목적이 진단기준에 대한 설명이 아니기 때문이다.

위의 모든 것이 중요하기 때문에 독자들은 이를 마음속에 새겨두어야 한다. 나는 게슈탈트 치료 안에서 우리가 그러한 간격들을 메워 넣었으면 한다. 여기서의 내 목표는 그렇게 하기 위해 필요한 현재의 경험을 나누는 것이고, 그러다보면 나중에 보다 완전한 체계화와 검증이 되길 바라며, 동시에 이런 작업이 지금에라도 치료 현장에 있는 사람들에게 도움이 되었으면 한다.

나는 특히 게슈탈트 치료가 매뉴얼이나 상세한 설명서로 이루어진 치료가 될 수도 없고, 또 되어서도 안 된다는 점을 강조하고 싶다. 게슈탈트 치료는 치료자가 한 인간으로서 '중심잡기(centering)' '제쳐두기(bracketing)' '초점화(focusing)' '대화

(dialoguing)'에 근거한 개방성을 갖추고 한 고유한 인간인 내담자와 접촉할 것을 요구한다. 게슈탈트 치료는 기법이나 교리를 적용시키는 것이 아니라, 예술이 되고, 대화가 이루어지는 것을 요구한다. 내가 치료 경험을 나누는 것은 이러한 정신에 입각한 것이다.

그러나 우리는 과거의 경험과 다른 사람들의 경험으로부터 배울 수 있다. 예술적인 치료를 한다고 해서 이 분야에서 추출된 지혜를 참조하지 않고, 이해를 하거나 개입해야 한다는 뜻은 아니다.

성격장애 수준의 구분에 대한 필요성

내가 작업할 차례가 돌아왔다. 그때가 1965년이었으며, 나는 에살렌에서 프리츠 퍼얼스와 짐 심킨이 개최한 치료자를 위한 워크숍 고급 과정에 참여하고 있었다. 그 워크숍에서는 참여자들이 번호를 정해 집단이 보는 앞에서 순서대로 일대일 작업을 하고 있었다.

내가 작업할 차례가 되었을 때, 집단원들은 상당히 우울하고 혼란스러워하는 집단원 한 사람이 없어지는 바람에 걱정을 하고 있었다. 몇몇 사람은 그를 찾으러 나갔다.

짐은 집단과 없어진 사람에게 짜증이 났다. 짐은 잘 알려진 독선적이고 고집스러운 기분에 빠져 있었다. 그는 없어진 집단원이 스스로 책임을 져야 한다며, 사정을 봐주지 않으려 했다. 프리츠는 이에 동의하지 않으면서, 이 참여자는 스스로 책임지기에는 너무 병이 심각하다고 말했다. 과연, 25년이 지난 지금 생각해볼 때, 그 참여자는 정신병적 상태였을지도 모르겠다.

프리츠는 정신병 환자는 다른 개입이 필요하다는 것을 인식했다. 이 사건은 하나의 예에 불과하다. 나는 프리츠와의 이전 접촉에서 그가 직면시킬 사람과 혼자 내버려둘 사람, 가볍게 접근할 사람 등을 명백히 구분한다는 사실을 알아차렸다. 내가 일하던 병원에서 프리츠를 만났을 때, 그는 다른 사람들이 접근할 수 없었던 철수된 정신병 환자와 접촉을 해내는 특별한 능력을 보여주었다. 하지만 그는 꿈을 다루는 워크숍을 할 때는 환자의 꿈 내용에 전혀 생명의 흔적이 나타나지 않으면, 이를 정신병의 조짐으로 보고 그런 사람과는 작업을 하지 않았다. 삶에서와 마찬가지로 임상적인 작업에서도 그는 분별할 것을 주창했다. 물론 그가 이러한 분별에 항상 성공한 것은 아니었다.

1960년대와 1970년대 초기의 게슈탈트 치료에서는 순간의 패턴에 대한 인식은 있었지만, 특성적 수준에서의 반복패턴에 대한 인식은 적었다. 그리고 에살렌에서의 프리츠와 짐의 아주 조악한 수준에서의 논쟁을 제외하고는 유형학에 대한 관심도 거의 없었다. 그러나 정신병 환자를 다루던 개인 게슈탈트 치료자들은 진단과 변별 치료의 필요성을 알고 있었으며, 따라서 그런 방향으로 나아갔다.

하지만 많은 치료 현장에서는 정신병은 아니지만, 신경증보다는 더 심하게 혼란되어 있고, 문제도 더 심각한 환자들이 있었고, 지금도 있다. 물론 지금 나는 요즘 흔히 '자기 장애(self disorder)'라고 불리는 성격장애에 대해 말하고 있다. 흔히 이 환자들은 치료자를 좌절시키고, 치료하기가 힘들며, 과거에는 치료 효과가 부정적인 경우가 많았다. 이것은 게슈탈트 치료뿐만 아니라 모든 다른 형태의 치료들에서도 마찬가지였다는 사실을 알기 바란다. 전통적인 정신분석에서도 이런 환자들에게서 똑같은 어려움을 갖고 있었다. 때때로 이 환자들은 집중치료를 통해 일주일에 다섯 번씩, 7년이나 10년, 혹은 더 오랫동안 분석을 받고서도 상태가 더 나빠지곤 했었다. 아니면 여러 명의 분석가를 연달아 보면서 아무 진전도 없거나 종종 더 나빠지곤 했다. 이런 문제는 최신 심리치료의 전반적 상황이었지, 게슈탈트 치료나 정신분석의 문제만은 아니었다.

제리 그린월드(Jerry Greenwald, 1973)는 그러한 환자들에 대한 한 가지 반응을 예시했다. 그는 '양육적인(nourishing)' 사람과 '표독한(toxic)' 사람에 대해 글을 쓰기 시작했다. 이런 조악한 이분법은 이런 종류의 환자들을 치료하면서 겪은 좌절감에 대한 반작용이었다. 이러한 접근은 경멸적이었고, 장애의 수준이나 성격 또는 치료자가 다르게 해야 할 것이 무엇인지 파악하는 데에는 도움이 되지 못했다. 그것은 성격장애를 가진 환자의 심리적 조직 내에 어떤 구조적 결함이 있는지는 적절하게 설명하지 못했다. 이러한 태도는 상황을 더 나쁘게 만들었다. 즉, 환자를 좌절시킴으로써 좋은 결과를 얻으려고 시도했다. 그것은 논리적인 것 같아 보였지만, 환자-치료자의 과정을 정확하게 기술하려는 시도를 하지 않았고, 환자의 현상학이 어떤지 점검하지 않았으며, 장기적인 결과가 어떠한지도 고려하지 않았다.

환자들은 자주 피해의식과 분노와 상처를 품에 안고 치유되지 않은 채, 워크숍이나 치료 장면을 떠났다. 그리고 이러한 치료 과정에서 우리는 무언가를 배웠다.

유능하고 책임감 있는 임상가라면 환자가 정신병적인지, 자기나 타인에게 위험한지, 의학적 처치가 필요한지, 아니면 적어도 가능한 의학적 조건을 배제하기 위해 자문을 받아야 하는지, 항정신병 약이 필요한지 변별해낼 수 있어야 한다. 그러한 변별 영역 중의 하나는 환자의 전반적인 성격 구조가 경미한 신경증 수준인지, 심각한 신경증 수준인지 또는 성격장애 수준인지 변별하는 것이며, 또 그 수준 내에서 자기 구조의 성질을 변별해내야 한다. 이는 반드시 해야만 되는데, 게슈탈트 치료 문헌에 상세한 설명이 없으면 다른 전문적 지식이라도 활용해야 한다. 이러한 전반적인 성격 조직의 특성을 변별하는 일은 공식적인 진단과는 무관하게 중요한 일이며, 항상 이루어져야만 하는 일이다.

치료자는 성격장애 환자의 기능이 그들이 살고 있는 대부분의 유기체/환경 장에서 쉽게 무너질 수 있다는 것을 알아야 한다. 성격적 취약성을 가진 환자들의 병인론과 치료법은 게슈탈트 치료든 전통적 정신분석이든 고전적 치료 이론 틀에서는 적절하게 설명되어 있지 않았다. 최근에 자기 심리학과 대상관계 이론에서 이런 환자들에 대한 설명이 나오는 것을 본 후, 어떤 게슈탈트 치료자들은 게슈탈트 치료 과정이론의 아름다움을 포기하고 뉴턴적이고 기계주의적인 치료 틀을 받아들였다. 그러한 틀에서는 이 환자들의 핵심 자기가 조각나고 부서졌다고 말한다. 나의 입장은 사람들이 자기를 '갖고 있다'고 개념화하기보다는 과정의 관점으로 보는 것을 선호한다. 그들은 그들 자신일 뿐이며, 살아 있는 과정이고, 파괴되거나 고칠 수 있는 물건이 아니다. 토빈(Tobin)에게 답신을 하면서 나는 기계적 용어를 사용하는 것의 이론적인 문제점에 대해 논한 바 있다.

장 과정이론의 관점에서 보면, 성격장애가 있는 환자는 지금-여기의 연속적 순간들을 관통하는 응집력 있는 자기를 유지하지 않으며, 유지할 수도 없다. 특히 특정한 종류의 대인관계 접촉에서는 더욱 그렇다. 나중에 이에 대해 자세히 설명하겠지만, 이런 환자들에 대해 좀 더 분명하게 이해할 필요가 있다. 하지만 그렇다고 해서 게슈탈트 치료의 현상학적, 대화적, 장 이론적 틀을 버릴 필요는 없다.

신체적, 사회적, 심리적인 조건 또는 증상이 어떻든지 간에 치료자는 환자의 성격 구조가 응집력이 있는지, 인지과정이 왜곡되지 않고 정상적으로 움직이는지, 환자의 시간, 장소, 사람에 대한 지남력이 유지되는지, 환자가 망상이 있는지, 사고장애가 있는지 등을 알 필요가 있다.

성격장애의 일반적인 특성

신경증 환자들은 알아차림의 감소, 불안 증가, 우울 그리고 내적 갈등을 보인다. 그러나 그들은 다른 사람들의 현상학적인 실재를 포함하여 통상적인 현실에 지속적으로 관심을 보이며, 또한 이를 이해할 수 있다. 그리고 그들의 정체성은 연속성이 있으며, 적어도 자신의 자존감과 타인에 대한 자존감을 지켜주며, 맥락에 유연하게 적응할 수 있다.

성격장애에서는 이 모든 점들이 다르다. 성격장애는 이런 종류의 경계를 짓는 행위와 개인적인 응집성을 유지할 수 없다. 그들은 개인적인 응집성을 갖는 것에 장애가 있으며, (또는) 맥락을 통상적인 지각대로 받아들이지 못하고, (또는) 적절한 친밀감이나 대화적인 접촉을 하지 못한다. 즉, 서로 다른 현상학적 실재를 인정하면서, 떠오르는 현상을 허용하는 접촉을 하지 못하고, 결과만을 목표로 도구적으로 접근한다. 치료자는 이를 인식하고, 그에 따라 다른 개입을 해야 한다.

성격장애는 신경증보다는 더 혼란되고 정신병보다는 덜 혼란된 수준의 성격 조직을 갖고 있다. 정신병에서는 정확한 지각, 논리, 시간, 장소, 사람에 대한 지남력이 혼란되어 있다. 대조적으로 신경증은 스트레스 상황이라도 지각과 사고와 자기반영이 정확하게 유지된다. 신경증에서는 이러한 기능이 최소한이라도 온전하게 남아 있다. 성격장애에서 지남력의 기능은 정신병만큼 혼란스럽지는 않으나, 규칙적인 자기 반영 능력을 포함하여 다른 자아 기능에서는 신경증보다는 더 혼란되어 있다. 특히, 스트레스 상황이나 갈등상황에서 더욱 그렇다.

일반적으로 그들은 자기 행동에 책임을 지는 능력이 부족하고, 자신과 다르거나 갈등이 있는 사람과 잘 접촉하지 못하며, 위협적이거나 고통스러운 것을 알아차리지 않으려 하며, 현재 경험하고 있는 자기 자신을 다른 순간의 자기 자신(과거 혹은 미래)과 잘 연결시키지 못한다.

성격장애에서는 자기를 조절하고, 여러 수준의 감정과 욕망을 담아두며, 소통시키고, 동화시키고, 통합시키며, 자신을 달래고, 진정시키며, 중심을 잡고, 지금-여기의 장에서 자발적으로 떠오르는 전경에 몰입하는 등의 자아 기능의 능력에 결함이 있다. 그들은 특히 자기 자신과 다른 사람을 고려하는 게슈탈트를 형성하기가 어렵다. 전형적으로 이런 환자들은 자신이 누구인지에 대한 일관적인 배경적 감각을 유지할 수 없으며, 또한 자기-지지와 미래의 환경적 지지에 대한 최소한의 신뢰감을 느끼지 못한다. 그리고 이들은 긍정적인 포용, 사랑, 건강하고 균형감 있는 자긍심을 포함해서 자기와 다른 사람들을 향한 최소한의 선의를 느끼지 못하는 결함이 있다.

흔히 그들의 지각과 인식은 실제 상황과 창조적 적응을 위한 가능성을 적절히 평가하지 못한다. 그들은 흔히 현재의 전경이 과거와 연결되어 과거로부터 떠오르는 현재 중심의 알아차림을 하지 못한다. 그리고 아직은 불확실한 미래의 가능성이지만 서서히 떠오르는 전경을 향해 실험적으로 뛰어들지도 못한다.[1]

성격장애는 모두 성격 기능의 분열을 보여준다. 즉, 양극성을 전체로 통합하는 능력에 결함이 있다. 그것의 정도와 유형은 어떤 유형의 장애인가에 따라 다른데, 그것은 아래에서 논의할 것이다. 몇 가지 예를 들면 다음과 같다. 기대와 실망의 통합, 부족과 유능함의 통합, 긍정과 부정의 통합, 가까움과 멈의 통합, 현재와 과거의 통합 등이 그것이다.

나는 두 가지 가장 흔한 성격장애인 자기애적 성격장애와 경계선적 성격장애 그리고 그 치료에 대해 논의할 것이다. 그 다음에 그것들의 치료 필요성에 대해 설명할 것이다. 나는 각각의 장애에 대해 완벽하게 기술하려 하지 않을 것이며, 게슈탈트 치료를 변별적으로 적용시키고자 하는 나의 입장을 보여주는 선에서 그칠 것이다.

자기애의 개념은 심리치료 이론에서 오래되고 혼돈스런 역사를 가지고 있다. 타고난 추동 및 발달과정에 관한 이론의 차이 등이 그동안 정신분석적 토론을 지배해 왔다. 나는 여기서 그러한 이론의 차이에 대해 다루지는 않을 것이다. 나는 이런 환자들

1) 역자 주_ 건강한 사람은 현재 중심의 알아차림을 하는데, 이런 경우에 있어서 현재의 전경은 과거와 연결되어 있으면서 과거로부터 떠오르며, 또 다시 이러한 전경은 아직 불확실한 미래지만 서서히 나타나는 가능성을 향해 실험적으로 뛰어드는 (열린) 움직임을 동반한다. 즉, 건강한 사람의 현재는 과거와 연결되어 있으며, 동시에 미래를 향해 열려 있는 움직임의 과정이다.

의 모습, 현상학, 치료에 대해서 나의 치료 경험 렌즈를 통해 기술할 것이다.

자기애적 성격장애

기술(description)

자기애나 자기애자라는 단어를 쓸 때, 떠오르는 이미지는 매우 자기 중심적이고, 자기를 사랑하는 사람이라서 다른 사람은 전혀 돌아보지 않고, 오로지 자신의 이기적 욕구만 추구하는 팽창된 자기 감각을 가진 사람 같은 것이다. 어느 정도 이 이미지는 DSM-III에 의해 지지를 받고 있다.

다음은 자기애적 성격장애에 대한 DSM-III의 기술이다(Quick Reference, pp. 178-179).

A. 자신의 중요성이나 독특성에 대한 과도한 느낌
B. 무한한 성공, 힘, 명석함, 아름다움, 이상적인 사랑 등에 대한 환상적 몰두
C. 자기 과시: 지속적인 관심과 숭배를 요구한다.
D. 냉정한 무관심 또는 심한 분노감, 열등감, 수치심, 모욕감, 혹은 비판에 대한 무반응, 타인에 대한 무관심, 혹은 패배감.
E. 적어도 다음의 두 가지에 해당
(1) 특권 의식: 상호적 돌봄 의식 없이 특별대우를 기대함
(2) 착취적 대인관계: 자신의 욕망을 위해 혹은 자기 과시를 위해 타인을 이용함; 타인의 개인적 고결성과 권리를 무시함
(3) 대인관계에서 과도한 이상화와 비판의 양 극단 사이를 오감
(4) 공감의 결여: 다른 사람이 어떻게 느끼는지에 대한 인식 능력이 결여됨. 예를 들어, 심하게 아픈 사람의 고통을 알아주지 못함

만약 어떤 이해심 많은 치료자가 자기애적인 사람에 대해 '쉽게 상처받고, 자존감이 낮으며, '자기 감각(sense of self)'을 유지하기 위해 다른 사람들의 관심과 승인, 존중,

사랑을 필요로 하는 사람'이라고 기술한다면, 매우 다른 그림이 떠오를 것이다. 이러한 기술은 적어도 강조점에서 위의 기술들과는 좀 차이가 있는데, D항을 강조한 점에서 특히 그렇다.

이러한 기술에서는 자기애적으로 혼란된 사람에게는 최소한의 외형적 균형 상태를 유지하기 위해 외적인 지지가 필요한 것으로 보고 있다. 그들은 안전감과 응집력 있는 정체성을 유지하는 데 어려움이 있다. 특히 어려운 상황, 예컨대 갈등, 경쟁, 실패 그리고 박탈의 가능성이 있는 상황에서는 더욱 그렇다. 그래서 자기애적인 사람은 수치감으로 가득 차 있고, 분노가 폭발하거나, 절망과 공황상태에 빠질 수가 있다. 이때 그를 위로할 수가 없으며, 그에게 접촉도 불가능하다. 나는 이것을 자기 사랑이라고 부르는 데는 주저할 수밖에 없다.

자기애적인 사람들은 진실로 자기를 우월하게 보는가, 아니면 정말로 불안정한 것인가? 이것은 모순되는 그림인가? 아니면 둘 다를 포함하는 더 큰 그림이 있는가? 아니면 이 용어는 여러 가지 다양한 하위 유형들을 포함하고 있는 것일까? 나는 자기애에는 여러 하위 종류들이 있을 거라고 생각하면서도, 다른 한편으로는 그 다양성을 포괄하는 통합적인 그림이 있을 거라고 생각한다.

자기애적인 사람은 '자기 중심적'이지만, 이때의 자기는 '진짜 자기(true self)'는 아니다. 진짜 자기는 '유기체-환경 장' 속의 자기다. 퍼얼스, 헤퍼라인 그리고 굿먼(p. 235)은 다음과 같이 말했다.

> '자기'를 어떤 순간의 접촉 체계라 부르자… 자기는 작동하고 있는 접촉 경계다. 그것이 활동함으로써 전경과 배경이 형성된다.

건강한 자기 기능은 자기 중심적이 아니라 자기-타인 중심적이다. 건강한 알아차림은 자기에 대한 알아차림이 아니라 자기와 타인에 대한 알아차림이다.

자기애적인 사람은 융합적이고 장 의존적이다. 그들은 다른 사람들의 부드럽고 긍정적인 환대에 매우 의존적이다. 그들은 장에 의존적이지만, 장의 나머지 부분으로부터 적절히 분화되지 않았다. 그들은 환경을 그들을 지지하기 위해 존재하는 것처럼 취급한다. 그들은 다른 사람들을 자율적이고, 서로 다르며, 있는 그대로 가치가 있는, 그들 자체로서의 목적으로 보지 못한다. 그들은 다른 사람의 욕구가 자기 자신의 것만큼 중요하다는 것을 모르며, 흔히 다른 사람의 욕구는 전혀 보지 못한다.

만약 자기애적인 사람이 겉으로 보이는 만큼 자신에 대해 훌륭하게 느낀다면, 그리고 건강한 자기가 자기-타인 지향적이라면, 왜 그들은 장 의존적이고 자기 중심적이겠는가? 우리는 나중에 그들의 특징 중의 하나가 타인에 대한 경멸이라는 것을 볼 것이다. 왜 안정적이고 훌륭한 사람이 다른 사람을 경멸할 필요가 있겠는가? 왜 그들은 다른 사람의 욕구를 더 존중할 수 없겠는가?

팽창된 자기애자의 팽창된 자기 이미지는 자기를 고갈시키고, 위축시키는 수치스러운 경험을 회피할 수 있도록 해준다. 수치감의 상태가 우세하다면, 자기애자의 동정적인 모습이 더 드러난다. 내 의견으로는 자기애적인 환자에게 팽창되거나 위축된 이미지가 진정한 양 극의 모습으로 항상 함께 존재한다. 위축된 환자는 의식적이거나 무의식적으로 과대적인 자기상을 갖고 있는데, 이러한 과대적인 자기상은 그들의 위축된 경험을 이해할 수 있게 해준다. 또한 역으로 위축된 모습은 그들이 왜 그렇게 완강하게 팽창된 또는 과대적인 이미지를 방어하는지 이해하게 해준다.

폴은 48세 된 심리학자다. 그가 환자와 있거나 집단 앞에 있을 때, 그의 얼굴은 에너지로 가득 차 있고, 눈은 맑고 빛나며, 표정이 풍부했다. 그는 유연하고 우아하게 움직였다. 그의 말은 분명했다. 그는 권위적으로 그리고 현전한 상태에서 말했다. 많은 그의 환자들이 개인적으로 감명을 받고, 그를 따르며, 영감을 받고 좋아했다. 이는 훌륭한 접촉이며, 타인에 대한 돌봄이 아닌가?

모든 것이 보이는 것 같지는 않은 것 같다. 그는 다른 사람을 자신의 영광의 수단으로 이용하기 때문이다. 환자들이 그를 칭송하고, 그가 환자들을 어딘가로 이끄는 것, 이 모두가 그의 자기 감각에 중요한 것이었다. 그는 수평적 관계에서 환자를 있는 그대로 긍정해주고, 그런 과제에서 얻는 자기 확인으로는 만족하지 못했다.

그는 환자들이 없는 데서 환자를 평등하고 균형 잡힌 방식으로 보지 못하고, 평가절하하거나 우쭐한 방식으로 말했다. 자기 팽창은 그의 핵심적인 태도라는 인상을 주었다. 성공한 환자는 그런 훌륭한 사람을 치료하는 그가 얼마나 훌륭한지를 반영하는 것이며, 또한 못난 환자는 그런 '또라이'(그의 말)를 환자로 받아들인 그가 얼마나 훌륭한 치료자인지를 반영하는 것이었다. 그는 자신이 생각한 것보다 일찍 치료를 그만두려는 환자에게는 자신의 도움 없이는 좋아질 수 없을 거라고 말하곤 했다.

자신이나 환자들이 알지 못하는 사이에 환자는 그에게 하나의 독립된 존재가 아니라, 자신의 욕구의 확장에 불과했다. 환자가 그에게 동의하지 않거나, 혹은 자신의 제안을 따르지 않거나, 자신이 생각하기에 종결해도 좋다고 판단하기 전에 환자가 먼저 치료를 그만두겠다고 할 때, 그의 본연의 모습이 드러나며, 환자를 자기 조절 능력을 가진 '타인'으로 대하지 못하는 것이 분명해진다. 이럴 때 그의 팽창되었던 자기는 바람 빠진 풍선처럼 위축되었다. 다양한 방식으로 그는 우울감과 분노, 원망, 비정함을 느낀다.

사회적 관계에서도 그는 비슷한 자기 팽창과 위축을 반복해서 보이며, 접촉 또한 상호 관계적으로 보이지만 실제로는 자기 중심성을 투사한 것에 불과하다. 그는 자신에게 맞는 여성을 계속 찾아왔다. 그는 새로운 여성을 보면 그녀의 외모, 정신세계, 지능, 독립성 등을 재어보고, 판단하고, 비교해본다. 그의 애정관계는 대부분 여자가 그를 숭배하고 아첨해주는 것으로 시작된다. 때로는 그가 여자를 칭찬하면서 시작되기도 한다. 물론 시간이 지나면서 어느 경우든 매번 실망을 피할 수 없다. 그리고 그는 실망을 할 때마다 그녀가 자신의 '올바른 배필'이 아니라고 단정했다. 그러면 애정은 급속히 식었고, 그녀는 더 이상 아무런 가치가 없어졌다. 48세임에도 그는 결혼한 적이 없으며, 매번 팽창된 자기 감각으로 새로운 관계를 시작하면서 이번만은 다를 것이라고 믿는다.

자신이 받는 치료에서 폴은 자신의 치료자가 훌륭하고, 최고이며, '매우 영적인' 사람이어야 한다고 생각했다. 치료 초기에 그는 치료자가 모든 면에서 '일류'가 아니라는 조짐이 보이면, 매우 약한 모습을 보였다. 나는 폴처럼 환자의 자기애와 결탁하여 환자에게 아첨하는 치료자를 선택하는 환자들을 많이 알고 있다. 자기애적 환자가 예후가 좋으려면 자신의 경험을 끝까지 존중해야 하고, 치료자는 완벽하고, 환자의 비위를 맞추어야 한다는 착각을 버려야 한다.

바벳은 40세 된 간호사다. 대부분의 시간에 그녀는 우울하고, 혹사당하고, 무기력하고, 불행하고, 무능력하다고 느꼈다. 자신이 겪고 있는 곤경에 대해서는 일관성 있게 자신의 책임을 느끼지 못하고 있었지만, 또한 자신에 대한 존중이나 애정도 거의 없었다. 그녀는 남자를 고를 때 돌보는 마음이 있는지, 심리적인 정직성이 있는지 보지도 않고, 매력적이고 우람한 몸의 남자를 선택했다. 그런 남자는 결국 항상 '나쁜 놈'으로 판명되었다. 힘 있는 남자는 그녀의 마음을 사로잡아 우쭐하게 만들었지만, 실망감만 느끼게 하고 방치하여 그녀를 고갈되고 위축된 채로 두고 떠나버린다.

바벳은 쉽게 상처받고, 쉽게 눈물을 흘리고, '화를 낸다.' 실제로 그녀는 다른 사람과 분노감을 가지고 '접촉'하기보다는 분노를 터뜨려버린다. 그녀는 치료할 때 온전히 그녀의 경험에만 초점을 맞춰주길 원한다. 즉, 새로운 자료나 반대되는 관찰이나 감정 혹은 그녀의 알아차림 과정에 대한 좀 더 세밀한 현상학적 탐색 혹은 실험 등은 모두 배제하고, 오로지 그녀의 현상학적인 실재에만 초점을 맞춰주기를 바란다. 그녀는 상처를 받으면 성이 나고, 원한이 사무친다. 다른 사람으로부터 공감과 동정을 받으면, 그녀는 빨리 그 사건에서 회복될 수 있다. 하지만 '가해자'로부터 무조건 항복이나 사과 혹은 동의가 없으면, 그녀는 전혀 회복되지 않는다.

내가 '강요된 융합'이라고 부르는 것을 그녀는 이해라고 하며, 자신의 경험이 실제적이고 강렬하지만 절대적인 진리는 아니라는 사실을 모른다. 만약 그녀가 '등에 칼을 맞은 것 같다.'고 느낀다면, 그녀는 문자 그대로 등에 칼을 맞은 것처럼 무능력해졌다고 믿는다. 어떤 다른 조망도 그녀에게는 불가능했다. 그런 기분상태에서는 그녀 자신이 조금 전에는 다른 기분이었다든지 혹은 내일은 다르게 느낄지도 모른다는 사실 등이 전혀 와닿지 않았다.

바벳과 폴은 반대인 것처럼 보이지만, 성격 조직의 양상은 비슷한 점이 많다. 폴은 세상의 꼭대기에 있는 것 같고, 바벳은 밑바닥에 있는 것처럼 보인다. 하지만 그녀의 마음속에는 그녀 자신도 잘 모르고 남들에게는 더더욱 드러내 보이지 않는 '거대 자기감(grandiosity)'이 존재한다. 폴은 '거대 자기감'의 풍선이 터졌을 때 닥칠 수 있는 갑작스런 추락을 어떻게 해서든 방어하려 한다.

폴과 바벳은 둘 다 자기 중심적이고, 장 의존적이며, 융합적이다. 두 사람에게 모두 거대 자기감과 '위축감(deflation)'의 양극성이 성격 조직의 핵심이다. 하지만 그들은 양극성의 각각 다른 측면을 드러내고 있을 뿐이다. 양극성의 다른 반대 극을 보기 위해서는 밑바닥까지 들여다보아야 한다. 경험이 없는 치료자는 폴이 위축되는 것에 얼마나 취약한지 알면, 즉 자기-지지가 얼마나 약한지 알면 놀랄지도 모른다. 또한 바벳이 위축되지 않기 위해 얼마나 팽창된 자기 이미지를 가져야 하는지를 알면 놀랄 것이다.

이미지 중심과 소외

자기애적 환자는 이중으로 소외되어 있다. 그들은 자기 중심적이기 때문에 다른 사람들로부터 소외되어 있다. 그들은 자신이 누구인지, 실제로 무엇을 경험하는지 보다는 자기 이미지에 초점을 맞추기 때문에 진짜 자기로부터도 소외되어 있다. 다른 사람들과의 관계에서도 그들은 사람보다는 이미지와 접촉하는 경향이 있다. 전형적으로 자기애적인 사람은 다른 사람이 얼마나 매력적인지(또는 매력적이지 않은지) 혹은 얼마나 유명한지와 접촉할 것이다. 경멸 또는 이상화가 자기애적인 사람들이 다른 사람을 보는 렌즈다.

자기애적 성격장애 환자가 사람과 사람의 접촉 및 자기 알아차림에서 경험하는 대부분은 전혀 사람과 사람의 접촉이 아니며, 자신의 가장 내적인 감정의 알아차림이나 타인과의 관계의 질에 대한 알아차림이 아니다. 권위적 유형의 자기애자들은 대인관계에서 접촉을 하는 것처럼 보이고, 고갈된 유형의 자기애자들은 정서적인 표현이 있는 것같이 보이지만, 둘 다 실제로 다른 사람들과 접촉을 하고 있는 것은 아니다.

더구나 그들은 자신의 과거와도 소외되어 있으며, 자신의 낫기 전 상태와 연관이 되면 수치감을 느낀다. 그들은 현재의 경험에 초점을 맞추고 있기 때문에 (특히, 우월한 기분상태에서는) 자신의 과거 경험을 (지금 경험의) 의미 있는 배경으로 삼지 않는다. 그들은 또한 과거의 자기와 탈동일시를 하며, 과거의 자기를 경멸하는 경향이 있고, 타인과의 관계에서 서툴렀던 과거의 자기를 비난한다.

이 환자들에게는 자신이 현재 느끼는 기분 이외의 다른 기분상태를 상상하는 것은 어려운 일이며, 다른 사람의 정서적 경험을 상상하는 것도 힘들다. 이 때문에 그들에게는 다른 사람의 감정을 공감하는 것이 매우 어려운 일이다. 그들에게는 정서적으로 불안정한 상황에서 지속적으로 심리적 평형상태를 유지하는 것이 어렵다. 그 이유는 정서적 안정 상태를 유지하기 위해서는 자신이 현재 처해 있는 상황이나 기분상태와는 다른 상황 및 상태를 상상하고, 그와 동일시할 수 있어야 하기 때문이다.

특별하고 싶은 욕구

자기애적인 사람들은 자주 학령 전 아동과 비슷하게 생각하고, 느끼고, 행동한다. 그들은 이 시기의 아동들에게서 흔히 볼 수 있는 과장된 자신감을 보여주며, 아주 어린 아이들에게서 볼 수 있는 것처럼 타인의 욕구를 고려하지 못하는 모습을 관찰할 수 있다. 물론 성인 자기애자가 학령 전 아동과 똑같지는 않다. 세 살짜리의 과장되고 자기중심적인 행동은 권위적이거나 고갈된 어른이 보여주는 유사한 행동과는 상당히 다르다.

그들의 자신에 대한 관점은 흔히 왜곡되어 있어서 자신을 특별한 존재로(재능이 있다거나, 똑똑하다거나, 심지어는 특별하게 아프다거나 등) 본다. 그들은 특별해야 된다. 그들은 흔히 특별한 대우를 받거나 생산물을 사용할 특권이 있는 것처럼 느낀다. 그런 것들은 보통 노력하거나, 위험을 감수하거나, 시간을 투자하여 배워야 하는 것들인데도, 그들은 그런 대가를 치루지 않고 그것들을 바란다. 다른 한편으로는, 이런 태도와는 정반대로 자신은 어떤 경우에도 전혀 대접받을 자격이 없다는 태도를 보이기도 한다.

그들(스타, 천재 등)은 자주 희생자처럼 느끼고, 오해받는다고 느끼며, 자신의 진정한 가치를 몰라준다고 불만스러워하지만, 대인관계에서 조종적이고 착취적이다. 그들은 공감 능력이 부족하여 다른 사람들이 바라보는 대로 삶을 보지 못한다. 사실, 다른 사람은 자신의 욕구나 환상을 연장시키는 관점 이외에는 자신과 상관이 없다. 자기애적인 취약성 하나만으로는 자기애적 성격장애 진단을 내리기에 부족하다. 다른 사람의 욕구와 감정에 공감적으로 반응할 수 있는 능력이 진단의 중요한 부분이 된다. 자기애적 성격장애 환자가 정말로 이 점에서 변하는 것은 치료 후반부에서야 가능하다.

이 환자들은 자신의 진짜 자기의 욕구가 존중되는 분리된 인간으로 대우받기보다는 그들 부모의 욕구에 따라 이용된 개인사를 가진 경우가 많다. 그 부모들은 진정한 공감을 보여주지 못했다. 심지어 자녀의 성취마저 부모의 영광에 이용되었다. 자율적인 아동의 '진짜 자기'는 마치 존재하지 않는 것처럼 취급되었다. 나중에 자기애적이 되는 아동은 이러한 부모의 침해가 있기 때문에 자신의 진짜 자기를 보호하기 위하여 주관적인 이미지, 특히 과장됨과 이상화의 이미지 속에 산다.

장 의존성

사람들은 자신도 그 한 부분인 '장(field)'을 떠나서 따로 존재할 수 없다. 그러나 우리는 실존적으로는 장의 나머지 부분들과 구별됨으로써 존재한다. 사람들은 모든 종류의 영양분을 위해 (음식, 존경, 사랑, 피드백 등) 심리적, 신체적 장의 나머지 부분에 의지하고는 있지만, 대부분의 어른들은 신경증적인 어른이라고 할지라도, 이런 욕구가 충족되지 않는 상황이라도 자신의 응집성, 안정감을 유지하고, 자신에 대해 긍정적인 느낌을 가질 수 있다.

자기애적인 사람은 이보다 더 장 의존적이다. 우리는 뭔가 결핍되었을 때는 결핍감을 느끼지만, 그래도 분명한 자기 감각과 함께 자신에 대한 애정과 존경을 느끼는 것이 보통이다. 그러나 자기애적인 사람은 수치심이 많으며, 안전감과 응집성, 온유함을 느끼려면 외부적인 것을 이용하여야 한다. 치료받기 전에 그들은 자기 자신을 있는 그대로 받아들이고 보살피고 존중하는 능력이 부족하다.

모든 사람이 외부로부터 자양분이 필요하지만, 그것을 자신의 정체감이나 응집성, 항상성과 같은 내적 감각에 대한 대체물로 사용하지는 않는다. 신경증 환자는 아무리 눈이 멀었다 하더라도 외부의 현실을 '외부의' 현실로 볼 수 있다. 자기애적 성격장애는 외부의 현실을 자기 자신과 욕구의 확장으로 본다.

자기애적 환자는 자주 투명인간처럼 느낀다. 인정받지 못하거나 자신의 감정과 신념을 다른 사람들이 반영해주지 않으면 이들은 자신을 투명인간처럼 느끼고, 자신의 안녕 뿐만 아니라 심리적 존재감마저 위협을 느낀다.

네 개의 D

치료는 진정한 접촉을 하게 해주고, 그 방법과 더불어 진정으로 존재하는 것을 배우도록 해주어야 한다. 심리치료를 하기 전의 자기애자들은 자신의 환상과 일치되는 성공을 이루었을 때에만 자기 자신을 가치 있게 여기는 융합과 환상의 체계 속에서 산다. 그들은 자기 경험이 자신이 어떤 사람이어야 한다는 환상과 일치되지 않으면 자신을 받아들이지 못한다. 예를 들어, 자기애적인 사람은 시간에 따른 발달을 고려하지 않는다. 그러므로 자신이 할 수 있는 것에 대해서는 과장된 자부심을 느끼지만, 어렵다고 느끼는 것에 대해서는 배우려고 하지 않는다. 그들은 노력이 자연스런 것이라 생각하지 않으며, 노력해야만 한다는 것을 인정하지 않는다. 그리고 자신이 무언가 배우는 과정에서 고통을 겪는 것에 대해 기특하고 대견스럽다는 느낌을 갖지 못한다.

학습 상황에서 수치심 반응을 보이는 것은 자기애적인 사람들만이 아니다. 수치심 경향이 있는 사람들은 일반적으로 그들이 잘 모르는 것에 부닥쳤을 때 수치심을 느낀다. 이때 그가 몰랐던 것이 정말 중요한 것이든 아니든, 그리고 그것을 스스로 알게 되었든 아니면 다른 사람이나 시험에 의해 밝혀졌든 상관없이 똑같이 수치심을 느낀다.

하지만 자기애적 성격장애자들에게는 이러한 어려움이 훨씬 심하다. 신경증적 수치심 경향성이 있는 사람들은 자기애적 성격장애자들과는 달리, 시간이 경과해도 팽창-수축 양상이 없이 응집력 있는 정체성을 유지하면서 이 문제를 다룰 수 있으며, 대개는 현재 하고 있는 과제에 집중할 수 있다. 다른 신경증 환자들과 마찬가지로 수치심 경향이 있는 신경증 환자들은 자기반영 능력을 유지하지만, 자기애적 성격장애자들은 그렇지 못하다.

좌절, 갈등, 실패, 박탈, 어려움, 비판, 수치심으로 인해 자기애적으로 혼란된 사람은 네 가지 D를 경험하게 된다. 위축(deflation), 고갈(depletion), 우울(depression), 절망(despair). 자기애적인 성격장애자들에게는 직면이나 해석 또는 실험이나 제안, 심지어는 접촉하는 것도 평정심을 잃고 위축되게 만들며, 완전히 고갈된 느낌과 우울, 절망감을 느끼게 한다. 그들은 자기 감각, 상대적인 안전감, 안녕감, 구조적인 응집성, 시간적인 안정성을 상실한다.

그들은 마치 안이 빈 것처럼, 즉 '자기가 없는 것'처럼 고갈된 느낌을 느낀다. 그들은 공기가 없는 풍선처럼, 날 수 있는 에너지가 없는 것처럼 위축감을 느낀다. 그들은 우울하다. 생리심리적인 에너지 기능이 지체되고, 자존감이 저하되며, 중요한 감정들을 회피한다. 예컨대, 외로움과 슬픔을 느끼기보다는 우울을 느끼며, 현재의 위기를 넘어서는 변화에 대해 희망이나 신뢰를 지탱하지 못하고 절망해버린다.

나는 인간 심성의 회복을 위해서 사람과의 접촉이 필요하다고 믿는다. 네 개의 D를 경험하는 자기애자들은 공감적인 유대를 필요로 한다. 그러나 치료 이전의 그들 체계는 다른 사람을 분리된 사람으로 보지 않으며, 이 때문에 실제 접촉(대화, 친밀감)을 하지 못한다. 거대 자기감이나 고갈된 느낌은 있는 그대로의 사람과 정확히 접촉하지 못하게 한다. 이 때문에 치료는 자기애자들에게는 위험한 일이 되며, 치료자들에게는 어려운 일이 된다. 아무리 부드럽고 공감적이고 애정을 갖고 치료를 하더라도 이런 환자들에게 불가피하게 직면적인 효과를 가질 수밖에 없다.

물론 효과적인 치료라면 환자로 하여금 유기체/환경 장의 요구, 예를 들어 그들 자신의 유기체적인 욕구와 능력을 포함하여 다른 사람들의 욕구, 한계 등을 느끼게 해주어야 한다. 여느 다른 배움과 마찬가지로 이것은 좌절과 갈등, 어려움을 동반한다. 자기애적 환자들이 이 과정을 성공적으로 통과하려면, 치료자가 오랫동안 일관성 있게 그들의 욕구에 공감적으로 '조율(attune)' 해줌으로써 감당하기 어려운 위축감과 고갈되는 느낌으로부터 그들을 보호해주는 지속적인 치료 관계를 필요로 한다.

자기애적 시소게임

자기애적인 사람은 현상학적으로 시소 상태에 사로잡힌다. 시소의 한쪽 끝은 '팽창감(inflation)' 이며, 다른 쪽 끝은 '위축감(deflation)' 이다. 팽창감의 극(pole)은 거대 자기감의 극이며, 유명인이나 스타와 같은 존재가 된 것 같고, 흔히 다른 사람을 경멸하고 짓밟고 평가절하하는 것을 동반한다. 시소의 위축감의 극은('위대하지 못하면 쓰레기나 다름없다.') 시기심과 수치심 그리고 분노를 느끼는 배고프고 길 잃고 힘없는 유아와 같다. '거대 자기감(grandiosity)' 은 이 위축된 상태를 자각하지 못하게 회피하도록 도와준다.

위협감을 느낄 때, 팽창감이라는 풍선이 터질 때, 갈등이 있을 때, 이들은 자기애적인 상처를 받는다. 이것은 즉각적이고 총체적인 상태의 변화로 마치 어떠한 내적인 심리적 과정도 지속되지 않는 것처럼 보인다. 모든 안전감이나 자기 가치감은 없어지며, 흔히 시간적인 지속성마저도 상실된다. 보통 때라면 가능했을 수도 있지만, 이 상태에서는 자신의 내적 자원에 대한 현상학적인 접근도 어렵다.

신경증적인 수치감 경험과 자기애적 성격장애의 자기애적인 상처를 서로 비교하면 흥미로운 점이 있다. 신경증적으로 수치감이 많은 사람은 계속해서 자기반영과 자기점검을 할 수 있다. 부정적인 경험이나 경쟁심 또는 갈등을 경험하면 그들은 '내가 뭘 잘못했지?' 라는 질문을 한다. 이 신경증적인 수치감 때문에 다른 사람의 자신에 대한 사랑의 감각을 잃으며, 그 순간 자신이 결함이 있는 것으로 느껴져 숨고 싶어한다. 하지만 그렇다고 해서 자기 감각이나 다른 사람에 대한 감각을 완전히 잃지는 않는다. 그들은 자신의 정체성을 잃지 않으며, 자기와 타인 간의 구별 능력 또한 완전히 잃지 않는다(비록 내사와 반전이 심하기는 하지만). 여전히 문제에 대한 대처 능력을 갖고 있으며(수치심 때문에 방해를 받기는 하지만), 회복할 수 있는 능력이 있다. 수치심 때문에 수행을 하지 못하면, 이 신경증 환자들은 환경과 다른 사람을 비난하는 것만큼 자기 자신도 비난한다. 자기애적 성격장애는 좀 더 총체적으로 타인에 대한 정서적 상실을 경험한다. 그들은 이것을 방어적인 거대 자기감으로 경험하거나, 더 흔하게는 갑작스럽고 전반적인 위축감이나 분노로 경험한다. 이 시기 동안에는 과업을 수행할 수 없고, 회복하는 것이 매우 더디며, 자신의 곤경에 대해 자기 자신을 탓하거나 자신의 부적절감에 대해 책임을 지기보다는 다른 사람의 탓으로 돌린다. 이 상태에서 그들은 무자비해질 수 있으며, 무책임하고 비윤리적이고 불법적인 행동이나 거친 요구를 정당화하곤 한다. 그들은 반대 의견에 부딪치거나 좌절스런 대우를 받으면, 이를 아주 불공정하고, 무가치하며, 벌받는 것이라고 생각한다.

두 가지 극의 요약

팽창감 (나는 위대해!)	위축감 (나는 쓰레기야)
경멸	배고프고, 길 잃고, 힘없는 유아
제멋대로인	시기하는
무시하는	수치심, 분노감 또는 공황

그러나 그들의 자기 가치감은 다른 사람들이 자기를 어떻게 대우해주는가에 달려 있기 때문에 이런 책략을 쓰더라도 여전히 수치심을 느끼고, 자기 가치감이 떨어지게 된다. 하지만 이들은 자신의 상황에 책임을 짐으로써 자기-지지를 하지 못하기 때문에 자기애적 상처를 입는다. 이것은 팽창감 위주의 자기애자든 위축감 위주의 자기애자든 마찬가지다.

실 망

자기애적 성격장애가 갖고 있는 결함 중의 하나는 실망을 다루는 방식이다. 자기애자는 좀체 실망감을 소화시키지 못한다. 그들은 '조금 실망했다.'는 정도로 생각하지 못한다. 그들의 기대는 팽창되어 있어, 전부 아니면 아무것도 아니라는 식이다. 불가피하게도 그들의 경험은 기대와 완벽하게 일치할 수 없다. 그들의 기대는 거품과 같아서 조그마한 실망도 거품을 둘러싼 막을 터뜨려버린다. 거품이 터질 때, 팽창된 자기애자는 실망시킨 대상이나 경쟁 대상을 경멸하고, 자기 마음대로 대하고 무시한다. 위축된 자기애자는 배고프고 어쩔 줄 모르고, 힘없는 유아 상태를 보여준다. 이 상태는 시기와 수치, 분노가 특징이다. 시기심은 팽창된 자기애자의 경멸과 마찬가지로 파괴적이다.

자기애자는 있는 그대로의 자기가 아닌 우월적-위축적인 자기와 동일시한다. 그들이 경험하는 어떤 따뜻함이나 흥분, 안전감도 보통의 일상적인 것과는 연관되지 않는다. 그들은 특별하거나 예외적인 것과 동일시한다. 그들에게 평범한 것은 반드시 결함이 있고, 지루하고 재미가 없으며, 예측할 수 없고, 안전하지 않으며, 무가치하다. 평범한 사람을 누가 사랑하겠는가? 평범한 사람을 사랑하거나 흥미 있어 하는 사람은 스스로 결함이 있음에 틀림없다고 생각한다.

나는 정상적인 사람은 자기 자신에 대해 따뜻함이나 만족감 또는 좋은 감정을 갖고 있으며, 실망했을 경우에도 이 감정은 다소 줄어들지라도 지속된다고 생각한다. 다른 말로 하면, 정상적인 사람은 실망을 하더라도 수치심과 고갈된 느낌에 빠지지 않을 수 있다. 그런데 자기애적 상처가 일어나면 그렇지 못하다. 즉, 팽창된 기대가 완전히 충족되는 것과 어떠한 가치나 우아함, 중요성을 전혀 느낄 수 없는 몰락한 상태의 양 극단 사이에 중간이 없다. 그것은 연속적인 체계가 아니라 이분화된 체계인 것이다.

실망감이나 속상한 감정, 고통, 상실감, 실패가 있을 때, 어린이는 대처 능력을 배울 수 있다. 부모가 아이에게 사랑스러운 관심을 갖고 비교적 조용하게 머물러줄 수 있으며, 어린이의 감정을 포용하고 '품어줄' 수 있고, 속상한 마음을 스스로 허용하게 하여 감정이 표현되고, 이해받고, 건강한 방향으로 흐를 수 있다면, 어린이는 이해받는 느낌을 갖고, 위로를 받으며, 부정적인 정서는 조정되고 해결된다. 이 과정은 공감적인 부모와의 관계에서 일어나며, 어린이는 이러한 과정을 동화시키고, 이를 배워 스스로 할 수 있게 된다. 자기애적인 환자는 자신의 감정을 인식하고 품어주고, 조정하며, 스스로를 위로하는 기술이 결핍되어 있다.

발달적 배경

자기애적인 환자의 발달적 배경에 대해 쓴 책들이 많지만, 게슈탈트 치료의 틀에서 쓴 것은 많지 않다. 나는 현재 논의와 관련된 몇 가지 항목만을 언급할 것이다. 게슈탈트 치료의 틀에서 논의되는 좀 더 자세한 발달이론은 나중에 이루어질 것으로 기대된다.

내가 치료한 자기애적 환자들은 모두 초기 아동기에 부모와의 진실한 접촉 경험이 부족했던 것이 특징이었다. 그러나 그들은 치료 시간에 그러한 과거에 대해 이야기하면서 치료를 시작하지는 않는다. 흔히 그들은 현재의 문제를 이야기하고, 그들의 어린 시절은 멋지고 좋았으며, 특별한 일은 없었다고 말한다. 그들은 흔히 가족, 특히 어머니가 훌륭했다고 이야기한다. 때로는 어머니와 특별히 가까웠다고도 이야기한다. 치료자였던 환자인 폴은 그와 어머니 사이를 그렇게 이야기했다. 고갈된 느낌을 가진 자기애자는 흔히 그렇게 좋은 어머니가 있었는데, 자기는 어떻게 그렇게 불안정한지 이해할 수 없다고 이야기한다.

명석하고 잘생긴 전문직 환자가 있었는데, 그는 치료 초기에 어머니에 대해 다음과 같이 말했다. "어머니는 세상에서 가장 훌륭한 조그마한 어머니였어요." 나중에야 천천히 그녀가 자기애적으로 고갈된 느낌을 갖고 있고, 자기 중심적이며, 통찰력이 부족해서 아들의 최소한의 욕구도 들어주지 못한 것으로 드러났다. 그녀는 술을 과하게 마셨으며, 자신의 문제를 아들이 정서적으로 돌보게 만들었으며, 자신은 남편의 부당한 대우 때문에 오랫동안 고통받는 존재라는 인상을 심어주었다. 조금이라도 직면시키면, 그녀는 위로할 수 없는 고통에 빠져들었다. 이야기가 진행되면 될수록 어머니의 행동이 난폭했었다는 것을 치료자는 알아차리게 되었지만, 환자는 이를 처음에는 잘 알아차리지 못했다. 환자는 어머니의 자기상을 내사했는데, 이는 그럴듯하고 사랑스러운 가족을 가졌다는 느낌을 갖기 위해 적어도 한 사람의 부모를 이상화할 필요가 있었기 때문이었다.

자기애적 환자의 아동기의 가장 중요한 측면은 보통 (주변으로부터) 그들의 정서 경험, 욕구, 능력, 약함 등을 포함한 '진정한 자기'를 올바로 인정해주는 방향으로 인식되거나 그에 맞는 적절한 반응을 받지 못한다. 학령 전 시기부터 부모는 이런 아동을 자신의 정서적 욕구보다 다음 순위에 놓는다. 따라서 아동의 감정은 인식되거나 존중되지 못한다. 이들은 부모의 자존감을 반영했을 때를 제외하고는 발달적 성취를 이룬 것에 대해 좀처럼 칭찬을 받지 못한다. 이들은 실제로 성취가 없을 때 비정상적으로 칭찬을 받거나, 성취가 있을 때는 최소화되거나 부모 덕분으로 돌려진다. 간단히 말해서 환자는 전혀 특별하게 취급되지 못했다.

한 가지 변형으로서 너무나 특별하게 취급받은 나머지 어떻게 해도 잘못한 것이 없는 어린이를 들 수 있다. 그 '어린 왕자님'은 자주 아주 작은 일로 칭찬을 받았다. 그는 전혀 노력을 할 필요가 없었으며, 그가 받은 칭찬은 자기의 노력에 의한 것이 아니었다. 이들도 인정을 전혀 받지 못해 자신감이 없는 사람들과 마찬가지 결과를 경험하게 된다. 왜냐하면, 이들도 마찬가지로 자신의 진정한 자기가 (타인들로부터) 인식되지 못했기 때문이다.

학령 전 아동은 자연적으로 거대 자기감과 이상화의 과정을 거친다. 이는 순진하게 안전감과 유능감을 가정하는 발달과정과 함께 가는 것 같다. 나는 내 딸이 걸음마를 배우고 난 직후에 어떤 지표면이라도 걸어 나가 거뜬히 생존해낼 수 있다는 자신감과 문제가 있더라도 누군가가 자신을 붙잡아주리라는 믿음이 있는 것처럼 행동했던 것을 기억한다. 따라서 이상화의 단계를 거치는 것도 정상적인 것이다. 나는 내 아들이 나에게 불가능한 일을 해달라고 요구했던 것을 기억한다. 내가 "안 돼."라고 말하자, 아들은 순진한 큰 눈으로 나를 바라보면서 "돼요."라고 대답했다. 그 말의 의미는 "물론 아버지는 할 수 있어요."라는 것이었다.

초기 아동기의 정상적인 발달에서 아동은 그의 부모가 결함이 있지만 여전히 멋있고, 자신도 결함이 있지만 여전히 멋있다는 점을 배운다. 아동은 작은 실망이 재앙이 아니라는 것을 배우며, 평범한 것이 좋고 사랑받을 수 있다는 점을 배운다. 미래에 자기애적으로 되는 사람의 실망 경험은 너무 충격적이어서 그것을 소화해내지 못한다. 그들이 성인이 되어 살면서 실망은 좋은 경험들을 잃어버리고, 자기 구조를 상실하게 만든다. 발달과정에서 자기애적 환자들은 너무 많은 실망 혹은 적어도 갑작스런 실망을 경험했거나, 또는 반대로 너무 보호적으로 다루어지고 만족시켜주어서, 거대 자기감이 있고 실망감을 충분히 경험하지 못했다. 치료 초기에는 그들의 삶이 '만족스러웠으며', 실망감이나 갈등이나 환멸 등으로 고통받은 적이 없다고 말하는 환자들도 나중에는 종종 사실은 (부모로부터) 오해받고, 이용당하고, 박탈감이 들고, 진정으로 자신이 누군지 외면당했었다고 보고한다.

미래의 자기애적 환자가 어린 시절에 받아보지 못한 중요한 욕구 중에 하나는 속상한 일을 당하고 나서 정서적으로 반응적인 부모에 의해 효과적으로 위로받는 것이다.

경계 혼란

자기애적 환자는 자신의 과장되고 이상화된 이미지와 융합되어 있다. 주로 위축감의 상태에 머무는 사람은 또한 우월하고 이상화된 이미지와 융합되어 그들 자신을 이상적 이미지와 비교하여 본질적인 결함이 있는 존재로 본다. 그들은 사랑받고 존경받으려면 어때야 한다는 가족적 신화를 포함하여 많은 내사들을 갖고 있다.

그들은 대체로 건강한 방법으로 실망을 반전시키는 법, 다시 말해서 그 감정을 보유하고 품고 있다가 사회적으로 건설적인 방법으로 표현하고 배출해내며, 자신에 대한 좋은 감정을 달래주고 유지해가는 능력이 부족하다.

그들은 또한 수많은 투사와 투사적 동일시를 한다. 자기 비판을 다른 사람에게 투사하여 자기에게는 진실이지만 다른 사람에게는 진실이 아닐 수도 있는 부정적인 판단, 부정적인 가치, 부정적인 정서를 다른 사람이 갖고 있다는 식으로 의사소통을 해석한다. 다른 사람이 웃거나 농담을 하거나 관찰하거나 정서적인 표현을 하면, 흔히 자신에게 부정적인 태도를 갖고 있다고 판단하거나, 혹은 그 사람이 결함이 있는 것으로 본다. 탐색해보면 흔히 양쪽 모두 투사로서 판명된다.

내가 말하는 투사적 동일시란 자기 자신의 어떤 측면을 소외시키거나 받아들이지 않고 다른 사람의 것으로 돌리는 행위로서, 이때 그 부분이 투사된 사람을 피하는 것이 아니라 (또는 그 사람에게 저항하지 않고), 그 사람과 동일시하는 것이다. 그러므로 자신의 지적인 능력을 인정하지 못하는 똑똑한 사람은 자신의 애인이 똑똑하다고 지각할 수 있다. 매우 똑똑한 자기애적인 여성이 그녀의 남편을 매우 능력 있고 지적으로 보는 반면, 그녀 자신은 평범하게 (그녀의 용어로는 '좋지 않은 물건') 보고 있었다. 그는 그녀를 비판하곤 했는데, 때로는 이성적이기도 했지만, 때로는 경멸적인 방식이기도 했다. 그녀는 자신에게 잘못이 있고 그의 비판이 옳으며, 그가 없다면 자신은 잘 지낼 수 없을 것이라고 믿었다.

나는 어떤 사람이 어떤 감정이나 특질을 다른 사람에게 집어넣는다는 의미로 '투사적 동일시'라는 용어를 사용하지는 않는다. 나는 적대적인 환자 앞에서 내가 왜 화가 났는지 설명하기 위하여 투사적 동일시라는 용어를 사용하지는 않는다. 나는 환자가 '투사적 동일시로 나를 화나게 했다.'는 의미로 그 용어를 사용하지 않는다. 그러나 내가 어떤 환자에게 좌절감을 느낀다면, 그는 나의 좌절감을 그의 내적 자기 비판과 동일시함으로써 그러한 상태의 나와의 싸움을 통하여 자신의 기분이 좋아질 수 있기 때문에 계속 치료하려고 할지 모른다. 이때 좌절을 느끼는 것은 나의 책임이며, 그 환자에 대해 그런 역할을 하는 것은 대체로 임상적으로 상황을 오인하거나 역전이가 작용해서 일어나는 실수라고 할 수 있다.

이 환자들의 기능에는 편집증적인 요소가 있다. 그들은 자기 중심적이기 때문에 흔히 환경에서 일어나는 것은 자기와 관련되어 있다고 믿는다. 즉, 그것을 개인화시킨다. 환경에 있는 사람들이 소극적이거나 부정적이거나 친절하지 않으면, 자신과 관련이 있다고 가정한다. 물론 가끔씩 그럴 수도 있다. 편집증적인 입장에서는 자기가 사람들 관심의 중심이라고 생각한다.

자기애적으로 상처받은 환자는 자기 거부를 투사하고, 무시당하거나 형편없게 취급받던 과거의 잔재가 현재에도 남아 있는 것처럼 생각한다. 따라서 자신이 다른 사람들의 행동 목표물일 것이며, 또한 자신에 대한 반응은 거부와 적대, 경멸일 거라고 추측한다.

이런 편집증적인 반응의 일부는 모든 긍정적인 수용에 대한 의심이다. 고갈된 느낌을 느끼는 자기애자는 긍정적인 피드백이 진실하지 않다고 믿거나, 진실하더라도 무언가 오해로 비롯된 것이라고 믿는다. 팽창된 자기애자는 자신이 열망하는 긍정적인 관심을 주는 사람을 종종 경멸로 대한다. 린 제이콥스에 의하면 이러한 긍정에 대한 불신감은 부분적으로 다른 사람이 자신의 거대 자기감을 지지해주는 이유가 자신이 다른 사람의 자기애적인 욕구를 지지해준 것의 대가라고 믿기 때문이다. 인간의 상호작용을 이런 관점으로 보면 긍정적인 반응은 도구적인 사회적 접촉 수단에 지나지 않는다(Jacobs와의 개인적 대화).

자기애적 성격장애의 치료

이 소론에서 나는 중간에서부터 심한 정도의 자기애적인 환자에 대한 게슈탈트 치료를 제안하려 한다. 나는 이 책 다른 곳에서 논의된 게슈탈트 치료의 원칙과 방법론에는 독자들이 익숙하다고 가정하고 그것을 반복하지는 않을 것이다.

허용적이고 공감적인 조율

이런 종류의 환자를 치료하는 데 처음으로 중요하게 해야 할 일은 환자의 현상학적인 실재를 존중하고 신뢰하는 것이다. 그들의 경험을 진지하게 받아들여라! "환자가 있는 곳에서부터 시작하라."는 사회사업에서의 오래된 금언인데, 환자의 알아차림에 "머물러 있으라."라는 말은 게슈탈트 치료에서 이런 태도를 설명하는 오래된 훌륭한 개념이다. 이런 종류의 환자에게는 치료자가 개인적인 표현을 하거나, 명백한 대화를 적극적으로 시도하는 것을 종용하거나, 실험을 제시하고 실연을 유도하거나, 해석을 하거나, 현상학적 초점화를 가르치기보다는 균형 있게 '포함(inclusion)'과 공감적 반응을 해주는 태도가 중요하다.

매 순간 환자의 경험을 목격하고, 확인해주고, 입증해주라. 환자를 더 잘 알아차리게 하거나, 더 잘 접촉하게 만들려고 하지 말고, 어떤 입장을 고수하는 것은 최대한 미루면서, 차라리 환자의 알아차림 연속을 따라가는 것이 좋다.

자기애적 환자들에게는 흔히 정상적이고 유용한 치료적 개입들이 그들의 욕구가 전경이 되는 대신 치료자의 욕구를 충족시켜줘야 한다는 요구로 경험된다. 이렇게 되면 세상은 그들의 진짜 자기가 들어갈 만한 안전한 곳으로 경험되지 않고, 그들의 심리적 자원은 생존을 위해 바쳐지게 된다.

공감적인 치료자와의 관계는 그들의 생에서 처음 경험하는 것으로서 이때 그들은 치료자를 진정으로 그들에게 경청하고, 진짜 자기의 메시지를 들어주며, 그들이 경험한 세계를 이해해주는 사람, 즉 실제로 자기가 경험하는 것 이외의 것을 경험해야만 한다는 메시지를 주지 않는 사람으로 느낀다. 다른 사람의 욕구, 신념, 이해에 따라 행동하지 않아도 된다는 메시지를 겉과 속이 다르지 않게 주장하는 중요한 타인을 경험하는 것은 이것이 아마도 처음일 것이다. 돌봐주는 사람에 의해 자신의 경험이 타당화되는 경험은 응집력 있는 자기 감각, 자신과 다른 사람을 돌보는 능력 그리고 대인관계 접촉에서의 신뢰감 발달에 매우 중요하다.

그러므로 자기애적 성격장애 환자에게는 그들이 침입적으로 느끼거나, 자신의 현상학적 경험을 '무효화시키는(invalidating)' 치료 개입을 비교적 덜 경험하게끔 해주는 치료 관계가 허용이 되어야 한다. 예를 들어, 실제 인물이나 치료자의 현상학적 경험을 명료하게 드러낸다거나, 치료자의 삶의 경험이나 감정을 나눈다거나, 치료적 관찰이나 암시, 명료화시키는 언급, 치료적 실험의 제안 등은 제한되어야 한다. 적극적으로 치료 시간을 구조화하거나, 환자보다는 치료자에 초점을 맞추는 개입 등은 더욱 공격적으로 받아들여질 수 있다.

엘렌은 자기 존중감이 매우 낮은 지적인 유태인 여성이었다. 그녀는 쉽게 상처받고, 자주 분개하며, 몸이 웅크러질 정도로 긴장되어 있었다. 그녀가 한 사건에서 자신을 무기력하고, 결백하고, 무능력하고, 이용만 당하는 사람으로 보자, 자신의 신체와 얼굴과 목소리에서 반전된 분노가 나타났다. 매우 고통스러운 분위기였다. 그녀는 가해자에 대해 냉소적으로 말했다. 그녀는 자신이 희생자가 된 것에 대해 말하지 않으면, 자기와 다른 사람에 대해 경멸적으로 말했다.

그녀에게 감정을 표현해보라는 실험을 제시하는 것은 자연스러운 일이었다. 심한 분노의 에너지가 반전되었다. 그러나 그녀는 내가 그런 실험을 제시하는 것마저 상처가 되어 실험은 물론, 다른 사람에게 자신을 드러내는 어떤 것도 싫어했다. 그녀는 치료가 천천히 진행되는 것을 견디지 못했지만, 어떤 실험도 하지 않으려 했다. 단순히 치료자의 관찰(예를 들어, 숨을 참는다는 것)을 나누거나, 그녀의 불행한 관계적 경험의 발생에 자신이 기여한 부분이 있는지 살펴보라는 제안이나, 환상 실험의 제안에도 똑같이 상처를 느꼈다. 그녀에게 수치심과 이해받지 못하는 느낌을 유발하지 않은 개입은 다음의 예와 같은 반영뿐이었다. "그 말은 마치 그가 당신을 칼로 찌르는 것같이 느껴졌군요." "그녀가 당신의 논문이 수준 미달이라고 말했을 때, 무엇을 하든 만족스러워하지 않던 당신 어머니와 같이 있는 것처럼 느껴졌군요." "그가 당신에게 여성으로서의 관심은 없다고 했을 때, 당연히 자신을 매력적인 여성으로 보지 못했겠지요." "조(Joe)가 당신을 비난할지 모른다고 느꼈다면, 충분히 안전감을 느끼지 못해서 집단에서 작업을 할 수 없었을 것 같아요."

조세핀은 전혀 다른 양상을 보였다. 그녀는 종종 무기력하고 희생자인 듯한 느낌을 가졌지만, 그녀는 이것을 자신에게 뭔가 문제가 있는 것으로 받아들였다. 그녀는 엘렌처럼 짜증을 내지 않았다. 그녀는 포기하고 우울한 것처럼 보였다. 그녀는 내가 해준 서로 다른 해석들에 대해 똑같이 체념적으로 반응했다. 그녀는 완전하게 되기 위하여 나를 필요로 한 것이 아니었으며, 그녀의 경험을 지속적으로 반영하기 위해 나를 필요로 한 것도 아니었다. 단지 그녀는 그저 뭔가에 대해 이야기할 수 있기 위해 동정적인 마음으로 자기 이야기를 들어줄 사람이 필요했던 것이다.

그녀는 쉽게 상처받고 공격받는 것을 막고자 자신으로부터 거리를 두는 남편인데도 그를 우러러보고 있었다. 쉽게 상처받고 매몰차게 방어하는 것과 같이 남편에게도 문제가 있다는 암시를 주면, 그럴 리가 있냐는 듯 미심쩍은 태도로 받아들였다. 문제는 그녀에게 있어야만 했던 것이다. 그러나 그녀는 자기의 가족으로부터는 전혀 받아보지 못했고, 남편으로부터도 거의 받아보지 못했던 존중해주는 경청을 경험하자 점차 기분이 나아지기 시작했다. 그러나 남편이 그녀를 비판할 때 마음이 상하고 창피하다고 말하거나, 그녀가 느꼈던 감정을 간단하게라도 표현하라고 하면, 이렇게 대답했다. "예? 농담하세요?"

몇 달이 지나면서 그녀는 그들의 상호작용에서 남편이 기여한 부분을 볼 수 있게 되었고, 점점 더 각자의 책임을 알아차릴 수 있게 되었다. 그녀는 천천히 나의 다른 관점을 고려할 수 있었던 자기애적 환자였다. 이렇게 된 것은 부분적으로는 내가 그녀에게 느꼈던 온정과 존중 때문이었고, 또 다른 부분은 내가 시행한 '포함' 그리고 그녀가 나를 이상화한 때문이기도 했다. 그녀는 더욱 응집력이 생겼고, 그녀의 남편과 분화되어 갔다. 그녀는 남편이 공격하거나 거리를 두었을 때, 이제 최소한의 자기 존중감과 안전감을 유지할 수 있었다. 자기 응집력에 대한 감각이 증진하자, 당연하게 '경계기술들(boundary skills)'도 늘었다. 그래서 원초적인 정서적인 폭발이나 집착과 고립보다는 좀 더 접촉적인 행동을 하게 되었다. 아직 결혼 상황은 좋았다 나빠졌다 하고 있었으나, 전체적으로 많이 나아지지는 않았다. 양쪽 모두 매우 만족스러운 상황은 아니고, 교착 상태에 빠졌다. 이혼하기에는 아직 준비가 되어 있지 않은 지금 상황에서 둘의 관계가 개선되려면 남편도 치료를 받아야겠지만, 그는 치료에 저항하고 있다.

물론 모든 환자는 때때로 실망과 공포, 자기애적 상처, 부상 등을 경험한다. 자기애적인 취약성을 가진 환자에게 이런 일이 일어나면, 치료자는 자신의 개입을 방어하거나, (진정으로 죄책감을 느끼는 것이 아니라면) 사과하거나, 혹은 적극적으로 환자의 경험을 변화시키려 해서는 안 된다. 이러한 상황은 정확하게 내가 치료자들에게 다음과 같은 태도를 요구하는 임상 장면인 것이다. 환자의 경험을 탐색하면서, 단순히 상호작용 중에서 당신이 기여한 부분을 인정한 후, 그들의 경험이 타당하다는 것을 긍정해주라.

흔히 이런 환자들의 치료는 상대적으로 긴 시간 동안 환자의 경험에 초점을 맞추어야 하는데, 이때 환자의 현상학적 초점화를 개선하려고 하거나 실험을 제안해서는 안 되며, 대화 또는 명료화나 해석도 환자 자신에게서 자발적으로 나타나지 않는 한, 시도하지 말아야 한다. 그러나 환자가 치료에서 개인적인 응집력과 자율성을 확보하기 위해 유기체적으로 필요한 관심을 받게 되면, 그들은 점진적으로 자기-지지를 습득하여 대화나 현상학적인 초점화, 실험, 해석 등의 전통적인 치료 작업으로부터도 이득을 얻을 수 있게 된다.

치료자가 환자의 경험에 공감과 돌봄으로 관심을 가져주면, 환자의 자기-지지 정도와 성격 조직화의 정도에 따라, 그리고 실제적인 감정, 잠재력, 진짜 자기에 따라 관계가 발달한다. 그 결과로 환자는 자기-지지가 증가하고, 대체적으로 자신에 대해 충분한 통합감을 느끼게 되며, 그에 따라 차츰 '이차적 알아차림(second-order awareness)'을 하게 되고, 치료자와 환자의 실제 관계를 명료화할 수 있게 되며, 실험이나 대화 등의 가능한 선택 사항들에 대해서도 논의할 수 있게 된다.

자기애적 환자가 대인관계적 접촉보다는 자기애적 전이를 기초로 관계를 형성한다는 사실은 놀라운 일이 아니다. 이는 환자가 치료자를 자신의 실제 또는 과대한 자기-경험에 대한 거울로서만 축소해서 인식한다는 것을 의미한다. 이것을 코헛의 용어로 '거울 이미지의 전이' 또는 환자가 치료자를 '이상화시키는 전이'라 한다. 세 번째 가능성은 자기애적 환자가 코헛이 말하는 '동반적 자기대상 전이', 즉 환자가 치료자와 함께 친하게 어울려 시간을 보내고 싶은 욕구를 형성하는 경우다. 이것은 치료 작업을 하는 것처럼 보이지 않을 수는 있지만, 사실은 환자에게 정말 필요한 일일지도 모른다.

치료자가 이렇게 공감적 조율에 기반을 둔 접촉을 할 때, 환자는 안전하게 느껴 자신의 과장됨이나 위축감을 그대로 드러낼 수 있게 된다. 그러면 환자는 실망과 좌절에 반응을 보이게 되고, 치료자는 공감적 유대가 있는 치료 관계와 더불어 알아차림을 위한 기술적 작업을 시행함으로써 미해결 과제를 해결해나갈 수 있다. 또한 환자는 보다 일관적인 응집성과 스스로에 대한 안전감과 긍정적인 감정을 보여준다. 환자의 알아차림 과정은 보다 정확해지고, 이는 자기와 타인의 유기체적 욕구를 충족시키기 위해 사용되며, 분리된 존재로서의 다른 사람의 마음에 더 잘 조율할 수 있으며, 또한 동시에 자신의 안전감과 안녕을 위해서는 덜 장 의존적이 된다. 따라서 환자는 점점 더 '회복력(resiliency)'이 높은 접촉을 하게 된다.

모든 사람들이 어느 정도는 자기애적으로 취약하다는 사실이 점점 알려지고 있다. 자기애적 환자들과의 치료적 작업을 통하여 사람들이 일반적으로 어느 정도로 자기애적으로 취약한지가 밝혀지게 되었다. 그래서 대화적 게슈탈트 치료에서는 현전을 강조한 초기 게슈탈트 치료의 균형을 잡기 위해 최근에 '포함' 쪽을 좀 더 강조하는 움직임이 생겼다.

환자의 공감적 조율에 대한 욕구를 만족시키는 것이 매우 효과적이었기 때문에 몇몇 치료자들은 자기애적 환자들에게 의도적으로 '이상화 전이'나 '거울 이미지 전이'를 유도했다. 그들은 환자들을 과도하게 걱정해주고, 자기애적인 위험이 있기 때문에 어떤 상황이 안전하지 않다는 환자들의 관점에 항상 동의해주고, 환자로 하여금 자신의 행동에 책임을 지지 않아도 괜찮다고 해주는 방식으로 치료를 한다. 어떤 치료자들은 마치 모든 환자들이 다 자기애적 성격장애인 것처럼 대하고, 심지어 치료 훈련 집단도 똑같은 방식으로 구조화하는 경우가 있다. 이런 것은 진정한 접촉이라기보다는 오히려 조종적이라고 볼 수 있다.

나는 이것이 매우 불행한 일이라 생각한다. 허용은 통제와 똑같은 것이 아니다. 환자의 자기-지지 능력의 정도에 따라 작업을 수정하더라도 치료 작업은 평소처럼 진행해야 환자는 치료 관계를 지속할 만큼 최소한의 안전을 느낀다. 그러나 이것은 개입을 수정하고, 치료자의 현전을 나타내서 전이를 통제하고, 격려하고, 조종하라는 의미는 아니다.

수련 과정에서 훌륭한 (치료자) 태도란 수련생의 개인적 경험이 존중되고, 집단에서 안전의 요인이 중요하게 고려되며, 단순히 유능성을 입증하기보다는 수련생 개인이 존중되는 것을 의미한다. 그러나 그 때문에 수련 과정의 요구사항이나 시험상황을 미뤄야 한다는 것은 아니다. 수련생이 너무 취약해서 높은 표준이 요구하는 정직한 기준과 한계 그리고 기능을 직면하지 못할 것처럼 수련생을 대한다면, 그것은 너무 조심스러운 접근이며, 궁극적으로는 훌륭하거나, 아니면 형편없다는 식의 자기애적 체계를 강화시키게 될 것이다.

전통적인 게슈탈트 치료와 정신분석에서는 '이상화 전이'나 '거울 이미지 전이'의 관계를 계속 고집하는 환자는 해석이나 대화, 실험의 시행 등의 치료적 개입을 해야 하는 대상이었다. 환자가 치료적 테두리 안에 머물지 못하고, 치료자의 편견에 따라 작업이 이루어졌을 때, 이것 자체를 지적하고 해석하거나, 만남이나 실험을 제안하곤 했다. 정신분석에서 이는 자기애적 전이를 해석하는 것을 의미했다. 게슈탈트 치료에서 이는 환자의 책임감이나 작업, 대화, 실험에 대한 자발성과 같은 문제들에 대한 치료자의 관찰을 환자와 나누는 것을 의미했다. 이러한 치료적 태도는 환자의 실제적인 자기-지지 능력과 치료 관계의 본질에 대해 충분히 고려하지 않은 것이었다. 만약 치료자가 현상학적 게슈탈트 치료 모델에서 요구하는 대로 정말 제쳐두기를 시행했다면, 위의 일들은 훨씬 적게 발생했을 것이고, 발생했더라도 실제 환자의 경험에 집중함으로써 금방 바로잡을 수 있었을 것이다.

흔히 자기애적 환자는 매주 오면서 그 주에 있었던 자기 삶에 대한 이야기를 한다. 전통적인 심리치료에서는 이것이 치료 작업에 방해가 될 뿐이며, 시간 낭비이고, 조종적인 것이라고 생각했다. 하지만 현재 우리의 관점으로는 이러한 활동이 환자가 자신이 존경하는 중요한 사람으로부터 관심을 받으면서 자신의 경험을 이야기하고, 이해와 반응을 받음으로써 상처를 통합할 수 있고, 자신의 승리를 함께 축하받을 수 있는 기회이기 때문에 매우 중요한 것이라고 본다.

더 적극적이고 정서적으로 강렬한 치료적 작업을 원했던 치료자가 자기애적 환자들의 이러한 행동 때문에 좌절감을 느꼈다면, 이는 흔히 치료자가 이 환자들에게 이런 활동이 필요하며, 유용하다는 것을 이해하지 못했고, 또한 자신의 좌절감에 대해 인지하고, 스스로 책임지지 못했기 때문이다. 환자는 흔히 치료자의 반응성이나 개방성, 적극성, 온정성이 부족함을 감지할 수 있다. 그래서 치료자가 방어적이 되고, 어떤 문제를 부인하거나 또는 문제에 대한 자신의 책임을 부인하고 이를 환자에게 투사하면, 환자는 안전하지 않게 느끼고, 상처를 받는다. 이런 상황에서는 거대 자기감이나 위축감, 실망 등에 대한 필요한 작업이 이루어질 수 없다.

실 망

실망은 관계에서 불가피한 것이다. 치료 과정에서 언젠가는 모든 환자가 어느 정도 치료자에 대해 실망을 느낀다. 자기애적 환자는 이것 때문에 응집성과 통합성이 상실됨을 보이고, 강렬한 분노와 공황, 경멸, 망쳐버리고 싶은 마음과 시기심이 일어난다. 이는 그들의 거대 자기감과 이상화의 방어가 무너졌기 때문이며, 그들은 완벽한 치료자나 완벽한 치료 관계에 못 미치는 평범함에 대해 또는 완벽하지 못한 그들 자신에 대해 '괜찮다(OK)' 고 느끼지 못한다.

내게 20대 중반의 집단치료에 참여하는 환자가 있었는데, 그녀의 아버지는 신체적으로나 심리적으로 '침입적(intrusive)' 이었고, 그녀의 어머니는 최소한의 보호나 공감을 해주지 못했다. 집단에서 그녀는 종종 나의 개입에 실망감을 느꼈다. 우리의 상호작용을 일일이 명료화해주고, 그녀의 말이 경청되는 느낌을 갖지 못하는 것에 대해서도 탐색해주었지만, 이런 것들이 그녀에게는 충분치 못했다. 그것이 도움이 되었지만, 그녀는 결국 치료를 그만두었다. 내가 놓치고 명료화하지 못했던 것은 그녀가 내가 완전하지 않다는 것을 지각했을 때, 모든 면에서 내가 이 세상 최고의 치료자가 아니라는 것을 알았을 때, 그것이 그녀에게 어떤 영향을 미쳤는가 하는 부분이었다. 그렇게 되자 그녀는 '괜찮다(OK)' 는 느낌이나, 위로받거나 안전한 느낌 혹은 만족스런 느낌을 모두 잃어버렸다.

치료자가 방어적이 되어 해석이나 직면, 인격적인 공격, 부정적 판단을 하는 등의 모습을 보이면 상황은 악화된다. 흔히 치료자의 방어적 개입은 유머나 실험의 제안, '책임' 에 대한 직면, 접촉 경계에 대한 주의 환기 등의 형태로 위장된다.

노먼은 개인치료와 집단치료에 모두 참가하는 환자였다. 그는 자주 집단의 시작 부분에서 이야기를 했는데, 그 이야기는 다른 사람들과 접촉이 전혀 되지 않았고, '진정한' 지금-여기의 감정을 보여주지 않았으며, 다른 사람을 고려하지 않았고, 반복적이었다. 집단원들뿐 아니라 치료자도 좌절스러웠다. 집단원들은 그들의 좌절에 대해 비교적 솔직했지만, 치료자는 좀 더 관용적인 행동을 유지하고 있었다. 그러나 어느 날 밤 치료자가 날카롭고 부드럽지 않은 딱딱한 목소리로 그가 관찰한 것들을 이야기함으로써 그의 좌절감을 드러냈다. 그날 밤에는 누구라도 치료자가 무뚝뚝하게 반응하고, 그에 이어 환자의 얼굴이 우울해지는 것을 눈치챘을 것이다. 노먼은 그날 밤 창피하고, 우울하고, 집단을 그만둘까 하는 생각을 하며 집으로 돌아갔다.

다음 시간에 치료자는 노먼이 그전 시간 때문에 좋지 않은 감정을 가졌다는 것을 느낄 수 있었다. 노먼은 그의 기분상태나 그 원인에 대해 거의 알지 못했다. 운 좋게도 치료자는 그의 감정이 이전 시간의 치료자의 부정적인 반응 때문이라는 것을 깨달을 수 있었다. 노먼은 치료자가 하는 말을 듣고, 그의 추측이 맞았다는 것을 인식하고, 확인해 줄 수 있었다. 노먼은 어떤 일이 일어났는지를 깨닫고서 훨씬 기분이 안정되어 집으로 돌아갔다. 그는 치료자가 둘 사이의 관계문제와 그(노먼)의 기분에 대해 관심을 보여주고, 또한 상호작용에서 그(치료자)의 책임부분을 시인한 것에 대해 좀 고맙게 생각하며 집으로 돌아갔다.

다른 예는 이것처럼 잘되지 않았다. 수련 워크숍에서 일어난 일인데, 환자로서 작업을 하던 한 수련생은 어떤 갈등이 일어나면 전혀 타협할 줄을 몰랐다. 그는 자기에게 거의 아첨을 떠는 수준의 피드백이 아니면 금방 화를 냈으며, 성격이 매우 까탈스러웠다.

그의 치료자 역할을 맡은 사람은 역시 수련생으로 기법 지향적 치료 스타일을 갖고 있었는데, 환자에게 일어서서 교도소의 교도관이 되었다고 상상해보라고 지시했다. 환자 역을 맡은 그 수련생은 그렇게 하고 싶지 않다고 말했으며, 그는 그 제안에 화가 난 것처럼 보였다. 치료자는 계속 압박하면서, 하고 싶지 않은 이유가 무엇인지 따져 물었다. 그는 그것이 바보 같은 짓이며, 결국 아무것도 얻지 못할 것이라는 등 실험을 하고 싶지 않은 이유를 줄줄이 나열했다. 그들은 막다른 골목에 다다랐고, 더 이상 작업은 진행되지 않았다.

치료자는 환자와 좋은 연결감을 수립하지 않은 채, 그 실험을 제안했던 것이다. 따라서 시작하는 시점에서 상호 신뢰하는 좋은 접촉이 없었으며, 심지어는 최소한의 적절한 치료 관계도 이루어지지 않았던 것이다. 더욱이 그 제안은 실험적 감각에서 나왔다기보다 치료자가 환자의 과도한 자기 보호를 폭군적인 모습으로 지각하여, 그것에 대한 좌절감으로 제안한 것이었다. 그래서 실험을 제시하는 분위기나 방식이 실험적이 아니라, 적대적인 방식으로 직면시키는 쪽이었다. 이 불행한 작업 중에서 아주 좋은 기회가 될 뻔했던 순간이 있었는데, 그것은 비록 "하기 싫은 이유가 뭐죠?"라는 질문 때문에 촉발된 것은 아닐 수 있지만, 여하튼 환자가 자신의 (분노) 감정을 드러냈을 때였다.

나중에 환자가 두 번째 수련생 치료자와 작업을 했을 때에서야 비로소 환자의 보호적 태도의 성격이 실제 무엇인지 분명해졌다. 그는 이전의 치료자에게서 바보 취급받는 느낌을 받았던 것이다. 이것이 사실이냐 아니냐는 환자의 실제 경험이 그랬다는 것, 그리고 이것이 다루어지지 못했다는 사실보다는 중요하지 않다. 첫 번째 치료자의 경우 기법과 좌절감이 더 앞서다 보니 환자의 욕구를 보지 못했던 것이다.

그 수련생 환자는 두려워했고, 갈등 상황에서는 거의 공황을 느꼈다. 갈등은 그의 통합성을 위협했고, 그의 경직된 반응은 어떻게든 무너지지 않고 통합성을 유지하려는 시도였다. 두 번째 치료자가 제공하는 공감적인 접촉의 맥락에서 그는 자신의 공황을 알아차리고, 집단에서 느끼는 두려움을 표현할 수 있었는데, 그러자 그는 비로소 부드러워지면서 호전적인 태도로부터 벗어날 수 있었다.

첫 번째 수련생 치료자가 범한 작은 실수는 기법을 우선적으로 선택했다는 점이다. 그것은 역전이에 근거한 것이었으며, 타이밍이 나빴고, 환자의 취약성도 인식하지 못했다. 더 큰 실수는 환자의 강점과 반응 유형을 인식하지 못했고, 자신의 선입견보다는 좀 더 환자에 대한 존중감과 돌봄의 태도로 그것에 대해 작업하지 않은 점이다.

이러한 역전이에 근거한 개입이 아니더라도 자기애적으로 혼란되지 않은 환자와는 자연스럽게 할 수 있는 개입도 자기애적 환자에게 시행하면 상황을 악화시키는 경우가 종종 있다. 여러 상황에서 저자의 자연스러운 경향은 대화하고, 듣고, 상대편을 인정하고, 내가 경험한 것을 말함으로써 반응하는 것이다. 이는 자기애적인 환자가 중간 수준으로 혼란되었는가 아니면 심한 수준으로 혼란되었는가에 따라 수정되어야 한다. 대부분의 환자들에게 진솔한 대화는 효과적인 행동 방식이지만, 이런 환자들에게는 종종 그렇지 않다. 내 경험으로는 적어도 이런 종류의 접촉은 환자의 부족한 자기-지지에 대한 개입이 어느 정도 진행된 후에야 가능하다.

마르샤는 35세 된 대학원생으로 개인치료를 받고 있었다. 주기적으로 그녀는 회기 사이에 전화를 걸어 눈물을 흘리거나, 우울해하거나, 속상한 모습을 보이거나, 나에게 화를 내기도 했다. 그녀의 속상한 감정은 대개 나에게는 아주 평범한 것으로 여겨졌던 지난 회기 때의 일 같은 것이었다. 전화 통화를 할 때, 나는 내 입장에서 본 상황을 명료화시키곤 했다. 그리고 그녀의 관점을 들은 뒤, 나의 기억과 의도와 감정을 말해주곤 했다. 이러면 어느 정도 가라앉곤 했지만, 치료적으로 아주 효과적인 것은 아니었다. 왜냐하면, 그렇게 한다고 해서 그녀가 다시 중심을 잡고 돌아오는 것이 아니었기 때문이다. 전반적으로 그녀는 우리의 작업에 만족하고, 나의 부드러운 반응에 감사했지만 진전은 느렸다. 그 이유 중의 일부는 전화 통화를 할 때, 내가 똑같은 치료적 실수를 자주 저질렀기 때문이었다. 지지적이고, 개방적이며, 대화식인 것 등만으로는 충분치가 않다. 나는 그녀의 속상한 감정의 아래에 있는 경험에 대해 반응하지 않았던 것이다. 그래서 진정한 통찰, 즉 핵심문제를 분명하게 이해하도록 해주는 전경 형성이 일어나지 않았던 것이다. 예를 들어, 그녀는 다른 사람들이 그녀를 취급하는 방식 때문에 절망감과 무망감과 고통을 느꼈고, 그들을 경멸하고는 있었지만, 내가 그녀의 감정을 이해하고 있다고 느끼지는 못했다. 나는 그녀에게 세상이 얼마나 차게 느껴지는지 그리고 그녀가 다른 사람들로부터 얼마나 끔찍하게 취급받았는지 충분히 머물러 반영해주지 못했다.

자기애적 환자들은 자신들의 경험과 그것이 그들에게 갖는 의미, 그리고 그와 관련된 발달적 경험에 관심을 갖고 귀 기울여주는 치료자를 필요로 한다. 치료의 시작단계에서는 환자의 정확한 알아차림을 증진시켜주거나 (예를 들어, 치료자가 환자에 대해 현상학적으로 기술해주는 것을 잘 듣는 것) 혹은 환자가 치료자에 어떤 영향을 미치는지 좀 더 분명하게 말해주는 것 등보다 더 중요한 것은 환자가 느끼는 실망이 환자에게 어떤 의미가 있는지를 탐색해보는 것이다. 위에서 언급한 다른 치료 활동들은 나중에 치료가 진전되면서 얼마든지 해볼 수 있는 기회가 온다.

만약 진단이 정확하고, 실망이나 '자기애적 상처'에 대한 치료적 개입이 '공감적으로 조율되면(empathically attuned)' 환자는 기분이 나아진다. 기분이 어떻게 해서 나아지는지 환자 자신도 잘 이해하지 못하지만, 이는 쉽게 관찰할 수 있으며, 환자도 이를 인정한다. 이런 환자들은 기분이 나아질 때, 다시 한 번 감정을 '담아서(contain)' '조절할(regulate)' 수 있고, '흘려보낼(channel)' 수 있게 되며, 그들의 삶과 치료 활동을 재개할 수 있게 된다. 이들 환자들이 치료 시간에 와서 한 주 동안에 있었던 일들을 이야기하면서, 특별한 치료 작업을 한 것 같지도 않은 평범한 시간을 보낸 경우에도 종종 마찬가지로 '기분이 나아지는' 느낌을 갖는다. 환자는 '중심을 잡은(centered)' 느낌을 갖고, 자기 자신에 대해 좀 더 기분이 나아져서 성장할 수 있는 방식으로 세상과 상호작용할 가능성을 좀 더 많이 지닌 채 상담실을 나가게 된다.

평범하게 되기

자기애적 환자들은 대단함과 쓰레기의 세계에 살고 있다. 그리고 평범한 것은 쓰레기와 같은 것이다. 그들은 조금이라도 실망하거나 혹은 스스로 실망스런 일을 했을 때, 어떤 만족감이나 따뜻함도 경험하지 못한다. 자신들의 환상 속에 세워둔 기준에서 조금이라도 벗어나게 되면, 좋은 느낌을 통째로 잃어버린다. 훌륭하지 않다면, 그들은 아무것도 아닌 것이다. '아무것도 아닌 존재'는 그들의 심리적인 실존을 위협한다. 그렇게 되면 그들은 자신이 독특하며 특별한 존재라는 감각을 송두리째 잃어버린다.

이러한 환자들이 치료에서 직면해야 하는 과제 중의 한 가지는 '평범하게 되는 것'이다. 그것은 팽창과 위축을 경험하면서도 중심을 유지할 수 있는 것, '조망을 유지하는 것(keep perspective)', 최고가 되지 않고도 유능할 수 있다는 것, 사랑하는 사람에게서 결점을 발견하더라도 계속 그를 사랑할 수 있다는 것, 자신이 완벽하지 않아도 사랑받을 수 있다는 것 등을 의미한다.

이러한 환자들과 작업을 했던 나의 경험으로는 이들은 아동기에 상처를 입었을 때 적절한 회복과 위로의 경험이 부족했었다. 그들은 자신의 지지 수준에 맞는 적절한 반응을 받지 못했으며, 또한 공감적으로 조율된 반응을 받지 못함으로써 상처를 통합하지 못하고 압도당했다. 실망을 침착하게 견뎌내기 위해서는 위로가 필요하다. 그런데 이것이 바로 그들의 초기 발달사에서 가장 결핍되었던 것이었다. 이들이 '거대 자기' 상태를 유지하지 않는 한, 이들은 자신을 진정시키기 위해 발달된 다른 기술을 갖고 있지 않다. 속이 상하는 정도가 심해지는 이유는 어떻게 마음을 달랠지 모르기 때문이다. 비유컨대, 이들은 국이 뜨거울 때 불어서 식히는 방법을 모른다. 이들의 부모도, 특히 어머니가 이런 능력이 부족했다.

반대로 칭찬을 받는 경우에도, 이들은 발달 단계와 지적인 수준을 놓고 볼 때, 자신이 실제로 이룩한 성과에 맞는 정도로 적절히 받지 못했다. 자기가 정말 해내지 않은 일에 대해 찬사와 같은 지나친 반응을 받으면, 그것은 자신이 정말 누구인지 인정받지 못하는(제대로 보이지 않는) 것과 똑같다. '잘못을 할 수 없는' 아이, 즉 어린 왕자나 공주로 취급받는 것은 진정한 자기 자신으로 인정받지 못하는 것이며, 오직 '거대 자기(grandiose self)'만이 사랑과 관심 그리고 존중받을 자격이 있다는 메시지를 듣는 것과 같다. 그들에게는 평범하거나 단순히 유능한 사람이 되는 것이 허용되지 않았다.

이런 환자들은 종종 큰 실망(또는 너무 갑작스러운 실망)을 한다. 그들은 현실적인 실망을 느끼는 것이 허용되지 않았거나, 공감적으로 접촉해주는 사람의 도움 없이 혼사 실망을 겪어내야만 했었다. 아이가 성장하기 위해서는 적당하게 위험도 감수할 필요가 있고, 때로는 실패도 경험하며, 성공과 실패 그리고 자신의 강점과 약점에 대해서도 알 필요가 있다. 그들은 '배우는 것'에 대해 알 필요가 있다. 예컨대, 자신이 완전하지 못하다는 것 그리고 조금씩 나아질 수 있다는 것 등을 배우는 것이다. 그렇게 하기 위해서 그들은 부모를 바라보면서, 그들이 무언가 부족한 점이 있지만 여전히 훌륭하다는 것을 느낄 수 있어야 한다. 그들은 아이의 부족함을 인식하면서도 그래도 여전히 훌륭하다고 느낄 수 있는 부모를 필요로 한다.

개별화하라

이런 제안들은 일반적으로 자기애적 환자를 위한 것이지만, 매우 중요한 것이다. 즉, 당신은 개별적인 환자를 이해해야 하고, 당신의 접근 방법을 개별화해야 한다. 내 생각에 좋은 치료는 요리책처럼 단순히 규칙을 적용하는 것은 아니라고 본다. 내게 게슈탈트 치료는 선명한 현상학적 접근에 의한 알아차림과 대화적 접촉에 기초한 예술이며, 진단과 같이 어떤 집단 연구자료에 기초한 제안들은 단지 치료자의 조망 확대를 위해 도움이 될 뿐이다.

내가 개별화의 필요성을 느끼게 된 것은 자기애적 문제를 가진 두 명의 환자들을 동시에 치료하기 시작했던 것이 계기가 되었다. 그들은 매우 유사한 성격 구조를 갖고 있었으며, 또한 둘 다 정신 건강 분야에 종사하고 있었다. 한 명은 치료자였고, 다른 한 명은 대학원생이었다. 그리고 나는 그 둘을 우연히 같은 날 만났다.

그날 먼저 온 환자는 순전히 그녀 자신의 경험을 따라가줄 것을 원했다. 그녀는 많은 환자들이 느끼지만 잘 표현하지는 못하는 것을 명확히 언어화했다. 그녀는 지금까지 자신의 삶의 대부분을 다른 사람을 돌보며 살았는데, 치료 시간만은 온전히 자기 것으로 하고 싶어했다. 그녀는 치료자인 나에 대해 개인적으로 알게 되는 것이 자칫 자신의 욕구보다는 나의 욕구에 맞출 위험이 있다고 느꼈다. 때로 그녀의 치료는 체험적이었고, 심지어 실험적이기조차 했지만, 나에 관해서는 어떤 개인적인 관심도 드러내지 않았다. 그녀가 성장하면서 이는 점차 변했다. 1년 반 후 우리의 관계는 좀 더 드러나게 상호적이 되었고, 마침내 그녀가 나에 관해 (진실을) 알게 되는 것이 치료의 중요한 부분이 되었다. 예컨대, (치료자인) 내가 실망스런 존재임이 밝혀질 것인가? 내가 그녀를 침범하거나 혹은 그녀로부터 떠나버릴 것인가? 혹은 내가 치료자가 아닐 때는 매우 실망스런 행동도 한 적이 있다는 것을 그녀가 알게 될 것인가? 등의 의문을 갖는 것이었다.

두 번째 환자와의 처음 몇 회기 동안 나는 먼저 번 환자에게 성공적이었던 반영, 되비추기, 공감적 반응으로 시작했다. 두 번째 시간인가 세 번째 시간인가 그는 볼멘소리로 "제발 내가 경험한 것들을 내게 말하지 말아요. 나는 그것들을 이미 다 알고 있단 말이에요. 선생님이 경험한 것을 말해주세요."라고 좌절감을 드러냈다. 내가 그렇게 했을 때, 그는 자신이 원했던 것을 듣고서 거기에 잘 반응했다. 그는 내가 진정으로 함께 있고, 그의 말에 영향을 받고 있다는 것을 알고자 했다. 또한 내가 그에게 안전한 준거를 제공해줄 만큼 튼튼한지도 알고 싶어했다.

내가 전하고자 하는 메시지는 우리 치료자들이 우리가 알고 있는 일반적인 전문지식을 활용하여 환자의 중요한 주제, 주제의 우선순위, 그리고 그것들의 가능한 변형 등에 민감하게 대응하면서도 무엇보다 독특한 존재인 환자와 독특한 존재인 우리 사이에 존재하는 연결성을 토대로 치료 작업을 해야 한다는 것이다. 환자가 자신이 경험하고 있다고 말하는 것들을 진지하게 받아들이는 것이 (물론 치료자가 경험하는 것도 포함하여) 우리의 작업을 안내해주는 가장 중요한 지침이다.

상실을 애도하기

완벽한 융합에 대한 환상이 탐색되고, 그 과정에서 나타나는 실망이 받아들여지면, 접촉의 세계는 환상에서 추구되는 것들에 단지 근접할 뿐이라는 사실이 환자에게 점점 더 분명해진다.

완벽하고 헌신적이며, 자신보다는 아이의 욕구에 좀 더 완벽하게 신경쓰는 이상화된 환상적 부모, 아이가 필요할 때 항상 곁에 있으며, 아이가 혼자만의 시간이 필요할 때는 사라져주는 부모, 아이가 말하지 않아도 아이가 원하는 것이 무엇인지 아는 그런 완벽한 부모는 유아기에조차도 불가능하다. 성인기에는 더더욱 불가능하다.

린 제이콥스는 이러한 환상을 지적하는 타이밍, 그리고 누가 이런 환상에 대한 이야기를 먼저 꺼내느냐가 매우 중요하다고 말한다. 그녀는 자기애적 환자들로부터 종종 "린, 당신으로부터 정말 이루 말할 수 없는, 완벽한 공감을 받았어요."라는 찬사를 듣는데, 치료 초기에 나타나는 이런 경험은 대부분 그들의 접촉 환상에 의한 것이라고 했다. "나에게 실망하는 경험을 하고 나서, 이를 다시 복원하는 과정에서 비로소 그들은 차츰 소망이나 환상이 직접 경험과 다르다는 것을 깨닫기 시작합니다. 하지만 그들이 말하기 전에 내가 먼저 그들의 융합 경험을 환상이라고 부르면서 직면시키면, 그들은 치료를 갑자기 그만둬버리곤 했습니다(1990년 9월, 개인적 대화)."

접촉은 최상의 경우에도 환자가 갖는 그러한 욕망에 근접할 수 있을 뿐이다. 불가능한 것은 애도를 해야 한다. 치유되기 위해서는 돌이킬 수 없다는 사실, 그리고 가능한 것의 한계를 인정하고, 상실을 슬퍼해야 한다. 이러한 애도 작업의 속도는 자기애적 환자의 속도에 맞춰야 한다.

"하느님, 우리가 바꿀 수 없는 것은 받아들이도록 평정한 마음을 주시고, 우리가 바꿀 수 있는 것은 바꿀 수 있도록 용기를 주시며, 또한 이 두 가지를 분별할 수 있는 지혜를 허락해주십시오."

최종 노트

자기애적 환자의 치료에 대한 나의 논의는 경계선적 성격장애 환자의 치료에 대한 논의, 그리고 두 가지 유형의 환자들에 대한 치료의 비교가 끝날 때까지 아직 완전히 마무리되지 않았다고 하겠다.

경계선적 성격장애

대조적인 양상

사람들은 종종 자기애적 성격장애를 가진 환자들을 미성숙하고, 정서변화가 큰 아이 혹은 경우에 따라 겸손한 척하고, 카리스마적이고, 조종적이며 그리고/혹은 권력 지향적인 지도자로 지각한다. 반면에 경계선 환자들은 종종 당혹스럽고, '이상한' 사람으로 보인다. 자기애적 환자의 경우 종종 표면적으로는 정상으로 보이지만, 갈등이나 실패 혹은 친밀감과 같은 특정 대인관계 상황에서 문제를 드러낸다.

비록 경계선 환자들이 가끔 눈에 띌 정도로 잘 기능하는 것처럼 보이기도 하지만, 자주 무너지는 모습을 볼 수 있다. 직장에서 잘 기능하는 경계선 환자들은 그들의 일을 잘하고 있는 것처럼 보이지만, 즐거움이나 생생한 기쁨이 없다. 이런 경우 그들의 내면적인 삶은 아예 없거나, 아니면 경계가 불분명한 관계들에 의해 극단적으로 얽혀 있다. 그들은 매우 불안정하고, 마음이 상하면 기능이 매우 떨어진다. 그들은 자기애적 환자들과는 달리 기본적 자아 기능을 잃어버린다. 즉 기본적 지각, 사고, 자기 정체성이 위험에 빠진다. 그들은 대체로 대상 항상성의 감각이 매우 빈약하게 발달되어 있고, 스트레스 상황에서는 시간, 공간과 개인적 경계를 상실한다.

장애가 일어나면 그들은 종종 미친 것처럼 보이고, 위험하며, 믿기 어려운 행동들을 한다. 이런 일은 자기애적 환자들에게서 원초적인 반응을 불러일으킬 수 있는 모든 상황, 그리고 이 환자들에게 분리를 경험하게 하거나 혹은 밀착된 접촉이 위협받는 상황이 되면 발생할 수 있다. 어떠한 분리도 경계선 환자에게는 버림받는 두려움을 느끼게 만든다. 심지어 성공조차도 유기 공포의 두려움을 가져다줄 수 있다.

융합 또한 경계선 환자들에게 심하게 나타나는 현상이다. 그들은 탐욕적으로 융합을 추구한다. 사실, 그들은 한 사람으로부터 근원적인 돌봄을 받으면서 그 사람과 하나가 되는 환상을 갖는데, 이는 매우 매혹적이면서도 동시에 몹시 무서운 것이다. 그들이 융합을 그토록 원하고 분리를 싫어함으로써 접촉은 그들에게 심리적으로 매우 위험한 것이 되어버린다. 만일 경계선 환자가 그가 추구하는 융합에 도달하게 되면, 그는 독립적 개체로서의 자신에 대한 감각을 완전히 상실해버린다.

기능이 좋은 일부 경계선 환자(north borderline)들은 융합보다는 '유기(abandonment)'에 더 두려움을 느끼고, 그것을 방어하기 위해 지나치게 융합을 추구한다.

경계선 환자들은 종종 여러 치료자를 전전하면서 실패했거나, 혹은 한 사람의 치료자를 오랫동안 만나면서 변화가 없었던 전력들을 보여준다. 그들은 종종 과거 치료자를 비방하는 것으로 치료를 시작하는데, 마치 그 치료자들이 어떤 장점도 없었던 것처럼 말한다. 그들은 구출에 대한 간절한 소망 때문에 새로운 치료자가 그들을 위해 기적적인 일을 해낼 수 있을 거라는 비현실적인 생각을 갖는다.

흔히 자기애적 환자들이 일종의 편집증을 보이고 치료자를 의심하면서 치료를 시작하는 데 반해, 경계선 환자들은 구원을 원한다. 경계선 환자들은 종종 이처럼 커다란 희망을 품고 치료를 시작하여, 크게 실망을 하고, 결국 치료자에 대해 심하게 비방한다. 자기애적 환자가 완벽함을 추구하고, 이상화시키며, 실망했을 때 자신이 만든 우상을 부숴버린다고 한다면, 경계선 환자는 치료자를 이상화할 뿐만 아니라 실제로 그가 자신을 보살펴주고, 문제를 해결해주기를 기대한다(마술적 해결). 그러다가 마법사가 실패하면 그를 공격한다. 자기애적 환자가 영웅을 원하고, 정서적으로 인정받기를 원한다면, 경계선 환자는 마법사와 융합되는 숨은 환상을 갖고 있다. 자기애적 환자가 치료자에게 자신의 거대 자기상이 되기를 바란다면, 경계선 환자는 치료자와 융합하기를 원한다. 자기애적 환자가 자신의 경험의 타당성을 긍정해주기를 원한다면, 경계선 환자는 자신을 달래주고 구원해주기를 원한다.

자기애적 성격장애가 있는 개인이 소외된 느낌을 갖고 그의 존재가 인정되기를 바란다면, 경계선 환자는 무기력하게 느끼고, 파편화되어 있으며, 또한 버려진 느낌을 가지며(Giovacchini, 1979), 치료자의 팔에 안겨 보호받기를 바란다.

자기애적 환자들은 종종 그들의 과거와 정서적인 연결을 느끼지 못하고, 자신의 가족에 대해 크게 이상화된 상을 갖고 있다. 이들에게는 자신의 배경에 관해 이야기하도록 격려해주는 것이 좋다. 경계선 환자들은 풍부한 심리적 배경 자료들에 대해 자유롭게, 하지만 별로 소화되지는 않은 채, 이야기하면서 시작한다. 이들은 흔히 치료 첫 시간에 아직 이러한 요소를 다룰 수 있는 자원이 자신의 자기-지지적 측면에서나 혹은 (이제 막 간신히 시작된) 치료자와 환자 사이의 관계적 측면에서 모두 아주 부족한 상황에서 매우 개인적이고 사적인 이야기나 유전적 자료 혹은 발병 요소와 관련된 이야기들을 거리낌 없이 꺼내놓는다.

정신분석의 조망을 게슈탈트 치료에 받아들이는 것에 관한 나의 글 9장에서 나는 내가 분디니라고 부른 한 환자에 대해 논의했다. 분디니는 여러 치료자들을 거쳤고, 내게는 정신병동에서 퇴원해서 바로 왔다. 맨 첫 시간에 그는 내가 얼마나 훌륭한지 들었기 때문에, 내가 그를 최고로 만들어줄 거라는 것을 알고 있다고 말했다. 그는 나를 만난 적도 없었고, 나를 평가해보지도 않았으며, 내가 어떤 치료적 접근을 할지, 혹은 우리 사이에 과연 친근감 같은 것이 일어날지 등에 대해 전혀 알지 못했다. 그러나 그는 내가 이전에 그를 치료했던 치료자들(그들 중 몇몇은 정신의학계에서 이름이 잘 알려진 사람도 포함되어 있었다.)과는 달리 틀림없이 성공적일 것이라고 단언했다.

경계선 환자를 치료하는 과정은 그들의 삶처럼 위기가 많은 것이 특징이다. 적절하게 치료되었을 때조차도 이들의 해결책은 빈약하며, 마음의 평정을 신속히 회복하는 능력은 제한되어 있다. 이들은 심각한 퇴행과 파편화를 보이며, 회기 간에 치료자와의 연결이 자주 상실된다. 예를 들어, 자기애적 환자들은 화가 났을 때 치료자가 귀 기울여 잘 들어주면, 대개 회복이 되어 아무 일도 없었던 것처럼 다음으로 넘어갈 수 있다. 그러나 경계선 환자는 경청을 해주고, 인정해주며, 존중해주었을 때, 별로 효과가 없거나 오히려 더 나빠지기도 한다. 간단히 말해, 자기애적 환자는 반영과 공감적 조율을 원하는 데 반하여, 경계선 환자들은 치료자가 그들의 융합적 소망을 받아주고, 보살펴주기를 바라며, 또한 그들의 문제를 해결해주기를 원한다. 자기애적 환자가 자기상에 몰두되어 있다면, 경계선 환자는 파편화되어 있다. 그리고 자기애적 환자가 팽창과 위축 사이를 왔다 갔다 한다면, 경계선 환자는 혼란을 겪으며, 자주 격분이나 공황상태에 빠지고, 때로는 일시적인 정신증적 증상을 보인다. 입원할 때 일시적인 정신증 상태에 있는 경계선 환자는 장기적으로 악화되고, 지속적인 역기능 상태에 빠질 위험성이 높다.

경계선 환자 진단하기

DSM-III에 덧붙여 경계선 환자 진단을 위한 몇 개의 규준목록이 있다. 나는 컨버그(Kernberg, 1975)와 건더슨(Gunderson, 연도 미상)의 것이 유용하다는 것을 발견했다. 이러한 규준의 유사성과 차이, 타당성 연구, 표집 연구 등에 대해 논의하기보다는 경계선 환자들을 대상으로 게슈탈트 치료를 했던 나의 경험과 컨버그와 건더슨의 양식을 시험적으로 혼합한 목록을 제시하기로 한다. 이는 타당도 연구가 이루어진 것은 아니지만, 그렇더라도 일단 가능성을 보여주기 위해 제공한다.

다증상적 경향 경계선 성격장애라는 진단을 내리기 위한 첫 번째 단서 중의 하나는 환자가 보이는 증상들이 보통보다 훨씬 넓은 범위에 걸쳐 나타나며, (혹은) 같은 사람에게서 좀처럼 동시에 나타나지 않는 증상들을 함께 보인다는 점이다. 예컨대, 내가 강박적이고, 히스테릭하며, 우울한 환자를 만난다면 (종종 이들은 동시에 복합적인 의학적 건강 문제를 보이기도 한다.) 경계선 성격장애 진단을 고려한다.

충동적, 중독적 그리고 행동화 경향 이들은 흔히 자신의 행동의 결과나 윤리, 안전, 적법성 등을 고려하지 않고, 미성숙한 행동을 한다. 이들은 반사회적이거나 혹은 죄책감이 결여된 것이 아니다. 이들은 단지 자신의 지지 체계가 견뎌내기에는 너무나 강렬한 정서적 에너지 경험을 제거하기 위해 격렬한 정서를 행동으로 표출하는 것이다. 이들은 종종 물질남용의 형태로 행동화하기도 한다. 성적인 행동에서 이들은 흔히 다른 사람의 존재에 대한 존중감 없이, 대상을 가리지 않고 난잡한 성관계를 맺는다. (그리고 종종 여러 형태의 도착적인 성행동을 한다.)

조종적, 자살시도 행동화하거나 중독적인 환자들이 조종적인 면이 있다는 것은 아마 말할 필요가 없을지도 모르겠다. 경계선 환자들은 종종 자살 제스처나 자살 위협으로 주변 사람들을 조종한다. 하지만 그렇다고 해서 이들의 위협을 가볍게 생각해도 된다는 의미는 아니다.

과장되고 불안정한 정서, 특히 불쾌한 기분 경계선 환자들은 보통 격렬한 정서를 가지며, 정서적으로 불안정하다. 이들이 정서적으로 밋밋하게 느끼는 경우는 드물다. 그들은 특히 불쾌한 기분을 자주 느끼며, 긍정적 정서를 경험할 수 있는 능력이 매우 부족하고, 자주 무쾌감증이 된다. 화, 분노, 비통함과 우울감이 지배적이다.

가벼운 정신증의 경험 경계선 환자들은 때로 스트레스에 관련된 일시적이고 자아 이질적인(ego-dystonic) 정신증을 경험한다. 종종 약물사용과 관련 없이 편집증적 경향을 보이며, 이전 치료에서 자주 악화된 경험을 갖고 있다. 그들은 전형적인 환각이나 망상을 보이지는 않지만, 자주 해리 경험을 갖는다.

혼란된 밀접한 관계 경계선 환자들은 종종 매우 강렬한 애착을 보인다. 그들은 알면서도, 반복적으로, 그리고 피할 수 있음에도 불구하고, 친밀한 관계에서 상처를 받으면서 자신이 '희생자'라며 불평한다. 다른 형태의 관계 방식으로는 친밀감 없이 피상적인 관계만을 갖는 것이다. 그들은 종종 매우 의존적이고 요구적이지만 자신의 배우자를 평가절하한다. 그들은 조종적이며, 때로는 자기학대적으로 보인다. 이는 이들이 융합 속에서 자신을 잃어버리는 것 그리고 분열된 양극 사이를 오락가락하는 것과 관련이 있다.

약한 자아의 비특정적 발현(non specific manifestations) 그들은 종종 유아적 자기애, 자기학대와 원초적 방어기제를 사용하는, 그리고 낮은 수준의 인격장애 범위에서 기능하는, 전형적인 전 정신증적(prepsychotic) 성격 구조를 갖는다. 그들의 분열기제를 사용하는 경향은 (아래에서 논의된다.) 특히 주목할 만하다.

자아 결손들

대상 항상성

유아들에 있어서 중요한 발달적 과제의 하나는 대상 항상성을 학습하는 것이다. 개인이 생물학적으로 손상되지 않았고, 출생 후 처음 몇 년 동안 최소한의 적절한 보살핌을 받는 환경에 놓이게 되면, 대상 항상성은 자연스럽게 나타나는 성숙과정이다. 이는 대인관계적 세계에 대한 안정되고, 정확한 상을 개발하고 통합하기 위해 아주 중요한 것이다. 이것은 우리의 통합적 지각 기능의 한 부분이다. 우리는 탁자가 직사각형으로 보이는 위치에서 관찰할 수도 있지만, 그렇다고 해서 반드시 탁자가 사각형이라고 학습할 필요는 없다. 일정한 연령을 넘어서면 우리는 부분적으로 혹은 완전히 시야에서 사라진 대상을 마음속에 그려낼 수 있다. 그 연령 이하에서는 그것이 어려운데, '눈에 안 보이면 마음에도 없는 것'일 뿐만 아니라 '눈에 보이지 않으면, 아예 존재하지도 않게 된다.'

우리는 또한 사람이 눈에 보이지 않아도 존재한다는 것을 배운다. 그것뿐만이 아니라 그들이 다시 나타난다는 것도 배운다. 엄마는 떠났다가 다시 돌아온다. 아이가 걸음마를 할 수 있게 되면, 자기가 떠났다가 다시 돌아올 수 있다는 것을 배운다. 이렇게 아이는 자신의 독립성을 시험해볼 수 있고, 필요하면 지지를 받기 위해 돌아온다. 엄마는 거기 있을 것이다(혹은 적어도 그것이 이상적인 어머니 상이다. 우리는 아래에서 이것이 경계선 성격장애의 초기 아동기 경험에서는 반드시 그렇지 않을 수도 있다는 것을 알게 될 것이다.). 그리고 아이는 자연스럽게 독립성/자율성이 적절한 환경적 지지와 함께 공존할 수 있다는 기대를 갖게 된다.

아이는 또한 정서적 대상 항상성도 배운다. 즉, 부모가 자신이 (아이가) 좋아하는 일을 하기도 하고, 혹은 자신이 좋아하지 않는 일도 한다는 것을 배운다. 좋은 부모도 때로는 나쁜 일을 하기도 한다. 좋은 아이들도 나쁜 일을 하기도 한다. 아이는 실수를 하기도 하고, 상처를 받기도 하지만, 그래도 사랑받을 수 있다는 것을 배운다. 때로는 화가 나서 분위기가 안 좋을 때도 있지만, 그래도 좋은 부모의 상은 (그리고 좋은 아이의 상도) 계속 유지된다.

대상 항상성을 성취하는 발달적 성숙의 과제는 경계선 환자들에게 완성되지 않았고, 이들은 안정된 대상 항상성 감각을 갖지 못한다. 이들은 어린아이들의 경우처럼 어떤 사람과 분리될 때 그에 대한 이미지를 유지하기가 매우 어렵다. 이들은 시간과 공간 그리고 사람에 대한 항상성을 잘 경험하지 못한다. 어떤 것이 현재 지각 장에 확실히 제시되지 않으면 그것과 관련을 맺는 것이 어렵다. 자기애적 환자들의 경우는 이런 문제가 없다.

경계선 환자들은 타인으로부터 분리되었을 때 관계에 대한 감각을 유지하는 것이 어렵기 때문에 분리는 곧 유기를 의미하며, 이는 정체감의 붕괴와 극심한 심리적 공포를 경험하게 만든다. 사실 어떠한 위협을 받아도 이들은 붕괴와 파편화, 그리고 기본적인 자아 기능 상실의 가능성을 안고 있다.

분열

게슈탈트 치료에서 이분화는 모든 정신병리와 병리적 현대생활의 기본적인 양태로 간주된다. 이것은 『게슈탈트 치료』(Perls et. al., 1951)에서 명확히 논의되었다. 우리는 이미 앞에서 성격장애 환자들이 일반적으로 반대되는 성격의 측면들을 통합하는 것이 어려우며, 이분법으로 양극화시키는 경향이 있음을 말한 적이 있다.

경계선 환자들이 모순과 양극성을 조화시키는 하나의 게슈탈트를 제대로 형성하지 못한다는 사실이 이들의 성격 구조를 이해함에 있어 특히 중요하다. 경계선 환자들은 주도면밀하게 반대되는 것들에 대한 알아차림을 회피한다. 그들이 반대되는 것들을 알아차리게 되면, 그들은 큰 혼란과 놀람 그리고 불안을 경험한다. 더구나 그들은 보통 '분열(splitting)'이라고 불리는 특수한 형태의 이분법적 지각을 한다.

합하여 하나의 전체를 구성하는 부분들은 따로따로 분리되어, 서로 영향을 미치지 않은 채 의식에서 분리된다. 환자는 이 둘을 다 자각하지만, 둘을 동시에 알아차리지는 못한다. 이것은 억압과는 다르다. 억압의 경우는 알아차림에 못 들어오는 것은 알아차림의 밖에 있지만, 알아차림 안에 있는 것은 쉽게 알아차릴 수 있다. 그런데 이런 것은 순간순간 바뀌는 것이 아니다. 분열에 있어서는 양극성의 반은 '억압되고', 다른 부분은 알아차림이 가능하다. '억압된' 부분이 알아차려질 때, 다른 부분은 '억압된다.'

경계선 환자의 분열에서 억압된 부분은 다양한 정도로 억압되어 있다. 억압된 부분은 때로 특정한 시기에 완전히 억압되기도 한다. 그러나 대부분의 경우 자세히 물으면 환자는 자신의 억압된 부분에 대해 '기억'을 할 수 있다. 하지만 정서적 느낌은 결여된다. 억압된 부분의 의미나 중요성은 종종 본인도 의식하지 못한 채 바뀐다. 억압된 부분이 해제되면, 그 의미도 다시 회복된다.

이러한 분열은 경계선 환자들의 타인에 대한 심상에서도 일어난다. 타인에 대한 지각은 합하면 온전한 전체를 이룰 수 있지만, 각각 따로 분리된 부분들로 지각된다. 그래서 타인에 대한 그들의 지각은 매우 왜곡되고, 부정확하다. 경계선 환자들은 종종 다른 사람에게 화가 났을 때, 그들에 대한 어떠한 좋은 느낌도 기억하지 못한다. 또한 상대편에 대해 사랑을 느낄 때는 어떠한 부정적인 것도 기억하지 못한다.

경계선 환자는 전체적인 정확한 상을 유지할 수 없다. 전체적인 상을 갖기 위해서는 개인이 최소한의 대상 항상성에 대한 감각을 갖고 있어야 하며, 또한 같은 사람의 내면에 동시에 존재하는 서로 반대되는 측면이나 차이점 등을 볼 수 있어야 한다.

자기애적 환자들은 주로 팽창-위축 방식으로, 가끔씩은 분열의 방식으로 이분법적 지각패턴을 보인다. 그런데 대체로 그들은 양 측면 모두를 기억할 수 있지만, 느낄 수 있는 것은 한쪽 측면뿐이다. 자기애적 상처에 의한 반응인 분노와 공황의 일정 부분은 사실 지금은 실망했지만 그동안 유지되어 왔던 이상화된 이미지의 상실에 대한 알아차림 때문이라고 할 수 있다. 이러한 자기애적 패턴은 사기애적 성격장애와 경계선 성격장애 모두에서 관찰할 수 있다. 이분화의 두 종류 모두에서 통합의 결여가 있지만, 알아차림의 차단은 경계선 환자의 분열에서 훨씬 더 심각하다.

연결 혹은 분리: 이중적 위험들

선과 악의 분열에 대해서는 정신분석 문헌들에 잘 서술되어 있다. 사실, 이따금 분열은 선과 악의 분열의 관점에서만 정의된다. 나는 분열의 과정이 기본적인 모든 자아기능과 관계가 있으며, 선과 악에만 한정되는 것은 아니라고 생각한다. 경계선적 분열은 선과 악의 분열 내용보다 좀 더 기초적인 것이며, 또한 선-악의 분열은 분열의 본질이 아니다.

나는 분열의 내용보다는 오히려 분열의 과정에 주목한다. 이러한 과정적 측면에서 현상을 관찰하면 분열은 경계선 환자들의 삶에 온통 퍼져 있는 것을 알 수 있는데, 그들의 사고나 지각, 정서적 느낌 등의 넓은 영역에 걸쳐 나타난다. 사실 내가 생각하기에 선-악의 분열보다 더 심각하다고 느껴지는 분열이 있는데, 이 분열을 설명하는 데 게슈탈트 치료의 접촉과 접촉 경계 개념은 매우 유용한 출발점이다.

이 단락의 제목에서 '혹은'이라는 단어를 강조했다. 경계선 환자는 연결과 분리를 따로 쪼개어(분열시켜) 버린다. 게슈탈트 치료 이론에 조금이라도 지식이 있는 사람이라면 누구라도 접촉이 '연결(connecting)'과 '분리(separating)'를 모두 포함한다는 것을 안다. 이러한 기본적인 게슈탈트 이론은 경계선 환자를 이해하고 치료하는 데 매우 유용한 개념이다. 하나의 개념으로써 그리고 치료의 원칙으로써 접촉에 대한 강조는, 내가 게슈탈트 치료를—적어도 정신분석적 지식을 갖춘 게슈탈트 치료가—경계선 환자를 위한 가장 적절한 치료법이라고 말하는 이유의 한 부분이다.

경계선 환자는 '접촉(contact)' 혹은 '연결성(connectedness)'을 '융합(confluence)' '병합(fusion, merger)' '퇴행' '자율성과 능력의 상실' 등과 같은 것으로 생각한다. 그들은 정서적 친밀감을 마음속에 그릴 수 있으며, 또한 능력과 자율성에 대해서도 상상할 수 있지만, 이 두 가지를 한꺼번에 상상할 수는 없다. 이들은 두 가지를 분열시켜버린다. 가까워진다는 것은 보살핌을 받으면서 무능력해진다는 의미다.

연결성은 병합과 같은 것으로 생각되며, 분리 혹은 자율성은 유기나 고립, 굶어죽음 등과 동일한 것으로 간주된다. '유능감(competence)'과 자율성은 분리되는 것을 의미하며, 분리된다는 것은 전혀 연결되지 않는 것을 뜻한다(경계선 환자들은 대상 항상성이 결핍되어 있고, 현상학적 장을 분열시킨다는 것을 기억하라.). 유능하다는 것은 어떤 도움도 필요로 하지 않는 것을 의미한다. 경계선 환자들에게는 의존과 유능함이 상상 차원에서조차 통합될 수 없다. 따라서 유능함은 버림받는 것을 의미하며, 그것은 정서적으로 아무것도 취할 수 없다는 의미다.

이처럼 이들에게는 (유능하지만 혼자 버려짐으로써) 굶어죽느냐, 아니면 (무능함으로써 병합된 채) 보호를 받느냐의 둘 중 하나를 선택해야 하는 기로에 서게 된다. 따라서 환자의 유능성이 증가하기 시작할 때, 자칫 환자가 위험에 빠질 수 있으므로 치료자는 아주 주의를 기울여야 한다. 이 시기에 많은 경계선 환자들은 조기에 치료를 중단해버리는데, 그 이유는 치료에 계속 머무르는 것이 자기가 이제 막 얻기 시작한 유능감을 포기하고, 치료 관계에 의존하는 것이라고 자신도 모르게 생각하기 때문이다. 불행히도 이러한 분열된 유능감의 상태는 우리의 자연스런 상호의존 욕구를 고려하지 않기 때문에 오랫동안 유지되기 어렵다.

경계선 환자는 이러한 융합을 추구하기도 하고 두려워하기도 한다. 그러나 분열 때문에 그들은 두 가지가 모두 존재한다는 것을 알지 못한다. 그래서 어떤 한 순간에는 그들의 생존이 분리나 차이가 없어야만 가능할 것처럼 느끼고, 다음 순간에는 합병됨으로써 자기가 상실될 것 같아 공포에 질려버린다. 친밀감이 느껴지기 시작하면 종종 경계선 환자들은, 예컨대 치료를 그만두는 등의 방식으로 관계를 끊어버린다.

분열 때문에 그들은 무제한적으로 퇴행적 경향을 보인다. 그들은 자신이 돌봄을 받고 있다는 환상이 들면, 서로가 자율적인 인격체이며 병합이 불가능하다는 사실을 깡그리 잊어버린다. 이처럼 경계선 환자들에 있어 퇴행은 자아에 도움이 되지 못한다. 다른 사람으로부터 돌봄을 받는 것에 대한 그들의 환상은 종종 보이는 것보다 좀 더 심하게 부적절하고 원시적이다. 퇴행이 되면 그들은 관찰하는 자아가 분열되어버렸기 때문에 그것을 활용하지 못한다. 따라서 관찰하는 자아가 충분하게 사용되지 못한다. 아래에서 자세히 논하겠지만, 경계선 환자들에게 지지를 너무 많이 해주면 역효과가 나는 이유가 바로 여기에 있다.

경계선 환자들이 유능감을 느끼는 (분열적) 상태에 있을 때, 그들은 합병에 대한 갈망과 공포심, 무능함, 의존적 사기의 부분을 잘 보지 못한다. 그래서 그들이 그런 상태에 있을 때, 치료자는 환자가 접촉하지 못하고 있는 부분에 대해 유의해야 한다.

경계선적 연쇄(The borderline sequence)

경계선 환자들에게 있어 융합(공생적 병합)으로부터 '나'의 분리 및 개별화는 연결감의 상실, 즉 버림받은 느낌으로 이어진다. 이것은 자유 의사로 분리와 떠남을 선택한 경계선 환자의 경우에도 마찬가지다. 이렇게 되면 그들은 다시 관계에 집착하거나, 때로는 자신을 고립시키는 방식의 방어를 하게 된다. 만일 그들의 집착을 받아주면 더욱 강한 융합을 하게 되고, 그렇게 되면 '나'를 상실할지도 모른다는 공포를 느끼게 되며, 이는 다시 분리로 이어지고, 같은 과정을 반복하게 된다. 하지만 만약 그들의 융합 시도를 분화된 접촉으로 대응하면, 그들은 버림받았다고 느끼면서 원초적인 부정적 정서로 반응하게 된다.

좋은 접촉은 중간 시대를 건너뛰어 이분화된 융합과 격리의 양 극단을 오가는 방법으로는 성취되지 않는다. 접촉은 분리와 연결 사이를 이동하고, '접촉-철수 주기'에서 철수와 접촉 사이를 이동하면서 이루어진다. 그러나 철수가 정지된 고립상태로 들어가게 되면, 경계의 연결기능과 함께 접촉기능이 상실된다. 또한 (융합됨으로써) 정지된 연결 상태가 되어도 경계의 분리기능이 손상됨으로써 접촉은 상실된다.

경계선 환자의 유기에 대한 지각과 방어를 훈습하는 작업은 지루하고, 어렵고, 험한 일이지만 필요한 과제다. 이러한 과정을 통하여 환자들의 진정한 '나'에 대한 감각 및 치료자와의 연결과 분리에 대한 감각을 증진시킬 수 있다. 이는 다시 우리가 앞서 논의한 바 있는 다른 주기의 고리를 촉발시킨다.

치료자는 경계선 환자가 삶의 과정과 치료 과정에서 전형적으로 이러한 주기를 반복한다는 사실에 대해 미리 알고 있어야 한다.

거리 두기의 방어는 대개 아무 문제도 없다는 식의 유능감의 형태로 나타나며, 이로 말미암아 조기에 치료를 종결하기도 한다. 그런데 문제는 이것이 분열적 상태라는 것이다. 환자는 외부로부터 양분을 섭취하는 것이 필요하다는 감각을 잃어버린 (비현실적인) 유능감을 갖고 있는 것이다. 이는 기아의 상태이고, 그 자체로는 유지될 수 없는 것이다.

이러한 상태에 있는 경계선 환자는 종종 서로의 경계가 존중되지 않는 지나치게 밀착된 관계에 놓이게 되거나, 혹은 상사와의 관계에서 어려움이 발생하는 등 대인관계에서 압력을 받으면 갑자기 병이 악화될 수 있다. 이들은 사랑하는 관계에 빠지게 되면, 가끔 너무나 강렬한 친밀감을 느끼며 원초적인 병합의 환상을 갖기도 하는데, 그렇게 되면 다시 두려워져서 행동화를 통해 분리를 시도한다. 직장에서 이는 종종 권위자와의 힘 겨루기로 나타나거나 혹은 상사와의 부적절한 친밀관계 또는 심지어 성관계로까지 이어지기도 한다.

매스터슨(1972, 1976, 1981)은 이러한 유능감과 의존의 분리에 대해 자세히 기술했다. 그는 또한 유용한 치료적 함의에 대해서도 논의했다. 하지만 유감스럽게도 그의 특정한 정신분석적 편견은, 예컨대 치료자의 과제가 지적인 것이라는 주장 등은 게슈탈트 치료 체계에 통합, 수용되기 위해서 상당한 수정을 요한다. 또한 그의 병인론은 선형적이고, 과거사적이며, 인과관계의 기계론적 관점에 의해 훼손되어 있다.

그는 또한 내가 유용하고 흥미롭다고 생각하지만, 동시에 오류와 위험을 내포한 명제를 제시했다. 그는 경계선 성격장애의 발생은 18~36개월(말러의 분리-개별화의 재접촉 단계) 사이에 시작되며, 그 원인은 전적으로 아이를 지지해주지 않거나 혹은 심지어 분리를 통하여 자율성을 확보하려는 아이의 움직임을 적극적으로 좌절시키는 어머니에게 있다고 믿는다. 그에 따르면 어머니는 완전히 철수되어 있어, 세상에 도전하는 실험을 하는 유아가 돌아왔을 때는 엄마가 정서적으로 거기에 없다는 것을 느끼게 만들거나, 혹은 더 심하게는 어머니가 유아의 자율성을 공격하고 적극적으로 방해한다는 것이다. 두 경우 모두 이러한 어머니의 행동은 유아의 대상 항상성 감각의 발달을 제지하고, 유능감과 (엄마에 대한) 의존감의 분열을 낳으며, 유아로 하여금 완전히 독립적이거나 아니면 (엄마와) 병합하게끔 만든다고 한다.

매스터슨의 논의가 경계선 환자의 역동에 대한 본질을 포착한 측면이 있지만, 동시에 경계선 장애가 온전히 이 시기의 어머니-유아 관계에 의해 발생한다고 주장함으로써—그는 어머니의 전술한 행동이 경계선 장애를 낳는 필요충분조건이라고 말했다—문제점을 노출하고 있다. 나는 이러한 관점이 선형적, 과거사적, 일방 통행적, 인과관계의 기계론적 관점에 서 있기 때문에 받아들일 수 없다. 이 부분에 대한 매스터슨 이론을 거부해야 하는 경험적 증거들도 있다.

나 자신을 포함하여 여러 학자들은 성격장애가 보다 이른 시기에 시작되며, 매스터슨이 성격장애가 발생한다고 주장하는 발달시기 동안에 밖으로 드러나게 된다고 믿는다(예를 들어, Horner, 1984, p. 34, p. 76, p. 133). 경계선 장애가 이 시기에만 관련되는 것이 아니라는 증거도 있다. 호너는 경계선 장애가 보다 이른 시기에 시작한다는 자신의 관점을 뒷받침하기 위해 말러를 인용했는데, 말러의 환자 가운데는 이 시기에 상당한 장애가 있었던 유아가 나중에 경계선 환자가 되지 않았던 사례, 그리고 반대로 이 발달시기에는 심각한 장애가 없었던 유아가 나중에는 경계선 장애 환자가 된 경우도 있었다.

이러한 것에 대한 좀 더 일반적인 반대 의견은 성인의 성격 문제가 특정한 발생시기에 의해 야기되는 것인지에 대한 의문과 관계있다. 좀 더 절충적인 정신분석학자들조차 넓은 의미에서 이런 믿음을 공유하는데, 나는 이것이 여과 없이 게슈탈트 치료 이론으로 편입될 수 있다고 생각하지 않는다. 이러한 선형적 인과관계 모델은 유전이나 아동의 행동, 일반적인 사회적 조건 등을 무시하고, 모든 것을 어머니의 행동으로만 설명하려 하는데, 이는 게슈탈트 치료 이론과 상반되는 입장이다.

하지만 나는 내가 다루었던 경계선 환자들의 배경이 독립이 처벌되는 가족이었거나, 혹은 독립을 한다는 것은 한 번 떠나면 돌아오지 못하는 것을 의미하므로 아이가 독립에 대한 엄두를 내기 어려운 이분법적 상황으로 특징지어진다는 것을 보아왔다. 나는 이러한 상호작용이 공동의 상호작용이라는 것과 18개월 이전에 시작된다는 것,

그리고 18개월이 지난 뒤에도 수년 동안 계속된다는 것을 관찰해왔다.

치료적 제안들
(경계선 성격장애 환자와 자기애적 성격장애 환자에 대한 치료의 비교)

경계선 환자의 치료를 위한 처방은 스펙트럼의 한 쪽 끝에서 다른 쪽까지 다양하다. 정신분석에서는 직접적인 분석을 권고했으며, 제약조건들을 부과하고, 퇴행을 조장하고, 지지를 많이 해주는 방법이 추천되었다. 어떤 분석가들은 경계선 환자들은 분석이 불가능하다고 말하기도 했다. 어떤 정신과 의사들은 약물치료를 권하기도 하는데, 내 경험으로 약물치료는 효과가 없으며, 때로는 파괴적이기도 했다(마술적 해결의 환상을 강화시키고, 환자에게 지속적인 주의분산을 가져다주며, 이익보다는 부작용을 더 초래하기 때문에).

매스터슨은 좀 더 대화적인 치료를 옹호한다. 그는 환자로 하여금 행동화를 멈추고, 치료적 학습과제를 스스로 책임지도록 현실적이고 확고한 방식으로 직면시켜야 한다고 했다. 그는 경계를 분명히 하고, '직면'시키는 것이 필요하며, 공감만으로는 경계선 환자를 고칠 수 없다고 말한다.

퇴행을 멈추게 하고, 분명한 경계를 확립하고, 성공적인 치료를 가능하게 하기 위해서는 치료자의 강한 현전이 필요하다. 그런데 이런 방식으로 치료를 하면 불가피하게 많은 경계선 환자들이 치료를 조기에 이탈할 수 있다는 점을 감수해야 한다. 하지만 치료에 남아 있는 환자들은 호전될 기회를 갖게 된다. 만일 환자가 행동화를 보이거나 치료에서 최소한의 책임도 지지 않으려는 태도를 보여도 이에 상관치 않고 지지와 공감만을 사용하여 그들을 붙들어두려는 노력을 한다면, 치료는 결국 실패로 끝나게 된다. 이런 방식으로 시작된 치료는 흔히 극단적인 부정적 전이 (그리고 역전이), 행동화, 그리고 때로는 정신증적 삽화 혹은 전이를 초래하면서 결국 파탄나고 만다. 나의 환자 중에는 (퇴행적 접근을 사용했던) 자신의 이전 치료자를 칼로 공격한 후 내게 온 한 여성도 있었다.

여기 경계선 환자들의 치료를 위한 9가지 제안이 있다.

하나: 실재 활동에 근거한 접촉 경계들을 접촉하라

독자들은 게슈탈트 치료가 일반적으로 접촉을 강조하는데, 경계선 환자의 치료에서 특별히 접촉의 역할을 따로 강조할 필요가 있는지 의아하게 생각할지 모르겠다. 또한 사려 깊은 독자들은 게슈탈트 치료의 현상학적 관점에서는 '실재(reality)'란 항상 어떤 개인의 현상학을 통하여 존재하며, 환자나 치료자 모두 실재에 대해 각각 서로 다른 그리고 동등한 관점을 지닌 것으로 인정한다는 것을 알기 때문에, 경계선 환자의 치료에서 '실재'란 말이 사용되는 것에 대해 의문을 품을 것이다.

비록 게슈탈트 치료에서 기본은 개인 대 개인의 접촉이지만, 경계선 환자는 특별히 훈련되고, 일관성 있으며, 전문적인 지식을 갖춘 접촉을 필요로 한다. 이러한 접촉이 경계선 환자의 치료에 적용되는 방식은 다른 종류의 환자들의 경우와는 중요한 차이가 있다.

성장은 유기체/환경 장에서의 접촉과 실험에서 발생한다. 이는 치료자와 환자가 분리된 개체로서 서로 접촉하고, 성장은 이러한 '넓은 범위의(broad spectrum)' 접촉을 통하여 일어난다는 의미다. 심리치료의 질은 주로 환자와 이루어진 접촉의 질에 달려 있다고 볼 수 있다. 경계선 환자의 성공적 치료는 (다음의 요소들을 포함하는) 치료자가 보여주는 접촉의 질에 달려 있다. 보살핌, 공감, '진정성(authenticity)', 변치 않는 헌신 그리고 치료자의 임상적 지식의 명석함과 적절함, 개인적 알아차림과 접촉과정. 그 외에도 같은 맥락에서 추가시켜야 할 구체적 요건들도 있다.

경계선 환자를 치료하는 치료자는 경계선 환자의 실재, 그리고 치료자와 다른 사람들의 존재를 확인해주는 현재-중심적인 언어적, 비언어적 접촉을 항상 강조해야 한다. 이런 종류의 기초다지기 접촉에서는 만남 속의 모든 사람들이 분리된 존재로서 현전하면서 서로에게 영향을 미친다. 이는 직면적일 수 있으며, 또는 치료자와 환자가 서로 효과적 눈 접촉을 해보는 것처럼 간단할 수도 있다.

게슈탈트 치료에서 치료적 접촉은 다른 맥락에서 다른 형태를 취한다. 서로 다른 환자들, 다른 치료자들, 다른 기법들, 다른 문화들, 다른 기관들은 모두 각각 서로 다른 치료적 접촉을 요구한다. 때로 게슈탈트 치료의 어느 회기에서는 정서적 에너지의 표현을 강조할 수 있고, 다른 회기에서는 발달사를 탐색하거나, 혹은 현재의 상호작용을 탐색하는 것을 중요시할 수 있다. 혹은 환자의 사고방식을 탐색하거나 환자의 내사를 재검토하는 것을 강조할 수도 있다.

때로는 집단에서 구성원들 간의 접촉이 더 중요할 수 있으며, 이때 치료자와 환자 간의 접촉은 전경이 되지 않는다. 때로는 접촉 기술들이 강조되는 때와 같이 교육적인 것이 초점이 될 수도 있다. 이런 모든 것들이 때로는 적절하고 유용한 게슈탈트 치료일 수 있다. 우리는 이미 앞서 자기애적 성격장애의 치료를 다루면서 이러한 치료적 접촉의 변별적 적용에 대해 논의한 바 있다.

자기애적 환자들은 제한된 범위의 대화적 접근이 필요한데 반해, 경계선 환자들은 보다 넓은 범위의 대화적 접근이 필요하다. 경계선 환자의 치료는 대화의 현전적 측면과 '나타남(emergence)'적 측면에 더 비중을 두어야 한다. 종종 경계선 환자들의 치료에서는 좀 더 적극적인 치료자의 자기 개방을 필요로 한다. 치료자는 자신이 어떻게 영향을 받고 있는지, 무엇을 믿는지, 무엇을 생각하는지, 혹은 환자가 속해 있는 공동체 구성원들 모두의 욕구를 지켜주는 수호자로서의 자신의 역할에 대해, 좀 더 열정적으로 말할 필요가 있다.

치료 초기의 자기애적 환자들은 치료자와의 공감적 유대형성을 우선적으로 필요로 한다. 자기애적 환자의 경우는 치료자가 그들의 현재 경험과 삶의 이야기들을 공감적으로 따라가주는 것이 보통 치료적으로 효과가 있지만, 경계선 환자들에게는 치료자가 좀 더 적극적이고 쌍방적인 대화를 하는 것이 좋다. 나는 경계선 환자의 주관적 경험만을 따라가주는 것은 잘 된 경우에도 불충분하며, 자칫 위험할 수도 있다고 생각한다.

경계선 환자는 자기애적 환자만큼이나 꽤 공감적 유대를 필요로 한다. 그러나 치료적 틀 안에서 관련된 다른 문제들이 먼저 다루어지고, 행동화가 차단되고, 원초적 감정을 건드릴 수도 있는 탐색을 하기에 앞서 접촉에 기초한 튼튼한 치료 관계가 수립되는 등의 선결 조건들이 충족되지 않으면 공감적 유대만으로는 치료가 되지 않는다.

치료자가 충분한 외적 조망 없이 공감적 몰입만 사용할 경우 경계선 환자의 치료에서는 위험할 수 있다. 이것은 아래에 좀 더 자세하게 설명하겠지만, 경계선 환자에 대한 치료는 치료자가 보살피고 정서적으로 조율하는 것뿐만 아니라, 경계선 환자의 다양한 정서적 상태(이는 다양한 자기들이라고 할 수 있다.)에 있는 현상학적 실재를 강조하는 개인 대 개인 접촉을 해야 한다. 예컨대, 치료자는 적극적으로 개입하여 전체 중의 한 부분만을 경험하고 있는 환자로 하여금 자신이 지금 접촉을 회피하고 있는 다른 부분을 상기시켜줄 필요가 있다.

이는 환자의 현재 경험을 확인해주고 명료화해주면서도 동시에 따뜻한 보살핌과 공감적 방식으로 행해질 수 있다. 린 제이콥스(개인적 대화에서)는 다음과 같은 예를 제시했다. "치료자: 당신이 처해 있는 이 상황이 너무 끝이 없고, 한계도 없는 듯이 보인다는 것을 알겠어요. 이 상태에서는 당신 삶의 다른 측면들이 아무런 의미도 없는 것처럼 느껴지죠. 나는 당신이 고뇌에 가득 차서 앉아 있는 것을 보며 슬프게 느껴져요. 하지만, 나는 당신이 지금 볼 수 있는 것보다 넓은, 당신에 대한 나의 조망의 일부를 당신에게 빌려줄 수 있다면 좋겠어요."

경계선 환자는 종종 현재 맥락과 접촉하지 않고 정서적 표현을 하는데, 이때 치료자는 경계선 환자의 이러한 '부실한' 접촉에 민감해야 한다. 경계선 환자의 알아차림 과정은 자수 심하게 과거에 의해 영향받는다. 즉, 현재 상황에서 주어지거나 명백한 것에 근거하지 않은 반복적 사고들에 의해 좌지우지된다. 그래서 경계선 환자는 자주 어떤 상황의 한계나 행위의 결과, 우선적으로 처리해야 할 일들, 중요한 배경적 자료들, 치료자가 자신에게 중요한 사람이면서도 또한 독립적인 인격체라는 사실 등을 간과한다.

게슈탈트 치료에서는 자기와 타인의 생생한 실재가 중심이 되는 접촉을 강조하는데, 그것은 게슈탈트 치료에서 언급하는 다음과 같은 알아차림의 목표 중의 두 가지 측면과 일치한다. 즉, 치료자와 환자 간의 대화적 접촉을 수립하는 것, 그리고 환자 자신의 알아차림 과정에 대한 알아차림을 향상시키는 것이다. 경계선 환자와 이러한 작업을 하기 위해서는 치료자의 자발성과 방심하지 않는 알아차림이 요구되며, 또한 종종 공감적으로 조율하는 것에 더하여 필요하면 환자와 적극적으로 씨름을 하는 것이 필요하다.

치료자는 환자가 '그리고(and)'에 대한 감각을 기를 수 있는 관계를 수립할 필요가 있다. 예컨대, 자기와 타인의 전체적 연결, 서로 다르면서도 같을 수 있음, 연결되면서도 분리될 수 있음, 사랑하면서도 미워할 수 있음, 독립적이면서도 의존할 수 있음 등에 대한 인식을 가져다주는 것이다. 종종 경계선 환자들은 자기-타인, 연결-분리, 다름-같음 등 '분화된 전체들(differentiated wholes)'을 조각조각으로 쪼개버린다. 이것이 경계선 환자들의 가장 중요한 특징적 행동들 중의 하나다. 치유적인 만남이라고 할 수 있는 접촉은 '나'와 '너'의 만남이며, 이는 차이에 대한 알아차림이다.

자기-타인 알아차림과 접촉은 성장을 가져다준다. 자기-타인은 또한 경계선 환자가 곤란을 겪는 분화된 전체다. 장은 무시하고 자기 자신만을 겨냥하는 알아차림은 대화적이 아니며, 성장을 이루어내지 못한다. 타인만을 향하는 알아차림 또한 대화적이 아니며, 성장을 가져다주지 않는다.

만일 치료자가 경계선 환자에게 오직 자기에게만 초점을 두도록 허락한다면, 즉 자기-타인의 자기 측면에만 초점을 두도록 한다면, 경계선 환자는 성장에 실패하고 매우 미성숙한 상태에 머물게 된다. 이것은 유아적인 퇴행을 초래하여, 회복이나 성장을 가져오지 못한다.

경계선 환자는 치료자가 경계선 환자와의 작업에서 지속적으로, 확고히 그리고 반복적으로 자기 **그리고** 타인에 초점을 두고 대부분의 시간을 할애하여 (처음에는 대개 다른 것에 초점을 맞춰 작업을 시작하지만) 작업하지 않으면 분화된 단일체를 이루지 못할 것이다. 경계선 환자가 다른 사람의 실재를 고려하는 것이 자신을 포기하고 다른 사람에게 합병시키는 의미라고 생각한다면, 차라리 반드시 타인을 고려해야 하는 것은 아니다. 그렇게 하는 것은 성장을 초래하는 알아차림과 접촉을 가져다주지 못할 것이기 때문이다. 경계선 환자가 그들 자신이 필요로 하는 것 그리고 다른 사람이 필요로 하는 것을 함께 고려하는 것이 가능하다는 것을 배우는 데는 길고 치열한 과정을 거쳐야 한다.

경계선 환자는 자신에게 환경의 요구를 고려해보도록 정력적이고 믿을 수 있게, 그리고 명료하고 일관되고 끈덕지게 제시해주는 치료자를 필요로 한다. 이러한 만남은 환자에게 변화를 강요하거나, 변화의 필요성에 대해 환자를 납득시키는 것이 아니다. 그것은 환자가 알아차림을 허용하지 않는 그의 환경에 있는 본질적인 것들을 환자로 하여금 다루게 하고, 그리고 궁극적으로 자신의 알아차림 과정에 대해 알아차리는 것을 가능하게 해주는 것이다.

고려해보도록 제시해주는 것은 환자에게 강요하는 것이 아니다. 환자의 현상학적 '실재(reality)'를 최대한 존중해야 한다. 경계선 환자에게 (환경의 요구를) 제시할 때는 권위적으로 강요하기보다는 '비도덕적(non-moralistic)'으로, 무비판적으로 그리고 사실적인 방식으로 해야 한다.

이것은 종종 경계선 환자가 치료자가 제시해주지 않았다면 접근할 수 없었을 알아차림의 기회를 갖게 되는 문제다. 예를 들어, 환자가 행동을 하는 시점에는 그 행동으로 말미암아 생길 결과에 대해서는 (비록 나중에는 그 결과로 인해 고통을 받게 되겠지만) 환자는 미처 생각하지 않는다. 또한 결과가 고려될 때조차도 종종 경계선 환자는 그들에게 제3의 다른 가능성이 있다는 생각을 하지 못하기 때문에, 이것 아니면 저것의 양자택일에 갇혀 쩔쩔맨다.

그래서 종종 상황의 요구와 그 상황에 있는 다른 사람들의 요구가 자신의 이익과는 정면으로 대치되는 것으로 간주해버린다. 접촉에 기초한 화해는 경계선 환자들이 그들 자신의 실재, 그리고 다른 사람의 실재를 함께 직면하지 않는 한 가능하지 않다. 치료자는 환자에게 그가 자기-타인의 욕구를 고려하도록 제시해줄 수 있고, 그렇게 함으로써 새로운 가능성을 열 수 있다.

심리치료에서 이루어지는 많은 작업들은 접촉 경계와 관련 있다. 경계선 환자의 치료에 있어서는 더욱 그러하다. 치료자는 끊임없이 환자와 치료자 간의 접촉 경계에 초점을 맞춰야 한다. 작업이 치료실 밖에서의 환자의 대인관계에 대해 초점을 맞출 때는 일반적으로 그러한 작업을 하는 과정에서의 치료자-환자 간의 접촉 경계뿐만 아니라 외부 대인관계에서의 접촉 경계에 대한 알아차림도 함께 다루어야 한다.

우리는 보통 좋은 심리치료 개입이란 환자에 의해 경험되는 실재를 존중해주는 것이라고 배웠다. 또한 전통적으로 확립된 유용한 임상적 지침은 환자가 '편안하게 느끼는 것들(ego-syntonic)'에 대해서는 그것들이 환자에게 불편을 주기 시작하기 전까지는 그냥 내버려두고, 환자가 현재 '불편함을 느끼는 것들(ego-dystonic)'에 초점을 맞추라는 것이었다. 그런데 경계선 환자들의 치료에서는 이런 입장의 수정이 필요하다.

경계선 환자를 상대로 하는 작업에서는 종종 환자에게 아직 불편을 주지 않는 '자아-동조적(ego-syntonic)'인 행동이나 사고, 감정, 신념 등에 대해서도 치료적 개입을 하는 것이 필요하다. 여기서 환자는 자신의 자아 동조적인 '실재'를 버리도록 압력을 받는 것이 아니다. 단지 세상을 바라보는 렌즈를 좀 확대하여 자신이 미처 보지 못하는 치료자 및 다른 사람들의 깨달음을 고려하도록 해주기 위함이다. 그것은 그들 자신의 실재와 치료자의 실재 둘 중에서 하나를 선택하는 것이라기보다 확장된 알아차림을 통해 변증법적인 초월로 귀착된다. 성장은 이러한 상호작용으로부터 발생한다. 경계선 환자들에게 성장은 투쟁이나 갈등이 없는 공감적 조율로부터 생겨나지 않는다.

성장은 또한 환자의 실재를 짓밟아버리고, 치료자의 실재에 맞추도록 함으로써 발생하지도 않는다.

이러한 것들이 치료에서 가장 어려운 부분인데, 이를 더욱 어렵게 만드는 것은 한편으로 환자가 외부의 지지를 받고 싶은 마음과 치료자의 품에 퇴행적으로 안기고 싶은 갈망이 너무나 큰데 반해서, 다른 한편으로 자신의 욕구와 타인의 욕구 그리고 상황의 한계 등을 함께 고려하면서 게슈탈트를 형성할 수 있는 능력이 자주 결여된다는 점이다.

파괴적이지만 자아-동조적인 행동에 고착되어 있는 경계선 환자는 중요한 이유 때문에 그렇게 한다. 한 가지 견지에서 파괴적인 행동은 다른 측면에서는 일종의 심리적 생존을 가능하게 할 수 있다. 치료자는 환자와 함께 이러한 환자행동의 기능에 대해 탐색하고 그 가치를 인정해주는 일을 하는 동시에, 다른 한편으로는 환자의 알아차림에서 체계적으로 벗어나 있는 측면들을 환자의 지각 장에 들어오도록 해주야 한다. 예컨대, 자신과 타인의 다양한 욕구들, 상황의 한계와 자원들, 상황에서 요구되는 것들, 이러한 욕구들을 충족시킬 수 있는 다른 (건강한) 방법들 등을 알아차리도록 해주는 것이다. 무엇보다도 치료자는 경계선 환자가 절망을 극복하고 새로운 가능성을 발견할 것이라는 믿음과 신뢰를 보여주어야 한다. 이는 천천히 시간을 두고 단계적으로 일어나는 과정이다. 여기서 중요한 것은 치료자가 적절한 시기에 정확한 판단력을 갖고서 경계선 환자의 자기 중심적이고 분열된 상태로 인해 알아차림에서 제외된 것들을 그의 현상적 장으로 가져다줘서 그것들을 고려할 수 있도록 해주어야 한다는 점이다.

경계선 환자를 성공적으로 치료하기 위해서는 치료적 공감이 중요한데, 그것은 공감을 바탕으로 해서 자기개방, 한계 설정, 사례 관리, 교육, 실험, 환자와의 씨름 등 광범위한 치료적 개입을 순탄하게 해나갈 수 있기 때문이다. 여기서 목표는 환자를 치료자의 실재에 맞도록 만드는 것이 아니라, 환자와 치료자가 모두 각각 상대편의 알아차림을 고려하도록 하는 것이다.

책임과 학습과정

실재에 기초한 접촉은 학습과정에도 적용된다. 자기애적 환자의 경우는 환자의 알아차림을 따라가주고 그것의 배경에 대해 말하도록 격려해주는 것이 필요한데 반해, 경계선 환자의 경우는 치료 초기부터 학습과 알아차림 과정에 대한 책임을 지도록 해주어야 한다. 경계선 환자는 학습과정에 대한 자신의 책임을 알아차리도록 해주어야 하는데, 그렇지 않으면 마술적 사고가 환상적 수준에서 통제를 벗어나게 될 가능성이 매우 크다.

제이콥스(개인적 대화에서)는 이러한 작업과 관련하여 종종 매우 유용하게 쓰일 수 있는 자신의 태도를 소개했다. "나는 그들이 책임감을 느끼고 있는 부분에 초점을 두기보다는 그들의 진술 중에서 책임감을 느끼지 않는 부분이나 혹은 책임감을 느낄 수 없다는 것을 암시하는 부분에 초점을 맞춘다. 이 둘 사이에는 아주 미묘한 차이가 있지만, 치료자가 후자의 태도를 취하면 환자는 단순히 치료자의 도덕률을 따르는 것이 아니라 스스로 자신의 삶의 주인이 되는 기쁨을 발견하는 방향으로 책임감을 개발해 나가게 된다." 나는 이것이 사실이라고 생각하지만, 그럼에도 불구하고 많은 경계선 환자들의 "나는 할 수 없다."는 믿음을 다루는 데 있어 '비도덕적(non-moralistic)' 직면의 필요성을 주장한다. 환자가 작업을 한다는 생각은—비록 그런 용어는 앵무새가 어휘를 습득한 것처럼 어디선가 들었을지 몰라도—경계선 환자들에게는 낯설다. 나와 네가 함께 작업을 한다는 생각은 그들에게 더욱 낯설다. 하지만 현실적인 측면을 보면, 만일 학습과정에서 그들의 몫에 대한 책임을 지지 않는다면 장기적으로 치료는 좋은 결과를 가져올 수 없다. 경계선 환자들에게 있어서 학습은 그냥 내버려둬도 저절로 일어나지는 않는다.

매스터슨은 경계선 환자의 경우 치료 초기에 치료 작업에 대한 환자 자신의 책임을 직면시켜야 한다고 주장했는데, 나도 이 점에 동의한다. 그는 환자가 이러한 책임을 맡는 것을 기꺼워하지 않거나 책임을 지지 못한다면, 그리고 치료자로부터 과도한 지지를 요구한다면, 환자를 떠나도록 해주어야 한다고 충고한다. 그는 치료자가 퇴행적인 자기를 지지해주지 않는다는 이유로 치료를 떠난 후에 다른 치료자와 성공적으로 작업을 할 수 있었던 환자를 보지 못했다고 했다(Masterson, 1981, p. 196). 물론 이것은 환자 발달 상태의 제한뿐만 아니라 현재 심리치료 기술 수준의 한계를 반영한다고 봐야 할 것이다.

환자를 돕는 우리의 능력은 무한하지 않으며, 오히려 어떤 최소한의 조건하에서 가능하다. 나는 환자가 치료 초기에 학습과정을 위한 최소한의 자기 책임을 지는 자세를 확립하는 것이 경계선 환자의 성공적인 치료를 위한 필요조건이라고 생각한다.

만일 경계선 환자의 퇴행적 환상이 환자의 치료적 행동에서 행동화되고, 치료자가 지나친 '지지'와 공감으로 이러한 환자 행동과 결탁한다면, 1~2년 사이에 심각한 위기가 오는데, 이때 환자는 압도되거나 행동화가 증가하며, 치료자에 대한 요구가 많아지고, 격렬한 부정적 전이 반응을 보인다. 치료 초기에 치료자가 환자로 하여금 책임 있는 태도와 관계, 경계 기술 등을 확립할 것을 강조하지 않았기 때문에, 이러한 상황에서 환자는 자기 자신을 잘 지지할 수 없다(치료자의 배우자는 한밤중에 전화가 걸려오고, 치료자인 배우자가 심한 정서적 동요를 일으키는 등의 현상을 통하여 환자가 위에서 언급한 시기에 와 있음을 알아차릴 수 있다.).

치료 초기에 알아차림 훈련과 책임감을 강조하는 것은 자기애적 환자들에게는 이해받지 못하는 그리고 침입당하는 느낌을 갖게 만들지만, 경계선 환자들은 비록 그들도 자기애적 상처를 입는 경향이 있지만 직면을 시켜야 한다. 이러한 직면은 사랑과 공감, 애정으로 이루어져야 하지만, 실재에 기초하여 확고함으로 행해야 한다. 나는 이러한 직면 없이는 경계선 환자의 치료가 결코 성공할 수 없다고 생각한다.

경계선 환자는 그들 자신의 치료를 위해 (치료자와 함께) 상호적인 책임을 져야 한다는 것뿐 아니라, 행동화를 조절하기 위한 책임과 필요성도 인식해야만 한다. 경계선 환자의 치료에서는 반드시 행동화가 제한되어야만 하며, 이는 가급적이면 치료 초기에 이루어져야 하고, 결국은 완전히 중단되어야 한다. 만일 환자가 스트레스를 받을 때마다 술을 마시거나, 다른 물질 남용에 관여하거나, 난잡한 성행동 혹은 폭력적인 행동을 한다면 치료는 성공할 수 없다. 부분적으로 경계선 환자의 행동화가 상황을 더 악화시키기 때문에 생활 스트레스가 있을 경우 치료 과정을 압도하게 되며, 그런 경우가 아니더라도 치료 상황에서의 정상적인 위기에서도 점점 더 심한 행동화를 보이며 훈습을 방해하게 된다.

어떤 형태의 행동화는 치료의 중반기쯤에 가서야 끝난다. 대개 경계선 환자들은 치료 후반에서나 책임지는 것을 배운다. 치료가 진전되면서 환자들이 갖고 있는 병합과 보살핌 받는 환상 그리고 자율성을 상실하게 될 건데도 불구하고 병합이 연결의 유일한 방법이라는 믿음 등을 입 밖에 내어 말로 표현하게 해주는 것은 그들로 하여금 자신의 정체성과 책임감이 치료자의 그것들과 분리되어 존재한다는 것을 선명하게 깨닫도록 도와준다(Jacobs, 개인적 대화에서). 물론 이런 작업은 여러 번 반복해서 이루어져야 한다. 한편, 치료자는 환자의 퇴행적 환상과 결탁하는 것을 피해야 하며, 환자가 심한 행동화를 할 때는 환자가 완전히 자신의 행동에 대한 책임을 질 것이라는 기대를 하지 않으면서도 그것을 직면시켜야 한다. 심한 행동화를 할 때도 어느 정도 성숙한 자신의 정체성과 책임감을 경험하는 것은 가능하다.

한계들

같은 선상에서 한계의 문제는 종종 경계와 자기 책임의 문제에 대한 경계선 환자와의 최초의 전장이다. 약속을 지키지 않는 것(특히 치료비 관련)이 허용되고, 치료비를 내지 않는 것, 밤늦게 전화를 거는 것 등이 허용된 경계선 환자는 치료에서 실패할 확률이 높다.

내가 이전에 언급한, 이전 치료자에게 칼을 휘두른 적이 있었던 그 환자는 오전 6시에 내게 전화를 걸어 자살 생각과 입원에 대해 말하면서 치료 관계가 시작됐다. 사실, 그녀는 이미 지역 정신병원에 연락을 취한 상태였다. 어느 정도 대화를 나눈 뒤, 나는 그녀를 치료하는 것을 기쁘게 생각하지만 조건이 있다고 말했다. 나는 그녀가 내게 전화를 할 수 있는 시간을 말했고, 병원에 있는 그녀를 만날 수는 없다고 말했다(그 당시에 나는 병원에 가서 치료하기를 원치 않았고, 게다가 이 환자에게는 입원치료가 좋지 않다고 생각했다.). 그리고 만일 그녀가 이러한 제한을 따를 수 없다면, 다른 치료자를 소개해 주겠다고 말했다. 나는 또한 비록 우리가 서로 만나기도 전에 자살하지 않기를 간절히 바라지만, 어쨌든 그녀가 살거나 죽거나 간에 그것은 자신의 책임이라고 말했다.

나는 이런 말을 아주 확고한 방식으로 말했다. 나는 그녀가 조건에 동의했고, 이를 지켰다는 점에서 운이 좋았다. 이것은 치료를 위해 아주 좋은 신호였고, 치료는 상당히 성공적이었다. 이때가 이 환자가 자살 충동을 느꼈던 마지막은 아니지만, 그녀는 결코 다시 자살 시도를 하지 않았다(이전에는 네 번이나 매우 심각한 자살 시도를 했었다.). 그녀는 시간에 대한 계약도 잘 지켰다. 또한 그녀가 입원을 고려한 것은 공황 경험을 할 때뿐이었고, 그 외에는 가능하면 입원하지 않기를 원했다.

나는 분디니와는 그렇게 운이 좋지 않았다. 내가 그를 만난 것은 치료자로서 비교적 초보였을 때였으며, 경계선 환자의 과정에 대해 잘 알지 못했고, 따라서 나의 개입은 신선하거나 정확하지도 못했다. 또한 나는 전화를 거는 것에 대한 분명한 제한도 두지 않았고, 그는 그대로 시도 때도 없이 내게 수시로 전화하고 싶은 충동을 자제하지 못했다. 내가 좀 더 직면을 많이 시키자, 그는 번번이 전화를 걸어서는 끊어버리곤 했다. 내 생각에 그는 내 목소리를 들음으로써 지지를 좀 얻고, 어떤 연결성을 느끼며, 내가 살아있다는 것을 확인하는 것 같았다. 그리고 침입적인 행동으로 아마 나를 처벌하는 것 같기도 했다. 분디니의 치료에서 대조적으로 흥미로운 점은 내가 치료비에 대해서는 처음부터 매우 확고했었다는 것이다. 나는 치료비를 정확한 날짜에 전액 지불해야 한다고 강조했다. 나는 확고했었고, 그는 계산서로 인해 내게 일체 문제를 일으키지 않았다.

둘: 퇴행적 자기를 북돋아 주지 마라

나는 9장 동화에 관한 소고에서 분디니와 문지기 딸의 대조되는 상황을 논의했었다. 나는 분디니의 치료에서 그의 전화 거는 행동을 허용한 것을 제외하면, 사실 때로 오히려 까칠하다 싶을 정도로 직면을 많이 시키는 편이었지, 그의 퇴행적 경향을 북돋아 주지는 않았다. 그런데 문지기의 딸에게는 내가 지나치게 지지적이며, 그녀의 'acting in'(개인치료 또는 집단치료에서의 행동화)을 직면시키지 않음으로써 퇴행을 북돋았다. 분디니는 나와 치료를 받는 5년 동안 그의 생애 중에서 가장 긴 기간 동안 좋은 기능상태를 보였고, 입원도 하지 않았었다. 반면에, 문지기의 딸은 정신증이라고 할 수 있는 전이 반응에 바탕을 둔 분노감에 휩싸여 치료를 중단했다. 첫 일 년 남짓 되는 기간 동안 우리는 좋은 관계를 유지한 것처럼 보였다. 그러나 이것은 내 쪽의 잘못된 지각이었는데, 그것은 내가 당시에 경계선 성격 특성들을 이해하지 못했기 때문이다. 나는 확고하지 못했고, 제한을 두지 않았으며, 퇴행을 북돋음으로 인해 불행한 결과를 초래했었다.

내 생각에는 앞서 논의한 것처럼 치료자가 확고하지 못하고 접촉적이지 못하면, 치료는 매우 오래 끌지만 지지부진하게 되거나,[2] 혹은 (종종 치료 시작 후 1~2년 뒤에) 극단적이고 통제할 수 없는 형태의 부정적 전이의 형태로 파국에 이르는 것 같다. 앞에

2) 역자 주_ 치료자가 확고하지 못하고, 접촉적이지 못하더라도 치료자의 보살핌과 공감적 반영 그리고 지지로 인하여 치료는 오래 지속될 수 있으나 치료적 진전은 없다.

소개한 나의 두 사례가 아주 전형적 경우인 것 같다. 치료의 파탄은 반드시 치료자의 통찰이 부족하거나 실력이 부족해서가 아니라, 단순히 치료의 시작 단계에서 확실한 한계를 정해주지 않음으로써 올 수 있다.[3)]

조언: 치료자로서의 성장과 치유를 위해 필요한 작업을 하라. 당신 자신의 한계를 알라. 만일 한계를 느낀다면, 환자를 다른 치료자에게 소개해주라.

셋: 역전이

만일 당신이 치료 장면에서 환자에게 방어적이 되고, 감정이 심하게 동요되며, 강한 역전이 반응으로 반응한 적이 있다면, 아마도 그 환자는 경계선 환자일 가능성이 있다. 이 환자들은 그들의 치료자에게 자주 죄책감이나 수치심, 부적절함 그리고 짜증나는 감정을 유발한다. 치료자들은 자주 그들을 구원하려들거나, 아니면 반대로 그들에게 폭력을 행사하고 싶거나 혹은 둘 다를 하고 싶은 마음이 든다.

자기애적 환자에 대한 치료는 천천히 진행되며, 그래서 어떤 치료자들은 자기 회의에 빠지거나 마음이 초조해지기도 한다. 자기애적 환자는 자기애적 격노에 의한 공격을 하기도 한다. 하지만 과정을 잘 이해하고 공감적 반영을 해주면, 긍정적인 결과를 볼 수 있으며, 환자로부터 괜찮은 반응을 받을 수도 있다.

그러나 경계선 환자는 종종 치료자 자존감의 핵을 공격한다. 많은 위기들을 경험하다 보면 종종 치료자들은 환자의 자살과 같은 재앙이 발생할까봐 두려움에 떨게 된다.

"미리 경계하는 것이 미리 무장하는 것이다." 자신을 알고 자신의 한계를 알라. 컨설턴트나 치료자에게 언제 도움을 요청할지 아는 것이 중요하다.

또한 경계선 환자들이 다른 사람들의 감정을 자극하여 불쾌하게 만드는 능력이 있고, 자신의 강렬한 감정의 한 측면을 한 사람에게, 그리고 다른 측면을 또 다른 한 사람에게 투사하는 경향이 있기 때문에, 사람들을 부추겨 서로 싸우게 만드는 경향이 있다는 사실을 치료자가 알고 있어야 한다.

3) 역자 주_ 치료자가 처음부터 한계를 확실히 정해주지 않으면, 환자는 치료비를 내지 않는다거나 치료에서 무책임하게 되거나 밤늦게 전화를 하는 등의 행동화 및 자기 파괴적 행동을 하게 된다. 그러면 치료자는 비로소 직면을 시키거나 해석을 하면서 한계를 정해주기 시작하는데, 이렇게 되면 환자는 배신감과 함께 버림받은 느낌을 느껴 치료를 그만둔다(2008년 3월 30일, Yontef와 대표 역자의 개인적 대화).

한 사람은 자신도 모르게 경계선 환자의 심리내적 갈등의 한 가지 측면을 재현하고, 다른 한 사람은 다른 측면을 재현하곤 한다. 예를 들어, 두 명의 의료진이 각각 환자 이야기의 한 부분만을 알게 됨으로써, 서로에게 화가 난 상태가 될 수 있다. 경계선 환자들은 종종 의료진들을 서로 대립하게 만들곤 하며, 의료기관이나 집단에 파괴적이 될 수 있다. 또한 그들은 자주 편 가르기를 하여 집단을 분열시킨다. 종종 집단 밖에서 일을 꾸며 집단을 파괴하기도 한다. 나는 한 경계선 환자가 여성들을 선동해서 남자 집단원들과 남자 치료자에게 화가 나 미쳐 날뛰게 만듦으로써 집단이 파괴되었던 한 사례를 알고 있다. 유감스럽게도 치료자는 집단의 배경적 정서의 흐름을 너무 늦게까지 알아차리지 못했었다.

내게 치료를 받던 한 경계선 환자는 나에게 화가 날 때마다 다른 치료자들에게 전화를 하곤 했었다. 불행히도 로스앤젤레스에는 무수히 많은 치료자들이 있다. 그는 누가 들으면 나를 정말 바보로 여기게 만들 이야기를 지어 퍼뜨리고 다녔다. 그는 마침내 자신이 다른 치료자와 대화했다고 내게 말했고, 마치 그 치료자가 그에게 내가 아주 형편없는 치료자이므로 당장 치료를 그만두어야 한다고 말한 것처럼 이야기했다. 처음 몇 번은 내가 개인적으로 알지도 못하는 다른 치료자들에 대해 나는 분개했다. 하지만 나중에는 이것이 경계선 환자의 분열 기제의 한 작용이며, 그로 인해 사람들로 하여금 환자 내면의 싸움을 대인관계 장에 옮겨와서 대신 싸우도록 만드는 것이라는 것을 깨달았다.

넷: 발생론적 자료들

자기애적 환자는 아동기 자료의 검토를 통하여 도움을 받을 수 있으며, 이러한 요소를 다루는 데 있어서 보통 대부분의 환자들보다 속도가 느린 편이다. 그런데 반드시 그렇게 시간이 많이 걸려야 효과가 있는 것은 아니다. 치료자는 자연스럽게 환자의 과거에 대한 탐색을 할 수 있으며, 그들이 이상화시켜 놓은 자신의 어린 시절과 '세상에서 가장 좋은 엄마'에 대해 조심스럽게 파고들어 직면시킬 수 있다.

하지만 경계선 환자에게는 다르게 접근해야 한다. 경계선 환자의 경우는 환자의 진술 자료들을 그들의 접촉 경계, 치료자와의 관계의 건강성과 강도, 원초적 감정들을 담아낼 수 있는 능력, 양 극단을 통합할 수 있는 능력 등의 자기 기능의 강도에 비추어 과거 자료 탐색의 정도를 조심스럽게 조절해야만 한다. 만일 그렇게 하지 않으면 다음의 두 가지 일이 일어나기 쉽다.

과거 자료 탐색의 수위를 조심스럽게 조절하지 않음으로써 나타날 수 있는 결과 중에 좀 단순한 예로는 겉보기엔 마치 의미 있는 대화를 나눈 것처럼 보이지만, 실제로는 무의미한 대화를 나눈 경우다. 이것은 초보 치료자들에게 흔히 일어나는 일이다. 환자는 '알아차림'을 획득할 수 있을지 모르나, 실제로는 아무런 변화도 이루어지지 않는다. 좀 더 안 좋은 결과로는 파편화, 퇴행, 기능 악화 등의 심각한 위험성이다. 예를 들어, 자기-지지 체계가 미처 강화되기 전에 원초적인 분노 감정이 자극된다면, 환자는 행동화를 하거나, 통제 불능의 상태가 되거나, 한밤중에 치료자에게 전화를 거는 등의 행동을 할 가능성이 높아지지만, 그런 충동을 동화하거나 통합시킬 수 있는 능력은 없다.

발생론적인 자료들은 환자가 동화시킬 수 있는 만큼 조금씩 다루어져야만 한다.

다섯: 치료자의 명료성이 필요함

경계선 환자는 흔히 그럴듯한 내용의 감정적 대화에 빠지는 경우가 많다. 예를 들어, 치료를 막 시작한 환자가 치료실에 들어오자마자 바로 오이디푸스 콤플렉스 문제에 대해 이야기하기 시작했다. 그는 어머니와의 유혹적 관계 그리고 아버지와의 적대적인 관계에 대해 말했다. 그가 이런 것을 경험했다고 말한 연령을 살펴보니 오이디푸스적 문제가 있는 것처럼 보였다. 하지만 이 환자의 문제는 전 오이디푸스적인(preoedipal) 요소가 많았다. 그의 핵심 기능과 관련된 문제는 어머니의 '침입'과 '유기'로 규정지을 수 있는 '양자관계(dyadic)' 문제였다. 따라서 우리가 그의 '오이디푸스 문제'에 대해 아무리 많은 토의를 해도 어떤 진전이나 효과가 없었다. 그것은 단순히 잘못된 주제였기 때문이다.

나는 해롤드 서얼즈(Harold Searles)가 한 경계선 환자가 자신과 헤어진 후에 보인 행동에 대해 토의하는 것을 들은 적이 있다. 그 환자는 "죄송해요 박사님. 당신을 그리워하고(miss) 있어요."라고 말했다. 이때 서얼즈는 그를 쏘아 맞추는 데 실패해서(miss) 유감이라고 말하는 저격수의 모습을 떠올렸다. 그러고 나서 서얼즈는 자신이 매우 적대적인 감정을 환자에게 투사하고 있거나, 아니면 마치 친한 것처럼 말하고 있지만 사실은 환자가 분개하고 있는 것 둘 중 하나가 진실일 것이라는 추론을 했다.

물론 이러한 종류의 불일치성은 치료자가 흔히 경험하는 현상이다. 하지만 경계선 환자는 대개 이런 불일치되는 측면들을 서로 분열시켜버림으로써 그것들을 자발적으로 잘 다루지 않으며, 치료자가 지적을 해주어도 무시해버리는 경향이 있다. 어느 날은 편안한 즉석의 농담이 넘쳐나고, 다음 날에는 분노가 폭발하기도 한다. 경계선 환자는 분열시키고, 구원을 기대하며, 치료 작업에 대한 책임을 지지 않으려 하기 때문에 치료자는 항상 진실성에 대해 깨어 있어야 한다. 환자가 표현하는 정서가 그의 진정한 감정이 아닌 경우에 대해 특별히 신경을 써야 한다.

대부분의 경우에 환자의 경험을 따라가는 것은 좋은 나침반의 방위가 될 수 있다. 만일 치료자가 핵심에서 벗어나면 환자와의 상호작용을 통하여 치료자는 핵심 문제로 돌아올 수 있다. 그래서 자기애적 환자의 경우 환자의 경험을 알면 그 순간의 중요한 문제가 무엇인지 알 수 있으며, 환자의 경험을 따라감으로써 좋은 결과에 도달할 수 있다.

그러나 경계선 환자의 경우는 다르다. 그들은 중요하지 않은 문제에 대해 말하면서 주의를 다른 데로 돌리거나, 혹은 마치 그것이 사실이고, 아주 중요하며, 지금-여기의 작업과 관련 있는 것처럼 들리는 부정확한 해석 또는 자기 해석을 늘어놓는다. 그들은 종종 그들 자신의 혼란스런 생각들에 흥미를 갖고 빠져들며, 심지어 그러한 내용에 상응하는 정서를 나타내기도 한다. 경계선 환자를 치료하면서 종종 치료자의 직관이나 통찰력이 도전을 받는 경우가 있으므로 치료자는 자신의 방향성을 갖고 있어야 한다. 만일 치료자가 경계선 환자와 작업하는 과정에서 중심을 잃고 문제의 핵심에서 벗어난다면, 환자는 치료자와 함께 바로 엉뚱한 방향으로 가게 될 것이다.

ⓘ 여섯: 양극성적 반응

경계선 환자들의 분열 기제와 치료자에게 특별히 요구되는 명료성 등을 고려할 때, 치료자는 우리가 일반적으로 가정할 수 있는 양극성의 두 측면 모두를 다 표현해주는 것이 바람직하다. 자기애적 환자들의 경우 환자의 경험을 따라가주면 대개 그의 조망이 확장되고, 양극성을 통합하는 결과가 나타난다. 이것은 시간이 걸릴 수 있지만 꽤 확실하다. 경계선 환자들의 경우는 항상 양극성을 분명하게 드러나게 해주는 것이 낫다.

예를 들어, 경계선 환자와 직접적인 대화를 할 때, 환자의 관점과 치료자인 당신의 관점을 일일이 밝혀주는 것이 좋다. "당신은 떠나고 싶지 않군요. 하지만 나는 치료를 지금 끝내야 합니다." "나는 당신이 직장을 그만둔 것은 실수였다고 생각합니다. 그렇지만 나는 당신이 항상 실수를 하는 무능한 사람이라고 생각하지는 않아요. 그리고 당신은 만일 자신이 실수를 한 번 하면, 잘못된 판단을 하는 정말 무능한 사람이라고 생각하죠."

경계선 환자를 돕기 위해서는 좌절이나 단호함 혹은 공감 중에서 어느 한 가지만을 사용하는 것만으로는 부족하다. 때로 나는 환자를 위하는 나의 마음을 표현해주지만, 결코 기법으로서가 아니라 진실로 그런 마음이 들 때만 그렇게 한다. 그리고 그런 말을 하면서도 가끔 "하지만 나는 당신을 보살펴주고 싶지는 않습니다."와 같은 말을 동시에 하기도 한다.[4] 만일 내게 환자를 위하는 마음이 들거나 따뜻함이나 애성을 느낀다면 나는 그런 나의 심정을 말해줄 것이다. 그러나 만일 환자에게 돌봄에 대한 퇴행적인 환상이 아직 남아 있다고 생각되면, 나는 관계의 분명한 한계선에 혼란을 초래할 수 있기 때문에 나의 좋은 감정을 입 밖으로 표현하지 않기 위해 최대한 노력할 것이다.

환자의 유능함에 대해 말할 때는 타인에 대한 정상적인 의존성에 대한 이야기와 함께 하는 것이 좋으며, 타인으로부터의 도움의 필요성에 대해 말할 때는 환자의 자율성 및 유능감에 대한 이야기와 더불어 하는 것이 현명하다.

비난, 수치심, 경계선 환자 및 그들과 상호작용하는 사람들의 책임에 대한 문제 등은 매우 민감하고 어려운 주제들이다. 책임감에 대해 말할 때, 치료자는 책임감을 비난이나 수치심과 구별하는 데 매우 유의하여야 한다. 경계선 환자 외에 다른 누군가를 포함하는 어떤 일에 있어서의 책임감을 말할 때, 책임을 져야 하는 사람은 경계선 환자만이 아니라는 사실을 명확하게 하는 것이 필요하다.

예를 들어, 나는 한 경계선 환자와 몇 주 동안 그녀의 결혼에 대해 작업을 했었다. 이전 회기들에서 나는 그들 부부의 상호작용에 있어서 그녀 남편의 책임에 관해 매우 분명하게 했다(아마 나는 그녀의 동일한 책임에 대해서는 분명하게 하지 않았던 것 같다.). 어

4) 역자 주_ 경계선 환자의 '구원받고 싶은' 마음을 강화시키지 않기 위해 이렇게 말하는 것임.

느 한 회기에서 나는 그녀가 논의했던 상호작용의 어떤 측면에 있어서는 그녀의 책임이 있다는 것을 발견하고 말해주었다. 그녀는 이날 그녀의 결혼 생활의 문제가 순전히 자신에게만 책임이 있다고 비난받았다 생각하고, 수치심을 느끼며 치료실을 나갔다.

그런데 그녀가 받았다고 생각한 메시지는 전혀 내가 한 말이나 나의 비언어적 메시지와 관련이 없는 것이었다. 그녀 남편의 책임에 대한 장기간 계속된 논의의 맥락에서 보자면 이것은 대부분의 다른 환자들에게는 매우 분명했을 것이다. 그러나 그녀는 경계선 환자였고, 따라서 그녀는 x와 y에 대한 책임이 있지만, 그녀의 남편도 a와 b에 대한 책임이 있다는 사실을 명백하게 언급했더라면 더 좋았을 것이다. 그녀는 어떤 날에는 그들의 어려움을 전적으로 자신의 책임인 것처럼 생각하거나, 또 어떤 날에는 그녀의 남편을 송두리째 비난하고 자신은 전혀 책임을 지지 않으려는 경향을 잘 극복하지 못하고 있었다.

환자의 미래에 대한 믿음 부족과 미래에 대한 극단적인 예상에 함께 동조하지 않으면서도 환자가 갖는 절망의 느낌을 공감해주는 것은 환자의 양극성 작업에서 또 다른 중요한 부분이다. 동화에 대한 소고에서 나는 내가 휴가를 갔을 때 자살을 시도해 거의 죽을 뻔했던 경계선 환자에 대해 언급했었다. 나의 긴급 호출을 받았던 치료자는 환자의 절망감에 함께 머무르면서 훌륭하게 공감해주었다. 그러나 그녀는 자신(치료자)이 환자의 미래에 대해 절망을 느끼고 있지는 않다는 말을 해주지는 않았다. 환자는 하마터면 자살할 뻔 했지만, 나와 충분히 강한 연대감을 갖고 있었기에 내가 돌아올 때까지 버티어낼 수 있었다. 그녀가 필요했던 말은 "나는 당신과 함께 있으면서, 당신의 느낌을 이해하고 싶어요. 비록 나는 당신의 미래가 절망적이라고 느끼지는 않지만 말입니다." 와 같은 단순한 것이었다.

⑦ 일곱: 모든 것들의 전과 후에서의 접촉

나는 경계선 환자들과 어떤 작업을 하든지 항상 시작하기 전에, 그리고 작업이 끝난 뒤에 될 수 있으면 개인 대 개인의 접촉을 시도한다. 이는 집단치료에서든 개인치료에서든 마찬가지다. 집단을 마치고 떠나면서 집단원들이 주변을 서성거릴 때, 나는 대개 한 사람 한 사람에게 잘 가라는 인사를 한다. 그러나 때로 이것은 형식적이 되거나 어떤 사람은 소리 없이 사라지기도 한다. 그런데 이런 것이 경계선 환자에게는 위험하다. 나는 중요한 변화의 시점에는 '기초 다지기(grounding)'와 '재연결(reconnecting)' 작업의 일환으로써 효과적인 눈 맞춤을 하기 위해 매우 애쓴다.

나는 경계선 환자가 나와 좋은 접촉을 갖지 못한 채 정서적으로 불편한 상태로 떠나게 되면, 그날 밤 늦게 혹은 다음 날 나를 급박하게 호출할 가능성이 무척 높아진다는 것을 알게 되었다.

여덟: 분리를 주시하라

경계선 환자에게서 '유기' 문제의 중요성, 그리고 분열 및 대상 항상성 유지의 어려움 등의 이유로 모든 분리와 헤어지는 상황은 경계선 환자의 치료에서 잠재적 위기상황이라 할 수 있다. 매 시간이 끝날 때마다 환자에게는 정서적으로 연결감이 완전히 단절되는 것 같은 느낌이 들 수 있다. 대상 항상성이 없는 분리는 상대방을 완전히 상실하는 것과 같고, 따라서 분리란 다시 연결될 수 없다는 것을 의미한다. 경계선 환자들은 치료자와 함께 만나지 않는 동안에도 자신이 치료자에게 실재하는 인물이라는 것을 믿기 어렵다.

때로 경계선 환자들은 이러한 불안을 방어하기 위해 분리의 심각성을 완전히 부인해버리는데, 그런 경우 치료자만이 헤어짐에 대한 감정을 표현하기도 한다. 환자는 또한 자신의 감정을 치료자에게 투사시켜서 치료자가 헤어지기 섭섭해 하는 것으로 지각하기도 한다. "참, 게리, 당신은 헤어지는 것이 정말 싫은가 봐요." 이런 반응은 환자가 자율성과 유능감을 느낄 때 많이 나타난다. 자율성을 확보하기 위해 연결성의 중요성을 부인해버리는 것이다. 이 단계에서 그들은 훈습을 통해서 분리나 상담의 종결을 준비하기보다는 거리두기 방어기제를 사용하는 수가 많다. 그래서 경계선 환자들은 조기에 종결되는 경우가 종종 있다. 그들은 유능감은 확보하지만, 의식으로 떠오르지 않은 많은 전이를 남겨둔 채, 그리고 자신의 욕구와 유능감을 서로 통합하지 못한 채 치료를 떠난다.

매스터슨의 '유기감(feelings of abandonment)'에 대한 논의는(요한 계시록의 6명의 기사) 경계선 환자의 유기에 관한 작업에서 어떤 것에 유의해야 할지 미리 정하는 데 도움이 된다(1976, p. 78).

① 우울과 애도 [그리고 비통]

분리에 뒤따르는 과장된 유기거나, 경계선 환자가 그의 가족과의 관계에서 느꼈던 중대한 유기거나 간에 어떤 경우에도 유기는 상실과 관련 있다. 무언가 상실되었고, 따라서 비통과 애도는 적절하고 치유적인 정서들이다. 슬픔이 경험되지 않고, 머물러지지 않으며, 표현되지 않고, 놓아버려지지 않으면, 애도가 일어나지 않고, 우울해지게 된다. 경계선 환자들은 충격적인 유기를 많이 경험했기 때문에, 이런 일은 빈번하게 일어난다.

② 분노 [그리고 격노]

유기에 대한 정서적 반응은 자주 분노나 격노로 나타난다. 경계선 환자는 그것과 상관없이도 온갖 종류의 수위 높은 분노를 갖는 경향이 있으며, 일반적으로 부정적인 정서를 쉽게 잘 놓아버리지 못한다.

③ 공포 [그리고 공황]

세상에서 혼자가 된다는 것은 취학 전 어린 아동들에게는 꽤 위협적인 일이다. 경계선 성격이 드러나기 시작하는 것이 바로 이런 시기다. 경계선 환자는 자기-지지에 대한 자신의 능력 및 적절한 양육을 제공할 수 있는 환경의 능력을 모두 의심한다. 그래서 그들은 공포스러워 한다. 그리고 만일 그들이 공포에 대해 더욱 과민해지면 일상적인 공포를 자주 공황으로 전환시킨다. 환자들이 공황이나 격노상태에 빠지게 되면, 그러한 과장되고 비지지적인 상태에 머물기보다는 좀 더 중심이 잡힌 상태라고 볼 수 있는 단순한 놀람과 분노의 상태로 옮겨갈 필요가 있다.

④ 죄책감 [그리고 수치심]

매스터슨은 유기를 경험하게 될 때 죄책감을 느낀다고 말했지만, 내 경험으로는 수치심이 더 주된 경험인 것 같다. 아이들은 보편적으로 버림받았을 때, 자신들에게 어떤 잘못이 있기 때문이라고 가정한다. 경계선 환자들은 수치심으로 가득 차 있다. 그들은 종종 죄책감에 빠져 있기도 하다.

⑤ 수동성 [그리고 무력감]

버림받은 개인은 종종 길 잃은 느낌 그리고 무력감과 수동성을 느낀다. 그들은 충격을 받았으며, 체념하고 절망한다. 경계선 환자도 자신이 버림받았다는 것을 인정하고 그에 따른 감정을 느끼게 되면, 마찬가지의 감정을 느낀다.

⑥ 공허감 [그리고 회피]

경계선 환자들은 내적으로 막다른 골목에 다다른 수준의 공허감과 바닥을 모르는 깊은 구렁텅이에 빠진 느낌을 아주 강하게 갖는다. 그들은 그러한 난국을 통과하기 위하여 치료자와의 접촉, 공감, 신뢰를 필요로 한다. 공허를 채우기 위한 시도는 실패할 수밖에 없는 끝이 없는 과제다. 하지만 알아차림 연속을 사용하면서 느낌에 머무는 것, 심상, 좋은 호흡 등은 평정을 찾게 해줄 수 있다.

⑨ 아홉: 격노와 복수

경계선 환자는 매우 격렬한 분노감과 복수심을 갖는다. 그들의 경계는 불명확하며 (치료자, 애인, 상사, 의사에게) 여러 가지의 비상식적이고 집요한 전이를 보인다. 그들의 경계는 흐릿하며, 혼자 상상하여 만들어낸 피해 의식들로 가득 채워져 있다. 저격수처럼 그를 놓쳤다고 말했던 서얼즈의 환자가 그 한 예라 할 수 있다.

경계선 환자는 복수를 포기하지 않으면 병이 나을 수 없다. 복수와 원한이 경계선 환자의 마음에 꽉 들어차 있어 자신이 수고해서 얻은 모든 것들을 망쳐버리며, 또한 궁극적으로 그 파괴력은 자기 자신에게 향한다. 격노와 복수는 경계선 환자로 하여금 도중에 치료를 그만두게 만드는 또 하나의 원인이다. 그들은 치료 과정에서 획득한 유능감을 보호하기 위해, 또한 치료자와의 진정한 접촉에서 감지되는 병합의 위험으로부터 도피하기 위해, 그리고 치료자가 자신들을 잘 보살펴주지 않고 마술도 행해주지 않은 것에 대해 벌을 주기 위해, 때이른 종결을 한다.

그들은 박탈감을 느끼며, 절망적이고, 불만족스러우며, 질투를 느낀다. 그들이 다른 사람을 볼 때, 그들은 타인들이 가진 것을 갖기를 원한다. 특히 그들이 생각하기에 다른 사람들이 가졌다고 상상되는 부유함과 편안함을 갖기 원한다. 그들은 타인의 후원을 바라며, 도움 받은 것에 대해 좀처럼 만족하지 못한다. 하지만 자신이 원하는 것을 스스로 노력해서 획득하지도 못한다. 그들은 보살핌 받기를 원하기 때문에, 그들이 원하는 것을 구매하기 위해 일하고 싶어 하지 않는다. 그들의 불만족은 매우 강렬하며,

그들의 질투는 지독하고 적의에 가득 차 있어, 잘사는 사람을 보면 때로는 해치고 싶은 마음이 일어난다.

그들은 자신이 원하는 것을 얻기 위해 자발적으로 일하는 경우에는 정서적으로 굶주리게 될 것이며, 반대로 조금이라도 타인에게 의존하게 되면 약하고, 부적절하며, 무능하게 될 것이라고 상상한다. 타인과 관계를 갖게 되는 경우 항상 쌍둥이처럼 두 가지의 공포가 예상된다. 즉, 한 가지는 침해받고, 통제받으며, 조종당하고, 병합될 것이라는 공포이고, 또 다른 한 가지는 혼자 지내야 하고, 굶주리게 되며, 버림받을 것이라는 공포다.

그들은 자신이 처한 곤경에 대해 남의 탓을 한다. 매번 나타나는 새로운 구원자들에게 큰 희망을 품고 대환영을 하지만, 결국 자신의 비참한 상태에 대해 책임을 물으며 그들을 심하게 저주한다. 새로운 구원자가 실망을 안겨다 주면, 그들은 이 새로운 실패한 부모 대리인을 벌주고, 상처와 모욕을 주며, 복수하고 싶어 한다. 마치 그들의 부모와 과거의 부모 대리인들에게 하고 싶은 것처럼.

그들은 반대되는 것을 통합하는 능력이 결여되어 있어 실망이나 두려움, 분노 등과 같은 부정적인 감정을 놓아버리는 데 어려움이 있다. 한계를 무시하는 경향이 있어, 어느 한 방향으로 충동이 극단적으로 흐르는 것을 중단하고 원점으로 돌아오지 못한다. 남을 탓하며, 자신의 책임을 지려 하지 않아, 자신이 원하는 방향으로 가기 위해 필요한 태도 변화를 하지 못한다.

격노와 복수는 이들로 하여금 자신의 생각과 느낌 그리고 행동을 건설적인 행동으로 향하게 하지 못하고, 대신에 쓸모없는 비난에 빠지게 함으로써 현상유지에 머물게 만든다. 이런 행동은 "나는 있는 그대로의 나로서는 오케이가 아니며, 그들(혹은 당신)에게 책임이 있다." "만일 그들(혹은 당신)이 내가 느끼는 이 비참함을 느낄 수 있다면, 나는 기분이 나아질 것이다."라는 태도에 기초하고 있다. 그러나 경계선 환자들이 아무리 많은 복수를 하고, 격노하더라도 그들이 갈망하는 것을 얻지는 못한다. 격노와 복수는 궁극적으로 쓸모없는 것이다.

격노와 복수를 넘어서야만 그들은 자신의 부모, 치료자, 애인 그리고 그들 자신을 용서하는 성장에 이를 수 있다. 경계선 환자들이 스스로를 오케이라고 느끼고, 조금이라도 균형과 평온감을 느낄 수 있으려면, 바꿀 수 없는 과거와 삶의 한계들은 받아들이고, 변화될 수 있는 것들에 대해서는 변화시켜보려는 용기를 가져야 한다. 격노와 복수는 현명하지 못하며, 마음의 평화를 가져다주지 못한다.

요 약

치료의 질과 안전은 부분적으로 치료자의 분별력에 달려 있다. 명료한 알아차림에 의해 접촉을 하는 치료자는 환자의 치료 욕구에 잘 부합하는 분별력을 갖는다.

신경증, 성격장애, 정신증 그리고 의학적 개입을 요구하는 상태 등을 개략적으로 구분하는 것은 치료 효과를 위해서뿐 아니라 안전을 위해서도 매우 중요하다. 내 생각에 이러한 최소한의 진단적 분류 없이 전문적인 상담이나 심리치료라고 할 수 없다.

만일 치료자가 환자의 응집력의 상태, 자기 존중감 그리고 자기 기능의 정체성에 대한 일관성 등에 대해 알고 있다면, 그는 자신의 주의를 가장 적당한 순서와 보폭에 따라, 그리고 가장 적절한 지지의 종류와 양을 보내줄 수 있을 것이다.

좋은 치료자라면 반추를 좀 더 적게 하고 감각과 정서를 경험하는 것이 필요한 강박신경증 환자와 느낌에서 느낌으로 빠르게 건너뛰는 것을 늦추고, 자신에게 의미 있는 것들과 좀 더 깊게 접촉하는 것이 필요한 히스테리 신경증 환자를 서로 구분할 수 있는 것과 마찬가지로, 그는 또한 최대한의 공감적 조율과 함께 치료를 시작할 필요가 있는 자기애적 성격장애 환자와 자신과 타인의 욕구에 대한 알아차림이 확보된 바탕 위에서 공감적 조율을 필요로 하는 경계선 환자를 구분할 수 있어야 한다.

게슈탈트 치료처럼 현상학적이며 대화적인 치료는 '제쳐두기'와 치료받는 개인의 독특성에 대한 진솔한 반응을 필요로 한다. 그렇게 하기 위해서는 자기애적 성격장애나 경계선 성격장애와 같은 특정 환자들의 성격 조직화와 그들의 발달사, 그리고 그들에 대한 치료법 같은 것에 대해 무지해서는 안 된다. 만일 치료자가 환자의 세상과 관계 맺는 방식에 있어서의 주요 문제들에 대해 알고 있다면, 그는 좀 더 정확한 공감을 할 수 있을 것이며, 최소한의 역기능적 태도로 반응할 수 있을 것이다.

CHAPTER 15 수치심

주 해

본 논문은 1991년도에 이 책을 위해서 특별히 집필되었다. 나는 수치심을 인식하고 치료하는 것, 그것을 죄책감과 구분하는 것, 치료에 있어서의 함축된 의미를 아는 것 등이 게슈탈트 치료에 매우 중요하며, 또한 지난 10년 동안 게슈탈트 치료에서 임상적 태도의 개선을 이해하는 데 필수적이라고 믿는다. 나는 수치심의 개념이 게슈탈트 치료자에게 잘만 통합된다면 어떤 다른 개념보다도 게슈탈트 치료에 유익한 영향을 미칠 것이라고 믿는다.

수치심

수치심과 죄책감은 '문화화(enculturate)' 되는 과정에서 나타나는 두 가지 주요한 부정적 자기-반응이다. 수치심은 '오케이가 아니다' 혹은 '충분하지 않다' 라는 것을 경험한 뒤에 나타나는 감정이다. 죄책감은 어떤 나쁜 짓을 했거나, 누군가를 상처주었거나, 혹은 도덕이나 법규를 어긴 것과 같은 경험을 한 후에 일어나는 감정이다.

수치심이 우리 문화에 편재되어 있음에도 불구하고, 내가 생각하기로는 좀처럼 알아차려지지 않았으며, 치료에서 잘 다루어지지도 않는다. 이는 치료에서 가장 흔히 나타나면서도 가장 잘 이해되지 못하는 경험 중 하나다. 수치심은 특정한 특성이나 행동, 사고 또는 감정들에 대한 반응일 수 있으며, 혹은 우리의 전반적인 '자기 감각(sense of self)'에 대한 반응일 수 있다. 종종 특정한 수치심 반응이나 죄책감 반응은 단지 한 개인의 전체적 자기 감각에 대한 좀 더 지속적이고 뿌리 깊은 강렬한 반응의 시작에 불과할 수 있다. 이런 강렬한 반응들은 명백히 무해한 자극에 의해 유발될 수 있다. 한 개인은 자신의 존재 자체가 나쁘고, 부적절하며 혹은 무가치하다고 느낄 수 있으며, 이것이 바로 이 논문에서 다루고자 하는 가장 중요한 것으로서 자신의 존재가 그 핵심에 있어서 오케이가 아니라는 느낌이다.

본고에서 나는 죄책감보다는 수치심에 집중할 것이다. 왜냐하면, 수치심에 기초하지 않은 죄책감은 상대적으로 이해하기 쉽고, 또한 치료하기도 쉬우며, 대부분의 치료자들이 그것을 다루는 방법을 잘 알고 있기 때문이다. 반면에, 수치심은 흔히 경험되는 것임에도 불구하고 많은 임상가들은 '수치심 과정(shame process)'의 다양한 표출방식과 뉘앙스를 제대로 인지하지 못하며, 이를 작업하는 방법에 대해서도 알지 못한다. 종종 치료자들도 수치심을 경험하지만 스스로 이를 인식하지 못한다. 내 경험으로는 이것이 경험이 많은 임상가들에게도 나타난다.

수치심과 그 기원

수치심 반응은 자기 자신, 즉 자신이 어떤 사람인지, 어떻게 하고 있는지, 무엇을 하고 있는지에 대한 부정적인 정서이자 평가적인 반응이다. 대부분 이런 감정들은 흔히 조직화되지 않고, 모호하며, 불분명하고, 설명할 수 없으며, 혼란된 방식으로 경험된다. 수치심은 종종 자신과 타인에게 그러한 감정이 노출되지 않도록 막는 자동화된 전략 때문에 잘 자각되지 않는다. 수치심에 시달리는 사람들에게 노출은, 특히 부적절하고 나쁜 감정의 노출은 도저히 감내할 수 없는 강한 정서적 에너지를 일으킨다.

환자의 수치심 반응은 일반적으로 환자에 의해서보다는 치료자에 의해 먼저 발견되고, 이름 붙여진다. 이때 치료자는 이를 환자의 직접적인 보고가 아닌, 환자에 의해 간과된 단서에 근거한 추론이나 직관에 의해 알게 된다. 흔히 회피 기제가 너무나 강해서 환자들은 자신의 수치심을 직접적으로 그리고 의식적으로 느끼기보다는 단지 간접적으로 알 뿐이다. 환자들은 시간을 두고 점차적으로 지지를 충분히 받음으로써 차츰 수치심을 자각할 수 있게 된다. 마찬가지로 강렬한 수치심도 그에 따라 점차적으로 경감될 수 있으며, 환자의 자기 존중감 또한 높아진다.

처음에는 환자가 자신이 스스로를 부적절하고, 무가치하며, 즐거운 존재가 아니라고, 혹은 단순히 오케이가 아니라고 생각하고 있다는 것을 알아차릴지 모른다. 그러나 때때로 이조차도 알아차려지지 않을 수 있다. 수치심에 취약한 사람들은 흔히 개인적인 모욕과 자신에 대한 욕설들을 가득 쌓아두고 있다. 이런 수치심 과정과 관련하여 자주 언급되는 단어들에는 다음과 같은 것들이 있다. 자격 없는, 약한, 치욕적인, 무능한, 부적절한, 어리석은, 바보 같은, 서투른, 멍청한, 노출된, 벌거벗은, 충분치 않은 등. 그러나 이런 욕설들은 수치심에 대한 직접적이고 통찰력 있는 표현이라기보다 '사실(fact)'로 취급되는 자기 비난이다.

치료 초기에 환자들은 수치심의 어떤 단면들은 알아차릴지 모르지만, 이런 부정적인 태도의 근저에 있는 중요한 통합화 과정에 대해서는 알아차리지 못하며, 또한 그것을 표현할 단어도 알지 못한다. 어휘는 수치심 작업 시 까다로운 문제다. 영어에는 수치심 과정의 측면들을 묘사할 수 있는 많은 단어들이 있지만, '수치심' 이라는 핵심 단어는 잘 사용되지 않으며, 또한 (수치심과 관련하여) 알려진 측면들은 핵심적인 자기 과정과 통찰력 있게 연결되지 않는다.

수치심은 흔히 매우 자연스런 배경 과정으로 기능을 하여서, 특정한 치료적 개입 없이는 전경으로 떠오르지 않는다. 수치심을 쉽게 경험하는 사람들에게 있어 '수치감(sense of shame)' 은 대체로 그 기원이 또렷이 기억할 수 있는 연령 이전으로 거슬러 올라간다. 수치심은 발달 초기의 영아와 유아들이 대인관계에서 분투하는 과정에서 겪은 경험들에 근거한다. 수치심 과정은 알아차림이 언어화되기 이전에 시작되므로 수치심은 언어적 알아차림으로는 나타나지 않거나, 적어도 막연하게만 나타난다. 수치심에 근거한 게슈탈트들은 대개 '전-접촉단계(fore-contact)'에서 경험되며, 그 이후의 전경/배경 순환 과정의 단계들은 차단되어버린다.

이를 이해하기 위해 성격 기능과 인간 발달에 대한 기본적인 게슈탈트 치료이론을 간략하게 살펴보자.

유기체/환경 장 내의 접촉 경계에서 나타나는 전경과 동일시하는 것은 게슈탈트 치료에서 주축이 되는 성격 및 발달 개념이다. 이런 중요한 '자기 과정(self-process)'을 통해서 새로운 것이 동화되고, 조정되며 그리고 새로운 게슈탈트들이 창조된다(창조적 적응). 비록 전경 형성은 생물학적으로 타고난 '자기 기능(self-function)'이기는 하지만, 그것은 근본적으로 경험의 구조다. 그것은 경험으로서 불가피하게 그리고 불가항력적으로 존재하고 기능하며, 개인과 유기체/환경 장의 나머지 부분과의 상호작용의 틀 안에서 발달된다. 이러한 상호작용적인 장에서 사람들은 자기 기능을 지지하고, 강화하거나 혹은 방해하는 법을 배우게 된다.

게슈탈트 치료 이론에서 자기는 유기체/환경 장에서의 접촉 체계이다. 자기 감각은 가족 구성원들 간의 접촉을 통해서 발달된다. 유아기 및 아동 초기 동안 전 접촉단계와 접촉의 초기 단계에서 전경이 나타나고 또렷해지면서 아동과 가족 구성원들 간에는 끊임없이 언어적인 그리고 비언어적인 상호작용들이 일어나게 된다. 아동이 행동하고, 관찰하고, 느끼고, 감각하고, 생각하면, 또 이것이 타인들에게 알려지게 되면, 대인 간 접촉은 이를 알아차리든 못 알아차리든 상관없이 아동의 반응 레퍼토리를 확장시켜주고, 자기 감각 형성에 도움을 준다. 가족은 아동이 어떻게 행동하고, 생각하고, 말해야 하는지 등에 대한 문화적, 민족적, 종교적, 가족적 기대를 알려준다. 가족은 또한 아동에게 그 체계 내에서 어떤 감정이 환영받는지, 그리고 어떤 형태의 정서 및 의사소통 방식이 선호되는지도 알려준다.

사회훈련 과정은 사랑과 존중 및 수용의 메시지를 통해 이루어질 수 있다(예컨대, "너는 좋은 아이다. 그리고 여동생을 때리는 것은 허용할 수 없다. 그렇게 하면 여동생이 아플 것이기 때문이다."). 다른 한편으로, 이런 문화화 과정은 병리적인 수치심이나 죄책감을 초래할 수도 있다. 초기 가족 상호작용은 새롭게 형성되는 전경과 동일시하는 자기의 형성을 지지할 수도 있고(이러한 자기는 자신과 타인의 접촉 및 서로 간의 차이를 가치 있게 여긴다.), 혹은 전경을 형성하는 것을 차단하고 나아가서 전체적으로 자기 감각의 형성을 방해하여, 아동으로 하여금 전체로서의 자기 자신에 대해 부정적인 반응을 하게 만들 수도 있다.

환경적 조건이 갖추어지면 수치심은 모유처럼 자동적으로, 자연스럽게 나타난다. 그것은 방안의 소리나 부모 얼굴의 표정, 목소리, 동작, 어떻게 만져지거나 혹은 만져지지 않는 등의 방식에 의해 저절로 스며들어온다. 이런 어린아이들은 자신이 부모에게 즐거움이나 선물처럼 느껴지지 않는다. 비록 이런 수치심 과정이 수치심을 쉽게 경험하는 사람들의 성격 구조에 내재함으로써 성격장애나 정신증의 경우에서처럼 매우 강렬하고 난폭할 수도 있으나, 이는 너무 어릴 때 시작되는 과정이므로 대체적으로 미묘하게 나타난다.

수치심은 결핍감이나 열등감을 포함하며, 이런 결점을 지닌 사람으로서 사랑받지 못하고, 존중받을 가치가 없다는 느낌도 포함한다. 수치심은 일반적으로 그런 결점을 지닌 사람은 진정으로 인간 사회에 속하지 못한다는 신념이나 견해를 동반한다. 이런 수치감을 경험하는 사람들은 스스로를 다음과 같이 묘사한다. 즉, 사람 같지 않고, 외계인 같으며, 독소가 가득하고, 만지기도 싫은, '구역질나는 존재.' 어떤 이상적인 자기는 사랑받고, 존경받을 가치가 있을지 모르지만, 있는 그대로의 자기는 그렇지 않다. 이는 게슈탈트 치료의 변화의 역설적 이론이 특히 가치가 있는 영역이다. 왜냐하면, 자신의 현재 상태와 동일시하는 것이 변화이론의 핵심이기 때문이다.

결핍감이나 열등감은 거의 모든 인간 삶의 측면에서 나타날 수 있다. 때로는 학습장애 등과 같은 생물학적 결함이 있을 때처럼 실제로 특정한 결핍이 있을 수 있다. 다른 한편으로 이런 열등감은 때로는 강박적이거나 완벽주의적인 신경증적 이상 자기에서처럼, 또한 자기애적인 과대성에서처럼, 유능성에 대한 터무니없이 높은 기준으로 인해 야기될 수 있다.

자격 없다는 느낌, 사랑받거나, 존중받거나, 공로를 인정받을 가치가 없다는 느낌 등은 개인의 환경에서 중요한 타인과의 상호작용을 통해 생겨난다. 수치심이 어린아이들에게 자동적으로 나타난다고 말한 것은 이런 맥락에서다. 부모들이 냉담하게 눈길을 돌려버리거나, 혐오스럽다는 표정을 짓거나, 혹은 분노로 과잉반응하거나, 작은 일에 모욕을 주면, 혼란된 아이들은 그러한 과잉반응을 이해하지 못하며, 자연스럽게 "내게 뭔가 잘못된 게 있음이 분명해."라고 가정해버린다. 그런데, '뭔가 잘못된 것'이 무엇인지 명확하지 않을 때, 개인은 모호해져버린다. "내게 뭔가 잘못된 게 있어. 하지만, 나는 그것이 무엇인지 모르겠어." 이런 모호함이 수치심 과정의 가장 중요한 요소다.

어떤 이들은 이와 같은 문제들이 모두 환경 탓이라고 믿지만, 유전적인 요인이 있다는 증거들도 있다. 불안, 불안정, 강박, 완벽주의 등에는 유전적인 요소가 포함될 가능성이 있다. 그리고 열등감에 대한 어떤 수치심 반응들은 부모의 태도와 무관하게 나타나는 것처럼 보이기도 한다.

하지만 아주 분명한 사실은 몇 년씩이나 지속되는 수치심은 '결핍'을 포함하여 아동이 있는 그대로의 자신으로서 알려지고, 수용되고, 사랑받고, 존중받지 못하는 환경 맥락에서 발생한다는 점이다. 신체장애나 다른 장애가 있거나 혹은 어떤 종류의 열등한 부분이 있을지라도 부모의 양육 태도가 훌륭하다면 아이는 수치심을 느끼기보다는 자기 자신을 자랑스럽게 생각하며 성장할 가능성이 높다.

모든 종류의 메아리 없는 사랑은 수치심을 유발한다. 유기, 특히 부모에 의한 유기가 매우 좋은 예다. 만성적인 수치심은 아주 어릴 때 시작되므로 일차 양육자와의 관계가 수치심 유발에 매우 중요하다. 수치심 반응은 믿고 의지할 수 있는 부모를 가지고자 하는 아동의 욕구로 인해 생겨난다. 그러므로 문제가 생기면, "엄마는 잘못이 없어. 문제는 나야."라고 가정하는 경향이 있다. 부모가 이혼한 네 살배기 아이가 스스로에게 "내게 문제가 있는 것 같아. 내가 어떻게 했길래 부모님이 이혼하게 되었지?"라고 되묻는 것을 볼 수 있다.

있는 그대로의 자신과 동일시하는 것, 특히 자신의 상태 및 경험과의 동일시는 수치심에 근거한 자기 조절과는 반대된다. 수치심은 역설적인 변화 이론에 근거한 유기체적 자기 조절과 일치하지 않는다. 본질적으로, 유능한 이상적 자기는 수용될 수 있는 반면에, 있는 그대로의 자기는 수용될 수 없다는 양육자의 메시지가 수치심을 키우게 된다.

미국 문화에서의 이상적 자기는 일반적으로 강한 정서를 느끼거나 드러내 보이는 것, 예민함이나 인간적인 약점을 보이는 것을 용납하지 않는다. 수치심 지향의 사회는 흔히 통제는 자랑스러운 것이며, '자신을 통제하는 것'에 대한 실패는 수치스러운 것이라고 가르친다. 어린이들은 방광, 대변, 정서 및 그 밖에 사회가 강조하는 것들을 통제하도록 배울 뿐 아니라, 나아가서 자신의 본질 자체를 수치스럽게 생각하도록 배운다.

내사와 융합은 이런 수치심 과정에서 중요한 기제들이다. 내사된 메시지는 일반적으로 다음과 같다. "너는 결코 충분치 않다!" "너의 충동, 정서 및 소망들은 수용되지 않을 거다. 이를 보이는 것은 네가 사회적으로 유능하지 않다는 것이다. 실수는 용납되지 않는다. 계속 통제하고, 좋게 보여야 하며, 유능해지도록 해라. ―비록, 너는 충분히 유능하지 않기 때문에 실패하게 되겠지만 말이다."

흔히 "너는 충분치 않아."라는 메시지는 '덧붙임 말(tag line)'로 나타난다. 나는 내 인생에서 처음으로 시험에서 모두 A를 받았던 기억이 있다. 나는 매우 자랑스러웠다. 어머니는 적절한 축하 반응을 해주셨다. 그리고는 다음과 같이 덧붙였다. "나는 고등학교 내내 A를 받았단다." 그 덧붙임 말은 나에게 "네가 자랑스러워하기에는 아직 충분치 않다."라는 의미로 다가왔다. 때로 덧붙임 말은 스웨터에서 작은 보푸라기를 손가락으로 살짝 쳐서 털어내는 것과 같은 제스처로도 나타났다. 이것이 내게 주는 메시지는 "엄마에게 수용받는 존재가 되기 위해서는 완벽해야 하지만, 너는 아직 충분하지 않다."라는 것이었다.

예: 훈련 집단에 참석했던 한 치료자는 그녀가 10세 때에 자신의 부모와 중요한 문제를 협상하고, 이를 문서로 남기기 위해 복잡한 계약서를 만든 적이 있었다고 했다. 그녀에게는 이렇게 문서화된 계약서를 작성하는 것이 중요했는데, 그 이유는 그녀의 부모가 그녀의 요구를 심각하게 생각하지 않고, 곧잘 어린애라고 무시했었기 때문이었다. 그녀가 부모에게 그것을 보여주었을 때, 부모는 여러 사람들 앞에서 잘못된 철자를 지적하면서 그녀를 웃음거리로 만들어버렸다. 그녀는 결코 충분하지 않았던 것이다. 대부분의 부모들은 열 살짜리 아이가 그렇게 유능하고 독립적으로 될 수 있는 것을 자랑스러워했을 것이다. 하지만 이 가족은 그녀가 원하는 것을 무시하고, 사람들 앞에서 웃음거리로 만듦으로써 수치심을 유발했다.

죄책감과 수치심의 비교

아마도 수치심은 죄책감과의 비교와 대조를 통하여 더 정확하게 이해될 수 있을 것 같다. 둘 모두 자기에 대한 부정적인 반응이다. 수치심은 개인의 기본적인 본성과 존재에 관한 것이다. 수치심이 자기 전체가 '충분치 않다'는 감정이라면, 죄책감은 어떤 나쁜 짓을 했거나, 누군가에게 상처를 주었거나, 혹은 어떤 도덕적 혹은 법적 규범을 어긴 것에 뒤따르는 감정이다.

수치심에 대한 언어학적인 문제와는 대조적으로, 영어를 사용하는 사람들은 '죄책감(guilt feeling)'에 대해 언급하면서 흔히 '죄책(guilt)'이라는 단어를 사용한다. 하지만 이는 주로 개인이 처벌을 두려워하거나, '당위(should)'나 기대의 '역정(resentment)'을 염려할 때 쓰이는 말이다. 이때 당위와 기대들은 내사되어 지금은 스스로 부과한 것일 수도 있고, 혹은 타인에 의해 부과된 것일 수도 있다. 진정한 죄책감, 즉 타인에게 상처 준 것에 대한 책임, 후회, 가책은 좀 더 성숙하고 통합된 개인적 가치와 타인에 대한 공감을 필요로 한다.

죄책감은 공격적(적대적이거나 적대적이지 않은 공격성) 및 성적 행동과 공격적 및 성적 감정에 의해 가장 많이 유발된다. 만일 충동이 작용하면, (실제이든 상상이든 간에) 타인에게 손상을 주기 때문에, 그리고/혹은 특정한 문화에서 허용되는 성과 공격성에 대한 규준을 어기기 때문에 죄책감을 느끼게 된다. 종종 충동이 느껴지지만 행동으로 옮겨지지는 않은 경우에도 죄책감이 느껴진다.

죄에 대한 제재는 처벌이며, 전형적으로 처벌은 '잘라내는 것(mutilation)'이다. 수치심에 대한 제재는 유기인데, 여기에는 중요한 사람으로부터 외면당하는 것으로부터 신체적으로 버려지거나 아예 추방되는 것에 이르기까지 다양하다.

수치심과 죄책감 모두 성숙하고 동화된 자기 감각에 근거할 수 있으며, 이런 경우는 진정한 것으로 볼 수 있지만, 다른 한편으로는 수치심과 죄책감 모두 내사된 규준에 의해 나타날 수 있으며, 이런 경우는 진정한 것이 아닐 수 있고 유기체적이지 않은 반응을 일으킬 수 있다. 죄책감과 수치심 모두 그것을 느끼는 것을 기대하는 것이 합리적인지, 또한 무엇에 대해 그리고 어느 정도 느끼는 것이 합리적인지에 대한 변별을 필요로 한다. 일반화된 그리고 특정한 죄책감과 수치심 반응들은 합리적일 수도 있고, 비합리적일 수도 있으며, 또한 동화에 근거한 것일 수도 있고 내사에 근거한 것일 수도 있다.

때때로 사람들이 '죄책감'이라고 부르는 것은 실제로 어떤 몹쓸 짓을 한 것 때문이 아니라 타인에 의해 부과된 규칙을 어긴 것으로 인해 처벌받을 것에 대한 두려움이다.

죄책감이 내사에 근거한 것일 경우 그것은 과장되는 경향이 있다. 즉, 현상학적인 탐색을 해보면 그것은 상황에 부적합하다는 것을 발견하게 되며, 또한 환자가 경험하는 감정은 짜증으로 명명되는 것이 좀 더 정확하다는 것을 알 수 있다. 이런 경험은 온전히 발달된 개인적 책임감과 죄책감이라기보다는 처벌받는 것에 대한 두려움이다. 이는 통상적으로 현재 진행 중인 대인관계에서의 권력다툼, 특히 권위적인 인물과의 힘겨루기와 관련 있으며, 또한 개인의 심리조직 측면들 간에, 특히 상전-하인 간의 갈등과 연관된다. 물론 내사와 투사가 이 과정에서 매우 중요한 역할을 한다.

이러한 내사된 죄책감의 경우 자아 기능의 신경증적 손실이 있으며, 이는 게슈탈트 치료를 통하여 회복될 수 있다. 내사를 명료화하고, 투사된 것을 자신의 것으로 재소유하고, 상전-하인의 대화를 조명하며, 짜증을 표현하고, 그리고 정서를 온전히 체험한 뒤 유기체적 선택을 하도록 하는 작업들은 잘 훈련된 게슈탈트 치료사들이라면 익히 아는 내용들이다. 치료가 잘 되면 잃어버렸던 자아 기능을 회복하게 되며, 문제의 행동을 죄책감 없이 계속하게 되거나, 아니면 특정 맥락에서 어떤 것이 자신에게 맞는지를 판단할 수 있는 새롭게 통합된 감각에 기초하여 문제의 행동을 그만두게 된다.

때때로 현상학적 탐색을 해보면 실제로 느낀 감정은 '유감' '슬픔' '타인의 고통에 대한 연민' 등인데, '죄책감'이라고 이름이 잘못 붙여진 경우도 발견할 수 있다. 왜냐하면, 문제가 되는 행동은 [그 상황에서] 필요한 것이었거나, 불가피한 것이었거나, 고의로 선택한 것이 아니었거나, 혹은 상처를 미리 예견할 수 없었던 경우였기 때문이다. 이런 경우에 단지 죄책감과 다른 감정들을 변별하는 것만으로도 진정한 아하! 경험[1]과 안도감을 가져다줄 수 있다. 예를 들어, 때로 나는 전문적인 글이나 치료 실습 내용을 리뷰하거나 평가해달라는 요청을 받고, 그 작업의 명백히 잘못된 점을 보면 그것에 대해 직언을 한다. 이러한 리뷰나 평가가 당사자에 의해 요구되었고, 또 내가 세심하면서도 호의적인 방식으로 행했을 때조차도, 어떤 이들은 상처를 받는다. 나는 이때 내가 실제로 느낀 감정이 유감이나 슬픔 그리고 연민과 같은 것이었는데도 그것을 '죄책감'으로 명명하곤 했다.

1) 역자 주_ Aha! experience: 사건이나 문제들 간의 연관성을 깨달음으로써 오는 통찰.

죄책감은 그것이 타인이나 관계 혹은 환경에 해를 준 정도에 비례해서 나타난다면 적절하다. 그런데 이러한 해가 실제가 아니라면, 그리고 그것의 평가가 자신에 의해 동화된 것이 아니라면(즉, 내사된 것에 근거한다면), 혹은 죄책감이 상황에 의해 요구되는 것보다 더 극단적이고, 유연하지 않으며, 과잉 일반화되거나 처벌적이라면, 그것은 병리적이다. 또한 자신의 선택된 행동이 어떤 해로운 결과를 초래했는데도 죄책감을 느끼지 않는다면 그것도 병리적이다. 물론, 두 사례 모두에서 행해지는 변별은 객관적이기보다는 누군가의 판단에 의한 것이다.

죄책감이 진실하고, '실존적 죄책감'이면서, 또한 수치심에 근거하지 않을 때, 그러한 죄책감을 유발하는 행동은 더 이상 행해지지 않는다. 만일 상황이 특별한 경우가 아니라면, 성숙한 가치 체계를 가진 사람은 자신이 정말로 잘못된 것으로 생각하는 행동을 계속하지는 않는다. 만일 잘못된 행동을 했으면, 그 후에 알아차리고, 참회를 하고, 잘못을 고치는 것이 영적으로 그리고 치료적으로 요구되는 행동이다.

진정한 죄책감은 고백하고, 회개하고, 잘못을 고치고, 용서받음으로써 경감될 수 있다. 신경증적인 죄책감은 내담자가 위반한 규칙의 내사된 배경을 탐색하고, 짜증과 분노 감정을 알아차리고, 투사된 것을 거두어들이며, 환경을 향해 공격성을 표현할 수 있도록 통로를 만들어주고, 유기체적인 자기 조절에 근거한 규준이 나타나도록 허용해 줌으로써 완화될 수 있다.

만일 죄책감이 진실하면서 강렬하다면, 그것은 흔히 수치심을 일으킨다. 왜냐하면, 만일 어떤 사람이 나쁜 행동을 했다면, 그것은 그가 그러한 좋지 못한 행동을 할 수 있으며, 또한 실제로 그런 행동을 한 사람이라는 것을 의미하기 때문이다. 이런 경우 수치심 경향이 있는 사람에게 쉽게 수치심을 일으킨다.

수치심은 한 사람의 기본적인 본성 및 존재에 관한 것이다. 따라서 단순한 처벌이나 용서 혹은 타인에 대한 보상이 그 사람으로 하여금 자신이 '충분하다', 즉 유능하고, 사랑받을 만하다와 같은 느낌을 갖도록 만들지는 못한다. 그러므로 수치심으로부터 벗어나는 것은 훨씬 더 장기적이고, 점진적이며, 어려운 작업이다.

수치심-죄책감 굴레

만일 누군가가 자신의 공격적 혹은 성적인 충동을 좇아 행동한다면, 그들은 종종 죄책감을 느낄 것이다. 하지만 만일 그가 죄책감을 피하기 위해 공격적 혹은 성적인 충동을 따르지 않는다면, 그는 자기 자신을 부적절하다고 느낄 것이며, 또한 종종 타인들도 그렇게 볼 것이다. 이런 경우 이 사람은 '수치심-죄책감의 굴레'에 묶이게 될 것이다.

어린 소년이 놀이 상황에서 공격받았을 때에 되받아치면, 어른들은 그렇게 한 것 때문에 그를 나쁘다고 말할 것이다. 이는 초등학교에서 여선생과 남학생 간에 자주 일어나는 상호작용이다. 만일 소년이 되받아치지 않는다면, 그는 자신과 다른 사람 모두로부터 약하고, 계집애 같다는 낙인이 찍힌다. 이는 성적인 행동에서도 마찬가지다. 미국에서 성적으로 적극적인 십대들은 어른들로부터 자주 난잡하다거나 나쁜 사람으로 분류된다. 하지만 성적으로 적극적이지 않은 십대들은 또래들에 의해 부적절한 사람으로 낙인찍힌다.

종종 수치심을 피하기 위해 죄책감을 느끼며, 또한 죄책감을 피하기 위해 수치심을 느끼기도 한다. 어떤 환자들은 자신이 성적으로 부적절하다고 호소하면서도, 정작 자신이 성에 대해 매우 도덕적이고 청교도적인 빅토리아 시대 태도를 가졌다는 사실은 결코 인정하지 않으려고 한다. 요컨대, 사람들은 진보주의자처럼 보이고자 한다. 그래서 어떤 사람은 수치심과 부적절감은 고백하면서도 자신의 성적 욕구와 그것에 대한 도덕적 판단 사이의 갈등은 감춘다. 다른 한편으로 어떤 이들은 심리치료에 와서 성은 혐오스럽고, 더러우며, 나쁘다고 말하거나 혹은 자신은 "단지 흥미가 없다."고 말한다. 하지만 사실, 그들은 부적절감을 회피하고 있는 것이다. 때때로 도덕주의는 이상주의나 낭만주의로 위장된다. 나는 이를 청소년들에게서 가장 자주 보아왔다.

어떤 경우든 기본적 가족 유대가 깨지는 것은 죄책감을 유발하는 경향이 있다. 어머니와의 분리는 어머니에게 어떤 슬픔이나 고통 혹은 상처를 느끼도록 만들 수 있다. 그럼에도 불구하고, 아이가 유능해지기 위해서는 어머니로부터 독립해서 개별화해야 하며, 자신의 가치와 유능감, 신념, 감정이나 흥미를 개발해야 한다. 발달적으로 적절한 시기에 가족으로부터 분리하고 개별화하지 못하면 적절하게 기능하지 못하며, 수치감을 갖게 된다.

죄책감-수치심 체계 내에서는 개인이 스스로를 차단하거나 방해하는 정도까지는 아니라할지라도 자신이 나쁘고 부적절하다는 평가를 할 수밖에 없게 된다. 이런 수치심-죄책감 결합을 명료하게 기술한 파이어스와 싱어(Piers & Singer, 1971)는 또한 문화가 수치심이나 죄책감을 만들어내는 측면이 있음을 지적했다. 오랫동안 나는 특정 문화 전체를 수치심이나 죄책감 문화로 특징짓는 인류학적인 관점의 정확성이나 유용성에 대해 의심해왔다. 하지만 내가 여러 나라를 여행하면서 각 나라의 치료자들을 훈련하면서, 이런 차원에서 각 나라들 간에 현저한 차이가 있다는 것을 알게 되었다. 예를 들어, 집단 분위기와 개인들의 중요한 주제는 나라마다 아주 다른데, 핀란드는 '수치심 문화', 브라질은 '죄책감 문화'라고 말할 수 있다.

수치심의 외관

수치심을 느끼는 사람은 얼굴에서 열이 나고, 붉어지며, 당황한 모습을 보일 수 있다. 보다 흔히 이런 사람의 겉모습은 수치감을 느끼면서 숨고 싶은 충동, 그리고 수치심을 자각하는 것 혹은 타인에게 들키는 것을 피하려는 노력에 의해 두드러진다. 이는 동작이 별로 없는 경직되고 고립된 모습으로 나타날 수 있다. 수치심 자체는 신체적으로 위축되고, 고개를 숙이며, 다른 곳을 쳐다보면서, 눈 접촉을 피하는 방식으로 드러난다. 인지적으로는 종종 멍하거나 마비된 것과 같은 경험을 한다. 때로는 수치심을 안 느끼기 위해 공격이나 합리화, 분노 및 자기 정당화를 사용하기도 한다. 그것은 마치 그 사람이 "내가 수치심을 느끼지 않기 위해, 나는 옳고 적절해야 하며, 당신은 틀리고 부적절해야 한다."라고 말하는 것과 같다.

수치심의 반대 극단에는 자만심(pride)이 있다. 자만심을 가진 사람은 자기에 대해 좋고, 빛나며, 따뜻하다고 느끼며, 확신에 차 있다. 수치심을 경험하는 사람들은 숨으려 하지만, 자만심을 가진 사람들은 가슴을 활짝 펴고 "나를 봐요. 나는 훌륭해요."라고 느낀다. 수치감 반응이 움츠러들고 숨는 것이라면, 자만심 반응은 팽창하고, 소리를 내고, 보아주기를 원한다. 극단적인 경우 자만심은 자기애적인 과대감의 문제일 수 있다. 그런 경우 자만심은 근거가 확실하지 않으며, 자신이 누구인지에 대한 온전한 인식에서 나온 것도 아니며, 그들의 실제 성취나 약점에 잘 부합되지도 않는다. 더구나 자기애적인 성격장애를 가진 사람들의 과대한 자만심에는 타인에 대한 경멸이 뒤따른다. 이는 반드시 모든 자만심에 내재하는 것은 아니다. 때로 사람들은 자만심을 경험하기 시작할 때 수치심과 죄책감 반응을 보이는데, 그것은 그들이 자만심을 갖는 것은 좋지 않으며, 열등감이 있거나 교육을 잘못 받은 사람들만이 자만심을 갖는다고 배워왔기 때문이다. 어떤 성직자들은 "자만심은 파괴를 낳고, 오만한 영혼은 추락하게 된다."라고 설교한다.

이런 수치심 과정의 대부분은 의식적이지 않으며, 치료자와 좋은 관계를 유지하면서 점진적으로 수치심을 자각하도록 도와주는 치료가 계속될 때 알아차림이 가능하다. 이때 좋은 치료 관계란 치료자의 다음과 같은 활동을 포함해야 한다. ① 환자에 대한 정확한 공감적 이해; ② 그러한 이해가 정확한지 또는 부정확한지를 환자가 확인해 줄 수 있는 방식으로 표현하기; ③ 환자에 대해 따뜻함을 느끼고, 환자를 수용하며, 존중할 것, 그리고 그것을 환자가 인식할 수 있는 방식으로 표현하기; ④ 치료자가 일치성과 진정성을 갖고 있어야 한다. 이런 치료적 측면에 대해서는 나중에 다시 언급할 것이다.

자기와 이상적 자기

이상적 자기란 자신이 되고 싶어하거나, 자신이 수용받기 위해서는 이러이러해야만 된다고 생각하는 자기상이나 자기 모습을 지칭한다. 비록 이상적인 이미지가 나양한 정도로 동화되거나 내사될 수 있지만, 그것은 흔히 '당위들(shoulds)' 보다는 좀 더 동화되었거나 자기 동조적(ego-syntonic)이다.

수치심 경향이 있는 사람들은 스스로를 이상적 자기와 비교하며, 자신의 실제 경험보다는 이러한 이상과 좀 더 동일시한다. 그들은 이상적인 이미지와 동일시하고 그것으로부터 차이를 경험하는 정도에 비례해서 수치심을 경험한다. 나는 치료 후반부에 접어들면 흔히 환자들이 자신의 이상적 자기와 비슷한 모습의 사람에게 별로 호감을 느끼지 않으며, 또한 현상학적 실험을 통해 자신의 이상적 자기와 동일시했을 때, 그런 자기 모습을 좋아하지 않는다는 사실을 발견하는 것을 보는데, 이는 참으로 역설적으로 느껴진다.

수치심에 시달리는 사람들의 이상적 자기상은 대개 경직되어 있으며, 성격 특성의 좁은 영역만 허용하고, 그 특성들조차도 종종 서로 모순된다. 그것들은 여러 가지 행동과 경험들을 배제시킨다. 이러한 용납되지 못하는 행동이나 경험들은 마치 자신의 인격 전체를 반영하고, 또한 자기 존재의 적절성과 유능함을 대변하는 것처럼 생각된다. 예를 들어, 그 사람이 생각하는 이상적 자기는 부드럽고 우아한 모습이라서 어색함을 경험하는 것은 그의 이상적 자기에 부합되지 않는다. 그래서 그 사람이 어색함을 경험할 때마다 그는 수치심을 느낀다. 그리고 역설적인 점은 그가 수치심을 느끼면 더욱 어색해진다는 것이다. 따라서 수치심은 악순환을 일으키며 증가한다.

숨기기와 당황

"나는 드러나길 원하지 않는다."는 말은 수치심을 쉽게 경험하는 사람들과 작업할 때에 자주 듣는 이야기다. 그들은 보거나 보여지는 것에 어려움을 느낀다. 그들은 흔히 투사를 통하여 자신의 눈을 '탈소유(disown)'한다. 이렇게 되는 것은 보지 말라는 (내사된) 명령 때문이며("노려보지 마라. 그것은 예의바르지 않다."), 또한 봄으로써 사회적 접촉이 생생해지기 때문이다.[2] 만일 보게 된다면, 그들은 다른 사람이 자신을 보고 있는 것을 보게 될 것이고, 그렇게 되면 대인 노출과 강렬함이 상승할 것이다.

보여지는 것은 노출되는 것을 의미하는데, 수치심 경향이 있는 사람들은 자신의 판단적인 눈을 투사하여 자신의 부족한 점이 노출될 것이라고 기대한다. 그것은 마치 자신의 눈이 자기를 뒤돌아보는 것과 같으며, 이때 투사된 혐오스런 감정을 갖고서 타인

2) 역자 주_ 자신을 억압하라는 내사된 명령을 갖고 있는 사람은 자신의 생생한 에너지를 차단하게 되는데, 만일 타인을 실제로 보게 되면 생생한 접촉을 하게 되므로 상대방을 정말로 보는 것을 허용할 수가 없다.

들도 자신처럼 자기를 혐오스럽게 볼 것이라고 상상한다. 자신의 눈을 투사함으로써 수치심을 느끼는 사람은 보는 것을 회피하며, 그러고는 타인들로부터 그리고 자신의 투사된 눈으로부터 주시받고 노출되는 느낌을 갖는다. 그들은 실제를 보는 데 어려움이 있으며, 자신의 눈이 말해주는 것을 접촉하지 못하고, 자신들이 투사한 기대들을 만난다.

이들이 기대하는 판단적인 눈에 직면할 때에, 그들은 노출되고 발가벗겨진다고 느낀다. 그들에게 보여진다는 것은 보호물도 없고, 숨을 수도 없으며, 가면도 없고, 사적인 공간도 없음을 의미한다. 수치심을 느낄 때, 그들은 얼굴이 붉어지고, 체온이 상승하며, 움츠려들고, 고개를 숙이게 되는 정서적 에너지로 가득 차게 된다. 물론 이는 비판적이고, 안전하지 않으며 수치심을 유발하는 환경에서는 더 악화된다.

수치심은 항상 숨고자 하는 욕구를 수반한다. 때때로 수치심을 느끼는 사람들은 땅속으로 사라졌으면 좋겠다고 말한다. 이러한 숨고 싶은 욕구는 딱딱한 얼굴 표정, 말이 많아지는 것, 신체적 철회, 말없이 꼼짝 않고 있는 것, 자신에게 기울여지는 주의를 피하는 것 등을 통해서 실행될 수 있다. 우리가 수치스럽고, 부적절하며, 무가치하다고 느낄 때, 우리는 드러나길 원치 않으며, 우리의 수치심이 세상에 노출되는 것을 바라지 않는다.

수치심에 시달리는 사람들은 자신이 만지기 더러운 사람이며, 접촉할 가치가 없는 존재라고 느끼곤 한다. 혹은 누군가가 자기를 만지면, 그들은 그것을 부담스럽거나 불쾌한 것, 심지어는 유해한 것으로 느낄 것이라고 생각한다. 이런 생각은 종종 "누가 나를 만지는 것을 원치 않는다." 혹은 "나는 만져질 가치가 없는 사람이다."와 같은 문장으로 표현되곤 한다. 그들은 보여지거나 만져지면 당황하며, 심지어는 다른 사람이 자기를 보고 싶고, 만지고 싶다는 것을 알게 될 때조차도 당황하게 된다.

숨는 것은 개인을 고립시키며, 끝없는 악순환을 만들어낸다. 상호작용이나 피드백이 없으면 개인들은 수치감을 없앨 수 있는 새로운 정보를 접할 수 없게 된다. 수치심을 알아차릴 때마다 새로운 수치심이 유발되고, 그렇게 되면 숨고 싶어지며, 그렇게 하고 나면 다시 수치심을 느꼈다는 사실, 그리고 숨고 싶은 마음이 있었다는 사실에 대해 수치심을 느끼게 된다. 접촉이 더 많이 필요할수록 혹은 접촉을 더 많이 원할수록 수치심의 강도는 더 강해진다. 그렇게 되면 더 많이 숨게 되고, 또한 고립된다. 이런 과정은 무한한 퇴행을 가져올 수 있다.

당혹감은 수치심을 느끼기 직전에 나타나기도 하는데, 흔히 치료자가 관찰하는 것이고 수치심을 경험하면서도 이를 알지 못하는 환자가 보고하곤 하는 감정이 바로 이것이다. 수치심에 앞서 나타나는 당혹감과 단순한 당혹감을 서로 비교해보자.

핵심을 말하자면, 당혹감은 현재 경험이 한 개인의 '나-경계' 안에서 설명될 수 없을 때 느껴지는 정서다. 예를 들어, 자기 이미지로 통합되지 않은 어떤 역할이나 위치를 수행해야 할 때에, 그 역할이 더 나은 것이건 못한 것이건 혹은 현재 상태와 유사한 것이건, 당사자는 일반적으로 당황하게 된다. 자신의 자기 이미지에 속하지 않는 정서나 욕망을 알아차릴 때, 혹은 자신의 자기 이미지에 속하지 않는 정서를 보여줄 때, 흔히 당혹감이 일어난다. 당혹감은 보통 얼굴 붉어짐, 자의식 및 수줍음을 동반한다.

어빙 폴스터는 당혹감을 '응고된 기쁨(curdled delight)'으로 불렀다. 단순한 경우에 당혹감은 따뜻한 생생함, 그리고 그것이 통상적이지 않으며 또한 전적으로 허용되지 않는 것이라는 느낌을 모두 포함한다. 이런 당혹감에 대해 흔히 환자들은 인지적 그리고 정서적으로 소화를 하지 못하며, 따라서 이들은 부정적 정서로 경험된다. 이런 경우에, 당사자는 숨을 멈추고 움츠러들며, 숨거나 사라지기를 원할 것이다. 그러나 당혹감이 반드시 이런 방향으로 경험되어야만 하는 것은 아니다.

당혹감이 본래부터 부정적인 것은 아니다. 어떤 개인이 '부드러운' 상태로 접촉하며 머무를 수 있고, 호흡을 하면서 흥분을 지지할 수 있으며, 현재에 집중하면서 그 순간의 경험과 동일시할 수 있다면, '응고된 기쁨'의 감정은 즐길 수도 있게 된다. 사람들은 자신의 당혹감과 친구가 되는 것을 배울 수 있다. 당혹감은 대개 성장과 확장을 수반한다. 따라서 환자가 당혹감과 친해지는 것을 배워 단순한 당혹감을 수용함으로써 나타나는 변화를 통하여 앞으로 나아가는 것이 중요하다.

당혹감이 수치심으로 이어지는 시발점일 경우에는 다르다. 일반적으로 자기 수용의 맥락 내에 있는 단순한 당혹감은 그냥 따뜻하면서도 좀 불편한 느낌일 뿐이다. 수치심의 맥락에서는 당혹감이 수치심의 맨 앞에 있는 감정일 뿐이며, 이는 수치스러운 상황에 있는 환자에게 가장 쉽게 느껴지는 감정이다. 수치스러운 당혹감은 흔히 매우 고통스러운 모욕감을 동반한다.

이런 수치스러운 당혹감은 쉽게 친해질 수 있는 감정은 아니다. 그것은 보여줄 가치가 없다는 느낌과 함께 숨고자 하는 강한 욕구를 동반한다. 우리는 단순한 당혹감을 경험할 때도 숨고자 하는 경향이 있으나, 자랑스러운 기쁨이 충분히 강하면 그것을 넘어설 수 있게 된다. 우리는 이것을 수줍은 사람들이 자주 사용하는 까꿍 놀이와 같은 접촉에서 볼 수 있다. 수치심의 경우에는 자신이 오케이가 아니며, 숨어야 한다는 느낌은 훨씬 더 깊고 강렬하게 느껴진다.

숨는 것은 부분적으로 반전에 의해 이루어진다. 이것은 환경을 자기 자신으로 대체하는 기제이며, 수치심 경향이 강한 사람이 사회적 접촉으로 인한 노출과 수치감을 피하기 위해 사용한다. 자기에게 향한 감정들은 반전된 것들이며, 대인 접촉을 대체하는 것들이다. 원래 타인을 향한 분노였던 것이 반전되어 위축감으로 나타날 수 있다.

수치심은 분노, 혐오 및 자신에 대한 불인정이라는 특징을 갖는다. 오이디푸스가 자신의 어머니와 동침한 사실을 알게 된 이후에 자신의 눈을 뽑아버린 것은 죄책감과 수치심의 반전에 대한 고전적인 예다.

수치심으로 인한 반전은 현저한 고립의 일부이며, 흔히 외부에서 필요한 것을 부인해버린다. 수치감을 느끼는 사람들은 외부로부터의 사랑과 인정을 필요로 하지만, 흔히 자기 충족이라는 방어를 사용한다. 이러한 방어는 어느 정도까지가 무가치하다는 느낌 때문인지, 아니면 단지 상호작용을 최소화함으로써 수치심을 숨긴 결과 때문인지는 분명하지가 않다.

이미 논의한 것처럼 수치심 감정에 대한 자각은 흔히 수치심을 느꼈다는 것에 대한 수치심을 초래한다. 숨고 싶은 마음을 알게 되면, 숨고 싶었다는 사실에 대해 수치심을 느끼게 된다. 이런 것들은 하나하나 모두 열등함의 증거로 경험된다. 물론, 이는 수치심 및 숨고자 하는 욕구를 증가시키며, 폐쇄된 순환적 고리 효과는 계속된다. 그 개인은 고립되며, 외부로부터 필요한 새로운 것을 받아들여 동화하지 못한다. 수치심에서 아이러니한 것 중 하나는 사언스러운 숨고자 하는 경향이 치유로부터, 즉 '사랑스런 참 만남(loving encounter)'으로부터 멀어지게 만든다는 것이다.

물론, 수치심이 발생한 처음 상황에서 숨는 것은 아마도 매우 적절했을 것이다. 그런 상황에서 숨지 않고 더 많은 노출을 한다는 것은 [처음에] 수치심을 야기했거나, [수치심을 계속] 유지시켜왔던 상호작용을 계속하는 것을 의미한다. 이상적으로는 치료 환경이 환자의 초기 아동기 경험에 근거한 내적 환경(특히 내사 및 미해결된 과제)과 비교해서 훨씬 더 애정적이고 수치심을 덜 일으킨다. 불운하게도 현실에서는 충분히 그렇지 못한 경우가 많다.

신경증 환자들의 수치심 반응은 성격장애자들의 그것과는 다르다. 이 부분에 대해서는 이 책의 다른 곳에서 자기애적 성격장애 및 경계선적 성격장애 환자의 치료를 논의하면서 이미 언급했다. 이전에 논의한 것처럼 수치심 반응은 항상 자존감 저하로 나타나지만, 신경증에서는 자기 감각의 붕괴가 일어나지 않는다. 신경증 환자들은 (일시적인 경우를 제외하곤) 숙고할 능력이나 개인적 응집감, 그리고 (수치감 반응으로 인해 손상될지라도) 기능할 수 있는 능력을 상실하지는 않으며, 또한 (일시적인 경우를 제외하고는) '모든 것이 절망적인' 상태로 빠지지는 않는다.

수치심에 대한 치료적 접근

수치심 치료에서 목표와 스케줄

게슈탈트 치료의 일반적인 치료 목표는 ① 유기체/환경 장의 나머지 부분들과 접촉하면서, 특히 그 장 내의 다른 사람들의 주된 경험과 접촉하면서, 자신의 주된 경험을 알고 동일시하는 것; ② 그러한 동일시에 근거하여 행동(action)을 취하는 것; 그리고 ③ 상호작용으로부터 성장이 일어난다는 사실을 신뢰하는 것이다. 주된 경험에는 한계와 강점, 효율성과 비효율성, 도덕과 부도덕 및 초(超)도덕에 대한 관심을 알아차리는 것 등이 포함된다. 사람들이 자신의 실수, 약점 및 한계를 인정함으로써 경험을 통해 배우면서도 여전히 자신에 대해 긍정적인 자존감을 유지하는 것이 중요하다.

일반적으로 수치심에 취약한 환자의 치료에서 나의 구체적 목표는 수치심과 죄책감 과정에 대한 알아차림과 선택 가능성을 증가시켜서, 자동적이고 과장된 자기 공격적인 수치심 과정으로부터 자유롭게 되도록 도와주고, 응집력 있고 안전하며 긍정적이고 온정적인 자기 감각을 성취하도록 하며, 마침내 자기-타인 접촉과 알아차림 및 '판단 중지(epoche)'의 과정을 통하여 자신의 영적 권위와 가치관 및 필요에 의해 현명하고 합리적으로 도출된 죄책감과 수치심을 경험하는 것이다. 그러한 목표의 일부는 숨고자 하는 욕구를 자각하고 수용하면서, 방어적 숨기를 건강한 철수로 변형시키는 것이다.

이를 성취하는 것은 장기적이면서 반복적이고 점진적인 작업을 필요로 한다. 이는 (수치심의 형성이) 부분적으로 언어습득 이전의 일이어서, 자기 감각이 너무 모호하고, 퍼져 있고, 원초적이면서 자아 동조적으로 조건화되었기 때문이다. 수치심 치료가 느리게 진행되는 이유는 그러한 깊이 배어든 태도를 변화시키는 것 자체가 힘들기 때문만이 아니라, 치료 기간 동안 일상생활 속에서 환자에게 계속적으로 수치심이 유발되기 때문이다. 더구나, 수치심은 치료 과정에 있다는 사실만으로도 유발되는데, 치료를 받는다는 것은 이들에게 명백히 약점이나 흠으로 생각되기 때문이다. 그런 환자가 치료에서 무언가를 배웠을 때, 그는 '만일 내가 부적절하지 않다면, 나는 벌써 그것을 알았을 텐데.' 라고 생각하면서 수치심을 느끼는 경향이 있다. 그리고 만일 치료 시간에 수치심 자체를 나누려고 한다면, 수치심을 느꼈다는 사실 때문에 수치심을 느끼는 고질적 반응이 나타난다.

게다가, 나는 수치심이나 죄책감을 전부 제거하는 것이 과연 좋은 치료 결과인지에 대해 의문을 제기한다. 해를 끼친 것에 대한 진정한 죄책감은 온전한 사람의 본질적인 부분이다. 죄책감을 못 느낀다는 것은 누구에게도 해를 끼친 적이 없다는 것을 의미하거나—이는 의심스런 주장이겠지만—해를 끼치고도 적절한 죄책감을 못 느낀다는 뜻이 된다. 나는 여기서 우리가 무엇에 대해 죄책감을 느껴야 하는지를 판단하려는 것이 아니다. 단지, 치료자들이 모든 죄책감을 제거시키려고 노력하거나, 모든 죄책감을 신경증적으로 다루거나, 혹은 죄책감이 전혀 없는 것이 바람직한 치료 목표라고 믿어서는 안 된다는 것을 말하려 할 뿐이다.

마찬가지로 역시 수치심이 없는 것에 주목해보자. 수치심 없이 행동하는 사람들은 상황과 자신의 한계에 대한 적절한 감각이 부족한 것으로 생각된다. 여기서도 나는 어떤 행동에 대해 얼마만큼 수치심을 느껴야 하는지를 주장하려는 것이 아니다. 단지 치료자들이 수치심이 전혀 없는 것이 이상적이며, 따라서 치료의 목표가 되어야 한다고 생각하지 말 것을 주장할 뿐이다.

어떤 것이 적절한 죄책감 혹은 수치심인지를 결정하는 것은 환자의 몫이지 치료자의 몫은 아니다. 치료자가 할 일은 환자의 알아차림 과정의 모든 측면에 대해 수용하고, 이를 환자에게 알아차리게 해주며, 이러한 갈등하는 힘들 간의 현상학적이고 대화적인 상호작용을 통해 좀 더 건강하고 통합된 자기 감각의 출현을 촉진시키는 것이다.

건강한 죄책감과 수치심은 전경/배경의 순환, 즉, 전-접촉단계에서 시작되어 후-접촉을 놓아버림으로써 끝나는 순환과정을 거치는 경험들이다. 건강한 수치심이나 죄책감은 유기체/환경 장 내에서 실제적인 조건들로부터 야기되며, 또한 그것들에 의해 결정된다. 좀 더 취약한 신경증적 환자 및 성격장애 환자들과 비교할 때에 건강한 사람들의 죄책감과 수치심 반응은 폭이 넓으며 변별적이다. 그들은 자신의 가치나 기준이 어겨질 때에 수치심이나 죄책감을 부인하지 않지만, 자신의 가치와 기준을 충족시키지 못한 실패의 순간마다 자기 파멸적인 불행으로 고통을 받지도 않는다. 그들은 사소한 실수에 대해서는 그에 상응하는 경미한 수치심이나 죄책감을 느끼며, 자신의 기준을 심하게 어겼을 때에는 더 강한 수치심을 경험한다. 작은 위반으로 인해 인격 전체가 비난받지는 않으며, 특정한 개인적 약점 때문에 자기 존중감 전체가 손상되지는 않는다. 접촉이 증대되면서 적절한 행동을 취하게 되고, 온전히 몰입하게 된다(최종-접촉). 이는 손상의 회복과 한계에 대한 인정을 포함한다.

내게는 이 영역에 있어서 성장 작업의 목표가 단지 수치심을 제거하는 것이 아니라, 환자들이 좀 더 애정적이고, 합리적이며, 생산적인 자기 감각을 발달시키도록 하는 것이다. 동화되고, 통합되며, 긍정적 자기 감각을 만들어가는 작업은 급작스런 과정이 아니라, 조금씩 나아지면서 근접하는 과정이다. 이 과정은 치료 목표가 환자가 자신과 타인의 장에 내재하는 한계들을 인식하고, 변별적이지 않고 과대한 긍정적인 자기 감각보다는 민감한 변별 과정을 발달시킴으로써 현실적이고 긍정적인 자기 감각을 형성하는 것이라는 사실에 의해 좀 복잡해진다.

수치심 치료에서의 관계

수치심은 치료자와 환자 간의 관계에서 치료자가 환자를 진정으로 이해하고, 수용하고, 긍정해주고 또한 '포함(inclusion)'을 실천하는 관계가 아니라면, 성공적으로 치료될 수 없다. 치료자가 언어적으로 그리고 비언어적으로 '일치적인(congruent)' 모습을 보여주는 것이 아주 중요하다.

수치심 경향이 있는 환자는 인간 대 인간의 접촉 맥락에서가 아니면 치유될 수 없다. 수치심은 온전히 수평적 태도를 가지고 인간을 수용해주는 타인 앞에서 표현되어야 한다. 접촉의 질과 양은 매우 중요하다. 집단 작업일 경우 환자는 작업하는 동안 혹은 작업이 끝난 뒤에 타인과 이런 접촉을 할 수 있도록 촉진되어야 한다.

이상적인 치료를 위해서 수치심 경향이 있는 환자들은 그들이 존경하는 사람들, 특히 치료자도 수치심을 느끼며, 또한 기꺼이 그런 감정을 개방할 의사가 있다는 사실을 알 필요가 있다. 어떤 점에서 수치심에 빠진 환자는 자신의 수치심도 노출시키는 치료자를 필요로 한다. 물론, 그렇게 하기 위해서는 치료자가 자신을 그렇게 노출시켜도 괜찮을 만큼 충분한 자기-지지를 갖고 있고, 또한 자신에 대한 긍정적이고 사랑스런 감각을 유지할 수 있어야 하며, 그리고 치료에서 '나-진술(I-statements)'을 적절하게 사용하는 치료 이론과 방법론도 알고 있어야 한다. 이는 전통적인 정신분석학적 방법론과 조화시키기는 어렵다. 물론, 자기 알아차림이나 나이빙, 변별, 전략, 환사의 복지를 위한 헌신, 개개 환자들의 성격과 그들의 치료 욕구를 이해하는 것 등은 모두 '나-진술'을 치료 방법론의 일부로 사용하고 있는 치료자들이 유의해야 할 매우 중요한 책무다.

환자를 수치스럽게 만들거나 창피를 주지 않는 것이 매우 중요하다. 비꼬기, 놀리기, 경멸하기, 동정하기, 젠체하기 그리고 치료자의 다른 비슷한 태도들은 어떤 환자의 치료에서건 파괴적이 될 수 있지만, 수치심을 쉽게 느끼는 환자들에게는 특히나 그렇다. 이는 감정을 상하게 하는 행동이 직접적이건 간접적이건, 언어적이건 혹은 비언어적이건 간에 마찬가지다. 예를 들어, 게슈탈트 치료의 실험이 환자에 대한 존경심이 없는 부정적 태도에 기초해서 고안될 수 있는데, 이는 수치심에 취약한 환자에게 필연적으로 수치심을 일으킨다. 여기서 대개 문제는 개입의 기술적인 면이 아니라, 환자를 향한 치료자의 태도가 더 문제가 된다. 이렇게 수치심을 자극하는 치료자들은 흔히 그들이 그러고 있는지 알지 못하며, 만약 그들이 그것을 인지한다면 스스로 수치심을 느낄 것이다. 왜냐하면, 환자들에게 수치심을 야기하는 것은 보통 그들 스스로의 자기 이미지에 맞지 않기 때문이다.

인간 대 인간의 만남은 정중하고 수평적일 수도 있고, 수직적이고 수치심을 불러일으킬 수도 있다. "당신은 나한테 많은 것을 원하시는군요." 혹은 "당신은 스스로 자신을 보살펴야 해요."라는 말은 실질적으로 "당신은 너무 부족한 사람이군요."라는 의미를 전달하고 있는지도 모른다. 이러한 말들은 "당신은 내가 당신을 돌봐주길 바라고 있군요. 나는 당신을 위해 마음을 쓰고 있지만, 당신을 돌봐주는 것을 원치는 않아요. 그리고 사실 당신이 바라는 방식으로 돌봐줄 수는 없어요."라는 말과는 효과가 다르다. 전자의 진술은 환자를 결핍된 사람으로 분류하고 있는 데 반하여, 후자의 진술은 다른 사람에 대한 수용에 기초하고 있으며, 상황적인 한계들과 전체적 인격으로서의 환자의 어떤 측면에 대한 치료자의 반응을 구별하고 있다. 언어적으로 솔직하고 존중하는 듯한 개입이 실제로는 수치심을 일으킬 수 있음을 유의해야 한다. 물론, 수치스럽지 않은 내용의 메시지에 대해서도 환자가 여전히 수치심을 느낄 수도 있다. 하지만 치료자가 더욱 존중하는 태도를 보일 경우에 환자는 충분히 안전하게 느껴 이러한 수치심에 대해 작업할 수 있을 것이다.

별로 도움이 되지 않는 유혹 가운데 하나는 환자를 사랑하고 수용해주기 위한 시도의 일환으로서 그들의 수치심을 없애고자 하는 노력이다. 치료자가 환자가 수치스러운 존재라거나 기분 나쁜 사람이라는 것에 동의하지 않는 것은 중요하지만, 그리고 사실 치료자들은 대개 환자들 자신보다 환자들에 대해 더 많은 애정과 존중심을 보이지만, 환자들을 설득하여 수치심을 안 느끼도록 만들려는 노력은 실패할 수밖에 없으며, 오히려 수치심을 제거하는 데 실패했다는 사실에 대해 수치심을 느끼도록 만들 뿐이다. 즉, 수치심을 느끼는 것에 대해 수치심을 느끼게 만든다. 그러고 나면 그들은 일반적으로 수치심을 느끼는 사람이 아니라, (그들 스스로 생각하기에) 부적절한 사람이 되어버리고 만다.

수치심 치료의 시작

수치심 과정이 있는지를 확인하는 일은 치료자가 시작해야 한다. 전형적으로 수치심 과정이 작동하고 있을 가능성들을 암시하는 징후들을 관찰하는 것은 치료자다. 이러한 징후들은 매우 미묘한 것이어서 치료자의 민감성과 직관을 요구한다. 명백한 징후들 중에는 자율신경계의 변화(예를 들어, 얼굴이 붉어지거나 혹은 창백해지는 것)를 보여주는 안색의 변화, 갑작스레 멍해지거나 감각이 없어지는 것, 바닥을 내려다보는 것, 고개를 떨어뜨리는 것, 갑작스런 방어적 반응, 표정을 가장하는 것, 갑자기 말이 없어지며 조용해지는 것, 자의식적이거나 변명하는 말투 등이 있다. 수치심 문제에 민감하고 지식이 있는 치료자는 기질적이고 환경적인 지표들을 통하여 수치심 문제의 가능성에 대해 암시를 받으며, 적절한 탐색을 할 수 있다.

치료자는 환자의 경험에 대해 질문하고, 반영해주고, 치료자가 관찰한 것을 말해주고, 치료자 자신의 현재의 반응을 이야기해주고, 치료자의 관련된 과거 경험을 이야기해주거나 혹은 환자의 반응에 대해 해석해주는 등의 방법으로 이러한 탐색을 시작할 수 있다. 환자들에게는 수치심을 표현할 어휘가 존재하지 않거나 치료자와는 매우 다를 수 있기 때문에, 치료자는 의사소통이 가능한 언어를 찾아낼 필요가 있다. 또한 치료자는 환자가 반응할 수 있기 위해 수치심의 과정에 대한 것들을 좀 설명해주거나 가르쳐주어야 할지도 모른다. 나의 경험에 비추어볼 때, 환자들은 일반적으로 이러한 교육을 환영했고, 치료자로부터 이해받은 데 대하여 그리고 자신들의 알쏭달쏭하던 측면에 대해 갑자기 깨달음을 얻은 데 대해 안도하는 반응을 보였었다.

이러한 모든 개입의 정확성에 대한 검증은 환자들의 확인이다. 과정을 안내하는 것이나 마지막 판정을 내리는 것은 모두 치료자가 아니고, 어떤 임상 이론도 아니며, 오로지 환자들의 경험이다. 임상적인 상호작용이 진행되면서 종종 환자들의 경험은 명료하게 되며, 현재의 경험을 과거의 기대로부터 분리시킬 수 있는 환자의 능력 또한 자라난다. 그렇게 되면 환자는 그가 이전에 인정할 수 없었던 것 혹은 부인했던 것을 인정할지도 모른다. 하지만 나는 환자의 매 순간 경험이 안내자가 되어야 하며, 그것들이 치료자에 의해 존중되어야 한다고 생각한다. 치료자의 임무는 환자의 경험을 존중하고, 심지어는 보호하는 것이다. 이때 임상적 개입을 안내하기 위해 동시에 치료자 자신의 경험도 함께 사용해야 한다.

이는 치료자와 환자의 현재 경험들 간의 차이점들에 대해 매우 명백하면서도 긍정적인 상소를 함으로써 이루어질 수 있다. "우리의 경험은 이 순간 매우 다르네요. 이 상황에서 나는 수치심을 느낄 것 같습니다. 당신은 매우 다른 경험을 하고 있는 것 같네요. 당신은 수치심을 경험하지 않네요." 만약에 환자가 수치심 경향이 있는 사람이라면, 이런 말에 대해 수치심 반응을 보일 가능성이 높다. "내가 지금 수치심을 느끼지 않는 것이 문제죠?" 이는 치료자와 환자가 수치심 반응에 대해 또 다른 작업을 할 수 있는 기회를 제공해준다.

치료자는 또한 자신의 경험을 말하지 않고 배경에 묻어두고, 시간이 흐름으로써 그리고 임상적 상호작용들을 통하여 상황이 명료해짐으로써, 환자의 자기-지지가 자라도록 해줄 수도 있을 것이다. 시간이 지남에 따라 드러나는 증거로 인하여 치료자의 이전 가설이 부정확했음이 밝혀질 수도 있다. 반대로 이후의 증거들이 치료자의 이전 가설을 지지해줄 수도 있다. 그러나 환자의 자기-지지가 어느 수준에 도달했을 때에만 이 정보가 환자에 의해 사용될 수 있을 것이다. 그리고 환자의 자각과 접촉 양식에서의 자기-지지가 수치심 반응의 존재 유무에 대해 확신을 갖고 긍정하거나 부정할 수 있을 정도로 충분할 때에 비로소 치료자의 공감적 추측을 검증할 수 있는 어떤 믿음직한 수단을 확보하게 된다.

지금-여기의 발현

환자가 수치심 반응을 알고 이에 대해 인정할 수 있으면, 현재 장의 어떤 측면이 수치심 반응을 야기했는지 밝혀낼 수 있다. 비록 환자가 수치심을 느끼는 경향이 있을지라도, 현재 장에서 그러한 반응의 맥락을 제공하고 있는 무언가가 있다. 어떤 맥락들은 특별히 수치심 문제를 가지지 않은 환자들에게조차도 수치심 반응을 일으킨다.

수치심을 느끼는 사람들은 자신이 수치심 반응을 보이기 직전에 타인으로부터 어떤 관찰을 당했는지, 어떤 말을 들었는지 혹은 어떤 대접을 받았는지를 아는 것이 도움이 된다. 한 환자는 내가 양미간을 찌푸리면서 위를 쳐다볼 때마다 수치심을 느끼곤 했다. 그 환자는 그러한 비언어적 단서를 거절로 해석했는데, 그녀의 아버지가 거부적 의사표시를 할 때 그런 표정을 지었기 때문이었다. 그녀가 마침내 나의 이런 표정을 식별할 수 있게 되자 우리는 대화를 할 수 있었다. 나의 실제 반응은 거부가 아니었고, 단지 생각에 잠기는 것이었다. 환자는 내 경험에 대한 나의 설명을 믿었고, 그러한 맥락에서의 수치심 반응은 멈추었다. 이 상호작용을 통하여 완고하고 거리감 있고 거부적 태도를 가진 아버지와의 관계에서 촉발된 그녀의 수치심 반응에 대해 상당히 유용한 작업을 할 수 있었다.

환자가 자신의 수치심 반응의 감각적, 인지적 그리고 정서적 요소들을 인식하는 것이 도움이 된다. 수치심의 신체적 징후들을 앎으로써 무언가 잘못되고 있으며, 그냥 자동적으로 행동하는 것보다 정신을 차릴 필요가 있다는 것을 깨닫는 한 방법이 될 수 있다.

예를 들어, 나는 나의 수치심 반응의 신체적 표현으로서 모종의 긴장감, 가슴을 가로지르는 서늘함, 눈 주위의 긴장감, 홍조, 기타 여러 감각들의 동요를 인식한다. 때로는 나는 먼저 수치심을 자각할 때도 있고, 때로는 처음에 신체적 단서들을 자각한 다음 이어서 정서적 그리고 인지적 요소들을 찾아낼 때도 있다.

인지적 측면들은 자신이 충분치 못하며, 무가치하고, 부적절하며, 타인이나 이상적 자기 이미지와 비교해서 열등하다는 등의 생각과 관련 있다. 이러한 자기 거부 과정과 심지어 자신에 대한 혐오는 다음과 같은 신체적 양상들과 함께 나타난다. 홍조, 긴장, 신체적 위축, 숨고 싶음, 즉 이런 수치스런 상태에서 보이거나 들리기 싫음. 은둔하고 싶고, 말없이 숨고 싶고, 사라지고 싶고, 작아지고 싶은 등의 충동은 종종 마치 태어날 때부터 그랬던 것처럼 매우 강하게 느껴진다.

주목받는 것에 대한 수치심 반응—비판 또는 중립적이거나 긍정적인 주목일 때도 마찬가지로—은 종종 막무가내로 움츠러들고 자신에 대한 공격성으로 나타나기도 한다. 수치심 문제를 가진 사람들이 자기 정당화나 독선적인 모습을 보일 때 혹은 다른 사람들을 공격하거나 경멸감을 보일 때, 그들은 더욱 깊은 곳에 있는 자신의 핵심적 감정인 수치심에 대해 방어를 하고 있는 것이다. 이러한 사회적으로 문제가 되는 형태의 자기방어는 자신에 대한 신뢰의 부족, 그리고 자신의 실제 자기에 대한 사랑스럽고 온전한 동일시의 결여에 의해 생겨난다. 이런 방식은 비효율적인데, 그 이유는 대개 이런 방식이 사람들을 멀어지게 만들며, 당면 과제를 효과적으로 다루는 데 이바지하지도 못하며, 또한 수치심을 경감시키지도 못하기 때문이다.

자기: 지금 그리고 그때

수치심의 발달적 작업

수치심에 대한 온전한 게슈탈트 치료는 초기 아동기, 특히 가족관계 경험에서의 수치심 과정의 근원에 대한 탐색이 필요하다. 나는 이러한 측면의 게슈탈트 치료 작업에서 적어도 세 가지 목표를 설정한다.

1. 환자로 하여금 자신의 현재 수치심 과정을 이해할 수 있도록 하기 위해 원 가족에서의 수치심 유발에 대해 탐색하기. 이는 현재를 이해하기 위한 배경으로서 과거를 사용하는 것이지, 먼 과거가 현재를 '야기한다(cause)'는 가정을 내포하는 것은 아니다.
2. 미해결 과제를 완결함으로써 환자를 방출되지 못한 정서적 에너지로부터 해방시키기. 이러한 현재 중심적 탐색 작업의 대상은 아직도 여전히 생생하게 작용하고 있지만 과거의 미해결된 게슈탈트들에 근거한 정서들이다. 이러한 작업에는 반전을 해제하는 것이 포함되는데, 이는 억제되고, 억압되고, 편향되었던 감정들을 표현함으로써 가능해진다.
3. 내사된 양육자의 이미지들과 초기 아동기 동안에 형성된 신념들을 재경험하고, 이들을 동화하거나 거절하기. 다시 여기에서도 과거 작업이 이루어지는데, 이때 과거는 현재 중심의 실존적 작업에서 자연스럽게 떠오를 때에 한해서 다루어지며, 과거 자체를 위한 작업은 아니다.

나는 이처럼 발달적 자료들을 현재 중심의 양식으로 다루는 것은 게슈탈트 치료에서 새로운 것은 아니라고 생각한다.

이런 작업의 결과로 환자는 과거의 장에 속하는 인물들에 의해 방해받지 않으면서 온전히 현재 중심의 실존으로 살아갈 수 있게 된다. 이것은 현재 장을 최소한의 (과거의 투사에 의한) 왜곡으로 관찰할 수 있게 되고, 현재의 행동을 (내사에 의해서가 아니라) 유기체적 자기 조절과 환경의 요구에 기초하여 조절할 수 있게 되며, 자신과 타인(부모를 포함하여)에 대하여 좀 더 정확한 지각을 할 수 있게 되고, 좀 더 유연성을 갖고 접촉하고, 행동하며, 창조하고, 정서를 표현하게 되는 것 등을 의미한다.

나는 두 가지 매우 다른 양식의 수치심 유발 가족체계를 발견했다. 한 체계에서는 매우 노골적이고 가혹하게 수치심을 유발한다. 이는 가족 성원들의 정서적 욕구에 거의 신경을 써주지 않고, 또한 가족 성원들 간의 경계가 융통성이 없거나 혹은 극단적으로 들러붙으면서 투과적이고, 가혹하며, 처벌적인 조정체계를 가진 가족들에게서 나타난다. 내가 여기에서 염두에 두는 것은 아동 학대가 일반적이고 부모들이 성격장애가 있는 가족들이다. 이런 가족에서 성장한 아이들은 나중에 성인이 되어서 종종 심각한 자기애적 또는 경계선적 장애를 앓게 되며, 이들의 수치심 치료는 내가 쓴 이전 단원들의 논문에서 언급한 원칙들 및 그에 맞춰 내놓은 제안들에 의해 진행할 필요가 있다.

두 번째 유형의 체계에서는 수치심 유발이 더욱 미묘하고 간접적으로 이루어진다. 이런 가족에서 수치심 유발은 보살펴주는 것으로 여겨지는 상호작용 속에 감춰져 있다. 예를 들어, 내가 이러는 것은 '다 너를 위해서다.'라는 식이다. 첫 번째 유형의 가족에서는 메시지가 매우 강하고 노골적인 적대감으로 표현되는 데 반해, 두 번째 유형의 가족에서는 메시지가 종종 은밀하고, 간접적이며, 위장된다. 이러한 두 번째 체계에서는 보통 언어적 메시지와 기저에 깔려 있는 비언어적 메시지 간에 불일치가 있다. 언어적 메시지는 종종 어떤 긍정적이거나 객관적인 형태이지만, 그 밑에 깔려 있는 메시지는 수치심을 야기하는 것이다. 예컨대, "난 네가 더 잘할 수 있다는 걸 알아."라는 말은 용기를 주는 것처럼 보일 수도 있으나, 이면에는 "너는 충분치 않아."라는 의미를 담고 있을지도 모른다.

이 체계에서는 포착하기 어려운 유기가 숨어 있다. 가령, 엄마의 눈길에서 따스함이 사라지거나, 아버지의 천정을 올려다보면서 '허공을 보는 듯한' 눈길로 나타날 수도 있다. 이때 아이로 하여금 자신이 부모와 연결되어 있고, 자신이 괜찮은 사람이며, 사랑받고 있고, 안전하다는 것을 느끼게 해주는 '연대감(bond)'이 사라져버린다. 아이는 모호한 상태로 남겨진다. 때로는 자신의 감정이 잘 느껴지지 않으며, 아이가 나이가 들고 감정을 파악하게 되었을 때조차, "내가 무엇을 잘못해서 이런 대접을 받는 걸까?" 또는 "엄마가 왜 그렇게 강하게 반응하지?"와 같은 막연한 느낌이 남아 있다. 이때 아이가 '생각해내는(create)' 답은 대개 "나의 어떤 특정한 행동이 잘못된 게 아니야. 뭔가 내게 본질적으로 문제가 있는 거야."라는 것이다.

수치심 작업은 일반적인 수준에서는 다른 게슈탈트 치료의 집중적 치료 작업들과 비교해서 본질적으로 다른 것은 없지만, (즉, 다양한 방식의 탐색을 통하여 미해결 과제를 해결하고, 내사를 동화시키고, 현재 상황을 이해하는 것 등) 이 논문에서는 수치심 작업을 위한 특정한 치료적 제안들과 조심해야 할 점들을 언급하고 있다. 나는 이러한 치료적 논의에서 주로 두 번째 가족유형에서 유래하는 신경증적 수치심에 초점을 맞추었다. 심각한 성격병리를 가진 환자의 수치심 치료를 위해서는 주요 성격병리가 강조되어야 하는데, 그렇게 함으로써 수치심 작업을 위한 틀이 마련되기 때문이다.

긍정적 자기 양육의 발달

자기 기능의 측면들을 표현하기 위해 다양한 은유들이 사용된다. 자기 조절은 개인이 자신의 감정과 욕구를 보살피고, 자신에 대해 따뜻하고 긍정적인 감정을 가지며, 자신에 대한 신뢰와 애정을 보이는 방식으로, 그리고 자신의 욕구가 합리적으로 충족되고, 자양분을 공급받고, 삶을 즐기는 것이 가능한 방식으로 이루어질 수 있다. 이것을 할 수 있는 한 가지 방법은 좋은 '자기 양육(self-parenting)'이다. 어떤 사람이 자기 거부적 혹은 자기 혐오적 태도로 자신의 감정이나 욕구를 존중하지 않는다면, 그리고 자신의 목표를 위해 건강한 공격 에너지를 동원하지 않거나, 아예 그럴 자격이 없다고 느낀다면, 이를 '빈약한 자기 양육(처벌적이고, 가혹하고, 방치하며, 숨 막히게 만드는 등)'이라고 할 수 있을 것이다.

생물학적으로 이상이 없는 아이가 적어도 최소한의 건강한 환경에서 양육되고, 양육이 '충분했을' 때, 아이가 이러한 좋은 자기 양육 특성을 배운다고 생각된다. 그들은 이것을 모든 형태의 사회적 학습을 통해 배운다. 즉, 부모의 모방과 부모와의 동일시, 내사, 부모의 적극적인 교육 등에 의해서 학습한다. 아이들은 부모가 하는 행동을 관찰하며, 아주 어린 시절부터 부모의 태도를 흡수한다. 아이들이 부모로부터 존중과 사랑, 공감 그리고 적절한 한계로 양육될 때, 그들의 자기 조절 과정이 건강하게 될 확률이 높다.

수치심 문제를 가진 환자들의 자기 조절은 다소 개인 차이는 있지만, 대개 좋은 자기 양육 방식으로 이루어지 않는다. 이 환자들의 치료에 있어서는 이러한 자기 조절 또는 자기 양육 체계를 알아차리게 해서 단순히 습관적인 수준에서 작동하지 않도록 해주는 것이 필요하다. 그러고 나서 좋은 자기 양육의 가능성은 게슈탈트 치료의 방법론에서 자발적인 치료 관계의 일부분인 충분하고 애정 어린 접촉에 의해 모델링될 수 있다. 이러한 긍정적 치료 관계의 틀 안에서 과거의 부정적인 찌꺼기들이 다루어지고, 환자는 자신에 대한 새로운 기술과 태도를 배운다.

기본적인 수준에서 새로운 기술들은 게슈탈트 치료 과정의 일부분인 접촉과 알아차림이다. 즉, 자신이 무엇을 감지하고 관찰하는지를 아는 것, 차이를 인식하는 것, 나와 당신을 하나로 합치는 것. 좀 더 복잡한 수준에서는 자기 조절의 전반적인 새로운 패턴에 대한 학습이다. 이것은 우리가 논의해온 과정을 통해 학습될 수 있으며, 또한 치료자를 모방하고 동일시하며, 치료자의 공감을 통해 도움을 받고, 자기 보살핌에 대한 새로운 모델들을 적극적으로 학습하며, 집단의 다른 사람들과 상호작용하고, 시행착오를 통하여 현상학적 실험을 하며, 자기 보살핌 프로그램에서 통찰을 적극적으로 활용함으로써 가능해진다.

여기서 치료자와 환자의 관계가 핵심적인데, 치료자가 환자의 점진적인 성장에 대해 긍정적 태도와 신념을 갖는 것이 중요하다. 우리 모두는 의미 있는 대상에 대해 기쁨의 원천이길 바란다. 그들의 부모에게 하나의 선물이기보다는 짐으로 간주되었던 수치심에 얽매인 환자는 환자의 존재를 기쁨으로 느끼는 치료자를 필요로 한다. 환자를 정말 좋아하는 치료자 말이다.

환자는 또한 치료가 얼마나 걸릴지, 어느 정도로 천천히 진행될지에 대해 잘 아는 치료자를 필요로 한다. 환자는 또한 '자기 개방(self-disclosure)'과 '공감적 연결(empathic connecting)'을 시범적으로 보여줄 치료자를 필요로 한다. 치료자는 환자가 경험하고 있거나 경험해야 할 것이 무엇인지 다 알고 있다고 가정하기보다는 환자가 경험하고 있는 것이 무엇인지 지속적으로 확인해보는 것이 좋다. 그리고 무엇보다 치료자는 환자의 모든 측면들에 대해 인정해주고, 환자의 존재를 그 자체로 수용하고 존중해주어야 한다.

자기 보살핌은 처음에는 치료에서 제안된 행동들을 하면서 기계적인 태도로 행해지겠지만, 그런 다음에는 자기 조절 과정으로 동화되어 진짜 자신의 것으로 될 것이다. 예를 들어, 불안한 사람은 호흡법과 사고 통제, 명상법과 같은 이완 절차 등의 제안들을 기계적으로 따를 것이다. 처음에 이것은 회의감을 가지고 의욕 없이 행해질 수 있다. 하지만 환자는 이런 자기 보살핌이 기분 좋게 느껴진다는 것을 깨닫고서는 자신이 실험해보았던 특정 자기 보살핌 활동들에 대해 진정한 열의를 느낄지도 모른다. 이러한 활동들을 지속적으로 하게 되면, 이들은 차츰 습관적으로 되어 더 이상 주의를 기울이지 않아도 자동적으로 이루어진다. 요약컨대, 이들은 동화되어 마침내 자기 기능을 변형시킨다.

특정한 개입들

자신의 경험과 동일시하는 것은 게슈탈트 치료 실제에서 결정적 요소다. 그러므로 수치심 치료에서 가장 중요한 것은 환자가 정말로 그들의 실제 경험을 명료화하고 동일시할 수 있도록 격려하는 공감적 이해와 따스한 존중에 기초한 관계를 형성하는 것이다. 치료 분위기는 진행 속도가 점진적이고, 격려적인 태도이며, 안전해야 하고, 공포나 저항, 수치심 등을 포함한 다양한 감정들을 수용하는 여유로움이 있어야 한다.

이 맥락에서 우리는 어떤 특정한 개입들(실험들)에 대해 논의할 수도 있다. 그러나 이것들은 단순히 이러한 기본적 태도를 적용하는 한에서만 유용한 응용적 예들일 뿐이며, 기본적 태도를 대체하거나 어겨도 좋다는 의미는 아니다.

이 상황에서 이러한 실험들은 '연습(exercise)'이 아닌 현상학적인 실험들이고, 그 목적은 환자들이 어떤 것을 배우도록 하기 위한 것이지, 환자를 재조건화하기 위해 사용하는 것이 아님을 기억하는 것이 중요하다. 환자는 실험을 통해 무언가를 달성하는 것이 아니다. 환자는 실험에 합격하거나 실패할 수 없다. 실험에서 무엇이 일어나든 그것은 환자와 치료자 모두에게 정보를 제공해주며, 앞으로의 작업에 대해 안내해준다. 게슈탈트 치료자는 임상적으로 의미가 있다고 판단되면 다른 실험들을 빌리거나 만들어내야 한다.

환자의 지금-여기의 경험을 반복적으로 조심스럽게 '확인(check)'함으로써 그들로 하여금 실험의 대상이 될 수 있는 자료들을 개방하게끔 해주며, 또한 수치심을 감소시키는 치료자와 내담자 간의 연결성을 유지하고, 또한 부주의로 말미암아 나타날 수 있는 수치심 자극 행동을 예방할 수 있게 된다. 수치심 작업을 위해서는 시간과 여유를 필요로 하지만 중압감을 주어서는 안 된다.

접촉 실험들

환자들이 접촉을 하도록 안내되는 실험들은 매우 유용하다. 때로는 이것들이 구조화될 필요가 있는데, 예를 들어 환자가 숨을 천천히 들이쉬고 내쉬면서 치료자나 집단의 다른 사람들을 바라보도록 안내해주는 것이다.

환자가 이것을 할 수 있으면, 다시 치료자나 다른 집단 참여자들에게 자신이 지금 경험하고 있는 것을 이야기해보도록 제안할 수 있다. 때때로 이것은 치료자가 많이 구조화시키지 않고 그냥 할 수도 있지만, 어떤 때는 치료자가 환자에게 문장을 하나 제시해줘서(feed a sentence) 그것을 큰 소리로 외치게 하거나, 혹은 다른 집단 참여자에게 표현해보도록 하는 구조화 방법이 도움이 된다. 이러한 문장들은 다음과 같은 것들이 될 수 있다. "내가 수치스럽게 느끼는 건…." "나는 부끄러워 고개를 숙이고 있다." "나는 고개를 들 수 있다." 또는 "나는 숨고 싶다." 이러한 개입들은 치료자의 공감적 해석에 기초하고 있지만, 이들을 명시적인 실험으로 사용할 때는 치료자의 주관적 추측보다는 환자의 현상학적 경험에 명확히 초점을 맞추어야 한다.

자신을 보여주고, 알아차림 연속에 머무는 것은 그 이후에 가능해질 수 있다. 이는 보통 당황스러운 감정을 일으킨다. 만약 환경이 충분히 지지적일 경우, 이처럼 수치심 경향이 있는 사람에 대해 다른 사람들이 어떻게 반응하는지 들어보는 것은 치료적일 수 있다.

만일 환자가 충분한 지지를 받거나 지지를 발달시킨다면, 당황은 접촉 실험들을 통해 효과적으로 다루어질 수 있다. 호흡법과 근육 이완법을 배운 환자는 이를 활용하여 당황을 다루는 실험을 할 수 있다. 당황을 경험하는 동안 '부드럽게' 접촉에 머무를 수 있으면 당황과 친구가 될 수 있다. 만약 환자들이 당황스러움을 느끼면서도 긴장하지 않으면서 사람들을 쳐다볼 수 있고, 또한 그들에게 자신을 보여줄 수 있으면, 단순한 당황의 감정은 좋은 치료 관계 혹은 응집력 있는 집단 분위기에서 따뜻하고 연결된 느낌으로 경험될 수 있다.

수치심 경향이 있는 환자들이 당황하면 보통 긍정적 피드백 혹은 토닥임을 수용하는 데 많은 어려움을 겪는다. 특히 피드백이나 토닥임이 진지하고, 당연한 것이며, 기대했던 것일수록 더욱 그러하다. 이런 환자로 하여금 긍정적인 토닥임을 인식하게 하고, 그것들이 자신이 바랐고 자신에게 필요한 것들이란 것을 인정하게끔 하고, 그리고 그것들이 진지하게 주어졌으며, 자신이 당연히 가질 수 있는 것들임을 인정하고, 그것들을 받아들이도록 격려해주는 것 등이 접촉 작업의 일부분이다. 이것은 기대치 않았던 좋은 것들이 그들에게 주어짐으로 인해 그들 스스로 온정, 충만함, 안전함, 좋음(당황함)을 느끼도록 하는 것을 의미한다.

분명히 우리 모두는 다른 사람들의 사랑을 필요로 하며, 좋은 자기 양육이란 우리가 그것을 필요로 하고, 또한 그것이 우리에게 제공될 때, 그것을 취하는 것이다. 이러한 상호작용에서 좋은 자기 양육이 촉진된다. 나는 어떤 모임에서 매우 힘든 작업을 해내고 성취한 것에 대해 진심으로 박수를 받은 적이 있었는데, 그때 나는 당황스러움으로 움츠러들었었다. 그런데 집단의 누군가가 내게 애정 어린 방식으로 말했다. "받아들이세요!" 나는 그렇게 했고, 그것은 매우 멋진 느낌이었다.

인지에 초점 맞추기

수치심 환자의 사고 과정에 초점을 맞추는 것이 자주 도움이 된다. 이들에게는 부정적인 혼잣말이 많이 있으며, 또한 미래를 어둡게 보며, 과거의 실패에 대한 기억들을 잊어버리지 못하고 계속 떠올리며, 자신의 성공을 낮게 평가하는 등의 행동이 자주 나타난다. 환자들이 이러한 과정을 알아차리는 것, 그리고 실제로 이러한 생각들이 습관적으로 떠오를 때마다 즉시 이 생각들을 알아차리는 것이 도움이 된다. 만일 알아차림이 예리해지고 항시적(current)이 되면, 환자는 이러한 생각들에 대해 통제력을 갖게 될 것이다. 어떤 기술적인 개입들이 여기에 도움이 될 수도 있는데, 예컨대 피드백과 같은 형식이다. 예를 들어, 환자는 부정적인 인지가 나타날 때마다 그 숫자를 셀 수 있다(그것을 알아차리는 방법의 하나로).

나는 환자에게 수치심 과정의 초기 징후, 예를 들어 부정적인 인지들을 알아차린 후, 이어서 잠시 '멈춤(pause)'을 학습하고, 연습하게 하는 것이 매우 유용하다는 사실을 발견했다. '멈춤'은 길게 숨을 들이쉬고 천천히 내쉬는 좋은 호흡법처럼 아주 간단한 것일 수 있다. 필요에 따라 '더 오랜 멈춤'(예를 들어, 세 번의 심호흡), 또는 명상 이미지를 사용한 '더 오랜 멈춤'이 사용될 수도 있다. 멈춤의 목적은 환자가 더 깊은 수치심으로 들어가는 잘 학습된 통로로 자동적으로 빠져들지 않고, 알아차릴 수 있도록 도와주려는 것이다. 이것은 환자의 유기체적 자기 조절의 방해를 중지시키기 위한 특별한 방법으로 이해될 수 있다.

때때로 환자가 긍정적인 혼잣말에 초점을 맞추는 것도 도움이 된다. 이것은 환자로 하여금 자신의 오래된 신념에서 벗어나도록 설득하거나, 혹은 '긍정적 사고'를 하게끔 해주려는 것이 아니라, 자동적인 부정적 혼잣말을 중단하고 환자의 알아차림을 개방해 자신에 대해 진정으로 긍정적 감정을 느낄 수 있는 가능성을 높여주려는 것이다.

실험은 환자들에게 긍정적 혼잣말의 감각을 느끼게 해줄 수 있으며, 그렇게 함으로써 그들은 자신이 경험하는 것을 발견해낼 수 있다.

이런 작업은 종종 자신을 긍정적으로 보는 것에 대해 많은 저항을 일으키며, 이는 다시 치료적 작업을 활기 띠게 할 수 있다. 치료자는 이것이 심리치료이고, 이러한 것이 실험이며, 또한 '저항'과 어려움들에 대한 작업이 심리치료의 장애물이 아니라 치료의 소중한 재료이며 치료 관계의 관심사라는 것을 명심하는 것이 중요하다.

이 과정에서 하나의 위험은 수치심 환자들이 종종 더 나은 사람이 도달할 것이라고 생각하는 목표, 예컨대 스스로에 대해 긍정적으로 느끼는 것과 같은 목표에 도달하지 못하는 것에 대해 수치심을 느낄 수 있다는 것이다. 만약 치료자 또한 이러한 행동주의적 목표를 가지고 있다면, 환자들의 수치심은 더 악화될 것이다. 이런 일이 종종 과거에 기교와 표현 지향적인 게슈탈트 치료('쾅–쾅–쾅 치료')에서 일어나기도 했다.

움직임

수치심은 춤으로 생각될 수 있다. 그것은 상상될 수 있고, 경험될 수 있으며, 실연될 수 있는 움직임의 패턴을 가진다. 이 특정한 춤은 움츠러들거나 팽창되는 양극의 특성을 지닌다. 수치심의 극은 종종 움츠러들고, 뒤로 물러서게 되며, 작아지고, 숨게 되고, 말이 없어지는 모습으로 체험되고, 상상되며 혹은 신체적으로 느껴진다. 마침내 이것은 전혀 움직임이 없거나 소리 없는 절대적 고요의 춤이 될 수 있다. 이것은 깊은 영적인 체험이 될 수 있다.

다른 극에서 움직임은 팽창적이다. 환자는 가슴을 펴고, 고개를 높이 들고, 방 안에서 충분한 공간을 차지하고, 바닥과 강한 에너지를 갖고 연결하며, 위와 밖을 향해 뻗어나갈 수 있다. 움직임들은 자유롭고 당당할 것이다. 소리도 팽창 움직임에 보조를 맞출 것이다. 이 극에서는 다른 사람들이 함께 관여될 것이다.

팽창과 수축 두 에너지 사이의 운동은 환자에게 마비보다는 어떤 활동 감각을 느끼게 해주며, 또한 수치심을 '성격적 속박'이기보다는 한순간의 느낌으로 수용할 수 있게 해준다.

아이 때 신체적 접촉이 없었던 사람들은 종종 자유로운 움직임을 보이지 못하며, 수치심 문제가 있는 성인들은 종종 아동기에 혹은 심지어는 유아기에 신체 접촉이 거의 없었던 내력을 갖고 있다. 그들에게서 접촉이나 신체, 감정들은 혐오스러운 것으로 취급되었으며, 최소화되었다. 때때로 수치심 문제를 가진 환자의 부모들이 손자들과 노는 것을 관찰함으로써 이러한 추측들이 사실로 확인되기도 한다.

움직임과 접촉(마사지)이 수치심 경향 환자들에게 어렵지만, 이것들이 치료와 성장을 향상시키는 데 매우 효과적일 수 있다. 성 치료에서 사용되는 것처럼 구조화된 실험들과 숙제가 때로는 유용하다.

숨기와 가면 쓰기

숨고자 하는 욕구는 표현하고 실험해볼 필요가 있다. 이러한 실험에는 접촉이나 움직임 또는 인지에 초점을 맞추는 것 등이 있다. 실연이나 움직임 실험 가운데는 숨고자 하는 충동을 언어적 또는 비언어적으로 표현해보는 것 등이 있다. 숨는 것을 놀이로 해보는 것이 허용되면, (특히 집단 맥락에서) 환자로 하여금 숨고 싶은 충동이 덜 무겁고 귀찮게 느껴지게 만들어준다. 때로는 숨으려는 욕구를 실연해보는 맥락에서 소파 뒤로 숨는 것이 재미와 자유로움 둘 다를 가져다준다. 때때로 이런 실험은 초기 아동기 기억을 불러일으키는데, 그때는 이에 대해 이야기 나누고 작업할 수도 있다.

'숨기'는 무표정한 얼굴의 형태를 취할 수도 있다. 때때로 '가면'이라고도 표현되기도 한다. 나는 실제로 환자로 하여금 가면으로 얼굴을 가리고 접촉하게 하는 실험을 해보기도 했다. 몇몇 환자들에게는 이렇게 하는 것이 맨 얼굴로 하는 것에 비해 별로 차이가 없었고, 어떤 것도 일어나지 않았으며, 배운 것도 없었다. 이런 것은 금방 알 수 있으며, 나는 이런 환자들에게는 실험이 별 도움이 안 된다는 것을 알기 때문에 바로 실험을 중지한다.

하지만 어떤 환자들에게는 얼굴을 가면으로 가리면, 흥미롭게도 긴장감 없이 볼 수 있게 되는 즉각적 효과가 나타나기도 하다. 외적인 가면은 생물학적 가면에 대한 욕구를 대체하는 것처럼 보인다. 보이지 않는 것은 이 사람들로 하여금 긴장감이나 수치심 없이 볼 수 있게 해주는 것 같다. 이런 실험은 환자로 하여금 보이지 않기, 긴장하기, 숨기 등의 수치심 측면들을 더욱 구체적으로 와 닿게 해줄 수 있다.

이상적 자기

이상적 자기와의 비교는 수치심 과정의 또 다른 측면으로서 명료하게 밝혀질 필요가 있다. 종종 이는 단순히 접촉적인 대화를 통해서 이루어질 수 있다. 다른 경우에는 더욱 적극적인 현상학적 '초점화(focusing)'를 하는 것이 도움이 된다. 예컨대, 이상적 자기를 좀 더 구체적으로, 상징적으로 표현하도록 요구하는 것이다. 때때로 나는 환자들로 하여금 자신이 수치심을 느끼지 않을 자기를 한 번 상상해보고, 그것을 묘사해보도록 요구한다. 때때로 나는 환자들로 하여금 구식 극장 간판에 실물 크기로 그려진 배우들의 초상화를 모델로 떠올려본 후, 그러고 나서 자신에게 만족스러운 자신의 초상화에 대해 묘사해보도록 요구한다.

그들이 인물, 옷, 태도, 목소리 등을 묘사하고 나면, 나는 이 초상화에 대한 반응으로 그들이 어떻게 느끼고 있는지를 묻는다. 반응들은 상상했던 것보다 더 다양하다. 때때로 나는 이상적 자기가 빈 의자에 앉아 있는 것으로 하여 빈 의자 형식을 사용한다.

수치심 문제를 가진 환자들에게 하나의 공통적인 주제는 실제 자기보다는 이상적 자기와 더 동일시하는 것이다. 때로는 환자들은 이상적 자기는 밉살스럽고, 모순적이며, 단지 개념적으로만 실재하며, 실존하지 않는 것이라는 것을 발견하고는 충격을 느낀다.

때때로 나는 환자들에게 이상적 자기를 연기해보라고 요구한다. 그들이 그런 실험을 해보면, 그들은 종종 그러한 자신이 되어보는 것조차 좋아하지 않는다는 사실을 발견한다. 나는 세련되고, 멋있으며, 품위 있는 '베버리 힐즈의 여인'이 되고 싶었던 순박한 한 여성을 생각하고 있다. 그녀는 역할극을 할 수 있었고, 자신과 다른 집단원들을 위하여 그럴듯한 이미지를 그려낼 수 있었다. 그녀가 그 역할을 연기했을 때, 그녀는 그것을 공허하게 느꼈다. 그 역할에서 느낀 그녀의 현상학적 경험은 공허함과 무의미함이었다.

반전을 해소하기

수치심에는 반전된 분노와 격노가 아주 많이 들어 있어 그것을 올바로 해결할 필요가 있다. 즉, 원래 외부 환경으로 향했던 분노가 자기 자신에게 잘못 돌려진 것이다. 많은 이런 과정들이 아주 어린 나이에 시작되었고, 언어기 이전에 발생했기 때문에, 종종 표현 기술들이 사용되어야 한다. 창피를 당한 아동이 부모에게 분노 감정을 표현할 수 있는 외적 지지 혹은 자기-지지를 갖는 것은 매우 드문 일이다. 적절한 기회를 봐서 분노 감정을 표현해보도록 기회를 제공해주는 것이 치료의 한 측면이 될 수 있다.

종종 이는 미묘한 수치심 유발 행동들이 폭로되고, 환자가 이를 이해한 다음에야 비로소 시행할 수 있게 된다. 어떤 환자는 누군가 머리를 쓰다듬어 주었을 때, 자신의 몸이 움츠러들었고, 왜 그런지는 몰랐지만, 오히려 자신이 움츠러들었던 것에 대해 부정적 감정을 느꼈던 때를 기억해낼지도 모른다. "왜 나는 별 것 아닌 것을 갖고서 그렇게 크게 반응했을까?" 하지만 원래의 맥락에 포함되었던 무시가 밝혀질 때, 그리고 상대가 진실되지 않은 접촉을 통해 정작 아이의 존재를 관심 밖에 두었던 것이 분명해질 때, 이 환자는 수치심보다는 분노를 자각하게 될 것이다.

이때 몇 가지 표현 기술들을 사용하는 것이 도움이 된다. 예를 들어, 환자들은 그들의 팔을 세게 앞으로 밀쳐낼 수 있을 것이다. 그들의 부모에 대항하여, 분노를 느끼면서 숨을 거칠게 내쉬면서. 나는 빈 의자에 있는 부모를 향해 "저리 가세요!"라고 말하면서 손등으로 손사래를 치던 한 환자를 기억한다.

좋은 자기 양육

특정한 실험들과 연습들은 때로는 자기 수용과 좋은 자기 존중감 발달에 도움이 된다. 특히, 좋은 관계적 맥락에서 그리고 환자가 지지를 좀 발달시킨 다음에(위에서 논의했듯이) 사용되었을 경우에 그렇다. 이들은 환자로 하여금 자신의 아동기에 필요했지만 결핍되었던 것들, 그리고 아직도 그들이 경험할 가능성이 있는 것들에 대해 맛볼 기회를 제공할 것이다. 시간이 지나면서 이처럼 가능한 것들을 맛보고, 또한 연습들을 해봄으로써 새롭고 진정한 동화된 자기 과정으로 나아갈 것이다. 나는 아래에서 많은 가능성들 가운데 단지 하나만을 논의할 것이다.

이 연습은 세 가지 시리즈로 되어 있다. 대개 환자가 충분한 지지를 받으면서 다음 단계로 넘어가기 위해서는 앞선 단계의 연습에 잘 숙달되어야만 한다.

1.

환자에게 자신의 초기 아동기(지금의 '내면 아이')의 욕구에 이상적으로 잘 반응해주는 '은유적으로 좋은 부모(metaphorical good parent: MGP)'를 그려보도록 요구한다. 이는 숨 막히게 하지 않으면서 공감과 동정 그리고 지혜로움을 가지고 반응하는 인간에 대한 상이다. 보통 '좋은 엄마'에 해당하는 이 MGP는 항상 현전하고, 환자를 사랑과 기쁨으로 바라보고, 항상 "너를 지켜줄게."라고 말하며, 정말 진심으로 그렇게 행동하는 사람으로 정의된다. 이것은 또한 환자에게 가장 잘 해주는 '좋은 아빠'일 수도 있다. 어떤 이미지들은 그리스의 여신, 숲 속의 노인, 부엌의 여인 등을 포함한다. 환자들이 자발적으로 떠올린 이미지 가운데 하나는 그들을 가볍게 무릎 위에 앉힐 수 있고, 따뜻하고 부드러운 감정을 지닌 몸집이 크고 풍만한 여인이었다. 때때로 이런 그림은 많은 아이들이 이 여인의 주변에서 뛰어 놀고 있는 이미지도 포함한다. 환상 속의 이 여인은 관심이 아이들에게 향해 있으며, 몸무게를 줄이는 것에 대해 걱정하거나, 경력을 쌓거나, 이웃들에게 잘 보이려고 하거나, 또는 섹시해 보이려고 애쓰지 않는다.

환자의 실제 주변에 있는 다른 사람보다 상상 속의 인물을 사용하는 것은 여러 가지 목적을 충족시켜준다. 우선 그것은 환상의 풍부함을 사용할 수 있다. 외모, 옷차림, 목소리, 집, 위치, 인종 등을 묘사하게 하여 환자의 환상 세계를 탐색해봄으로써 상징을 정서적으로 더욱 생생하게 만들 수 있다.

MGP가 상상 속에서 할 수 있는 것이 실제 삶에서는 가능하지 않다. 자궁 밖에서는, 그리고 심지어는 자궁 속에서조차도, 아무도 한 사람을 위해 전적으로 현전할 수 없으며, 그들 자신의 욕구를 고려하지 않으면서 다른 사람의 욕구를 채워줄 수 없다. 은유의 사용은 이것이 그들의 과거, 현재 또는 미래의 삶에서 정말로 실재하는 사람이 해줄 수 있는 것이 아니라는 것을 확실하게 해준다. 환상 속의 일은 실재하는 사람들과의 상호작용을 통해서는 단지 근접할 수 있을 뿐이다. 이러한 끊임없는 돌봄의 대부분은 개인이 스스로 자신에게 할 수 있는 것이다. 은유는 돌봄을 자기 과정으로 내면화하는 것을 촉진해주는 상징이다. 자기 자신이나 타인으로부터 얻어질 수 없는 것은 애도 작업을 통해 놓아버려야 한다.

다음으로 환자에게 MGP를 빈 의자에 앉게 하고, 가능한 생생한 이미지를 떠올리도록 지시한다. 그런 다음 MGP로 하여금 환자에게 대화를 하도록 시키는데, 보통은 치료자가 문장을 말해주는 방식이다(심리극에서 이중자아 기법을 시행할 때처럼). 이러한 문장들은 "나는 너를 네 모습 그대로 사랑해." "나는 항상 네 곁에 있을 거야."와 같은 것들이다.

그러면 현상학적 작업이 진지하게 시작되고, 이것에 대한 환자의 반응에 초점을 맞추게 된다. 치료자는 환자가 사랑의 말들을 듣기 시작하고, '그것을 받아들이도록' 하고, 그것과 함께 숨 쉬고, 그것으로 인해 따스함을 느끼도록 돕는다. 만약 치료자가 타이밍을 잘 맞춘다면, 이 실험 단계는 환자의 자기상, 과거 부모와의 경험들 그리고 치료자와 환자 간의 대화에 대한 작업으로 이어질 수 있다. 그것은 훈습 과정의 소중한 부분이 될 수 있다. 그런데 치료자가 이 시점에서 현상학적 실험 과정의 규율을 어기고, '그것을 받아들이기'를 하나의 당위나 목표로 변질시키기가 쉽다. 환자들은 그들의 실제 경험과 동일시해야 하며, 이는 때로는 '그것을 받아들이지' 않는 것을 의미한다.

2.

환자가 이 수용적인 기능을 잘할 수 있게 되면, 환자에게 스스로 MGP 역할을 해보라고 한다. 수동적으로 좋은 부모 메시지를 듣는 것은 수치심 문제를 가진 환자들에게 힘든 것이지만, 그들 스스로 자신에게 이 메시지를 말하는 것은 더욱 힘든 일이다. 이것은 자기-긍정의 메시지를 자기의 실제 기능 안으로 동화시키는 하나의 또 다른 절차다.

3.

마지막 단계에서는 환자에게 첫 번째와 두 번째 단계를 거치지 않고, 바로 이러한 좋은 감정을 느껴보라고 말해준다. 그러고 나서 좋은 느낌과 긍정적 사고에 대한 '감각적 기억(sense memory)'을 촉발 자극으로 사용하여 내면의 '단순한 타오르는 기쁨(simple glowing feeling)'을 불러일으킬 수 있다. 이 실험 단계는 보통 치료 후반에 이르기 전에 사용하면 별로 효과가 없다.

이 연습은 마술이 아니며, 또한 반드시 사용해야 하는 것도 아니다. 그것은 이전에는 없었던 긍정적 자기-태도를 개발하기 위해 실연과 실험 그리고 프로그램을 사용하는 방법을 예시한 것이다. 이런 방법에는 명상, 일기 쓰기, 시 쓰기, 그림 그리기 그리고 치료 작업을 심화시키고, 치료 횟수와 기간을 줄여줄 수 있는 다른 경험적 활동들이 포함된다.

요 약

심리치료의 효과는 관계의 질, 치료사 이해 그리고 개입의 적절성에 달려 있다. 자신의 실제 상태 및 자신의 경험과 동일시하는 것이 심리적 건강의 특징이며, 치료가 성공적이기 위해서는 이것이 치료의 핵심이 되어야 한다.

치료자가 수치심과 죄책감이 어떻게 야기되고, 유지되며, 또한 치유되는지를 이해하는 것이 중요하다. 또한 건강한 수치심과 죄책감, 그리고 건강하지 않은 수치심과 죄책감 간의 차이를 아는 것도 중요하다. 신경증적 수치심의 치료에서는 치료자가 환자와 공감적 유대를 갖고서, 환자에 대해 따뜻하고 긍정적인 감정을 가지며, 기술적으로 적절한 방식으로 치료하는 것이 필요하다. 수치심 작업에서 이는 환자의 자기 존중감 기능을 장기간에 걸쳐 조금씩 점차적으로 강화하여 마침내 환자의 실제 개인적 장점과 긍정적 자기 양육의 발달에 부합되게 향상시키는 것을 의미한다.

참고문헌

Appelbaum, S. (1976). A psychoanalyst looks at Gestalt therapy. In C. Hatcher & P. Himelstein (Eds.). *The Handbook of Gestalt Therapy.* New York: Jason Aronson.

Bach, G. (1961). Comments. In C. Buhler. *Values in psychotherapy.* New York: Free Press.

Barnwell, J. (1968). Gestalt methods and techniques in a poverty program. In J. Simkin (Ed.). *Festschrift for Fritz Perls.* Los Angeles: Author.

Beisser, A. (1970). The paradoxical theory of change. In J. Fagan & I. Shepherd (Eds.). *Gestalt Therapy Now.* New York: Harper. (pp. 77-80)

Bentov, I. (1977). *Stalking the Wild Pendulum.* New York: Bantam Books.

Bergin, A. E. & Suinn, R. M. (1975). Individual psychotherapy and behavior therapy. *Annual review of psychology,* 26, 509-556.

Berne, E. (1964). *Games People Play.* New York: Grove Press.

Bevan, W. Contemporary psychology: a tour inside the onion. *American Psychologist,* 46, 5 (May 1991), 475-483.

Brown, G. Teaching creativity to teachers and others. *Journal of Teacher Education,* 21, 210-216.

Brown, G. (1974/1977). The farther reaches of Gestalt therapy. *Synthesis,* 1, 27-43.

Brown, R. & Lunneberg, E. (1961). A study in language and cognition. In S. Saporta (Ed.)., *Psycholinguistics.* New York: Holt, Rhinehart & Winston.

Brunnink, S. & Schroeder, H. Verbal therapeutic behavior of expert psychoanalytically oriented, Gestalt and behavior therapists. *Journal of Consulting and Clinical Psychology*, 47, 567-574.

Buder, M. (1965a). *Between Man and Man.* New York: Macmillan.

Buder, M. (1965b). *The knowledge of Man.* New York: Harper & Row.

Buder, M. (1967) A believing humanism. In R. Anshen (Ed.), *Gleanings by Martin buber.* New York: Simon & Schuster.

Buder, M. (1970). *I and Thou.* New york: Scribner's Sons.

Buhler, C. (1962). *Values in Psychotherapy.* New York: Free Press.

Capra, F. (1975). *The Tao of Physics.* Berkeley: Shambhala Publications.

Capra, F. (1976). *Quantum Paradoxes and Eastern Mysticism.* Big Sur: Esalen Workshop Cassettes.

Chessick, R. (1977). *Intensive Psychotherapy of the Borderline Patient.* New York: Jason Aronson.

Davies, P. (1983). *God and the New Physics.* New York: Simon & Schuster.

Dolliver, R. (1981). Some limitations in Perls' Gestalt Therapy. *Psychotherapy, Research and Practice*, 8, 38-45.

Dublin, J. (1976). Gestalt therapy: Existential-Gestalt therapy and/versus 'Perls-ism.' In E. Smith (Ed.). *The Growing Edge of Gestalt Therapy.* New York: Brunner/Mazel.

Edward, D. (1977). Self-hood: Bright figure of the Gestalt. *Journal of Contemporary Psychotherapy*, 9, 89-94.

Einstein, A. (1950). *Out of My Later Years.* New York: The Wisdom Library.

Einstein, A. (1961). *Relativity.* New York: Crown Publishers.

Ellis, A. (1962). *Reason and Emotion in Psychotherapy.* New York: Lyle Stuart.

Ellis, W. (1938). *A Source Book of Gestalt Psychology.* London: Routledge & Kegan Paul.

Emerson, P. & Smith, E. (1974). Contributions of Gestalt psychology to Gestalt therapy. *The Counseling Psychologist*, 4, 4-7.

English & English. (1958). *A Comprehensive Dictionary of Psychological and Psychoanalytic Terms.* New York: David McKay.

Ennis, K. & Mitchell, S. (1970). Staff training for a day care center. In J. Fagan & I. Shepherd (Eds.). *Gestalt Therapy Now.* Palo Alto: Science and Behavior Books.

Enright, J. (1970a) An introduction to Gestalt therapy. In J. Fagan & I. Shepherd (eds.), *Gestalt Therapy Now.* Palo Alto: Science and Behavior Books. (pp. 140-219). Also in

(1975) F. Stephenson(Ed.), *Gestalt Therapy Primer.* Springfield, IL: Charles C. Thomas. (pp. 13-33)

Enright, J. (1970b). Awareness training in the mental health professions. In J. Fagan & I. Shepherd (Eds.). *Gestalt Therapy Now.* Palo Alto: Science and Behavior Books. (pp. 263-273).

Enright, J. (1975). Gestalt therapy in interactive groups. In F. Stephenson (Ed.)., *Gestalt Therapy Primer: Introductory Readings in Gestalt Therapy.* Springfield, IL: Charles C. Thomas.

Fagan, J. (1970). Gestalt techniques with a woman with expressive difficulties. In J. Fagan & I. Shepherd (eds.), *Gestalt Therapy Now.* Palo Alto: Science and Behavior Books.

Fagan, J. (1974). Personality theory and psychotherapy. *The Counselling Psychologist,* 4, 4-7.

Fagan, J. & Shepherd, I. (1970). *Gestalt Therapy Now.* Palo Alto: Science and Behavior Books.

Feder, B. & Ronall, R. (Eds.). (1980). *Beyond the Hot Seat.* New York: Brunner/Mazel.

Frew, J. (1988). The practice of Gestalt therapy in groups. *The Gestalt Journal,* 11, 1, 77-96.

Friedman, M. (1976a). Healing through meeting: a dialogic approach to psychotherapy and family therapy. In E. Smith (Ed.), *Psychiatry and the humanities,* Vol 1. New Haven: Yale University Press.

Friedman, M. (1976b). *Martin Buber: The Life of Dialogue.* Chicago: University of Chicago Press.

From, I. (1978). Contact and contact boundaries. *Voices,* 14, 1, 14-22.

From, I. (1984). Reflections on Gestalt therapy after thirty-two years of practice: A requiem for Gestalt. *The Gestalt Journal,* 8, 1, 23-49.

Fuchs, W. (1938). Completion phenomena in hemianopic vision. in W. Ellis, *A Source Book of Gestalt Psychology.* London: Routledge & Kegan Paul. (pp. 344-356)

Geller, L. (1982). The failure of self-actualization theory: A critique of Carl Rogers and Abraham Maslow. *Journal of Humanistic Psychology,* 22, 2 (Spring 1982), 56-73.

Geller, L. (1984). Another look at self-actualization. *Journal of Humanistic Psychology,* 24, 2 (Spring 1984), 93-106.

Gergen, K. (1991). Emerging challengers for theory and psychology. *Theory and Psychology,* 1, 1 (February 1991), 13-36.

Ginsburg, C. (1984). Toward a somatic understanding of self: A reply to Leonard Geller.

Journal of Humanistic Psychology, 24, 2 (Spring 1984), 66-92.

Giovacchini, P. (1979). *Treatment of Primitive Mental States.* New York : Jason Aronson.

Glasser, W. (1965). *Reality Therapy.* New York: Harper & Row.

Greenberg, L. (1979). Resolving splits: Use of the two-chair technique. *Psychotherapy, Theory, Research and Practice*, 16, 316-324.

Greenberg, L. (1986). Change process research. *Journal of Consulting and Clinical Psychology*, 54, 1 (February 1986), 4-9.

Greenberg, L. & Higgins, H. (1980). Effects of two-chair dialogues and focusing on conflict resolution. *Journal of Consulting Psychology*, 27, 221-224.

Greenberg, L. & Johnson, Susan. (1988). *Emotionally focused Therapy for Couples.* New York: Guilford Press.

Greenwald, G. (1969a). The art of emotional nourishment. Santa Monica, California: Distributed by author.

Greenwald, G. (1969). The art of emotional nourishment: Self-induced nourishment and toxicity. Santa Monica, CA: Distributed by author.

Greenwald, G. (1973). *Be the Person You Were Meant To Be.* New York: Simon & Schuster.

Gunderson, J. Formulation of the Borderline Personality. Continuing Education Series (CES) tape. Tape #1.

Guntrip, Harry. (1969). *Schizoid Phenomena, Object Relations and the Self.* New York: International Universities Press.

Harman, R. (1984). Recent developments in Gestalt group therapy. *International Journal of Group Psychotherapy*, 34, 3, 473-483.

Harré, R. (1991). The discursive production of selves. *Theory and Psychology*, 1, 1 (February, 1991), 51-64.

Hatcher, C. & Himelstein, P. (Eds.). (1976). *The Handbook of Gestalt therapy.* New York: Jason Aronson.

Hawking, S. (1988). *A Brief History of Time.* New York: Bantam Books.

Heidbreder, E. (1933). *Severn Psychologies.* New York: Century Company.

Henle, M. (1978). Gestalt psychology and Gestalt therapy. *Journal of History the Behavioral Sciences*, 14, 23-32.

Herman, S. (1972). The Gestalt orientation to organizational development. In *Contemporary*

Organization Development. Bethel, ME: National Institute of Applied Behavioral Science.

Horner, A. (1984). *Object Relations and the Developing Ego in Therapy.* New York: Jason Aronson.

Hycner, R. (1985). Dialogical Gestalt therapy: An initial proposal. *The Gestalt Journal,* 8, 1 (Spring 1985), 23-49.

Ihde, D. (1977). *Experimental Phenomenology: An Introduction.* Albany: State University of New York.

Jacobs, L. (1978). I-thou relations in Gestalt therapy. Unpublished doctoral dissertation. California School of Professional Psychology.

Jacobs, L. (1989). Dialogue in Gestalt theory and therapy. *The Gestalt Journal,* 12, 1 (Spring 1989), 25-67.

Jourard, S. (1967). Psychotherapy in the age of automation: From the way of technician to the way of guru. Paper presented to the Cleveland Institute of Gestalt Therapy, May 19, 1967.

Kahn, E. (1989). In Heinz Kohut and Carl Rogers: Toward a constructive collaboration. *Psychotherapy,* 26, 4 (Winter 1989), 555-563.

Kaufman, W. (1956). *Existentialism From Dostoevsky to Sartre.* New york: Meridian Books.

Kelly, G. A. (1955). *The Psychology of Personal Constructs.* New York: Norton.

Kempler, W. (1965). Experiential family therapy. *International Journal of Group Psychotherapy,* 15, 57-71.

Kempler, W. (1966). The moving finger writes. *Voices,* 2, 73-74.

Kempler, W. (1967). The experiential therapeutic encounter. *Psychotherapy: Theory, Research and Practice,* 4, 166-172.

Kempler, W. (1968). Experiential psychotherapy with families. *Family Process,* 7, 88-89.

Kempler, W. (1973). Gestalt therapy. In R. Corsini (Ed.), *Current Psychotherapies,* Edition One. Itasca, IL: F.E. Peacock.

Kempler, W. (1974). *Principles of Gestalt Family Therapy.* Costa Mesa, CA: Kempler Institute.

Kernberg, O. (1975). *Borderline Conditions and Pathological Narcissism.* New York: Jason Aronson.

Keutzer, C. (1984). Power of meaning. *Journal of Humanistic Psychology,* 24, 1 (winter 1984) (pp. 80-94).

King, J. (1976). *Discussion of Quantum Theory*. Big Sur: Esalen Workshop Cassettes.

Koffka. K. (1931). Gestalt. *Encyclopaedia of the Social Sciences*. New York.

Koffka. K. (1935). *Principles of Gestalt Psychology*. New York: Harcourt, Brace & World.

Kogan, G. (1976). The genesis of Gestalt therapy. In C. Hatcher & P. Himelstein (Eds.). *The handbook of gestalt Therapy*. New York: Jason Aronson.

Kogan, G. (1980). *Gestalt Therapy Resources* (3rd ed.). Berkeley: CA: Transformation Press.

Köhler, W. (1938a). Physical Gestalten. In W. Ellis (Ed.). *A Sourcebook of Gestalt Psychology*. London: Routledge & Kegan Paul. (pp. 17-54).

Köhler, W. (1938b). Some Gestalt problems. In W. Ellis (Ed.). *A Sourcebook of Gestalt Psychology*. London: Routledge & Kegan Paul. (pp. 55-70).

Köhler W. (1947). *Gestalt Psychology*. New York: Mentor Books.

Köhler, W (1969) *The Task of Gestalt Psychology*. Princeton, NJ: Princeton University Press.

Kohut, H. (1971). *The Analysis of the Self: A Systematical Approach to the Psychoanalytic Treatment of Narcissistic Personality Disorders*. New York: International Universities Press.

Kohut, H. (1984). *How Does Psychoanalysis Cure?* Chicago: The University of Chicago Press.

Kutash, I. & Wolf, (1990). *Group Psychotherapist's Handbook*. New York: Columbia University Press.

Lambert, M. J. (1989). The individual therapist's contribution to psychotherapy process and outcome. *Clinical Psychology Review*, 9, 469-485.

Latner, J. (1973). *The Gestalt Therapy Book*. New York: Julian Press.

Latner, J. (1983). This is the speed of light: Field and systems theory in Gestalt therapy. *The Gestalt Journal*, 6, 2 (Fall 1983), 71-90.

Lederman, J. (1970). Anger and the rocking chair. In J. Fagan & I. Shepherd (Eds.), *Gestalt Therapy Now*. Palo Alto: Science and Behavior Books.

Levitsky, A. & Perls, F. (1969). The rules and games of Gestalt therapy. In H. Ruitenbeek (Ed.). *Group Therapy Today: Styles, Methods and Techniques*. New York: Atherton. 221-230. Also (1972) (1974). G. Davidson & K. Price (Eds.) *Contemporary Readings in Psychopathology*. New York: John Wiley.

Levitsky, A. & Simkin, J. (1972). Gestalt therapy. In L. Solomon & B. Berzon (Eds.). *New Perspectives on Encounter groups*. San Francisco: Jossey-Bass.

Lieberman, M. A., Yalom, I. D., & Miles, M. B. (1973). *Encounter groups: First Facts*. New

York: Basic Books.

Lewin, K. (1938a). Will and needs. In U. Ellis (Ed.), *A Sourcebook of Gestalt Psychology*. London: Routledge & Kegan Paul. (pp. 283-299).

Lewin, K. (1938b). The Conflict Between Aristotelian and Galilean modes of thought in contemporary psychology. In K. Lewin, *A Dynamic Theory of Personality*. London: Routledge & Kegan Paul.

Masek, R. (1989). The overlooked problem of consciousness in psychoanalysis: Pierre Janet revisited. *The Humanistic Psychologist*, 17, 3 (Autumn 1989), 474-279.

Masterson, J. (1972). *Treatment of the Borderline Adolescent: A Developmental Approach*. New York: John Wiley.

Masterson, J. (1976). *Psychotherapy of the Borderline Adult: A Developmental Approach*. New York: Brunner/Mazel.

Masterson, J. (1981). *The Narcissistic and Borderline Disorders*. New York: Brunner/Mazel.

Melnick, J. (1980). The use of therapist-imposed structure in Gestalt therapy. *The Gestalt Journal*, 3, 4-20.

Miller, M. V. (1985). Some historical limitations of Gestalt therapy. *The Gestalt Journal*, 8, 1 (spring 1985), 51-54.

Miller, M. V. (1988). Introduction. In F. Perls, *Gestalt Therapy Verbatim*. New York: *The Gestalt Journal Press*.

Misiak, H. & Sexton, V. (1966). *The History of Psychology*. New York: Grune and Stratton.

Naranjo, C. (1975). I and thou, here and now: Contributions of Gestalt therapy. In F. Stephenson (Ed.)., *Gestalt Therapy Primer: Introductory Readings in Gestalt Therapy*. Springfield, IL: Charles C. Thomas. (pp. 34-53).

Nevis, E. (1968). Beyond mental health. Paper, Cleveland: Gestalt Therapy Institute of Cleveland.

O' Connell, V. (1970). Crisis psychotherapy: Person, dialogue and the organismic approach. In J. Fagan & I. Shepherd (Eds.), *Gestalt Therapy Now*. Palo Alto: Science and Behavior Books.

Parlett, M. (1990). Reflections on field theory. Lecture at the 4th British Gestalt Conference, Nottingham, July 1990.

Perls, F. (1947). *Ego, Hunger and Aggression*. Working, Great Britain: Unwin Brothers. (1966 edition) San Francisco: Orbit Graphic Arts. (1969 Edition) New York: Vintage Books.

Perls, F. (1948). Theory and technique of personality integration. *American Journal of Psychotherapy,* 2, 565-586. Also in (1975) J. Stevens (ed.), *Gestalt Is.* Moab, UT: Real People Press.

Perls, F. (1950). The anthropology of neurosis. *Complex,* 2, 19-27.

Perls, F. (1953/1954). Morality, ego boundary, and aggression. *Complex,* 9, 42-52.

Perls, F. (1965). Big Sur: Esalen Institute. Also in (1966) H. Otto (Ed.), *Explorations of Human Potentialities.* Springfield. Ill: Charles C. Thomas. Also in (1975) F. Stephenson (Ed.), *Gestalt Therapy primer: Introductory Readings in Gestalt Therapy.* Springfield, IL: Charles C. Thomas.

Perls, F. (1966). Group vs. individual therapy. Paper presented at the American Psychological Association, New York, September 1966. In *ETC,* 24 (1967), 306-312. Also in J. Stevens (ed.), *Gestalt Is.* Moab, Utah: Real People Press. (PP. 9-15).

Perls, F. (1969). *Gestalt Therapy Verbatim.* Moab, UT: Real People Press.

Perls, F. (1973). *The Gestalt Approach,* Palo Alto: Science and Behavior Books.

Perls, F. (1975). Resolution. In J. Stevens (Ed.) *Gestalt Is.* Moab, UT: Real People Press.

Perls, F. (1976). Gestalt therapy verbatim: Introduction. In C. Hatcher & P. Himelstein (Eds.), *The Handbook of Gestalt Therapy.* New York: Jason Aronson.

Perls, F., Hefferline, R., & Goodman, P. (1951). *Gestalt Therapy: Excitement and Growth in the Human Personality.* New York: Julian Press. Also (1965) New York: Dell (A Delta Book).

Perls, L. (1950). The psychoanalyst and the critic. *Complex,* 2, 41-47.

Perls, L. (1953/1954). Notes on the psychology of give and take. *Complex,* 9, 24-30.

Perls, L. (1956). Two instances of Gestalt therapy. *Case Reports in Clinical Psychology,* 3, 139-146.

Perls, L. (1961). The Gestalt approach. In J. Barron & R. Harper (Eds.), *Annals of Psychotherapy,* 1 & 2.

Perls, L. (1973). Some aspects of Gestalt therapy. Manuscript presented at Annual Meeting of the Orthopsychiatric Association.

Perls, L. (1976). Comments on the New Directions. In E. Smith (Ed.), *The Growing Edge of Gestalt Therapy.* New York: Brunner/Mazel.

Perls, L. (1978). Concepts and misconceptions of Gestalt therapy. *Voices,* 14, 3, 31-36.

Piers, G. & Singer, M. (1971). *Shame and Guilt.* New York: Norton.

Polster, E. (1957). Techniques and experience in Gestalt therapy. Paper presented at the Ohio Psychological Association Symposium. In (1975) F. Stephenson (Ed.), *Gestalt Therapy Primer: Introductory Readings in Gestalt Therapy.* Springfield, IL: Charles C. Thomas. pp. 147-150.

Polster, E. (1966). A contemporary psychotherapy. *Psychotherapy,* 3, 1-6. Also in (1968) P. Pursglove (Ed.), *Recognitions in Gestalt Therapy.* New York: Funk & Wagnalls.

Polster, E. (1976). Trends in Gestalt therapy. Paper presented at Ohio Psychological Association, February 22, 1967. In (1975) F. Stephenson (Ed.), *Gestalt Therapy Primer: Introductory Readings in Gestalt Therapy.* Springfield, IL: Charles C. Thomas. (pp. 151-160).

Polster, E. (1985). Imprisoned in the present. *The Gestalt Journal,* 8, 1, 5-22.

Polster, E. (1987). *Every Person's Life is Worth a Novel.* New York: Norton.

Polster, E. & Polster, M. (1973). *Gestalt Therapy Integrated.* New York: Brunner/Mazel.

Polster, M. (1981). The language of experience. *The Gestalt Journal,* 4, 1 (Spring 1981). (pp. 19-2).

Pursglove, P. (Ed.). (1968) *Recognitions in Gestalt Therapy.* New York: Funk & Wagnalls.

Quick Reference to Diagnostic Criteria from DSM-III (Mini-D), American Psychiatric Association.

Resnick, R. (1970). Chickensoup is poison. *Voices,* 6, 75-78. Also in (1975) F. Stephenson (Ed.), *Gestalt Therapy Primer.* Springfield, IL: Charles C. Thomas.

Resnick, R. (1984). Gestalt Therapy East and West: Bicoastal dialogue, debate or debacle? *The Gestalt Journal,* 7, 1, 13-32.

Robinson, D. (1991). Might the self be a substance after all? *Theory and Psychology,* 1, 1 (February 1991), pp. 37-50.

Rogers, C. (1956). Training individuals to engage in therapeutic process. In C. Strother (Ed.), *Psychology and Mental Health.* Washington, DC: American Psychological Association, 1956.

Rogers, C. (1960). Two divergent trends. In R. May. (Ed.). *Existential Psychology.* New York: Random House.

Rogers, C. (1967). *The Therapeutic Relationship and Its Impact: A study of Psychotherapy With Schizophrenics.* With E. T. Gendlin, D. J. Kiesler, & C. Louax. Madison, WI: University of Wisconsin Press.

Rosanes-Berret, M. (1970). Gestalt therapy as an adjunct treatment for some visual problems. In J. Fagan & I. Shepherd (Eds.), *Gestalt Therapy Now*. Palo Alto: Science and Behavior Books.

Rosenblatt, D. (1980). Introduction. in D. Rosenblatt (Ed.), *A Festschrift for Laura Perls. The Gestalt Journal*, 3, 1 (Spring 1980) (pp. 5-15).

Rosenfeld, E. (1978). An oral history of Gestalt therapy: Part I: A conversation with Laura Perls. *The Gestalt Journal*, 1, 8-31.

Rosenfeld, E. (1981). The Gestalt bibliography. *The Gestalt Journal*, 1981, 1, 8-31.

Sachs, M. (1973). *The Field Concept in Contemporary Science*. Springfield, IL: Charles C. Thomas.

Sartre, J. (1946). Existentialism is a "humanism." In (1956) W. Kaufman, *Existentialism from Dostoevsky to Sartre*, New York: Meridian Books

Sartre, J. (1966). *Being and Nothingness*. New York: Washington Square Press.

Satir, V. (1964). *Conjoint Family Therapy: A Guide to Theory and Technique*. Palo Alto: Science and Behavior Books.

Schutz, W. (1967). *Joy: Expanding Human Awareness*. New York: Grove Press.

Shafer, R. (1976). *A New Language for Psychoanalysis*. New Haven: Yale University Press.

Shapiro, K. (1990). Animal rights versus humanism: The charge of speciesism. *Journal of Humanistic Psychology*, 30, 2 (Spring, 1990), 9-37.

Shepherd, I. (1970). Limitations and cautions in the Gestalt approach. In J. Fagan & I. Shepherd (Eds.), *Gestalt Therapy Now*. Palo Alto: Science and Behavior Books.

Sherrill, R. (1974). Figure/ground: Gestalt therapy/Gestalt Psychology relationship. Unpublished doctoral dissertation, The Union Graduate School.

Shostrom, E. (1966a). *Manual for the Caring Relationship Inventory*. San Diego: Educational and Industrial Testing Service.

Shostrom, E. (1966b). *Manual for the Personal Orientation Inventory*. San Diego: Educational and Industrial Testing Service.

Shostrom, E. (1967). *Man The Manipulator*. Nashville: Abingdon Press.

Shostrom, E. (1969). Group therapy: Let the buyer beware. *Psychology Today*, 2, (12), 36-40.

Simkin, J. (1962). Contributions. In C. Buhler, *Values in Psychotherapy*. New York: Free Press.

Simkin, J. (1960s). An introduction to Gestalt therapy. Big Sur: Esalen Institute. Also

Cleveland: Paper #6, Gestalt Institute of Cleveland. In (1973) *Direct Psychotherapy: 28 American Originals* (Vol. 1). Coral Gables, FL.: University of Miami. (pp. 423-432). Also in (1975) F. Stephenson (Ed.), *Gestalt Therapy Primer: Introductory Readings in Gestalt Therapy*. Springfield, IL: Charles C. Thomas. (pp. 3-12).

Simkin, J. (1968). *Festschrift for Fritz Perls*. Los Angeles, CA: Author.

Simkin, J. (1969). *In the Now*. A training film. Beverly Hills, CA.

Simkin, J. (1970). A Session with a passive patient. In J. Fagan & I. Shepherd (Eds.), *Gestalt Therapy Now*. Palo Alto: Science and Behavior Books.

Simkin, J. (1974). *Mini-Lectures in Gestalt Therapy*. Albany, CA: Worldpress.

Simkin, J. (1976). *Gestalt Theapy Mini-lectures*. Millbrae, CA: Celestial Arts.

Simkin, J. (1979). Gestalt Theapy. In R. Corsini (Ed.), *Current Psychotherapies*, (2nd Ed.). Ithasca, IL: F. E. Peacock

Simkin, J. & Yontef, G. Gestalt Therapy (1984). In Corsini, R. (Ed.). *Current Psychotherapies*, (3rd Ed.). Ithasca, IL: Peacock Publishers.

Smith, E. (1976). *The Growing Edge of Gestalt Therapy*. New York: Brunner/Mazel.

Spinelli, Ernesto. (1989). *The Interpreted World*. Newbury Park, CA: Sage Publications.

Stewart, R. (1974). The philosophical background of Gestalt therapy. *Counseling Psychologist*, 4, 13-14.

Tobin, S. (1982). Self-disorders, Gestalt therapy and self psychology. *The Gestalt Journal*, 5, 2 (Fall, 1982), 3-44.

Van Dusen, W. (1960). Existential analytic psychotherapy. *American Journal of psychoanalysis*, 20, 35-40. Also in (1968) P. Pursglove (Ed.). *Recognitions in Gestalt Therapy*. New York: Funk & Wagnalls.

Van Dusen, W. (1975a). Invoking the actual. In J. Stevens (Ed.), *Gestalt Is*. Moab, UT: Real People Press.

Van Dusen, W. (1975b). The phenomenology of schizophrenic existence. In J. Stevens (Ed.), *Gestalt Is*. Moab, UT: Real People Press.

Van Dusen, W. (1975c). The perspective of an old hand. In J. Stevens (Ed.), *Gestalt Is*. Moab, UT: Real People Press.

Wallen, R. (1957). Gestalt psychology and Gestalt therapy. Paper presented at Ohio Psychological Association Symposium. In (1970) J. Fagan & I. Shepherd (Eds.), *Gestalt Therapy Now*. Palo Alto: Science and Behavior Books. (pp. 8-13)

Webster's New Twentieth Century Dictionary of the English Language (1962). New York: World Publishing.

Wertheimer, M. (1938a). Gestalt theory. In W. Ellis (Ed.), *A Sourcebook of Gestalt Psychology.* London: Routledge & Kegan Paul.

Wertheimer, M. (1938b). The general theoretical situation. In W. Ellis (Ed.), *A Sourcebook of Gestalt Psychology.* London: Routledge & Kegan Paul.

Wertheimer, M. (1945). *Productive Thinking.* New York: Harper and Broters.

Wheeler, G. (1991). *Gestalt Reconsidered.* New York: Gardner Press.

Whitaker, C. (1965). The Psychotherapy of marital couples. Lecture presented to Cleveland Institute of Cleveland.

Wolfe, B. (1989). Heinz Kohut's self psychology: A conceptual analysis. *Psychotherapy,* 26, 4 (Winter 1989), 545-554.

Wolfe, F. (1981). *Taking the Quantum Leap.* NY: Harper & Row.

Wysong, J. & Rosenfeld, E. (1982). *An oral history of Gestalt Therapy.* Highland, NY: The Gestalt Journal.

Yontef, G. (1975). A review of the practice of Gestalt therapy. (First Published 1969). Also in (1975) F. Stephenson (Ed.), *Gestalt Therapy Primer: Introductory Readings in Gestalt Therapy.* Springfield, IL: Charles C. Thomas.

Yontef, G. (1976). Gestalt therapy: Clinical phenomenology. In Binder, V., Binder, A. & Rimland, B. (Eds.), *Modern Therapies.* New York: Prentice-Hall.

Reprinted:

(1977) *Psihijatrija Danas,* 4, 401-418.

(1979) *The Gestalt Journal,* 2, 1, 27-45.

(1984) #.7, Documents de I'institut de Gestalt, Bordeaux.

Yontef, G. (1981a). The future of Gestalt therapy: A symposium. with Perls, L., Polster, M., Zinker, J., & Miller, M. V. *The Gestalt Journal,* 4, 1, 3-18.

Yontef, G. (1981b). Mediocrity and excellence: An Identity crisis in Gestalt therapy. ERIC/CAPS, University of Michigan, Ed. 214, 062.

Yontef, G. (1982). Gestalt therapy: Its inheritance from Gestalt psychology. *Gestalt therapy.* IV, 1/2, 23-39 (abstract in German). Reprinted (1984) *Psihijatrija Danas,* 16, 1, 31-46.

Yontef, G. (1983a). Gestalttherapie als Dialogische Methode. *Integrative Therapie,* 9, Jg. Heft 2/3, 98-130. (First circulated 1981 as unpublished paper: Gestalt therapy: A Dialogic

Method).

Yontef, G. (1983b). The self in Gestalt therapy: Reply to Tobin. *The Gestalt Journal,* 6, 1, 55-70.

Yontef, G. (1984a). Modes of thinking in Gestalt therapy. *The Gestalt Journal,* 7, 1, 33-74.

Yontef, G. (1984b). Why I became a Gestalt therapist. In R. Resnick & G. Yontef (Eds.), *Memorial Festschrift* (for Jim Simkin). L.A.: Gestalt therapy Institute of Los Angeles.

Yontef, G. (1987). Gestalt therapy 1986: A polemic. *The Gestalt Journal,* 10, 1, 41-68.

Yontef, G. (1988a). Assimilating diagnostic and psychoanalytic perspectives into Gestalt therapy. *The Gestalt Journal,* 11, 1 (Spring 1988), 5-32.

Yontef, G. (1988b). Comments on "boundary processes and boundary states". *The Gestalt Journal,* 11, 2, 25-36.

Yontef, G. (1990a). Gestalt therapy in groups. In I. Kutash & A. Wolf, A. (Eds.), *Group Psychotherapist's Handbook.* New York: Columbia University Press.

Yontef, G. (1990b). Interview. In R. Harman (Ed.). *Gestalt therapy Discussion with the Masters.* Springfield, IL; Charles C. Thomas.

Yontef, G. (1991). Recent trends in Gestalt therapy in the U.S. and what we need to learn from them. *British Gestalt Journal,* 1, 1.

Yontef, G. & Simkin, J. (1989). Gestalt therapy. In R. Corsini & D. Wedding, (Eds.). *Current psychotherapies,* 4th *Ed.* Ithasca, IL: F. E. Peacock Publishers.

Zinker, J. (1966). Notes on the Phenomenology of the loving encounter. *Explorations,* 10, 3-7.

Zinker, J. (1977). *Creative Process in Gestalt Therapy.* New York: Brunner/Mazel.

Zinker, J. & Fink, S. (1966). The possibility of growth in a dying person. *Journal of Gestalt psychology*, 74, 185-199.

Zukav, G. (1979). *The Dancing Wu Li Masters.* New York: Bantam Books.

찾아보기

저자 소개

Gary M. Yontef_

게리 욘테프 박사는 1965년 프리츠 퍼얼스와 제임스 심킨으로부터 게슈탈트 치료 수련을 받은 이래로 줄곧 게슈탈트 치료자로 일해오고 있으며, 임상심리 전문가 및 임상 사회복지사로서 미국 임상심리학회 이사 및 미국 심리학회 제49분과(집단 심리 및 집단 심리치료) 뉴스레터 부편집장 등을 역임했다.

미국 캘리포니아 주립대학교(UCLA) 심리학과 교수와 로스앤젤레스 시 심리학자 협회 직업윤리 위원장 및 로스앤젤레스 게슈탈트 연구소(GTILA) 소장과 운영위원장을 역임했으며, 린 제이콥과 함께 태평양 게슈탈트 연구소를 공동 창립해서 운영하는 한편, 산타모니카에서 개인클리닉도 운영하고 있다. 또한 그는 미국 내는 물론이고, 국제적으로 매우 활발한 강의와 교육, 슈퍼비전 활동을 하고 있다.

그는 국제 게슈탈트 저널과 게슈탈트 리뷰의 편집위원이며, 영국 게슈탈트 저널의 편집위원회에 조언자로서 활동하고 있다. 그는 코르시니의 『현대 심리치료들』(제8판)의 게슈탈트 치료 단원을 포함하여 게슈탈트 치료 이론, 실제 그리고 슈퍼비전에 관한 50여 편의 논문 및 책들을 단독 또는 공동 저술하였으며, 『알아차림, 대화 그리고 과정: 게슈탈트 치료에 대한 이론적 고찰』을 저술했다.

역자 소개

김정규_ 고려대학교 학사(철학전공)
독일 본 대학교 석사(임상심리전공)
독일 본 대학교 박사(임상심리전공/철학 부전공)
독일 디플롬 임상심리학자/한국 심리학회 임상심리전문가
한국 심리학회 상담심리전문가/정신보건 임상심리사 1급
미국 게슈탈트 치료 전문가/정신역동 부부치료 전문가
한국 임상심리학회장 및 국제 게슈탈트 저널(IGJ) 편집위원 역임
현 성신여자대학교 심리학과 교수
한국 게슈탈트치료 연구회장
게슈탈트 이저널 편집위원

김영주_ 이화여자대학교 학사(철학전공)
미국 컬럼비아 대학교 석사(철학전공)
미국 하버드 대학교 교육학 박사
미국 하버드 대학교 언어학 박사
현 홍익대학교 영어교육과 교수

심정아_ 한국외국어대학교 학사(불어전공)
미국 워싱턴 주립대학교 석사(상담심리전공)
미국 Asian Counseling and Referral Service, Seattle 인턴근무
미국 Greater Lakes Mental Healthcare, Tacoma 인턴근무
미국 Community Psychiatric Clinic, Seattle case manager 근무
미국 Family, Marriage and Assessment Counseling, LLC, Tacoma Mental Health Therapist로 근무
현 성신여자대학교 박사과정(임상심리전공)

알아차림, 대화 그리고 과정
Awareness Dialogue & Process

2008년 10월 15일 1판 1쇄 발행
2025년 7월 30일 1판 7쇄 발행

지은이 • Gary M. Yontef
옮긴이 • 김정규 · 김영주 · 심정아
펴낸이 • 김 진 환
펴낸곳 • (주) 학지사
04031 서울특별시 마포구 양화로 15길 20 마인드월드빌딩 5층
대표전화 • 02) 330-5114 팩스 • 02) 324-2345
등록번호 • 제313-2006-000265호
홈페이지 • http://www.hakjisa.co.kr
인스타그램 • https://www.instagram.com/hakjisabook

ISBN 978-89-93510-04-1 93180

정가 **21,000**원

역자와의 협약으로 인지는 생략합니다.
파본은 구입처에서 교환하여 드립니다.